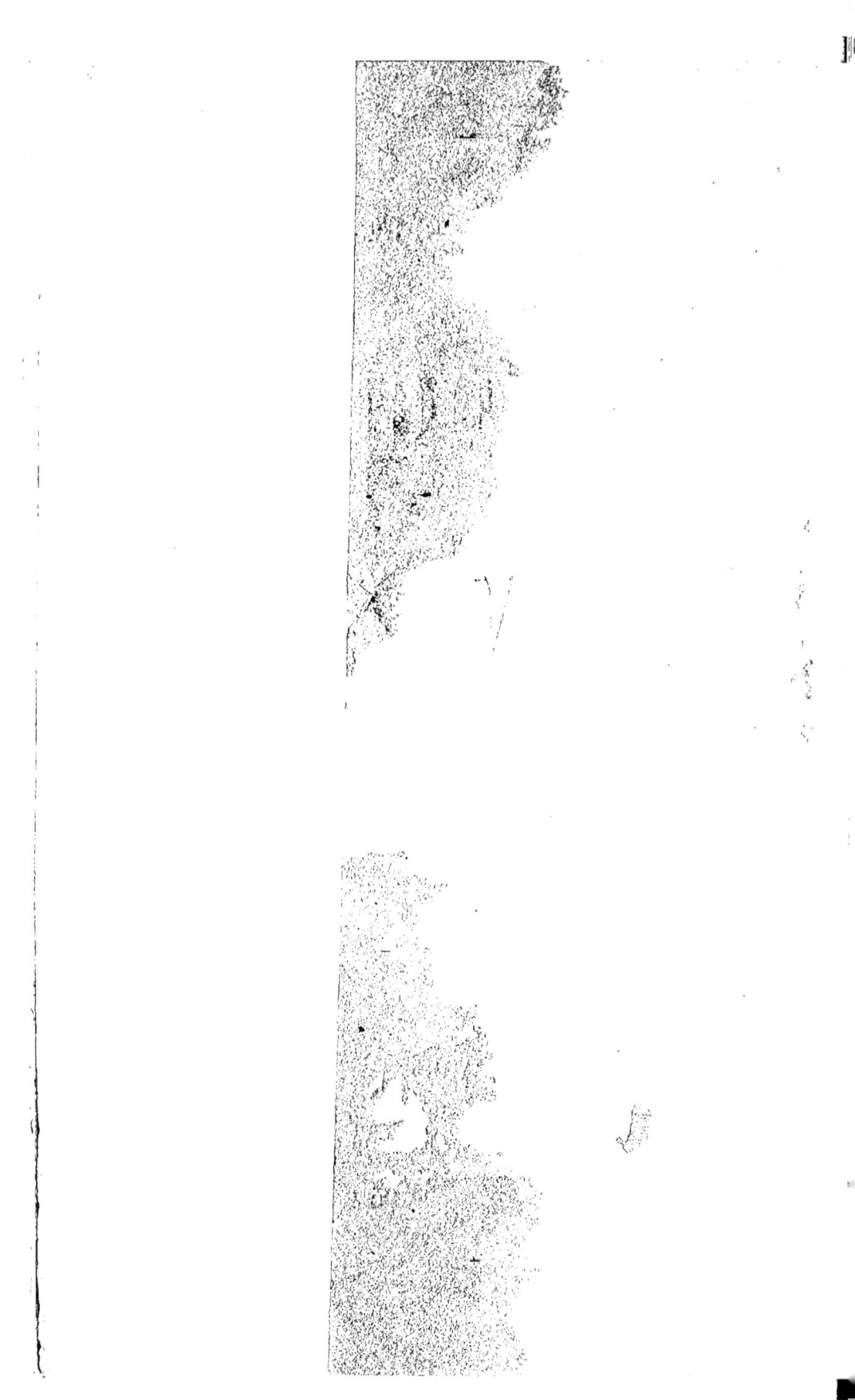

ŒUVRES COMPLÈTES

DE

F. BAUCHER

Paris. — Typ. de Mᵐᵉ Vᵉ Dondey-Dupré, rue St-Louis, 46, au Marais.

OEUVRES COMPLÈTES

DE

F. BAUCHER

MÉTHODE D'ÉQUITATION

BASÉE SUR DE NOUVEAUX PRINCIPES

DIXIÈME ÉDITION

SUIVIE DES

Passe-Temps Équestres
Dialogue sur l'Équitation
Dictionnaire raisonné d'Équitation
Réponse à la critique.

PARIS

CHEZ L'AUTEUR, RUE PIGALE, 36,
ET CHEZ DUMAINE, A LA LIBRAIRIE MILITAIRE,
RUE ET PASSAGE DAUPHINE.

1854

REMERCIEMENTS A L'EMPEREUR.

Sire,

Recevez mes remerciements bien sincères pour la pension de 2,400 francs que Votre Majesté a bien voulu m'accorder, sans sollicitation de ma part. La postérité, qui tient compte de toutes les grandes et belles actions des hommes supérieurs, gardera aussi le souvenir des faits qui viennent se grouper autour de l'idole de la France.

C'est avec le sentiment de la plus profonde reconnaissance que

J'ai l'honneur d'être

De Votre Majesté,

Le très-humble et très-obéissant sujet,

BAUCHER.

J'ai consacré trente ans de ma vie à la recherche d'une vérité; je suis parvenu, en travaillant sans relâche, à transformer en science exacte, un art jusqu'alors incomplet, sans définition et sans raisonnement. J'ai fait connaître les causes et leurs effets, j'ai trouvé et indiqué des moyens nouveaux pour combattre le mal et y remédier. Eh bien, malgré des résultats nombreux et irrécusables, quelques personnes doutent encore; cependant, 40,000 exemplaires de ma méthode sont répandus dans le monde, elle a été traduite en allemand, en espagnol, en italien, en hollandais, en anglais, je ne compte pas les contrefaçons belges. Pendant deux années, ma méthode fut mise en pratique dans la cavalerie française, les résultats devaient me faire croire à son adoption définitive, il n'en fut pas ainsi. Quel pouvait donc être l'obstacle contre lequel venaient se briser mes efforts? La jalousie, le mauvais vouloir d'un écuyer professeur de monseigneur le duc de Nemours. Cet écuyer ne craignit pas d'employer l'influence que lui donnait sa position vis-à-vis de son élève, et sut l'amener, chose inouïe, à user de son titre de prince du sang, pour imposer sa volonté à certains membres du comité de cavalerie appelé à juger en dernier ressort. De cette intrigue naquit une majorité complaisante. Le comité jugea sur pièces, et quelles étaient ces pièces? Les rapports de cent deux colonels ou capitaines instructeurs sous les yeux desquels ma méthode avait été mise en pratique pendant deux ans. Sur ce nombre de cent deux, quatre-vingt-trois concluaient à son adoption; mais dans le comité elle fut rejetée à la majorité de quatre voix contre trois. Ah! monseigneur, vous aspiriez à être régent du royaume, et vous vous laissiez influencer au point de mettre la lumière sous le boisseau pour plaire à l'un de vos familiers? Que vous soyez reconnaissant envers vos professeurs, rien de mieux; que vous leur donniez des décorations et des places, il doit en être ainsi, leur dévouement mérite bien cela; mais vous eussiez dû être homme de progrès avant tout, et lorsqu'il s'agissait d'une innovation qui touche de si près à l'intérêt général, il fallait faire taire l'intérêt particulier et ne songer qu'à votre pays. Si l'on doit juger les grandes choses par les petites, remercions la Providence de vous avoir débarrassé du fardeau un peu lourd de la régence. Mais laissons le duc de Nemours et revenons au sujet qui nous occupe.

Ma méthode fut soumise à toutes sortes d'épreuves : 1° Essai sur quarante chevaux de troupe qui furent dressés par les cavaliers en quatorze jours; 2° Démonstration de mes principes aux capitaines instructeurs et professeurs de l'école de Saumur; 3° Revue passée à Paris par monseigneur le duc d'Orléans, des chevaux dressés sous ma direction; 4° Éducation des hommes et des chevaux au camp de Lunéville, carrousel exécuté par de jeunes chevaux dressés en un mois d'après les conseils de mon fils. Et pour cela j'ai reçu....

Ici vient naturellement se placer une anecdote qui ne manque pas de mérite sous le rapport du rapprochement. Un jour, sa majesté le roi Louis-Philippe me fit venir au château de Neuilly, et je montai trois chevaux en présence de la famille royale. Je reçus force eau bénite de cour de ce gracieux monarque. Deux jours après, on m'envoya une espèce d'état de frais sur lequel étaient inscrits 500 francs pour M. Baucher; 500 francs pour les musiciens. Je renvoyai immédiatement cet argent au général Rumigny, chargé d'aider le monarque dans ses augustes dons. Le général vint chez moi me dire *qu'il admirait ma délicatesse*, etc., etc. Mais comme il insistait encore pour me faire accepter ce présent royal, je refusai de nouveau en lui disant : Vous oubliez, général, que je suis innovateur; j'ai créé un système connu de toutes les personnes qui s'occupent de chevaux; j'ai de plus la prétention de croire que ma méthode, basée sur des principes vrais, triomphera des obstacles qu'on lui suscite, et qu'elle durera plus que moi. Sur ce, M. de Rumigny me tira sa révérence, et je n'en entendis plus parler. Voilà l'exacte nomenclature des gracieusetés dont je fus l'objet, et les récompenses qu'on jugea à propos de décerner à l'homme qui avait, pendant deux années, exposé et démontré à la cavalerie française le fruit de trente ans d'études.

A MONSIEUR LE LIEUTENANT-GÉNÉRAL MARQUIS OUDINOT.

Général,

J'ai conscience que vingt ans d'études laborieuses m'ont mis à même de faire faire à l'équitation des progrès importants. L'espoir d'être un jour utile à mon pays, en perfectionnant dans l'armée l'instruction des hommes et des chevaux, s'offrait à moi comme le stimulant le plus puissant qui pût encourager mes efforts.

Le premier, entre tous les officiers généraux, vous avez bien voulu vous occuper sérieusement de ma méthode. M. le Maréchal Ministre de la guerre, en vous chargeant d'en vérifier l'efficacité, ne pouvait choisir un juge plus compétent, et j'ai le droit d'être fier de l'approbation que vous m'avez accordée. Mais je sais, en outre, que vous employez votre puissante influence pour faire adopter dans l'armée une innovation que vous croyez utile. Vous suppléez ainsi à ce qui me manque à moi-même pour rehausser le mérite de mes travaux. Croyez, Général, à ma vive reconnaissance, et veuillez en accepter le témoignage dans la dédicace de ce livre. Je vous l'adresse, afin que si l'armée tire un jour quelque profit des principes développés dans le présent ouvrage, elle sache bien que c'est en partie à votre intervention éclairée qu'elle aura été redevable de leur application dans ses rangs.

Agréez, Général, l'assurance de ma haute considération.

BAUCHER.

Février 1843.

Au Même.

Général,

Lorsqu'au moment de la première apparition de ma méthode, vous voulûtes bien m'autoriser à vous en offrir la dédicace, je compris qu'à la responsabilité de ma tâche venait s'ajouter l'obligation de me rendre digne d'un si haut patronage. La protection dont vous m'avez honoré et le suffrage d'une notabilité équestre aussi généralement reconnue, ont aplani des obstacles que seul je n'aurais pu surmonter.

Grâce à votre appui, il m'a été permis d'atteindre le but principal de mon ambition, l'application de mes principes à la cavalerie française.

Une année s'est à peine écoulée, et déjà tous les officiers instructeurs de corps de troupes à cheval sont initiés à la nouvelle méthode ; leurs rapports à M. le Maréchal Ministre de la guerre attestent qu'ils la considèrent comme un progrès important.

Les épreuves sérieuses qui ont eu lieu dans l'armée ont obtenu un plein succès; et si l'innovation à laquelle j'ai voué le travail de toute ma vie a pu franchir l'enceinte obscure d'un manége, c'est à vous principalement que j'en suis redevable.

MM. les Généraux Gusler et Carrelet ont droit également à ma gratitude : présidents des commissions instituées à Lunéville et à Paris, ils se sont livrés à l'examen des nouveaux principes avec un zèle et une impartialité qui ont été très-profitables aux intérêts de l'art.

Après avoir conquis le suffrage des juges éclairés et compétents, ma méthode triomphera-t-elle complètement des entraves que la routine et l'envie lui opposent avec une incessante ardeur ? C'est là une question de temps, mais j'ai foi dans l'avenir.

Quoi qu'il arrive, d'ailleurs, je conserverai toujours un sentiment de profonde reconnaissance pour les encouragements et les témoignages de sympathie que j'ai reçus de l'armée.

Agréez, je vous prie, avec cette assurance, Général, l'expression de ma haute et respectueuse considération.

Baucher.

Janvier 1844.

L'introduction suivante contient les noms des chevaux que j'ai montés au Cirque des Champs-Élysées; la postérité doit savoir aussi par qui ce bel établissement était dirigé : c'est M. Dejean qui en fut le fondateur et le propriétaire; c'est à lui que Paris est redevable du plus beau cirque qui existe peut-être dans le monde entier. Des rapports intimes de quinze années m'ont fait apprécier M. Dejean comme il le mérite, et je crois n'être que juste en disant que la franchise, l'urbanité et la loyauté qui le caractérisent le placent au premier rang. Le gouvernement, en reconnaissance de son courage et de son esprit d'ordre, lui a décerné, à la satisfaction de tous ceux qui le connaissent, d'abord la croix de chevalier, puis celle d'officier de la Légion d'honneur. M. Dejean n'est pas seulement un directeur intelligent, il est de plus le père de tous ses administrés, et je crois être leur organe en proclamant bien haut et pour longtemps, mon opinion personnelle que tous partagent.

INTRODUCTION.

Si la Providence a donné à l'homme une intelligence supérieure, n'est-ce pas afin qu'il puisse s'en servir pour secourir et diriger les êtres moins privilégiés qui lui servent d'instruments et de serviteurs? Comment donc interpréter cette maxime de l'Ancien Testament qui nous dit : *Il faut employer le fouet avec le cheval, le frein avec l'âne, la verge avec l'ignorant?* Ces paroles renferment assurément un sens caché, impénétrable pour nous, car, s'il fallait les prendre à la lettre, elles sont trop indignes de la sagesse divine pour que nous ne fussions pas en droit de les considérer comme apocryphes. Le cheval, en effet, ne serait donc qu'une machine sans mémoire, sans discernement, sans instinct? Mais en admettant qu'il en fût ainsi, et que l'animal ne possédât aucune faculté intellectuelle, resterait encore un mécanisme organisé dont les rouages, pour fonctionner avec ensemble et régularité, auraient besoin d'être parfaitement harmonisés entre eux. Or, je le demande, est-ce avec le *fouet* qu'on leur donnera cet accord indispensable à la justesse de leur jeu? Non, sans doute. Et si, dans ce cas, le cheval ou la machine ne satisfait point à nos exigences, ce n'est pas lui qu'on doit fouetter, mais bien le présomptueux qui veut diriger un mécanisme dont il ne connaît pas même les ressorts.

Et si maintenant nous rendons au cheval la part d'intelligence qui lui revient de droit; si nous reconnaissons que cet animal est capable d'appréciation, de discernement, qu'il possède la sensation, la mémoire et la comparaison, nous devons nécessairement en déduire qu'il est soumis à toutes les règles communes aux êtres sensibles et intelligents; ainsi donc, tout en s'efforçant d'éviter ce qui lui est pénible, on recherchera naturellement ce qui lui est agréable. Est-ce encore avec le fouet que vous parlerez alors à son intelligence, que vous lui ferez comprendre qu'il est de son intérêt de se livrer à votre direction, de substituer à des exercices faciles et journaliers des mouvements nouveaux et d'abord fatigants? Une telle conduite ne prouverait-elle pas évidemment que vous êtes vous-même inférieur en intelligence à l'animal? On le voit donc, le précepte du livre saint ne peut avoir le sens qu'on serait disposé à lui donner; car, machine, automate ou être intelligent, c'est par la science et le raisonnement, et non par le fouet, qu'on doit conduire et dresser un cheval. Ceci s'adresse principalement à ceux qui, d'après le principe ci-dessus, ou tout autre aussi dénué de logique, se figurent qu'il suffit de payer cher et de frapper fort pour posséder de bons chevaux et savoir les guider. Que de temps au contraire, que d'études ne faut-il pas pour connaître à fond ce noble animal! La vie entière n'y peut suffire pour celui qui pratique l'équitation avec conscience, avec discernement, avec amour enfin; mais que de compensations ne puise-t-on pas dans le travail lui-même! que de vives satisfactions, que d'instants délicieux pour l'écuyer! quel noble interprète il rencontre dans cet intéressant ami de l'homme! quelle intimité pleine de charme! que de conversations vives, piquantes et instructives! Demandez à tous ceux qui ont goûté de pareilles jouissances s'il est vrai que le cheval ne soit qu'une machine inintelligente.

Puissé-je vulgariser ces jouissances dans le monde équestre, en publiant aujourd'hui les nouveaux principes contenus dans ce livre! Je sais bien que plusieurs de mes rivaux ont prétendu que ma méthode, fruit de vingt-cinq années de recherches consciencieuses, était connue en Allemagne, en Russie, en Italie, longtemps avant que je fusse au monde. Ces excellents patriotes, plutôt que de reconnaître qu'une réforme utile au pays est due à l'un de leurs concitoyens, préféreraient sans doute qu'elle fût sortie d'une source étrangère. *Il est juste de dénoncer les plagiaires*, mais, avant de les flétrir, on devrait au moins s'assurer de leur mauvaise foi. Ici, loin de rechercher la vérité, mes adversaires n'ont apporté dans leurs attaques ni certitude ni bonne foi; tout était pure invention de leur part. L'envie est si prompte à calomnier!

Si ma méthode était connue avant moi, pourquoi donc ne la pratiquait-on pas dans toute son étendue? Il n'est pas d'écuyers qui ne préférât obtenir en un jour les résultats d'un mois, en un mois ceux d'une année; il n'en est pas qui ne fût enchanté de pouvoir donner une éducation brillante à des sujets réputés indressables. Pourquoi donc continuent-ils de se traîner à la remorque d'une vieille routine impuissante ou du moins très-incomplète? Pourquoi? La réponse est bien facile : c'est que personne ne leur avait indiqué le moyen de faire mieux. Je défie tous les hommes compétents en équitation d'analyser la dixième partie des principes qui constituent mon système, ou d'en expliquer convenablement le plus simple détail, à moins qu'ils ne soient venus s'instruire à mon école. Je puis, au surplus, invoquer à l'appui de ce que j'avance le témoignage de MM. le comte de Brèves et la marquis de Miramont, que je m'honore d'avoir eus pour élèves. Après avoir étudié à fond mon système, ces messieurs sont allés parcourir l'Allemagne, la Hongrie, la Prusse, pour voir ce qui se pratique en équitation dans ces divers pays, et se mettre à même de publier leurs propres observations sur cet art. Qu'on leur demande si, parmi les nombreux écuyers qu'ils ont visités, ils en ont rencontré un seul dont les théories ou les moyens d'application eussent le moindre rapport avec ceux que je professe; ils répondront négativement comme ils l'ont déjà fait à moi-même et à tous ceux qui les ont questionnés à ce sujet.

N'est-il pas déplorable qu'après avoir dépensé sa vie et son intelligence à la recherche d'une vérité utile, il faille plus de temps pour déjouer les rivalités jalouses et faire prévaloir son autorité qu'il n'en a fallu peut-être pour la trouver? Je le sens, un défaut capital de ma nature est de ne savoir mettre aucun mystère dans l'exposé de mes principes. J'ignorais qu'il fallût écrire d'une manière plus ou moins obscure pour être apprécié et accepté comme maître. J'avais la bonhomie de ne pas omettre la moindre particularité dans l'explication de mon système. J'agissais ainsi, parce que je pensais que la pratique valait mieux que les théories, qu'un exposé complet est le meilleur moyen d'éviter les fausses interprétations, et de rendre à l'équitation l'unité nécessaire à son application : j'avais tort, à ce qu'il paraît, puisqu'à chacun de mes procédés on opposait de grands mots isolés de tel ou tel maître, devenu célèbre par cela seul qu'il était incompréhensible. Ainsi, lorsque j'ai parlé des attaques, et démontré leur utilité comme moyen d'éducation, on m'a répondu que M. de la Guérinière avait dit quelque chose du *pincer délicat de l'éperon.* Si je demandais alors comment doit se pratiquer ce pincer délicat, dans quel moment, dans quel but, quel doit être l'effet de la main pour le seconder, on restait muet comme M. de la Guérinière lui-même : on prétendait que chacun devait interpréter de son mieux un silence qu'il n'avait probablement pas gardé sans raison.

Quand j'ai indiqué les moyens de rendre élégante la position disgracieuse d'un cheval mal conformé, on a prétendu que c'était le principe professé par M. de Vaudreuil, qui ne disait à ses élèves que, *du brillant! du brillant! du brillant!* Le mot n'était donc pas nouveau, puisque ce brave écuyer le répétait quand même.

Quand j'ai parlé des assouplissements, de leur utilité, des moyens de les mettre en pratique, pour accélérer de beaucoup l'éducation du cheval, on a trouvé que le mot était bien ancien, et que, dans tous les temps, on avait recommandé d'assouplir les chevaux. Oui, mais comment? Par des procédés aussi contraires à la nature du cheval qu'au sens commun le plus vulgaire, par des moyens entièrement opposés à ceux que j'indiquais moi-même. N'importe, le mot assouplissement est écrit en toutes lettres dans les auteurs : donc le mot n'est pas neuf. Ces mêmes auteurs ont dit aussi qu'il fallait mettre les chevaux dans la main, sans expliquer davantage dans quel but et par quels procédés; le ramener n'était donc pas non plus de moi, bien que j'aie suppléé à tout ce qui avait été omis.

Le rassembler n'était pas plus nouveau, tous les ouvrages en ont parlé : « Rassemblez votre cheval, » dit-on à l'élève qui prend sa première leçon, faisant ainsi de la chose la plus importante et la plus efficace en équitation un mouvement machinal, sans but ni effet. Voilà cependant où conduisent les grands mots vides de sens que l'on accepte sans les comprendre. J'ai défini le rassembler, j'ai grandi l'équitation, on en doute encore!

Tous les auteurs aussi ont parlé du départ au galop; mais quel est celui qui a donné sur ce sujet des principes rationnels? Quant à l'influence de la conformation du cheval sur la disposition de ses forces, quant à ce que je disais et répétais sur la nécessité de combattre les forces instinctives, de les annuler, de les livrer à la disposition du cavalier, pour qu'il pût les répartir à son gré, et suppléer aux effets des vices physiques de l'animal, comme il n'y avait pas, dans aucun ouvrage, de mots qui eussent rapport à ce travail, on ne me comprenait pas, ou on feignait de ne pas me comprendre, etc., etc. Il faut donc du mystère, des mots sonores, pour frapper l'imagination de certaines gens; plus on est obscur, plus on est profond, et ce qui n'est pas compris devient par cela même *phénoménal*. Dirai-je la véritable cause de cette mauvaise disposition d'esprit? Oui; la science m'en fait une loi : c'est que l'on n'est pas fâché d'abriter sa propre ignorance derrière le vague qui laisse planer sur l'art des principes faux et incertains.

Des amateurs m'ont souvent demandé si, à l'exemple de quelques célébrités équestres, on pourrait, avec ma méthode, exécuter de prime abord, sur un cheval encore ignorant, quelques-unes des principales difficultés de l'équitation. Ma réponse a toujours été négative. Ces étonnants tours de force sont particuliers à l'homme qui les pratique; ils n'appartiennent à aucun système. Quels fruits en effet peuvent en recueillir l'art et la science? Quels principes peut-on établir sur des procédés aussi peu rationnels? comment les enseigner, lorsqu'ils dépendent uniquement de l'énergie physique du cavalier et de la violence de ses effets? A quoi cela peut-il lui servir à lui-même, sinon à éblouir quelques curieux peu capables de juger et d'apprécier la véritable science équestre? Le cheval que l'on soumet à une pareille violence cède d'abord à des brusqueries qui le surprennent, mais la réflexion vient ensuite, il combine ses résistances, et prévient bientôt, par des oppositions et des forces contraires, tous les mouvements pénibles auxquels l'avaient, dans le premier moment, assujetti de subits renversements d'encolure, de tête et de corps. On est alors surpris de voir ce cheval qui semblait dressé, refuser d'exécuter, sous le même cavalier, les mouvements les plus simples et les plus faciles; c'est qu'une fois revenu à lui-même, l'animal acquiert bien vite la mesure de ce qu'il peut faire, prend l'initiative, et devient agresseur, peut-être pour toujours. Si quelques amateurs s'étonnent de cette conséquence, c'est une preuve que leurs connaissances en équitation sont bien bornées. Quant aux écuyers vraiment capables, ils ne voient dans ce dévergondage de l'art, qu'un blasphème équestre, un avenir sans résultats pour l'éducation du cheval, et des dangers réels pour son organisation (1).

Le cheval, quelque favorisé qu'il soit de la nature, a besoin d'un exercice préalable pour disposer ses forces à se prêter un mutuel secours; tout devient sans cela machinal et hasardeux, autant de sa part que de celle du cavalier.

Quel est le musicien qui pourrait tirer d'un instrument des accords mélodieux sans avoir jamais exercé ses doigts au mécanisme de cet instrument? On ne produirait, sans nul doute, en pareil cas, que des sons discordants et faux; le même résultat a lieu en équitation, lorsqu'on veut faire exécuter à un cheval des mouvements auxquels il n'a pas été préparé. S'il y a dans le cheval matière à produire un

---

(1) M'étant assuré que, parmi nos *célébrités équestres*, la véritable équitation était faussée ou méconnue, j'ai cru devoir protester en général et sans nommer personne, contre l'erreur ou l'ignorance. M. d'Aure a répondu par un pamphlet. — L'indiscrétion n'est pas de mon côté.

poëme, ce n'est pas l'improvisation, mais la réflexion et le temps moral qui nous mettront à même d'accomplir dignement notre œuvre. Corneille, Racine, tous nos grands poëtes, n'écrivaient qu'après avoir mûrement étudié leur sujet; leurs chefs-d'œuvre ont passé à la postérité. Nous avons vu et entendu des improvisateurs; que reste-t-il de leurs productions? Elles sont aussitôt oubliées qu'écloses.

Les écuyers à grande réputation étaient loin de supposer qu'on pût trouver un jour des procédés plus simples et plus naturels que ceux qu'ils pratiquaient, et qu'on pût arriver à faire beaucoup mieux. Je dois cependant le dire à leur louange, s'ils sont restés stationnaires, ils ont montré, d'autre part, une sagesse qui, bien que routinière, avait le grand avantage de ne pas extrapasser les chevaux, et s'ils n'ont pas fait progresser l'art, ils ne l'ont pas du moins fait rétrograder. L'ouvrage que je livre aujourd'hui au public démontrera que, si ma méthode donne les moyens de faire vite, elle enseigne aussi à bien faire, puisque tout y est défini, gradué, raisonné; tout se suit et s'enchaîne dans mon système : chaque mouvement est la conséquence d'une position qui, elle-même, est produite par une force transmise. Ce n'est donc jamais le cheval qui est fautif, c'est le cavalier, et dès lors plus de cravache, plus de chambrière pour châtier ce qu'on appelle la désobéissance ou la méchanceté de l'animal. J'explique, je fais comprendre pourquoi, dans certain cas, il refuse d'obéir, et j'indique les moyens de le disposer à bien faire. Je soutiens que le cheval n'a jamais tort, et je le prouve. S'il a le libre emploi de ses forces, il sera maître de ses mouvements, et fera ce qu'il voudra en dépit du cavalier. A quoi pourront servir dans ce cas les effets de force, les coups de cravache appliqués sans discernement? Changeront-ils la disposition des forces du cheval pour leur donner la

justesse, la direction qui leur manque ? Non, sans doute !
Pourquoi dès lors punir l'animal pour des résistances qui
sont la conséquence naturelle de la position dans laquelle
on le laisse ? Il faut donc l'en faire sortir d'abord, et cela
devient facile au cavalier lorsqu'il a rendu le cheval assez
souple pour être à même de dominer ses forces et de le
placer toujours dans la position convenable.

C'est par vingt-quatre procédés nouveaux, concourant
tous à la même fin, c'est-à-dire à ramener dans un équilibre parfait les constructions les plus défectueuses, que je
suis arrivé à opérer dans l'équitation un changement qui
rendra, je l'espère, les plus importants services à la cavalerie. Elle y trouvera économie de temps, amélioration
des chevaux, émulation pour les cavaliers, progrès dans
l'instruction, précision dans les manœuvres, etc.

Une clameur circonscrite, il est vrai, dans un cercle
assez étroit, est cependant parvenue jusqu'à moi. Comment se fait-il, disaient certaines gens, qu'un professeur,
un innovateur, qui a la prétention de faire école, vienne
cependant se montrer en public ? Ne serait-il pas plus convenable, qu'à l'exemple de ses confrères, il s'en tînt à
professer son art dans son manége ? Les amateurs lui auraient tenu bon compte de ses efforts ; ils l'auraient entouré
de plus de considération ; car enfin son talent est de ceux
qu'on va juger pour un franc, et cela frise de bien près le
saltimbanque. Ce langage, s'il est spécieux, n'en est pas
moins injuste. Il faut vivre avant tout, et faire honneur à
ses affaires. Je ne sache pas que la considération s'attache
à un homme qui, par une sotte vanité, laisse péricliter son
établissement, et se trouve forcé par la suite de frustrer
ses fournisseurs qui ont eu foi en sa parole. Or, je le demande, depuis l'installation en France des écoles d'équitation, en est-il beaucoup, même parmi celles qui étaient
subventionnées par le gouvernement, qui aient pu atteindre

une position financière satisfaisante? est-il un seul écuyer qui se soit assuré quelques ressources pour ses vieux jours?... C'est que, de tous les genres d'industrie, celui-ci est le plus ingrat. L'établissement et l'entretien d'un manége exigent des frais énormes; et comme le véritable goût de l'équitation est très-peu répandu, comme cet art est tombé dans le domaine du caprice ou de la vanité, il est tout à fait impossible de soutenir un établissement de ce genre à moins de cumuler deux industries.

Voilà pour la question matérielle; celle d'art vient ensuite. Je devais faire connaître ma méthode, lui donner la publicité, le retentissement dont je la croyais digne, convaincre enfin les incrédules. J'avais, dans un ouvrage précédent, exposé mes principes, persuadé qu'ils allaient faire une révolution équestre. Six ans s'étaient écoulés sans que je reçusse le moindre encouragement : les uns ne comprenaient pas, les autres ne voulaient pas comprendre. On eût préféré, sans doute, à des procédés efficaces, mais qui exigeaient une certaine étude, des mors capables d'arrêter un cheval sur place, des moyens mécaniques qu'il eût suffi d'acheter pour devenir un écuyer habile. Quoi qu'il en soit, une vingtaine d'amateurs venaient étudier mes principes et les prônaient bien haut; l'un d'eux, M. Rul, homme de conviction, de zèle, de courage et de probité équestre, c'est-à-dire incapable d'un plagiat, a fait de la propagande en Belgique, en Prusse en Autriche, il a l'intention d'aller porter la lumière en Russie, en Amérique, etc. Doué d'une persévérance à toute épreuve, aucun obstacle ne l'arrête, il sait d'avance tout ce que doivent endurer l'auteur et le propagateur d'une science nouvelle; il répond à tout par le langage de la vérité et par de glorieux résultats. Mais mon but n'était pas rempli, je voulais que ce qui restait enfermé entre quatre murs se répandît dans toute la France, et que l'armée surtout fût amenée à connaître et à pratiquer mes principes. Je voulais forcer les étrangers à convenir de notre supériorité équestre, en leur montrant les ressources que nous savons tirer même des chevaux inférieurs. Voilà quels étaient mes rêves, mes espérances, et tout me fait présager qu'ils vont se réaliser bientôt. Ce résultat, s'il est atteint, sera certainement dû à la résolution que j'ai prise de prouver l'efficacité de ma méthode, en rendant le public juge de ses résultats. Lorsque ce grand appréciateur a vu les difficultés que j'avais surmontées, lorsqu'il a su que ces chevaux, qui paraissaient devant lui si nobles et si brillants, étaient des animaux que j'avais choisis exprès dans les conditions les plus défavorables, et payés de cinq à six cents francs, il a déclaré hautement que ma méthode devait avoir du bon. Mes adversaires ont bien été forcés dès lors de dire comme tout le monde; ils ont eu beau prétendre que ces résultats tenaient plutôt à l'homme qu'à la méthode, le coup était porté, et les amateurs sont arrivés d'eux-mêmes pour s'initier à mes principes. D'adversaires qu'ils étaient, ils sont devenus mes chauds partisans, et l'ont proclamé ouvertement. C'est mon travail au Cirque qui seul leur avait dessillé les yeux. Il est probable que sans les exercices publics de mes chevaux, tels que Partisan, Neptune, Capitaine, Géricault, Buridan, Topaze, Mamhoud, Haydée, Maiflay, Bloc, Stades, La Picarde, Hasting, Passetemps, Godolphin, Robert, La Béarnaise, Lebouffe, Turban, Sandor, Kleber, Blacknick, Nigel, Zamba, Cherkesse, Barbarina, je serais encore enfoui, inconnu et sans écho, au fond de l'un des manéges de la capitale. Tous ces chevaux n'ont pas coûté plus de cinq cents francs en moyenne; leurs défauts de perfection rendaient plus difficile encore le point d'éducation auquel ils ont été amenés. Mais, en vérité, je m'explique ici comme si j'avais besoin de me justifier de m'être montré

en public. Quoique mon goût soit entièrement opposé au plaisir que peuvent éprouver certaines personnes à se donner en spectacle, je ne crois pas, en le faisant, manquer en rien à ma propre dignité : j'aime et j'honore toutes les professions respectables, celles surtout qui sont destinées à éclairer le public et à le distraire. Que m'importent les sots propos de quelques envieux? Tout homme qui veut faire prévaloir un principe doit être prêt à tout braver, insolence, railleries, sarcasmes des uns, oubli, indifférence des autres. Il y a longtemps pour mon compte que j'y suis fait; et je trouve dans l'approbation des gens sensés que j'affectionne, une large compensation à tous ces inconvénients passagers. A ceux donc qui prétendent que je ravale mon titre d'écuyer en le mettant en scène, je réponds que Molière et Shakspeare avaient aussi la bassesse de jouer leurs pièces en public, et qu'en imitant dans ma sphère obscure, l'exemple de ces grands génies, je ne fais qu'obéir à leurs voix, qui nous crient sans cesse : « Élevez votre intelligence sur la ruine des pré-
» jugés ! »

APPENDICE.

Depuis la première publication de ma méthode, des faits irrécusables ont attesté la vérité des principes qui y sont exposés. M. le Maréchal ministre de la guerre a chargé une commission, présidée par le lieutenant général, marquis Oudinot, de reconnaître ses avantages (1). Cinquante chevaux de troupe ou d'officiers, qui n'avaient pas encore commencé leur instruction, ou qui étaient reconnus difficiles ou vicieux, ont été soumis aux expériences. L'épreuve a commencé le 21 mars (1842). Les exigences du service de la garnison de Paris ne permettant de mettre à la disposition de la commission qu'un petit nombre de cuirassiers, gardes municipaux et lanciers de première classe, presque tous les chevaux ont été confiés à des cavaliers peu intelligents ou dont l'instruction n'était pas très-avancée. Les cavaliers ont eux-mêmes exercé leurs chevaux. Le 9 avril, c'est-à-dire après quinze leçons, M. le Maréchal ministre de la guerre a voulu être témoin des résultats du système qu'il avait donné l'ordre d'expérimenter; Son Excellence était accompagnée des membres du comité de cavalerie et de plusieurs autres officiers généraux. Les cavaliers étaient complétement armés et équipés et les che-

---

(1) La commission était composée du lieutenant général Oudinot, du colonel Carrelet, commandant la garde municipale, du chef d'escadrons de Novital, commandant le manége de l'école de cavalerie, des capitaines instructeurs de Guès du 5me cuirassiers, et de Mésange du 3me lanciers.

vaux chargés ; on a exécuté individuellement et en troupe, à toutes les allures, des mouvements que, jusqu'à ce jour, on n'avait demandé aux chevaux qu'après cinq ou six mois d'exercice sous des cavaliers déjà instruits. Le Maréchal ministre a suivi toutes les expériences avec le plus grand intérêt, et avant de se retirer il a témoigné toute sa satisfaction et annoncé l'intention de faire faire une application générale dans l'armée.

Les rapports que je joins ci-après, serviront de pièces authentiques pour convaincre l'incrédulité ou fermer la bouche à la malveillance ; ils démontreront également aux cavaliers que chacun d'eux peut, dans un très-court espace de temps, devenir le professeur de son cheval, atténuer ses défauts et tirer tout le parti possible de ses qualités. La position actuelle du cavalier m'ayant paru laisser beaucoup à désirer sous le rapport de la promptitude de l'instruction, et surtout du développement de la compréhension équestre, je me suis décidé à présenter un nouveau mode d'exercice propre à abréger et perfectionner l'éducation du soldat.

DOCUMENTS OFFICIELS EN FAVEUR DE MA MÉTHODE.

Voici la reproduction littérale des rapports officiels dont j'ai parlé précédemment ; j'ajouterai que soixante autres rapports favorables, rédigés par des généraux, colonels, chefs d'escadrons, capitaines et lieutenants, ont été également adressés à M. le ministre de la guerre, depuis huit mois que l'on a commencé les essais de ma méthode dans une partie de la cavalerie. Ces autorités et ces faits ne sont-ils pas suffisants ? Malgré le changement fondamental que ce nouveau mode d'équitation a apporté dans la cavalerie, malgré le supplément d'études qu'il exige, je n'ai trouvé que des dispositions empressées et bienveillantes dans l'armée. Le suffrage des militaires qui ont travaillé sérieusement ma méthode, m'a amplement dédommagé des jalousies et de la mauvaise foi que j'ai rencontrées ailleurs chez des écuyers et des cavaliers se posant en détracteurs de mes principes sans les connaître.

LETTRE DE M. CHAMPMONTANT, LIEUTENANT-COLONEL D'ÉTAT-MAJOR, SECRÉTAIRE DU COMITÉ DE LA CAVALERIE, A M. BAUCHER.

Paris, le 14 janvier 1842.

« Monsieur,

» M. le ministre de la guerre a renvoyé au comité de la cavalerie l'examen d'une proposition contenue dans la lettre que vous avez adressée à Son Excellence, et, dans sa séance de ce jour, le comité a décidé qu'avant de passer outre à sa délibération, il vous ferait connaître le désir qu'il éprouve de vous entendre et de recevoir de vous des explications qui lui semblent indispensables.

» M. le lieutenant général président du comité me charge en conséquence d'avoir l'honneur de vous demander s'il peut vous convenir de vous rendre mercredi prochain, 19 de ce mois, à onze heures du matin, à la salle des séances, 61, rue de l'Université.

» Si ce jour ne vous était pas agréable, je vous prierais de vouloir bien en désigner un autre, et je prendrais de nouveau les ordres de M. le président.

» Veuillez recevoir, Monsieur, l'assurance de ma considération la plus distinguée.

» Le lieutenant-colonel d'état-major, secrétaire du comité de la cavalerie,

» CHAMPMONTANT. »

LETTRE DE M. LE LIEUTENANT GÉNÉRAL MARQUIS OUDINOT, A M. BAUCHER.

Paris, le 17 mars 1842.

« Monsieur,

» Par suite des propositions que vous avez faites à M. le Maréchal ministre de la guerre, Son Excellence a décidé qu'il serait fait à Paris une série d'expériences sur votre méthode pour dresser les chevaux de remonte et ceux qui sont reconnus difficiles. En conséquence, cent jeunes chevaux pris dans les régiments de cavalerie en garnison à Paris seront dressés d'après votre système. S'il existe dans ces deux corps quelques chevaux difficiles, ils seront également soumis à votre méthode. Les expériences auront lieu en présence d'une commission composée des capitaines instructeurs du 5me de cuirassiers et du 3me de lanciers. Le chef d'escadron commandant le manége de l'école de cavalerie, auquel le ministre donne l'ordre de se rendre à Paris, fera partie aussi de cette commission, dont la présidence m'est confiée. Avant de donner des instructions au maréchal de camp commandant la brigade et aux colonels des deux régiments de cavalerie, j'ai besoin, Monsieur, de m'entendre avec vous. Je vous prie, en conséquence, de vouloir bien vous rendre demain, à neuf heures, chez moi, où ces messieurs seront réunis.

» Recevez, je vous prie, Monsieur, l'assurance de ma considération distinguée.

» Le lieutenant général

» Marquis OUDINOT. »

RAPPORT SUR LES EXPÉRIENCES DE LA MÉTHODE DE M. BAUCHER, ET RÉSUMÉ DES OPÉRATIONS JOURNALIÈRES, PAR LE CHEF D'ESCADRONS DE NOVITAL, COMMANDANT A L'ÉCOLE DE SAUMUR.

« Les capitaines instructeurs des 5ᵉ régiment de cuirassiers et 3ᵉ de lanciers, désignés par le ministre de la guerre pour faire partie de la commission, se sont réunis à moi, ainsi qu'à M. Baucher, au quartier de Sens, le 21 mars, et les expériences ont commencé.

» Pour édifier, pour construire, il faut des matériaux ; pour enseigner il faut des maîtres. Or, M. Baucher, chargé de démontrer sa méthode et voulant prouver ses bons résultats, ne pouvait tout d'abord procéder sur une grande échelle, et faire pratiquer lui-même son système à un grand nombre d'hommes et de chevaux. Il a donc dû se créer des interprètes, des coopérateurs. Il les a pris parmi les officiers et cavaliers des deux régiments.

» 21 mars. — Dans la première séance, la leçon a été donnée à deux sous-officiers du 5ᵉ cuirassiers, sur deux chevaux complétement neufs, l'un allemand, l'autre normand, et à un même nombre de sous-officiers et de chevaux du 3ᵉ lanciers ; ces derniers (de la remonte de Vincennes) possédaient une instruction plus avancée que les chevaux des cuirassiers, avaient même reçu la bride depuis quelques jours.

» Les officiers, sous-officiers et cavaliers, après une explication succincte, mais très-claire, très-nette et très-rationnelle de M. Baucher, sur le fond de sa méthode, sur les diverses causes des défenses du cheval et les moyens simples, mais efficaces, de les combattre, ces officiers et sous-officiers, dis-je, après une démonstration de quelques instants, ont mis la main à l'œuvre et obtenu des résultats presque instantanés sur des natures brutes, sinon rebelles. Au bout d'une demi-heure, chaque cheval a compris les aides et s'est prêté, pour ainsi dire, de bonne grâce, à toutes les exigences du cavalier, premièrement dans la leçon à pied et en place, puis monté. Un cheval du 3ᵉ lanciers a cependant résisté à l'action latérale du mors, c'est-à-dire à la flexion de la mâchoire ; mais, comprenant bientôt l'inutilité de la résistance, il a cédé.

» Bon nombre d'officiers en dehors de la commission, mus par un noble zèle, assistaient à cette première séance, et les résultats obtenus si promptement ont prévenu chacun en faveur de la méthode.

» Dans la seconde séance on a procédé comme dans la première, mais sur quatre chevaux par régiment au lieu de deux. Les résultats ont été plus grands que ceux du matin, car deux chevaux nouvellement admis, l'un normand, du 5me cuirassiers, et l'autre navarin, du 3me lanciers, ont opposé une grande résistance à la première action du mors. Le navarin surtout a mis de l'opiniâtreté et de la méchanceté dans ses défenses, il en est venu au point de frapper le cavalier avec les pieds de devant. Enfin ils ont fini l'un et l'autre, après quelques minutes, par céder et se rendre d'une manière satisfaisante, sinon complète, à la main de M. Baucher, tandis que d'autres cavaliers, simples adeptes naturellement moins habiles, ont échoué.

» 22 mars. — Les expériences de la seconde journée ont été à peu près les mêmes que celles de la veille. Les mêmes chevaux ont été mobilisés et se sont soumis sans la moindre résistance. Ils ont répondu aux jambes, d'une manière satisfaisante, dans la mobilisation de la croupe. Deux chevaux de plus par régiment ont été soumis aux épreuves et n'ont été nullement rebelles.

» 23 mars. — Dans la troisième journée on a opéré sur six chevaux de chaque régiment. Les progrès des hommes et des chevaux ont été sensibles, à l'exception du cheval navarin, cité plus haut, et qui, par recrudescence, a présenté des résistances et des défenses très-fortes en se cabrant et en luttant à outrance contre son cavalier ferme et solide, tandis que la veille il paraissait maîtrisé. Mais les jours suivants il a fini par être complétement soumis.

» 24 mars. — Les expériences de ce jour ont été faites sur dix chevaux de chaque régiment. Tous les cavaliers ont compris parfaitement toutes les flexions, le ramener, etc., etc. Les chevaux se sont montrés soumis, légers, maniables. Un gris, des lanciers, nouvellement admis, a opposé de vives résistances, prenant des positions de tête difficiles à combattre. Enfin, après un quart d'heure, il a été vaincu, et, vers la fin de la leçon, il se livrait facilement.

» 25 mars. — Mêmes opérations que la veille, obéissance plus passive chez tous les chevaux déjà mobilisés. Un cheval normand du 5me, âgé de sept ans, a été amené ce jour-là ; ce cheval opposait, pour défenses, des ruades, des sauts réitérés, lorsque le cavalier l'enfourchait ; après la mobilisation de pied ferme par M. Baucher, et un mouvement rétrograde longtemps continué, il s'est amendé, et à la fin de la leçon il était à moitié soumis.

» 26 mars. — Continuation des épreuves sur les mêmes chevaux, amélioration dans la souplesse, la régularité des flexions et des mouvements.

Défenses moins grandes chez le cheval normand, qui la veille était intraitable.

» La séance terminée par des flexions d'ensemble, par le reculer et par quelques mouvements de pied ferme, aux indications de M. Baucher.

» 27 mars. — D'abord même travail que la veille; ensuite, travail à volonté, au trot, les chevaux conduits avec le filet. Pas de résistance : légèreté évidente chez presque tous les chevaux; mais obligation de revenir parfois, pour certains, à la mobilisation de pied ferme.

» Le *rueur*, cité plus haut, s'est moins défendu. La résistance morale surtout a cédé en partie.

» 28 mars. — Le travail a continué, comme les jours précédents, pour confirmer les chevaux qui se sont montrés plus souples généralement ; quelques-uns, cependant, ont encore opposé de légères résistances, tels que le *gris*, des lanciers, dont il a été parlé.

» La reprise au trot, à volonté, les chevaux conduits avec le filet, a été satisfaisante.

» Mobilisation d'ensemble à la fin de la séance.

» La garde municipale, sur sa demande d'être associée aux expériences, a envoyé plusieurs officiers et sous-officiers avec leurs chevaux, présentant, pour la plupart, quelques difficultés sous le rapport du ramener ; dès le premier jour il y a eu amélioration.

» 29 mars. — Même travail que le 28. Amélioration sensible dans les progrès des hommes et des chevaux.

» 30 mars. — Les chevaux, dans cette séance, se sont montrés généralement dociles, bien disposés et légers. Les flexions à pied et à cheval ont été très-bien faites. Dans les mouvements, on a remarqué encore quelques contractions d'encolure qui tenaient probablement au peu d'habitude des hommes dans la pratique de la méthode.

» Enfin, les chevaux ont été conduits avec la bride à toutes les allures et ont bien donné dans la main.

» Le galop a été commencé sur les grandes pistes, les chevaux se sont montrés légers et obéissants.

» Il y a eu grande amélioration chez le *rueur*, qui, monté par un élève distingué de M. Baucher, a souffert, sans oser se défendre, les attaques de l'éperon.

» 31 mars. — Mêmes opérations que la veille, travail au trot et au galop alternativement. Grande amélioration en tout; les chevaux étaient presque dressés.

» 1er avril. — Le travail suspendu à cause du mauvais temps.

» 2 avril. — Le travail a été repris comme les jours précédents, mais les cavaliers ayant le sabre, ce dont les chevaux n'ont été nullement impressionnés.

3 avril. — Les expériences de la journée ont laissé peu à désirer. Les chevaux légers, et parfaitement obéissants, ont exécuté les mouvements à toutes les allures et peuvent entrer dans les rangs de l'escadron.

Voilà donc les résultats accomplis en *treize jours* et même moins pour certains chevaux. Les faits parlent, ils sont concluants. Obtenir en quelques jours ce que l'on gagnait en six mois, un an, est un avantage immense que la cavalerie se plaira à reconnaître. Faire de chaque cavalier, quel qu'il soit, l'instructeur de son cheval, en est un autre non moins grand. Propager le goût de l'équitation par l'attrait qu'elle a pour tous ceux qui la pratiquent, c'est encore un des bienfaits que doit répandre la méthode de M. Baucher.

» Chaque innovation a ses détracteurs, chaque perfectionnement a ses opposants. On sait déjà que le système en question soulève des jalousies, des susceptibilités, et opère une quasi-révolution dans le monde hippique. Pour démolir l'œuvre de l'habile écuyer, certains adversaires s'efforcent de lui donner le cachet d'une imitation des Pignatel, des Pluvinel, des Newcastle, des la Guérinière, des d'Auvergne, des Chabannes, etc., etc. Sans doute, ces hommes habiles ont prêché l'assouplissement et l'équilibre, mais ont-ils indiqué les moyens d'exécution, ont-ils enseigné une théorie aussi lucide, aussi nette, aussi bien raisonnée que celle de M. Baucher? Ont-ils tous, ainsi que lui, joint l'exemple au précepte? et leurs disciples d'aujourd'hui, choqués du progrès qui s'annonce, pourront-ils, en hardis concurrents, entrer dans l'arène et manier leurs chevaux comme le nouveau maître de l'équitation, en tirer un parti aussi étonnant, aussi prodigieux, quelle que soit d'ailleurs leur construction? Non; je ne le pense pas. La méthode de M. Baucher doit faire école, parce qu'elle s'appuie sur des principes vrais, fixes, rationnels et motivés; tout en elle est mathématique et peut se rendre par des chiffres. A lui donc appartient la nouvelle époque qui commence, à lui la gloire d'avoir mis le cheval dans la dépendance complète de son cavalier, en paralysant toute résistance, toute volonté, et en remplaçant les forces instinctives par des forces transmises.

» Mais, pourrait-on objecter, cette espèce de captivité à laquelle la nouvelle méthode veut soumettre le cheval ne nuira-t-elle pas à sa conservation, ne sera-t-elle pas la source d'une ruine prématurée? A cela il est facile de répondre par une comparaison qui nous semble concluante: lorsque tous les rouages d'une machine sont bien engrenés, que chacun fournit son contingent d'action, il y a harmonie, partant nécessité d'une force moindre. De même lorsque dans un corps organisé, on est parvenu à obtenir la souplesse, le liant dans toutes les parties, l'équilibre devient facile, il y a souplesse, légèreté et par conséquent diminution de fatigue.

» Loin de ruiner le cheval, la nouvelle méthode n'a-t-elle pas l'avantage d'être un puissant auxiliaire pour le développement des muscles, surtout dans un jeune sujet ?

» La vitesse, la franchise des allures, pourrait demander encore la cavalerie, ne souffriront-elles pas de l'emprisonnement dans lequel le nouveau système semble tenir le cheval ? Non, car l'animal jouit, même dans le *rassembler*, de toutes ses facultés locomotrices, il est parfaitement à son aise dans les aides et dans sa position d'équilibre, ce qui oblige tous les muscles à fournir leur quote-part dans l'action.

» Cette question nous amène à parler des bornes que l'auteur du système, toujours exact et rationnel dans les idées comme dans son dire, prétend donner à l'équitation militaire. Ces bornes ne dépassent pas l'instruction élémentaire à laquelle le cheval de troupe doit être soumis, c'est-à-dire qu'elles ne vont que jusqu'au *ramener;* car, alors, le cheval est dans la main, il est en équilibre, conséquemment léger, obéissant ; constamment à la disposition de son cavalier : que veut-on de plus, surtout à la guerre ?

» Quant à l'équitation *savante*, à la haute école, là, il n'y a pas de limites ; le plus habile va le plus loin. Le tact, l'intelligence, le raisonnement assurent le succès. C'est grâce à ces qualités éminentes, jointes à la persévérance et à l'étude, qu'a grandi le talent de l'habile écuyer qui nous occupe et qui a tant de droits à nos sympathies.

» Faire ici l'analyse complète de la méthode de M. Baucher serait peut-être chose opportune; mieux vaut cependant renvoyer à son ouvrage récemment publié, et que tout officier de cavalerie doit s'empresser de lire pour y puiser de saines et véritables doctrines sur l'équitation.

» Mais, si claire, si logique que soit la théorie de M. Baucher, elle n'en aura pas moins, comme je l'ai dit plus haut, ses détracteurs, ses adversaires ; à ceux-là il faudra opposer les faits et l'évidence, qui parlent assez haut pour triompher des plus incrédules.

» Je me résume en disant que, si, comme j'aime à le croire, la nouvelle méthode est adoptée, la cavalerie sera dotée d'une ressource immense, basée sur des moyens prompts et infaillibles pour le dressage des jeunes chevaux et des chevaux difficiles.

» L'opinion de MM. les capitaines-instructeurs des 5ᵉ cuirassiers et 3ᵉ lanciers se trouve comprise dans ce que je viens d'émettre ; comme moi ils concluent à l'adoption de la méthode, et s'unissent à moi dans l'expression d'un sentiment de reconnaissance personnelle pour son auteur.

» Paris, le 4 avril 1842.

» Le chef d'escadrons, commmandant le manége de l'école
» de cavalerie,

» DE NOVITAL. »

RAPPORT AU LIEUTENANT GÉNÉRAL OUDINOT, PAR M. CARRELET,
COLONEL DE LA GARDE MUNICIPALE DE PARIS.

Paris, le 6 avril 1842.

« Mon général,

» Vous avez eu la bonté de permettre à la garde municipale d'assister aux essais faits en votre présence par M. Baucher pour le dressage des jeunes chevaux. C'est un devoir pour moi, général, de vous adresser d'abord mes remercîments pour l'obligeance et la bienveillance que vous avez mises à accueillir ma demande.

» Conformément à votre autorisation, un lieutenant et un sous-officier de chacun de mes escadrons, sous les ordres d'un capitaine adjudant-major, ont assisté aux leçons données chaque matin au quartier de l'hôtel de Sens ; moi-même j'y suis allé souvent pour étudier les nouveaux procédés mis en usage par M. Baucher.

» Permettez, mon général, que je vous fasse connaître le résultat des impressions que mes officiers et moi avons éprouvées en écoutant le développement des théories de M. Baucher, et en les voyant appliquer immédiatement.

» Le système général de M. Baucher pour le dressage des jeunes chevaux consiste :

» 1° Dans la domination des forces de l'encolure ;
» 2° Dans l'annulation de ses résistances.

» Ces idées-là existent de temps immémorial, et à cet égard tous les cavaliers sont d'accord ; mais les moyens employés par M. Baucher sont tout à fait différents de ceux mis en usage jusqu'à ce jour, et les anciens principes sur l'équitation sont presque complétement changés par les adeptes de M. Baucher. C'est presque une révolution dans l'équitation ; mais, à mon avis, il faut toujours se rendre à l'évidence des faits ; toute opposition systématique n'aboutit qu'à retarder le moment de la vérité.

» En effet, suivant les anciens principes, on procédait au dressage des chevaux par des moyens successifs et très-longs. Par les procédés de M. Baucher, on amène tout à la fois, sellés et bridés, les chevaux sur le terrain, où ils reçoivent simultanément la leçon avec le filet, la leçon avec la bride.

» Son système pour se rendre maître du cheval consiste d'abord à assouplir l'encolure, parce qu'elle est la base de toutes les défenses qui peuvent se présenter.

» Raconter ce dont nous avons été témoins depuis quinze jours serait d'un détail peu important pour vous, mon général, qui avez tout vu en artiste ; le raconter pour les autres n'est pas mon affaire. D'ailleurs, les écuyers auxquels on parlera des leçons de M. Baucher et de leurs résultats seront probablement, comme nous, un peu incrédules avant d'avoir vu ; mais quand le résultat est évident, il n'y a plus moyen de ne pas croire, il faut se rendre, quelque peine qu'on éprouve à sacrifier des habitudes de trente ans, habitudes invétérées et auxquelles on a cru comme à l'Évangile.

» Pour abréger cette narration dont vous n'avez certes pas besoin (car je ne connais pas de plus juste appréciateur des hommes et des choses que vous, mon général, qui vous occupez toujours si utilement des intérêts de l'armée), je vous dirai qu'officiers et sous-officiers de la garde municipale sont unanimes pour approuver les procédés de M. Baucher, appliqués au dressage des jeunes chevaux.

» Nous avons assisté à l'éducation de quarante chevaux de troupe, tous plus ou moins difficiles, et nous sommes convaincus que, par le système Baucher, ils ont été plus avancés en quinze jours qu'ils ne l'auraient été en six mois par les procédés que nous suivons habituellement.

» Je suis tellement convaincu de l'efficacité des moyens professés par M. Baucher, que je vais soumettre à ces principes tous les chevaux de mes cinq escadrons.

» Cinq chevaux de la garde municipale, plus ou moins difficiles, ont été assouplis en huit ou dix leçons, et ramenés à la position normale, ils sont devenus calmes et obéissants.

» Je suis, avec respect,

» Mon général,

» Votre très-humble et très-obéissant serviteur,

» Le colonel de la garde municipale,

» CARRELET. »

RAPPORT DE M. LIEUTENANT GÉNÉRAL MARQUIS OUDINOT, A S. EXC. M. LE MARÉCHAL MINISTRE DE LA GUERRE.

Paris, le 7 avril 1842.

« Monsieur le Maréchal,

» Conformément aux instructions contenues dans votre lettre du 11 mars dernier, il a été fait à Paris, sur la demande de M. Baucher, une série d'expériences destinées à constater si la méthode de cet écuyer, relative au dressage des chevaux, pouvait être appliquée avec avantage aux corps de troupes à cheval.

» Ces expériences ont commencé le 21 du mois dernier; j'ai l'honneur de vous transmettre, monsieur le Maréchal, les rapports auxquels elles ont donné lieu de la part des capitaines-instructeurs du 5ᵉ de cuirassiers et du 3ᵉ de lanciers, et du chef d'escadrons commandant le manége de l'école de cavalerie. J'y joins, en outre, un rapport du colonel de la garde municipale, qui a désiré que son corps participât à ces expériences. Les membres de la commission chargés de constater les avantages et les inconvénients de la méthode de M. Baucher se plaisent à reconnaître que le système auquel cet écuyer a attaché son nom est destiné à abréger sensiblement l'instruction des jeunes chevaux, et à répandre le goût de l'équitation dans l'armée. Leur opinion ne se fonde pas seulement sur les résultats que présente la prompte instruction des chevaux dressés en leur présence d'après la nouvelle méthode; ils basent encore leur conviction sur l'étude raisonnée qu'ils ont faite de la méthode elle-même.

» Ces officiers ont compris, ainsi que moi, monsieur le Maréchal, qu'il fallait étudier à fond le système nouveau avant d'avoir le droit d'émettre un avis consciencieux sur un sujet d'une telle importance ; ils ont pensé que, pour apprécier progressivement et la base et les moyens d'enseignement que cherche à propager M. Baucher, il était nécessaire de devenir d'abord ses disciples. Aussi tous les membres de la commission montent-ils tous les jours à cheval avec lui dans son manége.

» *S'emparer des forces instinctives* du cheval, *les subordonner aux forces transmises* par le cavalier, *à l'aide d'assouplissements* qui détruisent les moyens de résistance et d'opposition ; *combattre enfin la mauvaise répartition des forces* de l'animal *et la raideur produite par une mauvaise conformation*, telle est en substance un système auquel son auteur a consacré vingt années de méditation et de travail, un système dont les règles sont, pour ainsi dire, mathématiques, et qui est établi sur les lois naturelles. Ses principes mis au jour par M. Baucher sont un grand et incontestable progrès. Cette conviction, monsieur le Maréchal, s'affermit de plus en plus dans l'esprit des membres de la commission. A mesure qu'ils approfondissent la méthode, ils en apprécient mieux la supériorité, supériorité sanctionnée déjà par des faits concluants. Quinze jours ont suffi pour que le système appliqué à de jeunes chevaux complétement ignorants ou réputés difficiles, et même vicieux, les mît à même de travailler avec régularité à toutes les allures, isolément et dans les rangs, les hommes entièrement armés et équipés, les chevaux chargés.

» MM. les membres du comité de cavalerie se sont transportés sur le terrain des exercices, et ont été témoins d'un résultat qui a dépassé leurs espérances et les miennes. Aujourd'hui, monsieur le Maréchal, on peut assurer que l'expérience est consommée. Elle l'est en ce sens du moins que la partie élémentaire de la méthode, c'est-à-dire celle qui consiste à demander aux jeunes chevaux l'obéissance indispensable pour le travail militaire peut recevoir une facile application dans les corps de cavalerie. Toutefois, monsieur le Maréchal, si cette méthode, à la portée des intelligences ordinaires, est de nature à avancer l'instruction des jeunes cavaliers et des chevaux neufs, si elle enseigne à tirer un grand parti des chevaux, parce que tout y est défini, gradué et raisonné, cependant ce n'est que par une étude approfondie et par une longue pratique que les instructeurs pourront parvenir à vaincre certaines difficultés considérées jusqu'à ce jour comme insurmontables. Pour que le système de M. Baucher produisît dans l'armée tous les avantages qu'on peut en attendre, il serait nécessaire qu'un certain nombre d'instructeurs, appelés à le propager ensuite, y fussent initiés d'une manière aussi complète que possible.

» J'ai en conséquence l'honneur de vous proposer de prescrire :

» 1° Qu'au retour à Saumur du commandant du manége de l'école, les jeunes chevaux soient dressés conformément à la nouvelle méthode, et que des observations soient faites sur les avantages ou les inconvénients qu'elle présente ;

» 2° Que dans le 5me de cuirassiers et le 3me de lanciers l'application de cette méthode se continue ;

» 3° Que les divers corps de cavalerie, dans un rayon de vingt-cinq lieues autour de Paris, détachent, pour deux mois environ, le capitaine instructeur et un officier, qui viendraient étudier le système de M. Baucher. Ces officiers devraient être sous les ordres du lieutenant-colonel d'un des deux régiments de cavalerie en garnison à Paris.

» Afin que le chef d'escadrons commandant le manége de l'école soit plus que personne familiarisé avec ce système, Votre Excellence trouvera sans doute convenable qu'il revienne, vers le 1er mai, passer à Paris le temps nécessaire pour le posséder entièrement.

» Enfin, à défaut de M. Baucher lui-même, il serait utile que son fils passât au camp de Lunéville les mois de juin, de juillet et d'août. Le commandement de ce camp m'ayant été confié, je pourrais alors faire appliquer sous mes yeux la nouvelle méthode d'équitation. Il serait facile également d'y appeler les capitaines instructeurs et un officier des régiments qui sont en garnison dans un rayon d'une vingtaine de lieues.

» Jusqu'à présent, monsieur le Maréchal, M. Baucher n'a voulu entendre parler d'aucune rétribution. Son ambition est d'être utile à l'armée, et de reculer les bornes d'un art pour lequel il est passionné. Si, comme je le crois fermement, sa méthode peut abréger l'instruction des troupes à cheval, une indemnité pécuniaire sera évidemment impuissante pour récompenser un tel service. Mais, malgré le désintéressement de M. Baucher, le département de la guerre ne doit pas disposer, comme aujourd'hui, de son temps sans qu'il reçoive en retour une rétribution. A vous seul, monsieur le Maréchal, il appartient de résoudre cette question. Le désintéressement de M. Baucher est tel que la solution ne saurait entraîner de difficultés.

» Mais avant de vous prononcer sur ces dispositions, il est indispensable, monsieur le Maréchal, que le système nouveau soit soumis à votre appréciation. Comme toutes les doctrines que l'on veut substituer aux idées généralement admises, il rencontrera de l'opposition et des résistances ; aussi doit-il être jugé directement par un ministre qui a déjà doté la France de grandes institutions, et qui seul est assez puissant pour le protéger contre les attaques de l'ignorance, de la routine ou même de l'envie.

» Votre Excellence m'a fait l'honneur de m'écrire, sous la date du 5 de ce mois, que son intention était d'assister elle-même, accompagnée des officiers généraux de cavalerie en ce moment à Paris, au travail que dirige M. Baucher. Je vous prie très-instamment, monsieur le Maréchal, de vouloir bien déterminer le plus tôt possible le jour où les expériences devront avoir lieu sous vos yeux.

» Je suis avec respect,

» Monsieur le Maréchal,

» De Votre Excellence,

» Le très-humble et très-obéissant serviteur,

» Le lieutenant général

» Marquis OUDINOT. »

LETTRE DE S. EXC. LE MARÉCHAL SOULT, MINISTRE DE LA GUERRE, A M. LE LIEUTENANT GÉNÉRAL MARQUIS OUDINOT.

Paris, le 8 avril 1843.

« Général, par la lettre que vous m'avez fait l'honneur de m'écrire le 2 de ce mois, vous m'informez que les expériences de la méthode Baucher, soumise à la commission que vous présidez, ont commencé le 21 mars dernier; qu'elles seront terminées du 8 au 10 du courant, et que déjà les expériences de cette méthode font présager des résultats favorables, surtout dans sa partie élémentaire ; vous terminez en exprimant le désir que j'accorde quelques instants aux exercices qui ont lieu, et que je sois accompagné par les officiers généraux de cavalerie présents à Paris, afin qu'ils soient ainsi à même de se former une opinion sur un mode d'instruction qui vous paraît avoir beaucoup d'avenir.

» J'ai lu avec satisfaction les détails que vous me donnez sur les premiers essais qui ont eu lieu en votre présence.

» Je m'empresse, d'ailleurs, de vous informer que je me rendrai avec plaisir au vœu que vous m'exprimez d'assister à l'une de vos plus prochaines expériences, accompagné de MM. les officiers généraux de cavalerie; je vous préviendrai à l'avance du jour que j'aurai fixé.

» Le président du conseil,
» Ministre secrétaire d'État de la guerre,
» Maréchal duc DE DALMATIE. »

LETTRE DE M. LE LIEUTENANT GÉNÉRAL MARQUIS OUDINOT, A M. BAUCHER.

Paris, le 21 mai 1842.

« M. le Maréchal ministre de la guerre me fait savoir, Monsieur, sous la date du 20 mai, qu'il a lu avec beaucoup d'intérêt le rapport que je lui ai transmis sur les expériences qui ont été faites à Paris, à l'effet de constater si votre méthode d'équitation devait être appliquée avec avantage aux corps des troupes à cheval.

» Le ministre me charge de vous exprimer tous ses remercîments pour le zèle et le désintéressement dont vous avez fait preuve jusqu'à présent dans l'intérêt de l'art et de l'armée. Toutefois Son excellence ne peut et ne doit pas continuer de disposer de votre temps sans vous accorder en retour une juste indemnité. Elle aurait désiré que les crédits mis à sa disposition permissent d'organiser sur une échelle étendue la continuation des expériences de votre méthode; mais les règles qui régissent la spécialité de l'emploi de ces crédits ont apporté des obstacles à la réalisation de ses intentions.

» La commission que je préside a été d'avis qu'il y aurait lieu de vous allouer une indemnité de 5 francs par jour pour chaque officier qui monterait à votre manége, et elle a en même temps proposé à M. le ministre de détacher à Paris pendant deux mois le capitaine instructeur et un officier des régiments placés dans un rayon de vingt-cinq lieues autour de la capitale. Cette disposition s'appliquerait naturellement aux régiments en garnison à Chartres, Beauvais, Provins, Versailles, Melun, Compiègne,

Meaux, Saint-Germain et Fontainebleau. Les vingt officiers de ces dix régiments et les six officiers des trois régiments stationnés à Paris, montant chaque jour à votre manége, auraient occasionné une dépense journalière de 130 francs. La situation du budget et l'absence de tout crédit spécial pour une dépense de cette nature n'ont pas permis d'accueillir cette proposition comme elle était formulée, et M. le Maréchal ministre de la guerre a pensé qu'en se bornant à faire monter ces vingt-six officiers tous les deux jours, il atteindrait le double but de ne pas compromettre le succès des expériences, et de renfermer la dépense dans des limites étroites et nécessaires. Cette disposition sera de ma part l'objet d'une observation ; je préviens le ministre que j'ai autorisé les officiers à monter tous les jours, sauf à abréger le temps de leur séjour à Paris.

» J'ai demandé également que M. votre fils fût autorisé à se rendre à Lunéville, afin que je puisse, en qualité de commandant du camp, y faire faire sous mes yeux l'application de la méthode. J'ai exprimé en outre le désir que le capitaine instructeur et un officier des régiments qui sont en garnison dans un rayon d'une vingtaine de lieues de cette place y fussent appelés pour être initiés à notre système. Ces propositions, qui ont pour but et qui auront pour résultat de mettre le plus grand nombre de régiments possible à même d'appliquer, s'il y a lieu, la méthode en cours d'essai, ont paru à M. le Ministre susceptibles d'être accueillies.

» Bien que je considère l'expérience qui a été faite sous ma direction comme concluante, surtout en ce qui concerne le dressage des jeunes chevaux, et bien que M. le Ministre apprécie aussi ces résultats, S. Exc. pense cependant, d'accord avec la commission, qu'il est nécessaire de continuer les essais. En effet, votre méthode, fût-elle même jugée définitivement par la commission, et dût-elle réaliser tous les avantages que vous en attendez, ne saurait s'imposer à l'opinion publique. Elle aura ses opposants dans l'armée comme dans la classe civile ; c'est le sort de toute idée nouvelle. Il faut donc d'abord qu'elle se fasse connaître, qu'elle se propage, et qu'elle soit généralement adoptée avant que le département de la guerre consacre et légalise cette adoption.

» Je vous annonce donc, Monsieur, que, d'après ces considérations, M. le maréchal ministre de la guerre a arrêté les dispositions ci-après :

» 1° Les jeunes chevaux de l'école de cavalerie seront dressés d'après la méthode Baucher, sous la direction de M. le chef d'escadrons commandant le manége, qui recevra en temps opportun l'ordre de revenir à Paris, pour se familiariser de plus en plus avec ce système de dressage ;

» 2° L'application de la méthode sera continuée dans le 5me de cuirassiers, dans le 3me de lanciers, dans le 3me d'artillerie et dans la garde municipale. Elle sera introduite dans le 5ᵐᵉ de dragons, nouvellement arrivé à Paris ;

» 3° Les régiments de cavalerie et d'artillerie stationnés dans un rayon de vingt-cinq lieues autour de Paris détacheront pour deux mois le capitaine instructeur et un lieutenant, qui viendront étudier la méthode Baucher. Le lieutenant sera, autant que possible, choisi parmi ceux qui ont suivi le cours de l'école de cavalerie, soit comme officiers d'instruction, soit comme officiers élèves.

» Ces officiers seront placés sous les ordres et la direction de M. Grenier, chef d'escadrons au 9ᵐᵉ cuirassiers.

» 4° M. Baucher fils se rendra au camp de Lunéville, il y séjournera pendant les mois de juin, juillet et août. Les capitaines instructeurs et un lieutenant des corps de troupes à cheval stationnés à Toul, Nancy, Haguenau, Épinal, Strasbourg, Schelestadt, Sarreguemines, Commercy, Colmar, Saint-Mihiel et Verdun, seront appelés à Lunéville pendant les mêmes mois pour y étudier le système Baucher. Ces officiers seront placés sous les ordres et la direction de M. Mermet, chef d'escadrons au 2ᵐᵉ de cuirassiers ;

» 5° M. Baucher fils recevra une indemnité de 500 francs par mois, payables sur les frais de la remonte générale ;

» 6° Chacun des corps de troupes à cheval et des établissements de remonte recevra deux exemplaires de votre ouvrage intitulé : *Méthode d'équitation basée sur de nouveaux principes ;*

» 7° Vous recevrez une indemnité de 5 fr. par jour pour chaque officier qui montera dans votre manége.

» Les dispositions que je viens de vous communiquer prouvent, Monsieur, que M. le ministre de la guerre veut que l'armée mette à profit les progrès que vous avez fait faire à l'équitation. Je m'applaudis d'être appelé à seconder les intentions de M. le Maréchal, et vous me trouverez en toutes circonstances disposé à rendre justice à un talent que chaque jour j'apprécie davantage.

» Recevez, je vous prie, Monsieur, l'assurance de ma considération particulière et de mes sentiments distingués.

» Le lieutenant général

» Marquis OUDINOT. »

ÉQUITATION BAUCHER.

RAPPORT DU CHEF D'ESCADRONS GRENIER, CHARGÉ DU COMMANDEMENT DES OFFICIERS DÉTACHÉS A PARIS, PAR DÉCISION MINISTÉRIELLE DU 20 MAI 1842, POUR ÉTUDIER LA MÉTHODE D'ÉQUITATION DE M. BAUCHER.

Versailles, le 25 juillet 1842.

« Les officiers détachés à Paris, par décision ministérielle en date du 20 mai 1842, pour étudier la méthode d'équitation de M. Baucher, étaient au nombre de vingt-deux, le capitaine instructeur et un lieutenant par régiment. Ils ont travaillé tous les jours, depuis le 1er juin jusqu'au 15 juillet, en deux reprises, l'une de dix heures et demie à midi, l'autre de trois heures et demie à cinq heures. Il y a eu trente-neuf jours de travail.

» M. Baucher donnait toujours la leçon lui-même, et en ma présence. Il a établi dans le travail une progression à l'aide de laquelle il a démontré sa méthode d'équitation, en expliquant successivement, d'une manière claire et précise, les principes sur lesquels elle est basée.

» Les explications orales étaient presque toujours données à chacun en particulier, et l'application sur le cheval immédiatement exigée. M. Baucher ne quittait l'officier auquel il s'adressait qu'après s'être assuré par des questions que son explication était comprise. Il sollicitait les observations de chacun, et donnait à chaque principe qu'il avait émis tous les développements qui lui étaient demandés.

» Cette manière de donner la leçon parut étrange dans le commencement; elle était nouvelle pour nous, qui jusqu'alors avions reçu et donné des leçons d'équitation dans les manéges par des explications faites à voix haute, et dont chaque écolier devait profiter suivant son intelligence. Ainsi non-seulement les principes d'équitation étaient nouveaux, mais la manière de procéder était nouvelle aussi.

» Les officiers appelés à Paris pour étudier la méthode d'équitation de

M. Baucher n'étaient pas tous arrivés avec la croyance qu'on pût leur apprendre quelque chose. La moitié de ces officiers sont capitaines instructeurs, les autres sont des lieutenants appelés à le devenir. Aussi dans le commencement il y avait peu de confiance, de la part des officiers, dans leur nouveau professeur, quelquefois de l'opposition, mais toujours de la bonne volonté et du zèle.

» Peu à peu la confiance est venue, l'opposition a disparu, mais ce n'est qu'au bout du premier mois, après vingt-cinq leçons environ, que tous les officiers, sans exception, avaient compris la méthode et reconnu la supériorité des principes de M. Baucher sur ceux qui étaient connus de nous.

» Avant de partir, chaque officier m'a remis un rapport sur le travail pendant notre séjour à Paris, sur son opinion particulière, relativement à la méthode, sur l'application qu'on peut en faire dans la cavalerie. Tous reconnaissent avoir tiré un grand parti du travail pour le dressage de leurs chevaux et pour leur instruction propre en équitation. Tous approuvent la nouvelle méthode et désirent son application dans les régiments.

» En exprimant aujourd'hui mon opinion sur la méthode d'équitation de M. Baucher, je puis donc m'appuyer de celle de vingt-deux officiers de cavalerie qui, par leur position d'instructeurs, peuvent être considérés comme juges compétents.

» La méthode d'équitation de M. Baucher est positive et rationnelle, elle est facile à comprendre, surtout quand on l'étudie sous la direction de quelqu'un qui la connaît. Elle est attrayante pour le cavalier, donne le goût du cheval et de l'équitation ; elle tend à développer les qualités du cheval, surtout celle de la légèreté, qu'on aime tant à trouver chez le cheval de selle. Mise en pratique dans les régiments de cavalerie, elle doit produire les meilleurs résultats, et faire faire à cette arme un immense progrès. Appliquée au dressage des jeunes chevaux, elle développe l'instinct du cheval, lui fait trouver aisance et agrément dans la domination du cavalier ; elle le préserve de la ruine prématurée qu'entraîne souvent un dressage mal entendu ; elle peut abréger le temps qu'on donne à l'éducation des chevaux ; elle intéresse les cavaliers qui y sont employés. Ceux-ci, dès lors, apportent dans ce travail un goût et un soin qui leur profitent comme instruction et préservent le cheval de tout mauvais traitement. Appliquée à l'instruction des officiers, des sous-officiers et du peloton modèle, elle donnera le goût de l'équitation, qui, on ne cesse de le répéter, se perd tous les jours dans la cavalerie. Connue des instructeurs, elle fera disparaître ce qu'il y a de monotone et d'aride dans cette partie du service.

» J'évite, dans ce rapport, d'entrer dans aucun détail sur les principes d'équitation de M. Baucher, qui sont parfaitement expliqués dans les ouvrages qu'il a écrits. Toute dissertation serait superflue ; je crois peu à l'équitation écrite, c'est un art qu'on n'apprend que par la pratique et sous la direction d'un bon maître. Aussi je pense que c'est moins dans les écrits de M. Baucher qu'à son manége qu'il faudrait aller puiser ses principes. A leur arrivée à Paris, les officiers qui croyaient connaître la méthode de M. Baucher par ses ouvrages la jugeaient de manières différentes ; après l'avoir entendu professer pendant un mois, ils la comprenaient de la même manière, et en reconnaissaient la bonté et la justesse. M. Baucher est certainement un praticien habile, mais il est surtout un professeur clair, precis et persuasif.

» Je crois que, pour répandre la nouvelle méthode d'équitation dans la cavalerie, pour qu'elle y fût comprise et qu'elle y portât le résultat qu'on peut en attendre, il faudrait que chaque régiment pût envoyer successivement des officiers au manége de M. Baucher, comme il a été fait pour ceux que j'ai eu l'honneur de commander.

» Je crois qu'il faudrait porter à deux mois, au moins, le temps consacré aux leçons, et que les officiers en reçussent une chaque jour, qu'un manége fût mis entièrement à leur disposition, afin qu'ils pussent, à différentes heures de la journée, appliquer ce qui leur est enseigné à la leçon donnée par le professeur.

» C'est surtout à l'école de cavalerie que la méthode de M. Baucher devrait être connue.

» Le chef d'escadrons du 9ᵉ cuirassiers,

» Chargé du commandement des officiers détachés à Paris pour étudier la méthode d'équitation de M. Baucher,

» A. Grenier. »

RAPPORT DEMANDÉ PAR LE COLONEL, PRÉSIDENT DE LA COMMISSION POUR ÉTUDIER LE DRESSAGE DES JEUNES CHEVAUX D'APRÈS LA MÉTHODE DE M. BAUCHER, ET RÉDIGÉ PAR M. DESONDES, LIEUTENANT AU 9me DE CUIRASSIERS (1).

Répondre aux questions suivantes : 1° *l'âge et le signalement du cheval ;* 2° *s'il était complétement dressé ou si son instruction était incomplète ;* 3° *les résultats obtenus sur la soumission du cheval ;* 4° *les avantages obtenus par le cavalier sous le rapport de l'équitation ;* 5° *l'opinion de l'officier sur l'application de la méthode au dressage des jeunes chevaux dans les régiments ;* 6° *toutes les observations qu'il croit devoir faire dans l'intérêt général.*

1° Age et signalement du cheval. — L'Escobar, sept ans, 1 mètre 376^{mm}, bai marron, miroité, en tête, bordé, CQ.
2° S'il était complétement dressé ou si son instruction était incomplète.
3° Les résultats obtenus sur la soumission du cheval.

« Ces dernières questions se touchent, et l'historique des progrès d'un cheval aussi mal doué que le mien pour le service de la selle me semble un argument puissant en faveur de la méthode qui a pu opérer un tel changement. Ce n'est pas à dire que mon cheval soit déjà parvenu à un degré complet d'instruction ; mais le point de départ et le point d'arrivée, telle est la question, je pense.

1° Degré d'instruction du cheval avant la méthode.

» Or, quel est le point de départ ? Un carrossier d'une charpente extrêmement forte, et très-vigoureusement musclé ; mais l'encolure massive, surchargée même, la tête très-forte et lourdement attachée, puissance très-grande dans le devant, le train de derrière moins fortement constitué ; des jarrets défectueux, prédominance des parties antérieures sur les parties postérieures. Aussi, avant d'être soumis à la méthode, mon cheval s'appuyant sur le mors, m'opposait par ses contractions d'encolure des ré-

(1) Aujourd'hui chef d'escadrons aux guides.

sistances qui paralysaient complétement tous les moyens que l'ancienne équitation pouvait me suggérer pour m'en rendre maître. Ce cheval m'ayant appartenu pendant les dix derniers mois d'un cours que je viens de suivre à Saumur, je dus y recevoir tous les conseils de mes professeurs plus experts que moi en matière d'équitation.

» Mais je dois l'avouer, ni mors dur ni mors doux, ni douceur ni violence, rien ne pouvait y faire ; il m'arrivait chaque jour, travaillant dans le rang à l'école de peloton ou d'escadron, de passer du deuxième rang au premier, victime de l'extrême légèreté de ma main. Tout rendre, avoir constamment les rênes flottantes ; telle était la plus expresse recommandation qui m'avait été faite pour empêcher mon cheval d'aller trop vite. Le mal était donc incurable, car la légèreté de la main est un de ces remèdes que prescrit l'ancienne équitation, comme souverain pour toutes les maladies équestres ; et le remède avait échoué.

2° Degré d'instruction du cheval ayant été soumis à la méthode.

» Je n'essayerai pas de le dissimuler, lorsque M. Baucher commença à m'instruire dans sa méthode, peu de temps avant notre réunion à Paris, je me faisais un malin plaisir de lui amener un sujet que je croyais destiné à donner un démenti à la méthode. L'expérience m'a offert une leçon aussi profitable pour moi qu'elle l'a été pour mon cheval. Le lourd carrossier est devenu, par sa légèreté, un cheval de selle ; il est plus que ramené, il est au rassembler presque complet. Déjà même j'obtiens sur lui les premiers commencements du piaffer. Si quelques contractions se manifestent encore au galop, elles sont toutes produites par ma faute, et ces fautes, inhérentes aux anciens principes d'équitation dont j'étais imbu, m'amènent naturellement à parler des progrès que j'ai pu faire moi-même en équitation avec les leçons de mon nouveau professeur.

3° Les avantages obtenus par le cavalier sous le rapport de l'équitation.

» J'ai perdu ce respect réglementaire mais exagéré que j'avais pour la sensibilité des flancs de mon cheval. Mes jambes, au lieu de *tomber naturellement de leur propre poids*, se sont (n'en déplaise à l'ordonnance) assez rapprochées des flancs du cheval pour essayer de prendre leur part dans l'action que je dois imprimer aux forces de l'animal.

» L'adhérence plus grande de mes cuisses et de mes jambes m'assure en même temps plus de solidité. Ainsi, je crois avoir gagné plus de moyens d'action et plus de moyens de tenue.

» Ces deux qualités doivent être recherchées par tout cavalier. Reste pour l'instructeur militaire une autre part plus grande, mais aussi plus difficile ; ce sont les conseils, les leçons qu'il doit donner aux hommes dont l'instruction lui est confiée. Quels progrès ai-je pu faire dans cette voie ? Je dois l'avouer, les enseignements que j'avais reçus jusqu'à ce jour laissaient un tel vague dans mon esprit, que je ne donnais qu'à regret un conseil en équitation.

» Tel est le point où j'étais arrivé après deux cours faits à l'école de cavalerie, et faits, j'ose le dire, avec tout le zèle, sinon tout le succès possible. J'en appelle à tous les officiers de l'armée, qui comme moi sont enfants de cette école ; eux seuls, ce me semble, ont droit de juger les doctrines qui s'y professent. Et qu'ils le disent avec moi (dût-on les traiter d'enfants ingrats), que leur reste-t-il des leçons qu'ils ont suivies ? Quel rôle peuvent-ils jouer comme instructeurs militaires en équitation ? Eh bien, aujourd'hui des données positives sont entre nos mains. J'ai reçu, ainsi que chacun des officiers qui ont suivi les leçons de M. Baucher, des principes dont l'exactitude rigoureuse, mathématique, ne doit plus laisser aucun doute dans l'intelligence la moins heureuse. Je dois toujours savoir maintenant où est le mal. La position du cheval me le démontre. Je dois toujours savoir avec quelles armes il faut combattre ce mal ; ces armes sont une autre position, donnée aux forces du cheval, qui permette, qui commande le mouvement.

» Je crois donc avoir répondu, mon colonel, à la question qui nous est posée sur les progrès personnels que nous avons pu faire en équitation. Je n'hésite pas à le dire, ma solidité est plus grande, mes moyens d'action plus puissants ; mes principes, comme instructeur, mieux arrêtés, plus clairs, doivent être plus convaincants pour les cavaliers que je serai appelé à instruire.

4° L'opinion de l'officier sur l'application de la méthode au dressage des jeunes chevaux dans les régiments.

» Ce n'est pas seulement à l'intelligence du cavalier que parlent les moyens fournis par la nouvelle méthode, mais bien encore celle du cheval lui-même ; n'est-ce pas dire par conséquent combien le dressage des chevaux devra, sous son influence, marcher plus rapidement, plus sûrement ?

» Je ne me donnerai pas la peine de relever les objections qui ont pu être présentées à ce sujet. J'ai moi-même soumis à la méthode vingt-huit jeunes chevaux dans mon régiment ; et malgré tout ce que pouvait avoir d'incomplet une instruction transmise par un officier qui n'avait que des notions encore trop élémentaires, j'ai obtenu les résultats les plus prompts et les plus satisfaisants. Mes cavaliers étaient loin d'être choisis, ayant été recrutés pour la plupart parmi les hommes démontés du régiment. Mais leur attention toujours fixée par cet échange de concessions qu'ils essayaient d'établir entre eux et leurs chevaux ; — mais ce maniement constant d'un cheval d'abord roide et stupide, qui se pétrissait sous leurs mains, prenait réellement une autre forme, et finissait par deviner toutes les intentions de son maître ; — cet exercice continuel de l'intelligence du cavalier qui la développe sans la fatiguer ; — tous ces bienfaits, en un mot, de la méthode Baucher, faisaient que l'éducation équestre de l'homme marchait de front avec celle de son cheval. J'ajouterai à ce propos que je comprends difficilement qu'une des plus fréquentes objections faites à l'application militaire du système Baucher ait été puisée dans l'inintelligence de nos hommes.

» Le jour où les instructeurs seront plus habiles, les hommes deviendront plus intelligents. J'ai hâte de franchir cette objection, car je craindrais d'être forcé d'avouer et de faire avouer à mes collègues en instruction que l'intelligence équestre n'était pas seulement le partage des simples cavaliers. Mon amour-propre national ne s'humilie pas au point de croire qu'un cavalier français soit destiné à ne jamais aborder les plus petites difficultés de l'équitation dont le cavalier allemand atteint, dit-on, les sommités. Mais le temps nous manque, dira-t-on ! Il me semble que c'est surtout quand on est pressé qu'on doit prendre le chemin le plus court. Ce n'est pas à dire pour cela qu'on doive précipiter l'instruction du cheval, et c'est un des écueils que je redoute surtout pour chacun de nous autres ; gardons-nous bien de l'impatience de jouir trop vite.

» Limitée par le temps, notre éducation, celle de nos chevaux a dû être improvisée par notre professeur ; il a dû même franchir rapidement les échelons intermédiaires pour nous faire passer successivement en revue toutes les difficultés de son équitation. Cette tâche, je la considérais comme impossible ; aujourd'hui je vois qu'elle ne l'était pas, du moins pour lui. Mais rappelons-nous cette recommandation qu'il nous a si souvent, si expressément faite : « N'oubliez pas que chaque jour doit amener un pro-
» grès, mais qu'il n'y a que les progrès lents et positifs qui puissent assurer
» l'éducation du cheval ; méfiez-vous des improvisations qui disparaissent
» aussi rapidement qu'elles sont nées. »

» Je crains donc, mon colonel, que ce terme de quarante-cinq jours, fixé pour le dressage du jeune cheval, ne soit considéré par beaucoup d'officiers, victimes d'un zèle mal entendu, que comme le plus grand avantage de la méthode. Ces fautes devront être commises souvent ; mais à qui faudra-t-il s'en prendre ? uniquement aux anciennes doctrines.

» Le dressage du cheval se résumait pour nous dans une série de mouvements répétés à satiété, jusqu'à ce que la routine, aidée de quelque peu d'usure, fît, à force de temps, un animal hébêté et disgracieux qu'on appelait un cheval dressé, parce qu'il ne lui restait plus assez de vigueur pour se défendre.

» Tout à coup des moyens nouveaux et sûrs sont livrés entre nos mains. Quelques jours ont suffi pour nous faire obtenir de brillants résultats ; une première victoire nous fait tout oser, à nous si peu habitués à des victoires équestres. Oui, c'est l'impuissance de l'ancienne méthode qui nous livre sans défense contre les séductions d'un premier succès ; pauvres hier, riches aujourd'hui, nous sommes des parvenus en équitation, nous croyant tout permis jusqu'à ce qu'un échec vienne nous apporter un salutaire avertissement.

» Je crois donc, mon colonel, qu'on ne saurait trop mettre chacun en garde contre le désir d'improviser, et que quelques conseils, relatifs à cette question de temps, auraient dû être ajoutés à la méthode provisoire (1). Des erreurs de principes s'y rencontrent, erreurs involontaires, sans doute, mais qu'il importe de ne pas consacrer par l'ordonnance. Par exemple dans le reculer il est dit : *Si la croupe se déplace, on doit la ramener à l'aide de la jambe du côté où elle se jette, employant au besoin la rêne du filet ou de la bride du même côté.* Ce n'est pas avec la jambe qu'on doit combattre une résistance, mais bien avec le filet ; notre professeur nous a assez répété ce principe.

» Le canevas qu'on nous présente me paraît bon, mais je regrette qu'on n'ait pas parlé des attaques. Sans les attaques, pas de ramener complet. Le cheval qui les a comprises est devenu à jamais la conquête du cavalier. Livrez-le ensuite à un cavalier maladroit, employez-le même à un service autre que celui de la selle ; le jour où vous voudrez, vous le retrouverez tout prêt à vous répondre quand quelques attaques auront rappelé au foyer les forces qui s'étaient égarées sous une main inhabile. Est-il permis de dédaigner ou de craindre une arme aussi puissante, pour nos chevaux de troupes surtout, que les brusqueries de manœuvres peuvent faire sortir de la position du ramener, et qui n'y rentreront, je le répète, qu'au moyen des attaques ?

(1) Le travail fait à la hâte pour l'instruction spéciale des chevaux de troupes, et d'après le dernier ouvrage de M. Baucher ((*Méthode d'Équitation basée sur de nouveaux principes*), a été modifié dans quelques parties, d'abord par la commission de Lunéville et postérieurement par le comité de cavalerie.

« Je pense qu'il serait utile d'avoir dans chaque régiment un peloton modèle. Je sais qu'il existe déjà réglementairement, mais je voudrais que les cavaliers qui en feraient partie, instruits aussi complétement que possible dans la méthode, pussent exécuter avec leurs chevaux toutes les difficultés que M. Baucher nous a fait aborder en si peu de temps ; on pourrait ainsi juger du degré d'instruction équestre auquel peut prétendre la troupe. Ce serait un moyen de conserver, de perpétuer les excellentes doctrines que nous venons de recevoir. Chaque cavalier serait jaloux d'en faire partie quand il aurait admiré les succès de ses camarades.

» Ainsi, abréger singulièrement la route, obtenir des résultats qui étaient interdits aux anciennes écoles, ce serait déjà assez de titres pour recommander la nouvelle méthode. Elle en a d'autres encore ; on peut, au moyen de deux mots, résumer le parallèle qu'on serait tenté d'établir entre l'ancienne et la nouvelle équitation : dans les écoles françaises ou allemandes le cheval est assis, dans l'école Baucher il est équilibré.

» Dans les premières écoles, son éducation, péniblement acquise, a dû ruiner ses jarrets et ses hanches, et paralyser le jeu de ses épaules, condamnées à l'inaction. Il a payé cher une éducation incomplète. Chaque jour encore ces parties, que l'éducation a déjà altérées, doivent achever de s'user par cette répartition inégale ; témoins les jarrets si accidentés de nos chevaux de manége, témoin l'usure de leurs boulets, tandis qu'au contraire les épaules, restées vierges, s'engourdissent de jour en jour ; chaque pas fait par un cheval dans une position semblable est un acheminement vers une ruine prématurée.

» Dans l'école de M. Baucher, au contraire, non-seulement on n'altère pas la conformation organique, mais, pour surcroît d'avantages, en exerçant des parties faibles, on donne plus de souplesse et plus de ton à certains muscles, on répartit différemment les forces, de manière à alléger des parties peu puissantes, et à forcer d'autres plus fortes à partager avec les premières le rôle qu'elles leur imposaient tyranniquement. Ce ne serait donc pas assez que de dire que le cheval dressé par la méthode nouvelle n'a pas été altéré dans son organisme.

» On a mieux fait, on lui a donné une position et des aplombs que la nature lui avait refusés. Oui, j'ose l'avancer, l'art s'est mis à la place de la nature ; et ce n'est pas blasphémer que de dire que la nature a été vaincue dans cette lutte.

» Grâce aux bienfaits de la méthode Baucher, l'équitation deviendra désormais dans la cavalerie un plaisir plein de charmes, au lieu d'être considérée comme une ennuyeuse corvée. Les chevaux seront soignés par les cavaliers en raison des services agréables qu'ils leur rendront, la proportion effrayante des pertes diminuera ; enfin, tranchons le mot, la plus heureuse des innovations doit amener une bienfaisante révolution dans la cavalerie.

» Cependant, qu'il me soit permis de le dire ici : des études plus prolongées que celles que nous venons de faire pendant six semaines, peuvent seules donner des apôtres intelligents de la méthode Baucher.

» C'est avec un sentiment amer que j'ai vu cette limite de temps; d'autres plus heureux que nous viendront sans doute. Pendant longtemps encore la cavalerie est intéressée à réunir sous les leçons de notre professeur un certain nombre d'officiers. Mais alors un local plus vaste, des éléments plus complets qui permettent d'appliquer sur plusieurs chevaux au lieu d'un seul, feront que la tâche, entièrement accomplie, répandra dans la cavalerie des résultats inappréciables. Les esprits les plus rebelles, convaincus, comme nous le sommes aujourd'hui, diront avec nous :

» A Baucher la cavalerie reconnaissante !

» 15 juillet 1842.

» A. DESONDES,
» Lieutenant au 9ᵉ cuirassiers. »

ÉCOLE ROYALE DE CAVALERIE.

SIXIÈME ET DERNIER RAPPORT SUR LES EXPÉRIENCES DE LA NOUVELLE MÉTHODE D'ÉQUITATION DE M. BAUCHER.

« Les premiers essais sont terminés. Les mouvements principaux de l'école de peloton à cheval, la course des têtes, la charge, ont complété le travail. Ainsi, trente-cinq leçons ont suffi pour parfaire l'instruction des chevaux dociles ou rebelles qui m'ont été confiés. L'ébauche du cheval, c'est-à-dire le travail en bridon prescrit par l'ordonnance, réclamait à lui seul un laps de temps plus long, au bout duquel on osait à peine prendre la bride. Sous ce rapport, le nouveau système est d'une immense utilité pour la cavalerie.

» Mais la promptitude avec laquelle on peut mettre des chevaux neufs dans les rangs n'est pas le seul avantage que présente la nouvelle méthode; elle garantit, en outre, la conservation du cheval; elle développe ses facultés et ses moyens; ceux-ci grandissent par l'harmonie, par le rapport des forces entre elles, par leur usage rationnel et opportun. Ce n'est pas l'emploi immodéré de la force qui fait triompher d'un cheval rebelle, mais l'emploi bien combiné d'une force ordinaire. Le système Baucher doit être regardé comme éminemment conservateur, puisque le dressage bien gradué, bien combiné, ne peut avoir de fâcheuses influences sur le physique du cheval, et que, dans son emploi, ses forces étant à la disposition du cavalier, c'est celui-ci, dispensateur absolu de ces mêmes forces, qui devient responsable de la durée ou de la ruine prématurée.

» La vitesse des allures a été mise en doute et contestée. En effet, si on voulait lancer à la charge le cheval complétement ramené, il perdrait sans doute de son impulsion. Quant aux allures ordinaires, au trot allongé même, le cheval acquiert par le *ramener* une nouvelle vigueur, et la citation de l'auteur de la méthode, relative à cette allure, se vérifie très-bien par l'expérience; elle prouve, en outre, que les allures ne pourront que gagner en régularité et en précision, condition première de la rectitude des manœuvres, des bonnes marches et de leur prolongation avec moins de fatigue.

» La docilité qu'acquiert le cheval soumis à la mobilisation est chose digne de remarque. Dès le premier jour, pas un seul des chevaux qui viennent d'être dressés par la nouvelle méthode n'a été impressionné, ni par le feu, ni par les armes ou autres bruits de guerre ; le cheval est tout à son cavalier.

» Cependant l'application de la nouvelle méthode n'est pas sans difficultés, surtout pour ceux qui sont peu disposés au zèle, à la persévérance qu'elle réclame. Ces qualités sont une condition indispensable pour réussir. Si elles n'existent pas généralement, espérons qu'elles ne manqueront pas de se développer avec le goût que fera renaître l'introduction d'un progrès si utile à la cavalerie. Il ne faut qu'essayer du système pour s'y livrer avec ardeur ; il est entraînant, il séduit et absorbe ceux qui le comprennent, qui en ont mûri la théorie si claire, si rationnelle ; je dirai plus, grâce à cette théorie, l'équitation, considérée jusqu'à présent comme un art, devient une science exacte.

» Les expériences terminées aujourd'hui et qui font l'objet de ce rapport ne militent pas seules en faveur du système de M. Baucher ; celles que l'on continue sur les autres catégories de chevaux témoignent aussi de ses avantages, et fourniront, sans aucun doute, des preuves plus frappantes encore par les difficultés plus grandes qui seront vaincues.

» Je me résume en disant que la nouvelle méthode doit être un grand bien, une amélioration incontestable pour la cavalerie. L'instruction élémentaire, applicable aux chevaux de troupe, sera facile et intelligente pour tous les cavaliers. Quant à l'équitation *savante*, dite haute école, elle sera du domaine des officiers et des sous-officiers hors du rang, et aura, comme partout, pour base l'intelligence, l'aptitude et le raisonnement, qualités indispensables pour en reculer les limites. L'école de cavalerie, terre classique de l'équitation, trouve déjà dans ce progrès un nouvel aliment à son zèle ; jalouse des intérêts et de la prospérité de la cavalerie, instituée pour concourir à ses progrès, elle regarde généralement le système Baucher comme un bienfait et une nouvelle source de succès.

» Je fais donc des vœux pour l'adoption de la nouvelle méthode, et je désire ardemment sa prompte introduction dans la cavalerie.

» Saumur, le 6 août 1842.

» Le chef d'escadrons commandant le manége de l'école de cavalerie,

» DE NOJIVAL. »

(Extrait du *Spectateur militaire*, 199ᵐᵉ livraison.)

ESSAI FAIT AU CAMP DE LUNÉVILLE DE LA NOUVELLE MÉTHODE D'ÉQUITATION SOUS LA DIRECTION DE M. BAUCHER FILS.

« Il est des choses que tout le monde dit parce qu'elles ont été dites une fois. Cette vérité, mise en évidence par Montesquieu, est particulièrement applicable à l'équitation en France. On répète sans cesse que le Français n'est pas cavalier : ce reproche est loin d'être entièrement fondé. Notre pays produit peu de chevaux, et n'étant pas de bonne heure familiarisés avec eux, nous ne leur accordons pas toujours les soins assidus et affectueux qui assurent le bon entretien de ce précieux animal ; cela est incontestable ; mais le Français est cavalier en ce sens qu'il est adroit, agile, et qu'il possède au plus haut degré la hardiesse et l'intelligence. Aussi, sans parler de la cavalerie, qui fit faire parmi nous de grands progrès à l'équitation, il faut reconnaître qu'à toutes les époques ce sont plus particulièrement les écuyers français qui ont reculé les bornes de l'art : pour le prouver, il suffit de rappeler les noms de Pluvinel, de la Guérinière, de Dupaty de Clam, de Lubersac, de Bohan, de Chabannes, etc. Tous ces hommes, et beaucoup d'autres que l'on pourrait citer, ont justement acquis une grande célébrité. Cependant il n'en faut pas conclure qu'après eux l'équitation doive rester stationnaire. Elle est susceptible encore de grands et importants perfectionnements.

» Passionné pour une science qui, depuis son enfance, est de sa part l'objet d'études aussi fructueuses que persévérantes, M. Baucher, après avoir obtenu du cheval une soumission en quelque sorte magique, n'a pas voulu profiter seul de ses méditations ; il les a nettement formulées, et sa méthode écrite est aujourd'hui entre les mains de tous ceux qui s'occupent d'équitation.

» Lorsque tout indique qu'elle est appelée à faire une sorte de révolution, le ministre de la guerre ne pouvait pas la laisser grandir et se propager sans savoir quels avantages l'armée pouvait en retirer. Sur la proposition du comité de cavalerie, M. le maréchal duc de Dalmatie a décidé que l'application de cette méthode serait faite à Paris, à Saumur et à Lunéville, par des officiers instructeurs des différents corps des troupes à cheval ; et afin qu'une direction uniforme et méthodique fût donnée à ce travail, il a prescrit dans ces différentes localités que des commissions seraient formées sous la présidence du général Oudinot.

» Nous sommes parvenu à nous procurer un extrait du rapport qui a été adressé à cet officier général par la commission qui avait été spécialement chargée d'examiner à Lunéville la question dans tous ses détails. Ce rapport aura d'autant plus d'intérêt pour nos lecteurs, que la nouvelle méthode est sujette à controverse, comme toutes les innovations. Les observations de la commission répondent à toutes les objections ; elles sont le résultat de l'expérience, car la méthode a été appliquée sur une grande échelle, pendant plus de trois mois, au camp de Lunéville.

» La division de dragons et les instructeurs des différents corps de troupes à cheval qui faisaient parti du camp devaient exécuter, d'après les principes de la nouvelle méthode, en présence de LL. AA. RR. les ducs d'Orléans et de Nemours, des exercices équestres qui auraient eu plusieurs milliers de spectateurs. L'événement funeste qui a enlevé à la France le Prince royal n'a pas permis que l'on donnât à ce travail l'éclat qui lui était destiné. Cependant M. le duc de Nemours, voulant juger par lui-même des résultats obtenus, a fait faire devant lui une partie des exercices. »

A M. LE LIEUTENANT-GÉNÉRAL MARQUIS OUDINOT, COMMANDANT LE CAMP DE LUNÉVILLE, ETC.

RAPPORT *de la Commission chargée de constater les résultats obtenus par l'application de la nouvelle méthode d'équitation de M. Baucher, et de réviser* L'INSTRUCTION PROVISOIRE *pour dresser les jeunes chevaux.*

« MON GÉNÉRAL,

» La commission à laquelle vous avez confié le soin de constater les résultats obtenus par l'application de la *nouvelle méthode* d'équitation de M. Baucher, et de réviser l'*instruction provisoire* pour dresser les jeunes chevaux, rédigée à Paris et imprimée à Lunéville par vos ordres, a l'honneur de vous présenter son travail. Elle croit devoir y joindre une analyse succincte de cette méthode, et l'exposé des motifs qui l'ont engagée à apporter des modifications à la rédaction de l'*instruction provisoire*.

» Les principes de la nouvelle méthode d'équitation ont été appliqués avec le plus grand soin par les officiers instructeurs envoyés à Lunéville ; ce travail a eu lieu sous la direction du lieutenant-colonel de Mermet, et en présence de M. Baucher fils, dont le dévouement et l'expérience ont aplani toutes les difficultés.

» Les épreuves sur les chevaux des officiers détachés à Lunéville, et sur les jeunes chevaux des régiments de dragons du camp, permettent à la commission de porter un jugement raisonné et définitif sur l'ensemble de la nouvelle méthode.

» Ce nouveau système a pour but de placer le cheval dans la dépendance absolue du cavalier, auquel il doit abandonner sans effort le libre emploi de ses forces. Pour arriver à ce résultat, il faut d'abord combattre les résistances qui tiennent presque toujours à des causes physiques, et placer ensuite le cheval dans les conditions les plus favorables aux mouvements qu'on veut lui faire exécuter ; résultats qui s'obtiennent par :

» Les assouplissements, la mise en main, les effets d'ensemble, un emploi combiné des aides supérieures avec les aides inférieures.

» C'est en appliquant à propos ces trois moyens d'action que l'on parvient à remplacer les forces instinctives par des forces transmises, c'est-à-dire par substituer la volonté de l'homme à celle du cheval, ce qui constitue l'art de le dresser.

» La commission, en conservant le même nombre de leçons que l'*instruction provisoire*, a cru devoir en régler la composition ainsi qu'il suit :

PREMIÈRE LEÇON.

PREMIÈRE PARTIE.

Travail en place, le cavalier à pied.

Flexions de la mâchoire, à droite et à gauche, avec le mors de la bride.
Flexions perpendiculaires ou affaissement de l'encolure.
Flexions latérales de l'encolure avec les rênes du filet et celles de la bride.

Leçon du montoir. Travail en place, le cavalier à cheval.

Flexions latérales de l'encolure avec les rênes du filet et celles de la bride.
Flexions directes de la tête, ou ramener avec les rênes du filet et celles de la bride.
Flexions latérales de la croupe.

DEUXIÈME PARTIE.

Répétition des assouplissements ou flexions.
Marcher au pas sur des lignes droites.
Changement de main.
Premiers principes du reculer.

DEUXIÈME LEÇON.

PREMIÈRE PARTIE.

Continuation des assouplissements.
Rotation de la croupe autour des épaules. De l'emploi des forces du cheval par le cavalier.
Marcher au pas.
Marcher au trot.
Changement de direction dans la largeur,
Dans la longueur,
Dans la diagonale.
Marche circulaire.
Changement de main sur le cercle.
Flexions latérales des épaules.

DEUXIÈME PARTIE.

Répétition des assouplissements avec plus d'exigence dans le reculer.
Répétition des mouvements de la première partie en exigeant plus de précision et de régularité.
Voltes et demi-voltes au pas et au trot.
Rotation des épaules autour des hanches.
Changement de main diagonal sur deux pistes.

TROISIÈME LEÇON.

PREMIÈRE PARTIE.

Continuation des assouplissements.
Répétition des mouvements principaux de la deuxième leçon.
Changement de main diagonal sur deux pistes en partant de pied ferme, et arrêter.
Étant de pied ferme, partir au trot.
Marcher au trot, arrêter.
Passer du trot au grand trot, et du grand trot au trot.
Travail sur deux pistes au pas seulement, la tête au mur, la croupe au mur.
Travail au galop sur la ligne droite.
Changement de pied.

DEUXIÈME PARTIE.

Travail au galop en cercle.
Changement de main en dehors et en dedans du cercle.
Travail en reprise par des indications.
Habituer les chevaux à se séparer les uns des autres.
Saut du fossé.
Saut de la barrière.

QUATRIÈME LEÇON.

PREMIÈRE PARTIE.

Travail de la troisième leçon avec avec le sabre seulement.
Même travail avec toutes les armes.
Habituer les chevaux aux bruits de guerre.
Répéter les mêmes mouvements, les chevaux chargés et paquetés.

DEUXIÈME PARTIE.

Répétition du travail de la première partie avec les commandements militaires.
Réunion des jeunes chevaux en pelotons.

GRADATION DU TRAVAIL.

							Jours.	Leçons.
1re LEÇON.	1re partie,	4 jours,	2 leçons par jour,	1/2 heure chacune			8	16
	2e —	4 —	2 —	3/4 —				
2e LEÇON.	1re —	8 —	2 —	3/4 —			15	30
	2o —	7 —	2 —	3/4 —				
3e LEÇON.	1re —	6 —	2 —	3/4 —			12	24
	2e —	6 —	2 —	3/4 —				
4e LEÇON.	1re —	10 —	1 —	2 heur. y (compris le repos)			20	20
	2e —	10 —	1 —	2 —				
				Total			55	90

. . . .
. . . .

» En comparant la nouvelle méthode d'équitation pour dresser les jeunes chevaux avec celle adoptée par l'ordonnance, on reconnaît immédiatement sa supériorité.

» Cette supériorité lui est acquise d'abord par les assouplissements, qui disposent le cheval à l'obéissance ; ensuite, par l'emploi raisonné de ses forces, qui rend tous les exercices équestres plus faciles.

» On arrive progressivement à ce résultat au moyen du travail individuel, qui permet au cavalier de placer son cheval dans les conditions les plus favorables aux mouvements qu'il exige de lui.

» L'ancienne méthode n'a peut-être pas assez insisté sur la nécessité d'équilibrer les forces du cheval ; elle exige de suite l'obéissance à des commandements instantanés qui empêchent le cavalier de se servir des aides à propos.

» Pour obvier à cet inconvénient, la nouvelle méthode procède en sens inverse ; elle s'occupe d'abord de l'instruction du cheval de selle, abstraction faite de son emploi à la cavalerie ; et à l'aide de moyens parfaitement combinés, elle le dresse en trente-cinq jours.

» Lorsque cette instruction est terminée, elle aborde progressivement les difficultés du travail militaire, en se conformant aux principes de l'ordonnance.

» La nouvelle méthode défend l'usage du bridon dans le travail des jeunes chevaux ; elle économise ainsi un temps précieux, et détruit de mauvaises habitudes en ôtant aux chevaux la possibilité de prendre un point d'appui sur les rênes et de travailler *machinalement* sur les pistes avec l'encolure tendue et basse, défaut que le travail en bride ne corrigeait pas toujours.

» Elle prescrit au cavalier militaire d'employer tous les moyens qui dépendent de lui pour obtenir *la mise en main*, parce qu'elle empêche le cheval de se soustraire à l'obéissance.

» Ceux qui nient les avantages de cette position prétendent qu'elle s'oppose à la vitesse des allures. D'après ce raisonnement, l'équilibre des forces serait un obstacle à la progression, ce qui est inadmissible.

» La nouvelle méthode considère l'éperon comme un degré de plus dans les aides ; le cavalier doit en faire usage lorsque le cheval n'obéit pas à l'action des jambes. Dans certains cas, c'est un auxiliaire puissant pour arriver à la concentration des forces.

» La commission, après avoir pesé les avantages du nouveau système d'équitation, demeure convaincue qu'il est appelé à rendre les plus grands services à la cavalerie.

» Pour atteindre ce but, il est indispensable de faire une application judicieuse des principes, et de modifier quelques articles du règlement qui ne sont plus en rapport avec les changements apportés à l'instruction des jeunes chevaux.

» Ces améliorations dépendent de l'autorité supérieure. La commission ne peut se permettre de les indiquer toutes ; mais elle croit utile de signaler les principales.

» Les cavaliers employés aux jeunes chevaux seront obligés de monter à cheval deux fois par jour, et même trois, lorsqu'il y aura promenade des chevaux de quatre ans ; dans l'intérêt de l'instruction, il serait indispensable de les exempter *de tout service, ainsi que de corvées autres que celles relatives à leur peloton.*

» La commission pense que pour mettre en pratique avec succès la *nouvelle méthode d'équitation*, il est nécessaire de prescrire que les officiers et sous-officiers soient exercés d'abord à ce travail, afin de former le plus promptement possible un cadre d'instructeurs.

» Elle reconnaît également l'urgence de mettre les trois premières leçons à cheval de l'ordonnance en rapport complet avec le nouveau système d'équitation.

» La commission a remarqué que l'éperon se faisait souvent sentir avant l'action des jambes ; elle pense qu'il faut diminuer la longueur de la branche, et la réduire à *trois centimètres.*

» L'élévation de la charge du devant (surtout celle de la cavalerie légère) est un obstacle à la position de la *mise en main* et à toute bonne exécution. Il serait important qu'on arrivât promptement à la solution de cette question.

» Conformément à vos intentions, mon général, la commission s'est affranchie de toute prévention ; elle s'est fait un devoir d'exprimer sa pensée tout entière, résultat d'une conviction profonde, puisée dans l'étude de la *nouvelle méthode* et dans les expériences qui ont été faites sous ses yeux, et auxquelles elle a été appelée à prendre part.

» La sollicitude éclairée de M. le Maréchal ministre de la guerre pour l'armée est un sûr garant que cette méthode trouvera en lui un puissant protecteur, et que toutes les troupes à cheval pourront bientôt mettre à profit les importants avantages que procure son application.

» *Les membres de la commission :*

» Les capitaines DE JUNIAC, DE CHOISEUL, GROS-JEAN ; le lieutenant-colonel MERMET ; le général GUSLER. »

L'extrait suivant d'un mémoire sur les travaux du camp de Lunéville, publié dans *le Spectateur militaire* de novembre 1842, servira de complément à ce rapport.

« L'adoption de la nouvelle méthode d'équitation peut avoir une grande influence sur l'instruction de la cavalerie ; il était donc important qu'elle fût soumise à l'appréciation sérieuse, au contrôle sévère de juges compétents et nombreux. Quarante capitaines et lieutenants instructeurs, tant de l'artillerie que de la cavalerie, furent appelés à étudier à Lunéville, concurremment avec les 4me, 6me, 9me et 11me régiments de dragons, le nouveau système d'équitation. Le lieutenant-colonel Mermet, auquel était adjoint M. Baucher fils, fut chargé de la direction de ce travail équestre ;

une commission présidée par le général Gusler surveillait les essais et en constatait chaque jour les résultats.

» Pour que ces résultats fussent concluants, il ne fallait pas se borner au travail de manége : les chevaux soumis à la méthode devaient exécuter aux allures vives les mouvements militaires les plus compliqués. Le lieutenant général Oudinot pensa qu'il était utile d'offrir pour but à l'émulation des fêtes militaires que depuis quelques années il a fait revivre à Saumur, et auxquels les éléments divers réunis à Lunéville permettaient de donner un éclat particulier. Les exercices où se déploient au plus haut degré l'habileté dans la conduite du cheval et l'adresse dans le maniement des armes ne peuvent être plus heureusement appliqués que dans un camp; ils ne sont pas seulement profitables à l'instruction, ils favorisent aussi la santé des hommes. « Il conviendrait, dit Alibert, de ressusciter des institutions
» dont l'unique but était d'ennoblir et de rehausser le sentiment du cou-
» rage. Les tournois fortifiaient le corps en donnant plus d'énergie à l'âme ;
» rien n'était négligé pour encourager ces joûtes qui amusaient les spec-
» tateurs par des chocs habilement combinés et des rencontres savantes. »

» Les carrousels ont remplacé, dès le seizième siècle, les tournois trop souvent sanglants, et c'est avec raison que l'école de cavalerie eut, en 1828, l'idée de rétablir à Saumur, dans ce lieu célèbre par les tournois du roi René, nos anciens jeux militaires appropriés à l'emploi des armes actuelles.

» Dans toutes les réunions de cavalerie, les exercices du carrousel ont donc un but utile, et, en 1842, à Lunéville, ils avaient un intérêt spécial, car ils devaient faire ressortir, dans toute leur évidence, et en présence d'un public nombreux, les avantages ou les inconvénients d'une nouvelle méthode d'équitation.

» Pour que l'expérience fût complète, il fallait y soumettre des chevaux de toute nature et en nombre considérable. Le général Oudinot prescrivit donc que trois carrousels distincts auraient lieu. Le premier se composait de trente-deux officiers, le second d'un nombre égal de sous-officiers, le troisième de deux escadrons de troupes. Les cavaliers de l'un de ces escadrons étaient montés sur de jeunes chevaux français, anglais et allemands. Les chevaux de l'autre escadron étaient choisis parmi les mieux dressés. Cette composition des deux escadrons permettait d'établir une comparaison véritablement décisive.

» Nous ne rappellerons pas ici les figures du carrousel des officiers et des sous-officiers; elles sont pour la plupart décrites dans le *Cours d'équitation militaire* qui doit en partie l'idée de ce travail à la Guérinière.

« Le carrousel, d'après ce célèbre écuyer, est une fête militaire ou image

« de combat représentée par une troupe de cavaliers divisée en plusieurs
» quadrilles, destinés à faire des courses. Les exercices du carrousel se
» composent de différentes figures formant une espèce de ballet de che-
» vaux exécuté au son des instruments et surtout des courses de la bague
» et des têtes. »

» Quant aux exercices du carrousel de la troupe, ils ne pouvaient être empruntés à aucune époque. Saumur seul avait, à l'inspection de 1841, exécuté un travail analogue avec un escadron. C'est donc à l'école de cavalerie, et particulièrement au capitaine Dubos, que nous sommes redevables de l'introduction d'exercices (1) qu'on ne peut trop propager, et sur lesquels le camp de Lunéville devait jeter un nouveau lustre.

» Un vaste terrain situé à l'entrée du parc, et servant d'esplanade au château de Lunéville, fut disposé avec autant de célérité que d'intelligence. La carrière, ornée de trophées et de faisceaux d'armes, était entourée de gradins où six mille personnes pouvaient trouver place.

» Six semaines à peine s'étaient écoulées depuis que l'on avait commencé à appliquer au camp la nouvelle méthode d'équitation, et déjà, au

---

(1) Ce travail a dû recevoir à Lunéville plus de développement qu'à Saumur, et les mouvements du carrousel de la troupe ont été réglés ainsi qu'il suit :

Entrée par quatre au pas.

Deuxième escadron, volte pour placer les deux têtes de colonnes à la même hauteur.

Changement de direction dans la longueur de la carrière au trot.

Répéter le même mouvement.

Les escadrons étant sur les grands côtés, demi-tour à droite par quatre au trot.

Demi-tour à gauche par quatre au trot.

A droite par quatre au trot et se porter en avant, haut le sabre, les deux escadrons marchant l'un sur l'autre au milieu de la carrière.

Au milieu de la carrière à droite par quatre en portant le sabre à l'épaule.

Dans chaque rang de quatre, prenez vos distances au pas.

Dans chaque rang, ouvrez les files à droite au pas.

Changement de direction dans la longueur de la carrière au trot, chaque file passant dans les intervalles de celles qui viennent à sa rencontre.

Répéter le même mouvement.

Les escadrons étant sur les grands côtés toujours par quatre et à files ouvertes, exécuter un à-droite par cavaliers au galop et passer dans les intervalles de l'escadron opposé.

Arriver sur la nouvelle piste, terminer le doublé par un à-droite par cavalier toujours au galop. Répéter le même mouvement pour se remettre dans l'ordre naturel.

Serrer les files à gauche au pas.

milieu de juillet, officiers, sous-officiers et soldats étaient en mesure d'exécuter les divers carrousels. C'est le 20 du même qu'ils devaient avoir lieu en présence du Prince généralissime et du commandant supérieur de la cavalerie. Le suffrage des princes était l'objet de l'ambition de tous, lorsque le funeste événement qui a enlevé à la France S. A. R. le duc d'Orléans est venu répandre la consternation à Lunéville. Dès ce moment toute pensée de fête a dû disparaître.

» Cependant, quand il fut décidé que monseigneur le duc de Nemours irait passer en revue les troupes du corps d'opérations sur la Marne, le commandant du camp de Lunéville prescrivit qu'un nouvel escadron de troupes uniquement composé de jeunes chevaux français et étrangers, dont l'instruction n'était point encore commencée, serait exercé d'après la nouvelle méthode, pour être présenté à S. A. R.

» Après *vingt-six jours* de travail, ces jeunes chevaux étaient en état d'entrer dans le rang; *huit journées* avaient en outre été employées à répéter les mouvements du carrousel. C'est à cette période de leur instruction qu'ils ont exécuté devant monseigneur le duc de Nemours, avec la

Sur la droite en bataille au pas, les deux escadrons se faisant face.

Dans chaque division en cercle à droite, la première division de chaque escadron se met seule en mouvement; à ce moment, lorsqu'elle a exécuté un demi-tour à droite, son deuxième rang s'arrête, et le premier rang de la seconde division se met en mouvement; lorsque celui-ci a exécuté un à-droite, le second rang de la première division qui s'est arrêté et le second rang de la seconde division se mettent en mouvement. Ces quatre rangs, formant ainsi quatre rayons du même cercle, continuent leur conversion à pivot mouvant et au galop.

Les escadrons étant en bataille, se faisant face aux deux extrémités de la carrière, le quatrième peloton du premier escadron rompt par la gauche par un. Les huit premiers cavaliers s'établissent en cercle à droite au centre du terrain, les seize autres s'établissent en cercle à gauche, ayant au centre le premier cercle. Les trois premiers pelotons du même escadron rompent par deux et tracent un troisième cercle à main droite autour des deux autres; le deuxième escadron rompt par deux et complète cette figure en traçant à main gauche un quatrième cercle. Au commandement au galop, les deux cercles extérieurs prennent le galop en faisant haut le sabre, le cercle de seize cavaliers prend le trot et celui du centre fait feu du pistolet.

Les deux escadrons, étant en colonne serrée à l'extrémité du terrain, sont attaqués par un escadron de dragons à pied qui envoie un peloton en tirailleurs.

Le premier escadron exécute une charge en fourrageurs et se rallie derrière le deuxième.

Le deuxième escadron exécute une charge en ligne.

Défiler au galop.

plus grande régularité et une précision remarquable, des exercices militaires et équestres aussi compliqués que difficiles.

» Les officiers instructeurs qui avaient été exercés au carrousel ont également exécuté en présence de S. A. R. un travail de *haute école*, avec une précision qu'il eût été impossible d'obtenir sans l'application des nouveaux principes.

» Le Prince était entouré des officiers de huit régiments de cavalerie et d'une brigade d'infanterie ; mais le deuil de l'armée interdisait toute apparence de fête, et le carrousel, qui n'avait été réorganisé que dans l'intérêt de l'instruction, fut d'autant plus concluant en faveur de la méthode Baucher, que toute pompe et toute prestige avaient été écartés.

» Voilà des faits. Ne dispensent-ils point de tout commentaire ? Ne répondent-ils pas suffisamment aux opinions routinières, rebelles aux améliorations et ennemies du progrès ? »

LETTRE DE M. DE GOUY, COLONEL DU 1er DE HUSSARDS, A M. BAUCHER.

Nancy, le 16 janvier 1843.

« MONSIEUR,

» En réponse à votre lettre, je m'empresse de vous donner connaissance de mon rapport adressé au ministre sur l'application de votre méthode au dressage des chevaux.

» Cette méthode continue à présenter les résultats les plus satisfaisants. Une classe de jeunes chevaux, commencée le 5 décembre, s'est trouvée au 30 du même mois, c'est-à-dire en vingt-trois leçons, qui n'ont jamais dépassé une heure de travail, tout à fait à même d'être admise à l'école d'escadron. Ces chevaux ont été soumis successivement aux différentes gradations prescrites sans opposer de véritables difficultés. Un seul de la remonte anglaise se refusait au reculer pendant les premières leçons. En peu de jours, la résistance a été vaincue avec un succès complet, et aujourd'hui cet exercice lui est aussi familier que l'action de se porter en avant.

» La promptitude de ce résultat, obtenu en si peu de leçons et à un degré complet d'obéissance, de légèreté et de souplesse, s'explique par l'instruction même des cavaliers, aujourd'hui entièrement familiarisés avec les diverses prescriptions de ce travail.

» Mais ces convictions, basées sur une étude impartiale et consciencieuse, ne sauraient être ébranlées par aucune des objections qui ont été soulevées par les adversaires de la méthode. C'est ainsi qu'on a prétendu que les chevaux, une fois passés à l'escadron et abandonnés au service habituel, n'étaient bientôt plus dans les mêmes conditions d'instruction. J'ai cherché dans l'expérience quelques preuves de cette assertion et j'ai prescrit d'exercer, six semaines après avoir été admis dans les rangs, de jeunes chevaux qui, pendant le travail d'hiver, ne font autre chose que des promenades journalières en bridon et conduits chaque jour par des cavaliers différents. Ils ont exécuté tout ce qui leur a été demandé en manège civil avec une régularité et une précision remarquables.

» On a écrit que les tortures permanentes avec lesquelles on brise le cheval sont au détriment de la force musculaire, et par cela même de la vitesse.

» Cette objection ne me semble pas plus fondée, et, à mon avis, jamais méthode plus progressive, plus douce, n'a été employée, puisqu'elle trouve une obéissance presque instantanée dans le jeune cheval, naturellement disposé aux défenses, soit par ignorance, soit par peur, soit par méchanceté.

» Loin que la force musculaire s'amoindrisse par les flexions réitérées, ne s'augmente-t-elle pas de tout l'avantage de l'exercice sur le repos, du travail sur la paresse? Le système musculaire ne se développe-t-il pas, physiologiquement parlant, en raison, en proportion de ces mêmes conditions? La gymnastique, cette *torture* permanente des muscles, n'a-t-elle pas pour résultat définitif l'adresse, la vigueur? La différence habituelle qui existe entre les forces du bras droit et du bras gauche a-t-elle une autre cause que la différence dans l'emploi journalier de l'un au préjudice de l'autre?

» Éducation prompte, facile, complète pour le cheval; utile pour le cavalier obligé à une justesse dans ses aides sans laquelle les résultats resteraient infructueux; profitable au Trésor, dont les sacrifices, plus ou moins heureusement employés dans l'achat des chevaux, se trouvent utilisés par une instruction mieux appropriée à toutes les conformations, et essentiellement conservatrice du cheval par ses principes. Ce sont là, selon moi, les avantages incontestables de la méthode de M. Baucher, dont je deviens plus partisan à mesure que l'expérience m'en fait apprécier l'utilité.

» Agréez, etc.

Signé : DE GOUY,
» Colonel du 1er de hussards. »

A la suite de ces documents émanés de nos autorités militaires, je crois devoir reproduire la lettre suivante adressée au colonel du 2ᵉ lanciers de l'armée belge, par M. Bruyneel, capitaine-instructeur au même corps, qui a passé deux mois à Paris pour étudier ma méthode.

Paris, 18 septembre 1842.

« Si je ne tenais pas autant, mon colonel, à vous donner des renseignements exacts sur la méthode d'un homme dont le mérite réel et reconnu occupe tous les hommes de l'art, je vous eusse écrit plus tôt ; mais mon enthousiasme eût faussé mon jugement, et j'aurais raisonné comme un esprit prévenu, tandis que je ne veux vous soumettre que de froides et justes observations. Il est presque impossible de se défendre de quelques penchants d'amitié pour un homme qui vous traite avec une bienveillance extraordinaire, et qui met à votre disposition toute la générosité de son talent ; ainsi vous pourrez supposer que je suis trop enchanté d'une méthode nouvelle ; mais les avis que je vais émettre appartiennent aussi à d'autres cavaliers plus distingués que moi ; c'est pourquoi je vous prie de faire la part qui revient au maître et à l'élève. Logé vis-à-vis du manége pour perdre le moins de temps possible, mon travail a lieu de six à neuf heures du matin et de une à quatre heures de relevée. Il faut bien rattraper par un peu plus de travail le temps que M. le ministre de la guerre a jugé convenable de retrancher de ma permission. Deux chevaux sont à ma disposition pour le dressage. Pour eux, je trouve une heure le matin et une heure l'après-dîner, et ce qui me reste de temps après est employé à monter des chevaux faits. M. Baucher appelle une bonne enveloppe cette façon qui consiste à serrer le cheval comme dans un étau, afin de maîtriser davantage sa volonté, d'acquérir plus de solidité, plus de moyens d'action et plus de moyens de tenue. D'après mes progrès, je juge l'excellence de ces principes, mais le travail extraordinaire auquel je suis soumis a presque cassé mes jambes, qui avaient encore bien besoin d'être dressées. Sous la direction d'un pareil maître, chaque pas amène un progrès, tant pour le cavalier que pour le cheval. Il serait impossible de posséder une manière plus claire, plus nette et plus précise, pour expliquer les moindres défenses du cheval et les moyens de les dominer. C'est l'art de l'écuyer dans toute sa perfection : il débute par convaincre l'intelligence ; après le précepte vient l'exemple, et il faut bien se rendre à l'évidence. Son système de dressage est aussi simple que rationnel ; il consiste à s'emparer des *forces instinctives* du cheval, à les subordonner aux *forces transmises* par le cavalier, à l'aide d'assouplissements qui détruisent les moyens de résistance et d'opposition, et à combattre enfin la roideur produite par la mauvaise conformation du cheval. Mais dans l'application de ce système, il faut considérer deux parties bien distinctes : la première consiste à annuler toutes les résistances du cheval par l'assouplissement successif et méthodique de la mâchoire, de l'encolure, des hanches et des reins. A l'aide de ces assouplissements arrive bientôt la *mise en main*, sans laquelle il n'y a ni bonne position ni légèreté. Le cheval est alors disposé à supporter des effets d'ensemble ; de légères oppositions de mains et de jambes mettent facilement en rapport les forces de l'avant-main et de l'arrière-main, et le cheval obéit à toutes les impulsions qu'on veut lui donner. Je crois que l'instruction du cheval de troupe doit s'arrêter à cette partie élémentaire de l'art, qui me paraît aussi facile dans l'exécution que prompte et admirable dans ses effets. On ne saurait nier les résultats, et si vous aviez vu, mon colonel, des chevaux d'une encolure contractée, le nez au vent, la tête dans une position horizontale, travailler après trois semaines d'exercices avec régularité à toutes les allures, la tête parfaitement ramenée et d'une extrême légèreté à la main, vous admireriez comme moi l'homme qui, à force d'étude et de patience, a atteint cette maturité de talent. M. Baucher a trop de réputation pour ne pas être en butte aux jalousies et à la malveillance. Un amateur, croyant prendre la méthode en défaut, lui amena un cheval dont la structure aurait découragé tout homme moins convaincu que M. Baucher. L'expérience n'a pas démenti la vérité des principes de ce dernier, car, en moins d'un mois, ce cheval, lourd carrossier, musclé comme un buffle, l'encolure massive, la tête forte et pesamment attachée, faible du derrière et d'une grande puissance dans le devant, est devenu cheval de selle ; il est ramené, on le rassemble, il piaffe. Voilà des faits qui sont concluants. Je ne vous parlerai donc pas de tous les chevaux de diverses conformations vicieuses soumis aux leçons ; tous passent sous la direction du maître, entre les mains des élèves, et reçoivent la même instruction.

» La seconde partie de ce système comprend le rassembler. C'est la partie savante de l'équitation, qui livre à la disposition du cavalier toutes les forces du cheval concentrées sur un même point, le centre de gravité. La dimension de cette lettre ne me permet pas d'entrer dans de plus amples détails ; mais quand on a vu des chevaux de M. Baucher, montés par lui-même, faire des changements de pied à chaque temps de galop, reculer au trot, reculer au galop, reculer avec temps d'arrêt à chaque foulée, piaffer régulièrement avec un temps d'arrêt immédiat sur trois jambes, la quatrième restant en l'air, exécuter des pirouettes ordinaires sur trois jambes, celle de devant du côté vers lequel on tourne restant en l'air pendant toute la durée du mouvement, etc., on reste étourdi, et l'on se demande s'il est possible de pousser l'équitation à un tel degré de perfection. Cet étonnement est le plus bel éloge que l'on puisse faire du célèbre écuyer, et si vous désirez bien le connaître, je vous prie de lire les saines et véritables doctrines publiées récemment dans un ouvrage que possède M. Renens. Après tout, ce système aura ses détracteurs ; mais, à la longue, l'évidence triomphe toujours de l'envie et de l'incrédulité. D'après la méthode allemande, le cheval est constamment assis, et cette instruction fatigante ruine les hanches et les jarrets ; M. Baucher, au contraire, équilibre les forces du cheval. Or, la plus forte objection qu'on lui ai faite jusqu'à ce jour, c'est le reproche de ruiner les chevaux. Je vous le demande, dans l'éducation des jeunes gens, lorsque la nature a développé les formes, n'emploie-t-on pas la gymnastique pour équilibrer les forces et rendre vigoureux les muscles ? Les résultats de ce rude exercice furent-ils jamais nuisibles ? Ce travail est-il autre maintenant qu'un exercice gymnastique, et les chevaux de M. Baucher, sans la moindre tare, sans molettes, et soumis chaque jour à un travail des plus difficiles, ne parlent-ils pas plus haut qu'une ridicule objection ?

» M. le duc de Nemours, ainsi que les officiers généraux et supérieurs, revenus du camp de Lunéville, ont été satisfaits des résultats obtenus, en deux mois de temps, sur les jeunes chevaux, par le fils de M. Baucher. Sa méthode, passée à l'état d'ordonnance, est livrée à l'impression. Ceci m'amène naturellement à vous faire observer, mon colonel, qu'on pourrait, si vous le jugez convenable, réserver quelques jeunes chevaux, pour les soumettre, lors de ma rentrée, à la méthode. Cette expérience se faisant sous vos yeux, il vous serait facile de juger de ses avantages et de ses inconvénients. J'ai vu les chevaux de remonte du 3me lanciers et du 5me dragons. Ces chevaux sont parvenus en six semaines de temps à une régularité d'exécution qui laisse peu à désirer. M. Baucher et sa méthode n'occupent pas seulement l'attention publique en France et en Belgique ; son dernier ouvrage est traduit en hollandais, par le major Van Merlen, et les chevaux y sont dressés d'après sa méthode. Plusieurs officiers russes et allemands, un colonel de la garde impériale russe et un écuyer du roi de Wurtemberg ont visité le manége et assisté aux leçons.

» Agréez, etc.

» A. BRUYNEEL. »

LA VÉRITÉ SUR MA MISSION A SAUMUR.

L'envie et la malveillance, auxquelles tous les moyens sont bons, ne se contentent pas de tronquer les écrits et les paroles; elles s'efforcent encore de dénaturer les faits. Ainsi, les bruits les plus mensongers ont été répandus au sujet du cours que j'ai été officiellement chargé d'ouvrir l'année dernière à l'école de cavalerie. Ici encore, je ne me départirai pas de mon système de défense; j'opposerai le calme et la modération aux attaques passionnées, et je ne répondrai que par l'exposé pur et simple de la vérité aux *inexactitudes* perfidement calculées de la mauvaise foi.

Voici donc en réalité comment les choses se sont passées. D'après une décision de M. le ministre de la guerre, portant que les capitaines et officiers instructeurs de l'armée se rendraient à Saumur afin d'être initiés aux principes de ma méthode, j'ai commencé mon cours le 16 février 1843, avec l'assistance de mon fils. Mon auditoire se composait de quarante-trois capitaines instructeurs et de vingt-quatre officiers appartenant à l'école (1).

---

(1) Je crois devoir publier la liste de tous les militaires et écuyers qui ont suivi mon cours à Saumur, afin que chacun puisse au besoin invoquer leur témoignage pour vérifier l'exactitude des faits énoncés dans ce chapitre.

ÉCOLE ROYALE DE CAVALERIE.

État nominal de MM. les Officiers de l'état-major de l'École.

MM.	MM.
Prevost, général commandant.	Deshayes, lieutenant-colonel.
Fleury, colonel.	Morin, chef d'escadrons.

Je ne me dissimulais pas combien ma tâche était grave et épineuse en présence d'un pareil auditoire. Je savais

MM.
De Novital, chef d'escadrons commandant le manége.
De Boulancy, capitaine instructeur.
Dubos,　　id.
Courard,　　id.
Rame,　　id.
Monier,　　id.
Michaux,　　id.
De Jourdan,　　id.
Gasser, capitaine major.
Schmit,　　id.
Rolland,　　id.
Oudet, capitaine écuyer militaire.

MM.
Briffaut, lieutenant sous-écuyer militaire.
Jocard,　　id.　　id.
Fourrier, lieutenant porte-étendard.
Dangeville, sous-lieutenant sous-écuyer militaire.
MM. Rousselet, écuyers civils.
De Saint Ange.

SOUS-MAITRE.
Martin, adjudant.
Ducas, maréchal-des-logis chef.
Guérin, maréchal-des-logis.
Dantras,　　id.
Constant,　　id.

Contrôle de MM. les Capitaines instructeurs et Lieutenants détachés à Saumur, pour y suivre le cour de la Méthode de M. Baucher.

MM.
Lami Sarrasin, 1er carabiniers.
Pradier,　　2e　　id.
D'Elbée,　　2e　　id.
Veiller,　　3e　　id.
Petit,　　4e　　id.
Hoffmann,　　6e cuirassiers.
Lebon,　　7e　　id.
Amiot,　　8e　　id.
Geoffroy,　　10e　　id.
Bournigal,　　1er dragons.
Besson,　　7e　　id.
Dolonde,　　3e　　id.
Juniac,　　4e　　id.
De Bremont-d'Ars, 7e id.
Bruno,　　8e　　id.
Delespaul,　　12e　　id.
Romain,　　1er lanciers.
Lappe,　　4e　　id.
Peyremond,　　6e　　id.
Bonnamy,　　7e　　id.
Vincent,　　1er chasseurs.
Baudry de Balzac, 2e id.
De Julliac,　　4e　　id.
Duvrac,　　10e dragons.
Darnige,　　5e chasseurs.

MM.
Schott,　　6e chasseurs.
Legnale,　　7e　　id.
Guelle,　　8e　　id.
De Lascourt,　　9e　　id.
Chauvet,　　10e　　id.
Canivet de Rouge-Fossé, 2e hussards.
De Gerbois,　　4e　　id.
Raymond,　　5e　　id.
Arquembourg,　　6e　　id.
Demolon,　　4e artillerie.
Lemulier,　　8e　　id.
Saurimont,　　9e　　id.
Ducasse,　　10e　　id.
Bocave,　　12e　　id.
Besançon,　　13e　　id.
Lafitte,　　14e　　id.
Hardel, sous-lieuten. 1er dragons.
Vorel, lieutenant,　　8e　　id.
Bureau,　　id.　　6e hussards.
Chapuis,　　id.　　6e artillerie.
Enner,　　id.　　2e　　id.
De Wall.
Létuvé.
Eybut, lieutenant suédois.

que je m'adressais aux notabilités équestres de l'armée, que j'allais avoir momentanément pour élèves des professeurs distingués. Il s'agissait de les amener, par la force de la conviction, à modifier complétement des principes qui avaient été enseignés par des écuyers d'un incontestable talent, de les décider à abandonner une théorie qu'ils pratiquaient depuis longtemps, et dans l'application de laquelle ils avaient acquis une juste renommée. J'avoue que je n'osais me flatter de réussir complétement dans une entreprise si redoutable et si difficile.

Mais le dirai-je aussi? d'un autre côté, la science même et l'habileté de mes auditeurs me semblaient devoir être pour moi des motifs d'espoir et de confiance. Je pensais que plus ils avaient approfondi l'étude de l'équitation, plus ils seraient aptes à juger une méthode toute de raisonnement, dont les principes s'enchaînent, se coordonnent d'une manière simple et logique, où tout est défini, motivé ; dans laquelle la pratique vient constamment attester la vérité de la démonstration, J'ajouterai enfin que je comptais sur le désir sincère d'instruction, la profonde sagacité et les dispositions bienveillantes, que plus d'une fois déjà j'avais été à même de rencontrer chez les habiles praticiens de l'armée (1).

(1) Ma méthode, si aveuglément attaquée ailleurs, a trouvé parmi les militaires de savants apologistes. On a déjà pu voir, dans la première partie de cet ouvrage, les nombreux rapports où l'adhésion à mes principes est motivée avec une grande force de raisonnement. Quelques officiers ont également pris ma défense dans des recueils spéciaux ; je citerai notamment M. Auguste Delard, capitaine au 2ᵉ de hussards, auteur de deux articles sur ma méthode, publiés par le *Spectateur militaire* (numéros du 15 avril et du 15 octobre 1843). Ce travail, extrêmement remarquable, décèle non-seulement un homme profondément versé dans la science équestre, mais encore un écrivain très-distingué. Il est impossible d'exposer les principes et même la partie métaphysique de la science avec plus de clarté, de justesse et d'élégance dans l'expression. Je choisis au hasard cette explication des effets de mon système des attaques :

« Nous avons montré ce flux de poids et de forces, jeté d'arrière en avant

Mon attente n'a pas été tompée.

La durée de mon cours avait été strictement fixée à deux mois, ce terme était bien court sans doute. L'intelligence de mes auditeurs, jointe à un redoublement de zèle de ma part, a suppléé à ce qui pouvait nous manquer sous le rapport du temps. La nouvelle méthode a été développée dans son ensemble et dans ses détails; la démonstration du mécanisme a marché parallèlement au raisonnement. J'ajouterai que mes leçons ont été parfaitement comprises, et je me fais un plaisir d'adresser ici mes sincères remercîments à MM. les officiers de tous grades qui ont suivi mon cours, pour le bienveillant accueil que j'ai reçu d'eux et la studieuse attention qu'ils m'ont prêtée.

Bien qu'en raison du peu de temps qui m'était assigné, j'aie dû m'occuper avant tout de l'instruction des hommes que je tenais à initier complétement à toutes les particularités de ma méthode, le dressage des chevaux n'en a pas moins fait de remarquables progrès.

Pour prouver la complète réussite de ma mission à Saumur, j'appuierai, suivant ma constante habitude, mes assertions par des faits authentiques. Les officiers présents à mon cours étaient, comme je l'ai déjà dit, au nombre de soixante-douze; sur ce nombre SOIXANTE-NEUF ont rédigé des rapports favorables à la méthode; il n'y a eu que *trois dissidents !*

On verra d'un autre côté, par les pièces jointes à ce

» comme par un ressort caché; nous avons décrit ce courant électrique dont les » étincelles, après avoir volé d'une vertèbre à l'autre jusqu'à l'extrémité de l'en- » colure, reviennent en suivant les rênes, et comme guidées par un fil conducteur, » s'éteindre dans la main du cavalier; nous avons indiqué enfin ce lien invisible » qui semble attirer irrésistiblement les extrémités inférieures vers un centre » commun. » Nous pourrions citer une foule d'autres passages de M. Delard, dans lesquels le charme du style et la justesse de l'image viennent avec autant de bonheur au secours de la pensée.

chapitre, que le général Prevost, commandant l'école royale de cavalerie, et le chef d'escadrons de Novital, commandant le manége, ont attesté le succès de mon enseignement et les avantages résultant de l'application de mes principes.

Enfin, je puis m'appuyer encore d'un illustre et précieux suffrage, de celui de M. le Maréchal Soult, ministre de la guerre, qui, à mon retour de Saumur, a bien voulu m'exprimer, dans les termes les plus flatteurs, sa satisfaction de la manière dont ma mission avait été remplie.

Ce sont cependant ces heureux résultats, si authentiquement constatés, que mes adversaires *quand même* ont essayé de transformer en un échec complet pour le professeur et pour la méthode. Le public impartial pourra maintenant se prononcer en connaissance de cause.

J'avouerai toutefois, avec franchise, que certains faits, sur lesquels il me reste à m'expliquer, ont pu, grâce à des récits inexacts ou exagérés, jeter quelques doutes dans l'esprit des gens de bonne foi, et fournir des armes à mes ennemis. Je sais que j'aborde un terrain délicat, aussi me bornerai-je au rôle de simple narrateur.

M. le comte de Sparre, lieutenant général et pair de France, avait été chargé par M. le Maréchal ministre de la guerre, des fonctions d'inspecteur du cours que je devais faire à l'école royale de cavalerie. Aussitôt que cette nouvelle me fut connue, je me rendis chez le général, pensant qu'il pouvait avoir quelques renseignements à me demander ou quelques instructions à me communiquer. L'entrevue se borna cependant à l'annonce qu'il me fit de son prochain départ pour Saumur. Je me mis moi-même en route le lendemain avec mon fils, et j'arrivai à ma destination le 11 février. Le général Prevost, chez lequel je me présentai, me communiqua à titre d'instruction quant à la manière dont je devais concevoir et diriger mon cours, une sorte de manuel basé sur mon système pour l'instruction des jeunes chevaux de troupes, manuel dans lequel ne se trouvait qu'une petite portion de ma méthode, et encore était-elle dénaturée.

Ma surprise fut grande, je l'avoue; je ne pouvais concevoir que M. le général de Sparre eût pris une décision aussi grave à mon égard, sans en conférer préalablement avec moi ou tout au moins sans m'en prévenir. Comme je n'avais rien demandé, pécuniairement parlant, pour transmettre le fruit de mes découvertes, que ma mission était toute de dévouement à l'instruction de la cavalerie française et au progrès de l'art, je croyais être en droit de m'attendre à être traité avec quelque considération. J'avais ouï vaguement parler, avant mon départ de Paris, d'une machination ourdie par mes irréconciliables adversaires (1), pour me mettre dans l'impossibilité de me faire entendre de l'armée, pour tracer autour de mon enseignement un cercle de Popilius, pour morceler enfin mes principes de manière à les réduire à rien. Un pareil complot était de nature à exciter en moi un mouvement de fierté plutôt que tout autre sentiment; en effet, mes ennemis eux-mêmes étaient donc bien convaincus, dans leur for intérieur, de l'excellence de ces principes, puisqu'ils ne trouvaient pas d'autres moyens de conjurer leur adoption, qu'en cherchant à les étouffer et à empêcher

---

(1) Il faut ranger dans cette catégorie la plupart de mes confrères, les écuyers professeurs; j'en excepterai toutefois, à Paris, M. de Fitte, qui a cru devoir approfondir consciencieusement ma méthode, et cette étude l'a conduit à en adopter les principes. Il existe également dans les départements des écuyers dévoués à la science qui sont venus s'initier à ma méthode et qui la pratiquent aujourd'hui : ce sont MM. Laurençot, à Orléans et à Tours ; Laurens, à Marseille; Foucault frères, à Nantes; Collin fils, à Lyon; Ducas, à Bordeaux; Anger, au Havre.

M. de Fitte, dans une brochure tout à fait remarquable, publiée récemment, a répondu d'une manière lucide et convaincante à mes détracteurs. Son savant écrit est demeuré sans réponse; le mensonge et la calomnie sont plus faciles que le raisonnement.

qu'ils ne fussent complétement développés? Le dirai-je enfin, je ne pouvais croire au succès de si misérables manœuvres. Pourtant le projet de manuel qui m'était présenté semblait démentir mes prévisions.

Comme d'ailleurs ma méthode est une et ne saurait se tronquer à volonté ; comme je voyais qu'il me serait impossible d'accomplir le bien que j'avais espéré, j'annonçai au général Prevost mon intention de repartir immédiatement pour Paris. M. le commandant de l'école, dont je ne puis assez reconnaître la droiture et la bienveillance, me pria d'attendre la réponse à une lettre qu'il adressait à l'instant même au lieutenant général de Sparre. D'après son désir, je consentis à différer mon départ.

Quatre jours s'étaient à peine écoulés, lorsque je reçus une lettre m'annonçant l'arrivée de M. le comte de Sparre et contenant une invitation de passer chez lui. Notre entrevue dura deux heures. C'est ici surtout que je me renfermerai dans une narration pure et simple et dans la reproduction *textuelle* des paroles de mon interlocuteur. J'en appelle au besoin à son témoignage pour confirmer leur exactitude.

Le général débuta par me dire :

« *Nous voulons bien de votre méthode, mais nous ne voulons* » *pas d'équitation.* »

A cela je ne pus m'empêcher de répondre : « Il faudrait, » avant d'aller plus loin, général, nous entendre sur la » valeur des mots, ou bien attendre l'apparition d'un nou- » veau dictionnaire. »

Le général m'objecta ensuite que, puisqu'on s'était servi jusqu'à ce jour de la jambe droite pour tourner à droite, il ne voyait pas qu'il pût être utile d'en changer. J'exposai toutes les raisons qui m'avaient engagé à modifier ce principe, sans pouvoir parvenir à ébranler des convictions arrêtées. Cependant le général finit par me proposer l'arrangement suivant :

« *Faites une chose,* me dit-il, *et nous serons d'accord ; ne parlez pas des jambes dans votre cours.* »

J'avoue que je ne crus pas devoir répondre.

Revenant au sujet général de la discussion, j'exposai que mes principes s'enchaînant intimement, il m'était impossible de les diviser ou d'en sacrifier une partie ; que je devais m'adresser à des officiers instructeurs, et par conséquent leur présenter un corps complet de doctrine, attendu que la science du professeur doit toujours s'étendre au delà de la partie qu'il est chargé d'enseigner. Depuis quand en effet un professeur de sixième n'est-il tenu de connaître que la sixième ?

Cette discussion se serait prolongée indéfiniment sans que rien de bien utile en sortît pour l'armée (sous le rapport équestre) ; je la terminai en disant qu'il fallait toute ma méthode ou rien, que je ne consentirais pour rien au monde à en retrancher un mot, et que si toute latitude ne m'était pas laissée, je croirais devoir repartir immédiatement pour Paris. Voyant que ma résolution était bien arrêtée, le lieutenant général leva son *interdiction* et donna au commandant de l'école l'ordre de me laisser faire comme je l'entendais.

M. le comte de Sparre resta deux jours seulement à Saumur, et pendant ce temps, il passa, en différentes fois, à peu près quatre heures au manége. Il revint sur la fin du cours ; cette dernière *inspection* se borna à deux visites d'une heure chacune environ. D'un autre côté, j'affirme que le général n'a pas cru devoir interroger *un seul* des soixante-douze officiers qui suivaient mes leçons. Je tiens à constater ces faits qui me paraissent importants, parce qu'ils prouvent évidemment, ce me semble, que le général de Sparre n'a pas jugé ma méthode sur les résultats de mon cours à Saumur. Ce n'est pas en effet dans l'espace de quelques heures et en s'abstenant de consulter les hommes compétents qui avaient assisté à mes enseignements que son opinion a pu se former. Faut-il croire que cette opinion était prononcée et fixée à l'avance?

Il me reste à citer la lettre que je reçus bientôt après de M. le comte de Sparre.

La voici textuellement :

Saumur, le 25 mars 1843.

« Monsieur,

» Par une dépêche en date du 23 de ce mois, M. le Maréchal ministre de la guerre, en me faisant connaître qu'il a fixé pour le 1er d'avril le départ des capitaines instructeurs envoyés à Saumur, pour y recevoir de vous et de M. votre fils l'enseignement de votre méthode pour le dressage des chevaux, me charge de vous faire savoir que, d'après les rapports de M. le général Prevost sur le zèle et l'assiduité que vous avez apportés dans la mission dont vous étiez chargé, il ne peut que vous témoigner, ainsi qu'à M. votre fils, sa satisfaction particulière, et il me prescrit de vous l'exprimer de sa part. Je m'acquitte avec plaisir de l'ordre que je reçois, puisque j'ai pu apprécier toute la peine et tous les soins que vous avez mis à remplir cette mission. *Je dois cependant ajouter, Monsieur, avec toute la franchise qui me caractérise, que je regrette vivement de n'avoir pas été prévenu que, dans l'enseignement que vous étiez appelé à donner pour le dressage des jeunes chevaux, vous aviez cru devoir donner, développer et faire exécuter toute votre méthode d'équitation; j'aurais pu, si je l'avais su, en instruire M. le Maréchal ministre de la guerre, et prendre ses ordres pour savoir si le développement et l'enseignement de cette méthode entière était dans ses intentions.* Dans les instructions que j'ai reçues de Son Excellence, il n'a jamais été question que du dressage des chevaux de troupe ; ce qui constitue la haute école était en dehors, comme j'ai été à même de vous le répéter dans la conversation que j'ai eue avec vous lors de mon premier voyage à Saumur. J'ai été chargé seulement de la haute surveillance de l'instruction que vous deviez donner pour le dressage des jeunes chevaux, mais nullement de ce qui a rapport à la haute école. *Je ne suis pas suffisamment instruit de votre méthode d'équitation, pour être à même de me prononcer et de donner un avis raisonné sur son plus ou moins d'efficacité, et ce ne peut être légèrement qu'il est possible d'émettre une opinion sur une question aussi grave, aussi délicate, et qui ne peut être traitée que par des spécialités. Je n'en reconnais pas moins*, Monsieur, *que les résultats obtenus par vous pour le dressage des jeunes chevaux, à Saumur, ont été en général satisfaisants*, et je me plais à vous le dire en vous assurant, Monsieur, de ma parfaite considération.

» Le lieutenant général, pair de France,

» Comte de SPARRE. »

A propos du passage de cette lettre où M. le comte de Sparre dit qu'il avait supposé que je bornerais mes leçons à ce qui concerne la partie du dressage des jeunes chevaux, je ne reviendrai pas sur mes précédentes observations relativement à l'impossibilité logique de morceler une méthode et un exposé de principes. Je m'en rapporte sur ce point à tous les hommes de cheval.

J'ajouterai qu'en admettant une semblable hypothèse, ma mission à Saumur devenait inexplicable. De deux choses l'une, en effet, ou ma méthode était jugée bonne, ou elle était considérée comme mauvaise. Dans le premier cas, on ne devait pas empêcher qu'elle fût complétement développée; dans le second, la partie d'un tout vicieux ne pouvait être elle-même que vicieuse, il y avait lieu de la repousser. D'ailleurs, lorsqu'à Lunéville et à Paris les officiers instructeurs de la moitié des corps de troupes à cheval avaient étudié la nouvelle méthode dans ses détails et dans son ensemble, était-ce bien la peine de convoquer à Saumur les autres instructeurs pour ne leur donner qu'un enseignement scindé, pour ne les initier qu'à des principes secondaires et accessoires (1) ?

---

(1) Les vingt-six officiers envoyés à Paris, au mois de mai 1842, par décision ministérielle, pour suivre mon cours, adressèrent à M. le colonel Carrelet (actuellement général), alors président de la commission, des rapports unanimement

— 68 —

Mais voici quelque chose de plus extraordinaire encore : M. le général de Sparre, après avoir consenti à ce que mon système fût professé intégralement, — après avoir confessé dans sa lettre citée plus haut, que le point de savoir si M. le ministre de la guerre avait entendu ou non que mes principes fussent développés dans leur entier, était resté douteux même à mes yeux, — après s'être reconnu enfin trop insuffisamment instruit de ma méthode d'équitation pour être à même de se prononcer sur son plus ou moins d'efficacité, le général, dis-je, prit brusquement sur lui de trancher la question. Le lendemain de mon départ de Saumur, il fit afficher un ordre du jour portant défense de pratiquer ma méthode, à l'exception des principes concernant l'éducation des jeunes chevaux (1).

C'est sur cet ordre, si étrangement survenu et nullement motivé, que mes ennemis se sont appuyés pour ré-

---

favorables, dans lesquels ils concluaient à l'adoption de mes principes dans l'armée. Je conserve précieusement un témoignage de leur satisfaction personnelle qu'ils m'ont offert dans cette circonstance ; c'est une très-belle chaîne sur les anneaux de laquelle sont inscrits les noms suivants :

MM. Grenier, chef d'escadrons au 9e cuirassiers ; Dupont, capitaine instructeur au 5e dragons ; Duhesme, capitaine aux chasseurs d'Afrique, officier d'ordonnance du roi ; Parmentier, capitaine adjudant major de la garde municipale ; Delard, capitaine instructeur au 9e cuirassiers (actuellement capitaine commandant au 2e hussards) ; Thermin, capitaine instructeur au 3e hussards ; Mezange, capitaine instructeur au 3e lanciers ; Cordier, capitaine instructeur au 7e hussards ; Dechaintre, capitaine instructeur au 2e lanciers ; Groulard, capitaine instructeur au 7e lanciers ; De Villers, capitaine instructeur au 9e hussards ; Salvador, lieutenant d'artillerie ; Dupuy, id. ; Chapotin, capitaine, id. ; Joly, lieutenant de la garde municipale ; Imbrico, id. ; Xaintrailles, id. ; Caccia, lieutenant au 9e hussards ; Maubranches, lieutenant au 7e lanciers ; Franck, lieutenant au 5e dragons ; Berger, lieutenant au 7e hussards ; Maillé, lieutenant au 3e chasseurs ; Isard, lieutenant au 3e hussards ; Valet.c, lieutenant au 3e lanciers ; Labreuille, lieutenant au 2e lanciers ; Desondes, lieutenant au 9e cuirassiers.

(1) Comme tout devient ensuite un effet de tact et que tout est soumis au sentiment, qui est-ce qui sera chargé de cette inspection ? M. le général de Sparre, sans doute.

pandre partout le bruit que j'avais complétement échoué à Saumur.

La question cependant, comme on a pu le voir, se résume de la manière suivante : j'ai obtenu en faveur de ma méthode des résultats réels et positifs; j'ai obtenu, en outre, l'approbation hautement formulée de M. le général commandant l'école, de M. le commandant du manége, de MM. les écuyers, de soixante-neuf officiers instructeurs, sur soixante-douze appelés à suivre mes cours; — d'autre part, ma méthode a eu contre elle l'opposition sourde et partielle et le mauvais vouloir, après coup, de M. le général de Sparre.

Maintenant de quel côté la balance doit-elle réellement pencher?

Ce n'est pas à moi qu'il appartient de le proclamer. J'ai exposé simplement et fidèlement les faits de la cause; — le public et l'armée prononceront.

DOCUMENTS OFFICIELS

AU SUJET DE MA MISSION A SAUMUR.

ÉCOLE ROYALE DE CAVALERIE.

I

Opinion du maréchal de camp commandant l'école royale de cavalerie, sur le dressage des jeunes chevaux, d'après le système de M. Baucher.

« J'ai suivi et pratiqué, avec autant d'exactitude que d'intérêt, le système de M. Baucher, depuis un mois qu'il a commencé à donner ses leçons à l'école royale de cavalerie. Cette méthode rend le dressage du cheval facile, prompt et certain ; elle donne au cavalier l'intelligence de l'action équestre, lui fait acquérir du tact et de la puissance, lui fait aimer l'équitation, parce qu'on exécute avec goût ce qu'on fait avec intelligence et facilité.

» M. Baucher développe son système avec talent et enseigne ses principes avec lucidité ; la progression qu'il suit est admirable et ne peut manquer d'amener à des résultats satisfaisants et à des succès avantageux pour la cavalerie. Depuis qu'il est à Saumur, M. Baucher s'est entièrement dévoué à la tâche qu'il a entreprise ; il est impossible d'y mettre plus de soin ; il travaille au moins huit heures par jour au manége avec son fils, jeune écuyer très-distingué ; aussi méritent-ils, l'un et l'autre, la bienveillance de M. le Maréchal ministre de le guerre, si juste appréciateur de la capacité et du talent.

» Quand j'en aurai appris davantage, je pourrai m'étendre plus au long sur ce sujet ; mais, dès à présent, je demeure convaincu que le système de dressage des jeunes chevaux par la méthode de M. Baucher est un grand progrès pour la cavalerie, et qu'il sera très-avantageux de l'appliquer dans les corps.

« Saumur, le 17 mars 1843.

» *Signé* le général PREVOST. »

II.

Rapport sur les nouveaux essais de la méthode Baucher, transmis par M. le maréchal de camp commandant l'école de cavalerie, à S. Exc. le Maréchal ministre de la guerre.

« Les travaux ont commencé le 16 février et ont continué, sans interruption, jusqu'à ce jour.

» Les officiers de l'état-major de l'école, y compris le maréchal de camp, un lieutenant de chasseurs norwégiens, quarante-quatre capitaines instructeurs des divers corps de troupes à cheval et deux lieutenants, ont suivi exactement ces travaux.

» Les officiers ont été divisés en quatre reprises ou séries. Chacune, jusqu'à présent, a travaillé, tous les jours, pendant une heure et demie. Une reprise supplémentaire a été formée des maîtres et sous-maîtres de manége, auxquels M. Baucher a consacré, par obligeance, une heure par jour, en dehors des autres reprises.

» Chaque cavalier a reçu l'état destiné à inscrire et à constater les progrès journaliers de son cheval, jusqu'à la fin des opérations. Ces états seront joints au dernier rapport.

» A l'exception de trois, tous les chevaux des instructeurs des régiments avaient été montés, et ils n'ont pas offert, pour cela, plus de difficultés, quant à l'application du système ; ils demandent seulement plus de soin pour combattre les vieilles habitudes et les mauvaises impressions. Le jeune cheval est préférable ; il n'a rien à oublier, il n'a qu'à apprendre. Bien commencé, bien dirigé, il accomplit rapidement son instruction avec la nouvelle méthode. Chez le sujet médiocre surtout, cette méthode opère une véritable métamorphose.

Les officiers de l'école ont eu en partage des chevaux d'arme neufs, mais en partie médiocres. Les avantages du nouveau système d'équitation ressortent principalement sur ces chevaux, qui ont déjà acquis beaucoup de légèreté, d'ensemble, et pourraient, au besoin, entrer dans le rang.

» Ne pouvant donner ici tous les détails des travaux, je me bornerai à dire, d'abord, que la leçon a été donnée constamment par M. Baucher, aidé de son fils, pour les démonstrations. Chaque cavalier, indépendamment des notions générales, reçoit des développements particuliers sur chaque action ou mouvement, sur chaque combinaison d'aides. Ces définitions, données avec une persévérance et une clarté remarquables, ne peuvent laisser aucun doute sur l'application dont la facilité tient subséquemment aux dispositions des cavaliers. Ces dispositions, quelque minimes qu'elles soient, exactes et sagement combinées, doivent néanmoins assurer un résultat avec la progression rationnelle que suit M. Baucher. Cette admirable progression ferait toute la force, toute l'efficacité du système, en serait la plus ferme base, s'il ne s'appuyait déjà sur des principes vrais, positifs et tout à fait mathématiques.

» Dans tout ce qui s'est fait depuis le premier jour, je n'ai à citer que des progrès. Tous les chevaux indistinctement ont gagné ; après vingt-trois leçons (je parle surtout des chevaux neufs), ils sont dociles, soumis, supportent les attaques, vont régulièrement aux trois allures ordinaires et allongées, exécutent des pas de côté avec aisance, enfin accomplissent tous les mouvements avec souplesse et légèreté, une fois que l'accord des aides existe et que la position est bien donnée. Quelques-uns, sans doute, sont en arrière des autres ; mais les progrès du cheval tiennent aux dispositions du cavalier. Le nombre, dans chaque reprise, doit être pris en considération.

» On pourrait s'étonner que, sur la totalité, il n'y ait pas eu quelques chevaux rebelles, difficiles dans toute l'acception du mot. Je répondrai qu'il y a une seule exception notable, c'est le cheval de M. Hennet, lieutenant au 2ᵉ régiment d'artillerie. Il a été commencé avec les autres, mais comme il présentait trop de difficulté au milieu d'une reprise nombreuse, et que M. Baucher ne pouvait s'occuper exclusivement de lui, il l'a pris à part et le fait exercer, chaque matin, par M. Hennet. Ce cheval, fort, vigoureux, résistait depuis au moins deux ans et à tel point que son cavalier ne pouvait, pour ainsi dire, en tirer aucun parti. Les défenses morales étaient venues compliquer la difficulté ; sous la main habile de M. Baucher elles ont déjà disparu en grande partie, et bientôt, sans doute, on pourra offrir ce cheval comme résultat, comme preuve frappante de l'efficacité du système.

» Si quelques chevaux sont stationnaires dans leurs progrès, cela tient encore, il faut le dire, à l'accélération que M. Baucher est obligé de mettre dans la gradation du travail. Des intérêts majeurs l'appellent à Paris pour le 1er avril ; or, comme il sent la nécessité d'initier lui-même les instructeurs à toute sa méthode, de leur en inculquer toutes les nuances, afin qu'ils puissent en déduire plus tard, avec facilité, tout ce qui sera applicable à l'équitation militaire, il est nécessairement obligé de hâter son enseignement. Cette hâte ne peut avoir de fâcheuse influence sur les résultats, attendu que si l'éducation des chevaux est un peu moins complète, celle des cavaliers ne devra rien laisser à désirer.

» On s'est déjà récrié sur les changements que l'introduction de la méthode apporterait à l'ordonnance en modifiant ses principes consacrés depuis longtemps. J'avoue franchement que je ne puis concevoir cette crainte, exprimée par ceux qui sont intéressés à la prospérité de la cavalerie. Pourquoi donc en effet ne pas changer un principe alors qu'il doit en résulter un bien ? Or, ce bien est incontestable aujourd'hui. Si nous n'allons pas au-devant du progrès, ne le refusons pas, du moins, quand il nous est offert; discutons, examinons, expérimentons par tous les moyens possibles ; mais une fois que les faits ont parlé, que les avantages sont reconnus, démontrés, n'hésitons pas ; adoptons avec empressement, en mettant de côté toute prévention ; ne nous laissons pas retenir par un faux amour-propre ; ne voyons que l'intérêt de la cavalerie. La méthode Baucher est un germe qui doit y fructifier. Le temps, qui sanctionne tout, lèvera les doutes encore existants aujourd'hui, et amènera une profonde conviction chez les hommes les plus opposés à une innovation dont l'immense utilité ne saurait être raisonnablement contestée. Adversaire des plus prononcés de l'œuvre nouvelle, il n'y a pas encore un an, j'ai bientôt reconnu mon erreur. L'étude, le raisonnement, la pratique, sont venus me convaincre et ont fait de moi un partisan ardent, bien que sans fanatisme, ne voyant que le vrai, ne voulant que le bien et le progrès.

» Bon nombre d'officiers, prévenus comme je l'étais, changent déjà de langage à mesure qu'ils pénètrent plus avant dans ce qui n'était pour eux que mystère ; sans aucun doute, avant de quitter Saumur, ils rendront tous une éclatante justice au talent si digne de M. Baucher, et deviendront les plus fervents apôtres de son système. Malheureusement, il ne leur reste que peu de temps pour compléter leurs travaux. C'est fâcheux, sans doute, lorsqu'il y a tant de choses à faire, tant de difficultés à vaincre encore. Le zèle, l'activité, il faut l'espérer, suppléeront au temps. Tout annonce que je n'aurai à constater, dans mon dernier rapport, que de nouveaux progrès et de nouveaux succès, et que je pourrai répéter, avec conviction et certitude, que, pour l'instruction et la durée des chevaux, pour la propagation de la science équestre, la cavalerie trouvera d'immenses avantages dans l'adoption de la nouvelle méthode.

» Saumur, le 16 mars 1843.

» Le chef d'escadrons, commandant le Manége royal de l'École de Cavalerie,

» DE NOVITAL. »

III

Rapport sur les derniers essais de la Méthode Baucher, transmis par le maréchal de camp commandant l'École de cavalerie, à S. Exc. M. le Maréchal ministre de la guerre.

« Les expériences qui viennent de finir ont duré trente-six jours. C'est dans ce laps de temps, que M. Baucher a dû développer toute sa méthode et la transmettre à soixante-douze cavaliers de tout grade. Cette mission si difficile a été remplie avec un talent remarquable, un zèle infatigable, et surtout un grand tact. Les résultats ont répondu à ce qu'on devait attendre. La preuve doit être consignée dans les rapports journaliers de tous les cavaliers. Ces rapports seront concluants, si chacun s'est rendu justice, et si, comme je n'en doute pas, il a jugé d'après l'évidence et avec impartialité. Faire la part du temps était la première obligation pour être juste, et personne n'y aura manqué. En consacrant cinq semaines à un travail qui demandait trois mois, on a dû évidemment tronquer la progression, et si, malgré cela, on a obtenu des résultats, ils doivent être considérés comme très-satisfaisants, quelque minimes qu'ils soient. Je crois avoir été bon observateur, n'ayant pas d'autre rôle à remplir, et j'ose avancer que chaque cheval a gagné, dans ce court espace de temps, en raison du talent et des dispositions de son cavalier.

» Il est fâcheux que, dans une question aussi grave et qui intéresse à un si haut degré l'avenir de la cavalerie, M. le Maréchal n'ait pu affranchir M. Baucher des engagements qui l'appelaient à Paris. Ces expériences, qui ont paru incomplètes à plusieurs, auraient été parfaitement décisives, en y consacrant plus de temps. Un nouveau retard ne serait pas ainsi apporté à la propagation de la méthode, que tout homme de cheval, s'il n'est mû par la mauvaise foi, l'envie ou l'ignorance, doit reconnaître comme supérieure à tous les vieux systèmes. Les étrangers, plus avides que nous du progrès, s'empressent de la réclamer, et il est à craindre qu'ils n'obtiennent avant nous des succès dont nous devrions jouir les premiers.

» Tous les essais faits depuis un an, et les rapports qui ont unanimement fait ressortir les avantages de l'application de la méthode à la cavalerie, sont restés sans effet ; cependant, plusieurs hommes compétents les ont appuyés de leur haute opinion, et, malgré cela, nous paraissons être plus loin que jamais de la solution.

» Il est certain que pour apprécier toutes les choses nouvelles, il faut les étudier longtemps et les pratiquer avec persévérance. C'est ce que n'ont pas fait, je crois, beaucoup de détracteurs du nouveau système, ce qui ne les a pas empêchés de se prononcer ; ils ont ainsi contribué à faire retarder, malheureusement, l'introduction d'un progrès qui fructifierait déjà dans les corps, si tout le monde avait voulu s'éclairer.

» J'ai déjà dit que la nouvelle méthode serait consacrée par le temps et deviendrait une nécessité. Je le répète encore, en ajoutant qu'elle s'imposera d'elle-même. Ce sera la meilleure preuve de son efficacité.

» Un des points principaux de la controverse qui s'est établie sur le système et qui le tient en litige, a été et est encore la limite à donner à ce qui peut être appliqué dans les régiments, c'est-à-dire au dressage des jeunes chevaux, car c'est là que l'on paraît vouloir s'arrêter, par respect pour l'ordonnance considérée comme l'arche sainte.

» On voudrait une instruction séparée, spéciale pour les chevaux neufs ; c'est fort bien. Mais alors, pourra-t-on me dire ce qu'on entend par dressage? Les moyens employés pour instruire un cheval, pour le façonner, diffèrent-ils essentiellement de ceux dont on doit faire usage plus tard, pour le conduire, le déterminer, le dominer ? Il y a, nous le savons, pour l'éducation du jeune cheval, des moyens progressifs qui peuvent constituer une première période ; mais, du reste, n'est-ce pas toujours par les mêmes actions, variant d'intensité, si l'on veut, que l'on manie, que l'on équite le vieux comme le jeune cheval ? N'y a-t-il pas une liaison intime entre les diverses phases de son emploi ? On n'apprend pas à un enfant le français ou l'anglais, pour lui parler, plus tard, grec ou allemand. On ne dresse pas un cheval d'une manière, pour le conduire ensuite d'une autre ; et pourtant on veut faire une distinction entre le *dressage* et l'*équitation*. Qu'est-ce donc que monter un cheval, dans quelque but que ce soit, si ce n'est faire de l'équitation ? A la promenade, en route, à la chasse, à la guerre, au manége, partout on fait de l'équitation. J'avoue, dans ma simplicité, que je ne puis comprendre une telle anomalie. Quand un cheval de troupe entre à l'escadron, il doit savoir tout ce qu'on lui demandera. Or, peut-il y avoir une différence entre le fond des principes pour l'éducation et ceux de la conduite dans l'escadron ? Évidemment, non. Il doit y avoir, au contraire, une parfaite unité.

» Tout se tient, tout s'enchaîne dans la méthode de M. Baucher. Produire une lacune dans son admirable progression, c'est la détruire, c'est annuler le progrès, c'est perdre le fruit de son travail. Elle n'est pas sans difficultés, et pour arriver à bien, il faut du raisonnement, du soin, de la persévérance. Mais aussi, lorsque le cavalier, saisissant bien toutes les combinaisons, arrive au bout sans faillir, quels dédommagements ne trouve-t-il pas dans son ouvrage ! quelles jouissances ne s'est-il pas préparées pour l'avenir ! quels avantages ne lui promet pas le cheval *dans la main;* c'est-à-dire léger, maniable, soumis à toutes ses volontés, qui lui sont communiquées par les plus légères actions, par la position préalable ! Ajoutons que, sous le point de vue économique, le nouveau système tend évidemment à assurer la conservation du cheval. En effet, comment ne se conserverait-il pas, étant parfaitement équilibré, libre dans tous ses mouvements, jouissant, au gré du cavalier, de toutes ses facultés locomotrices, ne se trouvant pas emprisonné dans les aides, ni constamment harcelé de l'éperon, comme ont voulu le faire croire certains détracteurs du système, qui ne se sont probablement pas donné la peine d'en essayer avant de se prononcer. Consciencieux et éclairés, ils eussent été convaincus.

» Si je soutiens qu'on ne peut établir de différence, quant aux principes, entre *le dressage* et *l'équitation*, je suis de l'avis qu'il faut fixer le cercle dans lequel on doit se renfermer pour le genre d'équitation ou d'exercice qui convient à tel ou tel service. Ainsi, il ne faut vouloir, comme on le répète souvent, faire de la *haute école* dans le rang. Tout ce qui a trait à la régularité des manœuvres, à la force, à l'action de la cavalerie, doit être l'objet de tous les soins, la préoccupation constante de tout officier des troupes à cheval.. Mais est-ce une limite pour le progrès ? est-ce une raison pour arrêter l'élan de l'équitation, pour empêcher le goût du cheval de se propager jusque dans les derniers rangs ? Non, sans doute, et il y a lieu d'être étonné qu'aujourd'hui on ne comprenne pas mieux l'impulsion que peut donner l'adoption du nouveau système. Qui peut plus, peut moins, dit un vieil adage. Qu'on laisse donc leur libre essor aux cavaliers, qu'on leur donne tous les moyens de développer leurs facultés équestres, eu glissant davantage sur les minuties du métier, et chacun arrivera aux limites que la nature, aidée de la pratique, lui permet d'atteindre. Nous avons besoin, nous autres Français, d'être un peu plus *cavaliers;* la méthode de M. Baucher nous en offre le moyen. Mais il ne faut pas vouloir la scinder pour arriver à ce résultat, il ne faut pas déranger l'enchaînement de ses principes, qui, en établissant l'horizontalité des forces, donnent incontestablement à cette équitation, d'une application générale, la supériorité sur toute autre. En effet, quoi de plus rationnel et de plus simple que de placer une machine dans une position d'équilibre qui lui permet de fonctionner librement avec la seule force nécessaire à l'impulsion? C'est à ce point que l'on arrive avec le nouveau système. Contrairement à tous les anciens errements, il donne la possibilité d'agir directement sur l'arrière-main, de la maîtriser, au moyen des attaques. Jusqu'à présent, toute l'équitation, pour la majeure partie des cavaliers, était dans la main; celle-ci était chargée, pour ainsi dire, de résoudre toutes les questions, de vaincre toutes les difficultés; les jambes n'étaient qu'un accessoire. Dès lors, que de mouvements irréguliers brusques et forcés, par la lutte qui s'établissait entre la main du cavalier, la tension de l'encolure, l'action constante des jarrets! Les rôles sont changés. Aujourd'hui, au moyen des jambes, l'arrière-main est toute au cavalier : si elles sont insuffisantes, l'éperon est là pour ramener les jarrets, annuler leur détente, avec la même facilité, la même promptitude, que la main place la tête. Les jambes et l'éperon sont aux jarrets ce que la main est à la bouche. Ces deux moyens, parfaitement coordonnés, concentrent les forces, fixent l'équilibre, la position, assurent enfin au cavalier sa puissance dominatrice; alors il obtient graduellement, avec *un fil,* ou, si l'on veut, avec le poids des rênes et une simple pression de jambes, ce qui avait exigé, d'abord, une force égale à cent livres. Qu'on vienne, après cela, prôner les précédents systèmes d'équitation et les comparer au nouveau! Ne pas lui donner la priorité sous tous les points de vue, c'est nier la lumière.

» Je ne saurais terminer ce rapport sans exprimer le désir de voir introduire, à l'école de cavalerie, le nouveau système dans toute son étendue. C'est un bienfait dont elle doit bientôt jouir; c'est dans son sein que doivent fructifier toutes les bonnes doctrines, que l'équitation doit grandir. On ne lui refusera, je l'espère, aucun élément de progrès. Forte des institutions, l'École a soutenu longtemps sa haute et juste renommée; elle a doté la cavalerie d'une instruction solide et profonde. Mais le temps a marché, et nous sommes restés stationnaires; l'Évangile était là, il devait être respecté! En répétant longtemps la même chose, alors qu'on pourrait faire mieux, on touché à la routine ; évitons ce fléau, et ne manquons pas de nous rajeunir, puisque l'occasion se présente. La méthode Baucher doit être pour l'École *une fontaine de Jouvence*, où les vieilles traditions viendront se régénérer. Qu'on nous permette donc de reculer, aussi loin que possible, les limites de l'équitation ; qu'on laisse tout son essor au progrès, et l'École ne mentira pas à sa réputation ; elle ne descendra pas du rang qu'elle occupe ; elle conservera sa priorité pour tout ce qui est du ressort de la science équestre.

» Saumur, le 16 avril 1843.

» **Le chef d'escadrons commandant le manége** de l'école de cavalerie,

» DE NOVITAL. »

MA MÉTHODE A L'ÉTRANGER.

Tandis qu'ici ma méthode suscite des dénigrements systématiques, elle est étudiée, discutée et impartialement jugée à l'étranger. Mes écrits ont été réimprimés en Belgique et traduits en hollandais ainsi qu'en allemand. Il y a même eu plusieurs traductions différentes dans cette dernière langue; une notamment par M. Ritgen, lieutenant au 4ᵉ régiment de houlans prussiens, et l'autre par M. de Willisen, lieutenant-colonel au 7ᵉ de cuirassiers prussiens.

Je crois devoir reproduire une lettre qui m'a été adressée l'année dernière par le frère de M. de Willisen, commandant des gendarmes d'élite, aide-de-camp de Sa Majesté le roi de Prusse, ainsi que l'avant-propos de la nouvelle traduction prussienne. Ces documents ont déjà paru dans le *Journal des Haras* (livraison de septembre 1843). Je me fais également un plaisir de citer les réflexions suivantes, dont ce journal faisait précéder cette communication.

« Parmi les critiques dont la méthode d'équitation de M. Baucher a été l'objet, le reproche de n'être pas nouvelle n'a pas manqué d'être mis en avant par ceux mêmes qui ne croyaient pas devoir lui en adresser d'autres. Ainsi, nous avons entendu les uns citer nos anciens écuyers, et prétendre que M. Baucher n'était qu'un plagiaire adroit, qu'un mosaïste habile, qu'un compilateur patient et ingénieux, qui avait su réunir en corps de doctrines tous les éléments épars de l'ancienne école italienne, française et allemande, et s'approprier ainsi, comme sa propre invention, ce qui n'était que le résultat de ses lectures. D'autres prétendaient que, de temps immémorial, la nouvelle méthode de M. Baucher, en ce qui concerne principalement le dressage des chevaux au moyen des assouplissements, etc., était mis en pratique dans tous les manéges de l'Allemagne, et notamment en Prusse, à Berlin. C'était avec une telle assurance que ces derniers s'exprimaient ; ils disaient si positivement qu'ils avaient vu, de leurs yeux vu (plusieurs même avaient fréquenté ces manéges comme élèves), qu'il était difficile de ne pas croire à ce qu'ils avançaient avec tant d'assurance. Nous-mêmes, nous l'avouerons, nous avions cru trouver dans nos souvenirs quelques raisons pour appuyer, sinon toutes ces assertions, du moins une partie, et nous étions très porté à nous persuader que la plupart des doctrines de M. Baucher, concernant le dressage des chevaux, étaient en usage depuis fort longtemps dans les manéges de Prusse.

» Nous ne nous érigeons point en défenseur du système de M. Baucher, nous ne venons pas non plus nous présenter pour combattre ses doctrines en équitation ; mais nous devons continuer à mettre les faits sous les yeux de nos lecteurs ; et si nous avons accueilli les critiques, nous devons aussi donner place aux éloges.

» En réponse aux personnes qui prétendent que la méthode Baucher est connue et pratiquée en Allemagne depuis des siècles, nous ne croyons pouvoir mieux faire que de publier l'avant-propos de la première édition d'une traduction du traité de cet habile écuyer, faite par un officier supérieur de cavalerie prussienne, M. de Willisen ; elles y trouveront des preuves incontestables que rien de semblable n'était connu et pratiqué en Prusse avant la publication de cet ouvrage.

» Une lettre de M. de Willisen, frère du précédent et major-commandant des gendarmes d'élite, aide-de-camp de Sa Majesté le roi de Prusse, sera aussi une autre preuve non moins convaincante du cas qu'on fait à Berlin des principes de M. Baucher et de ses ouvrages.

» C'est avec plaisir que nous enregistrons ces faits ; car si nous attendons que l'expérience et le temps aient consacré la bonté du système et l'utilité de la généralisation de son application dans la cavalerie pour le louer sans restriction et l'appuyer de toutes nos forces, nous n'avons pas attendu jusqu'à ce jour pour apprécier les connaissances, les travaux et les efforts de son auteur dans une carrière qui, quoi qu'il arrive, aura été parcourue avec honneur et gloire, et non sans utilité pour l'art, par M. Baucher. »

LETTRE DE M. LE MAJOR DE WILLISEN, COMMANDANT DES GENDARMES D'ÉLITE, AIDE-DE-CAMP DE SA MAJESTÉ LE ROI DE PRUSSE, A M. BAUCHER.

« MONSIEUR,

» Après avoir lu, dans le *Journal des Haras*, que vous avez été chargé par M. le ministre de la guerre de faire des essais de votre méthode sur des chevaux de troupes, je me suis procuré votre livre ; je l'ai étudié, j'ai mis à exécution votre méthode sur mes propres chevaux et sur ceux des gendarmes d'élite, dont j'ai l'honneur d'être commandant. Les résultats ont été parfaits ; j'ai obtenu tout ce que je désirais ; les allures des chevaux se sont développées d'une manière étonnante.

» Votre méthode, jugée par tant d'officiers intelligents et introduite en conséquence dans l'armée française, n'a plus besoin d'éloges.

» La gloire de votre nom est désormais assurée dans les annales de l'équitation, et quiconque veut reconnaître la vérité de vos principes et l'efficacité de votre méthode ne fera que s'ennoblir sans rien ajouter à votre gloire : il témoignera seulement de son tact et de son jugement, qui lui auront fait comprendre ce que vous avez eu la sagacité de démontrer.

» Je ne peux que former les vœux les plus vifs pour que votre méthode soit *entièrement* et *immédiatement* introduite dans notre armée, si la cavalerie veut maintenir sa réputation justement acquise ; car elle existe sous l'empire de conditions difficiles à remplir, vu le mode de recrutement en usage, suivant lequel les cavaliers ne restent que trois ans au service.

» Pour rendre plus facile la réalisation de ce vœu, mon frère, commandant du 7me régiment de cuirassiers, a traduit votre ouvrage remarquable, et m'a chargé de vous faire parvenir cette traduction, avec les assurances de haute considération.

» M. Seydler m'envoie la dernière édition de votre ouvrage, et je regrette infiniment que nous ne l'ayons pas eue plus tôt ; mais j'espère qu'une *seconde édition de la traduction*, qui sera bientôt demandée, donnera les rapports qui sont très-intéressants, ainsi que les nouveaux chapitres, dont celui sur l'instruction du cavalier est de la *dernière importance*, et fera une tout aussi grande révolution dans cet art, que votre ouvrage l'a fait dans l'art de dresser le cheval.

» J'ai eu l'honneur de remettre au roi la lettre et le livre que vous y aviez joint. Sa Majesté en a pris connaissance avec le plus grand empressement, et vous donnera sûrement une marque de sa royale satisfaction.

» Agréez, Monsieur, l'assurance de mon respect et de mon admiration.

» *Signé* DE WILLISEN,
» Major et aide-de-camp du roi.

» Berlin, 1er mai 1853. »

AVANT-PROPOS DE LA TRADUCTION EN ALLEMAND DE LA MÉTHODE DE M. BAUCHER, PAR M. DE WILLISEN, LIEUTENANT-COLONEL DU 7º CUIRASSIERS (PRUSSE).

« Après que les résultats les plus positifs m'eurent donné la preuve la plus convaincante que, de toutes les méthodes qui existent, celle de M. Baucher est la meilleure, je pensai qu'il était utile de la traduire. Cette traduction me sembla dans le principe plus facile que je ne l'ai trouvée par la suite; il m'était surtout impossible de rendre partout en allemand, comme je le souhaitais, les expressions techniques françaises, avec leur clarté et leur concision, pour les mots, *attaques*, *acculement*, *assouplissement*, *ramener*, *rassembler*, etc. Je ne trouvais dans la langue allemande que des expressions incomplètes; c'est pourquoi j'ai mis en français tous les mots auxquels je n'ai pu trouver un équivalent clair en allemand.

» On peut avec beaucoup de succès, d'après d'autres principes, dresser des chevaux; on en a dressé avant M. Baucher, mais pas un ouvrage n'a donné tant de lumières sur l'éducation des chevaux; aucune autre méthode n'a enseigné des moyens aussi sûrs et aussi simples, ni présenté aussi positivement un pareil résultat. Celui qui veut monter à cheval avec sûreté et agrément doit être complétement maître d'un cheval, obéissant et juste. Pour obtenir ce résultat, M. Baucher donne le plus sûr moyen et indique la route la plus courte.

» La connaissance exacte des obstacles que présente le cheval pour l'amener à obéir aisément; la manière simple, facile à comprendre et à exécuter, pour faire disparaître ces obstacles, distinguent cette méthode de toutes celles qui l'ont précédée et la rendent du plus haut intérêt pour tous les cavaliers.

» Les relations intimes qui s'établissent entre le cavalier et le cheval donnent au premier une telle sûreté pour la main et les aides, au cheval tant de souplesse et d'obéissance, que jamais, jusqu'à ce jour, on n'avait obtenu un résultat semblable.

» Jusqu'à présent il n'avait été donné à aucun écuyer de trouver, même approximativement, des moyens et une route aussi clairs et aussi sûrs que ceux qui sont contenus dans cet ouvrage pour dresser un cheval. L'essai en donnera la preuve la plus convaincante lorsque l'on appliquera les principes qu'il renferme; mais on ne pourra considérer comme essai que celui qui serait fait en suivant rigoureusement les prescriptions de la méthode. Il n'y a aucune méthode, et cela est prouvé, qui puisse mettre les chevaux aussi sûrement dans la main et dans les jambes du cavalier; aucune autre ne réussit à développer autant d'adresse et d'assurance chez le cheval et chez le cavalier; le cheval se sent à son aise, le cavalier en est le maître absolu, et tous les deux s'en trouvent bien.

» M. Baucher est véritablement le premier qui ait prescrit un système d'équitation naturel et suivi ; il est arrivé, par des moyens simples et sûrs, à un but inconnu jusqu'à présent ; quiconque pourrait nier la première de ces vérités ne pourrait nier la seconde.

» Cette nouvelle méthode est d'autant plus importante pour l'instruction de la cavalerie, qu'en l'appliquant, il est non-seulement très-facile de rendre complétement souple et obéissant tout cheval quelque peu propre qu'il soit au service, mais que l'on parvient encore aisément à rendre chaque allure aussi étendue et aussi durable que la construction et les forces de l'animal le permettent : ce résultat ne s'obtient que lorsque le cheval est complétement dans la dépendance du cavalier et dans un état d'assouplissement parfait.

» La méthode ne se borne pas à indiquer les moyens dont on doit se servir pour obtenir la régularité de position et de mouvement, aussi bien à une parade qu'à un exercice ; elle donne en outre les moyens à employer pour se préparer à tous les mouvements rapides et serrés des évolutions militaires sur un champ de bataille.

» La nouvelle méthode enseigne encore, ce qui est fort important, les moyens les plus certains pour arriver à ce que le cavalier soit parfaitement d'accord avec son cheval, que tous deux puissent se comprendre et se fier mutuellement l'un à l'autre avec assurance, de façon à ce que le cheval obéisse aussi ponctuellement que le cavalier le guide avec sagesse et habileté. Au lieu d'être obligé de dresser péniblement les chevaux, chacun d'après notre système particulier, nous n'aurons plus, grâce à cette méthode, à nous occuper que d'un seul cheval, car elle a reconnu que les mêmes moyens sont applicables à tous les chevaux. Je n'ai pas besoin d'énumérer les avantages que peut en tirer l'instruction du cavalier, car, grâce à elle, il échappera au martyre qu'il éprouve lorsque les leçons lui sont données sur des chevaux maladroits et mal dressés. Les cavaliers seront plus tôt maîtres de ces chevaux mis, et acquerront en six semaines une position qui arrivera d'elle-même, et leur tact se développera beaucoup plus promptement.

» Enfin, les hommes apprennent très-vite à mettre en pratique les moyens qui s'appliquent de pied ferme, et il en résulte pour eux un grand avantage : c'est que le coup d'œil se forme pour reconnaître le moment où l'encolure devient flexible et la mâchoire sans contraction ; d'un autre côté, leur main, sur laquelle ils peuvent fixer toute leur attention, acquiert plus de sentiment qu'elle n'aurait pu en obtenir dans un espace de temps plus long, si l'application avait eu lieu à cheval.

» Jusqu'à présent les hommes d'un grand talent étaient seuls capables de dresser des chevaux; maintenant, en mettant en pratique cette nouvelle méthode, qui a clairement démontré les moyens de dressage, tout cavalier peut, dans un espace de temps très-court, acquérir les connaissances nécessaires pour rendre un cheval propre au service.

» Je désire vivement que cet exposé sincère de mon opinion fixe l'attention sur ce livre, et je le recommande particulièrement à l'examen approfondi et sérieux de mes jeunes camarades.

» Quant au temps fixé par M. Baucher pour obtenir un dressage complet, je pense que ce résultat ne peut avoir lieu aussi promptement qu'il le dit, qu'en sa présence. Son habileté, son jugement, son tact, doivent sûrement, dans le temps prescrit, donner les résultats qu'il annonce; mais celui qui commence à apprendre cette méthode et qui est obligé de travailler d'après le livre, doit marcher lentement et mettre beaucoup de prudence dans l'application de principes qui lui sont inconnus. Il doit d'abord tâcher de perfectionner les notions qui lui sont familières, et chercher sans relâche à parfaire sa position, son assiette, son tact, l'obéissance et les allures de son cheval ; il fera ainsi de grands progrès dans le dressage, et c'est alors qu'il pourra essayer d'appliquer la nouvelle méthode.

» Le lieutenant-colonel du 7me cuirassiers,

» DE WILLISEN. »

Plusieurs essais d'application de ma méthode ont été

faits dans la cavalerie étrangère, notamment en Prusse et en Russie. Sa Majesté le roi de Prusse a daigné m'adresser, comme preuve de sa haute satisfaction, une magnifique tabatière d'or d'un admirable travail. L'empereur de Russie m'a envoyé une bague enrichie de diamants. J'ai lieu, assurément, de m'enorgueillir d'avoir obtenu le suffrage de monarques aussi éclairés.

L'aide de camp de Sa Majesté le roi de Prusse, M. de Willisen, auteur de la lettre dont j'ai parlé plus haut, est venu dans ces derniers temps à Paris, pour étudier et pratiquer mes principes sous ma direction. Il serait bien que les gouvernements étrangers qui désirent faire l'essai de ma méthode suivissent cet exemple et envoyassent à Paris des hommes de cheval habiles et instruits (1). Quelques mois d'enseignement, et surtout de pratique, suffiraient pour les mettre à même d'approfondir mes théories dans leur entier, pour en suivre exactement la progression et en comprendre l'esprit. Il est, en effet, presque impossible d'écrire dans un ouvrage la manière d'obtenir nombre d'effets de mécanisme; de simples conseils éclaircissent souvent des choses qui paraissent douteuses, et même celles qu'on pourrait être tenté de considérer comme offrant des difficultés insurmontables. De quelque part qu'ils viennent, les véritables amis de la science et du progrès équestre seront toujours bien accueillis par moi, et je m'estimerai heureux de pouvoir leur communiquer le fruit de mes travaux et de mes découvertes.

(1) Inutile d'ajouter que ces envoyés devraient apporter en France le désir sincère de s'instruire, qu'ils devraient être disposés à ne juger que d'après leurs propres impressions et leur propre expérience, au lieu de se laisser circonvenir par mes détracteurs désintéressés. C'est ainsi que l'année dernière un capitaine hollandais, M. Van Capellan, envoyé par le ministre de la guerre des Pays-Bas pour étudier ma méthode, s'est contenté de *causer une heure à peu près avec moi*. Puis il s'est rendu à Saumur, et sur la simple nouvelle de l'ordre donné par M. le général de Sparre, M. Van Capellan est reparti pour la Hollande. Voilà comment il a *accompli sa mission*.

DÉCISION MINISTÉRIELLE.

Mes lecteurs savent sans doute que, par arrêté du comité supérieur de cavalerie, en date du mois de juillet 1845, il a été décidé que ma méthode cesserait d'être appliquée dans l'armée. Après le résultat des expériences et de nombreux essais qui ont été faits pendant quatre ans, après avoir obtenu une majorité de quatre-vingt-trois rapports favorables sur cent deux et les témoignages d'approbation que j'ai reçus des officiers les plus compétents, j'avoue que j'étais loin de m'attendre à une semblable détermination.

Je crois pouvoir affirmer que, dans le public, tous ceux qui s'occupent avec confiance et bonne foi de la question équestre, ont partagé à ce sujet ma profonde surprise.

En effet, ma méthode, partout où elle a été essayée, ayant obtenu, ainsi que le prouvent les documents ci-dessus mentionnés, un chiffre d'adhésions immensément supérieur à celui des dissidents, on devait, ce me semble, considérer son triomphe comme assuré, d'autant plus que nous vivons aujourd'hui sous un régime où la majorité fait loi.

Il m'a été dit que M. le ministre, en notifiant aux chefs de corps la décision du comité de cavalerie, leur a enjoint de continuer à faire usage des flexions d'encolure seulement pour soumettre les jeunes chevaux difficiles. Je ne me plaindrai pas de ce qu'il y a de peu équitable à s'approprier ainsi, sans mon aveu, et sans m'en témoigner le moindre gré, une partie du fruit de mes travaux ; mais je dois faire observer que cette réserve dans la décision du comité supérieur prouve combien ceux qui ont jugé mes principes en dernier ressort, les connaissent peu. Les flexions d'encolure pratiquées sur un cheval sans y joindre l'assouplissement de l'arrière-main, ne sont propres qu'à augmenter les moyens de résistance de l'animal et à rendre la main du cavalier aussi impuissante que ses jambes. Il vaut infiniment mieux repousser le système tout entier; et je dois protester d'avance contre des résultats dont ma méthode, ainsi tronquée, ne doit pas subir la responsabilité.

Quant à la mesure en elle-même du comité supérieur de cavalerie, comme un jugement dans une affaire qui m'intéresse si directement pourrait paraître suspect, je crois devoir en référer à celui d'un tiers. Un publiciste distingué, dont la compétence dans les questions d'équitation militaire est parfaitement établie d'ailleurs, M. Clément Thomas, a publié au mois de septembre dernier, dans *le National*, une série d'articles à l'occasion de la décision qui a frappé si inopinément ma méthode. Ces articles ont été plus tard réunis en une brochure; c'est le document le plus concluant et le plus véridique qui ait été écrit sur mon système d'équitation.

Au lieu de mon appréciation personnelle, je mettrai donc sous les yeux du lecteur impartial toute la partie de cette brochure relative à l'arrêté du comité supérieur de cavalerie.

« Afin, dit l'auteur, de bien nous éclairer sur la portée de la détermination qu'il a jugé convenable de prendre, il est bon de connaître, avec le personnel de ce comité, l'aptitude de chaque membre et le rôle qu'il a joué dans cette circonstance.

» Le comité de cavalerie appelé à prononcer sur la nouvelle méthode d'équitation se composait de MM. les lieutenants généraux Dejean, de Sparre, de Lavœstine, Desmichel, Oudinot, Wathiez et Denniée, intendant général. Les trois premiers de ces sept officiers généraux n'ont jamais étudié personnellement la méthode ; mais, après avoir vu le résultat des premières expériences, ils l'avaient d'abord approuvé. Le général Desmichel, quand on lui parla de cette innovation, répondit qu'on avait fait sans elle les campagnes d'Italie et d'Allemagne, gagné les batailles d'Austerlitz et de Wagram, et qu'il ne voyait pas l'utilité de rien changer. Ce brave général, du reste, n'était pas le seul de cette opinion : nous pourrions citer quelques colonels qui la partageaient avec lui. On sait la part qu'a prise à tout ceci le général Oudinot. Le général Wathiez, après avoir suivi attentivement les expériences faites dans plusieurs corps de cavalerie et particulièrement dans la garde municipale, a toujours soutenu ce système, dont l'efficacité n'offrait pour lui aucun doute. Enfin, l'intendant général Denniée, ayant aussi à émettre son avis, ne voulut pas le faire sans connaissance de cause : il assista souvent aux leçons du manége, fit dresser un cheval sous ses yeux, et, convaincu par ce qu'il vit, approuva la nouvelle méthode.

» Ainsi donc, quelque anormale que fût cette réunion, le nouveau système y réunissait pourtant, dans le principe, une grande majorité ; et, en supposant, ce qui n'était pas probable, que le général Desmichel persistât dans son opiniâtreté de vieux soldat, il y aurait eu encore cinq voix contre deux pour accorder à la cavalerie une réforme qu'elle réclamait presque à l'unanimité. Mais elle avait compté sans l'un de ses officiers généraux, le plus jeune, le plus incompétent, peut-être, et à ce qu'il paraît, cependant, le plus puissant de tous, par le seul fait de sa naissance : nous voulons parler de M. le duc de Nemours.

» M. le duc de Nemours s'était montré très-indifférent, dès le principe, au nouveau système d'équitation. Lorsque le duc d'Orléans, son frère, suivait avec intérêt et persévérance les expériences diverses qui se faisaient à Paris, le duc de Nemours, obligé de l'accompagner dans ses investigations, s'y faisait remarquer par une nonchalance, un dédain, un ennui qu'il ne cherchait pas même à dissimuler. Son opinion, peu importante à cette époque, a dû avoir ensuite plus de poids ; et l'on peut dire que c'est lui, lui seul qui a privé l'armée d'une innovation aussi utile que profitable.

C'est à son influence, sans doute, qu'est dû le changement de dispositions de MM. Dejean, de Sparre et de Lavœstine, et c'est à son influence aussi qu'a été obligé de céder le ministre de la guerre lui-même.

» L'opposition du duc de Nemours était-elle au moins fondée sur quelque chose pour qu'il pût se prononcer souverainement dans une question aussi grave? Comme habileté équestre, on sait ce que sont les princes; leur vie est trop précieuse pour qu'on la confie à des chevaux un tant soit peu difficiles : on cherche à les poser majestueusement en selle, et voilà tout. Quant au duc de Nemours personnellement, il n'a jamais étudié la nouvelle méthode, et ce qu'il en a vu n'aurait dû que le prévenir favorablement. Il a été témoin, à Paris, du résultat des premières expériences; il a assisté, à Lunéville, à un carrousel exécuté par de jeunes chevaux dressés en vingt-six jours d'après les nouveaux principes; il a pu consulter tous les officiers qui les ont étudiés, et dont nous avons cité les témoignages. Les moyens de s'éclairer ne lui manquaient donc pas. Il a préféré s'en rapporter à son propre jugement. Il en est qui disent que son opinion, en ceci, n'est que la conséquence d'une aberration d'esprit; d'autres prétendent qu'elle est le résultat des intrigues de certains adversaires de la nouvelle méthode, qui ont trouvé accès auprès du prince (1). Peu importe, quant à nous, le motif qui l'a guidé, mais il n'en est pas moins déplorable de voir les intérêts les plus graves de l'armée livrés à de pareilles influences.

» Mais quelles raisons donne au moins M. le duc pour justifier son opposition? une seule : — Je ne veux pas, dit-il, d'un système qui prend sur l'impulsion des chevaux.

» Que dire de ce : *Je ne veux pas?* Outre que cette objection est étrangement formulée, elle n'a pas le moindre fondement. Qu'entendez-vous donc par impulsion? Est-ce cet élan d'un coursier emporté, furieux, que rien n'arrête plus que la muraille ou le rocher contre lequel il vient se briser? Est-ce cette vitesse factice et dangereuse des chevaux de course, que l'on n'obtient qu'aux dépens de leur organisation, en les jetant sur leurs épaules, en les soutenant avec peine du bridon, et qui occasionne tous les jours les accidents funestes que nous avons à déplorer? Est-ce enfin cet emportement outré, cette course à fond de train d'un escadron mal conduit, que le décousu, le désordre de sa manœuvre livre bientôt à la merci de l'ennemi? Si c'est là ce que vous voulez poser en principe équestre, dites-le. Mais non, vous n'oseriez l'avancer, car l'impulsion, pour être efficace, a besoin surtout d'être ici maîtrisée. Soutenir le con-

(1) M. le vicomte d'Aure, ancien professeur d'équitation du duc de Nemours.

traire serait absurde, et c'est cependant sur cette absurdité que vous vous appuyez pour étouffer une découverte utile à l'instruction de notre armée. Nous ne pouvons pas reprocher au ministre de la guerre de n'avoir pas su apprécier cette innovation, puisqu'il a cherché à la faire prévaloir ; mais ce dont on a le droit de lui demander compte, c'est de n'avoir pas usé de l'autorité suprême que lui donne son rang pour annuler la décision du comité de cavalerie, et déjouer les intrigues de l'ignorance et de la passion.

» Mis en demeure de s'expliquer sur les motifs qui l'avaient déterminé à faire cesser dans la cavalerie l'application du nouveau système d'équitation, voici les objections étranges que le ministre de la guerre, ou plutôt la majorité du comité supérieur qui a fait signer au Maréchal cette pièce, a émises dans une lettre adressée à M. Baucher, le 9 juillet dernier :

« Et d'abord, j'ai constaté que votre système de dressage était insépa-
» rable de votre méthode d'équitation ; que le département de la guerre
» n'avait point à apprécier les avantages ou les inconvénients de cette
» méthode appliquée aux services civils, et que j'avais à résoudre une
» seule question, celle de savoir si elle offrait des avantages militaires ; en
» d'autres termes, si votre système de dressage et une partie de vos prin-
» cipes d'équitation pouvaient être substitués avec avantage au mode
» déterminé par l'ordonnance du 6 décembre 1829 sur l'exercice et les
» évolutions de la cavalerie.

» Un examen attentif de cette question m'a démontré :
» Que les principes que vous avez posés ne pourraient être suffisamment
» bien enseignés aux militaires qui restent trop peu de temps sous le
» drapeau pour devenir des écuyers capables de les comprendre et de les
» appliquer sans danger pour eux et pour leurs montures ;
» Que d'ailleurs votre méthode, plus ou moins efficace pour des chevaux
» de manége, rendrait les chevaux de troupe trop fins et trop susceptibles
» pour pouvoir supporter la pression et la gêne du rang ;
» Qu'enfin l'excès de finesse pouvait être nuisible au cheval de rang,
» et que demander à ce cheval une instruction plus étendue que celle
» de l'ordonnance de 1829, plus de susceptibilité que n'en comporte
» le genre de service qu'il est appelé à rendre, était incompatible avec les
» exigences des manœuvres et des évolutions. »

» Nous gagerions que l'auteur de cette lettre assez incompréhensible est un commis de bureau, encore moins fort en équitation qu'en style, et qui n'a jamais monté à cheval. Que signifie en effet cette découverte d'un système de dressage chez un écuyer, inséparable de sa méthode d'équitation ? Est-ce que par hasard on aurait la prétention de vouloir dresser un cheval à l'aide de certains procédés, pour le monter et le conduire ensuite en employant des procédés contraires ? Comment peut-on dire que la nouvelle méthode si simple, si clairement définie, serait au-dessus de l'intelligence des cavaliers, lorsque les expériences ont démontré que non-seulement le commun des soldats comprenaient promptement les nouveaux principes, mais qu'avec leur aide, ils obtenaient de leurs chevaux, en vingt ou trente jours, ce qui exigeait antérieurement six mois de travail ?

» Quant à cette assertion que l'emploi du nouveau système rend les chevaux trop fins, où donc la puisez-vous ? Tous les rapports vous disent, au contraire, que cette méthode amène rapidement ces animaux à un calme, à une obéissance telle, qu'ils supportent sans s'émouvoir et le choc des armes, et les détonations de la mousqueterie. On n'a jamais prétendu, d'ailleurs, qu'il fallût dans tous les cas pousser l'application des nouveaux principes jusqu'à leurs dernières conséquences et faire de chaque cheval d'escadron un cheval fini pour le manége. Vouloir faire de la haute école dans le rang, serait évidemment absurde et dangereux ; et c'est pour cela qu'on a fixé les différents degrés d'instruction auxquels devaient être poussés les chevaux de troupe et les chevaux d'officiers, chacun suivant les exigences du service qu'ils sont appelés à rendre. Voilà cependant les merveilleuses considérations sur lesquelles prétend s'appuyer le comité supérieur, ou, pour mieux dire, M. le duc de Nemours, pour se mettre en opposition avec l'immense majorité des officiers de cavalerie !

» Résumons les faits :

» Il surgit un nouveau système d'équitation applicable à l'armée, et le ministre prend des mesures pour l'apprécier. Un lieutenant général très-capable (1), désigné le premier pour l'étudier, voit, interroge, pratique. Il approuve.

» Une commission compétente, chargée de faire une expérience sur un certain nombre de chevaux, suit attentivement cette épreuve, l'étudie, la discute. Elle approuve.

» Vingt-six officiers instructeurs sont appelés à Paris pour être initiés au nouveau système. Après six semaines d'expériences, ils l'approuvent.

» Quarante autres officiers instructeurs, plus les états-majors de quatre régiments de dragons, se livrent, à Lunéville, aux mêmes investigations. Ils approuvent.

» Soixante et douze officiers, également instructeurs, travaillent pendant

(1) Le général Oudinot.

deux mois à Saumur avec le propagateur de la nouvelle méthode. Ils l'approuvent.

» Enfin, elle est appliquée dans les régiments ; et, après deux ans d'essais, quatre-vingt-trois colonels ou capitaines sur cent deux, approuvent.

» D'autre part, qui voyons-nous d'un avis contraire ? Une vingtaine de colonels ou capitaines plus ou moins éclairés sur la question.

» Quatre officiers généraux, dans le comité supérieur, dont trois n'ont pas étudié ce qu'ils condamnent, et dont le quatrième veut arrêter le progrès des sciences militaires au point où elles étaient il y a trente ans.

» Puis, en dernier lieu, S. A. R. M. le duc de Nemours.

» C'est cependant cette dernière opinion qui a prévalu dans le comité de cavalerie, à la majorité d'une voix sur sept votants. Le public appréciera une pareille détermination.

» Nous avons traité longuement cette question parce qu'elle touche, selon nous, à deux considérations de la plus haute importance : à l'intérêt général d'abord, puis à la justice, à la morale publique.

» L'intérêt général a été sacrifié à une influence qui devrait être sans autorité dans un gouvernement représentatif. Quant à la justice, on l'a méconnue à l'égard d'un homme qui, après avoir consacré sa vie à la recherche d'un progrès utile, avait démontré à tous les esprits impartiaux la réalité, l'efficacité de ses découvertes. S'il eût été placé dans une condition élevée, la renommée n'aurait pas eu assez de voix pour célébrer son mérite; mais son rang était obscur, et on l'a dédaigné. Ses envieux le croyant à terre ont voulu le présenter comme un imposteur ; ils ont eu l'audace de dire et d'imprimer que son système, condamné déjà par tous les juges compétents, venait d'être enfin rejeté de l'armée comme absurde et mensonger. C'est pour cela que nous avons pris sa défense. Il ne sera pas dit que dans un pays d'égalité, de libre discussion comme la France, le talent, quel qu'il soit, ne devra se produire que patroné par le crédit et la fortune, ou que l'envie pourra impunément chercher à l'étouffer.

» On a manqué aussi aux convenances, dont ne devrait jamais s'écarter une administration éclairée, en donnant à presque tous les officiers de cavalerie, et particulièrement à ceux que l'on avait consultés, un démenti blessant pour leur juste susceptibilité. »

I

NOUVEAUX MOYENS D'OBTENIR UNE BONNE POSITION DU CAVALIER (1).

On trouvera sans doute étonnant que, dans les premières éditions, promptement épuisées, de cet ouvrage ayant pour objet l'éducation du cheval, je n'aie pas commencé par parler de la position du cavalier. En effet, cette partie si importante de l'équitation a toujours été la base des écrits classiques.

Ce n'est pas sans motifs cependant que j'ai différé jusqu'à présent de traiter cette question. Si je n'avais rien eu de nouveau à dire, j'aurais pu, ainsi que cela se pratique, consulter les vieux auteurs, et à l'aide de quelques transpositions de phrases, de quelques changements de mots, lancer dans le monde équestre une inutilité de plus. Mais j'avais d'autres idées; je voulais une *refonte à neuf*. Mon système pour arriver à donner une bonne position au

---

(1) Ces préceptes sont consacrés plus spécialement aux cavaliers militaires; mais avec quelques légères modifications, faciles à saisir, ils peuvent également s'appliquer à l'équitation civile.

cavalier étant aussi une innovation, j'ai craint que tant de choses nouvelles à la fois effrayassent les amateurs, même les mieux intentionnés, et qu'elles donnassent prise à mes adversaires. On n'aurait pas manqué de proclamer que mes moyens d'influence sur le cheval étaient impraticables, ou qu'ils ne pouvaient être appliqués qu'avec le secours d'une position plus impraticable encore. Or, j'ai prouvé le contraire : d'après mon système, des chevaux ont été dressés par la troupe, quelle que fût la position des hommes à cheval. Pour donner plus de force à cette méthode, pour la rendre plus facilement compréhensible, j'ai dû l'isoler d'abord de tous autres accessoires, et garder le silence sur les nouveaux principes qui ont rapport à la position du cavalier. Je me réservais de ne mettre ces derniers au jour qu'après la réussite incontestable des essais officiels. Au moyen de ces principes, ajoutés à ceux que j'ai publiés sur l'art de dresser les chevaux, j'abrége également le travail de l'homme, j'établis un système précis et complet sur ces deux parties importantes, mais jusqu'à ce jour confuses, de l'équitation,

En suivant mes nouvelles indications, relativement à la position de l'homme à cheval, on arrivera promptement à un résultat certain ; elles sont aussi faciles à comprendre qu'à démontrer : deux phrases suffisent pour tout expliquer au cavalier. Il est de la plus grande importance, pour l'intelligence et les progrès de l'élève, que l'instructeur soit court, clair et persuasif ; celui-ci doit donc éviter d'étourdir ses recrues par des développements théoriques trop prolongés. Quelques mots, expliqués avec à-propos, favoriseront et dirigeront beaucoup plus vite la compréhension. L'observation silencieuse est souvent un des caractères distinctifs du bon professeur. Après qu'on s'est assuré que le principe posé a été bien compris, il faut laisser l'élève studieux exercer lui-même son mécanisme ;

c'est ainsi seulement qu'on parviendra à trouver les effets de tact, qui ne s'obtiennent que par la pratique. Tout ce qui tient au sentiment s'acquiert, mais ne se démontre pas.

POSITION DU CAVALIER.

Le cavalier donnera toute l'extension possible au buste, de manière à ce que chaque partie repose sur celle qui lui est inférieurement adhérente, afin d'augmenter la puissance des fesses sur la selle; les bras tomberont sans force sur les côtés; les cuisses et les jambes devront trouver par leur force interne, autant de points de contact que possible avec la selle et les flancs du cheval; les pieds suivront naturellement le mouvement des jambes.

On comprend par ces quelques lignes combien est simple la position du cavalier.

Les moyens que j'indique pour obtenir en peu de temps une bonne position, lèvent toutes les difficultés que présentait la route tracée par nos devanciers. L'élève ne comprenait presque rien au long catéchisme récité à haute voix par l'instructeur, depuis la première phrase jusqu'à la dernière; en conséquence, il ne pouvait pas l'exécuter. Ici, c'est par un seul mot que nous rendons toutes ces phrases, après avoir cependant procédé à l'aide d'un travail d'assouplissement. Ce travail rendra le cavalier adroit et par suite intelligent; un mois ne se sera pas écoulé sans que le conscrit le plus lourd et le plus maladroit ne soit en état d'être fort bien placé.

LEÇON PRÉPARATOIRE.

(La leçon sera d'une heure; il y aura deux leçons par jour pendant un mois.)

Le cheval est amené sur le terrain, sellé et bridé; l'instructeur ne prendra pas moins de deux élèves; l'un tiendra le cheval par la bride, tout en observant le travail de l'autre, afin de l'exécuter à son tour. L'élève s'approchera de l'épaule du cheval et se disposera à y monter ; à cet effet, il prendra et séparera avec la main droite une poignée de crins, il la passera dans la main gauche, le plus près possible de leurs racines, sans qu'ils soient tortillés dans la main ; il saisira le pommeau de la selle avec la main droite, les quatre doigts en dedans, le pouce en dehors ; puis, après avoir ployé légèrement les jarrets, il s'enlèvera sur les poignets. Une fois la ceinture à la hauteur du garrot, il passera la jambe droite par-dessus la croupe sans la toucher et se mettra légèrement en selle. Ce mouvement de voltige étant d'une très-grande utilité pour l'agilité du cavalier, on le lui fera recommencer huit ou dix fois, avant de le laisser asseoir sur la selle. Bientôt la répétition de ce travail lui donnera la mesure de ce qu'il peut faire au moyen de la force bien entendue de ses bras et de ses reins.

TRAVAIL EN SELLE.

(Ce travail doit se faire en place ; on choisira de préférence un cheval vieux et froid. Les rênes nouées tomberont sur le col.)

Une fois l'élève à cheval, l'instructeur examinera sa position naturelle, afin d'exercer plus fréquemment les parties qui ont de la tendance à l'affaissement ou à la roideur. C'est par le buste que l'instructeur commencera la leçon. Il fera servir à redresser le haut du corps les flexions des reins qui portent la ceinture en avant ; on tiendra pendant quelque temps dans cette position le cavalier dont les reins sont mous, sans avoir égard à la roideur qu'elle entraînera les premières fois. C'est par la force que l'élève arrivera à être liant, et non par l'abandon tant et si inutilement recommandé. Un mouvement obtenu d'abord par de grands efforts n'en nécessitera plus au bout de quelque temps, parce qu'il y aura adresse, et que, dans ce cas, l'adresse n'est que le résultat des forces combinées et employées à propos. Ce que l'on fait primitivement avec dix kilogrammes de forces se réduit ensuite à sept, à cinq, à deux. L'adresse sera la force réduite à deux kilogrammes. Si l'on commençait par une force moindre, on n'arriverait pas à ce résultat. On renouvellera donc souvent les flexions de reins en laissant parfois l'élève retomber dans son affaissement naturel, afin de lui faire bien saisir l'emploi de force qui donnera promptement une bonne position au buste. Le corps étant bien placé, l'instructeur passera 1° à la leçon du bras, laquelle consiste à le mouvoir dans tous les sens, d'abord ployé et ensuite tendu ; 2° à la leçon de la tête ; celle-ci devra tourner à droite et à gauche sans que ses mouvements réagissent sur les épaules.

Dès que la leçon du buste, des bras et de la tête donnera un résultat satisfaisant, ce qui doit arriver au bout de quatre jours (huit leçons), on passera à celle des jambes.

L'élève éloignera autant que possible des quartiers de la selle l'une des deux cuisses ; il la rapprochera ensuite avec un mouvement de rotation de dehors en dedans, afin de la rendre adhérente à la selle par le plus de points de contact possible. L'instructeur veillera à ce que la cuisse ne retombe pas lourdement, elle doit reprendre sa position par un mouvement lentement progressif et sans secousses. Il devra, en outre, pendant la première leçon, prendre la jambe de l'élève et la diriger pour bien faire comprendre la manière d'opérer ce déplacement. Il lui évitera ainsi de la fatigue et obtiendra de plus prompts résultats.

Ce genre d'exercice, très-fatigant dans le principe, nécessite de fréquents repos ; il y aurait inconvénient à prolonger la durée du travail au delà des forces de l'élève. Les mouvements d'adduction (qui rendent la cuisse adhérente à la selle) et ceux d'abduction (qui l'éloigne) devenant plus faciles, les cuisses auront acquis un liant qui permettra de les fixer à la selle dans une bonne position. On passera alors à la flexion des jambes.

FLEXION DES JAMBES.

L'instructeur veillera à ce que les genoux conservent toujours leur adhérence parfaite avec la selle. Les jambes se mobiliseront comme le pendule d'une horloge, c'est-à-dire que l'élève les remontera jusqu'à toucher le trousquin de la selle avec les talons. Ces flexions répétées rendront les jambes promptement souples, liantes et indépendantes des cuisses. On continuera les flexions de jambes et de cuisses pendant quatre jours (huit leçons). Pour rendre chacun de ces mouvements plus correct et plus facile, on y consacrera huit jours (ou quatorze leçons). Les quatorze jours (trente leçons) qui resteront pour compléter le mois continueront à être employés au travail d'assouplissement en place; seulement, pour que l'élève apprenne à combiner la force de ses bras et celle de ses reins, on lui fera tenir progressivement des poids de cinq à vingt kilogrammes à bras tendu. On commencera cet exercice par la position la moins fatigante, le bras ployé, la main près de l'épaule, et on poussera cette flexion à la plus grande extension du bras. Le buste ne devra pas se ressentir de ce travail et restera maintenu dans la même position.

DES GENOUX.

La force de pression des genoux se jugera, et même s'obtiendra à l'aide du moyen que je vais indiquer. Ce moyen, qui de prime abord semblera peut-être futile, amènera cependant des très-grands résultats. L'instructeur prendra un morceau de cuir de l'épaisseur de cinq millimètres et long de cinquante centimètres ; il placera l'une des extrémités de ce cuir entre le genou et le quartier de la selle. L'élève fera usage de la force de ses genoux pour ne pas le laisser glisser, tandis que l'instructeur le tirera lentement et progressivement de son côté. Ce procédé servira de dynamomètre pour juger des progrès de la force. Quelques paroles encourageantes placées à propos stimuleront l'amour-propre de chaque élève.

On veillera avec le plus grand soin à ce que chaque force qui agit séparément n'en mette pas d'autres en jeu, c'est-à-dire que le mouvement des bras n'influe jamais sur les épaules ; il devra en être de même pour les cuisses, par rapport au tronc ; pour les jambes, par rapport aux cuisses, etc., etc. Le déplacement et l'assouplissement de chaque partie isolée une fois obtenus, on déplacera momentanément le buste et l'assiette, afin d'apprendre au cavalier à se remettre en selle de lui-même. Voici comment on s'y prendra : L'instructeur, placé sur le côté, poussera l'élève par la hanche, de manière à ce que son assiette se trouve portée en dehors du siége de la selle. Avant d'opérer un nouveau déplacement, l'instructeur laissera l'élève se remettre en selle, en ayant soin de veiller à ce que, pour reprendre son assiette, il ne fasse usage que des hanches et des genoux, afin de ne se servir que des parties les plus rapprochées de l'assiette. En effet, le secours des épaules influerait bientôt sur la main, et celle-ci sur le cheval ; le secours des jambes pourrait avoir de plus graves inconvénients encore. En un mot, dans tous les déplacements, on enseignera à l'élève à ne pas avoir recours, pour diriger, aux forces qui maintiennent à cheval, et *vice versa*, à ne pas employer, pour s'y maintenir, celles qui dirigent.

Ce point de l'éducation étant atteint, un mois ne se sera pas écoulé depuis le jour où aura été *hissé* en selle un lourd conscrit normand ou bas-breton, et déjà, à l'aide d'une gymnastique équestre justement combinée et employée à propos, on aura développé les organisations physiques les plus contraires à l'arme à laquelle elles étaient destinées.

L'élève ayant franchi les épreuves préliminaires, attendra avec impatience les premiers mouvements du cheval pour s'y livrer avec l'aisance d'un cavalier déjà expérimenté.

Quinze jours (trente leçons) seront consacrés au pas, au trot et même au galop. Ici l'élève doit uniquement chercher à suivre les mouvements du cheval ; en conséquence, l'instructeur l'obligera à ne s'occuper que de sa position et non des moyens de direction à donner au cheval. On exigera seulement que le cavalier marche d'abord droit devant lui, puis en tous sens, une rêne de bridon dans chaque main. Au bout de quatre jours (huit leçons), on pourra lui faire prendre la bride dans la main gauche. On s'attachera à ce que la main droite, qui se trouve libre, reste à côté de la gauche, afin que le cavalier prenne de bonne heure l'habitude d'être placé carrément (les épaules sur la même ligne) ; le cheval trottera également à droite et à gauche. Lorsque l'assiette sera bien consolidée à toutes les allures, l'instructeur expliquera d'une manière simple les rapports qui existent entre les poignets et les jambes, ainsi que leurs effets séparés (1).

ÉDUCATION DU CHEVAL.

Ici le cavalier commencera l'éducation du cheval en suivant la progression que j'ai indiquée et que l'on retrou-

(1) Voir les principes pour l'éducation du cheval.

vera ci-après. On fera comprendre à l'élève tout ce qu'elle a de rationnel, et par quelle liaison intime se suivent, dans leurs rapports, l'éducation de l'homme et celle du cheval. Au bout de quatre mois à peine, le cavalier pourra passer à l'école de peloton; les commandements ne seront plus qu'une affaire de mémoire; il lui suffira d'entendre pour exécuter, car il sera maître de son cheval.

J'espère que la cavalerie comprendra (comme elle a déjà compris mon mode d'éducation du cheval) tout l'avantage des moyens que j'indique pour tirer le plus large parti possible du peu de temps que chaque soldat reste sous les drapeaux.

J'ai également la conviction que l'emploi de ces moyens rendra prompte et parfaite l'éducation des hommes et des chevaux.

RÉSUMÉ ET PROGRESSION.

	Jours.	Leçons.
1° Flexion des reins pour servir à l'extension du buste.	4	8
2° Rotation, extension des cuisses et flexion des jambes.	4	8
3° Exercice général et successif de toutes les parties.	8	14
4° Déplacement du tronc, exercice des genoux et des bras avec des poids dans les mains.	14	30
5° Position du cavalier sur le cheval au pas, au trot et au galop, pour façonner et fixer l'assiette à ces différentes allures.	15	30
6° Éducation du cheval par le cavalier.	75	150
TOTAL.	120	240

II

DES FORCES DU CHEVAL.

DE LEURS CAUSES ET DE LEURS EFFETS.

Le cheval, comme tous les êtres organisés, est doué d'un poids et d'une force qui lui sont propres. Le poids, inhérent à la matière constitutive de l'animal, rend sa masse inerte et tend à la fixer au sol. La force, au contraire, par la faculté qu'elle lui donne de mobiliser ce poids, de le diviser, de le transférer de l'une à l'autre de ses parties, communique le mouvement à tout son être, en détermine l'équilibre, la vitesse, la direction.

Pour rendre cette vérité palpable, supposons un cheval au repos. Son corps sera dans un parfait équilibre, si chacun de ses membres supporte exactement la part du poids qui lui est dévolue dans cette position. S'il veut se porter en avant au pas, il devra préalablement transférer sur les jambes qui resteront fixées au sol le poids qui pèse sur celle qu'il en détachera la première. Il en sera de même pour les autres allures, la translation s'opérant au trot, d'une diagonale à l'autre ; au galop, de l'avant à l'arrière main, et réciproquement. Il ne faut donc jamais confondre le poids avec la force : celle-ci est déterminante, l'autre lui est subordonné. C'est en reportant le poids sur telles ou telles extrémités que la force les mobilise ou les fixe. La lenteur ou la vitesse des translations détermine les différentes allures, qui sont elles-mêmes justes ou fausses, égales ou inégales, suivant que ces translations s'exécutent avec justesse ou irrégularité.

On comprend que cette puissance motrice se subdivise à l'infini, puisqu'elle est répartie sur tous les muscles de l'animal. Quand ce dernier en détermine lui-même l'emploi, les forces sont *instinctives*; je les appelle *transmises* (1) lorsqu'elles émanent du cavalier. Dans le premier cas, l'homme, dominé par son cheval, reste le jouet de ses caprices; dans le second, au contraire, il en fait un instrument docile, soumis à toutes les impulsions de sa volonté. Le cheval, dès qu'il est monté, ne doit donc plus agir que par des forces transmises. L'application constante de ce principe constitue le vrai talent de l'écuyer.

Mais un tel résultat ne peut s'obtenir instantanément. Le jeune cheval, habitué à régler lui-même, dans sa liberté, l'emploi de ses ressorts, se soumettra d'abord avec peine à l'influence étrangère qui viendra en disposer sans partage. Une lutte s'engagera nécessairement entre le cheval et le cavalier; celui-ci sera vaincu s'il ne possède

---

(1) Plusieurs pamphlétaires très-*érudits* et *profonds anatomistes* ont beaucoup discuté sur cette expression : *forces transmises*, n'ayant, disaient-ils agréablement, rien trouvé de semblable dans les chevaux qu'ils avaient écorchés à l'école d'Alfort. On reconnaîtra sans doute avec moi que cette bouffonnerie est fort concluante.

Pour parler sérieusement, je déclare qu'en employant l'expression *transmises*, je ne prétends pas créer des forces en principe, mais seulement en fait. Je parviens à diriger et à utiliser des forces qui, par suite de contractions et de résistances, demeuraient complétement inertes, et qui seraient conséquemment comme si elles n'étaient pas. N'est-ce point là une espèce de transmission ? Au surplus, j'ai adopté ce mot, tant épilogué, parce qu'il m'a paru propre à rendre mon idée plus clairement que tout autre, et parce que je m'adressais à des écuyers, non à des puristes académiques.

l'énergie, la patience, et surtout les connaissances nécessaires pour arriver à ses fins. Les forces de l'animal étant l'élément sur lequel l'écuyer doit agir principalement pour les dompter d'abord et les diriger ensuite, c'est sur elles avant tout qu'il lui importe de fixer son attention. Il étudiera ce qu'elles sont, d'où elles émanent, les parties où elles se contractent le plus pour la résistance, les causes physiques qui peuvent occasionner ces contractions. Dès qu'il saura à quoi s'en tenir sur ce point, il n'emploiera envers son élève que des procédés en rapport avec la nature de ce dernier, et les progrès seront alors rapides.

Malheureusement, on chercherait en vain dans les auteurs anciens et modernes qui ont écrit sur l'équitation, je ne dirai pas des principes rationnels, mais même des données quelconques sur ce qui se rattache aux forces du cheval. Tous ont bien parlé de *résistances*, d'*oppositions*, de *légèreté*, d'*équilibre;* mais aucun n'a su nous dire ce qui cause ces résistances, comment on peut les combattre, les détruire, et obtenir cette légèreté, cet équilibre, qu'ils nous recommandent si instamment. C'est cette grave lacune qui a jeté sur les principes de l'équitation tant de doutes et d'obscurité; c'est elle qui a rendu cet art stationnaire pendant si longtemps; c'est cette grave lacune enfin que je crois être parvenu à combler.

Et, d'abord, je pose en principe que toutes les résistances des jeunes chevaux proviennent, en premier lieu, d'une cause physique, et que cette cause ne devient morale que par la maladresse, l'ignorance ou la brutalité du cavalier. En effet, outre la roideur naturelle, commune à tous ces animaux, chacun d'eux a une conformation particulière dont le plus ou le moins de perfection constitue le degré d'harmonie existant entre les forces et le poids. Le défaut de cette harmonie occasionne la disgrâce des allures, la difficulté des mouvements, en un mot, tous les obstacles à une bonne éducation. A l'état libre, quelle que soit la mauvaise structure du cheval, l'instinct seul lui suffira pour disposer ses forces de manière à maintenir son équilibre; mais il est des mouvements qui lui sont impossibles jusqu'à ce qu'un travail préparatoire l'ait mis à même de suppléer aux défectuosités de son organisation par un emploi mieux combiné de sa puissance motrice (1). Un cheval ne se met en mouvement qu'à la suite d'une position donnée; s'il est des forces qui s'opposent à cette position, il faut donc les annuler d'abord pour les remplacer par celles qui pourront seule la déterminer.

Or, je le demande, si avant d'avoir surmonté ces premiers obstacles, le cavalier vient y ajouter le poids de son propre corps et ses exigences ineptes, l'animal n'éprouvera-t-il pas une difficulté plus grande encore pour exécuter certains mouvements? les efforts qu'on fera pour l'y astreindre, étant contraires à sa nature, ne devront-ils pas se briser contre cet obstacle insurmontable? il résistera naturellement, et avec d'autant plus d'avantage, que la mauvaise répartition de ses forces suffira à elle seule

---

(1) J'engage beaucoup les amateurs désireux de suivre mes préceptes dans tout ce qu'ils ont de naturel et de méthodique, à bien prendre garde d'y mêler des moyens pratiques qui y sont étrangers et contraires. Dans le nombre de ces grotesques inventions se trouve placé le jockey anglais ou l'homme de bois, auquel de graves auteurs ont attribué des propriétés que la saine équitation réprouve; en effet, la force permanente du bridon dans la bouche du cheval est une gêne et non pas un avis; elle lui apprend à revenir sur lui-même en s'acculant, pour en éviter la sujétion. A l'aide de cette force brutale, il connaîtra de bonne heure comment il peut éviter les effets de main du cavalier.

C'est à cheval, et par de justes et progressives oppositions de main et de jambes, que l'on obtiendra des résultats prompts et infaillibles, résultats qui seront tous en faveur du mécanisme et de l'intelligence du cavalier. Si le cheval présentait quelques difficultés dangereuses, un second cavalier, à l'aide du caveçon, produirait une action suffisante sur le moral du cheval, pour donner le temps à celui qui le monte d'agir physiquement, afin de disposer la masse dans le sens du mouvement qu'on veut exiger. Mais, on le voit, il faut une intelligence pour parler intelligiblement au cheval, et non pas une machine fonctionnant sans moteur.

pour paralyser celles du cavalier. La résistance émane donc ici d'une cause physique : cette cause devient morale dès l'instant où, la lutte se continuant avec les mêmes procédés, le cheval commence à combiner lui-même les moyens de se soustraire au supplice qu'on lui impose, lorsqu'on veut ainsi forcer des ressorts qu'on n'a pas assouplis d'avance.

Quand les choses en sont là, elles ne peuvent qu'empirer. Le cavalier, dégoûté bientôt de l'impuissance de ses efforts, rejettera sur le cheval la responsabilité de sa propre ignorance ; il flétrira du nom de *rosse* un animal qui possédait peut-être de brillantes ressources, et dont, avec plus de discernement et d'aptitude, il aurait pu faire une monture aussi docile dans son caractère, que gracieuse et agréable dans ses allures. J'ai remarqué souvent que les chevaux réputés imdomptables sont ceux qui développent le plus d'énergie et de vigueur dès qu'on a su remédier aux inconvénients physiques qui empêchaient leur essor. Quant à ceux que, malgré leur mauvaise conformation, on finit par soumettre avec un pareil système à un semblant d'obéissance, il faut en rendre grâce à la mollesse seule de leur nature ; s'ils veulent bien s'astreindre à quelques exercices des plus simples, c'est à condition qu'on n'exigera pas davantage, car ils retrouveraient bien vite leur énergie pour résister à des prétentions plus élevées. Le cavalier pourra donc les faire marcher aux différentes allures ; mais quel décousu, quelle roideur, quel disgracieux dans leurs mouvements, et quel ridicule de semblables coursiers ne jettent-ils pas sur le malheureux qu'ils ballotent et entraînent ainsi à leur gré, bien plus qu'ils ne se laissent diriger par lui ! Cet état de choses est tout naturel, puisqu'on n'a pas détruit la cause première qui l'engendre : *la mauvaise répartition des forces et la roideur, produites par la mauvaise conformation.*

Mais, va-t-on m'objecter, puisque vous reconnaissez que ces difficultés tiennent à la conformation du cheval, comment est-il possible d'y remédier? Vous n'avez probablement pas la prétention de changer la structure de l'animal et de réformer l'œuvre de la nature? Non, sans doute; mais tout en convenant qu'il est impossible de donner plus d'ampleur à une poitrine étroite, d'allonger une encolure trop courte, d'abaisser une croupe élevée, de raccourcir et d'étoffer des reins longs, faibles et étroits, je n'en soutiens pas moins que si je détruis les contractions diverses occasionnées par ces vices physiques, si j'assouplis les muscles, si je me rends maître des forces au point d'en disposer à volonté, il me sera facile de prévenir ces résistances, de donner plus de ressort aux parties faibles, de modérer celles qui sont trop vigoureuses, et de suppléer ainsi aux mauvais effets d'une nature imparfaite.

De pareils résultats, je ne crains pas de le dire, furent et demeurent interdits à jamais aux anciennes méthodes. Mais si la science de ceux qui professent d'après les vieux errements vient toujours se briser contre le grand nombre des chevaux défectueux, on trouve malheureusement quelques chevaux qui, par la perfection de leur organisation et la facilité d'éducation qui en résulte, contribuent puissamment à perpétuer les routines impuissantes, si funestes aux progrès de l'équitation. Un cheval bien constitué est celui dont toutes les parties, régulièrement harmonisées, amènent l'équilibre parfait de l'ensemble. Il serait aussi difficile à un pareil sujet de sortir de cet équilibre naturel, pour prendre une fausse position et se défendre, qu'il est pénible d'abord au cheval mal constitué de rentrer dans cette juste répartition des forces sans laquelle on ne peut espérer aucune régularité de mouvements.

C'est donc dans l'éducation de ces derniers animaux seulement que consistent les véritables difficultés de l'équitation. Chez les autres, le dressage doit être, pour ainsi dire, instantané, puisque, tous les ressorts étant à leur place, il ne reste plus qu'à les faire mouvoir; ce résultat s'obtient toujours avec ma méthode. Les anciens principes cependant exigent deux et trois ans pour y parvenir; et lorsqu'à force de tâtonnements et d'incertitudes l'écuyer doué de quelque tact et de quelque pratique finit par habituer le cheval à obéir aux impressions qui lui sont communiquées, il croit avoir surmonté de grandes difficultés, et attribue à son savoir-faire un état naturel que de bons principes auraient procuré en quelques jours. Puis, comme l'animal continue à déployer dans tous ses mouvements la grâce et la légèreté naturelles à sa belle conformation, le cavalier ne se fait nul scrupule de s'en approprier le mérite, se montrant alors aussi présomptueux qu'il était injuste lorsqu'il voulait rendre le cheval mal constitué responsable de l'inefficacité de ses efforts.

Si nous admettons une fois ces vérités :

Que l'éducation du cheval consiste dans la domination complète de ses forces;

Qu'on ne peut disposer des forces qu'en annulant toutes les résistances;

Et que les résistances ont leur source dans les contractions occasionnées par les vices physiques;

Il ne s'agira plus que de rechercher les parties où s'opèrent ces contractions, afin d'essayer de les combattre et de les faire disparaître.

De longues et consciencieuses observations m'ont démontré que, quel que soit le vice de conformation qui s'oppose dans le cheval à la juste répartition des forces, c'est toujours sur l'encolure que s'en fait ressentir l'effet le plus immédiat. Pas de faux mouvement, pas de résistance qui ne soient précédés par la contraction de cette partie de l'animal; et comme la mâchoire est intimement liée à l'encolure, la roideur de l'une se communique instantanément à l'autre. Ces deux points sont l'arc-boutant sur lequel s'appuie le cheval pour annuler tous les efforts du cavalier. On conçoit facilement l'obstacle immense qu'ils doivent présenter aux impulsions de ce dernier, puisque l'encolure et la tête étant les deux leviers principaux par lesquels on détermine et dirige l'animal, il est impossible de rien obtenir de lui tant qu'on ne sera pas entièrement maître de ces premiers et indispensables moyens d'actions. A l'arrière-main, les parties où les forces se contractent le plus pour les résistances sont les reins et la croupe (les hanches).

Les contractions de ces deux extrémités opposées sont mutuellement les unes pour les autres causes et effets, c'est-à-dire que la roideur de l'encolure amène celle des hanches, et réciproquement. On peut donc les combattre l'une par l'autre; et dès qu'on aura réussi à les annuler, dès qu'on aura rétabli l'équilibre et l'harmonie qu'elles empêchaient entre l'avant et l'arrière-main, l'éducation du cheval sera à moitié faite. Je vais indiquer par quels moyens on y parviendra infailliblement.

III

LES ASSOUPLISSEMENTS.

Cet ouvrage étant l'exposé d'une méthode qui renverse la plupart des anciens principes de l'équitation, il est bien entendu que je ne m'adresse qu'aux hommes déjà versés dans l'art, et qui joignent à une assiette assurée une assez grande habitude du cheval pour comprendre tout ce qui se rattache à son mécanisme. Je ne reviendrai donc pas sur les procédés élémentaires ; c'est à l'instructeur à juger si son élève possède un degré convenable de solidité, s'il est suffisamment en rapport d'enveloppe avec son cheval ; car, en même temps qu'une bonne position produit cette identification, elle favorise le jeu facile et régulier des extrémités du cavalier.

Mon but ici est de traiter principalement de l'éducation du cheval ; mais cette éducation est trop intimement liée à celle du cavalier, pour qu'il soit possible de faire progresser l'une sans l'autre. En expliquant les procédés qui devront amener la perfection chez l'animal, j'apprendrai nécessairement à l'écuyer à les appliquer lui-même ; il ne tiendra qu'à lui de professer demain ce que je lui démontre aujourd'hui. Il est une chose cependant qu'aucun précepte ne peut donner ; c'est cette finesse de tact, cette délicatesse de sentiment équestre qui n'appartiennent qu'aux organisations privilégiées, et sans lesquelles on chercherait en vain à dépasser certaines limites. Cela dit, revenons à notre sujet.

Nous connaissons maintenant quelles sont les parties du cheval qui se contractent le plus pour les résistances, et nous sentons la nécessité de les assouplir. Chercherons-nous dès lors à les attaquer, à les exercer toutes ensemble, pour les soumettre du même coup ? Non, sans doute, ce serait retomber dans les anciens errements, et nous sommes convaincus de leur inefficacité. L'animal est doué d'une puissance musculaire infiniment supérieure à la nôtre ; ses forces instinctives pouvant en outre se soutenir les unes par les autres, nous serons inévitablement vaincus si nous les surexcitons toutes à la fois. Puisque les contractions ont leur siége dans des parties séparées, sachons profiter de cette division pour les combattre successivement, à l'exemple de ces généraux habiles qui détruisent en détail des forces auxquelles ils n'auraient pu résister en masse.

Du reste, quels que puissent être l'âge, les dispositions et la structure de mon élève, mes procédés, en débutant, seront toujours les mêmes. Les résultats seulement seront plus ou moins prompts et faciles, suivant le degré de perfection de sa nature et l'influence de la main à laquelle il aura pu être soumis antérieurement. L'assouplissement qui, chez un cheval bien constitué, n'aura d'autre but que de préparer ses forces à céder à nos impulsions, devra de plus rétablir le calme et la confiance s'il s'agit d'un cheval mal mené, et faire disparaître, dans une conformation défectueuse, les contractions, causes des résistances et de l'opposition à un équilibre parfait. Les difficultés à surmonter seront en raison de cette complication d'obstacles, qui tous disparaîtront bien vite, moyennant un peu de persévérance de notre part. Dans la progression que nous allons suivre pour soumettre à l'assouplissement les diverses parties de l'animal, nous commencerons naturellement par les plus importantes, c'est-à-dire par la mâchoire et l'encolure.

La tête et l'encolure du cheval sont à la fois le gouvernail et la boussole du cavalier. Par elles il dirige l'animal ; par elles aussi il peut juger de la régularité, de la justesse de son mouvement. L'équilibre de tout le corps est parfait, sa légèreté complète, lorsque l'encolure et la tête sont elles-mêmes aisées, liantes et gracieuses. Nulle élégance, au contraire, nulle facilité dans l'ensemble, dès que ces deux parties se roidissent. Précédant le corps du cheval dans toutes ses impulsions, elles doivent préparer d'avance, indiquer par leur attitude les positions à prendre, les mouvements à exécuter. Nulle domination n'est permise au cavalier tant qu'elles restent contractées et rebelles ; une fois qu'elles sont flexibles et maniables, il dispose de l'animal à son gré. Si la tête et l'encolure n'entament pas les premières, les changements de direction, si dans les marches circulaires, elles ne se maintiennent pas inclinées vers la ligne courbe, afin de surcharger plus ou moins les extrémités en raison du mouvement, si pour le reculer elles ne se replient pas sur elles-mêmes, et si leur légèreté n'est pas toujours en rapport avec les différentes allures qu'on voudra prendre, le cheval sera libre d'exécuter ou non ces mouvements, puisqu'il restera maître de l'emploi de ses forces.

Lorsque j'eus reconnu la puissante influence que la roideur de l'encolure exerce sur tout le mécanisme du cheval, je recherchai attentivement les moyens d'y remédier. Les résistances à la main sont toujours latérales, hautes ou basses. Je plaçai d'abord dans l'encolure seule la source de ces résistances, et je m'exerçai à assouplir l'animal par des flexions réitérées dans tous les sens. Le résultat fut immense; mais quoique, au bout d'un certain temps, la souplesse de l'encolure me rendît parfaitement maître des forces de l'avant-main, j'éprouvai cependant encore une légère résistance dont je ne pouvais d'abord me rendre compte; je découvris enfin qu'elle provenait de la mâchoire. La flexibilité que j'avais communiquée à l'encolure facilitait même cette roideur des muscles de la ganache, en permettant au cheval de se soustraire, dans certain cas, à l'action du mors. J'avisai donc immédiatement aux moyens de combattre ces résistances dans ce dernier retranchement, et c'est par là, depuis lors, que je commence toujours mon travail d'assouplissement.

PREMIER EXERCICE A PIED.

MOYEN DE FAIRE VENIR LE CHEVAL A L'HOMME, DE LE RENDRE SAGE AU MONTOIR, ETC., ETC.

Avant de commencer les exercices de flexions, il est essentiel de donner au cheval une première leçon d'assujétissement et de lui faire connaître toute la puissance de l'homme. Ce premier acte de soumission, qui pourrait paraître sans importance, servira promptement à le rendre calme, confiant, à réprimer tous les mouvements qui détourneraient son attention et feraient obstacle au succès de notre commencement d'éducation.

Deux leçons d'une demi-heure suffiront pour obtenir l'obéissance préparatoire chez tous les chevaux; le plaisir que l'on éprouvera à se jouer ainsi avec le cheval portera naturellement le cavalier à continuer cet exercice tous les jours pendant quelques minutes, et à le rendre aussi instructif pour le cheval qu'utile pour lui-même. Voici comment on s'y prendra : le cavalier s'approchera du cheval, sa cravache sous le bras, sans brusquerie ni timidité, il lui parlera sans trop élever la voix, et le flattera de la main sur le chanfrein ou sur l'encolure, puis, avec la main gauche, il saisira les rênes de la bride, à 16 centimètres des branches du mors, en soutenant le poignet avec assez d'énergie pour présenter autant de force que possible dans les instants de résistance du cheval. La cravache sera tenue à pleine main de la main droite, la pointe vers la terre, puis elle s'élèvera lentement jusqu'à la hauteur du poitrail pour en frapper délicatement cette partie à une seconde d'intervalle. Le premier mouvement naturel du cheval sera de fuir en s'éloignant du côté opposé à celui où il ressentira la douleur. C'est par le reculer qu'il cherchera à éviter les atteintes. Le cavalier suivra ce mouvement rétrograde sans discontinuer toutefois la tension énergique des rênes de la bride, ni les petits coups de cravache sur le poitrail; il les appliquera toujours avec la même intensité. Le cavalier devra rester maître de ses impressions, afin qu'il n'y ait dans ses mouvements et dans son regard aucun indice de colère ni de faiblesse. Fatigué de ces effets de contrainte, le cheval cherchera bientôt par un autre mouvement à éviter la sujétion, et c'est en se portant en avant qu'il y parviendra; le cavalier saisira ce second mouvement instinctif pour l'arrêter et flatter l'animal du geste et de la voix. La répétition de cet exercice donnera des résultats surprenants même à la première leçon. Le cheval, ayant bien compris le moyen à l'aide duquel il peut éviter la douleur, n'attendra pas le contact de la cravache, il le préviendra en s'avançant forcément au moindre geste. Le cavalier en profitera pour opérer avec la main de la bride, par une force de haut en bas, l'affaissement de l'encolure et des effets de mise en main (1), il disposera ainsi

---

(1) L'affaissement de l'encolure que je prescris, surtout pour les chevaux qui ont une trop grande élévation de garot par rapport à l'arrière-main, ou qui ont la croupe étroite ou bien les reins faibles, n'est pas une position qu'ils devront toujours conserver, mais c'est un moyen qui servira à établir les contrepoids qui doivent venir au secours des parties faibles et leur donner par la suite une activité et une rectitude de mouvement qu'elles n'auraient jamais eues sans la position basse de l'encolure. Aussitôt le changement de place du centre de gravité obtenu, le cheval deviendra plus léger à la main, et c'est alors que l'encolure reprendra peu à peu sa position élevée et gracieuse, sans cependant nuire au déplacement facile et régulier des forces et du poids.

de bonne heure le cheval pour les exercices qui doivent suivre. Ce travail, d'ailleurs très-récréatif, servira de plus à rendre le cheval sage au montoir, abrégera de beaucoup son éducation, et accélérera le développement de son intelligence. Dans le cas où, par suite de sa nature inquiète ou sauvage, le cheval se livrerait à des mouvements désordonnés, on devrait avoir recours au caveçon, comme moyen de répression, et l'employer par petites saccades. Quand le cheval se portera franchement en avant à l'action de la cravache, le moment sera venu de faire une légère opposition avec la main de la bride, afin d'obtenir un effet de ramener, sans discontinuer l'allure du pas. Dans ce travail à pied, la cravache remplacera les jambes ou les éperons. On le voit, dès le commencement de l'éducation il faut du tact pour apprécier la force qui projette en avant et celle qui porte en arrière, afin d'obtenir un commencement de légèreté ou d'équilibre; mais pour bien mettre en pratique ce travail, simple en apparence, il faut du raisonnement, du calme et de la bienveillance.

FLEXION DE LA MACHOIRE.

Les flexions de la mâchoire, ainsi que les deux flexions de l'encolure qui vont suivre, s'exécutent en place, le cavalier restant à pied. Le cheval sera amené sur le terrain, sellé et bridé, les rênes passées sur l'encolure. Le cavalier vérifiera d'abord si le mors est bien placé et si la gourmette est attachée de manière à ce qu'il puisse introduire facilement son doigt entre les mailles et la barbe. Puis, regardant l'animal avec bienveillance dans les yeux, il viendra se placer en avant de son encolure, près de la tête, le corps droit et ferme, les pieds un peu écartés pour

Page 117. Planche N

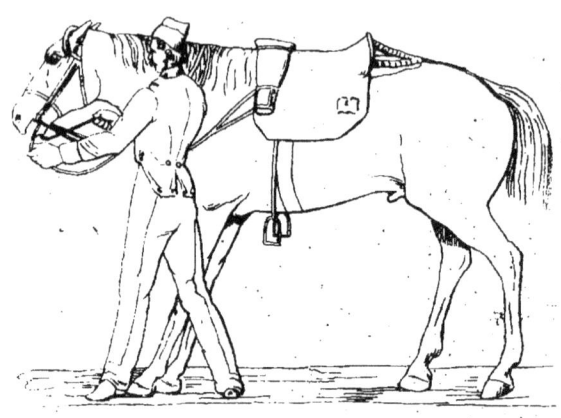

Page 118. Planche N

Lith. Gouer, 7. Rue Dauphine.

assurer sa base, et se mettre à même de lutter avec avantage contre toutes les résistances (1).

1° Pour exécuter la flexion à droite, le cavalier saisira la rêne droite de la bride avec la main droite, à seize centimètres de la branche du mors, et la rêne gauche avec la main gauche, à dix centimètres seulement de la branche gauche. Il rapprochera ensuite la main droite de son corps en éloignant la gauche de manière à contourner le mors dans la bouche du cheval. La force qu'il emploiera devra être graduée et proportionnée à la résistance seule de l'encolure et de la mâchoire, afin de ne pas influer sur l'aplomb qui donne l'immobilité au corps. Si le cheval reculait pour éviter la flexion, on n'en continuerait pas moins l'opposition des mains, lesquelles, dans ce cas, se porteraient en avant, afin de faire opposition à la force qui produit l'acculement et d'attirer le cheval à soi. Si l'on a pratiqué complétement et avec soin le travail précédent, à l'aide de la cravache il sera facile d'arrêter ce mouvement rétrograde, qui est un puissant obstacle à toutes espèces de flexions de mâchoire et d'encolure. (*Planche n° 1.*)

2° Dès que la flexion sera obtenue, la main gauche laissera glisser la rêne gauche à la même longueur que la droite, puis les deux rênes également tendues amèneront la tête près du poitrail pour l'y maintenir oblique et perpendiculaire, jusqu'à ce qu'elle se soutienne d'elle-même dans cette position. Le cheval, en mâchant son mors, constatera la mise en main ainsi que sa parfaite soumission. Le cavalier, pour le récompenser, fera cesser immédiatement la tension des rênes, et lui permettra,

---

(1) J'ai divisé toutes les flexions en deux parties, et afin de faciliter l'intelligence du texte, j'y ai joint des planches représentant la position du cheval au moment où la flexion va commencer et à l'instant où elle est terminée.

après quelques secondes, de reprendre sa position naturelle. (*Planche* 2.)

La flexion de la mâchoire à gauche s'exécutera d'après les mêmes principes et par les moyens inverses de la flexion à droite, le cavalier ayant soin de passer alternativement de l'une à l'autre.

On comprendra facilement l'importance de ces flexions de mâchoire. Elles ont pour résultat de préparer le cheval à céder immédiatement aux plus légères pressions de mors, et d'assouplir directement les muscles qui joignent la tête à l'encolure. La tête devant précéder et déterminer les diverses attitudes de l'encolure, il est indispensable que cette dernière partie soit toujours assujétie à l'autre, et réponde à ses impulsions. Cela n'aurait lieu qu'imparfaitement avec la flexibilité seule de l'encolure, puisque ce serait alors celle-ci qui déterminerait l'obéissance de la tête en l'entraînant dans son mouvement. Voilà pourquoi, dans le principe, j'éprouvais, malgré le liant de l'encolure, des résistances dont je ne pouvais deviner la cause. Les partisans de ma méthode auxquels je n'ai pas eu l'occasion de faire connaître le nouveau moyen que je viens d'expliquer, apprendront avec plaisir que, tout en perfectionnant la flexibilité de l'encolure, ce procédé procure encore, pour compléter l'assouplissement, une grande économie de temps. Le travail de la mâchoire, en façonnant les barres et la tête, entraîne aussi la flexion de l'encolure, et accélère considérablement la mise en main.

Cet exercice est le premier essai que nous faisons pour habituer les forces du cheval à céder aux nôtres. Il est donc bien nécessaire de mettre dans nos manutentions la plus grande mesure, afin de ne pas le rebuter au premier abord. Entamer la flexion brusquement serait surprendre péniblement l'intelligence de l'animal, qui n'aurait pas eu le temps de comprendre ce qu'on exige de lui. L'opposition des mains s'engagera sans à-coup, pour ne plus cesser jusqu'à parfaite obéissance, à moins cependant que le cheval ne s'accule; mais elle diminuera ou augmentera son effet en proportion de la résistance, de manière à la dominer toujours sans trop la forcer. Le cheval, qui d'abord se soumettra peut-être difficilement, finira par considérer la main de l'homme comme un régulateur irrésistible, et il s'habituera si bien à lui obéir, qu'on obtiendra bientôt, par une simple pression de rêne, ce qui, dans le principe, exigeait toute la force de nos bras.

Chaque renouvellement des flexions latérales amènera un progrès dans l'obéissance du cheval. Dès que ses premières résistances seront un peu diminuées, on passera aux flexions perpendiculaire ou affaissement de l'encolure.

AFFAISSEMENT DE L'ENCOLURE ET FLEXION DIRECTE DE LA MACHOIRE.

1° Le cavalier se placera comme pour les flexions latérales de la mâchoire; il saisira les rênes du filet avec la main gauche, à seize centimètres des anneaux, et les rênes de la bride à six centimètres du mors. Il fera opposition des deux mains en opérant l'affaissement avec la gauche et la mise en main avec la droite. On observera avec attention dans quel sens la résistance se présente; si la force est plus considérable de bas en haut, il faut opposer une force de haut en bas, jusqu'à parfaite cession de la part du cheval. Il doit en être ainsi pour toutes les flexions, il faut suivre les résistances du cheval dans toutes leurs digressions; exemple, si voulant porter la tête du cheval à droite, elle s'élevait au lieu de se porter de ce côté, il faudrait ne s'occuper que de l'affaissement, afin de combattre la force qui seule ferait obstacle à la flexion latérale; ce moyen judicieusement employé donne des résultats prompts et infaillibles. (*Planche* 3.)

2° Lorsque la tête du cheval tombera d'elle-même et par son propre poids, le cavalier cessera immédiatement toute espèce de force, et permettra à l'animal de reprendre sa position naturelle. (*Planche* 4.)

Cet exercice, souvent réitéré, amènera bientôt l'assouplissement des muscles releveurs de l'encolure, lesquels jouent un grand rôle dans les résistances du cheval, et facilitera en outre les flexions directes et la mise en main, qui devront suivre les flexions latérales. Le cavalier pourra exécuter ce travail à lui seul, comme le précédent; cependant il serait bon de placer en selle un second cavalier, afin d'habituer le cheval, sous l'homme, au travail des assouplissements. Ce second cavalier se contenterait alors de tenir, sans les tendre, les rênes du bridon dans la main droite, les ongles en dessous.

Les flexions de la mâchoire ont déjà communiqué l'assouplissement à l'extrémité supérieure de l'encolure; mais nous l'avons obtenu au moyen d'un moteur puissant et direct, et il faut habituer le cheval à céder à un régulateur moins immédiat. Il est d'ailleurs important que le liant et la flexibilité, nécessaires principalement à la partie antérieure de l'encolure, se transmettent sur toute son étendue, pour en détruire complétement la roideur.

La force de haut en bas, pratiquée avec le bridon, n'agissant que par les montants sur le haut de la tête, exige souvent un temps trop long pour amener le cheval à baisser. Dans ce cas, il faudrait croiser les deux rênes du bridon en prenant la rêne gauche avec la main droite

Page 120.   Planche N.º 3.

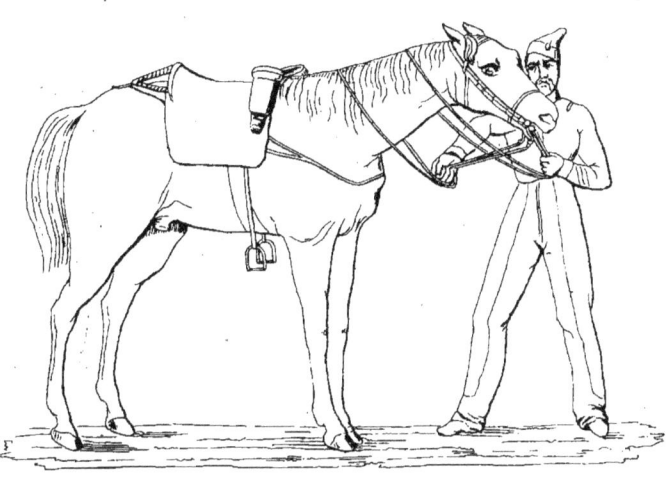

Page 120.   Planche N.º 4.

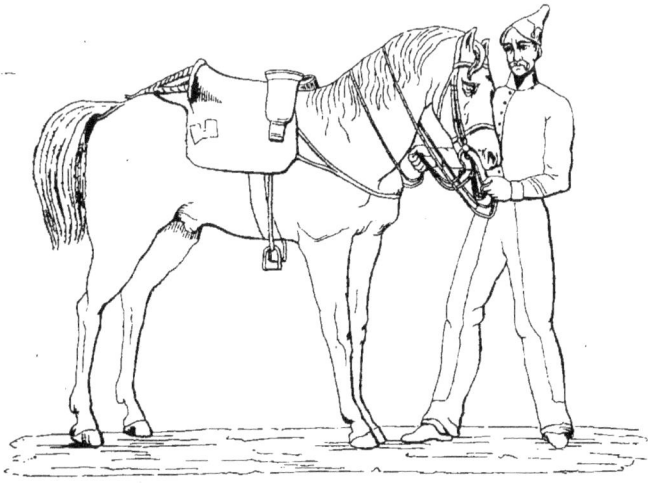

Lith. Geyer, Pas. Dauphine, 7.

Page 121. Planche N.º 5.

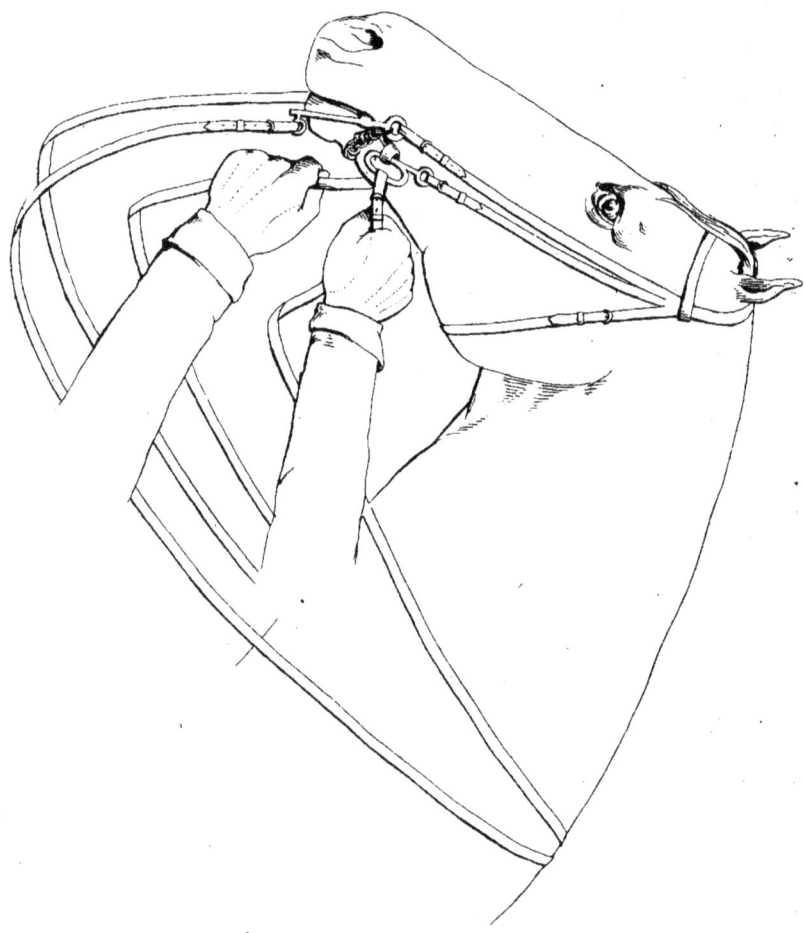

Page 121.   Planche N.º 6.

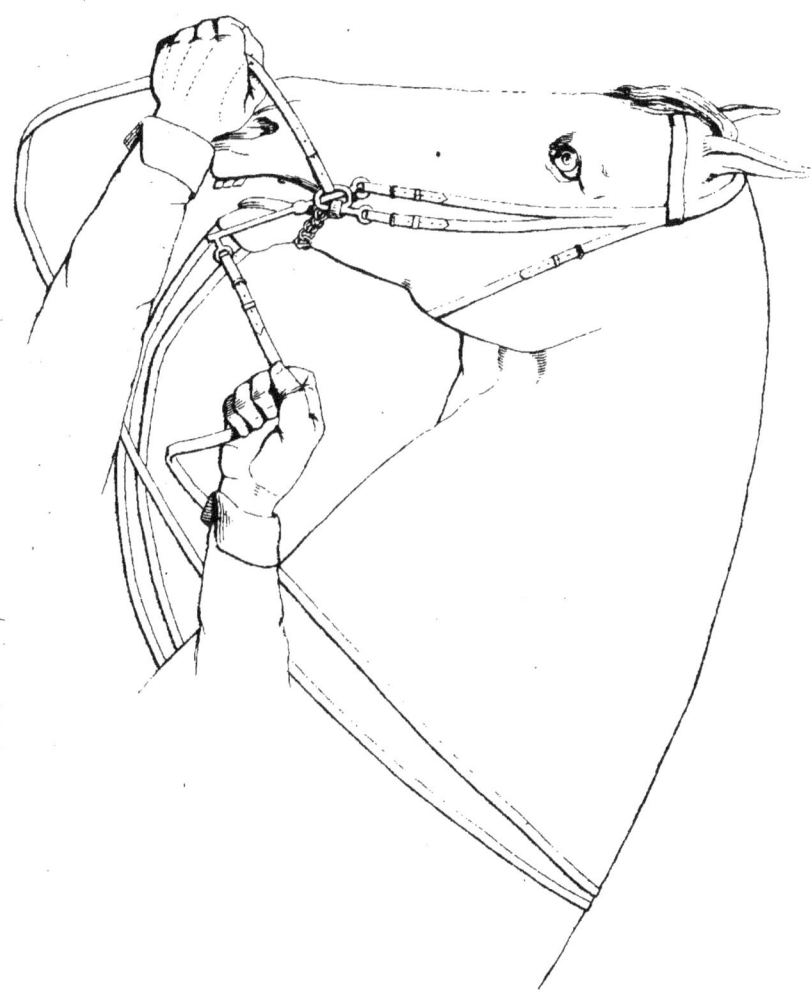

et la rêne droite avec la main gauche, à dix-sept centimètres de la bouche du cheval, de manière à exercer une pression assez forte sur la barbe. Cette force, ainsi que toutes les autres, se continuera jusqu'à ce que le cheval ait cédé. Les flexions réitérées, avec cet agent plus puissant, le mettront à même de répondre au moyen indiqué précédemment. Si le cheval répondait aux premières flexions représentées par la planche 4, il serait inutile de se servir de celle-ci. (*Planche* 5.)

On peut encore agir directement sur la mâchoire de manière à la rendre promptement mobile. A cet effet, on prendra, je suppose, la rêne gauche de la bride à dix-sept centimètres de la bouche du cheval, on la tirera directement vers l'épaule gauche, on donnera en même temps une tension à la rêne gauche du bridon en avant, de manière à ce que les poignets du cavalier, tenant les deux rênes, soient en regard sur la même ligne. Si le cheval cherche à élever la tête, la main qui tient le bridon devra se baisser pour faire une opposition de haut en bas, il faudra relâcher la main une fois la résistance annulée. Ces deux forces opposés amèneront bientôt l'éloignement des mâchoires et le terme de la résistance. La force doit toujours être proportionnée à celle du cheval, soit dans sa résistance, soit dans sa légèreté. Ainsi, au moyen de cette force directe, il suffira de quelques leçons pour donner à la partie dont il s'agit un liant que l'on n'aurait pas obtenu aussi promptement par tout autre moyen. (*Planche* 6.)

FLEXIONS LATÉRALES DE L'ENCOLURE.

1º Le cavalier se placera près de l'épaule du cheval comme pour les flexions de mâchoire ; il saisira la rêne droite du bridon, qu'il tendra en l'appuyant sur l'encolure, pour établir un point intermédiaire entre l'impulsion qui viendra de lui et la résistance que présentera le cheval; il soutiendra la rêne gauche avec la main gauche à trente-trois centimètres du mors. Dès que le cheval cherchera à éviter la tension constante de la rêne droite en inclinant sa tête à droite, le cavalier laissera glisser la rêne gauche, afin de ne présenter aucune opposition à la flexion de l'encolure. Cette rêne gauche devra se soutenir par une succession de petites tensions spontanées, chaque fois que le cheval cherchera à se soustraire par la croupe à l'assujettissement de la rêne droite. (*Planche* 7.)

2° Lorsque la tête et l'encolure auront complétement cédé à droite, le cavalier donnera une égale tension aux deux rênes pour placer la tête perpendiculairement. Le liant et la légèreté suivront bientôt cette position, et aussitôt que le cheval constatera l'absence de toute roideur par l'action de *mâcher son frein*, le cavalier fera cesser la tension des rênes, en prenant garde que la tête ne profite de ce moment d'abandon pour se déplacer brusquement. Dans ce cas, il suffirait pour la contenir d'un léger soutien de la rêne droite. Après avoir maintenu le cheval quelques secondes dans cette attitude, on le remettra en place en soutenant un peu la rêne gauche. L'important est que l'animal, dans tous ses mouvements, ne prenne de lui-même aucune initiative. (*Planche* 8.)

La flexion de l'encolure à gauche s'exécutera d'après les mêmes principes, mais par les moyens inverses. Le cavalier pourra renouveler avec les rênes de la bride ce qu'il aura fait d'abord avec celle du bridon ; cependant le bridon devra toujours être employé en premier lieu, son effet étant moins puissant et plus direct. Si les flexions à pied ont été bien faites, si elles ne laissent rien à désirer,

Page 122. Planche N.º 7.

Page 122. Planche N.º 8.

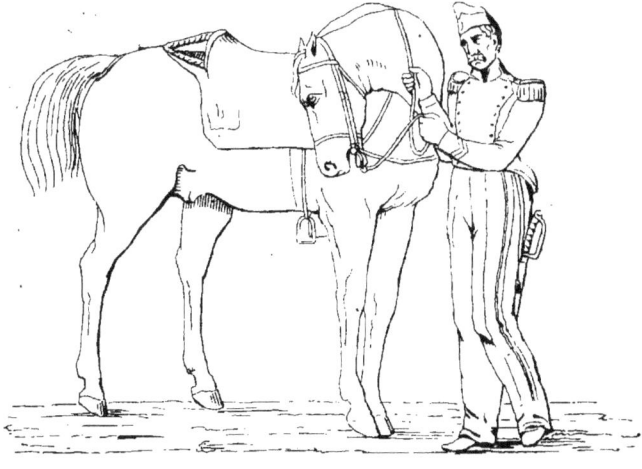

Lith. Goyer Pas Dauphine, 7.

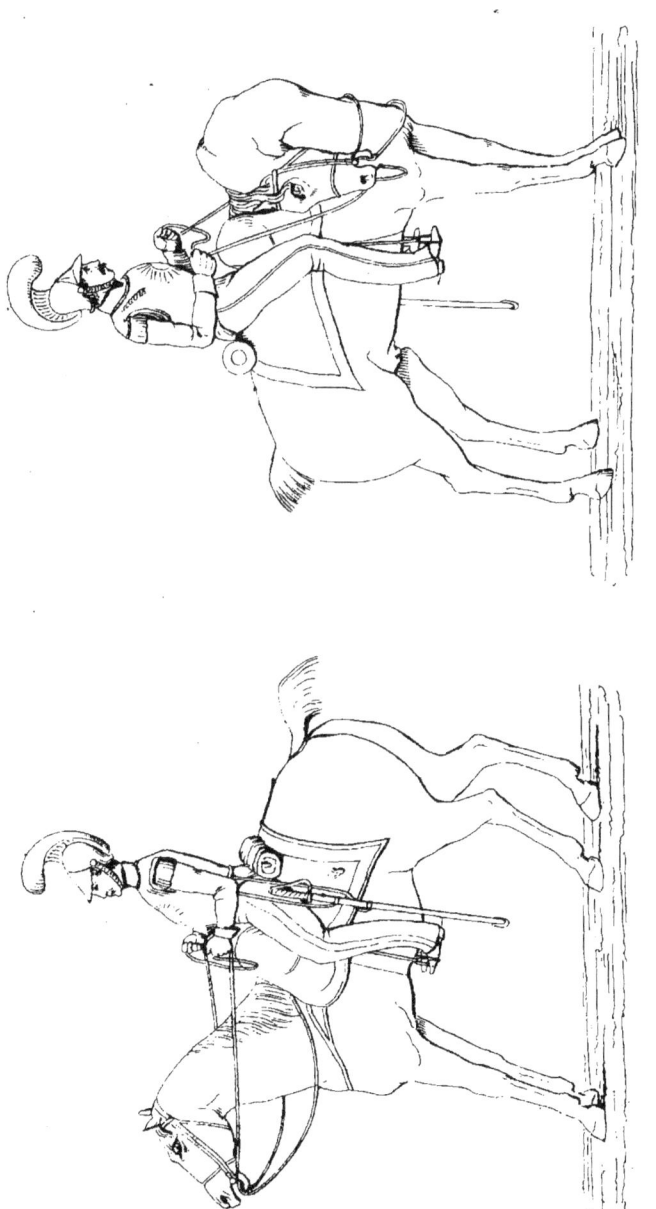

Planche N° 9.   Page 123.

Planche N° 10.   Page 123.

celles à cheval s'obtiendront facilement. Ces premiers exercices sont d'une grande importance, et le temps que l'on y consacre abrége considérablement la durée des leçons qui doivent suivre.

Lorsque le cheval se soumettra sans résistance aux exercices précédents, ce sera une preuve que l'assouplissement de l'encolure a déjà fait un grand pas. Le cavalier pourra dès lors continuer son travail en agissant avec un moteur moins direct, et sans que sa vue impressionne l'animal. Il se mettra donc en selle, et commencera par renouveler, avec la longueur des rênes, les flexions latérales auxquelles il a déjà exercé le cheval.

FLEXIONS LATÉRALES DE L'ENCOLURE, LE CAVALIER ÉTANT A CHEVAL.

1° Pour exécuter la flexion à droite, le cavalier prendra une rêne de bridon dans chaque main, la gauche sentant à peine l'appui du mors, la droite, au contraire, donnant une impression modérée d'abord, mais qui augmentera en proportion de la résistance du cheval, et de manière à la dominer toujours. L'animal, fatigué d'une lutte qui, en se prolongeant, rend plus vive la douleur provenant du mors, comprendra que le seul moyen de l'éviter est d'incliner la tête du côté où se fait sentir la pression. (*Planche* 9.)

3° Dès que la tête du cheval aura été ramenée à droite, la rêne gauche formera opposition, pour empêcher le nez de dépasser la perpendiculaire. On doit attacher une grande importance à ce que la tête reste toujours dans cette position, la flexion sans cela sera imparfaite et la souplesse incomplète. Le mouvement régulièrement accompli, on fera reprendre au cheval sa position naturelle par une légère tension de la rêne gauche. (*Planche* 10.)

La flexion à gauche s'exécutera de même, le cavalier employant alternativement les rênes du bridon et celles de la bride.

J'ai dit qu'il faut s'attacher surtout à assouplir l'extrémité supérieure de l'encolure. Une fois à cheval, et lorsque les flexions latérales s'obtiendront sans résistance, le cavalier se contentera souvent de les exécuter à demi, la tête et la première partie de l'encolure pivotant alors sur la partie inférieure, qui servira d'axe ou de base. Cet exercice se renouvellera fréquemment, même lorsque l'éducation du cheval sera terminée, pour entretenir le liant et faciliter la mise en main.

Il nous reste maintenant, pour compléter l'assouplissement de la tête et de l'encolure, à combattre les contractions qui occasionnent les résistances directes et s'opposent au *ramener*.

FLEXIONS DIRECTES DE LA TÊTE ET DE L'ENCOLURE, OU RAMENER.

1° Le cavalier se servira d'abord des rênes du bridon, qu'il réunira dans la main gauche et tiendra comme celles de la bride. Il appuiera la main droite *de champ* sur les rênes en avant de la main gauche, afin de donner à la première une plus grande puissance ; après quoi il fera sentir progressivement l'appui du mors de bridon. Dès que le cheval cédera, il suffira de soulever la main droite pour diminuer la tension des rênes et récompenser l'animal. La main ne devant jamais présenter qu'une force proportionnée à la résistance seule de l'encolure, on n'aura qu'à tenir les jambes légèrement près pour fixer l'arrière-main. Lorsque le cheval obéira à l'action du bridon, il cédera bien plus promptement à celle de la bride, dont l'effet

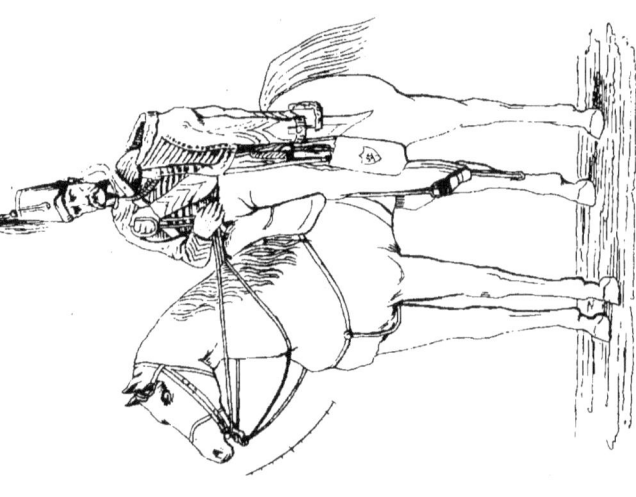

Page 125. Planche 11. Page 125. Planche 12.

est plus puissant ; c'est dire assez que la bride devra par conséquent être employée avec plus de ménagement que le filet. (*Planche* 11.)

2° Le cheval aura complétement cédé à l'action de la main, lorsque sa tête sera ramenée dans une position tout à fait perpendiculaire à la terre ; la contraction cessera dès lors, ce que l'animal constatera comme toujours par la mobilité des mâchoires et en conservant une parfaite légèreté. Le cavalier, cependant, doit avoir soin de compléter la flexion sans se laisser tromper par les feintes du cheval, feintes qui consistent dans un quart ou un tiers de cession, suivi de bégayements. Si, par exemple, le nez de l'animal, ayant à parcourir pour atteindre la position perpendiculaire une courbe de dix degrés (*Planche* 11), s'arrêtait au 4° ou au 6° pour résister de nouveau, la main devrait suivre le mouvement, puis rester ferme et impassible, car une concession de sa part encouragerait les résistances et augmenterait les difficultés. Ce n'est que lorsque le nez sera descendu au numéro 10, que le ramener sera complet et la légèreté parfaite. Le cavalier pourra cesser alors la tension des rênes, mais de manière à retenir la tête dans cette position dès qu'elle voudra la quitter. Si dans le principe on la laisse revenir dans sa situation naturelle, ce devra être pour la ramener de nouveau, et faire comprendre à l'animal que l'attitude perpendiculaire de sa tête est la seule qui lui restera permise sous la main du cavalier. On doit tout d'abord habituer le cheval à supporter les jambes pour arrêter tous les mouvements rétrogrades de son corps, mouvements qui le mettraient à même d'éviter les effets de la main, ou feraient naître des points d'appui ou des arcs-boutants propres à augmenter les moyens de résistance. (*Planche* 12.)

Cette flexion est la plus importante de toutes ; les autres tendaient principalement à la préparer. Dès qu'elle s'exécutera avec aisance et promptitude, dès qu'il suffira d'un léger appui de la main pour ramener et maintenir la tête dans la position perpendiculaire (1), ce sera une preuve que l'assouplissement est complet, la contraction détruite, la légèreté et l'équilibre rétablis dans l'avant-main. La direction de cette partie de l'animal deviendra dès lors aussi facile que naturelle, puisque nous l'aurons mis à même de recevoir toutes nos impressions, et de s'y plier sur-le-champ sans efforts. Quant aux fonctions des jambes, il faut qu'elles soutiennent l'arrière-main du cheval pour obtenir *le ramener*, de façon à ce qu'il ne puisse éviter l'effet de la main par un mouvement rétrograde du corps. Cette mise en main complète est nécessaire pour chasser les jambes de derrière sous le centre. Dans le premier cas, on agit sur l'avant-main ; dans le second, sur l'arrière-main ; le premier moyen sert à *ramener*, le second au *rassembler*.

EFFETS D'ENSEMBLE.

J'ai publié quatre éditions de ma *Méthode*, sans consacrer un article spécial aux effets d'ensemble. Quoique j'en fisse moi-même un emploi très-fréquent, je ne m'étais pas suffisamment rendu compte de l'importante nécessité de ce principe en matière d'enseignement; je n'avais pas attaché à cet effet fréquent des aides toute la portée que je lui ai reconnue après de nouvelles expériences.

Appelé à l'école de Saumur, et chargé de démontrer à soixante-douze officiers tous les principes de ma méthode en sept semaines, j'ai dû m'appesantir davantage sur les

---

(1) D'habiles écuyers, non moins habiles anatomistes, ont prétendu que cette position est *forcée*. Ce sont là de ces assertions qui se réfutent non par le raisonnement, mais par un simple appel à l'évidence

points principaux et esssentiels. Les effets d'ensemble, dont je n'avais parlé que vaguement, laissaient une lacune dans la classification de mes moyens d'éducation; je vais tâcher de la remplir.

Les effets d'ensemble s'entendent de la force continue et justement opposée entre la main et les jambes. Ils doivent avoir pour but de ramener dans la position d'équilibre toutes les parties du cheval qui s'en écartent, afin de l'empêcher de se porter en avant, sans qu'il recule, et *vice versa*; enfin ils serviront à arrêter le mouvement de droite à gauche ou de gauche à droite. C'est encore par ce moyen qu'on arrivera à répartir également le poids de la masse sur les quatre jambes, et que l'on produira l'immobilité momentanée. L'effet d'ensemble doit précéder et suivre chaque exercice dans la limite graduée qui lui est assignée. Il est essentiel, lorsqu'on emploie les aides pendant ce travail, de faire toujours précéder l'action des jambes, pour empêcher le cheval de s'acculer, car il trouverait alors, dans ce mouvement, des points d'appui propres à augmenter ses résistances. Ainsi toute mobilité des extrémités, provenant du cheval, dans quelque mouvement que ce soit, devra être arrêtée par un effet d'ensemble; chaque fois que les forces se disperseront, le cavalier trouvera un correctif puissant et infaillible dans l'emploi des effets d'ensemble.

C'est en disposant toutes les parties du cheval dans l'ordre le plus exact qu'on lui transmettra facilement l'impulsion qui doit servir aux mouvements réguliers de ses extrémités; c'est alors aussi qu'on parlera à sa compréhension et qu'il appréciera ce que l'on veut exiger de lui; puis, viendront les caresses de la main et de la voix comme effet moral; elles ne devront se pratiquer, toutefois, qu'après les justes exigences de main et de jambes du cavalier.

ENCAPUCHONNEMENT.

Bien que les chevaux disposés par leur nature à l'encapuchonnement soient rares, il n'en faut pas moins, quand il s'en présente, pratiquer sur eux toutes les flexions, même celles qui abaissent l'encolure. Dans la position qu'on appelle encapuchonnement, le menton du cheval revient près du poitrail et reste en contact avec la partie inférieure de l'encolure; une croupe trop élevée, jointe à la contraction permanente des muscles abaisseurs de l'encolure, en est ordinairement la cause. Il faut donc assouplir ces muscles pour leur faire perdre de leur intensité et donner par la suite aux muscles releveurs, leurs antagonistes, la prédominance qui aide et conduit l'encolure à rester dans une belle et utile position. Ce premier travail accompli, on habituera le cheval à se porter franchement en avant par la pression des jambes et à répondre sans irritation ni brusquerie aux attaques; celles-ci auront pour but d'engager les jambes de derrière près du centre et de servir à l'abaissement de la croupe. On cherchera ensuite, à l'aide des rênes du bridon d'abord, de la bride ensuite, à élever la tête du cheval; dans ce cas, on soutiendra la main à une certaine hauteur de la selle et très-éloignée du corps (1); la force qu'elle transmettra au cheval devra se continuer jusqu'à ce qu'il ait cédé par un mouvement d'élévation. Comme ces sortes de chevaux ont généralement peu d'action, il faut avoir bien soin d'éviter que la main produise un effet d'avant en arrière, c'est-à-dire qu'elle

---

(1) Cette position de la main à une grande distance de la selle et du corps prêtera peut-être à la critique; mais que le cavalier se rassure; huit ou dix leçons suffiront pour que le cheval change sa position de tête et que la main reprenne sa position normale.

prenne sur l'impulsion propre au mouvement. L'allure, en commençant par le pas, doit donc conserver toute son énergie pendant que la main produira son effet d'élévation sur l'encolure. Ce précepte, par parenthèse, est applicable dans tous les changements de position que la main fera prendre à l'encolure; mais il est surtout essentiel lorsqu'il s'agit d'un cheval disposé à l'affaissement.

Il faut bien se rappeler que le cheval a deux manières de répondre aux pressions du mors : par l'une, il cède et se soustrait en même temps en revenant sur lui-même ; cette espèce de cession n'a lieu qu'au préjudice de son éducation, car si la main se soutient avec trop de force, si elle n'attend pas que le cheval change de lui-même la position de sa tête, le mouvement rétrograde du corps précédera et sera accompagné d'un reflux de poids. Dans ce cas, la contraction de l'encolure restera toujours la même. La seconde cession, qui concourt si puissamment à la rapide et positive éducation du cheval, s'obtient en donnant une demi-tension ou trois quarts de tension aux rênes, puis en soutenant la main avec autant d'énergie que possible sans la rapprocher du corps. Bientôt la force de la main, secondée toujours par une pression constante des jambes, mettra le cheval à même d'éviter, mais seulement par la tête et l'encolure, cette minime et continuelle pression du mors. Alors l'action du cavalier ne prendra que sur la force propre au déplacement. C'est par ce moyen qu'il arrivera à placer le corps du cheval sur une même ligne, et qu'il obtiendra cet équilibre (1) dont on a méconnu jusqu'à présent la pondération parfaite.

---

(1) Le mot *équilibre*, qui se trouve si souvent répété dans le cours de cet ouvrage, a besoin d'être expliqué d'une manière catégorique. On ne s'est jamais entendu sur ce qui constitue le véritable équilibre du cheval, celui qui sert de base à son éducation, celui enfin par lequel il prend immédiatement, à la volonté du cavalier, telle allure ou tel changement de direction.

Résumant ce que nous venons d'exposer pour le cheval qui s'encapuchonne, nous répéterons que c'est en produi-

Il ne s'agit pas ici de l'équilibre qui empêche le cheval de tomber, mais bien de cet équilibre sur lequel repose son travail quand il est prompt, gracieux et régulier, et au moyen duquel ses allures sont à volonté cadencées ou étendues.

Tous les praticiens qui ont écrit sur l'équitation sont bien loin d'être d'accord au sujet de l'équilibre. L'ancienne équitation (comme aussi l'équitation allemande), jusqu'à M. d'Aure, entendait par ce mot le cheval constamment sur les hanches, les pieds de derrière pour ainsi dire cloués au sol, ceux de devant s'élevant considérablement, proportion gardée.

On comprend tout ce qu'avait de défectueux et de dangereux, même dans de bonnes mains, cette position perpétuellement renversée; elle compromettait l'arrière-main, en ne permettant d'obtenir, comme je l'ai dit, qu'un trot raccourci, bas du derrière et élevé du devant.

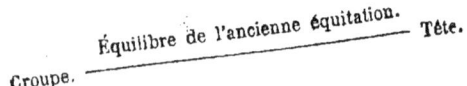

M. d'Aure, tout en appelant à son secours les principes de ses prédécesseurs, détruit de fond en comble leur équitation ; il donne une direction opposée à l'équilibre du cheval ; il ne met pas ses chevaux sur les hanches, il les jette sur les épaules.

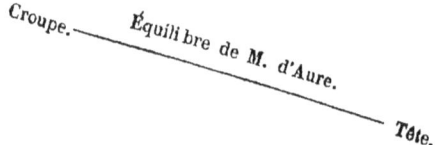

Ceci est un nouveau moyen de paralyser l'ensemble des ressorts du cheval,

sant une force d'arrière en avant avec les jambes et une autre force de bas en haut avec la main, qu'on arrivera dans peu de temps à changer avantageusement la position et les mouvements du cheval. Ainsi, quelle que soit sa disposition première, c'est en pratiquant d'abord l'affaissement de l'encolure que l'on arrivera promptement à une savante et parfaite élévation.

Je terminerai ce chapitre par quelques réflexions sur la prétendue différence de sensibilité de bouche chez les chevaux, et sur le genre de mors qu'il convient de leur adapter.

DE LA BOUCHE DU CHEVAL ET DU MORS.

J'ai déjà traité ce sujet assez longuement dans mon *Dictionnaire raisonné d'Équitation;* mais comme je développe ici un exposé complet de ma méthode, je crois nécessaire d'y revenir en quelques mots.

Je suis encore à me demander comment on a pu attribuer si longtemps à la seule différence de conformation

---

puisque l'arrière-main restera toujours trop éloignée du centre pour favoriser la juste translation des poids et aider à la régularité des mouvements.

Par suite de la difficulté du reflux de poids, les épaules étant constamment surchargées, elles mettront le cheval hors de ses aplombs, entraîneront des chutes fréquentes chez les constructions faibles, et le cavalier aura sur la main une résistance insurmontable. Il est bien entendu que les chevaux ainsi placés seront en outre sans grâce et sans précision dans leurs mouvements.

L'équilibre que j'exige ne ressemble en rien aux équilibres précédents.

Équilibre Baucher.

Croupe. ——————————————— Tête.

Il s'agit ici de répartir *également* les forces et le poids. Au moyen de cette juste répartition, on obtient sans efforts, de la part du cavalier et de la part du cheval, les différentes positions, les allures diverses et les équilibres qu'elles comportent.

des barres ces dispositions contraires des chevaux qui les rendent si légers ou si durs à la main. Comment a-t-on pu croire que, suivant qu'un cheval a une ou deux lignes de chair de plus ou de moins entre le mors et l'os de la mâchoire inférieure, il cède à la plus légère impulsion de la main, ou s'emporte, malgré les efforts des deux bras les plus vigoureux? C'est cependant en s'appuyant sur cette inconcevable erreur qu'on s'est mis à forger des mors de formes si bizarres et si variées, vrais instruments de supplice, dont l'effet ne pouvait qu'augmenter les inconvénients auxquels on cherchait à remédier.

Si on avait voulu remonter un peu à la source des résistances, on aurait reconnu bientôt que celle-ci, comme toutes les autres, ne provient pas de la différence de conformation d'un faible organe comme les barres, mais bien de la contraction communiquée aux diverses parties de l'animal, et surtout à l'encolure, par quelque vice grave de constitution. C'est donc en vain que nous nous suspendrons aux rênes et que nous placerons dans la bouche du cheval un instrument plus ou moins meurtrier; il restera insensible à nos efforts tant que nous ne lui aurons pas communiqué la souplesse qui peut seule le mettre à même de céder.

Je pose donc en principe qu'il n'existe point de différence de sensibilité dans la bouche des chevaux; que tous présentent la même légèreté dans la position du ramener, et les mêmes résistances à mesure qu'ils s'éloignent de cette position importante. Il est des chevaux durs à la main; mais cette dureté provient de la longueur ou de la faiblesse des reins, de la croupe étroite, des hanches courtes, des cuisses grêles, des jarrets droits, ou enfin (point important) d'une croupe trop haute ou trop basse par rapport au garrot; telles sont les véritables causes des résistances; la contraction de l'encolure, le serrement de la mâchoire, ne sont que les effets; quant aux barres elles ne sont là que pour constater l'ignorance des théoriciens soi-disant équestres. En assouplissant l'encolure et la mâchoire, cette dureté disparaît complétement. Des expériences cent fois réitérées, me donnent le droit d'avancer hardiment ce principe qui peut-être paraîtra d'abord trop absolu, mais qui n'en est pas moins vrai.

Je n'admets par conséquent qu'une seule espèce de mors, et voici la forme et les dimensions que je lui donne pour le rendre aussi simple que doux :

Branche droite de la longueur de 16 centimètres, à partir de l'œil du mors jusqu'à l'extrémité des branches ; circonférence du canon, 6 centimètres; la liberté de la langue, 4 centimètres à peu près de largeur dans sa partie inférieure, et 2 centimètres dans la partie supérieure. Il est bien entendu que la largeur seule devra varier suivant la bouche du cheval.

J'affirme qu'un pareil mors suffira pour soumettre à l'obéissance la plus passive tous les chevaux qu'on y aura préparés par l'assouplissement; et je n'ai pas besoin d'ajouter que, puisque je nie l'utilité des mors durs, je repousse par la même raison tous les moyens en dehors des ressources du cavalier, tels que martingales, piliers, etc. (1).

(1) Voir, dans *Dictionnaire raisonné d'Équitation*, les mots *Mors*, *Barres* et *Martingales*.

IV

SUITE DES ASSOUPLISSEMENTS.

ARRIÈRE-MAIN.

Le cavalier, pour diriger le cheval, agit directement sur deux de ses parties : l'avant-main et l'arrière-main. Il emploie à cet effet deux moteurs : les jambes, qui donnent l'impulsion par la croupe, les mains, qui dirigent et modifient cette impulsion par la tête et l'encolure. Un parfait rapport de forces doit donc exister toujours entre ces deux puissances motrices, mais la même harmonie n'est pas moins nécessaire entre les parties de l'animal qu'elles sont particulièrement destinées à impressionner. En vain se sera-t-on efforcé de rendre la tête et l'encolure flexibles, légères, obéissantes au contact de la main, les résultats seront incomplets, l'ensemble et l'équilibre imparfaits, tant que la croupe restera lourde, contractée, rebelle à l'agent direct qui doit la gouverner.

Je viens d'expliquer par quelle sorte de procédés simples et faciles on donnera à l'avant-main les qualités indispensables pour obtenir une bonne direction; il me reste à dire comment on façonnera de même l'arrière-main pour com-

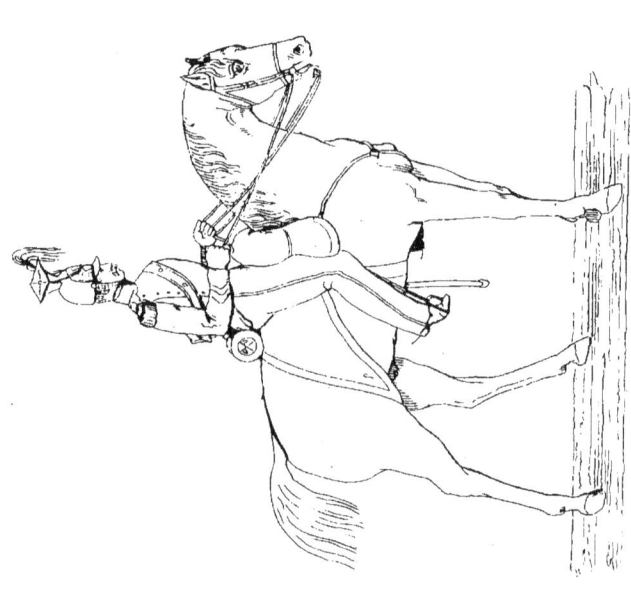

Page 455.   Planche 13.

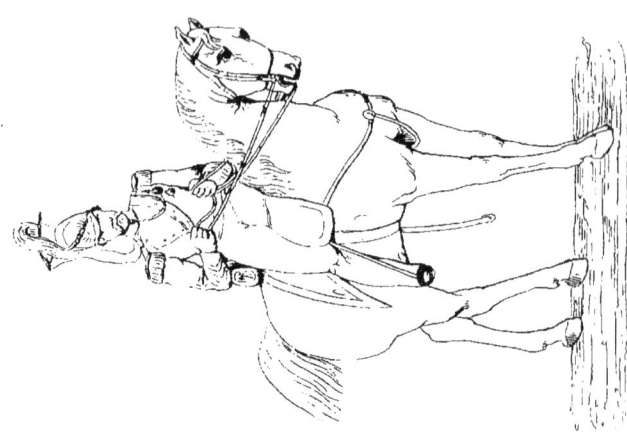

Page 456.   Planche 14.

pléter l'assouplissement du cheval, et ramener l'ensemble et l'harmonie dans le développement de tous ses ressorts. Les résistances de l'encolure et celles de la croupe se soutenant mutuellement, notre travail deviendra plus facile, puisque nous avons déjà annulé les premières.

FLEXIONS ET MOBILISATIONS DE LA CROUPE.

1° Le cavalier tiendra les rênes de la bride dans la main gauche, et celles du bridon croisées l'une sur l'autre dans la main droite, les ongles en dessous ; il ramènera d'abord la tête du cheval dans sa position perpendiculaire par un léger appui du mors ; puis, s'il veut exécuter le mouvement à droite, il portera la jambe gauche en arrière des sangles et la fixera près du flanc de l'animal jusqu'à ce que la croupe cède à sa pression. Le cavalier fera sentir en même temps la rêne du bridon du même côté que la jambe, en proportionnant son effet à la résistance qui lui sera opposée. De ces deux forces imprimées ainsi par la rêne gauche et la jambe du même côté, la première est destinée à combattre les résistances, et la seconde à déterminer le mouvement. On se contentera dans le principe de faire exécuter à la croupe un ou deux pas de côté seulement. (*Planche* 13.)

2° La croupe ayant acquis plus de facilité de mobilisation, on pourra continuer le mouvement de manière à compléter à droite et à gauche des pirouettes renversées. Aussitôt que les hanches céderont à la pression de la jambe, le cavalier, pour arriver à l'équilibre parfait du cheval, fera sentir immédiatement la rêne opposée à cette jambe. Son effet, léger d'abord, sera augmenté progressivement jusqu'à ce que la tête soit inclinée du côté vers lequel marche la croupe, et comme pour la voir venir. (*Planche* 14.)

Pour faire bien comprendre ce mouvement, j'ajouterai quelques explications d'autant plus importantes qu'elles sont applicables à tous les exercices de l'équitation.

Le cheval, dans tous ses mouvements, ne peut conserver un parfait et constant équilibre sans une combinaison des forces opposées, habilement ménagée par le cavalier. Dans la pirouette renversée, par exemple, si, lorsque le cheval a cédé à la pression de la jambe, on continue à opposer la rêne du même côté que cette jambe, il est évident qu'on dépassera le but, puisqu'on fera usage d'une force devenue inutile. Il faut donc établir deux moteurs dont l'effet se balance sans se contrarier; c'est ce que produira dans la pirouette la tension de la rêne opposée à la jambe. Ainsi on débutera par la rêne et la jambe du même côté, jusqu'à ce qu'il soit temps de passer à la seconde partie du travail, puis avec la bride tenue dans la main gauche, enfin, avec la rêne du bridon opposée à la jambe. Les forces se trouveront alors maintenues dans une position diagonale, et, par suite, l'équilibre sera naturel, et l'exécution du mouvement facile. La tête du cheval, inclinée vers le côté où se dirige la croupe, ajoute beaucoup au gracieux du travail, et donne au cavalier plus de facilité pour régler l'activité des hanches et maintenir les épaules en place. Le tact seul pourra, du reste, lui indiquer l'usage qu'il doit faire de la jambe et de la rêne, de manière à ce que leurs effets se soutiennent mutuellement sans jamais se contrarier.

Je n'ai pas besoin de rappeler que pendant toute la durée de ce travail, *comme toujours*, du reste, l'encolure doit demeurer souple et légère, la tête *ramenée* et la mâchoire mobile. Tandis que la main de la bride les maintient dans cette bonne position, la main droite, à l'aide du bridon, combat les résistances latérales et détermine les inclinaisons diverses, jusqu'à ce que le cheval soit assez bien dressé pour obéir à une simple pression du mors. Si, en combattant la contraction de la croupe, nous permettions au cheval d'en rejeter la roideur sur l'avant-main, nos efforts seraient vains et le fruit de nos premiers travaux perdu. Nous faciliterons au contraire l'assujétissement de l'arrière-main en conservant les avantages que nous avons déjà acquis sur l'avant main, et en forçant à rester isolées les contractions que nous avons encore à combattre.

La jambe du cavalier opposée à celle qui détermine la rotation de la croupe ne doit pas demeurer éloignée durant le mouvement, mais rester près du cheval et le contenir en place, en donnant d'arrière en avant une impulsion, que l'autre jambe communique de droite à gauche ou de gauche à droite. Il y aura aussi une force qui maintiendra le cheval en position, et une autre qui déterminera la rotation. Pour que la pression des deux jambes ne se contrarie pas, et pour arriver de suite à s'en servir avec ensemble, on placera la jambe chargée de chasser la croupe plus en arrière des sangles que l'autre qui restera soutenue avec une force égale à celle de la jambe déterminante. Alors l'action des jambes sera distincte ; l'une portera de droite à gauche et l'autre d'arrière en avant. C'est à l'aide de cette dernière que la main place et fixe les jambes de devant.

Avant d'accélerer les résultats, on pourra dans le commencement s'adjoindre un second cavalier qui se placera à la hauteur de la tête du cheval, tenant les rênes de la bride dans la main droite et du côté opposé à celui où se portera la croupe. Celui-ci saisira les rênes à seize centimètres des branches du mors, afin d'être bien à même de combattre les résistances instinctives de l'animal. L'écuyer qui est en selle se contentera alors de soutenir légèrement les rênes du bridon, en agissant avec les jambes comme je viens de l'indiquer. Le second cavalier n'est utile que lorsqu'on a affaire à un cheval d'un naturel irritable, ou pour seconder l'inexpérience du cavalier en selle; mais il faut autant que possible se passer d'aide, afin que le praticien juge par lui-même des progrès de son cheval, tout en cherchant les moyens d'augmenter ses effets de tact.

Bien que ce travail soit élémentaire, il conduira néanmoins le cheval à exécuter facilement au pas tous les airs de manége de deux pistes. Après huit jours d'un exercice modéré, on accomplira ainsi, sans efforts, un travail que l'ancienne école n'osait essayer qu'après deux ou trois ans d'étude et de tâtonnements.

Lorsque le cavalier aura habitué la croupe du cheval à céder promptement à la pression des jambes, il sera maître de la mobiliser ou de l'immobiliser à volonté, et pourra, par conséquent, exécuter les pirouettes ordinaires. Il prendra à cet effet une rêne du bridon dans chaque main; l'une servira à déterminer l'encolure et les épaules du côté où l'on voudra opérer la conversion, l'autre à seconder la jambe opposée, si elle était insuffisante pour contenir la croupe en place. Dans le principe, cette jambe devra être placée le plus en arrière possible, et n'exercer son contact qu'autant que les hanches se porteraient sur elle. Une progression bien ménagée amènera de prompts résultats; on se contentera donc, en débutant, de quelques pas bien exécutés pour l'arrêter par un effet d'ensemble, puis rendre immédiatement au cheval, ce qui suppose cinq ou six temps d'arrêt durant la rotation complète des épaules autour de la croupe. Si ce travail est exécuté avec lenteur et ménagements, si la légèreté accompagne tous les mouvements, je garantis des résultats surprenants. Tous mes élèves livrés à eux-mêmes, ou les personnes qui pratiquent à l'aide du livre seulement, éprouvent souvent des échecs ou des retards dans l'éducation de leurs chevaux, cela provient de ce que l'on passe souvent trop vite d'un exercice à un autre. Aller lentement pour aller vite, voilà le grand précepte, et s'il est mis en pratique avec intelligence, il donnera des résultats infaillibles.

Ici se terminera le travail en place ; je vais expliquer comment on complétera l'assouplissement de l'arrière-main, tout en commençant à combiner le jeu de ses ressorts avec ceux de la partie antérieure.

DU RECULER.

La mobilité rétrograde, autrement dit reculer, est un exercice dont on n'a pas assez apprécié l'importance, et qui cependant doit avoir une très-grande influence sur l'éducation du cheval. L'eût-on pratiqué du reste d'après les anciens errements, c'eût été sans succès, puisqu'on ne connaissait pas la filière des exercices qui doivent le précéder. Le reculer diffère essentiellement de cette mauvaise impulsion rétrograde qui porte le cheval en arrière avec la croupe contractée et l'encolure tendue ; ceci est de l'acculement. Le vrai reculer assouplit le cheval, et ajoute de la grâce et de la précision à ses mouvements naturels. La première condition, pour l'obtenir, est de conserver le cheval dans la main, c'est-à-dire souple, léger du devant, d'aplomb, équilibré dans toutes ses parties, et cet équilibre sera constaté par une légèreté parfaite. L'animal ainsi disposé pourra donner aisément à ses extrémités antérieures et postérieures une mobilté et une élévation égales.

C'est ici qu'on sera à même d'apprécier les bons effets et l'indispensable nécessité de l'assouplissement de l'encolure et des hanches. Le reculer, assez pénible les premières fois pour le cheval, le portera toujours à combattre nos effets de mains par la roideur de son encolure, et nos effets de jambes par la contraction de la croupe : ce sont là ses résistances instinctives. Si nous ne pouvons en prévenir les mauvaises dispositions, comment alors obtiendrons-nous les flux et les reflux de poids, qui doivent seuls déterminer la parfaite exécution du mouvement? Si l'impulsion qui, pour le reculer, doit venir de l'avant-main, dépassait ses justes limites, le mouvement deviendrait pénible, impossible, et donnerait lieu, de la part de l'animal, à des brusqueries, à des violences et à des défenses physiques d'abord, morales ensuite, toujours funestes pour son organisation.

D'autre part, les déplacements de la croupe, en détruisant le rapport qui doit exister entre les forces corrélatives de l'avant et de l'arrière-main, empêcheraient aussi la bonne exécution du reculer. L'exercice préalable auquel nous l'avons assujétie, nous facilitera les moyens de la maintenir sur la ligne des épaules, pour entretenir la translation nécessaire des forces et du poids.

Le cavalier, pour commencer le mouvement, devra d'abord s'assurer si les hanches sont sur la même ligne que les épaules, et le cheval léger à la main; puis il rapprochera lentement les jambes, pour que l'action qu'elles communiquent à l'arrière-main fasse quitter le sol à l'une des jambes postérieures, et que le corps ne cède qu'après l'encolure. C'est alors que la pression immédiate du mors, forçant le cheval à reprendre son équilibre en arrière, produira le premier temps du reculer. Dès que le cheval obéira, le cavalier rendra immédiatement la main pour récompenser l'animal et ne pas forcer le jeu de sa partie antérieure. Si la croupe déviait de la ligne droite, il la ramènerait à l'aide de la jambe, employant au besoin la rêne du bridon du même côté.

Après avoir défini ce que j'appelle le vrai reculer, je dois dire ce que j'entends par l'*acculement*. Ce mouvement est trop pénible pour le cheval, trop disgracieux, et trop contraire au bon développement de son mécanisme, pour qu'il n'ait pas frappé tout homme qui s'occupe un peu d'équitation. On accule un cheval toutes les fois qu'on refoule trop ses forces et son poids sur la partie postérieure ; on compromet dès lors l'équilibre, et l'on rend impossible la grâce, la cadence et la justesse. La légèreté, toujours la légèreté ! voilà la base, la pierre de touche de toute belle exécution. Avec elle tout devient facile, tant au cheval qu'au cavalier. On comprendra d'après cela que la difficulté de l'équitation ne consiste pas dans la direction à donner au cheval, mais dans la position à lui faire prendre, position qui pourra seule aplanir tous les obstacles. En effet, si le cheval exécute, c'est le cavalier qui dispose ; à celui-ci donc la responsabilité de tout faux mouvement.

Il suffira d'exercer pendant huit jours (à cinq minutes par leçon) le cheval au reculer pour l'amener à l'exécuter avec facilité. On se contentera, les premières fois, d'un pas ou deux en arrière, suivis d'un effet d'ensemble, augmentant au fur et à mesure de ses progrès, jusqu'à ce qu'il n'éprouve pas plus de difficultés pour cette marche rétrograde que pour la marche en avant.

Quel pas immense nous aurons alors fait faire à l'éducation de notre élève ! Au début, la conformation défectueuse de l'animal, ses contractions naturelles, les résistances que nous rencontrions partout, semblaient devoir défier à jamais nos efforts. Ils eussent été vains sans nul doute, si nous eussions employé de mauvais procédés ; mais la sage progression que nous avons su mettre dans notre travail, l'annihilation des forces instinctives du cheval, l'assouplissement, l'assujétissement partiel de toutes ses parties rebelles, nous ont bientôt soumis l'ensemble du mécanisme au point de nous permettre de le dominer complétement, et de ramener le liant, l'aisance et l'harmonie entre des ressorts que leur mauvaise disposition paraissait devoir opposer toujours les uns aux autres. Comme je l'indiquerai plus tard en classant la division générale du travail, on verra que huit ou dix jours suffiront pour obtenir ces importants résultats.

N'avais-je donc pas raison de dire que, s'il ne dépend pas de moi de changer la conformation défectueuse d'un cheval, je puis cependant empêcher les mauvais effets de ses défauts physiques, au point de le rendre propre à exécuter avec grâce et naturel le même travail que le cheval le mieux conformé? En assouplissant les parties de l'animal sur lesquelles le cavalier agit directement pour le dominer et le conduire, en les habituant à céder sans difficulté ni hésitation aux diverses impressions qui leur seront communiquées, j'ai, par le fait, détruit leur roideur, et ramené le centre de gravité à sa véritable place, c'est-à-dire au milieu du corps. J'ai résolu en outre la plus grande difficulté de l'équitation : *celle de soumettre, avant tout, les parties sur lesquelles agit directement le cavalier, afin de lui préparer des moyens d'action infaillibles sur le cheval.*

Ce n'est qu'en détruisant les forces instinctives et en assouplissant les diverses parties du cheval qu'on y parviendra. On livre ainsi à la discrétion de l'homme tous les ressorts de l'animal ; mais ce premier avantage ne lui suffira pour devenir un écuyer complet. L'emploi de ces forces qui lui sont abandonnées exige, pour l'exécution des différentes allures, beaucoup d'étude et d'habileté (1).

(1) Un grand nombre d'amateurs ont pensé qu'il suffit de lire mon livre pour prratiquer habilement mes principes. En exceptant quelques organisations supérieures, je ne crois pas qu'il soit possible de réussir dans la pratique sans les leçons d'un professeur qui, seul, peut initier aux effets du mécanisme, toujours faiblement rendus par écrit; c'est alors seulement que la lecture, qui a ouvert les yeux, devient profitable. J'ajouterai qu'il faut être cavalier pour entreprendre avec succès tout ce que je prescris.

J'exposerai dans les chapitres suivants quelles sont les règles à observer. Je vais terminer celui-ci par un résumé rapide de la progression à suivre dans les assouplissements.

TRAVAIL EN PLACE, LE CAVALIER A PIED. AVANT-MAIN.

1° Flexions de la mâchoire à droite et à gauche, en employant le mors de la bride ;

2° Flexions directes de la mâchoire et affaissement de l'encolure ; affaissement sur lequel il faudra d'autant plus insister que l'arrière-main de cheval laissera à désirer sous le rapport de la construction. Il est de toute nécessité d'anihiler des forces dont la direction s'oppose à l'équilibre et aux mouvements réguliers. C'est au moyen de la légèreté que nous arriverons ainsi à transformer un cheval ; de semblables résultats font que de tous les arts l'équitation est le plus sublime ;

3° Flexions latérales de l'encolure avec les rênes du filet et avec celles de la bride.

TRAVAIL EN PLACE, LE CAVALIER A CHEVAL.

1° Flexions latérales de l'encolure avec les rênes du bridon et avec celles de la bride ;

2° Flexions directes de la tête ou *ramener* avec les rênes du bridon et avec celles de la bride.

ARRIÈRE-MAIN.

3° Flexions latérales et mobilisation de la croupe autour des épaules ;

4° Rotation des épaules autour des hanches;

5° Effets d'ensemble;

6° Combinaison du jeu des deux extrémités antérieures et postérieures du cheval ou *reculer*.

J'ai placé la rotation des épaules autour des hanches dans la nomenclature du travail en place; mais les pirouettes ordinaires étant un mouvement assez compliqué et difficile pour le cheval, on ne l'y exercera complétement que lorsqu'il aura acquis la cadence du pas et du trot, et qu'il exécutera facilement les changements de direction.

V

DE L'EMPLOI DES FORCES DU CHEVAL

PAR LE CAVALIER.

Lorsque les assouplissements auront assujéti les forces instinctives du cheval au point de nous les livrer complétement, l'animal ne sera plus entre nos mains qu'une machine passive, attendant, pour fonctionner, l'impulsion qu'il nous plaira de lui communiquer. Ce sera donc à nous, dispensateurs souverains de tous ses ressorts, à combiner leur emploi dans les justes proportions des mouvements que nous voudrons exécuter.

Le jeune cheval, roide d'abord et maladroit dans l'usage de ses membres, aura besoin, pour les développer, de certains ménagements. Ici, comme toujours, nous suivrons cette progression rationnelle qui veut que l'on commence par le simple avant de passer au composé. Nous avons, par le travail qui précède, assuré nos moyens d'action sur le cheval; il faut nous occuper maintenant de faciliter ses moyens d'exécution, en exerçant l'ensemble de ses ressorts. Si l'animal répond aux aides du cavalier par la mâchoire, l'encolure et les hanches, s'il cède par la disposition générale de son corps aux impulsions qui lui sont communiquées ; si le jeu de ses extrémités est facile et régulier, le mécanisme de tout l'ensemble aura une harmonie parfaite aux différentes allures, ce sont ces qualités indispensables qui constituent une bonne éducation (1).

DU PAS.

L'allure du pas est la mère de toutes les allures ; c'est par elle qu'on obtiendra la cadence, la régularité, l'extension des autres ; mais le cavalier, pour arriver à ces brillants résultats, devra déployer autant de savoir que de tact. Les exercices précédents ont conduit le cheval à supporter des effets d'ensemble qui eussent été impossibles avant l'anéantissement de ses résistances instinctives ; nous n'avons plus à agir aujourd'hui que sur les résistances inertes qui tiennent au poids de l'animal, sur les forces qui ne se meuvent qu'à l'aide d'une impulsion communiquée.

Avant de porter le cheval en avant, on devra s'assurer d'abord s'il est léger, c'est-à-dire si sa tête est perpendiculaire, son encolure souple, sa croupe droite et d'aplomb. On approchera ensuite graduellement les jambes pour donner au corps l'impulsion nécessaire au mouvement ;

(1) Il ne faut pas oublier que la main et les jambes ont aussi leur vocabulaire, dont la concision est admirable. Ce langage muet et laconique se réduit à ce peu de mots : *Tu fais mal ; voilà ce qu'il faut faire ; tu fais bien*. Il suffit donc que le cavalier parvienne à traduire, par son mécanisme, le sens de ces trois observations différentes, pour posséder toute l'érudition équestre et faire partager son intelligence au cheval.

mais on ne devra pas, suivant les préceptes des anciennes méthodes, rendre la main de la bride, car alors le cheval, libre de tout frein, perdrait de sa légèreté, se contracterait et rendrait impuissants les effets de la main. Le cavalier se souviendra toujours que sa main doit être pour le cheval une barrière infranchissable chaque fois que celui-ci voudra sortir de la position du ramener. L'animal ne l'essayera jamais sans douleur, et ce n'est qu'en dedans de cette limite qu'il trouvera aisance et bien-être (1). L'application bien entendue de ma méthode amène ainsi le cavalier à conduire constamment son cheval avec les rênes demi-tendues, excepté lorsqu'il veut rectifier un faux mouvement ou en déterminer un nouveau.

Le pas, ai-je dit, doit précéder les autres allures, parce que, le cheval ayant trois points d'appui sur le sol, son action est moins considérable que pour le trot ou le galop, et plus facile par conséquent à régler et à harmoniser. Les

(1) J'ai habité Berlin pendant quelques mois; j'ai vu mettre en pratique l'équitation allemande dans toute son étendue. Je n'ai pas la prétention de m'ériger en critique, je dirai seulement que les principes professés en Prusse sont diamétralement opposés aux miens; ainsi, plusieurs officiers, qui jouissent dans leur pays d'une certaine réputation de cavaliers, me disaient : Nous voulons que nos chevaux soient en avant de la main ; et moi, leur répondais-je, je veux qu'ils soient derrière la main et en avant des jambes, de façon à ce que le point de centre du cheval se trouve placé entre ces deux moyens d'aides ; c'est à cette condition seulement que l'animal sera sous l'entière domination du cavalier, ses mouvements deviendront gracieux et réguliers, il passera facilement d'une allure accélérée à une allure lente, tout en conservant son équilibre ; car, leur disais-je, tout cheval qui est en avant de la main est derrière les jambes, alors il vous échappe par tous les bouts, ce qui entraîne l'absence complète de grâce et de régularité dans les mouvements; de plus, si sa conformation est vicieuse, comment y remédierez-vous? En procédant à votre manière vous n'obtiendrez jamais de résultats. Toutes les théories mises en pratique jusqu'à moi consistent à donner, avec plus ou moins de peines, une direction aux forces instinctives du cheval, mais non à changer l'emploi de ses forces, ni à transposer la mauvaise disposition de son centre de gravité; moyens indispensables pour donner naissance à un nouvel équilibre; mais ces résultats ne peuvent être obtenus sans l'application de mes principes; c'est fâcheux pour les opposants, mais toute l'équitation est là.

premiers exercices des assouplissements seront suivis de quelques tours de manége au pas, mais seulement comme délassement, le cavalier s'appliquant moins à rechercher son cheval qu'à maintenir sa tête, pendant la marche, dans la position du ramener. Peu à peu, il compliquera son travail de manière à joindre à la légèreté du cheval la justesse et la cadence indispensables au brillant de toutes les allures.

Il commencera alors de légères oppositions de mains et de jambes pour mettre en rapport les forces de l'avant et de l'arrière-main. Cet exercice, en habituant le cheval à livrer toujours l'emploi de ses forces à la direction du cavalier, sera aussi utile pour former son intelligence que pour développer ses ressorts. Que de jouissances l'écuyer, s'il est habile, n'éprouvera-t-il pas dans l'application progressive de son art! Son élève, rebelle d'abord, se pliera insensiblement à toutes ses volontés, s'imprégnera de son caractère, et finira par en devenir la personnification vivante. Prenez donc garde, cavalier! Si votre cheval est capricieux, violent, fantasque, nous serons en droit de dire que vous ne brillez pas vous-même par l'aménité du caractère et la justesse de vos procédés.

Pour que la cadence et la vitesse du pas se maintiennent égales et régulières, il est indispensable que les forces impulsives et modératrices, émanant du cavalier, soient elles-mêmes parfaitement harmonisées. Je suppose, par exemple, que le cavalier, pour porter son cheval en avant au pas et le maintenir léger à cette allure, doit dépenser une force égale à vingt kilogrammes, dont quinze pour l'impulsion et cinq pour le ramener. Si les jambes dépassent leur effet sans que les mains augmentent le leur dans les mêmes proportions, il est évident que le surcroît de force communiquée pourra se rejeter sur l'encolure, la contracter, et dès lors plus de légèreté. Si, au contraire, c'est la main qui agit avec la même violence, ce ne pourra être qu'aux dépens de la force d'impulsion nécessaire à la marche ; celle-ci, par cela même, se trouvera contrariée, ralentie, en même temps que la position du cheval perdra de son gracieux et de son énergie.

Cette courte explication suffira pour faire comprendre l'accord qui doit toujours exister entre les jambes et les mains. Il est bien entendu que leur effet devra varier suivant que la construction du cheval obligera de le soutenir plus ou moins à l'avant ou à l'arrière-main ; mais la règle restera la même avec des proportions différentes.

Tant que le cheval ne se maintiendra pas souple et léger dans sa marche, on continuera à l'exercer sur la ligne droite; mais dès qu'il aura acquis plus d'aisance et d'aplomb, on commencera à lui faire exécuter des changements de direction à droite et à gauche en marchant.

DES CHANGEMENTS DE DIRECTION.

La fonction des poignets, dans les changements de direction, est trop simple pour qu'il soit nécessaire d'en parler ici. Je ferai remarquer seulement qu'on doit toujours prévenir les résistances du cheval en disposant ses forces de manière à ce que toutes concourent à le placer dans le sens du mouvement. On déterminera donc l'inclinaison de la tête avec la rêne du filet du côté vers lequel on veut tourner, puis la bride achèvera le mouvement. Règle générale : il faut toujours combattre les résistances latérales de l'encolure avec l'aide du bridon, en ayant bien soin de ne commencer la conversion qu'après avoir détruit l'obstacle qui s'y opposait. Si l'usage des poignets reste à peu près le même que par le passé, il n'en est pas ainsi pour les jambes : leur effet sera diamétralement opposé à celui qu'on leur attribuait dans l'ancienne équitation. Ceci encore est une innovation si naturelle, que j'ai peine à concevoir qu'on ne l'ait pas appliquée avant moi.

C'est en portant la main à droite et en faisant sentir la jambe droite, m'a-t-on dit et ai-je répété moi-même dans le principe, *qu'on détermine son cheval à tourner à droite.* La pratique chez moi a toujours précédé le raisonnement, et voici comment je me suis aperçu de la fausseté de ce principe :

Quelque légèreté qu'eût mon cheval en ligne droite, je remarquais que cette légèreté perdait toujours de sa délicatesse dans les cercles étroits, bien que ma jambe du dehors vînt au secours de celle du dedans. Dès que la jambe de derrière se mettait en mouvement pour suivre les épaules sur le cercle, je ressentais immédiatement une légère résistance. Je m'avisai alors de changer l'usage de mes aides, et d'appuyer la jambe du côté opposé à la conversion. En même temps, au lieu de porter de suite la main à droite pour déterminer les épaules, je formai d'abord, à l'aide de cette main, l'opposition nécessaire pour fixer les hanches et disposer les forces de manière à maintenir l'équilibre pendant l'exécution du mouvement. Ce procédé fut couronné d'un succès complet ; et si je cherche à me rendre compte de ce que doit être la fonction des diverses extrémités dans les conversions, je reconnais qu'il est le seul rationnel.

En effet, dans la conversion à droite, par exemple, c'est la jambe droite de derrière qui servira de pivot et supportera tout le poids de la masse, pendant que la jambe gauche de derrière et les jambes de devant décriront un cercle plus ou moins étendu. Pour que le mouvement soit correct et franc, il faut donc que le pivot sur lequel tourne l'ensemble ne soit pas contrarié dans son jeu; l'action simultanée de la main droite et de la jambe droite devra nécessairement produire cet effet. L'équilibre se trouvera dès lors compromis et la régularité de la conversion impossible. Il est un cas cependant où il faut faire usage de la jambe droite pour tourner à droite, c'est lorsque dans la conversion la croupe reste trop à droite, alors elle doit se soutenir avec plus d'énergie que la gauche; car s'il en était autrement, elle formerait un arc-boutant qui rendrait pénible, impossible même, la rotation des épaules autour des hanches. Ceci est un avertissement qui doit mettre le tact du cavalier en garde contre toutes sortes d'éventualités et lui faire bien comprendre que les principes, même les plus exclusifs, sont sujets à quelques variations.

Dès que le cheval exécutera facilement les changements de direction au pas, et qu'il se maintiendra parfaitement léger, on pourra commencer à l'exercer au trot.

DU TROT.

Le cavalier engagera d'abord cette allure très-modérément, en suivant exactement les mêmes principes que pour le pas. Il maintiendra son cheval parfaitement léger, sans oublier que plus l'allure est vive, plus l'animal a de dispositions à retomber dans ses contractions naturelles. La main devra donc redoubler d'habileté, afin de conserver toujours la même légèreté, sans nuire cependant à l'impulsion nécessaire au mouvement. Les jambes seconderont la main, et le cheval, renfermé entre ces deux barrières qui ne feront obstacle qu'à ses mauvaises dispositions, développera bientôt toutes ses belles facultés, et acquerra, avec la cadence du mouvement, la grâce, l'extension et la sûreté inhérentes à la légèreté de l'ensemble.

Quoique plusieurs personnes, qui n'ont pas voulu se donner la peine d'approfondir ma méthode, aient prétendu qu'elle s'oppose à la grande vitesse du trot, il n'en reste pas moins prouvé que le cheval bien équilibré peut trotter plus vite que celui qui n'a pas cet avantage. J'en ai donné la preuve toutes les fois qu'on a bien voulu me la demander; mais c'est en vain que j'ai essayé de faire comprendre ce qui constitue l'allure du trot, et quelles sont les conditions indispensables pour la régularité de son exécution. Ainsi, il m'est arrivé, dans une course dont j'étais juge, d'annuler le pari, et de prouver que les prétendus trotteurs ne trottaient pas réellement, mais qu'ils allaient le traquenard.

La condition indispensable à un bon trotteur est l'équilibre parfait du corps, équilibre qui entretient le mouvement régulier des bipèdes diagonaux, leur donne une élévation et une extension égales, avec une légèreté telle, que l'animal peut exécuter facilement tous les changements de direction, se ralentir, s'arrêter, ou accélérer sans effort sa vitesse. Le devant alors n'a pas l'air de traîner à la remorque le derrière, qui s'en éloigne le plus possible; tout devient aisé, gracieux pour le cheval, parce que ses forces, étant bien harmonisées, permettent au cavalier de les disposer de manière à ce qu'elles se prêtent un secours mutuel et constant.

Il me serait impossible de citer le nombre de chevaux qui m'ont été envoyés pour les dresser, et dont les allures avaient été tellement faussées, qu'il leur était impossible d'exécuter un seul temps de trot. Quelques leçons m'ont toujours suffi pour remettre ces animaux à des allures régulières, et voici par quels moyens :

La difficulté qu'éprouve le cheval pour se conserver uni

à l'allure du trot provient presque toujours de l'arrière-main. Soit que cette partie ait une construction faible, ou que les ressources trop supérieures de l'avant-main en paralysent les ressorts, toujours est-il que, comme c'est elle qui reçoit le choc et donne l'élan, ses effets dans l'un ou l'autre cas restent impuissants et rendent par suite le mouvement irrégulier (1). Il y a donc faiblesse dans une extrémité, ou excédant de force dans l'autre. Le remède dans les deux cas sera le même, à savoir : l'affaissement de l'encolure, qui, en diminuant la puissance de l'avant-main, rétablit l'équilibre entre les deux parties. Nous avons pratiqué cet assouplissement à pied, et il sera facile de l'obtenir à cheval. On voit ici quelle est l'utilité de cette flexion perpendiculaire qui permet de placer sur un même niveau les forces des deux extrémités opposées du cheval, pour les harmoniser entre elles, et amener la régularité de leurs fonctions. Le cheval étant ainsi placé, ses extrémités antérieures et postérieures auront le temps de passer de la

(1) Je ne suis pas de l'avis des connaisseurs qui s'imaginent que les qualités du cheval, ainsi que l'accélération de son trot, dépendent principalement de l'élévation du garrot. Je pense que, pour que le cheval soit brillant et régulier dans ses mouvements, il faut que la croupe soit de niveau avec le garrot ; telle était la construction des anciens chevaux anglais. Certains chevaux à la mode, appelés *steppeurs*, sont construits d'une façon tout à faits opposée, ceux-ci bataillent du devant et traînent le derrière ; les chevaux à croupe basse ou à garrot trop élevé par rapport à la croupe, étaient recherchés de préférence par les anciens écuyers, ils sont encore en faveur de nos jours parmi les amateurs d'équitation. Les écuyers allemands ont également une prédilection marquée pour ces sortes de conformations, bien qu'elles soient contraires à l'énergie de la croupe, au parfait équilibre du cheval et au jeu régulier des extrémités. Ce vice de construction (car c'en est un) a été peu remarqué jusqu'à présent ; il est cependant capital, car il apporte un retard réel dans l'éducation du cheval. En effet, on est alors obligé, pour rendre les mouvements uniformes, de baisser l'encolure, afin que l'espèce de bras de levier qu'elle représente, serve à dégager le poids dont le derrière se trouve trop surchargé. Je dois dire encore que ce changement de position ou d'équilibre ne s'obtient qu'à l'aide de mes principes ; je fais connaître la cause et les effets, et j'indique en même temps les moyens ; n'est-ce pas ainsi que tous les auteurs devraient procéder ?

flexion à l'extension avant que le poids du corps les force à reprendre leur appui.

La pratique bien entendue de ce principe et de quelques autres que je développe dans cet ouvrage, permettra de ranger sur la ligne des chevaux de choix des animaux que leur infériorité faisait considérer comme des *rosses*, et que les anciennes méthodes n'auraient jamais relevés de leur dégradation. Il suffira, pour habituer le cheval à bien trotter, de l'exercer à cette allure cinq minutes seulement pendant chaque leçon. Lorsqu'il aura acquis l'aisance et la légèreté nécessaires, on pourra lui faire exécuter les pirouettes ordinaires, ainsi que le travail de deux pistes au pas et au trot. J'ai dit que cinq minutes de trot suffiraient d'abord, parce que c'est moins la continuité d'un exercice que la rectitude des procédés qui produit la bonne exécution. D'ailleurs, comme cette allure exige un assez grand déplacement de forces, et que l'animal aura déjà été soumis à un travail assez difficultueux, il serait dangereux de la prolonger au delà du temps que j'indique. Le cheval se prêtera plus volontiers à des efforts ménagés et de courte durée; son intelligence elle-même, en se familiarisant avec cette progression efficace, hâtera le succès. Il se soumettra sans répugnance et avec calme à un travail qui n'aura rien de pénible pour lui, et l'on pourra pousser ainsi son éducation jusqu'aux dernières limites, non-seulement en conservant intacte son organisation physique, mais en rétablissant dans leur état normal des organes qu'aurait pu détériorer un travail forcé. Ce développement régulier de tous les organes du cheval lui donnera, avec la grâce, la force et la santé, et prolongera ainsi sa durée, en centuplant les jouissances du véritable écuyer.

VI

DE LA CONCENTRATION DES FORCES DU CHEVAL

PAR LE CAVALIER.

Le cavalier comprend maintenant que le seul moyen d'obtenir la cadence et la régularité du pas et du trot est de maintenir le cheval parfaitement léger pendant qu'on l'exerce à ces allures. Lorsqu'on sera sûr de cette légèreté dans la marche en ligne droite, dans les changements de direction et les marches circulaires, il sera facile de la conserver en travaillant sur deux pistes.

DES ATTAQUES.

Les attaques, ont dit les auteurs et les professeurs, servent à châtier le cheval lorsqu'il ne répond pas aux jambes, ou qu'il refuse de s'approcher d'un objet qui l'effraye. Selon eux, l'éperon n'est pas un aide, mais un moyen de châtiment; selon moi, c'est au contraire un auxiliaire puissant sans lequel il serait impossible de dresser complétement n'importe quel cheval. Comment! va-t-on me dire, vous attaquez les chevaux sensibles, irascibles, pleins d'action et de feu, les chevaux que leur organisation énergique dispose à s'emporter en dépit des freins les plus durs et des poignets les plus vigoureux! Oui, et c'est avec l'éperon que je modérerai la fougue de ces animaux trop ardents, que je les arrêterai court dans leur élan le plus impétueux. C'est avec l'éperon, aidé de la main, bien entendu, que je rendrai gracieuses les natures ingrates, et que j'arriverai à parfaire l'éducation de l'animal le plus intraitable.

Longtemps avant de publier mon *Dictionnaire raisonné d'Equitation*, j'avais reconnu tous les excellents effets des attaques. Je m'abstins d'en développer les principes, intimidé que je fus par un mot d'un ami auquel j'avais fait obtenir des résultats qui lui paraissaient miraculeux : « C'est extraordinaire! c'est admirable! s'écria-t-il; *mais c'est un rasoir entre les mains d'un singe.* » L'usage des attaques exige, il est vrai, de la prudence, du tact, de la gradation; mais les effets en sont précieux. Aujourd'hui que j'ai démontré jusqu'à l'évidence l'efficacité de ma méthode, aujourd'hui que je vois mes adversaires les plus prononcés devenir de chauds partisans de mes principes, je ne crains pas de développer un procédé que je considère comme l'un des plus beaux résultats de mes longues recherches sur l'équitation.

Il n'y a pas plus de différence dans la sensibilité de flancs des divers chevaux que dans leur sensibilité de bouche (1),

---

(1) Dans un pamphlet récemment publié contre mes principes, M. d'Aure, auteur de ce savant écrit, prétend qu'il n'y a pas moyen d'augmenter et de diminuer la sensibilité du cheval. Si ce grand juge n'avait pas cru au-dessous de sa dignité d'entreprendre l'éducation d'un cheval mal conformé, de le suivre jusqu'à sa

c'est-à-dire que l'effet direct de l'éperon est, à infiniment peu de chose près, le même sur tous. J'ai déjà démontré que l'organisation des barres n'est pour rien dans les résistances à la main. Il est clair que si le nez au vent donne au cheval une force de résistance égale à 100 kilogrammes, cette force sera réduite à 50 kilogrammes, lorsque l'on ramènera la tête à demi vers la position perpendiculaire, à 25 kilogrammes, lorsqu'on l'aura plus rapprochée de cette attitude, et à zéro lorsqu'on l'y aura complétement placée, avec la condition toutefois d'une mobilité complète de la mâchoire. La prétendue dureté de la bouche provenait donc ici de la mauvaise position imprimée à la tête par la roideur de l'encolure et par la construction vicieuse des reins et des hanches du cheval. Si nous examinons attentivement les causes qui produisent ce qu'on appelle la sensibilité des flancs, nous reconnaîtrons qu'elles ont à peu près une source semblable.

Les innombrables conjectures auxquelles on s'est livré, en supposant aux flancs du cheval une sensibilité locale qui n'existe pas, ont dû nécessairement nuire au progrès de son éducation, puisqu'on la basait sur de fausses données. La susceptibilité plus ou moins grande de l'animal provient de son action, de sa conformation vicieuse et de la mauvaise position qui en est la conséquence. Quand un

---

complète instruction, en se servant des principes renfermés dans le livre que je lui ai adressé, il aurait pu se convaincre du changement opéré dans l'équilibre du cheval, et par conséquent de sa plus grande promptitude à prendre toutes les positions nécessaires aux mouvements. Ce sont ces difficultés que l'ancienne école et ses représentants ignorent, et que le créateur de la nouvelle méthode enseigne. M. d'Aure a ajouté dans le même écrit qu'il n'est pas *dresseur de chevaux*. Cet aveu suffit pour convaincre le public qu'il ne remplit que la moitié des conditions qui constituent l'écuyer, puisque l'équitation consiste dans l'éducation des hommes et des chevaux.

Si telle est la capacité d'une des premières notabilités équestres, à quoi se réduira donc le savoir des écuyers secondaires? Pauvre équitation !

cheval doué d'une action naturelle joint à des reins longs et faibles une arrière-main détraquée, tout mouvement rétrograde lui est pénible, et la disposition qui le porte à se projeter sur les épaules lui sert pour se soustraire au contact douloureux de l'éperon. Il revient à ce mouvement toutes les fois qu'il sent approcher les jambes du cavalier ; et loin d'être alors un *cheval fin*, l'animal n'est qu'égaré, désespéré. On conçoit que plus il appréhende l'éperon, plus il se jette hors la main, et déjoue les moyens d'action destinés à le faire rentrer dans l'obéissance. On doit tout craindre d'un pareil cheval : il s'effrayera des objets par la facilité seule qu'il a de les éviter. Or, puisque sa frayeur provient pour ainsi dire de la mauvaise position qu'on lui laisse prendre, ce fâcheux inconvénient disparaîtra dès l'instant qu'on aura porté remède à la cause première. Il faut enchaîner les forces pour prévenir tout déplacement, séparer le cheval *physique* du cheval *moral*, et obliger les impressions à se concentrer dans le cerveau. Ce sera alors un fou furieux qu'on aura lié des quatre membres, pour l'empêcher de réaliser ses pensées frénétiques.

La meilleure preuve qu'on puisse donner que la promptitude du cheval à répondre à l'effet des jambes et des éperons n'est pas causée par la sensibilité des flancs, mais bien par une grande action jointe à une mauvaise conformation, c'est que cette même action ne se manifeste pas aussi vive dans un cheval bien conformé, et que ce dernier supporte les attaques bien plus facilement que celui dont l'équilibre et l'organisation sont inférieurs.

Mais l'éperon n'est pas propre seulement à modérer la trop grande énergie des chevaux d'action ; son effet pouvant également combattre les dispositions qui portent l'animal à rejeter son centre de gravité trop en avant ou trop en arrière, c'est encore l'éperon que j'emploierai pour rendre impressionnables ceux d'entre eux qui manquent d'ardeur et de vivacité. Dans les chevaux d'action, les forces de l'arrière-main priment sur celles de l'avant-main; c'est l'opposé dans les chevaux froids. On conçoit alors la vitesse des premiers; la lenteur, la nonchalance des seconds.

Nous avons, par le travail de l'assouplissement, annulé complétement les forces instinctives du cheval. Nous devons nous exercer maintenant à disposer le centre de gravité au milieu du corps de l'animal; c'est par l'opposition bien combinée des jambes et des mains que nous y parviendrons. Les avantages que nous possédons déjà sur le cheval nous mettront à même de combattre à leur naissance toutes les résistances qui tendraient à le faire sortir de la position droite, indispensable pour pratiquer avec fruit ces oppositions. Il est aussi de première nécessité de mettre dans nos procédés du tact et de la gradation, de telle sorte, par exemple, que les jambes n'impriment jamais une impulsion que la main ne serait pas à même de saisir et de dominer au même instant. Je vais rendre ce principe plus clair par une courte explication.

Je suppose un cheval au pas, employant une force de 20 kilogrammes, nécessaire pour conserver l'allure régulière au moment des oppositions de jambes et de mains qui vont suivre. Bientôt arrive une pression lente et graduée des jambes qui ajoute 5 kilogrammes à l'impulsion de l'allure. Comme le cheval est supposé parfaitement dans la main, cette main sentira aussitôt ce passage de forces, et c'est alors qu'elle devra s'en emparer pour les fixer au centre. Les jambes, pendant ce temps, conserveront leur pression, afin que ces forces ainsi refoulées ne retournent pas au foyer d'où elles sortent; ce qui ne serait plus alors qu'un flux et un reflux inutiles de forces. Cette succession d'oppositions bien combinées réunira bientôt une assez grande somme de forces au milieu du corps du cheval et constituera le centre de gravité des forces; plus on l'augmentera, plus l'animal perdra de son énergie instinctive. Bientôt, lorsque la pression des jambes sera devenue insuffisante pour obtenir l'entière réunion des forces, le moment sera venu d'avoir recours a un moyen plus énergique, c'est-à-dire aux attaques.

Les attaques ne doivent se pratiquer qu'après avoir fixé le cheval dans la main; une fois ce point obtenu, il sera facile d'intercepter l'action produite par les jambes au profit de l'équilibre; mais pour cela il faut se servir des éperons, non pas par à-coups et avec de grands mouvements de jambes, mais avec délicatesse et ménagement. Le cavalier devra rapprocher les jambes de manière à ce que l'éperon, avant de se mettre en contact avec les flancs du cheval, n'en soit éloigné que d'une ligne s'il est possible. Les légères attaques par lesquelles on débutera devront toujours avoir la main pour écho; cette main sera donc énergiquement soutenue, afin de présenter une opposition égale à la force communiquée par l'éperon. Si par un temps mal saisi la main n'interceptait pas bien l'impulsion donnée et la commotion générale qui en résulte, on devrait, avant de recommencer, rétablir l'ensemble dans les forces du cheval et le calme dans ses mouvements. Au moyen des effets d'ensemble, on augmentera progressivement la force des attaques jusqu'à ce que le cheval les supporte aussi vigoureuses que possible, sans présenter la moindre résistance à la main, sans augmenter la vitesse de l'allure, ou sans se déplacer si on travaille de pied ferme.

Le cheval amené à supporter ainsi les attaques sera aux trois quarts dressé, puisqu'on aura la libre disposition de toutes ses forces. En outre, le centre de gravité étant là où se réunissent les forces, nous l'avons amené à sa véritable place, c'est-à-dire au milieu du corps. Toutes les contractions de l'animal utiles aux mouvements nous seront subordonnées, et nous pourrons imprimer aisément au poids les translations nécessaires aux différentes allures.

Il est facile de comprendre maintenant le point de départ des défenses : soit que le cheval rue, se cabre ou s'emporte, la mauvaise place occupée par le centre de gravité en est toujours la cause. Cette cause elle-même tient à une construction défectueuse qu'on ne peut changer, il est vrai, mais dont on peut toujours modifier les effets. Si le cheval rue, le centre de gravité est sur les épaules, il est sur la croupe lorsque l'animal se cabre, et trop en avant du milieu du corps lorsqu'il s'emporte. L'unique préoccupation du cavalier doit donc être de conserver toujours au milieu du corps du cheval le centre de gravité, puisqu'il évitera par-là les défenses, et qu'il ramènera les forces d'un cheval mal conformé à la véritable place qu'elles occupent dans les belles organisations. C'est ce qui me fait dire qu'un cheval bien construit ne peut pas se livrer à des défenses ni à des mouvements désordonnés, car il lui faudrait des efforts surnaturels pour détruire l'harmonie de ses ressorts et donner un aussi grand déplacement au centre de gravité. Ainsi, quand je parle de la nécessité de donner au cheval un nouvel équilibre pour prévenir ses défenses et remédier au disgracieux de ses formes, j'entends désigner la combinaison de forces dont je viens de m'occuper, ou, pour mieux dire, la transposition du centre de gravité d'une place à une autre.

Toute l'éducation du cheval est dans ce résultat; lorsque l'écuyer réussit à l'obtenir, son talent devient une vérité, puisqu'il transforme la laideur en grâce, et donne l'élégance et la légèreté à des mouvements jusqu'alors lourds et confus (1).

Les emplois de force du cavalier, quand ils sont bien appliqués, ont aussi sur le cheval un effet moral qui accélère les résultats. Si l'impulsion donnée par les jambes trouve dans la main l'énergie et l'à-propos nécessaires pour en régler l'effet, la douleur qu'éprouvera l'animal sera toujours proportionnée à ses résistances, et son instinct lui fera bientôt comprendre comment il pourra diminuer, éviter même cette contrainte, en cédant promptement à ce qu'on lui demande. Il se hâtera donc de s'y soumettre et préviendra même nos désirs. Mais, je le répète, ce n'est qu'à force de tact, de délicatesse et de ménagement, qu'on arrivera à ce point important. Si l'on donne par les jambes une impulsion trop vigoureuse, le cheval dominera bien vite les effets de mains, et reprendra avec sa position naturelle tous les avantages qu'elle donne à ses mauvais instincts pour déjouer les efforts du cavalier. Si, au contraire, la main présente une résistance trop considérable, le cheval forcera bientôt les jambes, et trouvera dans cette

---

(1) J'ai prouvé souvent que les chevaux réputés froids ou chevillés dans leurs épaules, n'ont pas le défaut qu'on leur suppose, en d'autres termes qu'il est excessivement rare qu'ils soient paralysés de leurs épaules, de manière à nuire à la régularité et à la vitesse des allures, principalement en ce qui concerne le trot. Les épaules du cheval, si je puis me servir de cette comparaison, ressemblent aux ailes d'un moulin à vent; l'impulsion donnée par la détente des jarrets remplace la force motrice. Il existe, sans doute, quelques vices locaux qui affectent les épaules, mais ce cas est rare; le défaut, s'il y en a un, prend sa source dans l'arrière-main. Pour mon compte, je n'ai jamais rencontré de chevaux qu'on disait avoir les épaules paralysées, sans que je ne les aie rendus très-libres, et cela, après quinze jours seulement de travail d'une demi-heure par jour. Le moyen est, comme tous ceux que j'emploie, de la plus grande simplicité; il consiste à assouplir l'encolure pour obtenir une prompte mise en main; puis ensuite, à l'aide des jambes et de petites attaques successives, on ramènera l'arrière-main près du centre. C'est alors que les jarrets retrouveront une puissance de détente qui, projetant la masse en avant avec plus d'énergie, donnera aux épaules une liberté qu'on était loin de leur supposer.

position acculée un moyen de se défendre. Ces difficultés, du reste, ne doivent pas trop effrayer; elles n'étaient réellement graves que lorsque aucun principe rationnel ne donnait les moyens de les surmonter. L'application bien entendue de ma méthode mettra le commun des hommes de cheval à même d'obtenir ces résultats regardés comme impossibles jusqu'à présent.

Lorsque l'animal sera bien habitué à de semblables oppositions par les attaques, il deviendra facile de combattre avec l'éperon toutes les résistances qui pourraient se manifester encore. Puisque les oscillations ou l'éloignement de la croupe sont toujours la cause de ces résistances, l'éperon, en ramenant les jambes de derrière vers le milieu du corps, détruira la tension des jarrets, qui pourrait s'opposer au juste rapport des forces et à la bonne répartition du poids.

Ce moyen est celui que j'emploie toujours pour faire passer un cheval du galop accéléré au temps d'arrêt, sans forcer les jarrets et sans compromettre les articulations de l'arrière-main. On comprend, en effet, que, puisque ce sont les jarrets qui projettent la masse en avant, il suffira d'en étendre les ressorts pour arrêter l'élan. L'éperon, en ramenant instantanément sous le ventre du cheval les jambes de derrière, détruit promptement leur puissance, dès l'instant que le soutien de la main arrive assez à temps pour la fixer dans cette position. Les hanches se plient alors, la croupe se baisse; le poids et les forces se disposent dans l'ordre le plus favorable au jeu libre et combiné de chaque partie, et la violence du choc, décomposée à l'infini, est à peine sensible pour le cavalier et le cheval.

Si, au contraire, on arrête le cheval en faisant précéder la main, les jarrets restent éloignés et en arrière de la ligne d'aplomb; la secousse est violente, pénible pour l'animal, désastreuse surtout pour son organisation physique. Les chevaux qui ne s'arrêtent ainsi qu'en se braquant sur le mors et avec une encolure tendue, ne doivent répondre qu'à un bras de fer et à une opposition de force des plus violentes. Telle est la manière dont les Arabes, par exemple, exécutent ce temps d'arrêt, en se servant de mors meurtriers qui fracassent les barres de leurs chevaux. Aussi, malgré la bonté des ressorts dont la nature les a doués, ces excellents animaux n'en sont pas moins affectés de beaucoup de tares. Quelles doivent être à plus forte raison, sur nos chevaux français, les conséquences d'un pareil procédé? Il ne faut commencer les attaques qu'après avoir fixé le cheval dans la main par des effets d'ensemble; c'est alors que le premier toucher de l'éperon se fera sentir. Il est essentiel avec les chevaux doués d'une grande irritabilité de se servir de molettes rondes sans entailles, et de n'en faire usage qu'après avoir exercé une pression de jambes aussi puissante que possible; il est souvent utile avec cette nature de chevaux de faire de l'éperon un travail spécial, c'est-à-dire qu'il faut les habituer à répondre franchement aux attaques en les pratiquant d'abord en place et au pas, sans rien exiger de plus. Cet emploi judicieux de l'éperon donne des résultats immédiats et durables; mais pour que l'effet en soit fructueux, il faut qu'il ait pour résultat l'équilibre du cheval. On continuera à en faire usage jusqu'à ce que le cheval ne présente plus de résistance sur la main et évite la pression du mors en rapprochant, de lui-même, son menton vers le poitrail. Une fois cette soumission obtenue, on pourra entreprendre les attaques sur oppositions, c'est-à-dire sur des résistances; mais il faudra avoir soin de les discontinuer lorsque le cheval sera dans la main. Ce moyen aura le double avantage d'agir moralement et physiquement. Les premières attaques se feront avec un seul éperon, et en soutenant la rêne opposée; ces oppositions transversales auront un effet plus juste et donneront des résultats plus prompts. Quand le cheval commencera à se renfermer sur les deux éperons employés séparément, on pourra les lui faire sentir en même temps et avec une gradation égale (1).

A l'œuvre donc, messieurs les cavaliers! Si vous voulez suivre mes principes, je puis vous promettre que votre bourse se videra moins souvent dans les mains des marchands de chevaux, et que vous rendrez agréables celles même de vos montures qui ne vous offrent que des dégoûts. Vous arriverez à charmer jusqu'à nos directeurs des haras, qui attribueront à leurs tentatives de régénération l'élégance et la grâce que votre art seul aura su donner à vos chevaux.

DESCENTE DE MAIN.

La descente de main consiste à confirmer le cheval dans toute sa légèreté, c'est-à-dire à lui faire conserver son équilibre sans le secours des rênes. La souplesse donnée à toutes les parties du cheval, les justes oppositions de mains et de jambes, l'amènent à se maintenir dans la

(1) Je n'aurais jamais pensé que ce moyen, qui sert de correctif aux procédés mis en usage par tous les écuyers, exciterait péniblement la sensibilité de quelques amateurs. Ces derniers ont préféré s'affecter d'après des rapports exagérés ou erronés, plutôt que de s'assurer *de visu* que cette prétendue monstruosité se réduisait à la chose la plus innocente du monde. Ne faut-il pas apprendre au cheval à répondre aux attaques comme on lui apprend à obéir aux jambes et à la main? N'est-ce pas par l'effet de ces petites attaques appliquées d'une façon judicieuse et intelligente qu'on ramène à volonté les jambes postérieures plus ou moins près du centre de gravité? N'est-ce pas alors seulement qu'on peut augmenter ou diminuer la détente des jarrets, soit pour l'extension, soit pour l'élévation des allures, soit pour le temps d'arrêt

meilleure position possible. Pour connaître au juste si l'on obtient ce résultat, il faudra avoir recours à de fréquentes descentes de mains. Voici comment elles se pratiquent : après avoir glissé la main droite jusqu'au bouton et s'être assuré de l'égalité des rênes, on les lâchera de la main gauche, et la droite se baissera lentement jusque sur le pommeau de la selle. Il faudra, pour que cette descente de main soit régulière, que le cheval n'augmente ni ne diminue la vitesse de son allure, et que la tête et l'encolure conservent toujours leur bonne position. Les premières fois que le cheval sera ainsi livré à lui-même, il ne fera peut-être que quelques pas en conservant sa même position et son même degré de vitesse : le cavalier devra alors faire sentir les jambes d'abord et la main ensuite, afin de le ramener dans sa position première; la répétition fréquente de ces descentes de main, à la suite d'une légèreté complète, donnera au cheval un tact plus exquis et au cavalier une plus grande délicatesse de sentiment. Les moyens de direction employés par ce dernier se reproduiront immédiatement si les forces du cheval sont préalablement disposées dans une harmonie parfaite. Les descentes de main doivent se pratiquer d'abord au pas, puis au trot, puis au galop. Cette feinte liberté donne une telle confiance au cheval, qu'il s'assujettit sans le savoir; il devient notre esclave soumis, tout en croyant conserver une indépendance absolue.

DU RASSEMBLER.

Le travail précédent rendra facile au cavalier cette disposition importante de l'équitation, désignée sous le nom de *rassembler*. On a beaucoup parlé du rassembler comme on a parlé de Dieu et de tous les mystères impénétrables à la perception humaine. S'il était permis de comparer les petites choses aux grandes, nous dirions que les théories plus ou moins absurdes qu'on a pu émettre sur la puissance divine n'ont, heureusement, contrarié en rien la marche immuable de la nature, mais qu'il n'en a pas été de même, par rapport aux progrès de l'équitation, de ce qui a été dit et écrit sur le rassembler. Les faux principes qui ont été propagés à cet égard ont fait du cheval le jouet et la victime de l'ignorance du cavalier.

Je le dis hautement, le rassembler n'a jamais été compris ni défini avant moi, car on ne peut l'exécuter parfaitement qu'après avoir appliqué successivement les principes que je viens de développer pour la première fois. On sera convaincu de cette vérité quand on saura que le rassembler exige :

1° L'assouplissement partiel et général de l'encolure et des hanches ;

2° Un ramener parfait qui résulte de ces assouplissements;

3° L'absorption entière des forces du cheval par le cavalier, au moyen des attaques.

Or, comme les moyens d'obtenir ces divers résultats n'ont jamais été indiqués dans aucun traité d'équitation, ne suis-je pas fondé à dire que le vrai rassembler n'a pu être pratiqué jusqu'à ce jour? C'est cependant une des conditions indispensables de l'éducation des chevaux : en conséquence, je me crois en droit de soutenir avec la même vérité, qu'avant ma méthode on n'a jamais dressé véritablement ceux de ces animaux dont la conformation était défectueuse.

Comment, en effet, définit-on le rassembler dans les écoles d'équitation ? *On rassemble son cheval, en élevant la main et en tenant les jambes près.* Je le demande, à quoi pourra servir ce mouvement du cavalier sur un animal mal conformé, contracté, et qui reste livré à toutes les mauvaises propensions de sa nature? Cet appui machinal des mains et des jambes, loin de préparer le cheval à l'obéissance, n'aura d'autre effet que de doubler les moyens de résistance, puisqu'en l'avertissant qu'on va exiger de lui un mouvement, on reste dans l'impuissance de disposer ses forces de manière à l'y astreindre.

Le véritable rassembler consiste à réunir au centre les forces du cheval, pour alléger ses deux extrémités, et les livrer complétement à la disposition du cavalier. Mais pour passer de cette définition quelque peu métaphysique à un exemple matériel, nous dirons que le rassembler se constate encore *de visu* par le rapprochement des jambes de derrière près du centre ; aussi établirons-nous plusieurs sortes de rassembler, indispensables à la facilité et à la justesse des différentes allures et des différents airs de manége. Pour bien nous faire comprendre, nous établirons l'échelle suivante :

Avant-main.	Centre.	Arrière-main.
		7 6 5 4 3 2 1 0

Je dirai encore une fois qu'avant de commencer ces effets de rassembler, il faut que le cheval soit parfaitement dans la main, qu'il se renferme sur les attaques ; alors il sera facile de diminuer, sans contrainte pénible, la marche des jambes de devant et d'augmenter celle des jambes de derrière. Les premiers effets de rassembler qui amèneront les jambes de derrière aux degrés 1, 2, 3, seront utiles aux allures du trot cadencé ou allongé, du galop modéré.

Ce rassembler peut s'obtenir en travaillant au pas avec les jambes énergiquement soutenues et quelques petites attaques, la main devra se borner à combattre les contractions nuisibles à l'équilibre. C'est par l'emploi de ces moyens qu'on arrivera à obtenir que les jambes de derrière gagnent en vitesse sur celles de devant. Quant au rassembler plus complet, dans lequel les jambes de devant atteignent les degrés 4, 5, 6, 7, il faut pour l'obtenir arrêter le cheval et multiplier les oppositions de main et de jambes ou d'éperons, jusqu'à ce qu'il se mobilise, autant que possible, sans avancer, ou n'avancer qu'imperceptiblement, puis l'arrêter par un effet d'ensemble. La répétition fréquente de cette mobilité plus ou moins régulière des jambes, conduira insensiblement au rassembler le plus complet, et ce rassembler donnera pour résultat naturel le piaffer avec rhythme, mesure et cadence. Si le cheval est bien conformé, le rassembler s'obtiendra facilement et bientôt après les grandes difficultés de l'équitation qui en dépendent. Reste à savoir s'il est possible de les aborder lorsqu'on a pour sujet un cheval de construction médiocre, c'est-à-dire possédant une partie des défauts ci-après : les hanches courtes, les reins longs et faibles, la croupe basse, ou trop haute par rapport au garrot, les cuisses effilées, les jarrets plus ou moins coudés, trop rapprochés ou trop éloignés l'un de l'autre, trop ou trop peu d'action ; je suis forcé d'avouer que ces sortes de chevaux présentent de grandes difficultés, mais en les surmontant, l'on prouve que l'on est non-seulement écuyer, mais encore homme d'intelligence, de sens et de conception équestre.

J'ai déjà expliqué et démontré que le cheval n'avait pas la bouche dure, j'ai dit que la faiblesse des reins, la mauvaise disposition de l'arrière-main étaient les seules causes des résistances que présente le cheval. En effet, si la longueur des reins, par exemple, éloigne les jambes de derrière de la place qu'elles devraient occuper pour que le mouvement soit régulier, la flexion et l'extension des jarrêts qui reçoivent le poids et le rejettent en avant, ne peuvent se faire que péniblement ; c'est pour remédier à ces inconvénients qui rendraient toute belle éducation impossible, qu'il faut avoir recours aux premiers effets du rassembler, une fois la mise en main obtenue ; dans ce cas les jambes de derrière se rapprocheront du centre et se trouveront à la place qu'elles occupent naturellement chez les chevaux bien conformés. En effet, pourquoi certains chevaux résistent-ils par l'encolure et la mâchoire ? parce que les reins, les hanches et les jarrets fonctionnment mal, s'opposent à la translation du poids que produit le mouvement. Ce qui confirme ce principe, c'est que plus un cheval a de légèreté et de mobilité naturelle dans la mâchoire, plus sa conformation se rapproche de la perfection ; dans ce cas ses dispositions physiques sont dans de bonnes proportions pour obtenir immédiatement un équilibre parfait : aussi le rassembler complet, facile pour les bonnes constructions, devient-il d'une difficulté inouïe pour les constructions médiocres, car l'effort que le cheval fait pour porter ses jambes de derrière plus en avant, prend d'autant sur le mouvement nécessaire à la flexion qui produit l'élévation ; aussi ces sortes de chevaux présentent-ils de grandes difficultés pour les amener à exécuter un travail compliqué et précis ; certes, ce n'est pas impossible, mais il faut employer des moyens bien méthodiques et être doué d'un grand tact, je dirai même qu'une semblable tâche serait sans succès, si elle était entreprise par un cavalier qui ne pratiquerait pas ma méthode dans tout ses détails et dans son ensemble. Le cheval mal conformé auquel on fait exécuter des difficultés est loin d'être gracieux à l'œil des personnes qui ne se sont point occupées d'équitation, mais combien il est beau pour les spectateurs habiles et érudits ! Voilà le merveilleux résultat de l'équitation, admirez ! le cavalier a fait plus que la nature.

Le rassembler complet, c'est-à-dire celui qui amène les jambes de derrière aux degrés de 4 à 7, sert au piaffer, au passage en avant et en arrière, au galop raccourci, espèce de terre à terre, aux pirouettes ordinaires, au galop en arrière etc., etc. Il est indispensable à tous les mouvements ascensionnels, puisque dans cette position, les jarrets exécutent plus facilement la flexion de bas en haut que celle d'arrière en avant, ce qui prouve qu'une fois le rassembler complet obtenu, le cheval peut exécuter les mouvements les plus difficiles, sans que cela lui soit pénible, et sans porter atteinte à sa construction; ses poses sont toujours justes, ses points d'appui exacts, et ses mouvements toujours gracieux.

L'animal se trouve alors transformé en une sorte de balance, dont le cavalier est l'aiguille. Le moindre appui sur l'une ou l'autre des extrémités qui représentent les plateaux, les déterminera immédiatement dans la direction qu'on voudra leur imprimer. Le cavalier reconnaîtra que le rassembler est complet lorsqu'il sentira le cheval prêt, pour ainsi dire, à s'enlever des quatre jambes. C'est avec ce travail qu'on donne à l'animal le brillant, la grâce et la majesté; ce n'est plus le même cheval, la transformation est complète. Si nous avons dû employer l'éperon pour pousser d'abord jusque sur ses dernières limites cette concentration de forces, les jambes suffiront par la suite pour obtenir le rassembler nécessaire à la cadence et à l'élévation de tous les mouvements compliqués.

Ai-je besoin de recommander la discrétion dans les exigences ? Non, sans doute; si le cavalier, arrivé à ce point de l'éducation de son cheval, ne sait pas comprendre et saisir de lui-même la finesse de tact, la délicatesse de procédés indispensable à la bonne application de ces principes, ce sera une preuve qu'il est dénué de tout sentiment équestre ; mes instances ne sauraient remédier à cette imperfection de sa nature.

VII

DE L'EMPLOI DES FORCES DU CHEVAL

PAR LE CAVALIER.

(SUITE.)

DU GALOP.

J'ai dit que jusqu'à ce jour, la plupart des ressources de l'équitation n'ont pas été comprises, et si j'avais besoin d'une nouvelle preuve à l'appui de mon opinion, je la puiserais dans les erreurs, les suppositions et les contradictions sans nombre qui ont été entassées pour expliquer le mouvement si simple du galop. Que de dissidences seulement sur les moyens à employer pour faire partir le cheval sur le pied droit! C'est l'appui de la jambe droite du cavalier qui déterminera le mouvement, prétend l'un; — c'est celui de la jambe gauche, soutient un autre; — c'est le contact égal des deux jambes, affirme un troisième; — non, disent sérieusement quelques autres, il faut laisser faire tout naturellement le cheval. Eh! sans doute! le hasard est si puissant.

Comment pouvait-on distinguer la vérité au milieu de ce conflit de principes si contraires? Ils émanaient d'ailleurs de sources respectables; la plupart de leurs auteurs avaient possédé des titres et des dignités qui ne s'accordent ordinairement qu'au mérite. Se seraient-ils tous trompés jusqu'à présent? Cela n'était pas possible; car à une longue pratique plusieurs d'entre eux joignaient les connaissances les plus complètes en physique, en anatomie, en mathématiques, etc., etc. Douter de pareilles autorités eût été aussi présomptueux qu'imprudent; on l'aurait considéré comme un crime de lèse-équitation. Les cavaliers conservaient donc leur ignorance, les chevaux leur mauvais équilibre; et si on parvenait, après deux ou trois ans d'un travail routinier, à faire partir bien convenablement sur le pied voulu quelques chevaux doués d'une organisation privilégiée, et à les faire changer ensuite de pied, juste à un point déterminé, la difficulté consistait ensuite à les empêcher de répéter toujours ce mouvement à la même place (1).

C'est ainsi que s'accréditent et se perpétuent souvent les erreurs les plus palpables, jusqu'à ce qu'arrive enfin un

---

(1) Dans son remarquable travail publié par le *Spectateur militaire*, M. Auguste Delard, après avoir démontré l'absence de base fixe et raisonnée, l'incohérence de principes qui caractérisent l'ancienne école, conclut ainsi :

« Là où il n'existe pas de règle générale, toute méthode devient impossible.
» Comment qualifier, en effet, un système qui ne repose que sur une quantité in-
» nombrable de cas particuliers? Lui donnera-t-on le nom de méthode ? Qu'est-ce
» donc qu'une méthode, sinon la marche régulière et assurée d'un problème vers
» la solution obligée? Ainsi, lorsque après les études les plus profondes et les plus
» variées, lorsque après les travaux d'observation les plus patients et les plus
» complets, vous verrez chaque jour, à chaque pas, surgir devant vous des péri-
» péties toujours soudaines et des dénouements toujours imprévus, direz-vous
» que vous avez une méthode? Prenez garde, toute méthode a une fin et votre
» système n'en a pas. »

esprit pratique, doué de quelque bon sens naturel, qui vienne démentir par l'application toutes les savantes théories de ses prédécesseurs. On essaye bien de nier d'abord le savoir-faire du novateur; mais les masses, qui ont l'instinct du vrai et jugent d'après ce qu'elles voient, se rangent bientôt de son côté, tournent le dos à ses détracteurs, et les laissent se morfondre dans leur isolément et leur vaine prétention.

C'est donc à la masse des cavaliers que je m'adresse en disant : ou le cheval est sous l'influence de vos forces et soumis entièrement à votre puissance, ou vous êtes en lutte avec lui. S'il vous entraîne en galopant, sans que vous puissiez modifier et diriger parfaitement sa course, c'est une preuve que, quoique soumis jusqu'à un certain point à votre pouvoir, puisqu'il consent à vous transporter ainsi, il dispose cependant d'une grande partie de ses forces instinctives. Dans ce cas, c'est entre vous et lui un combat perpétuel, mêlé de succès et de revers, et dont les chances dépendent de la température, du caprice de l'animal, de sa bonne ou de sa mauvaise digestion. Les changements de pied, dans de pareilles conditions, ne pourront s'obtenir que par des *renversements*, ce qui rend le mouvement aussi difficile que disgracieux et s'éloigne on ne peut plus de la saine équitation.

Si au contraire l'animal est assujetti au point de ne pouvoir contracter aucune de ses parties sans l'intervention et le secours du cavalier, ce dernier pourra diriger à son gré l'ensemble des ressorts, répartir la force et le poids de telle à telle partie, et exécuter par conséquent les changements de pied avec aisance et promptitude.

Nous savons que les contractions d'une partie quelconque du cheval réagissent toujours sur l'encolure, et que la roideur de celle-ci s'oppose à la bonne exécution de tout mouvement. Or, si, au moment de s'enlever au galop, le cheval roidit l'une de ses extrémités, et par suite son encolure, de quelle utilité pourra être, je le demande, pour déterminer le départ sur le pied droit, l'appui de l'une ou de l'autre jambe du cavalier, ou même celui des deux jambes à la fois? Ces moyens seraient évidemment sans effet certain jusqu'à ce qu'on eût remonté à la source de la résistance afin de la combattre et de l'annuler. On le voit donc, ici comme toujours, la souplesse et la légèreté pourront seules faciliter l'exécution du travail.

Si, quand on veut déterminer le cheval sur le pied droit, une légère contraction d'une partie de l'animal le disposait à partir sur le pied gauche, et si l'on persistait, malgré cette mauvaise disposition, à engager l'allure, il faudrait alors employer deux forces du même côté, c'est-à-dire la jambe gauche et la main gauche; la première étant destinée dans ce cas à déterminer le mouvement qu'on veut obtenir, la seconde à combattre la disposition contraire du cheval.

Mais lorsque le cheval, parfaitement souple et rassemblé, ne fera jouer ses ressorts que d'après l'impression que leur donnera le cavalier, celui-ci, pour partir sur le pied droit, devra combiner une opposition de forces propre à maintenir l'équilibre de l'animal, tout en le plaçant dans la position exigée pour le mouvement. Il portera alors la main à gauche, il appuiera la jambe droite. On voit par là que le moyen dont j'ai parlé plus haut, utile lorsque le cheval n'est pas convenablement placé, serait nuisible lorsque l'animal est bien disposé, puisqu'il détruirait la belle harmonie qui existe alors entre les forces.

Cette courte explication suffira, je l'espère, pour faire comprendre qu'on doit étudier les choses à fond avant de formuler des principes. Plus de système donc sur l'emploi exclusif de telle ou telle jambe pour déterminer le galop, mais conviction profonde que la première condition de ce travail et de tous les autres est de maintenir son cheval souple, léger, c'est-à-dire dans la position de rassembler que comporte cette allure, et il sera facile d'en apprécier le degré au moyen de la légèreté et de la facilité avec laquelle s'opérera le reflux de poids du devant sur le derrière ; puis on emploira l'un ou l'autre moteur, suivant que l'animal, au départ, conservera sa bonne position, ou qu'il cherchera à s'en éloigner. Il faut aussi bien se pénétrer que c'est la force qui donne la position au cheval, mais que de la position seule dépend la régularité des mouvements.

Le passage fréquent en ligne directe, et avec des temps d'arrêt, du galop sur le pied droit au galop sur le pied gauche, amènera bientôt à exécuter les changements de pied du tact-au-tact (1). Évitons surtout les violents effets de force qui dérouteraient le cheval et lui feraient perdre sa légèreté. Rappelons-nous que cette légèreté qui doit précéder tous les changements d'allure ou de direction, rendre faciles, gracieux et inévitables tous les mouvements, est la condition importante que nous devons rechercher avant tout.

C'est parce qu'ils n'ont pas compris ce principe, et n'ont pas senti que la première condition pour disposer un cheval au galop est de détruire d'abord toutes les forces instinctives de l'animal (forces qui s'opposent à la position exigée pour le mouvement), que les écuyers ont émis à ce sujet tant de principes erronés, et que tous sont restés dans l'impossibilité de nous indiquer les véritables moyens à employer.

---

(1) Croirait-on que j'ai vu à Berlin dans les manéges royaux, des chevaux parfaitement constitués, montés depuis dix ans par les plus habiles professeurs, qui ne savaient pas changer de pied du tact-au-tact? ils ne pouvaient exécuter ce mouvement qu'après un tant d'arrêt ; étaient-ils complétement dressés ? non, leur éducation laissait beaucoup à désirer.

DU SAUT DE FOSSÉ ET DE BARRIÈRE.

Bien que les combinaisons seules de la science équestre ne puissent donner à tous les chevaux l'énergie et la vigueur nécessaires pour franchir un fossé ou une barrière, il est cependant des principes à l'aide desquels on arrivera à suppléer en partie aux dispositions naturelles de l'animal. On facilitera l'élévation et la franchise de l'élan en imprimant aux forces une bonne direction. Je ne prétends pas dire par là qu'un cheval, doué de moyens ordinaires, atteindra dans ce mouvement la même hauteur et la même élégance que celui qui est bien constitué, mais il pourra du moins y déployer plus convenablement toutes les ressources de son organisation.

Le point capital est d'amener le cheval à essayer de bonne volonté ce travail. Si l'on suit ponctuellement tous les procédés que j'ai prescrits pour maîtriser les forces instinctives de l'animal et le mettre sous l'influence des nôtres, on reconnaîtra l'utilité de cette progression par la facilité qu'on aura à faire franchir au cheval tous les objets qui se rencontreront sur sa route. Du reste, il ne faut jamais, en cas de lutte, recourir aux moyens violents, tels que la chambrière, ni chercher à exciter l'animal par des cris; cela ne pourrait produire qu'un effet moral propre à l'effrayer. Or, c'est par des moyens physiques que nous devons avant tout l'amener à l'obéissance, puisqu'ils peuvent seuls le mettre à même de comprendre et d'exécuter. On doit donc lutter avec calme, et chercher à surmonter les forces qui le portent au refus, en agissant directement sur elles. On attendra pour faire sauter un cheval qu'il réponde franchement aux jambes et à l'éperon, afin d'avoir toujours un moyen assuré de domination.

La barrière restera par terre jusqu'à ce que le cheval la passe sans hésitation; on l'élèvera ensuite de quelques pouces, en augmentant progressivement la hauteur jusqu'au point que l'animal pourra franchir sans de trop violents efforts. Dépasser cette juste limite, serait s'exposer à faire naître chez le cheval un dégoût que l'on doit éviter avec grand soin. La barrière ainsi élevée avec ménagement devra être fixée pour que le cheval, disposé à l'apathie, ne se fasse pas un jeu d'un obstacle qui ne serait plus sérieux dès l'instant où le contact de ses extrémités suffirait pour le renverser. La barrière ne devra être recouverte d'aucune enveloppe propre à diminuer sa dureté; l'on doit être sévère lorsqu'on exige des choses possibles, et éviter les abus qu'entraîne toujours une complaisance mal réfléchie.

Avant de se préparer à sauter, le cavalier se soutiendra avec assez d'énergie pour que son corps ne précède pas le mouvement du cheval. Ses reins seront souples, ses fesses bien fixées sur la selle, afin qu'il n'éprouve ni choc ni réaction violente. Ses cuisses et ses jambes, enveloppant exactement le corps et les flancs du cheval, lui donneront une puissance toujours opportune et infaillible. La main, dans sa position naturelle, tendra les rênes de manière à sentir la bouche du cheval pour juger des effets d'impulsion. C'est avec cette position que le cavalier conduira l'animal sur l'obstacle; si celui-ci y arrive avec la même franchise d'allure, une légère opposition des mains et des jambes facilitera l'élévation de l'avant-main et l'élan de l'extrémité postérieure. Dès que le cheval est enlevé, la main cesse son effet, pour se soutenir de nouveau lorsque les jambes de devant arrivent sur le sol, et les empêcher de fléchir sous le poids du corps.

On se contentera d'exécuter quelques sauts en harmonie

avec les ressources du cheval, et on évitera surtout de pousser la bravade jusqu'à vouloir contraindre l'animal à franchir des obstacles au-dessus de ses forces. J'ai connu de très-bons sauteurs qu'on est parvenu à rebuter ainsi pour toujours, et que nuls efforts ne pouvaient décider à franchir des hauteurs ou des distances de moitié inférieures à celles qu'ils sautaient aisément dans le principe.

DU PIAFFER.

Jusqu'à ce jour, les écuyers ont soutenu que la nature de chaque cheval ne comporte qu'un nombre limité de mouvements, et que s'il en est qu'on peut amener à exécuter un piaffer haut et brillant, ou bas et précipité, il s'en trouve un plus grand nombre auxquels ce travail est à jamais interdit. Leur construction, disaient-ils, s'y oppose; c'est donc la nature qui l'a voulu; ne doit-on pas s'incliner devant cet arbitre suprême et respecter ses décrets? Cette opinion est commode sans doute pour justifier sa propre ignorance, mais elle n'en est pas moins fausse. Oui, certes, il en serait ainsi si le cheval sortait directement des mains du Créateur; ses proportions seraient mathématiques, et l'art de l'équitation serait sans application; mais l'homme, que son intelligence porte naturellement à détruire, sous le prétexte de perfectionner, trouve moyen de modifier à son désavantage l'œuvre de la nature. La science ne doit donc avoir d'autre but que celui de rapprocher le cheval de sa condition primitive, et lui donner des mouvements qui sont le propre des belles conformations.

On peut amener tous les chevaux à piaffer, et je vais prouver qu'ici surtout, sans réformer l'œuvre de la nature, sans déranger la conformation des os ou celle des muscles de l'animal, on peut remédier aux conséquences de ses imperfections physiques, et changer la disposition vicieuse occasionnée par la mauvaise construction. Sans nul doute, le cheval dont les forces et le poids sont réunis sur l'une de ses extrémités sera hors d'état d'exécuter la cadence élégante du piaffer. Mais un travail gradué, dont le rassembler est le complément, nous permet bientôt de remédier à un pareil inconvénient. Nous pouvons maintenant réunir toutes ces forces au milieu du corps, et ramener les jambes de derrière à un point plus ou moins rapproché du centre, ce qui constitue le rassembler; et le cheval qui le supporte parfaitement réunit toutes les conditions voulues pour exécuter le beau piaffer et tous les mouvements de la haute école, dans lesquels se trouvent compris les changements de pied en l'air, tous les deux temps et à chaque temps de galop.

Pour que le piaffer soit régulier et gracieux, il faut que les jambes du cheval, mues par la diagonale, se lèvent ensemble et retombent de même sur le sol à des intervalles de temps aussi éloignés que possible. L'animal ne doit pas se porter davantage sur la main que sur les jambes du cavalier, afin que son équilibre présente la perfection de cette balance dont j'ai parlé plus haut. Lorsque le centre des forces se trouve ainsi disposé au milieu du corps, et lorsque le rassembler est parfait, il suffit, pour amener un commencement de piaffer, de communiquer au cheval, avec les jambes, une vibration légère d'abord, mais souvent réitérée. J'entends par vibration une surexcitation de forces, dont le cavalier doit toujours être l'agent.

Après ce premier résultat, on mettra le cheval au pas, et les jambes du cavalier, rapprochées graduellement, donneront à l'animal un léger surcroît d'action. Alors, mais seulement alors, la main se soutiendra d'accord avec les jambes, et aux mêmes intervalles, afin que ces deux moteurs, agissant conjointement, entretiennent une succession de mouvements imperceptibles, et produisent une légère contraction qui se répartira sur tout le corps du cheval. L'activité réitérée de cet ensemble de forces donnera aux extrémités une première mobilité qui sera loin d'abord d'être régulière, puisque le surcroît d'action que nécessite ce nouveau travail rompra momentanément le rapport harmonique des forces. Mais cette action générale est nécessaire pour obtenir même une mobilité irrégulière, car sans cela le mouvement serait désordonné, et il n'y aurait plus d'harmonie entre les différents ressorts. On se contentera, dans les premiers jours, d'un commencement de mobilité des extrémités, en ayant soin de s'arrêter chaque fois que le cheval lèvera et reposera les pieds, sans trop les avancer, pour le caresser, le flatter de la voix, et calmer ainsi la surexcitation que devra occasionner chez lui une exigence dont il ne comprendra pas encore le but. Ces caresses cependant doivent être employées avec discernement et lorsque le cheval a bien fait, car, mal appliquées, elles seraient plutôt nuisibles qu'utiles; l'opportunité, dans les cessions de mains et de jambes, est plus importante encore ; elle exige toute l'attention du cavalier.

Une fois la mobilité des jambes obtenue, on pourra commencer à en régler, à en distancer la cadence. Ici encore, je chercherais vainement à indiquer avec la plume le degré de délicatesse nécessaire dans les procédés du cavalier, puisque ses effets doivent se reproduire avec une justesse, avec un à-propos sans égal. C'est par l'appui alterné des deux jambes qu'il arrivera à prolonger les balancements latéraux du corps du cheval, de manière à le maintenir plus longtemps sur l'un ou l'autre côté. Il saisira le moment où le cheval se préparera à appuyer la jambe de devant sur le sol, pour faire sentir la pression de sa jambe du même côté et ajouter à l'inclinaison de l'animal dans le même sens. Si ce temps est bien saisi, le cheval se balancera lentement, et la cadence acquerra cette élévation si propre à faire ressortir toute sa noblesse et toute sa majesté. Ces temps de jambes sont difficiles et demandent une grande pratique; mais leurs résultats sont trop brillants pour que le cavalier ne s'efforce pas d'en saisir les nuances.

Le mouvement précipité des jambes du cavalier accélère aussi le piaffer. C'est donc lui qui règle à volonté le plus ou moins de vitesse de la cadence. Le travail du piaffer n'est brillant et complet que lorsque le cheval l'exécute sans répugnance, ce qui aura toujours lieu quand les forces conserveront leur ensemble, leur énergie, et que la position sera conforme aux exigences du mouvement. Il est donc urgent de bien connaître l'emploi de la force nécessaire pour l'exécution du piaffer, afin de ne pas la dépasser; on veillera surtout au maintien du rassembler, qui, de lui-même, amènera le mouvement à se reproduire sans efforts.

VIII

DIVISION DU TRAVAIL.

Je viens de développer tous les moyens à employer pour compléter l'éducation du cheval.

J'ai défini le plus succinctement possible les principes qui doivent amener promptement le cheval à la disposition du cavalier, le rendre gracieux et précis dans ses mouvements; augmenter ses forces physiques et développer son intelligence; je crois avoir beaucoup dit en peu de mots; je ne me suis préoccupé que des effets qui expliquent les causes, évitant de descendre à cette multitude de minutieux détails qui réduisent de grandes et belles choses à de *fort agréables petits riens*.

Il me reste à dire comment l'écuyer devra diviser son travail pour lier entre eux les divers exercices et pour passer par degré du simple au composé.

Deux mois de travail à deux leçons d'une demi-heure chaque jour, c'est-à-dire cent vingt leçons, suffiront largement pour amener le cheval le plus neuf à exécuter régulièrement tous les exercices qui précèdent. Je tiens à deux courtes leçons par jour, l'une le matin, l'autre dans l'après-midi ; elles sont nécessaires pour obtenir d'excellents résultats.

On dégoûte un jeune cheval en le tenant trop longtemps sur des exercices qui le fatiguent, d'autant plus, que son intelligence est moins préparée à comprendre ce qu'on veut exiger de lui. D'un autre côté, un intervalle de vingt-quatre heures entre chaque leçon est trop long, selon moi, pour que l'animal puisse bien se rappeler le lendemain ce qu'il avait compris la veille.

Le travail général sera divisé en cinq séries ou leçons réparties elles-mêmes dans l'ordre suivant :

PREMIÈRE LEÇON.

HUIT JOURS DE TRAVAIL.

Les vingt premières minutes de cette leçon seront consacrées au travail en place pour les flexions de mâchoire et d'encolure ; le cavalier à pied d'abord, puis ensuite à cheval, se conformera à la progression que j'ai indiquée précédemment. Pendant les dix dernières minutes, il fera marcher son cheval au pas sans s'étudier à le rechercher, mais en s'appliquant surtout à maintenir sa tête dans la position du ramener. Il se contentera d'exécuter un seul changement de main pour marcher autant à main droite qu'à main gauche. Le quatrième ou cinquième jour, le cavalier, avant de mettre son cheval en mouvement, lui fera exécuter quelques légères flexions de croupe.

DEUXIÈME LEÇON.

DIX JOURS DE TRAVAIL.

Les quinze premières minutes seront employées aux assouplissements en place, y compris les flexions de la croupe exécutées plus complétement que dans la leçon précédente ; puis on commencera le reculer. On consacrera l'autre moitié de la leçon à la marche directe, en prenant une ou deux fois le trot à une allure très-modérée. Le cavalier, pendant cette seconde partie du travail, tout en ne cessant pas de se préoccuper du ramener, commencera toutefois de légères oppositions de mains et de jambes, afin de préparer le cheval à supporter les effets d'ensemble et de donner de la régularité à ses allures. On commencera aussi les changements de direction au pas, en conservant le ramener et en ayant soin de faire précéder toujours la tête et l'encolure.

TROISIÈME LEÇON.

DOUZE JOURS DE TRAVAIL.

Six ou huit minutes seulement seront employées d'abord aux flexions en place ; celles de l'arrière-main devront être poussées jusqu'à compléter les pirouettes renversées. On continuera par le reculer ; puis tout le reste de la leçon sera consacré à perfectionner le pas et le trot, en commençant à cette dernière allure les changements de direction. Le cavalier arrêtera souvent le cheval, et continuera à veiller attentivement au ramener pendant les changements d'allure ou de direction. Il commencera également le travail de deux pistes au pas, ainsi que la rotation des épaules autour des hanches.

QUATRIÈME LEÇON.

QUINZE JOURS DE TRAVAIL.

Après cinq minutes consacrées aux assouplissements en place, le cavalier répétera d'abord tout le travail de la leçon précédente; il commencera, de pied ferme, les attaques pour confirmer le ramener et préparer le rassembler. Il renouvellera les attaques en marchant, et lorsque le cheval les supportera patiemment, il commencera le galop. Il se contentera d'exécuter dans le principe quatre ou cinq foulées seulement pour reprendre le pas et partir sur un pied différent, à moins que les dispositions du cheval n'exigent qu'on l'exerce plus souvent sur un pied que sur un autre. En passant du galop au pas, on veillera avec soin à ce que le cheval prenne le plus tôt possible cette dernière allure sans *trottiner*, et tout en conservant légères la tête et l'encolure. On ne l'exercera au galop qu'à la fin de chaque leçon.

CINQUIÈME LEÇON.

QUINZE JOURS DE TRAVAIL.

Ces derniers quinze jours seront employés à assurer la parfaite exécution de tout le travail précédent, et à perfectionner l'allure du galop jusqu'à ce qu'on exécute facilement les changements de direction, les changements de pied du tact-au-tact, et le travail de deux pistes. On pourra alors exercer le cheval au saut de la barrière et au piaffer.

Ainsi, nous aurons en DEUX MOIS, et sur n'importe quel cheval, accompli une œuvre qui exigeait autrefois des années pour ne donner souvent que des résultats incomplets. Et je le répète : quelque insuffisant que puisse paraître un espace de temps aussi court, il produira l'effet que je promets, si l'on se conforme exactement à toutes mes prescriptions. Je l'ai démontré dans cent occasions différentes, et beaucoup de mes élèves sont à même de le prouver comme moi.

En établissant l'ordre du travail ci-dessus, il est bien entendu que je me base sur les dispositions des chevaux en général. Un écuyer doué de quelque tact comprendra bien vite les modifications qu'il devra apporter dans l'application, suivant la nature particulière de son élève. Tel cheval, par exemple, exigera plus ou moins de persistance dans les flexions; tel autre dans le reculer; celui-ci, froid et apathique, nécessitera l'emploi des attaques avant le temps que j'ai indiqué. Tout ceci est une affaire d'intelligence; ce serait offenser mes lecteurs que de ne pas les supposer capables de suppléer aux détails qu'il est d'ailleurs impossible de préciser. On comprend facilement qu'il existe des chevaux irritables et mal constitués, dont les dispositions défectueuses ont été empirées par l'influence d'une mauvaise éducation première. Avec de tels sujets, on devra mettre nécessairement plus de persistance dans le travail des assouplissements et du pas. Dans tous les cas, quelles que puissent être les modifications légères que nécessitent les différences dans les dispositions des sujets, je persiste à dire qu'il n'est pas de chevaux dont l'éducation ne doive être faite avec ma méthode dans l'espace de temps que je désigne. J'entends par là que ce temps suffira pour donner aux forces du cheval l'aptitude nécessaire à l'exécution de tous les mouvements; le fini de l'éducation dépendra ensuite de la justesse de tact du cavalier. Ma méthode, en effet, a cet avantage de ne pas reconnaître de bornes au progrès de l'équitation, et il n'est pas de travail *équestrement* possible qu'un écuyer, qui saura convenablement appliquer mes principes, ne puisse faire exécuter à son cheval. Je vais donner une preuve convaincante à l'appui de cette assertion, en expliquant les seize nouveaux airs de manége que j'ai ajoutés au répertoire des anciens maîtres.

IX

APPLICATION

DES PRINCIPES PRÉCÉDENTS AU TRAVAIL DES CHEVAUX

PARTISAN, CAPITAINE, NEPTUNE ET BURIDAN.

Les personnes qui niaient systématiquement l'efficacité de ma méthode, devaient nécessairement aussi nier les résultats qu'on leur démontrait. On était bien forcé de reconnaître avec tout le public que mon travail au Cirque-Olympique était nouveau, extraordinaire; mais on l'attribuait à des causes plus étranges les unes que les autres, tout en soutenant, bien entendu, que le talent équestre du cavalier n'était pour rien dans l'habileté du cheval. Suivant les uns, j'étais un nouveau Carter, habituant mes chevaux à l'obéissance en les privant de sommeil ou de nourriture; selon d'autres, je leur liais les jambes avec des cordes et les tenais ainsi suspendus pour les préparer à une espèce de jeu de marionnettes; quelques-uns n'étaient pas éloignés de croire que je les fascinais par la puissance du regard. Enfin, une certaine portion du public, voyant ces animaux travailler en cadence au son de la charmante musique de l'un de mes amis, M. Paul Cuzent, soutenait sérieusement qu'ils possédaient sans doute, à un très-haut degré, l'instinct de la mélodie, et qu'ils s'arrêteraient court avec les clarinettes et les trombones. Ainsi, le son de la musique était plus puissant sur mon cheval que je ne l'étais moi-même! L'animal obéissait à un *ut* ou à un *sol* bien détaché; mais mes jambes et mes mains étaient absolument nulles dans leurs effets. Croirait-on que de pareils non-sens étaient débités par des gens qui passaient pour cavaliers? Je conçois que l'on n'ait pas compris d'abord mes moyens, puisque ma méthode était nouvelle; mais avant de la juger d'une manière aussi étrange, on aurait dû, ce me semble, chercher au moins à la connaître.

J'avais trouvé le cercle de l'équitation trop restreint, puisqu'il suffisait de bien exécuter un mouvement pour pratiquer immédiatement les autres avec la même facilité. Ainsi, il m'était prouvé que le cavalier qui parcourait avec précision une ligne droite de deux pistes au pas, au trot, au galop, pouvait marcher de même la tête ou la croupe au mur, l'épaule en dedans, exécuter les voltes ordinaires ou renversées, les changements et les contre-changements de mains, etc., etc. Quant au piaffer, c'était, comme je l'ai dit, la nature seule qui en décidait. Ce long et fastidieux travail n'avait d'autres variantes que les titres divers des mouvements, puisqu'il suffisait d'une seule difficulté vaincue pour surmonter toutes les autres. J'ai donc créé des airs de manége nouveaux dont l'exécution nécessite plus de souplesse, plus d'ensemble, plus de fini dans l'éducation du cheval. Cela m'était facile avec mon système; et pour convaincre mes adversaires qu'il n'y a dans mon travail au Cirque ni magie ni mystère, je vais expliquer par quels procédés purement équestres, et même sans avoir recours aux piliers, caveçons ou cravaches, j'ai amené mes chevaux à exécuter les seize airs de manége qui semblent si extraordinaires.

1° *Flexion instantanée et maintien en l'air de l'une ou l'autre extrémité antérieure, tandis que les trois autres restent fixées sur le sol.*

Le moyen de faire lever au cheval l'une de ses deux jambes de devant est bien simple, dès que l'animal est parfaitement souple et ramené. Il suffit pour faire lever, par exemple, la jambe droite, d'incliner légèrement la tête à droite, tout en faisant refluer le poids du corps sur la partie gauche. Les deux jambes du cavalier seront soutenues avec énergie (la gauche un peu plus que la droite), afin que l'effet de la main qui amène la tête à droite ne réagisse pas sur le poids, et que les forces qui servent à fixer la partie surchargée donnent à la jambe droite du cheval assez d'action pour la faire soulever de terre. En répétant quelquefois cet exercice, on arrivera à maintenir cette jambe en l'air aussi longtemps qu'on le voudra.

2° *Mobilité des hanches, le cheval s'appuyant sur les jambes de devant, pendant que celles de derrière se balancent alternativement l'une sur l'autre, la jambe postérieure qui est en l'air exécutant son mouvement de gauche à droite sans toucher la terre pour devenir pivot à son tour, sans que l'autre se soulève et exécute ensuite le même mouvement.*

La mobilité simple des hanches est un des exercices que j'ai indiqués pour l'éducation élémentaire du cheval. On compliquera ce travail en multipliant le contact alternatif des jambes, jusqu'à ce qu'on arrive à porter facilement la croupe du cheval d'une jambe sur l'autre, de manière à ce que le mouvement de droite à gauche et de gauche à droite ne puisse excéder un pas. Ce travail est propre à donner au cavalier une grande finesse de tact, et prépare le cheval à répondre aux plus légers effets.

3° *Passage instantané du piaffer lent au piaffer précipité*, et vice versâ.

Après avoir amené un cheval à déployer une grande mobilité des quatre jambes, on doit en régler le mouvement. C'est par la pression lente et alternée de ses jambes que le cavalier obtiendra le piaffer lent; il le précipitera en multipliant le contact. On peut obtenir ces deux piaffers sur tous les chevaux; mais comme ceci rentre dans les grandes difficultés, un tact parfait est indispensable.

4° *Reculer avec une élévation égale des jambes transversales qui s'éloignent et se posent en même temps sur le sol, le cheval exécutant le mouvement avec autant de franchise et de facilité que s'il avançait et sans concours apparent du cavalier.*

Le reculer n'est pas nouveau, mais il l'est certainement dans les conditions que je viens de poser. Ce n'est qu'à l'aide d'un assouplissement et d'un ramener complet qu'on arrive à suspendre tellement le corps du cheval, que la répartition du poids est parfaitement régulière, et que les extrémités acquièrent une énergie et une activité égales. Ce mouvement devient alors aussi facile et aussi gracieux qu'il est pénible et dépourvu d'élégance lorsqu'on le transforme en *acculement*.

5° *Mobilité simultanée et en place des deux jambes par la diagonale; le cheval, après avoir levé les deux jambes opposées, les porte en arrière pour les ramener ensuite à la place qu'elles occupaient, et recommencer le même mouvement avec l'autre diagonale.*

L'assouplissement et la mise en main rendent ce mouvement facile. Lorsque le cheval ne présente plus aucune résistance, il apprécie les plus légers effets du cavalier, destinés dans ce cas à ne déplacer que le moins possible de forces et de poids pour arriver à mobiliser les deux extrémités opposées. En réitérant cet exercice, on le rendra en peu de temps familier au cheval. Le fini du mécanisme donnera bientôt le fini de l'intelligence.

6° *Trot à extension soutenue ; le cheval, après avoir levé les jambes, les porte en avant en les soutenant un instant en l'air avant de les poser sur le sol.*

Les procédés qui font la base de ma méthode se reproduisent dans chaque mouvement simple, et à plus forte raison dans les mouvements compliqués. Si l'équilibre ne s'obtient que par la légèreté, en revanche il n'est pas de légèreté sans équilibre ; c'est par la réunion de ces deux conditions que le cheval acquerra la facilité d'étendre son trot jusqu'aux dernières limites possibles, et changera complétement son allure primitive.

7° *Trot serpentin, le cheval tournant à droite et à gauche pour revenir à peu près sur son point de départ, après avoir fait cinq ou six pas dans chaque direction.*

Ce mouvement ne présentera aucune difficulté, si l'on conserve le cheval dans la main en exécutant au pas et au trot des flexions d'encolure. On conçoit qu'un semblable travail est impossible sans cette condition. On devra toujours soutenir la jambe opposée au côté vers lequel fléchit l'encolure.

8° *Arrêt sur place à l'aide des éperons, le cheval étant au galop.*

Lorsque le cheval, parfaitement assoupli, supportera convenablement les attaques et le rassembler, il sera disposé pour exécuter le temps d'arrêt dans les conditions ci-dessus. On débutera dans l'application par le petit galop, pour arriver successivement à la plus grande vitesse. Les jambes, précédant la main, ramèneront les extrémités postérieures du cheval sous le milieu du corps, puis un prompt effet de main, en les fixant dans cette position, arrêtera immédiatement l'élan. Par ce moyen, l'on ménage l'organisation du cheval, que l'on peut conserver ainsi toujours exempte de tares.

9° *Mobilité continue en place de l'une des extrémités antérieures, le cheval exécutant par la volonté du cavalier le mouvement par lequel il manifeste souvent de lui-même son impatience.*

On obtiendra ce mouvement par le même procédé qui sert à maintenir en l'air la jambe du cheval. Dans le dernier cas, les jambes du cavalier doivent exercer un appui continu pour que la force qui tient la jambe du cheval levée conserve bien son effet, tandis que, pour le mouvement dont il s'agit, il faut renouveler l'action par une multitude de petites pressions, afin de déterminer la mobilité de la jambe qui est tenue en l'air. Cette extrémité du cheval acquerra bientôt un mouvement subordonné à celui des jambes du cavalier, et si les temps sont bien saisis, il semblera, pour ainsi dire, qu'on fait mouvoir l'animal à l'aide d'un moyen mécanique.

10° *Reculer au trot, le cheval conservant la même cadence et les mêmes battues que dans le trot en avant.*

La condition première pour obtenir le trot en arrière est de maintenir le cheval dans une cadence parfaite et aussi rassemblé que possible; la seconde est toute dans les procédés du cavalier. Celui-ci doit chercher insensiblement par des effets d'ensemble à faire primer les forces du devant sur celles de derrière, sans nuire à l'harmonie du mouvement. On le voit donc : par le rassembler, on obtiendra successivement le piaffer en place, le piaffer en arrière, même sans le secours des rênes.

11° *Reculer au galop, le temps étant le même que pour le galop ordinaire; mais les jambes antérieures, une fois élevées, au lieu de gagner du terrain, se portant en arrière, pour que l'arrière-main exécute le même mouvement rétrograde aussitôt que les extrémités antérieures se posent sur le sol.*

Le principe est le même que pour le travail précédent; avec un rassembler parfait, les jambes de derrière se trouveront tellement rapprochées du centre, qu'en élevant l'avant-main, la détente des jarrets ne fonctionnera plus, pour ainsi dire, que de bas en haut. Ce travail, qu'on pourra faire exécuter facilement à un cheval énergique, ne devra pas être exigé de celui qui ne posséderait point cette qualité.

12° *Changements de pied au temps, chaque temps de galop s'opérant sur une nouvelle jambe.*

On comprend que, pour pratiquer ce travail difficile, le cheval doit être habitué à exécuter parfaitement, et le plus fréquemment possible, les changements de pied du tact-au-tact. Avant d'essayer ces changements de pied à chaque temps, on doit l'avoir amené à exécuter ce mouvement à toutes les deux foulées. Tout dépend de son aptitude, et surtout de l'intelligence du cavalier : avec cette dernière qualité, il n'est pas d'obstacle qu'on ne puisse surmonter. Pour exécuter ce travail avec toute la précision désirable, le cheval doit rester léger, conserver son même degré d'action; de son côté, le cavalier évitera par-dessus tout les brusques renversements de l'avant-main.

13° *Pirouettes ordinaires sur trois jambes, celle de devant, du côté vers lequel on tourne, restant en l'air pendant toute la durée du mouvement.*

Les pirouettes ordinaires doivent être familières à un cheval dressé d'après ma méthode, et j'ai indiqué plus haut le moyen de l'obliger à tenir élevée l'une de ses extrémités antérieures. Si l'on exécute bien séparément ces deux mouvements, il sera facile de les joindre en un seul travail. Après avoir disposé le cheval pour la pirouette, on préparera la masse de manière à enlever la partie antérieure; celle-ci une fois en l'air, on surchargera la partie opposée au côté vers lequel on veut tourner, en appuyant sur cette partie avec la main et la jambe. La jambe du cavalier placée du côté qui converge ne fonctionnera pendant ce temps que pour porter les forces en avant, afin d'empêcher la main de produire un effet rétroactif sur l'ensemble du cheval.

14° *Reculer avec temps d'arrêt à chaque foulée, la jambe droite du cheval restant en avant immobile et tendue de toute la distance qu'a parcourue la jambe gauche,* et vice versâ.

Ce mouvement dépend de la finesse de tact du cavalier, puisqu'il résulte d'un effet de forces qu'il est impossible de préciser. Bien que ce travail soit peu gracieux, le cavalier expérimenté fera bien de le pratiquer souvent, pour apprendre à modifier les effets de forces, et acquérir parfaitement toutes les nuances de son art.

15° *Piaffer régulier avec un temps d'arrêt immédiat sur trois jambes, la quatrième restant en l'air.*

Ici encore, comme pour les pirouettes ordinaires sur trois jambes, c'est en exerçant séparément le piaffer et la flexion isolée d'une jambe qu'on arrivera à réunir les deux mouvements en un seul. On interrompra le piaffer en arrêtant la contraction des trois jambes pour n'en laisser que dans une seule. Il suffit donc, pour habituer le cheval à ce travail, de l'arrêter lorsqu'il piaffe, en le forçant à contracter une seule de ses jambes.

16° *Changements de pied au temps, à des intervalles égaux, le cheval restant en place.*

Ce mouvement s'obtient par les mêmes procédés que ceux qui sont employés pour les changements de pied au temps en avançant ; seulement il est beaucoup plus compliqué, puisque l'on doit donner une impulsion justement assez forte pour déterminer le mouvement des jambes sans que le corps se porte en avant. Ce mouvement exige par conséquent beaucoup de tact de la part du cavalier, et ne saurait être pratiqué que sur un cheval parfaitement dressé, mais dressé comme je le comprends.

Telle est la nomenclature des nouveaux airs de manége que je me suis plu à créer, et que j'ai exécutés si souvent en présence du public. Comme on le voit, ce travail, qui paraissait tellement extraordinaire qu'on ne voulait pas croire qu'il tînt à des procédés équestres, devient très-simple et très-compréhensible dès qu'on a étudié les principes de ma méthode. Il n'est pas un de ces mouvements où l'on ne retrouve l'application des préceptes que j'ai développés dans ce livre.

Mais, je le répète, si j'ai enrichi l'équitation d'un travail nouveau et intéressant, je ne prétends pas avoir atteint les dernières limites de l'art; et tel peut venir après moi qui, s'il veut étudier mon système et le pratiquer avec intelligence, pourra me dépasser dans la carrière, et ajouter encore aux résultats que j'ai obtenus. Il y a dix ans que pour la première fois j'ai décrit dans cet ouvrage les nouveaux airs de manége des six premiers chevaux que j'ai montés au cirque; depuis cette époque, dans cette même arène publique, j'en ai monté vingt autres qui exécutaient trois ou quatre mouvements nouveaux, ce qui fait un total de soixante airs de manége entièrement neufs. Est-ce assez dire aux cavaliers qu'en poésie, en musique, en littérature, et maintenant en équitation, les routes sont tracées et l'exécution possible ? C'est à l'intelligence de chercher un peu si elle veut trouver beaucoup.

X

EXPOSITION SUCCINCTE DE LA MÉTHODE

PAR DEMANDES ET RÉPONSES.

DEMANDE. Qu'entendez-vous par force ?

RÉPONSE. La puissance motrice qui résulte de la contraction musculaire.

D. Qu'entendez-vous par forces *instinctives* ?

R. Celles qui viennent du cheval, et dont il détermine lui-même l'emploi.

D. Qu'entendez-vous par forces *transmises* ?

R. Celles qui émanent du cavalier et sont appréciées immédiatement par le cheval.

D. Qu'entendez-vous par résistances ?

R. La force que le cheval présente et avec laquelle il cherche à établir une lutte à son avantage.

D. Doit-on s'attacher d'abord à annuler les forces que le cheval présente pour résister, avant d'en exiger d'autres mouvements ?

R. Sans nul doute, puisque dans ce cas la force du cavalier qui doit déplacer le poids de la masse, se trouvant absorbée par une résistance équivalente, tout mouvement devient impossible.

D. Par quels moyens peut-on combattre les résistances ?

R. Par l'assouplissement partiel et méthodique de la mâchoire, de l'encolure, des hanches et des reins.

D. Quelle est l'utilité des flexions de mâchoire ?

R. Comme c'est sur la mâchoire inférieure que se reproduisent d'abord les effets de la main du cavalier, ceux-ci seront nuls ou incomplets si la mâchoire est contractée ou serrée contre la mâchoire supérieure. De plus, comme dans ce cas les déplacements du corps du cheval ne s'obtiennent qu'avec difficulté, les mouvements qui en résultent seront tout aussi pénibles.

D. Suffit-il que le cheval *mâche son frein* pour que la flexion de la mâchoire ne laisse plus rien à désirer ?

R. Non, il faut encore que le cheval *lâche son frein*, c'est-à-dire qu'il écarte (à volonté) le plus possible ses deux mâchoires.

D. Tous les chevaux peuvent-ils avoir cette mobilité de mâchoire ?

R. Tous sans exception, si l'on suit la gradation indiquée, et si le cavalier ne se laisse pas *tromper* par la flexion de l'encolure. Bien que cette flexion soit utile, elle serait insuffisante sans le *jeu de la mâchoire*.

D. Dans la flexion directe de la *mâchoire*, doit-on donner en même temps une tension aux rênes de la bride et à celles du bridon ?

R. Non, il faut faire précéder le bridon (la main placée comme l'indique la planche n° 3) jusqu'à ce que la tête et l'encolure se soient abaissées ; alors la pression du mors, d'accord avec le bridon, fera promptement ouvrir les mâchoires.

D. Doit-on répéter souvent cet exercice ?

R. Il faut le continuer jusqu'à ce que les mâchoires s'écartent au moyen d'une légère pression du mors ou du bridon.

D. Pourquoi la roideur de l'encolure est-elle un aussi puissant obstacle à l'éducation du cheval?

R. Parce qu'elle absorbe à son profit la force que le cavalier cherche vainement à transmettre pour en répartir les effets sur toute la masse.

D. Les hanches peuvent-elles s'assouplir isolément?

R. Oui, certainement, et cet exercice se trouve compris dans ce que l'on appelle travail en place.

D. Quel est son but d'utilité?

R. De prévenir les mauvais effets résultant des forces instinctives du cheval, et de lui faire apprécier, sans qu'il s'y oppose, les forces transmises par le cavalier.

D. Le cheval peut-il exécuter un mouvement sans translation de poids?

R. C'est impossible; il faut s'attacher à faire prendre au cheval une position qui opère dans son équilibre une variation telle que le mouvement en soit une conséquence naturelle.

D. Qu'entendez-vous par position?

R. Une disposition de la tête, de l'encolure et du corps préparés à l'avance dans le sens des mouvements que l'on veut faire exécuter au cheval.

D. En quoi consiste le *ramener?*

R. Dans la position perpendiculaire de la tête, dans la mobilité de la mâchoire et dans la légèreté qui en est la conséquence.

D. Quelle est la répartition des forces et des poids dans la position du ramener?

R. Les forces et les poids sont également distribués dans toute la masse.

D. Comment parle-t-on à l'intelligence du cheval?

R. Par la position, en ce sens que c'est elle qui fait connaître au cheval les intentions du cavalier.

D. Pourquoi faut-il que, dans les mouvements rétrogrades du cheval, les jambes du cavalier précèdent la main ?

R. Parce qu'il faut déplacer les points d'appui avant de poser dessus la masse qu'ils doivent supporter.

D. Est-ce le cavalier qui détermine son cheval ?

R. Non, le cavalier donne l'action et la position qui sont le langage ; le cheval répond à cette interpellation par le changement d'allure ou de direction qu'avait projeté le cavalier.

D. Est-ce au cavalier ou au cheval que l'on doit imputer la faute d'une mauvaise exécution ?

R. Au cavalier, et toujours au cavalier. Comme il dépend de lui d'assouplir et de placer le cheval dans le sens du mouvement, et qu'avec ces deux conditions fidèlement remplies, tout devient régulier, c'est donc au cavalier que doit appartenir le mérite ou le blâme.

D. Quelle espèce de mors convient au cheval ?

R. Le mors doux.

D. Pourquoi faut-il un mors doux pour tous les chevaux, quelle que soit leur résistance ?

R. Parce que le mors dur a toujours pour effet de contraindre et de surprendre le cheval, tandis qu'il faut l'empêcher de faire mal et le mettre à même de bien faire. Or, on ne peut obtenir ces résultats qu'à l'aide d'un mors doux et surtout d'une main savante ; car le mors, c'est la main, et une belle main c'est tout le cavalier.

D. Résulte-t-il d'autres inconvénients de l'emploi des instruments de supplice appelés mors durs ?

R. Certainement, car le cheval apprend bientôt à en éviter la pénible sujétion en forçant les jambes du cavalier, leur puissance ne peut jamais être égale à celle de ce frein barbare. Le cheval lutte victorieusement en cédant du corps et en résistant de l'encolure et de la mâchoire ; ce qui manque tout à fait le but qu'on s'était proposé.

D. Comment se fait-il que presque tous les écuyers en

renom aient inventé des mors auxquels ils attribuent des effets merveilleux ?

R. Parce que, manquant de science personnelle, ils cherchent à remplacer leur insuffisance par l'emploi de moyens mécaniques.

D. Le cheval parfaitement dans la main peut-il se défendre ?

R. Non, car la juste répartition de poids que donne cette position produit une grande régularité dans les mouvements, et il faudrait intervertir cet ordre pour qu'il y eût acte de rébellion de la part du cheval.

D. Quelle est l'utilité du filet ?

R. Le filet sert à combattre les forces opposantes (latérales) de l'encolure, à faire précéder la tête dans tous les changements de direction quand le cheval n'est pas encore familiarisé avec les effets du mors ; il sert aussi à disposer l'encolure et la tête sur une ligne parfaitement droite.

D. Les jambes ou les poignets doivent-ils se prêter secours ou fonctionner séparément?

R. Il faut toujours que chacun de ces moyens d'aide ait l'autre pour auxiliaire.

D. Doit-on laisser le cheval longtemps aux mêmes allures pour développer ses moyens?

R. C'est inutile, puisque la régularité des mouvements résulte de la régularité des positions; le cheval qui fait cinquante temps de trot régulièrement est beaucoup plus avancé dans son éducation que s'il en faisait mille avec une position vicieuse. C'est donc à sa position qu'il faut s'attacher, c'est-à-dire à sa légèreté.

D. Dans quelles proportions doit-on user de la force du cheval ?

R. Cela ne peut se définir, puisque ces forces varient en raison des sujets; mais il faut en être avare et ne les dépenser qu'avec circonspection, surtout pendant le cours de l'éducation; il faut pour ainsi dire leur créer un réservoir pour que le cheval ne les absorbe pas inutilement; c'est alors que le cavalier en fera un usage utile et d'une longue durée.

D. Quel bien résultera-t-il pour le cheval de ce judicieux emploi de ses forces?

R. Comme on ne se servira que de forces utiles pour tel ou tel mouvement, la fatigue ou l'épuisement ne seront plus que le résultat du trop long temps pendant lequel l'animal restera aux allures accélérées, et non l'effet d'une excessive contraction musculaire qui conserverait inutilement son intensité, même aux allures lentes.

D. Dans quel moment doit-on chercher à obtenir les premiers temps de reculer du cheval?

R. Après l'assouplissement de l'encolure des hanches, et après avoir obtenu une complète légèreté.

D. Pourquoi l'assouplissement des hanches doit-il précéder celui des reins (le reculer)?

R. Pour maintenir plus facilement le cheval sur une même ligne droite et rendre le flux et le reflux de poids plus facile.

D. Ces premiers mouvements rétrogrades du cheval doivent-ils se prolonger longtemps pendant les premières leçons?

R. Non; comme ils n'ont pour but que d'annuler les forces instinctives du cheval, il faut attendre qu'il soit parfaitement dans la main pour obtenir une marche en arrière, un vrai reculer.

D. Qu'est-ce qui constitue le vrai reculer? Comment l'obtient-on?

R. Par une pression graduée des jambes qui ébranlera le cheval et lui fera quitter le sol, d'abord d'une jambe de derrière, comme pour la marche en avant; alors la main se rapprochera du corps et forcera la jambe élevée à se porter en arrière. Lorsque l'on aura obtenu un premier temps de reculer, la main se relâchera, afin de faire cesser la pression douloureuse du mors, et pour que le poids qui s'est porté en arrière, revenant en avant, facilite une nouvelle élévation des jambes de derrière, et permette un nouveau temps de reculer.

D. A quelle distance l'éperon doit-il être rapproché des flancs du cheval avant l'attaque?

R. La molette ne doit jamais être éloignée de plus de 4 à 5 centimètres des flancs du cheval.

D. Comment doivent se pratiquer les attaques?

R. Elles doivent arriver aux flancs du cheval par un mouvement égal à celui d'un coup de lancette, et s'en éloigner aussitôt.

D. Est-il des circonstances où l'attaque doive se pratiquer sans le secours de la main?

R. Jamais, puisqu'elle ne doit avoir d'autre but que de donner l'impulsion qui permet à la main de renfermer le cheval.

D. Sont-ce les attaques elles-mêmes qui châtient le cheval?

R. Non ; le châtiment est dans la position renfermée que les attaques et la main font prendre au cheval. Comme celui-ci se trouve alors dans l'impossibilité de faire usage d'aucune de ses forces, le châtiment a toute son efficacité.

D. En quoi consiste la différence entre les attaques pratiquées d'après les anciens principes et celles que prescrit la nouvelle méthode?

R. Nos anciens (qu'il faut vénérer) pratiquaient l'éperonnade pour jeter le cheval en dehors de lui-même; la nouvelle méthode en fait usage pour le renfermer, c'est-à-dire lui donner cette position première qui est la mère de toutes les autres.

D. Quelles sont les fonctions des jambes pendant les attaques?

R. Les jambes doivent rester adhérentes aux flancs du cheval, et ne partager en rien les mouvements des pieds.

D. Dans quel moment doit-on commencer les attaques?

R. Quand le cheval supportera paisiblement une forte pression des jambes sans sortir de la main.

D. Pourquoi un cheval, parfaitement dans la main, supportera-t-il l'éperon sans s'émouvoir et même sans mouvements brusques?

R. Parce que la main savante du cavalier, ayant prévenu tous les déplacements de la tête, ne laisse jamais échapper les forces au dehors; elle les concentre en les fixant. La lutte égale des forces, ou, si l'on aime mieux, leur ensemble, explique suffisamment dans ce cas l'apparente froideur du cheval.

D. N'est-il pas à craindre que par suite de ces attaques le cheval ne devienne insensible aux jambes et ne perde toute l'activité qui lui convient pour les mouvements accélérés?

R. Quoique cette opinion soit celle de la presque totalité des gens qui parlent de la méthode sans la connaître, il n'en est rien. Puisque tous ces moyens servent seulement à maintenir le cheval dans le plus parfait équilibre, la promptitude des mouvements doit nécessairement en être le résultat, et, par suite, le cheval sera disposé à répondre au contact progressif des jambes, quand la main ne s'y opposera pas.

D. Comment reconnaître qu'une attaque est régulière?

R. Lorsque, bien loin de faire sortir le cheval de la main, elle l'y fait rentrer.

D. Comment la main doit-elle se soutenir dans les moments de résistances du cheval?

R. La main doit s'arrêter, se fixer et ne se rapprocher du corps qu'autant que les rênes n'auraient pas trois quarts de tension. Dans le cas contraire, il faut attendre que le cheval se porte sur la main pour lui présenter cette barrière insurmontable.

D. Quel serait l'inconvénient d'augmenter les pressions du mors en rapprochant la main du corps pour ralentir le cheval dans ses allures en le mettant dans la main ?

R. L'inconvénient serait d'agir généralement sur toutes les forces, et non de produire un effet partiel, de déplacer le poids au lieu d'annuler la force d'impulsion. Il ne faut pas vouloir renverser ce qu'on ne peut arrêter.

D. Dans quels cas doit-on se servir du caveçon, et quel est son but d'utilité ?

R. On doit s'en servir dans le cas où la mauvaise construction du cheval le porterait à se défendre, bien qu'il ne lui soit demandé que des mouvements simples. Il est également utile d'employer le caveçon avec les chevaux rétifs, attendu que son but est d'agir sur le moral, pendant que le cavalier agit sur le physique.

D. Comment doit-on se servir du caveçon ?

R. Dans le principe, on doit tenir la longe du caveçon à 33 ou 40 centimètres de la tête du cheval, tendue et soutenue par un poignet énergique. Il faudra saisir tous les à-propos pour diminuer ou augmenter l'appui du caveçon sur le nez du cheval, afin de s'en servir comme d'un moyen d'aide. Tous les actes de méchanceté qui le portent à mal faire seront réprimés par de petites saccades qui ne doivent avoir lieu que dans le moment même de la défense. Dès que les mouvements du cavalier commenceront à être appréciés par le cheval, le caveçon devra être sans effet ; au bout de quelques jours l'animal n'aura plus besoin que du mors auquel il répondra, dans ce cas, sans hésitation.

D. Dans quel cas le cavalier est-il moins intelligent que son cheval ?

R. Quand ce dernier l'assujétit à ses caprices et lui fait faire sa volonté.

D. Les défenses du cheval sont-elles physiques ou morales ?

R. Les défenses sont d'abord physiques, elles deviennent morales par la suite; le cavalier doit donc se rendre compte des causes qui les font naître, et chercher, par un travail préparatoire, à rétablir le juste équilibre qu'une mauvaise nature aurait refusé.

D. Le cheval bien équilibré naturellement peut-il se défendre ?

R. Il serait aussi difficile à un sujet réunissant tout ce qui constitue le bon cheval, de se livrer à ces mouvements désordonnés, qu'il est impossible à celui qui n'a pas reçu de semblables dons de la nature, d'avoir des mouvements réguliers, si l'art bien entendu ne lui a prêté son secours.

D. Qu'entendez-vous par *rassembler* ?

R. Le rapprochement des jambes de derrière du centre, avec une exacte mise en main.

D. Peut-on bien rassembler le cheval qui ne se renfermerait pas sur les attaques ?

R. C'est de la plus grande impossibilité; les jambes seraient insuffisantes pour contre-balancer les effets de la main.

D. A quel moment doit-on commencer à rassembler le cheval ?

R. Quand le ramener est au grand complet.

D. A quoi sert le rassembler ?

R. A obtenir sans difficulté tout ce qu'il y a de compliqué en équitation.

D. En quoi consiste le piaffer ?

R. Dans la pose gracieuse du corps et la cadence harmonisée des extrémités.

D. Existe-t-il plusieurs genres de piaffer ?

R. Deux ; le lent et le précipité.

D. De ces deux, quel est le préférable ?

R. Le piaffer lent, puisque c'est seulement lorsqu'on l'obtient que l'équilibre est dans toute sa perfection.

D. Doit-on faire piaffer le cheval qui ne supporterait pas le rassembler ?

R. Non, car ce serait un *enjambement* sur la gradation logique qui seule donne des résultats certains. Aussi, le cheval qui n'a pas été conduit par cette filière de principes n'exécute qu'avec peine et sans grâce ce qu'il devrait accomplir avec enjouement et majesté.

D. Tous les cavaliers sont-ils appelés à vaincre toutes les difficultés et à saisir tous les effets de tact ?

R. Comme les résultats en équitation ont pour point de départ l'intelligence, tout est subordonné à cette disposition innée ; mais tous les cavaliers seront aptes à dresser leurs chevaux, s'ils renferment l'éducation du cheval dans les mesures de leurs propres moyens.

CONCLUSION.

Tout le monde se plaint aujourd'hui de la dégénération de nos espèces chevalines. Inquiets trop tard, sans doute, d'un état de choses qui menace jusqu'à l'indépendance nationale, les esprits patriotiques cherchent à remonter à la source du mal, et formulent des systèmes divers pour y remédier au plus tôt. Parmi les causes qui ont le plus contribué à la déchéance de nos anciennes races, on oublie, ce me semble, de mentionner la décadence dans laquelle est tombée l'équitation, et l'on ne songe pas davantage que la réorganisation de cet art est indispensable pour accélérer la régénération des chevaux.

Les difficultés de l'éducation sont depuis longtemps les mêmes; mais il y avait autrefois, pour en entretenir, sinon le goût, du moins la pratique constante, des stimulants qui n'existent plus de nos jours. Il y a cinquante ans encore, tout homme d'un rang élevé devait savoir manier un cheval avec habileté, et le dresser au besoin. Cette étude était le complément indispensable de l'éducation des jeunes gens de grande famille; et comme c'était pour eux une obligation de consacrer deux ou trois années aux rudes exercices du manége, ils arrivaient, à la longue, les uns par goût, d'autres par habitude, à devenir des hommes de cheval. Ces dispositions une fois acquises se conservaient toute la vie ; on sentait alors la nécessité de posséder de bons chevaux, et les hommes les plus à même, par leur fortune, d'encourager l'élève, mettaient tout en œuvre pour le seconder de leur mieux. Le placement des sujets distingués devenait alors facile; tous y gagnaient, l'éleveur comme les chevaux. Il n'en est pas ainsi maintenant : l'aristocratie de la fortune, en succédant à celle de la naissance, veut bien posséder tous les avantages de cette dernière, mais elle se dispense des obligations onéreuses qui étaient quelquefois inhérentes à la possession d'un rang élevé. Le désir de briller sur les promenades publiques, ou des motifs plus frivoles encore, engagent quelquefois les grands seigneurs de notre époque à commencer l'étude de l'équitation; mais, ennuyés bien vite d'un travail qui ne leur présente aucun résultat satisfaisant, ils ne trouvent qu'une fatigue monotone là où ils cherchaient un plaisir, et croient en savoir assez dès l'instant qu'ils peuvent se maintenir passablement en selle. Une telle insuffisance équestre, aussi dangereuse qu'irréfléchie, doit nécessairement occasionner mille accidents funestes. On se dégoûte dès lors de l'équitation et du cheval ; et comme rien n'oblige à en continuer l'exercice, on y renonce à peu près, d'autant mieux qu'on se soucie fort peu naturellement de tout ce qui concerne les espèces chevalines et leur perfectionnement. Il faut donc, comme mesure préliminaire à la régénération des chevaux, relever l'équitation du triste abaissement dans lequel elle est tombée. Le gouvernement peut sans doute beaucoup à cet égard ; mais c'est aux maîtres de l'art à suppléer au besoin à l'insuffisance du pouvoir. Qu'ils rendent attrayante et efficace une étude jusqu'à ce jour trop monotone et trop souvent stérile ; que des principes rationnels et vrais mettent enfin l'écolier sur une voie réelle de progrès, que chacun de leurs efforts amène un succès ; et l'on verra bientôt les jeunes gens aisés se passionner pour un exercice qu'on aura su leur rendre aussi intéressant qu'il est noble, et retrouver, avec l'amour des chevaux, une vive sollicitude pour tout ce qui se rattache à leurs qualités et à leur éducation.

Mais les écuyers peuvent prétendre à des résultats plus brillants encore. S'ils parvenaient à faciliter la bonne éducation des chevaux inférieurs, ils populariseraient au sein des masses l'étude de l'équitation ; ils mettraient ainsi à la portée des bourses moyennes, si nombreuses dans notre pays d'égalité, la pratique d'un art qui, jusqu'à ce jour, est resté l'apanage des grandes fortunes. Tel a été, pour mon compte, le but des travaux de toute ma vie. C'est dans l'espoir d'atteindre ce but que je livre au public le fruit de mes longues recherches.

Je dois le dire cependant, si j'étais soutenu par la confiance de pouvoir un jour être utile à mon pays, c'était l'armée surtout qui préoccupait ma pensée. Elle compte, sans nul doute, dans ses rangs beaucoup d'écuyers habiles ; mais le système qu'on leur fait suivre, impuissant à mes yeux, est la véritable cause de l'infériorité équestre du plus grand nombre, ainsi que du mauvais dressage et de la maladresse des chevaux. J'oserai ajouter qu'on doit attribuer en outre au même motif le peu de goût que ressentent en général pour l'équitation les officiers et les soldats. Comment n'en serait-il pas ainsi ? La modicité du prix alloué par l'état pour les chevaux de remonte fait que l'on rencontre dans l'armée très-peu de ces bonnes conformations dont l'éducation est si facile. Les officiers eux-mêmes, montés sur des sujets fort médiocres, s'efforcent vainement de les rendre dociles et agréables. Après deux ou trois ans d'exercices fatigants, ils finissent bien par les soumettre à une obéissance machinale, mais les mêmes résistances du cheval et les mêmes inconvénients de construction se représentent perpétuellement. Rebutés alors par des difficultés qui leur paraissent insurmontables, ils se dégoûtent de l'équitation et du cheval, et ne s'en occupent plus qu'autant que le commandent les exigences de leur état.

Il est cependant indispensable qu'un officier de cavalerie soit toujours maître de son cheval, au point de pouvoir, pour ainsi dire, lui communiquer sa pensée; l'ensemble des manœuvres, les nécessités du commandement, les périls du champ de bataille, tout le réclame impérieusement. La vie du cavalier, chacun le sait, dépend souvent de la bonne ou de la mauvaise disposition de sa monture; de même que la perte ou le gain d'une bataille tient parfois à l'ensemble ou au décousu d'une manœuvre d'escadron. Ma méthode donnera aux militaires le goût de l'équitation, goût indispensable à la profession qu'ils exercent. La nature des chevaux d'officiers, que l'on considère comme si défectueuse, est précisément celle sur laquelle on doit obtenir les résultats les plus satisfaisants. Ces animaux possèdent en général une certaine énergie; et dès qu'on saura bien employer leurs qualités en remédiant aux vices physiques qui les paralysaient, on sera étonné des ressources qu'ils déploieront. Le cavalier, façonnant par degré son cheval, le considérera comme son œuvre, s'y attachera sincèrement, et trouvera alors autant de charmes dans la pratique de l'équitation, qu'il ressentait auparavant d'ennuis et de dégoût. Simples et faciles dans leur application, mes principes sont à la portée de toutes les intelligences. Ils pourront former partout (ce qui est rare de nos jours) des écuyers habiles. Mais je mets en fait que si ma méthode est adoptée et bien comprise dans l'armée, où la pratique journalière du cheval est une nécessité de métier, on verra surgir parmi les officiers et les sous-officiers des capacités équestres par milliers. Il n'est pas un seul d'entre eux qui, avec une heure d'étude par jour, ne puisse être bientôt à même de donner, en moins de trois mois, à n'importe quel cheval, l'éducation et les qualités suivantes :

1° Assouplissement général ;

2° Légèreté parfaite ;

3° Position gracieuse ;

4° Pas régulier ;

5° Trot uni, cadencé, étendu ;

6° Reculer aussi facile et aussi franc que la marche en avant ;

7° Galop facile sur les deux pieds et changement de pied du tact-au-tact ;

8° Travail facile et régulier sur les hanches, y compris les pirouettes ordinaires et reversées ;

9° Saut du fossé et de la barrière ;

10° Rassembler ;

11° Piaffer ;

12° Temps d'arrêt au galop, à l'aide des jambes soutenues préalablement et d'un léger appui de la main. J'en appelle à tous les hommes consciencieux ; ont-ils vu beaucoup d'écuyers en réputation obtenir en si peu de temps de pareils résultats ?

L'éducation des chevaux de troupe, moins compliquée que celle de ceux qui sont destinés aux officiers, devra par conséquent être plus rapide.

MM. les colonels apprécieront bien vite les excellents résultats de ce travail, par la précision avec laquelle s'opéreront tous les mouvements. On pourra exécuter, sans sortir de l'écurie, les flexions si importantes de l'avant-main, chaque cavalier faisant tourner son cheval dans les intervalles de tête à queue. Ce n'est pas à moi, du reste, à tracer à MM. les colonels tous les moyens à suivre pour mettre ma méthode en pratique ; il me suffit d'avoir posé et expliqué mes principes. MM. les officiers instructeurs suppléeront d'eux-mêmes aux détails d'application qu'il serait trop long d'énumérer ici.

Ce livre, je dois le répéter encore, est le fruit de trente années d'observations constamment vérifiées par la pratique. Le travail a été long et pénible sans doute, mais quelles compensations n'ai-je pas trouvées dans les résultats que j'ai été assez heureux pour obtenir ! Il me suffira de donner ici la nomenclature de mes découvertes pour rendre le public juge de leur importance ; et quand je présente ces procédés comme nouveaux, c'est parce que j'ai la conscience qu'ils n'ont jamais été pratiqués avant moi. J'ai donc ajouté successivement au manuel de l'écuyer les principes et les innovations suivantes :

1° Nouveau moyen d'obtenir une bonne position du cavalier ;

2° Moyen de faire venir le cheval à l'homme et de le rendre sage au montoir ;

3° Distinction entre les forces instinctives du cheval et les forces communiquées ;

4° Explication de l'influence d'une mauvaise construction sur les résistances des chevaux ;

5° Effet des mauvaises constructions sur l'encolure et la croupe, principaux foyers de résistance ;

6° Moyens de remédier à ces inconvénients par les assouplissements des deux extrémités et de tout le corps du cheval ;

7° Annihilation des forces instinctives du cheval pour leur substituer les forces transmises par le cavalier, et donner à l'animal disgracieux de l'aisance et du brillant ;

8° Égalité de sensibilité de bouche chez tous les chevaux ; adoption d'un genre de mors uniforme ;

9° Égalité de sensibilité de flancs chez les chevaux; moyens de les habituer tous à supporter également l'éperon;

10° Tous les chevaux peuvent se ramener et acquérir une même légèreté;

11° Moyen d'amener le centre de gravité chez un cheval mal constitué à la place qu'il occupe dans les belles organisations;

12° Le cavalier dispose le cheval à un mouvement, mais il ne le détermine pas;

13° Des causes qui font que des chevaux non tarés ont souvent des allures défectueuses; moyens d'y remédier en quelques leçons;

14° Emploi pour les changements de direction de la jambe opposée au côté vers lequel on tourne, de manière à ce qu'elle précède l'autre;

15° Les jambes du cavalier doivent précéder la main même dans tous les mouvements rétrogrades du cheval;

16° Distinction entre le reculer et l'acculement; de l'effet utile du premier dans l'éducation du cheval; des inconvénients du second;

17° Des attaques employées comme moyen d'éducation;

18° Tous les chevaux peuvent piaffer; moyen de rendre ce mouvement lent ou précipité;

19° Définition du vrai rassembler; moyens de l'obtenir; de son utilité pour la grâce et la régularité des mouvements compliqués;

20° Moyen d'amener tous les chevaux à projeter franchement au trot leurs jambes en avant;

21° Moyens raisonnés pour mettre le cheval au galop;

22° Temps d'arrêts au galop, les jambes ou l'éperon précédant la main;

23° Force continue, basée sur les forces du cheval, le

cavalier ne devant céder qu'après avoir *annulé* les résistances du cheval ;

24° Éducation partielle du cheval, ou moyen d'exercer ses forces séparément ;

25° Éducation complète des chevaux d'une conformation très-ordinaire en moins de trois mois ;

26° Seize nouvelles figures de manége propres à donner le fini à l'éducation du cheval et à perfectionner le sentiment du cavalier (1).

Il est bien entendu que tous les détails d'application qui se rattachent à ces innovations sont nouveaux comme elles et m'appartiennent également.

(1) J'ai eu aussi le premier l'idée de faire exécuter, même par des dames, les grandes difficultés de l'équitation ; le public en a été témoin. Tout le monde a pu admirer Mmes Caroline Loyau, Pauline Cuzent, sœur du charmant compositeur qui joint au don inné de la mélodie, le talent de voltigeur élégant et distingué, Mathilde et la dernière Mme Maria d'Embrun qui a surpassé les trois autres en science et en raisonnement ; elle a obtenu de brillants résultats sur des instruments ingrats, c'est-à-dire avec des chevaux d'une construction vraiment défectueuse. Mme Maria d'Embrun m'a récompensé de mes soins par un zèle et un sentiment équestre qui lui font apprécier les plus petites nuances. Rien ne parle autant en faveur d'un esprit réfléchi, condition indispensable à quiconque veut être supérieur.

J'ai en outre initié à ma méthode plus de douze cents cavaliers de tous pays ; j'ai formé *gratuitement* une quarantaine de professeurs qui en font leur état ; quelques-uns paraissent en public, et plusieurs ont déjà fait fortune ; d'autres enfin recueillent des palmes et éprouvent de grandes satisfactions d'amour-propre. Comme innovateur, je m'en enorgueillis, et cela me suffit heureusement ; car, sur ce nombre de quarante, il n'y en a pas trois qui aient eu la politesse qu'entraîne naturellement la reconnaissance ; cependant, je leur ai *donné* trente années de recherches en quelques mois. Eh bien ! le croirait-on, quelques-uns ont pensé qu'ils étaient les auteurs de ma méthode ; d'autres se sont faits renégats, en apparence, pour ne s'attribuer qu'à eux-mêmes le mérite de leur savoir ; enfin, et cela paraîtra peut-être incroyable, il y en a qui viennent de temps à autre me communiquer comme venant d'eux (Dieu sait s'ils en sont capables) des principes et des moyens que j'ai écrits il y a vingt ans et que je leur ai expliqués mille fois. Mais, tranquillisons-nous : c'est Dieu qui se charge de juger et de condamner les voleurs d'idées ; mais, en attendant, convenons que celui qui à cinquante ans, après de mûres réflexions, n'est pas aux trois quarts misanthrope, a été nul toute sa vie.

PASSE-TEMPS ÉQUESTRES.

NOTICE

SUR

F. BAUCHER

POUR SERVIR DE PRÉFACE AUX PASSE-TEMPS ÉQUESTRES,

PAR MAXIME GAUSSEN.

Cet ouvrage n'était pas destiné à la publicité : sa composition fut un délassement qui reposait la pensée studieuse de son auteur des fatigues d'un travail pénible et journalier. Curieux d'être initiés à toutes les idées du maître, ses élèves ont compté sur son amitié pour les connaître ; le cercle des lecteurs s'est étendu peu à peu, et cet enfant des loisirs de Baucher est presque entré dans le monde sans que le père s'en aperçût. Quand on l'a pressé de le publier, le refus n'était plus possible ; c'était d'ailleurs prévenir les mauvaises traductions.

Le titre de ce livre est modeste, et cache une pensée profonde sous une enveloppe spirituelle et originale. Sans les notes explicatives qui l'accompagnent et le complètent, beaucoup le liraient sans trop le comprendre et souriraient de bonne foi en présence de la prétendue bizarrerie de sa conception. Pour nous, quelle que soit la formule qu'adopte le talent pour se révéler et se produire, qu'importe? Au fond, la question est-elle neuve? l'œuvre a-t-elle de l'avenir? voilà tout!

Cet ouvrage n'est certainement pas le dernier mot d'un génie spécial et fortement constitué, nous l'espérons. Sorti depuis longtemps du sentier pratiqué, cet homme a creusé seul sa route, et s'inquiète faiblement des formes usitées. On pourra dire : Est-ce un livre d'équitation seulement? l'auteur a-t-il un double but? Nous n'hésiterons pas à répondre : Il n'a jamais eu la prétention d'être moraliste, et nous penchons à croire, sans être sûr d'entrer dans l'intimité de sa pensée, que l'aphorisme philosophique qui déguise le principe équestre sans l'empêcher d'être visible, et force l'intelligence à en chercher le sens spécial, a pour but de le graver plus profondément dans la mémoire.

Ce livre sera peut-être faiblement apprécié par le plus grand nombre; car, pour en comprendre toute la portée, il faudrait s'initier d'abord au talent pratique de son auteur. Peu de cavaliers savent encore que Baucher a tracé une voie toute nouvelle, sans maître, sans antécédents, et qu'il faut le reconnaître, aujourd'hui, comme le chef d'une école qui doit effacer toutes les autres. Quel immense travail, quelle persévérance, pour trouver, sans guide, une route inconnue dans ce terrain si longuement exploré, si savamment battu! C'est peut-être un bonheur pour Baucher de n'avoir pas eu de maître; car, avec son organisation privilégiée, obtenant très-vite les résultats de ses devanciers, satisfait d'une supériorité facilement acquise, il n'aurait sans doute pas cherché hors d'un talent transmis les moyens d'arriver à une sphère plus élevée. Mais il était seul, et, après avoir conquis une pratique douteuse et difficile dans les théories obscures de nos anciens maîtres, peu satisfait du résultat de ses recherches, comme il l'a dit lui-même, son organisation sagace et logique l'a forcé de conclure qu'il y avait quelque chose en dehors du monde connu. Il s'est dit : Dresser un cheval, c'est être maître de toutes ses forces, et avoir triomphé précédemment des différentes résistances qu'il oppose. Ce principe le conduisait tout naturellement à cette question savante : Comment l'animal résiste-t-il à l'effet de nos forces ? Le jour où il a trouvé l'énigme en disant : Le cheval résiste par l'encolure, sa route était tracée ; hérissée de tâtonnements, de dégoûts, il est vrai, mais éclairée par une vérité profonde qui devait seulement pâlir encore devant les difficultés de la pratique. Et, d'abord, quel travail pour la traduire en résultats ! que d'essais meurtriers, infructueux ! quel emploi malheureux de tous les instruments inventés par la routine ! quel dédale dans cette variété trompeuse d'embouchures qu'il a toutes essayées et toutes abandonnées ! quelle distance du point de départ, quand on le voit aujourd'hui dresser tous les chevaux avec un simple filet, et qu'on sait qu'il a dû lutter longtemps, et sans succès, avec des mors d'une puissance effrayante ! Reprenons à sa naissance, pour mieux la faire comprendre, la route qu'il a si savamment parcourue.

Le cheval résiste, s'est-il dit, par l'emploi d'une force qui amène la position avec laquelle il opère ce mouvement de résistance. Le mouvement est donc soumis à la position, et celle-ci à la force, sans laquelle ces deux effets ne peuvent se produire. C'est donc à s'emparer des forces du cheval que doivent tendre les efforts du cavalier. Dès qu'il en sera le maître, il exercera un empire absolu sur la masse, car il fera naître et dirigera les mouvements. Ce principe reconnu, il fallait l'appliquer. C'est en observant dans sa pratique la même gradation qu'il avait suivie dans sa théorie, que Baucher est parvenu à donner à tous ses chevaux un centre de gravité convenable à l'emploi des forces dont il a besoin ; et, comme les chevaux ont tous des constructions différentes qui donnent aux forces des directions variées, c'est en combattant, c'est en interceptant toutes ces forces qu'il en a changé la disposition, et facilité à la masse un nouveau mode de translation. Donnant au centre de gravité une position telle que le poids du corps soit également réparti sur les quatre extrémités, Baucher obtient un équilibre parfait qui permet à ses chevaux d'exécuter rapidement et sans efforts toute espèce de mouvement. Le mérite de la méthode dont nous parlons, c'est d'obtenir ce résultat, non-seulement sur des animaux bien conformés, mais sur les constructions les plus vicieuses; et son auteur est fermement convaincu que jamais ses devanciers ne l'avaient obtenu. Selon lui, avec les anciennes méthodes on pouvait bien dresser les chevaux qui réunissent toutes les conditions propres à toute espèce d'éducation; mais elles ne pouvaient vaincre les difficultés que présentent les conformations défectueuses. Ainsi, pour revenir à notre premier point de départ, le travail de Baucher consistait donc à s'emparer des forces du cheval; et, comme il avait découvert que toutes les résistances, quelle qu'en soit l'origine, se manifestent d'abord par une contraction de l'encolure, il commença par assouplir cette partie importante. Maître de ses mouvements et de ceux de la tête, il lui restait à profiter de leur assouplissement pour dominer toutes les autres parties du corps, et rendre ainsi les allures faciles et régulières. Mais le cheval dressé n'est pas seulement celui qui marche, trotte et galope à volonté; c'est encore, et surtout, celui sur lequel on opère les flux et reflux de poids avec une grande facilité : dès lors, à la justesse et à la régularité des allures se joignent la cadence et l'élévation, et l'on peut, enfin, aborder les hautes difficultés de l'art, sans compromettre jamais ni l'équilibre, ni la constitution de l'animal. Pour obtenir facilement cette translation de poids du devant sur le derrière et d'arrière en avant, il fallait un travail spécial : Baucher l'a trouvé dans le reculer. Ses chevaux reculent avec une facilité étonnante; car ce n'est pas seulement dans le but rétréci d'obtenir un mouvement d'une utilité très-bornée qu'il insiste sur ce travail et qu'il y revient continuellement, mais c'est pour être entièrement maître de l'équilibre de la masse, obtenir la plus grande souplesse possible dans les reins et dans les hanches, et conséquemment dans les flux et reflux de poids d'avant en arrière et d'arrière en avant.

On comprend qu'il a dû, seulement alors, se trouver en face de cette vérité profonde, que l'on aperçoit en germe dans un seul théoricien : Il n'y a point de bouches dures, sourdes ou égarées; il n'y a qu'une difficulté plus ou moins grande d'équilibre, puisque, cette difficulté vaincue, la bouche devient belle, l'appui léger et sûr.

D'après cet exposé, on voit que les moyens de Baucher tendent continuellement à détruire les résistances de l'animal; aussi se sert-il beaucoup, comme aides, des attaques, qu'il gradue à l'infini. Cet emploi rappelle le pincer délicat de l'éperon, dont parle M. de la Guérinière; mais il en obtient des conséquences plus complètes. Non-seulement ses attaques donnent l'impulsion, mais elles ramènent l'équilibre; car chez le cheval qui répond préalablement aux oppositions de la main, il intercepte, au profit de l'élévation, le surcroît d'action donnée par l'attaque. Il est vraiment curieux de voir les chevaux dressés par Baucher s'asseoir sur l'attaque vigoureuse des éperons, pour peu qu'elle soit accompagnée de la plus légère opposition de la main. Selon lui, seulement alors on peut dire que l'animal est dressé; en effet, maître entièrement de son équilibre, le cavalier peut disposer de toutes ses forces, ou les paralyser à volonté.

Il ne faudrait pas conclure, d'après quelques aperçus épars à droite et à gauche, que la méthode dont nous nous occupons n'est pas entièrement neuve ; en voici une preuve fondamentale : dans son travail d'oppositions, Baucher résiste toujours quand il y a résistance, et ne rend que lorsque le cheval cède. Il résiste par un mouvement spontané, vigoureux, lorsque la résistance se manifeste d'une manière vive et violente; avec lenteur et progression, si la force opposante se produit lentement et progressivement. Où trouver trace de ce grand principe ? L'ancienne équitation roule sur le contraire : c'était quelquefois le sentiment non-raisonné du cavalier qui rectifiait le vice de la théorie.

On serait tenté de conclure, à première vue, que cette lutte continuelle avec les forces résistantes du cheval doit prendre sur sa constitution ; une pratique raisonnée de la méthode nouvelle prouve évidemment le contraire. Non-seulement les sujets dressés par Baucher se conservent, mais l'équilibre parfait qu'il leur donne a toujours pour résultat de soulager, et par suite de consolider les parties faibles qui se trouvent surchargées d'un poids écrasant, conséquence d'un emploi de forces vicieux. Dans cette lutte d'oppositions, un des plus féconds principes de l'auteur, c'est de prendre seulement sur l'excédant des forces nécessaires au mouvement exigé.

Ainsi, pour que l'équilibre indispensable au travail se perde, il faut que l'impulsion augmente ou diminue : dans le premier cas, la main agit comme force résistante jusqu'à ce que l'animal cède ; dans l'autre, les jambes redonnent un excès d'impulsion dont la main paralyse une partie, pour rappeler l'équilibre.

Après avoir trouvé les différents moyens d'assouplir l'encolure, de faciliter les reflux de poids d'avant en arrière et réciproquement, la route était ouverte, mais il restait énormément à faire ; il fallait appliquer ces différents principes aux mille et une variétés de constructions vicieuses qui compliquent les résistances. Une étude pratique immense, suivie avec persévérance sur une énorme quantité de sujets, lui a donné des résultats extraordinaires. En peu de jours les chevaux les plus difficultueux, les plus mal disposés sous tous les rapports, reculent avec une grande facilité, prennent aisément toutes les directions, et acquièrent une finesse, une sûreté d'équilibre étonnante ainsi que des allures parfaitement régulières.

Il faut dire maintenant que si les principes de Baucher suffisent à tout, s'ils peuvent se renfermer dans une vingtaine de lignes, leur application demande une exécution et un tact qui ne s'acquièrent qu'après un travail persévérant et méthodique. Voyez travailler *Partisan*, cette œuvre gracieuse de génie et de patience : ce cheval à l'encolure roide et tendue, se traînant sur les épaules, dont les allures et le caractère avaient été pervertis, est devenu le cheval d'Espagne le plus souple, le plus gracieux, le plus cadencé dans ses mouvements que l'on puisse voir. Ce serait un livre bien curieux et d'une grande utilité que l'histoire de son éducation. Espérons que Baucher nous la donnera. Il prouve avec Partisan, et d'une façon irrésistible, que l'équilibre fait les allures. Il passe d'un piaffer précipité, près de terre, à une cadence lente, élevée, en changeant seulement la position de la tête et de l'encolure. Il s'arrête une jambe en l'air dans une marche de côté avec une précision et une facilité inconcevables; ses changements de pied en l'air se font avec autant d'aisance et de vitesse que si l'animal les produisait de lui-même. Au reste, tous ceux qui aiment et pratiquent les chevaux à Paris connaissent cette merveille de l'éducation.

Il ne sera peut-être pas sans intérêt, pour les cavaliers sérieux, de donner ici, en quelques lignes, les détails que nos questions empressées ont obtenus de Baucher, sur les dispositions premières de Partisan et les difficultés de son éducation. D'après le maître, l'action de son cheval n'est grande, énergique, qu'autant qu'il reste dans sa position naturelle; toutes ses allures sont alors près de terre, et ses forces conséquemment difficiles à modérer. La disposition de sa croupe et de ses hanches donne une chasse qui, jointe à la forte tension de l'encolure, rend impuissants les mors les plus violents, les mains les mieux exercées. Le moral de l'animal est inquiet, et la surabondance d'énergie qu'il déploie quand il est maître de ses forces, double sa susceptibilité; alors il cherche à s'éloigner des objets nouveaux pour lui d'aussi loin qu'il les aperçoit. La construction de Partisan est celle d'un cheval de course, et, à part les frayeurs qui devaient amener de fréquents tête-à-queue, il est facile de comprendre que sa disposition naturelle n'était guère propre à en faire un cheval de promenade. Aussi, bien qu'on ne le recherchât nullement, et qu'on lui demandât simplement de marcher droit devant lui, souvent Partisan s'y refusait et manifestait ses défenses par des pointes et par des cabrades continuelles; ou bien il s'emportait malgré la résistance violente que lui opposaient ses cavaliers. Dès lors, le cheval à la généalogie distinguée, aux formes gracieuses, ne fut plus digne de l'attention des connaisseurs et, quoique vendu un prix énorme à son arrivée en France, il fut cédé à Baucher pour une somme on ne peut plus modique.

L'étonnement dut être grand dans le monde équestre, quand on vit cet animal, jadis indomptable, exécuter sous son nouveau maître les plus grandes difficultés de l'équitation; bien mieux, aujourd'hui, ce beau cheval travaille au son de la musique, dont ses mouvements expriment, pour ainsi dire, la cadence et le sentiment.

L'assouplissement total de toutes les parties du corps, un rassemblé complet, forment la base de l'éducation de Partisan; la juste répartition des forces, leur réunion aisée au centre de gravité, l'emploi facile des muscles nécessaires aux mouvements simples ou compliqués, l'ont conduit à exécuter sans confusion, non-seulement les plus grandes difficultés de l'art, mais des choses que l'on aurait crues presque impossibles avant lui. Partisan vient de prouver que l'on peut changer d'une manière complète les dispositions naturelles du cheval, que l'on peut donner au sujet que sa constitution relègue dans les allures près de terre, la cadence et l'élévation de l'animal le mieux constitué; que non-seulement on peut agir de haut en bas et de bas en haut, de façon à faire primer les leviers supérieurs sur les inférieurs, et réciproquement en appliquant ces dénominations aux moteurs qui agissent le plus dans les différentes allures, mais encore que les extrémités antérieures, par exemple, peuvent avoir un mouvement uniforme et cadencé de droite à gauche et de gauche à droite, sans que ces différentes translations de poids dérangent l'immobilité des jambes opposées. Baucher a prouvé en outre que les forces et les poids peuvent se répartir diagonalement à volonté, c'est-à-dire que l'on peut mobiliser indistinctement deux jambes, une antérieure et l'autre postérieure, en conservant l'immobilité des deux autres; que les forces qui agissent ainsi isolément peuvent se réunir immédiatement au centre de gravité et produire une lutte égale, un ensemble parfait dans toutes les parties du corps. Il est facile de comprendre les hautes difficultés qui doivent surgir quand il faut amener un accord aussi juste dans toutes les forces; ces difficultés vaincues viennent de saisir tous les yeux. Il faut ajouter que les amateurs les plus compétents sont encore loin d'apprécier le travail de Partisan. L'un prétend que la musique conduit le cheval, et que son maître n'emploie que sa mémoire; l'autre, que la privation de sommeil, de nourriture, est la base de son éducation; celui-ci vous dira que des moyens purement mécaniques, des jambes attachées, par exemple, l'ont forcé de produire ces mouvements surprenants. Vingt jugements de cette force ont été portés sur le travail de Partisan; c'est une machine qui doit tout son prestige à la patience du maître et aux attentions des palefreniers. Le bon sens de la masse, qui n'explique pas mais qui juge, a trouvé que Baucher fait faire à son cheval des choses délicieuses; instinctivement, il en a conclu que c'est un grand écuyer. Le peuple a frappé juste, l'homme est jugé aujourd'hui. Comme tous les innovateurs, Baucher a ses détracteurs, nous avons été de ce nombre; ne comprenant pas, nous avons conclu à l'absurde. Nous disions : De quelle autorité M. Baucher vient-il, d'un trait de plume, biffer tout notre passé équestre? Tant d'hommes de talent, produits à tant d'époques différentes, auraient passé à côté de la vérité sans la voir! c'est impossible, le novateur a tort; et avec la meilleure foi du monde, cette conclusion paraissait rigoureuse, car nous ne comprenions pas. Baucher avait beau nous dire : *Cependant elle tourne;* il parlait à des gens qui ne voulaient pas entendre; on pouvait tout au plus lui accorder de rêver de bonne foi. Il ne faut cependant pas trop s'accuser. Ce qui prouve la valeur du talent de Baucher, c'est qu'il est presque impossible, même avec une certaine pratique, d'appliquer ses principes seul, d'après la théorie qui nous paraît aujourd'hui si claire et si facile à comprendre. On devait donc commencer par douter. Cependant s'il est pardonnable, en lisant son premier ouvrage, de nier son talent, cela n'est plus permis aujourd'hui, quand on le voit exécuter; il faudrait être de mauvaise foi, ou bien fanatique du passé. Quelle que soit la méthode qui conduit à une exécution aussi parfaite, il est impossible de lui refuser une grande valeur, de ne pas l'examiner avec soin; dans ce cas, vous ne doutez pas longtemps : Baucher vous fait toucher du doigt et résoudre

comme par enchantement toutes les difficultés de la science.
Nous ne craignons pas d'avancer ici que tous ceux qui
voudront se donner la peine d'assister à ses leçons deviendront bientôt ses élèves, ou au moins ses admirateurs.
L'amour-propre mal compris se roidira vainement; cet
homme est en pleine possession d'un avenir immense; il
est entré le premier dans une route vierge et féconde qu'il
a déblayée jusqu'au bout; la science équestre peut, entre
ses mains, acquérir une valeur inconnue jusqu'à présent,
et nous sommes convaincu qu'avant peu l'étranger nous
enviera son beau talent. Nous le répétons en finissant,
Baucher n'est pas encore compris; il a le malheur d'être
trop avancé, mais le triomphe de sa méthode n'est pas
douteux. Ses découvertes doivent amener de grands résultats, car il ne faut pas oublier que la moitié des chevaux, en France, rendent de mauvais services et sont rebutés, faute de savoir en tirer parti. Malheureusement,
aujourd'hui, le mauvais exemple part d'en haut; notre jeunesse fortunée préfère les sauts de barrière et les courses
de vitesse aux jouissances si fructueuses de la science bien
appliquée. Il faut l'avouer, avant Baucher, l'équitation n'était pas assez positive: il fallait déjà du talent pour comprendre et appliquer avec quelque fruit; avec lui, le plus
faible cavalier peut savoir en six leçons la valeur et la
cause des difficultés qu'il rencontre; quand elles sont légères, leur solution ne se fait guère attendre. Terminons
en disant qu'un jour, qui ne peut être éloigné, l'homme
d'un génie spécial et distingué prendra sa place; nous nous
glorifierons alors d'avoir été un des premiers à l'apprécier,
à compter parmi ses disciples, tout en contribuant de nos
faibles moyens à faire comprendre son beau talent.

M. G.

PASSE-TEMPS ÉQUESTRES.

A

ABANDONNER UN CHEVAL.

Le sot ou l'étourdi peuvent sels jouer leur vie contre celle d'un insensé.

ACCULER (S').

L'esprit cultivé n'intervertit point les lois de la nature.

ACCULER UN CHEVAL.

Les caractères les plus flegmatiques ont leurs moments d'exaspération, quand ils sont poussés à bout.

ACHEMINER UN CHEVAL.

Les mauvais principes paralysent souvent les bonnes intentions.

ACHEVER UN CHEVAL.

Après Dieu, l'homme seul a un pouvoir magique sur tout ce qui l'entoure.

ACTION.

Un bon naturel ne peut jamais dissimuler ses généreux élans.

NOTES DES PASSE-TEMPS ÉQUESTRES.

A

ABANDONNER UN CHEVAL.

Le cheval *abandonné* à lui-même peut se livrer à tous les égarements de sa fougue, exposer les jours du cavalier et les siens.

ACCULER (S').

Le cheval dressé ne *s'accule* jamais; il est au cheval brut ce qu'est l'homme érudit à l'homme ignorant : ni l'un ni l'autre ne feront des choses entièrement opposées aux bonnes leçons qu'ils ont reçues, et dont ils ont apprécié les avantages.

ACCULER UN CHEVAL.

Quelque calme que soit un cheval, si le cavalier le comprime trop péniblement, il *l'acculera* et pourra même le renverser, surtout alors que le cheval a peu de force dans son arrière-main.

ACHEMINER UN CHEVAL.

Les défenses des chevaux ont souvent pour cause la négligence que l'on apporte à les *acheminer* : ils sont entraînés à faire le mal lorsqu'ils sont châtiés pour le bien qu'ils font.

ACHEVER UN CHEVAL.

Je ne sache pas qu'il y ait d'autre auteur des lois naturelles que Dieu, et d'autre *coordonnateur* pour leur application que l'homme. *Achever un cheval* en est une preuve vivante.

ACTION.

Les dons véritables de la nature percent à travers tous les âges. *L'action* est une qualité de l'âme; elle paraît et disparaît avec la vie.

ADELA.

L'influence qu'exerce un mot n'est bien significative que par le geste qui l'accompagne : leur désaccord en change l'interprétation.

AIDES (LES).

Il faut secourir l'enfance, encourager l'âge mûr et raviver la vieillesse.

AIRS BAS.

Il faut élever la voix pour se faire entendre, et non pour étourdir.

AIRS RELEVÉS.

La jactance élève la voix pour étourdir, et non pour se faire entendre.

AJUSTER UN CHEVAL.

La bravoure a ses périls, et le talent ses écueils.

AJUSTER LES RÊNES.

La paternité doit partager également ses affections, bien que sa sévérité ne soit pas la même.

ALLÉGER.

La gloire qu'entraîne une belle action rejaillit toujours sur son auteur.

AMAZONE.

La grâce peut étendre sa domination si la douceur lui sert de guide.

AMBLE (L').

Le langage bien vrai de la campagne est de beaucoup préférable au langage falsifié des grandes villes.

ADELA.

Il faut, si l'on veut être compris du cheval, que les mouvements des mains et du corps soient bien en rapport avec le mot insignifiant *Adela*.

AIDES (LES).

Il faut *aider* le jeune cheval pour s'en faire comprendre, conserver la force et les bonnes dispositions du cheval adulte pour en tirer parti, et donner au vieux cheval les moyens de rendre encore quelques services.

AIRS BAS.

Les *airs bas* laissent peu de chose pour la gloriole ; mais ils ont du moins le double avantage de ne compromettre ni la réputation de l'écuyer, ni l'organisation du cheval.

AIRS RELEVÉS.

L'écuyer qui ne vise qu'aux *airs relevés* ne comprend l'art qu'à demi et manque souvent son but. Heureux quand il ne rend pas l'organisation du cheval victime de son vaniteux savoir.

AJUSTER UN CHEVAL.

Il est peu d'écuyers qui n'aient monté des chevaux avec la certitude qu'ils exposaient leurs jours ; il en est peu aussi qui soient moralement sûrs d'arriver à bien *ajuster un cheval*.

AJUSTER LES RÊNES.

Ajuster les rênes, c'est leur donner une juste et égale tension ; néanmoins, dans les divers plis à donner à l'encolure, l'une doit primer sur l'autre.

ALLÉGER.

Le cheval lourd à la main est non-seulement disgracieux, mais sujet aux chutes et incapables d'apprécier les effets du mors. C'est en *allégeant* cette lourde masse que le cavalier pourra compter sur une obéissance passive.

AMAZONE.

La condition indispensable pour une *amazone* c'est un cheval dressé ; elle pourra alors rivaliser, pour la précision du travail, avec les premiers écuyers.

(J'entends par *Guide*, qui pourrait être pris dans une fausse acception, non pas le cheval conduisant l'amazone, mais la précédant par sa marche.)

AMBLE (L').

L'amble, étant une allure naturelle à une espèce de chevaux qui rend de très-grands services, doit certainement être préféré aux allures décousues de ces chevaux de $1/10^{me}$ de sang que nos fashionables ont mis à la mode.

ANIMER UN CHEVAL.

Il faut secourir l'intelligence et stimuler la paresse ; la bonté et l'énergie étant le fait d'une belle âme.

APPUI.

On se soumet au langage de la raison ; mais on résiste à l'interpellation de l'impudence.

APPUYER DES DEUX.

La sévérité a sa gradation : aussi est-ce une arme perfide dans de mauvaises mains.

ARDEUR.

Les qualités du cœur ont souvent été payées d'ingratitude ; les faux amis abusent de tout.

ARMER (S').

On ne connaît souvent son bienfaiteur qu'après qu'il vous a sauvé du péril.

ARRÊT (L').

C'est avec le présent qu'on se rappelle le passé et qu'on peut réfléchir sur un meilleur avenir.

ARRÊT (LE DEMI-).

Les traits d'esprit, lancés à propos, réveillent l'attention et entretiennent le feu de la conversation.

ARRONDIR UN CHEVAL.

On est d'autant mieux reçu qu'on sait bien se présenter.

ANIMER UN CHEVAL.

Il y a de la cruauté à rouer de coups le pauvre animal auquel il est physiquement impossible de précipiter ses mouvements, ou celui qui est naturellement paresseux; il faut secourir l'un et *animer* l'autre, si l'on veut encore en tirer quelques services.

APPUI.

Comme tous les chevaux peuvent avoir un bon *appui*, c'est à l'aide de mouvements justement raisonnés que l'on obtiendra cette légèreté; les mouvements non coordonnés étant sans but, seraient sans résultat.

APPUYER DES DEUX.

L'on ne doit pas, comme le prescrivaient les anciens auteurs, *appuyer des deux* toujours vigoureusement et seulement comme châtiment; c'est en se servant des éperons graduellement, et surtout comme moyen d'éducation, qu'on en tirera des effets magiques.

ARDEUR.

L'*ardeur* est une qualité innée chez le bon cheval; malheureusement on en abuse souvent, et le cheval est épuisé avant l'âge. Il n'y a, il est vrai, que de mauvais cavaliers qui mésusent ainsi des précieuses qualités de leurs chevaux... Mais, chut! ils sont en majorité.

ARMER (S').

Le cheval qui *s'arme* pourrait se briser la tête contre un mur ou tout autre obstacle si le cavalier ne détruisait instantanément toutes les forces qui amènent ce moment d'exaspération; c'est après la réussite de ce moyen pratique que le cheval semble témoigner sa reconnaissance par une grande légèreté.

ARRÊT (L').

Le cavalier doit profiter des temps *d'arrêt* pour repasser dans son esprit toutes les nuances du travail qui a précédé, s'adresser de graves reproches si le cheval a mal compris, et bien se promettre d'observer dans la suite plus d'ordre et de gradation.

ARRÊT (LE DEMI-).

Les *demi-arrêts* servent à réveiller l'excitabilité du cheval et le forcent à porter son attention sur le cavalier. Ils donnent encore de la grâce à sa position et de la cadence à ses mouvements.

ARRONDIR UN CHEVAL.

Le cheval suivra d'autant plus exactement le contour d'une ligne circulaire qu'il *s'arrondira* plus facilement.

ASSSEMBLER UN CHEVAL.

Faute du développement des facultés, on ne trouve qu'un esprit ordinaire là où il y avait un génie.

ASSEOIR UN CHEVAL SUR LES HANCHES.

Il faut au jugement une base élastique pour qu'il réagisse toujours avec la même précision.

ASSOUPLISSEMENT.

Les démarches qui paraissent inutiles amènent souvent des résultats inattendus.

ASSURÉ.

Les pensées qui élèvent vers le ciel font mépriser la terre.

ATTACHER (S').

On ne doit emprunter qu'avec discrétion et avec la certitude de pouvoir rendre.

ATTAQUER.

C'est le discernement qui doit juger si la cause d'une injure est préméditée ou involontaire.

ATTENDRE UN CHEVAL.

La connaissance du cœur humain conduit à la bienveillance.

AUBIN.

Tête jadis bien organisée qui, vainement, cherche ses idées premières.

AVANTAGE (ÊTRE MONTÉ A SON).

Celui qui partage nos sentiments doit avoir une place marquée dans notre estime.

ASSEMBLER UN CHEVAL.

Chaque jour on prononce le mot *assembler* sans se rendre compte de ce qui constitue sa mise en pratique ; aussi, les dispositions du cheval étant paralysées, il est mis, malgré ses qualités, au rang des chevaux incapables. *Voilà le revers de la médaille.*

ASSEOIR UN CHEVAL SUR LES ANCHES.

Le manque ou l'excès d'exercice dans les jarrets détruit leur élasticité, et les réactions ne s'opérant plus qu'à temps inégaux, le cheval ne peut *s'asseoir* que très-difficilement.

ASSOUPLISSEMENT.

Ce n'est qu'aujourd'hui que l'on comprend réellement quelle influence exerce sur toute la masse l'*assouplissement* complet de l'encolure et de quelle utilité il est pour la prompte et belle éducation du cheval.

ASSURÉ.

Pour faire comprendre que le cheval trotte bien et est *assuré*, les maquignons normands se servent de cette expression : *Il méprise la terre qui le porte.*

ATTACHER (S').

Les résistances que l'on présente au cheval qui *s'attache* à la main ne doivent pas être machinalement employées, mais avoir pour but de détruire les forces qu'il nous oppose. L'action de rendre doit suivre immédiatement chaque acte d'obéissance, ou la punition serait inutile et même nuisible.

ATTAQUER.

Il ne faut sévir énergiquement contre le cheval qu'après s'être assuré qu'il agit méchamment. Pour s'en convaincre, il faut, avant d'avoir recours aux *attaques*, employer graduellement la pression des jambes.

ATTENDRE UN CHEVAL.

Le véritable écuyer ne demande pas au jeune cheval plus qu'il ne peut faire ; il sait *attendre* qu'il soit en âge de force pour satisfaire ses exigences, persuadé que le temps est une seconde nature.

AUBIN.

Les rudes travaux auxquels on assujettit les chevaux de poste détériorent leurs allures véritables et leur en font prendre de défectueuses. C'est en vain que le cheval qui marche l'*aubin* voudrait reprendre ses allures premières.

AVANTAGE (ÊTRE MONTÉ A SON).

Plus le cavalier sera en rapports de proportions avec son cheval, plus il sera *monté à son avantage.* Les points de contact étant plus nombreux, l'intimité suivra tout naturellement.

AVERTI (PAS).

Il ne faut vouloir être ni supérieur ni inférieur à ce que l'on est ; mais être soi dans toute l'acception du mot.

AVERTIR UN CHEVAL.

Dis-moi qui tu hantes et je te dirai qui tu es.

B

BALANCER.

Il faut une énergie véritable pour ne pas fléchir sous l'instabilité des choses humaines.

BALLOTTADE (LA).

Le sarcasme et la raillerie échouent en présence d'une volonté inébranlable.

BARRES.

Les accusations portées contre l'innocence sont perfides, bien qu'elles aient pour cause une erreur.

BATTRE A LA MAIN.

Celui qui supporte humblement les menaces injurieuses pourra-t-il en arrêter les conséquences ?

BÉGAYER.

Les petites épargnes forment un capital.

BERCER.

Les pensées incertaines sont impropres aux grandes actions.

AVERTI (PAS).

Le *pas averti* étant, par sa nature, soutenu et cadencé, doit conserver son mouvement harmonieux pendant tout le temps que dure ce travail. Si l'art se prosterne devant une aussi belle nature, la nature doit, à son tour, admirer l'art, qui, bien souvent, se met en son lieu et place.

AVERTIR UN CHEVAL.

Le cheval est le miroir où se reflètent les qualités ou les défauts de l'écuyer. Pour s'en faire une idée, il suffit de le voir *avertir son cheval*.

B

BALANCER.

La mauvaise construction des chevaux les rend incertains dans leurs allures et les porte à se *balancer*.

BALLOTTADE (LA)

Le sarcasme et la raillerie représentent les ruades et *ballottades* d'un cheval placé dans les piliers.

Le cavalier qui en supporte les mouvements en selle rase fait preuve d'une vraie solidité.

BARRES.

Avant la publication du *Dictionnaire raisonné* on attribuait aux *barres* les résistances des chevaux ; de là s'ensuivaient mille moyens inopportuns, toujours au détriment de l'art et des chevaux. C'est de l'apparition du Dictionnaire raisonné que date la *réhabilitation des barres*.

BATTRE A LA MAIN.

L'action de *battre à la main* renferme souvent une intention de défense de la part du cheval. Le cavalier *ami du progrès* peut en détruire le principe en quelques minutes ; celui qui progresse à la manière des écrevisses rangera ce mouvement passager du cheval parmi les *cas rédhibitoires*.

BÉGAYER.

Le mouvement saccadé de la mâchoire du cheval s'appelle bégayer. Non-seulement cette action fait sortir le cheval de la main, mais elle le jette sur les épaules et le conduit à se défendre. C'est à l'aide d'à-propos, de petits temps bien saisis, qu'on arrête tout ce qui pourrait tourner à mal.

BERCER.

Le *bercement* des reins et de la croupe rend le cheval incapable de supporter un rassemblé complet et d'exécuter par conséquent les difficultés de l'art.

BOND (LE).

Il faut arêter à leur naissance les vices que l'on aurait à cœur de réprimer par la suite.

BOUCHE ÉGARÉE.

Il y a folie à vouloir être parrain sans filleul.

BOUTS (LES DEUX) EN DEDANS.

C'est momentanément qu'il faut laisser en présence l'orgueil et l'insouciance : la prétention de l'un se froisserait du regard prolongé de l'autre.

BRANLE DE GALOP.

Le beau doit servir de modèle à ses admirateurs.

BRAVE.

L'art coopère à la perfection des facultés, mais on naît avec un bon cœur.

BRIDER (SE BIEN).

Chaque intelligence a son côté faible, il suffit de savoir s'y prendre.

BRIDON.

La nature nous a faits pour être en société, et non pour vivre seuls.

BRILLANT.

Une belle figure peut être trompeuse, mais elle prévient toujours en sa faveur.

BRINGUE (UNE).

On est peu sensible à l'infortune qui ne nous atteint pas, et péniblement affecté de la richesse des autres.

BOND (LE).

Le *bond*, qui n'est que le mouvement de fougue d'un jeune cheval, pourrait avoir des suites fâcheuses si le cavalier ne déjouait ces enfantillages avant qu'ils ne fussent dégénérés en défenses.

BOUCHE ÉGARÉE.

La méthode et le dictionnaire raisonné ont démontré dans maints passages que la bouche des chevaux était *une* et que l'on avait toujours pris l'effet pour la cause en attribuant à la bouche les résistances qui n'étaient dues qu'à une mauvaise répartition de forces et de poids. La dénomination de *bouche égarée* est donc fausse. J'en demande bien pardon à l'auteur.

BOUTS (LES DEUX) EN DEDANS.

Le travail des *deux bouts en dedans* étant une difficulté de l'art, il y aurait inconvénient à trop prolonger ce mouvement, tout à fait contre nature.

BRANLE DE GALOP.

Faire succéder l'harmonie à la confusion et arriver ainsi à donner un beau *branle de galop* à un cheval d'une nature ingrate, est ce qui constitue le véritable écuyer.

BRAVE.

L'action primitive chez le cheval est une des qualités qui le rendent franc et *brave*. L'art peut bien lui donner une vigueur factice, mais elle n'est que momentanée, et ne peut être confondue avec le brillant continu que donne l'action naturelle.

BRIDER (SE BIEN).

En démontrant ce qui provoquait les mauvaises positions de la tête, j'ai indiqué les moyens à employer pour forcer tous les chevaux à se *bien brider* en moins de dix minutes.

BRIDON.

La bride combat les forces qui tendent à éloigner le nez; le *bridon* détruit les forces latérales et celles qui abaissent; il doit donc toujours accompagner la bride, et *vice versâ*.

BRILLANT.

Le *brillant* dans le cheval est comme le génie dans l'homme; il demande, pour être durable, une force d'impulsion qui se renouvelle toujours avec la même énergie. Aussi le cheval qui n'a qu'un brillant factice trompe-t-il les espérances de son acquéreur.

BRINGUE (UNE).

On est toujours disposé à railler le propriétaire d'une *bringue*, mais on voit avec peine entre ses mains le beau cheval qu'on voudrait posséder.

BROUILLER (SE).

A père avare enfant prodigue.

BUADE.

L'expérience est souvent radoteuse, mais elle détruit bien des erreurs qui, sans elle, amèneraient de fatales conséquences.

C

CABRER (SE).

La franchise marche droit à son but sans s'inquiéter des louanges ni du blâme.

CABRIOLE (LA).

Si la sagesse ne défend pas les actions d'éclat, c'est qu'elle compte sur la prudence pour en assurer le succès.

CADENCE.

Plus la nature est avare, plus l'art doit être prodigue.

CARACOLER.

La fatuité est un hommage rendu par l'ignorance au talent.

CARRIÈRE (LA).

Les belles maximes peuvent se pratiquer dans l'ombre comme au grand jour.

CARROUSEL (LE).

Les choses nobles stimulent l'amour-propre et donnent la fierté qui convient pour ne pas déchoir.

BROUILLER (SE).

Le cavalier qui demande au cheval plus qu'il ne peut faire, *brouille* ses mouvements et le pousse à faire un usage immodéré de ses forces.

BUADE.

L'ancienne équitation avait la ferme conviction que les différentes formes de mors, entre autres ceux à la *Buade*, avaient une influence directe sur l'éducation des chevaux. J'ai tout fait pour déraciner ces anciens préjugés ; je ne doute pas qu'une fois ma méthode adoptée, les chevaux ne m'en témoignent leur reconnaissance.

C

CABRER (SE).

Le cheval ardent et solidement construit non-seulement ne se *cabre* pas, mais il refuse même de se prêter à ce mouvement. Cette défense a toujours pour origine un caractère mou et une mauvaise disposition physique.

CABRIOLE (LA).

En admettant que l'on puisse retirer quelque avantage de la *cabriole*, elle réclame de l'écuyer qui veut exécuter ce mouvement violent, beaucoup de discernement et de douceur.

CADENCE.

La *cadence* étant un des mouvements les plus gracieux du cheval, l'équitation doit chercher les moyens d'en donner à tous les chevaux, quelque vicieuse que soit leur nature. Le titre d'écuyer est à ce prix.

CARACOLER.

Rien ne fait mieux sentir les difficultés que présente un art que de les voir exécuter par un ignorant prétentieux. Il s'imagine faire *caracoler* son cheval quand il ne fait que l'extra-passer.

CARRIÈRE (LA).

Quel que soit le lieu que choisisse l'écuyer pour démontrer ses principes, s'il jouit d'une réputation méritée, on courra, pour entendre ses leçons, du manége à la *carrière*, et de la *carrière* au manége, sans aucune distinction.

CARROUSEL (LE).

De tous les exercices, les *carrousels* sont les seuls qui rehaussent vraiment la dignité de l'homme.

CASSE-COU.

Le corps ne doit pas être la dupe de l'immortalité de l'âme.

CAVEÇON.

Il faut cacher soigneusement les instruments tranchants; ils sont toujours dangereux s'ils tombent dans les mains d'un singe.

CHAMBRIÈRE.

La criaillerie ne parle que désagréablement aux sens; l'instinct même en est effrayé, sans en comprendre davantage.

CHANGEMENT DE MAIN.

La conscience pure se fait voir sous toutes ses faces en conservant toujours les mêmes avantages.

CHANGEMENT DE MAIN RENVERSÉ.

On doit se tracer un plan de conduite afin de trouver des points de repère pour se rectifier soi-même.

CHASSER SON CHEVAL EN AVANT.

Les ressources s'accroissent toujours en raison de la modicité des dépenses.

CHÂTIER.

L'argument de la brute est dans la force, et celui de la science dans le raisonnement.

CHATOUILLER.

L'indiscrétion irrite la susceptibilité des esprits faibles, et se fait mépriser des esprits forts.

CASSE-COU.

On peut, sans être taxé de poltronnerie, ne pas être le bourreau de son corps et être un *casse-cou* raisonnable.

CAVEÇON.

J'ai toujours été opposé à l'usage du *caveçon* comme moyen d'assouplissement pour les jeunes chevaux; il est inutile pour un homme habile, et dangereux dans de mauvaises mains. C'est à cheval que doit s'étendre l'influence du cavalier sur sa monture.

CHAMBRIÈRE.

La *chambrière* est une arme dont il ne faut user qu'avec la plus grande discrétion; son usage continuel et immodéré produit un mauvais effet sur le moral du cheval; elle lui apprend à fuir et à résister.

CHANGEMENT DE MAIN.

Le cheval bien dressé doit conserver le même gracieux dans sa position, et la même facilité dans ses mouvements sur la ligne droite et sur la ligne du *changement de main*.

CHANGEMENT DE MAIN RENVERSÉ.

Il faut, dans le *changement de main renversé* comme dans tous les airs de manége que l'on fait exécuter au cheval, mesurer de l'œil le terrain qu'il doit parcourir, afin de donner au travail tout le fini et toute la justesse désirables.

CHASSER SON CHEVAL EN AVANT.

La gradation dans la pression des jambes du cavalier ménage les forces du cheval et les siennes propres, parce qu'il réserve pour les occasions une puissance capable de *chasser son cheval en avant*.

CHÂTIER.

Savoir *châtier* un cheval, c'est savoir le dresser. Pour y parvenir, il faut joindre aux connaissances équestres l'esprit et le bon sens. Châtier un cheval n'est donc pas le fait d'un homme ordinaire.

CHATOUILLER.

L'approche continuelle et involontaire des éperons *chatouille* désagréablement le cheval susceptible. Le cheval franc et froid sent bien qu'un insecte le pique, mais il laisse s'émousser son inutile aiguillon.

CHATOUILLEUX A L'ÉPERON.

Les impressions que l'on reçoit sont d'autant plus froissantes qu'on est mal prévenu.

CHERCHER SA CINQUIÈME JAMBE.

Plus on se dégage des liens qui rattachent à l'existence, plus elle devient pénible.

CHEVAL.

Il faut traiter comme son égal le fidèle serviteur à qui, pour augmenter vos jouissances, vous demandez le sacrifice de sa vie entière.

CHEVAL DANS LA MAIN.

C'est par des conséquences successives qu'on arrive à toute la puissance du raisonnement.

CHEVAL ENTIER À UNE MAIN.

L'accusateur qui confond les noms et les lieux ne mérite aucune confiance.

CHEVAL PORTANT BAS.

On doit tout faire pour conserver sa dignité.

CHEVAL PORTANT AU VENT.

Si la nature donne des dispositions que la société réprouve, l'éducation doit en supporter les conséquences.

CHEVALER.

Gardez qu'une voyelle à courir trop hâtée,
Ne soit d'une voyelle en son chemin heurtée.
                          (Boileau.)

CHEVAUCHER.

Il ne faut jamais croire l'esprit de jactance sur parole ; il donne souvent comme d'une grande importance, des choses de peu de valeur.

CHATOUILLEUX A L'ÉPERON.

Pour corriger le cheval *chatouilleux*, il faut se servir des mains et des jambes avec lenteur et progression; bientôt il appréciera l'effet de leur juste opposition sans que l'impression lui en soit désagréable.

CHERCHER SA CINQUIÈME JAMBE.

Moins le cheval est en équilibre, plus il est exposé aux chutes, surtout si le poids de son corps est rejeté sur les épaules, ou si, comme on le dit vulgairement, il *cherche sa cinquième jambe*.

CHEVAL.

Celui qui ne porte pas d'amitié au *cheval* et n'est pas pénétré d'admiration pour ce noble animal, est étranger à tout bon sentiment.

CHEVAL DANS LA MAIN.

La distribution des forces et du poids ne s'opère sûrement qu'avec le *cheval dans la main;* et c'est à l'aide de cette distribution bien entendue que le cheval exécute avec précision les plus grandes difficultés de l'équitation.

CHEVAL ENTIER À UNE MAIN.

La dénomination de *cheval entier à une main* est un non-sens, et la cause de ce vice une erreur. Les auteurs ont attribué à la dureté d'une barre ou à une mauvaise conformation la résistance qu'opposaient certains chevaux pour tourner d'un côté, tandis que le manque de souplesse de l'encolure en était la véritable cause.

CHEVAL PORTANT BAS.

Cette position, qui retire au cheval sa fierté, paralyse aussi ses mouvements; il faut donc mettre à contribution toutes les ressources de l'art pour rendre au cheval *portant bas* toute la dignité de son origine primitive.

CHEVAL PORTANT AU VENT.

L'écuyer qui laisserait son cheval *porter au vent* serait octogénaire de fait malgré son jeune âge.

CHEVALER.

Les pas de côté, pour être corrects, doivent être cadencés et séparés les uns des autres de manière à ce que le pied qui *chevale* ne touche jamais celui qui fait appui.

CHEVAUCHER.

Les auteurs modernes ont mis le mot *chevaucher* à la mode en lui donnant une seule signification; tandis que les dictionnaires les plus renommés, tout en lui donnant diverses acceptions, le considèrent comme un vieux mot usé.

CHOPPER.

Un style négligé jette une grande défaveur sur l'ouvrage.

COL OU ENCOLURE.

La patience et le savoir subjugueront toujours l'esprit rebelle, quelle que soit son opiniâtreté.

CONDUIRE SON CHEVAL ÉTROIT OU LARGE.

Il faut passer par toutes les vicissitudes de la vie pour apprécier dans toute leur pureté les avantages qu'elle renferme.

CONFIRMER UN CHEVAL.

On ne doit admirer un nom que quand celui qui le porte s'en est rendu digne.

CONTREDANSE.

La gaieté qui se rattache à la raison a le double avantage de plaire et d'instruire.

CONTRE-CHANGEMENT DE MAIN (LE).

La ruse n'est admissible que quand elle a pour but de tromper agréablement la bonne foi.

CONTRE-TEMPS.

Les passions franchissent tous les obstacles jusqu'à ce qu'elles se rallient à la voix puissante de la raison.

COUCHER (SE).

La paresse conduit à l'oubli de soi-même et rend impropre aux actions énergiques.

COUP DE HACHE.

Le sens commun redresse les torts des autres et modifie les siens propres.

CHOPPER.

Quelque beau que soit un cheval, s'il a pour défaut de *chopper*, il perd une grande partie de sa valeur.

COL OU ENCOLURE.

Quelle que soit la raideur de l'*encolure*, elle ne résistera pas cinq minutes à l'emploi bien combiné des effets de tact d'un cavalier habile.

CONDUIRE SON CHEVAL ÉTROIT OU LARGE.

Il suffit de bien exercer les forces du cheval en tous sens pour être assuré de le *conduire* facilement *étroit ou large*.

CONFIRMER UN CHEVAL.

Si *confirmer* un cheval est le *nec plus ultrà* de son éducation, il faut, avant de lui donner ce titre, s'assurer s'il est bien digne de le porter.

CONTREDANSE.

Pour bien exécuter les *contredanses* équestres, il faut, pour condition première, que le travail du cheval soit régulier et les figures des quadrilles exécutées en mesure. C'est alors que les *contredanses* joindront à l'agrément qu'elles procurent, l'avantage d'apprendre à bien manier son cheval.

CONTRE-CHANGEMENT DE MAIN (LE).

Les *contre-changements de main* n'auront rien de pénible pour le cheval s'il passe d'une jambe sur l'autre sans confusion ni contre-temps.

CONTRE-TEMPS.

Les forces du cheval, mal coordonnées, s'entre-choquent entre elles et donnent naissance au *contre-temps*; l'assouplissement est le seul remède pour leur donner tout l'ensemble désirable.

COUCHER (SE).

Le cheval qui se jette sur les jambes du cavalier, au point de *se coucher* dessus, n'est certainement pas un cheval d'action. Il serait impossible d'en tirer un bon service, s'il ne passait par une série d'exercices habilement conçus et basés sur une théorie méthodique.

COUP DE HACHE.

La forme d'encolure désignée sous le nom de *coup de hache* n'est pas un obstacle à la bonne position de cette partie; mais, pour être sûr d'y parvenir, il ne faut entreprendre cette tâche difficile qu'après avoir acquis la conscience de son habileté.

COUPER (SE).

Le mensonge qui se montre à découvert compte sur l'ignorance ou la simplicité.

COURBETTE (LA).

Le faste aime la superfluité que la simplicité dédaigne.

COURSE.

La volubilité du langage est souvent nuisible pour soi et plus souvent incompréhensible pour les autres.

COURSES AU CLOCHER.

C'est empiéter sur les décrets suprêmes que d'exposer son présent et son avenir, au mépris de la nature et des arts.

COURSES DE BAGUES.

L'amour-propre, qui stimule et rend entreprenant, retire ses largesses quand on dépasse les limites de son territoire.

COUSU.

L'âme forte est à l'épreuve des revers.

CRAVACHE.

L'abus gâte tout ce qu'il touche; la prudence tire avantage de tout ce qu'elle possède.

CROUPADE.

L'enfance a ses étourderies, et les siècles leurs faiblesses.

COUPER (SE).

L'action de *se couper* est généralement un signe de faiblesse chez le cheval. Il faut être bien peu clairvoyant pour ne pas s'en apercevoir.

COURBETTE (LA).

Jusqu'à ce que les écuyers aient bien prouvé ce qu'ils entendent par équilibre, et ce qui le constitue, ils ne trouveront pas mauvais que j'élève des doutes sur l'utilité des *courbettes*, puisque, selon moi, elles tendent à éloigner le cheval de la belle position, sans laquelle il n'est rien de juste ni de combiné.

COURSE.

Quoique les amateurs de chevaux vantent l'utilité des *courses* pour le perfectionnement des races, je la révoque en doute pour les chevaux dont on se sert journellement. Cette vitesse ruine tous ceux qui y sont sacrifiés, et est tout au plus bonne à faire ouvrir de grands yeux aux indifférents.

COURSES AU CLOCHER.

Les *courses au clocher* sont une des folies de nos voisins d'outre-mer. Il me semble que notre manie d'imitation anglicane aurait pu mieux trouver. Ces tours de force sans intérêt pour l'art hippique, sans utilité pour la science équestre, ne sont bons qu'à servir de piédestal à la vanité, ou à satisfaire la cupidité des héritiers.

COURSES DE BAGUES.

L'avantage, entre deux joueurs d'une égale force, reste toujours à celui qui attend les effets de son adresse et ne la commande pas. Les *courses de bagues* sont, au surplus, un puissant motif d'émulation.

COUSU.

Heureux celui qui joint à une bonne disposition physique un moral bien trempé; il suivra, sans vaciller, les mouvements du cheval, et paraîtra *cousu* sur la selle.

CRAVACHE.

Il en est de la *cravache* comme de tous les moyens coërcitifs : il faut savoir saisir le moment de son application ; du reste, l'éperon doit avoir sur elle une préférence marquée, puisqu'il fait partie des moyens d'aides et qu'il agit plus directement sur la masse.

CROUPADE.

La *croupade* est un saut de gaieté familier aux jeunes chevaux. Les de Labroue, de Pluvinel et de Laguérinière n'avaient rien trouvé de mieux que de passer leur temps à contraindre le cheval à exécuter ces airs relevés. Respect aux anciens !

CROUPE AU MUR.

A défaut d'yeux, le sentiment trace une route facile à suivre.

CROUPIÈRE.

On doit se dispenser des particularités si elles sont blessantes et sans utilité réelle.

CRU (MONTER À).

On doit respecter la simplicité primitive des arts, car le présent est fils du passé.

D

DÉBOURRER UN CHEVAL.

Heureux si le temps fait revenir sur de fausses idées !

DÉFENDRE (SE).

L'étude des physionomies apprend à déjouer les mauvaises pensées.

DÉFENDRE (LES CHEVAUX NE PEUVENT SE DÉFENDRE SANS UN ARRÊT DE TEMPS PRÉALABLE).

Le choix n'est pas douteux entre l'instinct qui, machinalement, divulgue les secrètes manœuvres, et le raisonnement qui ne les déjoue qu'après avoir failli en être la victime.

DÉLIBÉRER UN CHEVAL.

La morale n'est profitable qu'autant qu'elle est faite en temps opportun.

CROUPE AU MUR.

Le cavalier qui sent toutes les positions de son cheval, contiendra sa *croupe* à la même distance du *mur*, tout en conservant une direction juste aux épaules.

CROUPIÈRE.

Les inconvénients qu'entraîne l'usage de la *croupière* ne sont pas compensés par les avantages qu'elle procure. Le cu'eron blesse ou fait ruer quantité de chevaux ; il faut donc, autant que possible, ne pas en embarrasser l'animal.

CRU (MONTER À).

Xénophon est un des premiers cavaliers célèbres qui aient *monté* le cheval *à cru*. Si le père de l'équitation avait eu des selles à la Theurkauff, il est probable qu'il aurait donné plus de brillant à sa tenue et plus de délicatesse à ses mouvements.

D

DÉBOURRER UN CHEVAL.

Je crois avoir suffisamment prouvé que les moyens dont on s'était servi jusqu'à présent pour *débourrer un cheval* sont impropres. J'espère qu'enfin on ouvrira les yeux, et qu'on cessera d'être en désaccord avec des animaux aussi intelligents.

DÉFENDRE (SE).

L'écuyer véritable doit, d'après les résistances du cheval, savoir quelles seront ses *défenses*, et en prévenir l'exécution.

DÉFENDRE (LES CHEVAUX NE PEUVENT SE DÉFENDRE SANS UN ARRÊT DE TEMPS PRÉALABLE).

Toutes les défenses des chevaux sont précédées d'un changement de position, puis d'*un temps d'arrêt;* l'écuyer qui ne sait pas saisir ces changements devient naturellement le jouet du cheval, qui bientôt en fait sa victime.

DÉLIBÉRER UN CHEVAL.

Délibérer un cheval, c'est employer avec à propos les moyens qui contribuent à lui faire prendre immédiatement et avec régularité telle ou telle allure.

DEMANDER.

Le bonheur consiste à se contenter de peu.

DÉSARÇONNER.

On est étranger à tout sentiment profond, quand, sans motifs plausibles, on se détache de la foi jurée.

DESCENTE DE MAIN.

L'amour véritable se contient avec un fil; la passion désordonnée rompt les liens les plus forts.

DÉSESPÉRADE.

Il faut se mettre en garde contre les caprices du sort, ou croire à la fatalité.

DÉSUNI.

Ne pas savoir se dominer entièrement est une victoire incomplète.

DÉTACHER LA RUADE.

Le malavisé qui répond à vos procédés par des impertinences n'a nul droit à vos égards.

DÉTERMINER UN CHEVAL.

Une résolution ferme détruit promptement les mauvais germes qui prennent racine dans les organisations faibles.

DÉTRAQUER UN CHEVAL.

Pour être bien compris, il faut parler distinctement.

DÉVIDER.

Il faut coordonner toutes ses pensées pour se livrer avec succès aux études sérieuses.

DEMANDER.

Le cheval exécute d'autant plus facilement un mouvement, qu'il lui a été *demandé* avec discrétion.

DÉSARÇONNER.

A moins d'un cas tout à fait imprévu, on n'est pas cavalier quand on se laisse *désarçonner* par quelques ruades ou autres mouvements tout aussi faciles à suivre.

DESCENTE DE MAIN.

Le cheval qui conserve une légèreté constante, même avec une *descente de main*, est dans un équilibre parfait ; celui qui ne prend cette belle position qu'accidentellement, passe souvent de la légèreté à des résistances que ne peuvent vaincre les mors les plus violents.

DÉSESPÉRADE.

Celui qui veut braver la fougue d'un cheval qui va à la *désespérade*, et ignore les moyens de le maîtriser, s'expose à des accidents que le hasard seul peut prévenir.

DÉSUNI.

Le cheval est *désuni* quand le mouvement d'une jambe est en désaccord avec celui des autres jambes. Le cavalier qui ne sent pas l'irrégularité de l'allure ne peut prétendre au titre d'écuyer ; il doit attendre, pour dresser un cheval, qu'il ait acquis plus de tact et de sentiment.

DÉTACHER LA RUADE.

Le cheval qui, sans provocation indiscrète, *détache la ruade*, doit être sévèrement puni ; la meilleure punition est celle qui l'empêche de renouveler cet acte de défense.

DÉTERMINER UN CHEVAL.

Il faut une excellente assiette et un mécanisme bien exercé pour vaincre toutes résistances d'un cheval, et le *déterminer* franchement en avant.

DÉTRAQUER UN CHEVAL.

Jamais le bon cavalier, dont tous les efforts ont pour but d'harmoniser les forces du cheval, ne *détraquera* ses allures.

DÉVIDER.

Si un rassembler exact a précédé le travail des deux pistes, le cheval ne pourra *dévider* à l'insu de son cavalier.

DOMPTER UN CHEVAL.

Il faut de la supériorité pour imposer aux autres, et avoir de l'empire sur soi-même pour n'en pas abuser.

DONNER LA MAIN.

Les faux amis profitent de vos largesses indiscrètes, pour tramer contre vous.

DOS DE CARPE, OU DOUBLER LES REINS.

La malignité est ingénieuse; il faut, pour n'en pas être la dupe, déjouer ses projets hostiles à leur premier signe d'existence.

DOUBLER.

L'esprit s'embellit par les variations quand elles ne sont pas diffuses.

DRESSER.

La générosité fait honte à l'avarice; l'une donne avec grandeur tout ce qu'elle possède, l'autre s'approprie même ce qui ne lui appartient pas.

DRESSER (SE).

La faiblesse qui singe la force est dangereuse, car elle a souvent pour auxiliaire la méchanceté.

DUR À CUIRE.

Quiconque ne sent pas les justes réprimandes qui lui sont généreusement adressées, a un mauvais cœur.

E

ÉBRANLER SON CHEVAL AU GALOP.

Pour ne blesser aucune des susceptibilités du monde exigeant, il faut s'y présenter avec candeur et majesté.

DOMPTER UN CHEVAL.

Non-seulement il faut de l'habileté en équitation pour *dompter* un cheval, mais il faut encore y joindre beaucoup de sang-froid, afin de trouver dans le calme de son esprit la cause, les effets et les moyens.

DONNER LA MAIN.

Si le cheval se maintient sans efforts dans une belle position, on peut sans crainte lui *donner la main;* mais il y aurait de l'imprudence à en agir ainsi avec un cheval sur la main.

DOS DE CARPE, OU DOUBLER LES REINS.

Les chevaux, pour se débarrasser du cavalier, prennent diverses positions et entre autres celle du *dos de carpe*. On s'exposerait à en être la victime si l'on ne détruisait immédiatement tout ce que fomente leur malignité.

DOUBLER.

Le cheval suit d'autant plus exactement la ligne du *doubler*, qu'il y été bien préparé par le contour gracieux de ses formes.

DRESSER.

Pour obtenir un *dresser* parfait, l'écuyer véritable utilise toutes ses connaissances; celui qui n'en a que le titre ne peut briller qu'en détournant à son profit le talent des autres.

DRESSER (SE).

Les chevaux ne se *dressent* un moment que pour se porter en avant avec énergie; les chevaux faibles, au contraire, ne prennent cette position que parce que l'arrière-main manque de force pour chasser la masse en avant.

DUR À CUIRE.

L'on ne peut espérer un service agréable du cheval qui reste insensible à de violentes attaques, ou qui est *dur à cuire*.

E

ÉBRANLER SON CHEVAL AU GALOP.

L'écuyer qui sait bien *ébranler* un cheval au galop, sait le rassembler. Cette dernière condition obtenue, le cheval continuera gracieusement la cadence de cette belle allure.

ECART.

La vieillesse n'est pas exempte des faiblesses du jeune âge.

ÉCHAPPER.

La licence a des bornes qu'on ne peut dépasser sans danger.

ÉCOUTER SON CHEVAL.

Il ne faut pas chercher à détourner les pensées qui donnent le bonheur, quelle qu'en soit la raison.

ÉCOUTEUX.

Il faut scruter le cœur humain jusqu'à ce qu'on ait rencontré les qualités qui doivent s'y trouver.

ÉCUYER.

Celui qui manque à ses engagements d'honneur est d'autant plus criminel qu'il est certain de ne pas être traduit en justice.

ÉDUCATION RAISONNÉE DU CHEVAL.

La peine est grandement compensée par le plaisir, si l'on apprécie ce dernier dans toutes ses nuances; mais, faute de réflexion et de patience, il nous échappe et la peine seule nous reste.

ÉGARER LA BOUCHE D'UN CHEVAL.

Il y a folie ou mauvaise foi à rendre la chasteté responsable d'un méfait.

ÉLARGIR UN CHEVAL.

On gagne à prolonger les moments qui concourent au bonheur.

EMBOUCHER UN CHEVAL (BIEN).

Les sujets de plaintes ne doivent pas rendre injuste; l'homme de tact sait quel langage il convient de tenir pour ne blesser aucune susceptibilité.

ÉCART.

Les jeunes chevaux s'éloignent souvent, par des *écarts*, des objets qui les effraient ; les vieux chevaux, quoique moins sujets à ces mouvements brusques, s'y livrent encore quelquefois.

ÉCHAPPER.

Il y a toujours du danger à laisser *échapper* son cheval, surtout à une allure accélérée. Il faut laisser cette insignifiante bravade aux fous et aux casse-cous.

ÉCOUTER SON CHEVAL.

Il suffit de bien *écouter* son cheval pour éviter d'apporter le moindre changement dans le travail qu'il exécute avec facilité. Le cavalier qui possède ce sentiment mérite déjà une mention honorable.

ÉCOUTEUX.

C'est en tâtant son cheval que l'on parvient à trouver la corde sensible et vibrante qui donne de la franchise aux allures et fait disparaître promptement son caractère *écouteux*.

ÉCUYER.

La probité équestre est le plus beau fleuron que puisse ambitionner celui que son talent fit décorer du titre d'*écuyer*.

ÉDUCATION RAISONNÉE DU CHEVAL.

L'*éducation du cheval, habilement raisonnée*, procure une foule de sensations agréables ; mais si les moyens pratiques sont embrouillés, le plaisir s'envole et l'éducation est à refaire.

ÉGARER LA BOUCHE D'UN CHEVAL.

C'est en demandant au cheval des choses impossibles, c'est en contraignant péniblement toutes ses parties agissantes, qu'on le désespère au point de le rendre dangereusement méchant : on *égare* ses forces, son esprit, mais sa bouche reste intacte.

ÉLARGIR UN CHEVAL.

Savoir *élargir un cheval*, c'est savoir le diriger et commencer à trouver la clef des jouissances équestres.

EMBOUCHER UN CHEVAL (BIEN).

Il faut bien se garder d'augmenter la dureté du mors en proportion des résistances du cheval. *Bien emboucher un cheval*, c'est placer dans sa bouche le mors le plus doux avec les proportions expliquées dans le *Dictionnaire raisonné*.

EMBRASSER SON CHEVAL.

L'intimité n'est durable que par l'infinité de ses points de contact.

EMPORTER (S').

Une première faute en entraîne d'autres à sa suite ; on pense à la rectification dans le moment du danger : impossible, il faut revenir au point de départ.

ENCAPUCHONNER (S').

Si les impressions de l'âme se reflètent sur la physionomie, il faut s'appliquer à en saisir toutes les nuances.

ENFONCER LES ÉPERONS DANS LE VENTRE DU CHEVAL.

La force qui n'est pas tempérée par la raison, neutralise elle-même ses effets et perd les avantages qu'elle possédait auparavant.

ENSEMBLE.

L'esprit est un arsenal où l'on doit trouver au besoin les armes propres à la sûreté et à la domination.

ENTABLER (S').

L'absence de sentiments rend impropre aux bonnes actions.

ENTAMER LE CHEMIN À DROITE.

L'accomplissement d'une bonne action fait bien augurer des sentiments pour l'avenir.

ENTRER DANS LES COINS.

Il y a présomption à vouloir juger tout un homme sur une particularité.

EMBRASSER SON CHEVAL.

Il faut que les cuisses et les jambes du cavalier fassent corps avec le cheval; c'est en l'*embrassant* le plus possible qu'il trouvera les moyens de le suivre et de le diriger facilement.

EMPORTER (S').

Des forces mal réparties rendent les efforts du cavalier impuissants, quand il plaît au cheval de *s'emporter*. Revenir aux effets d'assouplissement et à un travail spécial est le seul moyen d'assurer votre domination.

ENCAPUCHONNER (S').

Les chevaux, pour nous résister, outre-passent toujours la position qui leur est naturelle; ainsi le cheval qui a l'encolure rouée *s'encapuchonne* et paralyse ainsi les effets du mors; le cavalier doit être apte à déjouer cette ruse, qui pourrait lui devenir funeste.

ENFONCER LES ÉPERONS DANS LE VENTRE DU CHEVAL.

Quelque vigoureux que soit le *contact des éperons* avec les flancs du cheval, ils doivent toujours avoir la main pour auxiliaire; dans le cas contraire, la force d'impulsion qu'ils communiquent tournerait à l'avantage du cheval.

ENSEMBLE.

C'est par l'*ensemble* que donne le parfait accord des poignets et des jambes, qu'un cavalier peut déjouer les défenses instinctives ou préméditées du cheval, et le conduire insensiblement au fini de l'éducation.

ENTABLER (S').

Le cheval est dit *s'entabler* lorsque, dans le travail de deux pistes, la croupe précède les épaules. Le cavalier qui n'a pas le tact équestre assez développé pour sentir cette fausse position doit rester sous la tutelle du professeur.

ENTAMER LE CHEMIN À DROITE.

Le cavalier qui sent bien sur quel pied son cheval *entame* le galop, se rendra facilement compte des changements qui peuvent survenir dans le jeu de ses membres pendant le cours de son travail.

ENTRER DANS LES COINS.

L'ancienne équitation attachait une grande importance à bien faire *entrer le cheval dans les coins*. Je pense qu'on peut mieux juger de l'habileté du cavalier sur une ligne droite, parce que c'est là seulement qu'il pourra exécuter la plus grande difficulté équestre, le rassembler.

ENTRETENIR.

L'amour qui vous oblige à le surveiller, est peu propre à vous faire croire qu'il agit par inspiration.

ÉPAULE EN DEDANS (L').

Plus on met de prétention dans le langage que l'on ne possède qu'imparfaitement, plus on étend son ridicule.

ÉPERON.

C'est toujours au détriment de la raison et de la justice que la forme l'emporte sur le fond.

ÉQUITATION (L').

La considération que l'on doit à la vieillesse n'oblige point à partager ses erreurs; on doit se servir de son expérience pour discerner le mensonge de la vérité et s'élancer vers le progrès de toutes ses forces.

ESBRILLADE.

Le temps fait toujours justice des erreurs accréditées; son jugement est lent, mais irrévocable.

ESCAPADE.

Une étourderie de jeunesse n'est pas toujours sans conséquence.

ESCAVEÇADE.

Le bourru brusque tout ce qu'il rencontre, aussi est-il peu écouté, ou tourné en ridicule.

ESTRAPADE.

Nos aïeux ont transmis leurs facéties sans songer à l'abus qu'on pourrait en faire.

ENTRETENIR.

Le cheval dont il faut sans cesse *entretenir* l'action, n'en a pas assez par sa nature pour rendre jamais un service agréable.

ÉPAULE EN DEDANS (L').

Quoiqu'il paraisse simple de faire exécuter l'*épaule en dedans* à un cheval, il faut bien se garder d'entreprendre cette difficulté avant d'avoir surmonté celles qui en présentent moins.

ÉPERON.

Presque toute la cavalerie de l'empire portait de longues branches d'*éperons*; après elle, vinrent les marchands de calicot qui en augmentèrent encore la longueur. Comme les premiers dressaient peu de chevaux et que les seconds n'en montaient jamais, on pouvait sans crainte leur laisser ce ridicule de l'époque. Le *Dictionnaire raisonné* a donné, pour la longueur des branches, des dimensions que la raison et le talent se sont empressés d'admettre.

ÉQUITATION (L').

L'art de l'*Équitation* était resté longtemps stationnaire; il fallait le détacher de cette filière de principes faux et confus transmis de père en fils; il fallait transformer ce labyrinthe en une route droite et bien tracée. Quoi qu'il en coûte pour faire adopter une nouvelle doctrine, on doit la propager, sans crainte des obstacles qu'elle ne manquera pas de rencontrer.

ESBRILLADE.

Depuis longtemps la bonne équitation ne se sert plus de mouvements brusques; elle a compris que l'*esbrillade* était en dehors de toute instruction raisonnée.

ESCAPADE.

Les *escapades* ou sauts de gaieté auxquels se livrent les jeunes chevaux peuvent dégénérer en défenses, si on ne les arrête dès le principe.

ESCAVEÇADE.

Le cavalier qui, sans raison, applique châtiment sur châtiment, abrutit son cheval ou l'exaspère; quel que soit le résultat de l'*escaveçade*, il est toujours au désavantage de son auteur.

ESTRAPADE.

L'ancienne équitation contraignait les chevaux à exécuter des *estrapades* à la vue de certains gestes. Les singes modernes ont voulu imiter ces innovateurs; mais, s'ils n'ont rien fait pour la science, ils ont, en revanche, coopéré à la ruine des chevaux.

ÉTRIERS.

Il ne faut devoir son bien-être qu'à soi-même.

EXTRAPASSER.

Le sot orgueil salit tout ce qu'il touche et parodie les plus nobles actions.

F

FAÇONNER UN CHEVAL.

La culture bien entendue embellit la nature; mal comprise, elle la détériore; l'homme est donc un envoyé de Dieu ou du diable.

FAIRE LA RÉVÉRENCE.

Un esprit bien trempé a peu de faiblesses.

FAIRE VALOIR UN CHEVAL.

Rehausser le talent des autres, c'est augmenter le sien propre.

FAIT (LE CHEVAL).

Il faut une expérience bien acquise pour ne pas retomber dans les folies du jeune âge.

FALCADE (LA).

Tout ce qui reluit n'est pas or.

ÉTRIERS.

La solidité à cheval doit être le résultat d'un juste emploi de toutes les forces du cavalier, et non de l'appui exercé sur les *étriers*. Leur usage ne doit avoir d'autre but d'utilité que de soutenir et de soulager les jambes.

EXTRAPASSER.

Il est pardonnable de ne pas savoir tirer parti d'un cheval et de le suivre *à la grâce de Dieu;* mais il faut être bien imprudent pour prétendre à une science qu'on ne possède pas. Aussi ces cavaliers *anticipés extrapassent*-ils leurs chevaux en cherchant à imiter ce qu'ils ont vu faire habilement.

Savoir qu'on ne *sait rien*, dénote déjà quelques connaissances ; mais croire qu'on peut beaucoup, est le fait du génie ou du crétinisme.

F

FAÇONNER UN CHEVAL.

Les moyens employés pour *façonner un cheval* peuvent avoir d'heureux ou de fâcheux résultats, selon que l'écuyer est habile ou ignorant. Le premier aide et embellit les mouvements du cheval ; le second contrarie et paralyse même ses dispositions naturelles.

FAIRE LA RÉVÉRENCE.

Il n'est pas de bon cheval qui ne choppe, dit un vieux proverbe ; cependant un cheval d'action et bien proportionné sera moins sujet à *buter* ou à *faire la révérence*.

FAIRE VALOIR UN CHEVAL.

L'écuyer est d'autant plus brillant sur son cheval qu'il sait mieux le *faire valoir*, c'est-à-dire donner une harmonie parfaite à tous ses mouvements.

FAIT (LE CHEVAL).

Si l'éducation du *cheval fait* a été obtenue graduellement, elle ne pourra jamais se perdre entièrement ; il faudrait, pour revenir à son ignorance première, qu'il passât par la gradation inverse, ce qui est de toute impossibilité.

FALCADE (LA).

Il est toujours à craindre que la *falcade* ne s'obtienne qu'au détriment de l'organisation du cheval, ou que, pour y parvenir, on n'ait sacrifié des choses essentielles au fini de son éducation.

FANTAISIE.

Heureux si le présent n'est pas aux dépens de l'avenir !

FAROUCHE.

On attribue souvent à des défauts innés, des vices qui ne sont dus qu'à une mauvaise fréquentation.

FAUX.

Les mauvaises intentions sont toujours visibles à l'œil exercé.

FERME.

La justesse et la rapidité des pensées n'appartiennent qu'à une organisation supérieure.

FERMER.

Les cœurs ne s'éteignent au sentiment qu'après avoir été le flambeau du bonheur.

FIER.

L'espèce humaine a ses défauts et les animaux leurs qualités.

FILET.

Il faut toujours s'adjoindre un ami qui, plus que vous-même, veille à votre sûreté.

FIN.

Ce que l'on conçoit bien s'exprime clairement,
Et les mots pour le dire arrivent aisément.
(BOILEAU.)

FANTAISIE.

Il faut un cavalier expérimenté pour ne pas laisser les *fantaisies* du cheval se perpétuer et dégénérer en défenses ; le succès dépend des premières leçons.

FAROUCHE.

Il ne naît point de chevaux *farouches ;* ce défaut est contre la nature propre du cheval ; mais, approchés sans ménagement, rudoyés, battus, effrayés, les chevaux cherchent naturellement à éviter, d'aussi loin qu'ils l'aperçoivent, l'homme civilisé.

FAUX.

Il est peu de cavaliers capables de sentir immédiatement sur quel pied le cheval galope ; mais il n'en est pas qui, à pied, ne voient si un cheval est *faux* et n'en témoignent leur improbation.

FERME.

Pour qu'un cheval parte au galop de pied *ferme*, il lui faut une action première, des hanches et des jarrets solidement construits ; il lui faut encore, et par-dessus tout, un cavalier doué d'un puissant ensemble de moyens d'aide.

FERMER.

M. de la Guérinière entendait par *fermer*, le dernier pas de côté qui terminait un air de manége ; partant de là, quelques écuyers ont désigné tout le travail de deux pistes par le mot de *fermer*. Cette corruption de langage rend la démonstration confuse ; car l'élève doit naturellement faire cette réflexion : Quand et comment ouvre-t-on un changement de main ?

FIER.

Le cheval *fier* est celui dont toutes les formes se déploient avec grâce et énergie ; il devient alors un objet d'admiration. Dans l'espèce humaine, la fierté ne peut être admirée que par la sottise, dont elle est la sœur.

FILET.

J'ai dis pourquoi il fallait se servir du filet accompagnant le mors de la bride, mais jamais de l'un ou de l'autre isolément, puisque, ai-je ajouté, leur réunion seule peut combattre toutes les forces présentées par l'encolure.

FIN.

Le cheval *fin* appréciera les moindres mouvements du cavalier et répondra avec prestesse à ce qu'il lui demandera.

FINGARD.

Il faut vieillir le jugement de la jeunesse, pour qu'ensuite elle rajeunisse nos vieilleries.

FINIR UN CHEVAL.

Une confidence n'a de mérite qu'autant qu'elle est entière.

FOND.

L'éducation peut donner quelque relief à une nature ingrate, mais rien n'est comparable aux dispositions innées.

FORCER LA MAIN.

On doit contenir dans les bornes du respect l'étourdi qui s'émancipe à la première licence qu'on lui permet.

FORCES (FAIRE DES).

L'adresse profite avec raison de tous les stratagèmes pour entraîner dans le piége la violence qui la tient emprisonnée.

FORGER.

Le désordre de l'esprit est, le plus souvent, dû à la mauvaise fréquentation.

FOUGUEUX.

Il y a souvent un cœur excellent sous une enveloppe grossière, et l'on est bien payé des concessions momentanées qu'on lui a faites.

FOULE.

Une société bien choisie contribue au bien-être.

FINGARD.

Le Dictionnaire raisonné, d'accord avec les dictionnaires français, a remplacé le mot *fingard* par celui de *ramingue*, en indiquant de plus les moyens de répression.

FINIR UN CHEVAL.

Finir un cheval est le *nec plus ultra* de son éducation ; mais ce qui fait le mérite d'un écuyer peut devenir aussi son écueil.

FOND.

On peut, par des soins et une hygiène bien entendue, donner à un cheval les moyens de résister à la fatigue ; mais il ne pourra jamais valoir celui qui, par sa nature, a ce que l'on appelle du *fond*.

FORCER LA MAIN.

Forcer la main est le fait d'un cheval non-équilibré. Pour être léger à la main, le cheval doit avoir la tête perpendiculaire au sol et la mâchoire mobile ; l'assouplissement de l'encolure et de toutes les parties du corps peut seule lui donner cette bonne position.

FORCES (FAIRE DES).

Les cavaliers en général s'occupent si peu des positions que comporte tel ou tel mouvement, qu'elles sont souvent fausses et contre nature. Il n'est pas étonnant que, pour se soustraire à la volonté du cavalier, le cheval cherche à faire des *forces*.

FORGER.

Si le cheval ne *forge* que par suite de son état d'abandon, le cavalier en est responsable, car, par l'équilibre, il peut rectifier les mauvaises positions qui sont la cause du contact des fers.

FOUGUEUX.

Le cheval *fougueux* est très-sensible aux mauvais traitements et s'en irrite avec toute la violence de son caractère. Il suffit de savoir s'y prendre pour transformer sa fougue en docilité durable.

FOULE.

Autrefois les cavaliers établissaient des rapports d'intelligence avec leurs chevaux ; et, au lieu de les exténuer aux courses, steeple-chases, etc., etc., ils les réunissaient dans l'enceinte d'un magnifique manége et leur faisaient exécuter tout ce que la *foule* comportait de mouvements précis et gracieux. Le bien qu'ils en retiraient pour eux-mêmes était incalculable.

FOURNIR LA CARRIÈRE.

Pour tenir beaucoup, il est prudent de peu promettre.

FREIN.

La fortune n'exclut point la bienséance.

FREIN (MÂCHER SON).

Un bienfait n'est jamais perdu.

FUIR LES HANCHES.

Les ressources de l'art sont inépuisables, mais l'abus en rétrécit les limites.

G

GALOP.

La nature retire ses prodigalités à quiconque en abuse.

GALOP GAILLARD.

Il faut renvoyer à un autre moment ce qu'on ne peut expliquer avec clarté.

GALOPADE (LA).

Il faut tout faire pour s'élever, mais jamais aux dépens des autres.

GALOPER PRÈS DU TAPIS.

Il faut se raidir contre l'adversité.

FOURNIR LA CARRIÈRE.

« Qui veut voyager loin ménage sa monture. » C'est ce vieux proverbe qu'il faut mettre en pratique quand on tient à *fournir sa carrière*.

FREIN.

L'usage immodéré du *frein* rend l'homme indigne de la nature du cheval et de la sienne même.

FREIN (MÂCHER SON).

Quand il y a opportunité dans les effets du mors, le cheval témoigne son contentement en *mâchant* son frein.

FUIR LES HANCHES.

Rien n'est plus gracieux que de faire *fuir les hanches* à un cheval. C'est l'ensemble des aides du cavalier qui enlève, pour ainsi dire, le cheval; mais c'est aussi leur désaccord qui le transforme en masse inerte.

GALOP.

C'est au *galop* que le cheval développe le plus gracieusement ses formes; mais il ne faut pas trop prolonger cette allure, car la fatigue affaiblirait l'élasticité des ressorts, et bientôt il ne resterait plus du galop que l'ombre.

GALOP GAILLARD.

L'aphorisme du *galop gaillard* s'explique de lui-même. J'aurais dû ajouter que ces mots inutiles devraient être exclus des dictionnaires, où l'on passe son temps plutôt à feuilleter qu'à lire. (Voyez : *Pas.*)

GALOPADE (LA).

Plus le galop est cadencé et plus il est gracieux; mais il ne faut pas que cette *galopade*, donnée par l'art, soit au détriment de l'arrière-main du cheval. C'est en faisant tout vivifier en même temps que l'art déploie toute la puissance de sa fécondité.

GALOPER PRÈS DU TAPIS.

L'art n'est vraiment utile que pour soulager les natures incomplètes : un bon écuyer pourra facilement élever du sol le cheval qui *galope près du tapis*.

GANACHE.

Il ne faut pas changer les noms des choses, mais bien les sottises qui s'y rattachent.

GAULE.

L'homme sans préjugés tire avantage du pauvre comme du riche.

GOURMANDER UN CHEVAL.

L'esprit de taquinerie manque souvent d'à-propos et indispose tout ce qui l'approche.

GOURMETTE.

Il faut toujours être en garde contre les caprices du sort.

GOURMETTE (FAUSSE.)

Sans les petits, les grands seraient sans force.

GOUTER LA BRIDE.

La modestie use avec modération de ses avantages et se trouve rehaussée par le fait même de sa discrétion.

GOUVERNER SON CHEVAL.

La mouche qui terrasse le lion est l'exemple de la faiblesse subjuguant la force par son côté faible.

GRAS DE JAMBE.

On peut attendre au lendemain, si l'on est porteur de mauvaises nouvelles; mais si elles sont agréables, il faut s'empresser de les annoncer.

GANACHE.

La *ganache* est la partie située entre les deux branches du maxillaire. C'est à tort qu'on a avancé que cet angle, lorsqu'il est trop rétréci, s'oppose à la mise en main du cheval. Tous les chevaux, ai-je dit, peuvent être ramenés, et par conséquent mis dans la main.

GAULE.

La seule différence qui existe entre la *gaule* et la cravache, c'est que l'une était en bouleau, tandis que l'autre est en bois et en baleine recouverts d'un fil ciré. Leur usage et leurs effets sont les mêmes.

GOURMANDER UN CHEVAL.

Les gens dont la main n'est pas plus stable que la tête *gourmandent* leurs chevaux sans raison ou pour de légers motifs. C'est alors que les chevaux répondent par des manifestations hostiles au joug insupportable qui les tourmente sans cesse.

GOURMETTE.

De la disposition de la *gourmette* dépendent les effets du mors. Il faut non-seulement qu'elle soit bien placée, mais encore qu'elle soit solide pour ne pas se rompre dans les résistances violentes qu'oppose le cheval non assujetti.

GOURMETTE (FAUSSE).

La *fausse gourmette* a pour propriété d'assujettir les branches du mors de manière à ce que le cheval ne puisse les saisir avec ses incisives; sans cette précaution, le mors serait sans effet pour arrêter le cheval qui, à juste titre, prendrait le *mors aux dents*.

GOUTER LA BRIDE.

Le cavalier qui sait graduer ses effets de force amènera promptement le cheval à *goûter la bride* et rendra tous ses mouvements faciles et gracieux.

GOUVERNER SON CHEVAL.

Le cavalier ne *gouvernerait* qu'imparfaitement son cheval, s'il devait lutter de force avec lui. C'est par des effets de tact insensiblement gradués qu'on paralyse les forces du cheval, et qu'on fait d'un animal formidable un glorieux esclave.

GRAS DE JAMBE.

On entend par *gras de jambe*, la partie qui impressionne les flancs du cheval. Si son bon emploi sert à le subjuguer, sa force mal transmise produit souvent l'effet contraire. Pauvre cavalier! pauvre cheval!

GUEULARD.

C'est par le raisonnement qu'on vaincra la force brutale.

GUINDÉ.

On doit conseiller l'ignorance et mépriser l'arrogance.

H

HAQUENÉE.

Piédestal du foyer où certains bâtards prirent naissance.

HAGARD.

La défiance ne peut arriver à voir les choses sous leur véritable aspect qu'en prenant la douceur pour confidente.

HANCHES (ÊTRE SUR LES).

Il ne faut pas outre-passer ce qu'on se doit à soi-même et aux autres.

HARAS.

Les illusions de la jeunesse s'évanouissent peu à peu devant l'âge mûr, et cèdent la place à la triste réalité.

GUEULARD.

On appelle *gueulard* le cheval qui résiste aux effets du mors en ouvrant la bouche et en la contractant. Il n'y a pas moyen de détruire ce vice, quand on en rend la bouche responsable. J'ai suffisamment démontré que la mauvaise construction générale du cheval en est la cause, et j'ai donné les moyens pour y remédier.

GUINDÉ.

Il est une marche à suivre, en équitation, pour rendre l'élève qui est *guindé* souple et liant. Quant à celui qui, par système, prend une position diamétralement opposée à celle que l'art prescrit, il faut l'abandonner lui et son inepte gloriole.

H

HAQUENÉE.

L'équitation n'était pas fort en vogue à l'époque des *haquenées*, surtout parmi les dames. De toutes les haquenées qui ont figuré sous les dames châtelaines, celle d'Agnès Sorel s'est surtout fait remarquer par la beauté de ses formes. La postérité prétend qu'Agnès Sorel ne fut pas insensible aux bontés du roi Charles VII, et qu'entre autres qualités, elle eut celle d'être bonne mère.

HAGARD.

Il n'y a rien dans la nature du cheval qui le porte à être *hagard*; les mauvais traitements seuls lui font contracter ce vice. L'homme spirituel et bon doit détruire ce que l'homme stupide et brutal a fait naître dans l'esprit du cheval.

HANCHES (ÊTRE SUR LES).

C'est une des grandes difficultés de l'équitation que de mettre un cheval *sur les hanches*; mais c'en est une plus grande encore de sentir le point où il faut l'arrêter. Faute de ce sentiment, le cavalier perd sa puissance et le cheval son énergie.

HARAS.

Nos directeurs, contrôleurs et inspecteurs de *haras* ont fait beaucoup, sans doute, pour l'amélioration de la race chevaline, mais ils n'ont pu trouver encore un type de chevaux capables de rendre un service utile à la société. C'est là que devraient tendre leurs grandes expériences. Espérons, car le temps est un grand maître, et les hommes de grands enfants.

HARDIES (BRANCHES).

L'ignorance conduit à la brutalité.

HARIDELLE.

La nature a ses misères, et l'espèce humaine ses froides railleries.

HARPER.

Une bonne ou une mauvaise éducation aide ou contrarie la nature.

HARASSER UN CHEVAL.

Le bon sens n'abuse jamais de sa supériorité.

HAUTE-ÉCOLE.

La noblesse n'est héréditaire qu'autant que la dignité est le principe de ses actions.

HOLÀ.

Le laconisme est d'autant mieux compris qu'il est perçu plus distinctement.

HOMME DE CHEVAL.

Il faut être sûr de soi-même pour en imposer aux autres.

HORS MONTOIR.

L'habitude est une seconde nature.

HUIT DE CHIFFRE.

Ne revient pas au point de départ qui veut.

HARDIES (BRANCHES).

Les *branches hardies* donnaient une puissance plus grande au mors et en rendaient la sujétion plus pénible au cheval. Toujours des sujétions pénibles! Oh dame, certainement! Le maître d'école de ce temps-là (1600) ne marchait jamais sans son martinet.

HARIDELLE.

On est, en général, sans pitié pour une *haridelle*, et cependant la faute en est à la nature que nous admirons, ou à l'homme, dont nous proclamons la supériorité.

HARPER.

Les saccades et les actes de violence d'un mauvais cavalier peuvent opérer une distension des muscles et faire *harper* le cheval; une bonne éducation, au contraire, le conserve dans son état normal.

HARASSER UN CHEVAL.

Celui qui, sans motif plausible, *harasse* un cheval, mérite d'être taxé de bêtise ou de brutalité.

HAUTE-ÉCOLE.

Les difficultés de l'équitation, telles que le travail de deux pistes, les changements de pieds en l'air, etc., etc., constituent la *haute école*. Tous les cavaliers font de la haute école, mais peu savent lui donner la cadence et la régularité désirables; et si ces deux conditions ne sont pas exactement remplies, la noblesse du travail disparaît et son titre est usurpé.

HOLÀ.

Il faut éviter de faire entendre trop d'exclamations diverses; elles bourdonnent aux oreilles du cheval et ne le frappent plus distinctement. Si le *holà* est prononcé avec opportunité, il sera promptement compris du cheval.

HOMME DE CHEVAL.

Une des conditions premières pour l'*homme de cheval*, est la solidité; c'est par elle qu'il reste lié au cheval et trouve la puissance de moyens avec laquelle il augmente sa supériorité.

HORS MONTOIR.

Hors montoir est le côté droit du cheval. Il est probable qu'avec un peu d'habitude on monterait à droite tout aussi facilement qu'à gauche.

HUIT DE CHIFFRE.

Les *huit de chiffre* se font au pas, au trot et surtout au galop. Le mérite de ce travail est de dessiner exactement un *huit* avec les jambes du cheval.

I

INACTION.

Le silence est plus puissant qu'on ne pense ; les plus fortes passions échouent contre sa force inerte.

INDOMPTABLE.

L'ignorance et la paresse ont fait accoucher la souris d'une montagne.

INSTINCT.

La bouffissure humaine est insatiable ; elle se repaît du bien d'autrui.

INTELLIGENCE.

La fatuité méconnaît les qualités qu'elle ne possède qu'imparfaitement.

L

LÂCHER LA MAIN A SON CHEVAL.

L'émancipation a des circonstances de gravité que l'on se rappelle toute la vie.

LEÇON.

Le langage sans à-propos est un bavardage en pure perte.

I

INACTION.

Le travail de l'*inaction* consiste à exercer en place les forces de l'encoure ; c'est à l'aide de travail préalable qu'on obtient des effets magiques, et que les chevaux les plus fougueux acquièrent, en quelque temps, un calme et une souplesse qui les conduisent à une prompte obéissance.

INDOMPTABLE.

Les écuyers capables et consciencieux n'ont jamais rencontré de chevaux *indomptables* ; mais l'ignorance, qui base son savoir sur l'amour-propre, a trouvé chez les chevaux mille défauts incorrigibles, tandis qu'en bonne justice ils leur appartiennent en propre.

INSTINCT.

Il existe encore des cavaliers dont toute la science est due aux hasards : ils s'attribuent courageusement les mouvements heureux fournis par l'*instinct* du cheval, et savent en profiter pour en imposer aux masses intelligentes !

INTELLIGENCE.

Il suffit d'avoir vu beaucoup de chevaux, d'avoir fait une étude spéciale de leur nature, pour reconnaître qu'ils sont *intelligents*. Les mille et une actions qu'ils font avec connaissance de cause n'en sont-elles pas une preuve convaincante ? Il ont moins d'*intelligence* que l'homme, c'est possible ; mais est-ce une raison pour qu'ils n'en aient point ? Je ne vois pas quelle humiliation il y aurait pour notre magnifique espèce humaine, à accorder de l'*intelligence* aux animaux en général et au cheval en particulier.

L

LÂCHER LA MAIN A SON CHEVAL.

Les plaisirs que procure l'exercice du cheval sont quelquefois périlleux pour les ignorants ; aussi *lâcher la main* sur des résistances est non-seulement un barbarisme équestre, mais une imprudence qui rend le cavalier le jouet des moindres caprices du cheval.

LEÇON.

Connaître la disposition d'esprit et le degré d'intelligence de l'élève, doit être la première occupation du professeur ; ses conseils, alors, iront droit au but ; mais s'ils sont donnés généralement, s'il se contente de les débiter comme un catéchisme, sa *leçon* sera sans fruit.

LÉGER A LA MAIN.

Les étais ne sont utiles que pour les constructions vicieuses.

LOYAL (CHEVAL).

Plus la générosité étend ses largesses, plus il faut de modestie et de réserve dans l'acceptation de ses dons.

LOYALE (BOUCHE).

On est injuste et souvent cruel quand l'irréflexion attribue à l'un, les qualités ou les défauts de l'autre.

M

MAIN LÉGÈRE.

La bonté change de nom quand elle est sans énergie.

MANÉGE.

Quelques travers que l'on rencontre dans le cours de la vie, il faut marcher droit son chemin et proclamer la vérité à qui veut l'entendre.

MAQUIGNON.

La renommée est criarde : il faut, avant de se rendre à ses décrets, s'assurer si ce qu'elle attribue à l'un n'est pas le fait de l'autre.

LÉGER A LA MAIN.

Les chevaux d'une bonne construction, c'est-à-dire dont toutes les parties s'harmonisent bien entre elles, sont naturellement *légers à la main*. Si l'art est inutile pour ces chevaux, il n'en est pas de même pour ceux que la disposition des formes rend lourds à la main. Donner une même légèreté à tous les chevaux, est le but que doit atteindre l'écuyer, et la raison qui fait une science exacte de l'art de l'équitation.

LOYAL (CHEVAL).

Plus le cheval a de bonnes qualités premières, plus il faut user de ménagements avec lui. Le *cheval loyal* obéit à tout, et devine pour ainsi dire les intentions du cavalier. Aussi est-ce une raison pour ne pas mésuser de ses forces et ne lui demander que ce qu'il peut faire.

LOYALE (BOUCHE).

Toutes les bouches sont également *loyales*, mais les constructions que présentent les chevaux sont différentes ; malheureusement on a toujours erré sur la cause, en attribuant à la conformation particulière de la bouche du cheval ce qui n'était dû qu'à la mauvaise disposition de sa charpente osseuse. J'ai déjà démontré combien cette erreur, qui s'est transmise jusqu'à nos jours, avait retardé et retardait encore la marche de l'équitation.

M

MAIN LÉGÈRE.

Quelques cavaliers entendent par *main légère* celle qui n'oppose que très peu de force, quelles que soient la position et les résistances de la tête et de l'encolure. On doit avec justice remplacer cette épithète de *légère* par celle de *savante*. Cela suffira, je pense, pour forcer à la réflexion quelques cavaliers.

MANÉGE.

La routine que l'on a si longtemps suivie en équitation a été le plus puissant obstacle à la perfection de l'art. Sortir de la route tracée, renverser les principes qui ont fait schisme, n'est pas chose facile ; mais l'amour du beau et du vrai doit l'emporter sur la crainte de heurter de sots préjugés ; le *manége* est le forum de l'écuyer : c'est là qu'il doit convaincre ses auditeurs de la vérité de ses assertions.

MAQUIGNON.

Il n'est pas de roi, de ministre, de négociant, de boutiquier, qui n'aient menti à leur conscience. Les *maquignons* sont sur une ligne exactement pareille. Pourquoi les accabler de mille épithètes injurieuses ? Si la réflexion vient à notre aide, nous dirons avec raison qu'il y a des *maquignons* dans **tous** les états.

MARTINGALE.

Plus on a recours aux autres, moins on compte sur soi-même.

MÊLER UN CHEVAL.

C'est une perfidie que d'entraver les bonnes intentions.

MENER SON CHEVAL SAGEMENT.

Un toucher délicat conserve aux cordes leur valeur et leur harmonie.

METTRE DANS LA MAIN.

Il faut faire le bien sans s'inquiéter de la clameur publique : les faits consciencieux parlent trop haut pour ne pas être entendus.

MÉZAIR.

Ce qu'on fait par gloriole est rarement utile pour l'art.

MIS.

Un service ne doit pas se rendre à demi.

MOLETTE.

L'homme qui multiplie ses moyens de domination, sans perdre ses qualités de cœur, est un phénomène.

MARTINGALE.

De toutes les inventions qui rappellent l'enfance de l'équitation, la *martingale* est une de celles qui ont caché le plus longtemps leur inutilité et leurs inconvénients. J'en demande bien pardon à la bonne foi de mes confrères passés et présents, mais, jusqu'à ce jour, ils ont été dans l'erreur la plus complète sur ses effets. « Plus nos outils sont ingénieux, a dit Rousseau, plus nos organes deviennent grossiers et maladroits : à force de rassembler des machines autour de nous, nous n'en trouvons plus en nous-mêmes. »

MÊLER UN CHEVAL.

Les chevaux cherchent souvent à bien faire, mais aussi, malgré leur instinct, ils sont *mêlés* dans leurs allures par les exigences outrées de leurs cavaliers. Quand donc le savoir viendra-t-il à notre aide pour nous faire prendre la première place, que ces modestes animaux sont si bien disposés à nous accorder ?

MENER SON CHEVAL SAGEMENT.

Le cavalier *mène son cheval sagement* lorsqu'il n'exige de lui que ce qu'il peut faire, et le lui demande avec gradation.

METTRE DANS LA MAIN.

Est-il possible de croire que des écuyers à réputation contestent encore l'utilité de la *mise en main* du cheval ! Qu'ils ignorent les moyens d'amener tous les chevaux à prendre cette position, on le comprend sans peine, puisque ce n'est pas du ressort de l'ancienne équitation ; mais qu'ils ne sentent pas le ridicule de leurs réflexions anti-équestres, là est le problème.

MÉZAIR.

Le *mézair* a peu d'utilité pour la science et beaucoup d'inconvénients pour les chevaux : c'est quand l'ignorance ouvre de grands yeux que la science ferme les siens !!!

MIS.

On peut, avec quelques soins, débourrer un cheval, lui donner des allures régulières et faciles, arriver enfin à une demi-éducation ; mais il faut une délicatesse de tact peu commune pour faire d'un cheval brut un cheval parfaitement *mis :* voilà l'écuyer.

MOLETTE.

C'est en prenant le contrepied de tout ce qui a été écrit sur l'équitation que j'ai rencontré juste ; j'ai aussi changé la forme des molettes à cinq pointes, pour les remplacer par celles à roues avec de petites entailles peu saillantes ; on devra donc s'en servir sur tous les chevaux, quel que soit d'ailleurs leur état d'irritabilité ou d'apathie.

MONTER DANS LES PILIERS.

La véritable bravoure entre en lice sans choix d'armes, de terrain ni d'adversaires.

MONTOIR.

La définition du pourquoi aplanit bien des doutes.

MORS (DU) ET DE SES EFFETS.

Les impressions que l'on reçoit doivent être le dynamomètre des sensations que l'on fait éprouver.

MORS AUX DENTS.

Tous les moyens sont bons pour recouvrer sa liberté péniblement conquise.

N

NATURE (MAUVAISE).

On n'arrache jamais les vices avec toutes leurs racines, quelque soin qu'on y mette.

NEUF (CHEVAL).

L'organisation la plus heureuse a encore besoin d'un guide éclairé.

O

OBTENIR D'UN CHEVAL.

Les recherches consciencieuses font trouver le moyen d'arriver juste au but.

MONTER DANS LES PILIERS.

Le cavalier qui *monte dans les piliers* sur un sauteur en selle rase, et qui, en dehors de ces deux poteaux, tient sur toute espèce de chevaux, peut revendiquer à bon droit le titre de solide cavalier. Celui, au contraire, qui n'a de tenue que sur un sauteur affublé d'une selle à piquer, ne peut prétendre qu'à une solidité de convention. Inutile de parler de ceux qui ne pratiquent ce dernier exercice qu'en se raccrochant par tous les moyens possibles : leur instruction à cheval est une vraie bouffonnerie équestre.

MONTOIR.

Bien que je me sois fait une loi de définir chaque chose, je n'ai pu encore me rendre compte de la nécessité de monter plutôt à gauche (ou côté *montoir*) qu'à droite. Quoique cette explication soit de peu d'importance, on m'obligerait beaucoup en me la donnant.

MORS (DU) ET DE SES EFFETS.

Les moyens indicateurs seront toujours justes, la récompense et le châtiment arriveront toujours à propos, lorsque les *effets du mors* augmenteront ou diminueront de puissance selon les diverses résistances du cheval.

MORS AUX DENTS.

Il est bien naturel que le cheval évite par tous les mouvements possibles la contrainte à laquelle l'assujettit un indiscret cavalier. L'écuyer habile saura lui rendre le joug du mors moins pénible et lui ôtera même jusqu'à l'idée de prendre le *mors aux dents*.

N

NATURE (MAUVAISE).

On peut, à l'aide de beaucoup d'art, embellir et donner quelque éclat à une nature commune; mais le cheval d'une *mauvaise nature* ne pourra jamais exécuter de mouvements gracieux.

NEUF (CHEVAL).

Si le cheval *neuf* joint à de belles proportions un degré suffisant d'action, son éducation sera prompte et facile. Est-il besoin d'ajouter que, quelle que soit la nature du cheval, l'écuyer doit toujours être choisi parmi les plus capables?

O

OBTENIR D'UN CHEVAL.

Obtenir de tous les chevaux est le fait d'un véritable écuyer; malheur au cavalier qui, aveuglé sur ses imperfections, rend le cheval passible de ses non-succès!

OMBRAGEUX (CHEVAL).

L'esprit faible se crée des fantômes dont il ne se débarrasse qu'imparfaitement.

OSCILLATION.

On flotte d'erreurs en erreurs avant que d'aborder la réalité.

OUTRER UN CHEVAL.

On abuse de tout alors qu'on ne sent plus rien.

P

PALEFROI.

Le nom est le souffle de l'homme, la chose est le souffle de la nature : le premier s'envole, le second reste.

PARTAGER LES RÊNES.

Il faut suivre son adversaire dans toutes ses digressions pour prendre de l'empire sur lui.

PAS (LE).

Le calme est indispensable pour la méditation.

PAS DE COTÉ.

Le bon sens n'exige que ce que les facultés permettent.

PAS (LE), LE SAUT ET LE GALOP GAILLARD.

Les sarcasmes sont de mauvais goût au milieu d'un discours sérieux.

OMBRAGEUX (CHEVAL).

Est-ce la conformation vicieuse de l'œil ou du cerveau qui rend le cheval *ombrageux* ? Quant à moi, j'adopte la dernière opinion ; mais quelle que soit la cause, il sera facile d'en atténuer les effets, si l'on ne peut réussir à les faire disparaître entièrement.

OSCILLATION.

L'aplomb est le résultat de forces bien coordonnées ; mais avant d'en arriver à ce point, elles se divisent à l'infini et amènent les *oscillations* que l'on remarque chez les élèves commençants. Du reste, si ces incertitudes sont bien dirigées, elles peuvent être un acheminement à une solide position.

OUTRER UN CHEVAL.

Outrer un cheval, sans raison, devrait être puni d'une peine infamante.

P

PALEFROI.

Quel que soit la signification que l'on donne au mot *palefroi*, le cheval n'en restera pas moins, quoi qu'en dise Buffon, le roi des animaux.

PARTAGER LES RÊNES.

Les résistances du cheval qui ne peuvent être dominées par la bride nécessitent souvent l'usage du bridon ; c'est en *partageant les rênes* que le cavalier établira une lutte qui tournera à son avantage, si toutefois il en connaît le maniement.

PAS (LE).

Le *pas* est l'allure mère d'où procèdent les autres allures. Le tact équestre et le discernement du cavalier sont les secrets moteurs de cette succession de mouvements.

PAS DE COTÉ.

Il faut être bien sévère sur les conditions que doit présenter le cheval avant de passer aux *pas de côté*; sans quoi l'on s'expose à détruire le peu qu'on lui aurait appris, et à le mettre dans l'impossibilité d'en apprendre davantage.

PAS (LE), LE SAUT ET LE GALOP GAILLARD.

Les belles difficultés de l'équitation ne s'exécutent avec précision qu'à la suite d'un rassembler complet ; tous les mouvements, tels que le *saut* et le *galop gaillard*, qui en demandent souvent le sacrifice, ne devraient se pratiquer qu'avec la plus grande discrétion.

PASSADE.

Il faut être enjoué, mais toujours bienséant.

PASSAGE.

Un langage correct fait admirer la promptitude des pensées.

PESADE (LA).

On expose son avenir en négligeant ses appuis véritables.

PIAFFER.

La persévérance et le savoir peuvent donner à la nature informe la noblesse et l'harmonie.

PICOTER UN CHEVAL.

On froisse toujours l'irritabilité des autres quand on ne se possède pas soi-même.

PILIERS (LES).

Chassez loin de vous les intrigants qui, à force de flatteries, font révoquer en doute le talent que vous possédez.

PIROUETTE.

Les secrètes pensées ne doivent être confiées qu'à la plus grande intimité.

PASSADE.

On peut, sans sortir des vrais principes de l'équitation, faire exécuter à son cheval quelques *passades*. Elles n'ont aucun inconvénient pour l'art, et ont un but d'utilité réelle pour le cheval de troupe.

PASSAGE.

Les chevaux ne sont lourds et disgracieux qu'à cause du peu d'érudition équestre de leurs cavaliers. De meilleures mains mettraient en peu de temps ces chevaux au *passage*; c'est alors qu'en embellissant leurs formes on les rendrait aptes à de brillants exercices.

PESADE (LA).

Moins le cheval a de points d'appui sur le sol, moins il est en équilibre. Les sauts périlleux, dans lesquels la *pesade* se trouve comprise, doivent se pratiquer rarement et avec discrétion.

PIAFFER.

Le plus beau triomphe de l'écuyer, c'est lorsque, à l'égal du statuaire, qui reproduit la nature dans un bloc de marbre, il transforme un cheval froid, roide et informe, en un cheval animé, souple et *piaffant* avec grâce.

PICOTER UN CHEVAL.

L'incertitude de l'assiette se transmet aux jambes du cavalier; c'est alors que les éperons viennent sans nécessité *picoter* les flancs du cheval. Il n'est pas étonnant qu'il cherche à se débarrasser d'un cavalier aussi nuisible qu'incommode.

PILIERS (LES).

Quel retard l'usage des *piliers* n'a-t-il pas apporté au sentiment du cavalier et au raisonnement scientifique, qui ne peuvent s'acquérir que par un rapport direct avec le cheval ! En admettant que les *piliers* puissent remplacer quelquefois les effets de tact du cavalier, n'est-il pas honteux d'y avoir recours ? Que dirions-nous d'un musicien distingué qui, au lieu de faire sortir sous ses doigts des sons harmonieux, trouverait le moyen de produire à peu près le même effet sur une machine organisée ? On lui rirait au nez, je n'en doute pas. Eh bien ! croirait-on que des écuyers de talent ne sont pas encore revenus de cette vieillerie, aussi perfide pour l'art que pour les chevaux ?

PIROUETTE.

La *pirouette* fait partie des mouvements compliqués ; elle est difficile à exécuter pour la médiocrité. L'écuyer capable dispose si bien ses points d'appui que le cheval paraît ne tenir au sol que pour se disposer à mieux s'en éloigner.

PISTE (LA).

On doit tracer à l'avance son plan de conduite, pour que le chemin sinueux de la vie soit une route de bonheur.

PLACER UN CHEVAL.

La vie serait un fardeau si l'on ne savait l'embellir.

PLATE LONGE.

La supériorité étend ses moyens de domination à l'aide de fils imperceptibles.

PLIER LE COL D'UN CHEVAL.

C'est par le fini des détails qu'on harmonise le tout.

POINTE.

L'oubli de soi-même encourage les injures.

POSITION DE L'HOMME A CHEVAL.

La nature a ses lois, les principes leurs règles, et l'homme ses préjugés.

R

RACE.

Les masses sont encore, plus qu'elles ne pensent, sous l'influence des préjugés.

PISTE (LA).

Si la *piste* que doit parcourir le cheval n'est pas suffisamment frayée, il faut s'en tracer une imaginaire et la lui faire suivre exactement. C'est un premier pas de fait en équitation.

PLACER UN CHEVAL.

Il est de la plus grande rareté de rencontrer un cheval qui, par une cause quelconque, ne cherche pas un appui sur la main. Savoir bien *placer tous les chevaux*, c'est savoir augmenter la masse de son bonheur équestre.

PLATE LONGE.

La *plate longe* est encore une de ces vieilleries religieusement conservées par beaucoup d'écuyers. Le talent a-t-il donc besoin, pour se faire comprendre du cheval, d'un intermédiaire de trente pieds de long, comme pour prendre des moineaux au trébuchet ? Brûlons ces instruments inutiles ou barbares; mais, par respect pour nos aïeux, conservons-en soigneusement les cendres !

PLIER LE COL D'UN CHEVAL.

Comme le cheval paralyse tous les effets du mors par la contraction de son encolure, il est rationnel de commencer par lui *plier le col*, afin d'arriver à dominer le reste de la masse.

POINTE.

Quelle que soit la cause qui détermine les *pointes*, le cavalier ne doit pas attendre que le cheval s'en serve comme d'un moyen de rébellion, car celui-ci abuse toujours de sa supériorité, qu'elle lui vienne de sa force ou de notre faiblesse.

POSITION DE L'HOMME A CHEVAL.

Les lois physiques et anatomiques sont basées sur la nature, et chaque jour on les méconnaît. Les os n'ont-ils pas la même position et les muscles la même direction chez tous les individus ? Et cependant les professeurs ont établi des règles différentes sur la *bonne position de l'homme à cheval*. J'en dirais bien la raison, mais je n'ose.

R

RACE.

Les chevaux issus d'une *race* pure méritent sans doute une grande préférence; mais à part ces chevaux de choix, quel prix peut-on attacher à toutes ces *ficelles de 1/6 ou de 1/8* de sang qui n'ont d'autre qualité que de présenter moins de surface à l'air ?

— 292 —

RACCOURCIR UN CHEVAL.

Plus l'esprit a de concision, plus il a de brillant et de justesse.

RALENTIR UN CHEVAL.

Un mot bienveillant placé à propos est d'un grand soulagement.

RALENTIR (SE).

On ne peut être sous une influence quelconque sans en sentir bientôt la domination.

RAMENER (TOUS LES CHEVAUX PEUVENT).

La vérité a ses ennemis, et l'erreur ses partisans.

RAMINGUE.

On est souvent la dupe d'une faiblesse devant un arrogant.

RARE.

L'amour-propre croit avoir ce qu'il ne possède pas.

RASER LE TAPIS.

Il y a du danger à être trop près de son ennemi.

RASSEMBLER.

Le mérite ennoblit la pauvreté, séduit tout ce qui l'approche, et embellit tout ce qu'il touche.

RACCOURCIR UN CHEVAL.

Plus un cheval a d'énergie et plus il est facile de le *raccourcir*. Une cadence exacte et bien régulière est une des premières conditions de ce travail.

RALENTIR UN CHEVAL.

Ne pas attendre que les forces du cheval soient épuisées pour le *ralentir* est une attention digne d'un bon cavalier, et qui concourra au bien-être et à l'éducation du cheval.

RALENTIR (SE).

Le cheval qui, déjà mal intentionné, en est arrivé à sentir la mollesse et l'incertitude du cavalier, force les jambes, se *ralentit*, s'arrête et se défend.

RAMENER (TOUS LES CHEVAUX PEUVENT).

Le Dictionnaire raisonné pose en principe que *tous les chevaux peuvent se ramener*, remplaçant ainsi par une règle générale les règles exceptionnelles des anciens. Bien que ce traité se soit élancé seul dans une voie nouvelle, il n'en a pas moins prouvé par des faits incontestables la vérité de ses prédictions. Malgré la raison évidente, ses principes furent contestés, et ceux des anciens prévalurent. Il opposa à cette clameur rétrograde sa volonté inerte, convaincu que la nature protége toujours l'apôtre qui marche sous son égide, et que, dans l'intérêt des arts et de l'humanité, les idées changent, mais le monde se perpétue.

RAMINGUE.

Il faut au cheval *ramingue* un cavalier prudent, mais d'une grande énergie. La pusillanimité en pareil cas serait sans résultat pour le cheval et souvent dangereuse pour le cavalier.

RARE.

Le cheval *rare* est celui qui possède des qualités supérieures. Ce mot se trouve aussi bien dans la bouche du riche que dans celle du pauvre ; l'un et l'autre joignent à l'amour de la propriété une arrière-pensée de supercherie, car s'ils trouvent un acquéreur pour leurs chevaux extraordinaires, ils les dépouillent immédiatement du mot *rare* pour en affubler le successeur, et ainsi de suite.

RASER LE TAPIS.

Le cheval qui *rase le tapis* est sujet à avoir les pieds en contact avec les éminences qui se trouvent sur son passage. Ce défaut, qui provient de l'usure ou de l'abandon du cheval, l'expose aux génuflexions et même aux chutes.

RASSEMBLER.

Le *rassembler* est la véritable pierre de touche qui transforme en grâce la caducité et donne au cheval tout l'esprit et la perspicacité du cavalier.

REBOURS.

L'ignorance engendre la brutalité et laisse des traces souvent ineffaçables.

REBUTER UN CHEVAL.

Les reproches qu'on n'a pas mérités exaspèrent ou rendent insensible.

RÉCHAUFFER UN CHEVAL.

L'esprit affaibli qui méconnaît l'évidence ne peut prétendre à un brillant avenir.

RECHERCHER.

C'est avec discrétion qu'on doit scruter les pensées des autres.

RECOMMENCER UN CHEVAL.

L'orgueil rougit devant le talent modeste qui ramène l'harmonie là où lui-même n'avait jeté que la confusion.

RECULER.

Les sciences ne rétrogradent momentanément que pour marcher ensuite avec plus de rapidité.

RÉDUIRE UN CHEVAL.

Tous les moyens sont bons à la mauvaise foi pour parvenir à ses fins.

REBOURS.

Les mauvais traitements rendent les chevaux *rebours*, et font souvent d'une excellente bête un cheval incapable de tout bon service. Faire de la fausse monnaie est, selon moi, un crime moins capital que de rendre *rebours* un cheval qui n'a d'autre défaut que d'avoir été soumis à une brutale ignorance.

REBUTER UN CHEVAL.

C'est à l'aide du mouvement de ses extrémités que le cavalier transmet sa pensée au cheval. Si les paroles, représentées par les mouvements, sont en désaccord avec la pensée, le cheval se *rebute* bientôt contre ces forces contradictoires, et paraît attendre que les pensées du cavalier deviennent plus saines et ses mouvements mieux coordonnés.

RÉCHAUFFER UN CHEVAL.

Le cheval qu'il faut continuellement *réchauffer* par les éperons ne peut plus avoir aucune relation avec son cavalier. C'est sous le fouet qu'il doit malheureusement terminer sa carrière.

RECHERCHER.

Si les forces transmises au cheval sont graduées, si les effets d'ensemble du cavalier arrivent à propos, il appréciera immédiatement et la sensibilité propre du cheval et le point d'équilibre où il peut arriver. Le cavalier qui *recherche* son cheval avec tant de délicatesse est un écuyer dans toute l'acception du mot.

RECOMMENCER UN CHEVAL.

Celui qui rend le cheval passible de sa maladresse sera toujours le fléau des chevaux et de l'équitation. Le cavalier modeste qui profite de la leçon que le cheval lui donne, pour *recommencer* son éducation plus méthodiquement, laissera loin derrière lui la médiocrité.

RECULER.

Lorsque l'encolure présente certaines conditions d'assouplissement, l'exercice du *reculer* sert à compléter la souplesse des autres parties du corps. Plus le cheval reculera facilement, plus il se portera aisément en avant, puisqu'alors les forces de l'avant et de l'arrière-main se prêteront un mutuel secours.

RÉDUIRE UN CHEVAL.

Si l'on entend par *réduire un cheval*, l'exténuer de fatigue jusqu'à le rendre fourbu, l'homme le plus ignorant et le plus brutal sera le meilleur écuyer; mais si l'on entend par *réduire*, l'art de paralyser les forces instinctives du cheval, on remplacera la brutalité et l'ignorance par la douceur et le savoir.

RÊNES.

La justesse et l'à-propos doivent régler nos actions.

RÊNE (PRENDRE LA CINQUIÈME).

La science met sur la même ligne le pauvre et le riche ; il faut apprendre pour savoir.

RENVERSER.

Le demi-savant est d'ordinaire un grand pédant.

REPLIER.

La ruse ne doit servir qu'à déjouer celle des autres.

REPRISE (LA).

L'homme studieux qui remplit sa tâche avec zèle apprécie mieux les douceurs du repos.

RÉTIF.

Les suites d'une mauvaise éducation sont incalculables.

ROULER A CHEVAL.

Une longue fréquentation donne l'intimité.

RUADE.

L'esprit a ses débordements, quand il n'est pas contenu dans les limites du respect.

RÊNES.

Les pressions du mors n'ont un effet direct que par la tension égale des *rênes*; la justesse de la main doit en régler les à-propos et leur donner une valeur corrélative.

RÊNE (PRENDRE LA CINQUIÈME).

On entend par *prendre la cinquième rêne*, s'attacher aux crins pour se fixer en selle; nul n'est exempt de cette position ridicule : pauvre ou riche, il faut apprendre pour savoir.

RENVERSER.

Rien ne dénote mieux la prétention et la faiblesse d'un cavalier, que de lui voir entreprendre des choses au-dessus de sa force; ainsi, dans les changements de pieds, si au lieu de maintenir le corps du cheval droit, il force l'inclinaison, il le *renverse* jusqu'à compromettre son équilibre. De tels cavaliers ne feraient-ils pas douter que l'équitation soit même un art?

REPLIER.

Je suis tout disposé à pardonner au cheval les ruses dont il se sert, telles que de se *replier*, etc., quand elles ont pour but de déjouer les résistances pénibles qui partent d'une mauvaise main; mais je suis aussi tout disposé à réprimer sévèrement les défenses qui n'ont été provoquées par aucun mouvement contre nature.

REPRISE (LA).

L'intervalle de repos qui existe entre chaque exercice s'appelle *reprise*. Cet instant a des douceurs inappréciables pour le cavalier, s'il a été assez heureux pour demander juste à son cheval.

RÉTIF.

Puisqu'il existe des phénomènes vivants, il peut naître des chevaux *rétifs*; mais la généralité ne le devient que par les mauvais traitements de ceux qui les approchent ou les montent.

ROULER A CHEVAL.

Si le professeur arrive en aide à l'élève qui *roule à cheval*, pour lui apprendre à se servir de ses forces, il lui fera acquérir en peu de temps une bonne assiette; mais, sans l'exercice, les conseils seraient sans fruit.

RUADE.

Une mauvaise répartition dans l'emploi des forces est la cause principale de tous les mouvements irréguliers et de toutes les défenses du cheval. La *ruade* fait partie de ces actes de violence.

RUDOYER.

De maître que l'on est on peut devenir esclave, et *vice versâ*.

S

SACCADE.

Le fat remplace le raisonnement par des injures.

SAGE.

Les animaux mêmes se prosternent devant les bonnes qualités.

SAUT DE BARRIÈRE.

Les sentiments et l'intimité ne sont réels qu'autant qu'ils aident et secourent la bonne foi qui réclame leur assistance.

SAUT DE MOUTON.

L'éducation qui n'atténue pas la fougue du jeune âge s'expose à en être la première victime.

SAUT DE PIE.

Tout ne serait que confusion si l'ordre n'arrivait pour mettre chaque chose à sa place.

RUDOYER.

Le cheval passe souvent de la douceur à l'exaspération quand il a été *rudoyé* sans raison ; il retrouve alors une énergie nouvelle pour combattre avec avantage la brusquerie machinale de son conducteur.

S

SACCADE.

La *saccade* est un moyen qui manque toujours d'à-propos, et dont les résultats ne peuvent être qu'inutiles quand ils ne sont pas dangereux.

SAGE.

Un cavalier *sage* peut amener un cheval à l'obéissance, bien que ses connaissances équestres ne soient qu'imparfaites ; les chevaux sont trop sensibles aux bons procédés pour ne pas en témoigner leur reconnaissance à quiconque la mérite.

SAUT DE BARRIÈRE.

La plupart des cavaliers, sauteurs de barrières, ignorent les préparatifs nécessaires pour bien suivre le cheval et le disposer à franchir avec élégance et sûreté.

Le *saut de barrière* deviendrait facile et sans danger, si le cavalier savait augmenter ou diminuer à propos l'impulsion du cheval et rendre aisée la translation de son centre de gravité ; mais il faut, pour y parvenir, que le corps du cavalier ne précède jamais les mouvements du cheval ; que les reins, souples, fixent les fesses sur la selle, pour qu'elles n'éprouvent ni chocs ni réactions sensibles ; il faut, enfin, que les cuisses et les jambes enveloppent exactement le corps et les flancs du cheval. C'est alors que les aides trouveront une puissance opportune et infaillible.

SAUT DE MOUTON.

Les *sauts de mouton* ne sont d'abord que des sauts de gaieté de la part du cheval, mais ils prendraient promptement un caractère inquiétant pour le cavalier, s'il n'y mettait bon ordre dès le principe.

SAUT DE PIE.

Toute la vie d'un écuyer doit être employée à la recherche des moyens les plus propres à remplacer les forces instinctives du cheval par des forces intelligentes ; c'est alors qu'il fera succéder aux allures irrégulières et aux *sauts de pie*, des mouvements nobles et précis.

SCIER DU FILET.

C'est en détournant les mauvaises pensées qu'on les combat.

SELLE.

On ne connaît les amis qu'après les avoir mis à l'épreuve.

SENTIR SON CHEVAL.

Le tact ménage les susceptibilités et fait naître la sympathie.

SOLLICITER.

C'est alors qu'on demande un service qu'il faut de la dignité.

SOUBRESAUT.

Le mépris prend toutes les formes pour effrayer la pusillanimité.

SOUPLE.

Les études premières bien comprises conduisent à l'érudition.

SOUTENIR UN CHEVAL.

L'adversité a droit à notre commisération.

SURMENER UN CHEVAL.

La faiblesse abuse de sa force comme l'ivrogne abuse du vin.

SURPRENDRE UN CHEVAL.

Il y a de la déloyauté à se venger d'un ennemi sans défense.

SCIER DU FILET.

Les chevaux qui résistent aux effets du mors en s'encapuchonnant ne peuvent devenir légers que par l'action de *scier du filet;* ce moyen élève la tête et ramène l'encolure à sa position normale.

SELLE.

Un œil habitué sait, par la simple inspection d'une *selle,* juger de sa bonté; mais on ne peut en acquérir la certitude qu'après l'avoir essayée.

SENTIR SON CHEVAL.

Le cavalier qui *sent son cheval* juge en quelques minutes quel est son degré d'éducation et de sensibilité, et en tire aussitôt tout le parti possible.

SOLLICITER.

Plus les forces des parties mobiles du cavalier devront être énergiques, et plus son buste devra avoir de sûreté et d'élévation; c'est alors que le cheval, *sollicité* par des forces vraiment puissantes, répondra franchement aux demandes de son cavalier.

SOUBRESAUT.

La force morale du cheval est en raison directe de notre faiblesse physique. Une assiette chancelante, une main incertaine, laissent au cheval toute latitude pour se livrer à des *soubresauts* ou à tout autre mouvement qui prendra sur la force morale du cavalier.

SOUPLE.

Si l'*assouplissement*, tel que je l'ai décrit et défini, précède bien tous les autres exercices, l'éducation du cheval acquerra bientôt un fini que l'on n'obtiendrait qu'imparfaitement par d'autres moyens.

SOUTENIR UN CHEVAL.

L'équitation bien entendue possède les moyens de *soutenir* les chevaux mal construits, en reportant sur les parties fortes, le poids qui surcharge les parties faibles. L'écuyer qui regarderait ce genre de chevaux comme indigne de son mérite ne comprendrait l'art qu'à demi.

SURMENER UN CHEVAL.

Quiconque *surmène un cheval* est un sot ou un bourru, et quelquefois tous les deux ensemble.

SURPRENDRE UN CHEVAL.

Les mouvements brusques de la main ou des jambes *surprennent* désagréablement tous les chevaux, et surtout ceux qui sont fins et attentifs. Ceux-ci répondent, pour l'ordinaire, comme on les a sollicités, tout en plaignant l'espèce humaine de son peu de discernement.

T

TATER SON CHEVAL.

Il faut peu de temps à l'homme de sens pour juger son adversaire.

TERRE-A-TERRE.

Les licences ne se permettent que sur des organisations souvent mises à l'épreuve.

TÊTE AU MUR.

Les difficultés ne se présentent sous une forme gigantesque que parce qu'elles ont des pygmées pour adversaires.

TRAVAIL DES CHEVAUX EN LIBERTÉ.

Les choses de peu d'importance, bien exécutées, préparent une route secrète pour franchir les espaces imaginaires.

TRAVAIL EN PLACE.

C'est au repos qu'on peut réunir tous les matériaux nécessaires à la confection d'une belle œuvre.

TRAVERSER.

On tombe souvent dans l'ornière dès qu'on s'éloigne de la route tracée.

T

TATER SON CHEVAL.

Celui qui possède le sentiment équestre jugera promptement des dispositions physiques et morales du cheval, et le *tâtera* avec fruit.

TERRE-A-TERRE.

Le *terre-à-terre* est l'un des airs relevés le moins dangereux pour la construction du cheval; mais il faut, avant d'aborder ces difficultés, que le cheval passe par la filière d'exercices qui le rendent soumis à toute espèce d'airs bas.

TÊTE AU MUR.

Tous les airs de manége ont pour règle ce principe : Équilibrer les forces du cheval. Le cavalier qui aura le mécanisme assez exercé pour donner cette précieuse position au cheval exécutera avec facilité la *tête au mur* et toutes les autres difficultés de l'art.

TRAVAIL DES CHEVAUX EN LIBERTÉ.

On regarde le *travail des chevaux en liberté* comme une chose insignifiante. Pour le commun des cavaliers, cette supposition est possible ; mais pour l'écuyer instruit et observateur, il en est tout autrement. Celui-ci doit connaître le degré d'intelligence du cheval, savoir s'en faire craindre et s'en faire aimer, distinguer si ses désobéissances sont dues à l'ignorance ou à la mauvaise volonté, quand et comment le cheval comprend ses gestes ou les diverses intonations de sa voix, et appliquer à temps la récompense ou le châtiment. L'écuyer doit en outre suivre la série des phénomènes qui lui font captiver toute l'attention du cheval. C'est ce genre d'exercice dirigé avec discernement qui fait d'un écuyer habile un philosophe, car le cheval lui suggère maintes réflexions qui le conduisent à mieux connaître l'esprit humain.

TRAVAIL EN PLACE.

Le *travail en place* est au cheval ce qu'est le gréement au navire. L'assouplissement qui se pratique au repos donne au cheval une plus grande et une plus belle facilité de mouvements, comme un bon gréement donne au navire plus de sûreté et de rapidité. En joignant au travail en place le ramener, qui peut être comparé à la boussole du navire, on obtiendra des directions justes d'un point à un autre.

TRAVERSER.

Le cavalier qui ne tient pas son cheval renfermé entre la main et les jambes le laisse trop maître de ses forces pour qu'il ne cherche pas quelquefois à se *traverser*.

TRÉPIGNER.

La colère apparaît sous mille formes; mais le masque dont elle s'affuble ne peut la rendre méconnaissable.

TRIDE.

La connaissance du beau fait admirer la nature et chérir l'art qui en est l'image.

TROT.

La volubilité du langage ne doit pas en détruire l'harmonie ni diminuer la netteté des pensées.

U

UNIR UN CHEVAL.

Les défauts que nous reprochons à nos subordonnés sont parfois notre propre ouvrage.

V

VAILLANT (UN CHEVAL).

Pourquoi les belles âmes sont-elles d'une aussi grande rareté !

VENTRE A TERRE.

L'asservissement outré dégrade l'âme et prépare une misère anticipée.

TRÉPIGNER.

On a souvent confondu le piaffer avec le *trépigner*, bien que les mouvements du premier soient liants et cadencés, tandis que ceux du second sont saccadés et presque convulsifs. Les défenses qui suivent le trépigner parlent assez haut pour que le cavalier ne fasse pas la sourde oreille.

TRIDE.

On entend par *tride* le mouvement prompt et cadencé des jambes du cheval. L'art consiste à reproduire, sur des constructions vicieuses, le beau que donne naturellement une belle construction.

TROT.

Depuis quelque temps l'on ne recherche plus chez les chevaux qu'une seule qualité, la vitesse. Aussi le cheval beau trotteur a bientôt changé l'allure régulière du *trot* contre celles défectueuses de l'entrepas et de l'aubin. Quand donc comprendra-t-on mieux la nature du cheval ? Pauvres chevaux !

U

UNIR UN CHEVAL.

On recommande à l'élève d'*unir son cheval* lorsque, à l'allure du galop, il l'a laissé se désunir. Comme ces faux mouvements sont dus à la maladresse du cavalier, il faut s'opposer à tous mauvais traitements de sa part, et le convaincre qu'il est toujours la cause de ce que son petit amour-propre pourrait attribuer au cheval.

V

VAILLANT (UN CHEVAL).

Le cheval *vaillant* est celui qui réunit le plus de qualités morales et physiques. La difficulté de rencontrer de pareils chevaux porte à croire qu'ils sont passés de mode. On prétend que nos chefs de haras ne sont point étrangers à cette disparition.

VENTRE A TERRE.

On n'abuse pas impunément des forces du cheval. En le faisant courir *ventre à terre* on prend sur le brillant de ses formes et on le conduit promptement à sa ruine. Un cheval vaut-il plus que les cinq minutes de loisir qu'il doit aux folles rêveries de son noble maître ?

VOLONTAIRE.

L'insubordination demande une pomme aujourd'hui, elle exige la lune le lendemain.

VOLTE.

La forme du monde est pour nous de peu d'importance ; mais le fini des détails mérite notre attention.

VOLTE (DEMI-).

Les difficultés ne sont attaquables qu'autant qu'on a la conviction de les combattre avec succès.

VOLTIGER.

Il faut joindre l'esprit à l'art pour captiver les faveurs du public et se rendre digne de ses suffrages.

PARTISAN.

La nation la plus orgueilleuse est forcée d'abaisser son arrogance devant l'ennemi généreux qui, après l'avoir vaincue, embellit ses domaines et rehausse sa dignité.

VOLONTAIRE.

Les jeunes chevaux qui n'ont point été assouplis, sont, par cette raison, plus sujets à être *volontaires*. Les concessions qu'on leur fait, et qui paraissent d'abord de peu d'importance, croissent insensiblement et dégénèrent en défenses. Il faut donc ne rien passer aux jeunes chevaux si on veut les mettre promptement sous la dépendance des aides.

VOLTE.

La ligne circulaire qui constitue la *volte* est insignifiante par elle-même. La difficulté consiste à la faire parcourir au cheval avec la plus exacte précision de mouvements.

VOLTE (DEMI-).

Dans le doute, abstiens-toi. Le véritable cavalier n'entreprend que ce qu'il croit avoir la conviction de bien faire ; et, dans ce cas, la *demi-volte* sera d'une exécution aussi facile pour lui que pour son cheval.

VOLTIGER.

La *voltige* exécutée avec grâce exige plus que de l'adresse. C'est l'intelligence qui enfante les belles choses.

PARTISAN.

Le cheval *Partisan* était de pur sang et d'origine anglaise. On le crut d'abord indressable. Le fini de son éducation démontra le contraire ; et, loin que la privation d'une liberté, dont il abusait, le rendît informe, il excita l'admiration générale ; toutes ses poses sont devenues gracieuses et tous ses mouvements réguliers.

DIALOGUES
SUR L'ÉQUITATION

ENTRE

LE GRAND HIPPO-THÉO

DIEU DES QUADRUPÈDES,

UN CAVALIER ET UN CHEVAL

DIALOGUES
SUR L'ÉQUITATION.

LE GRAND HIPPO-THÉO, DIEU DES QUADRUPÈDES, UN CAVALIER ET UN CHEVAL.

LE DIEU.

Assez de coups d'éperons et de cravache ont été distribués souvent sans discernement; assez de ruades et de sauts de toute espèce y ont répondu, et cela sans protocole, sans déclaration de guerre préalable. Il est temps que cela finisse; il est temps qu'après ce duel, vienne l'explication. Qui sait même si je ne ferai pas déjeuner ensemble les parties belligérantes? Il est vrai qu'une petite difficulté s'opposait à toute explication : je la lève. Quadrupède, tu vas parler. Fais usage de tous les moyens que peuvent te donner les sciences physiques et anatomiques; dis si les rigueurs qu'exercent sur toi ces impérieux cavaliers sont bien ou mal à propos employées, ou si tes élans de méchanceté sont dans ton caractère. En vertu de ma toute-puissance, je t'accorde pendant une heure le don de la parole.

Et toi, bipède, tu parleras à ton tour; tu m'adresseras tes plaintes, tu en feras valoir la justesse. Je veux savoir si tu es digne du présent le plus noble et le plus utile que tu tiennes de la nature pour alléger tes peines et tripler tes jouissances. Mais surtout évitez les personnalités et les grossières injures, qui ne prouvent rien. Commencez donc, et comptez l'un et l'autre sur mon impartialité.

LE CAVALIER.

A moi d'abord, comme au plus ancien dans l'exercice de la parole, et que votre toute-puissance juge si je n'ai pas lieu de me plaindre. Depuis cinq minutes, je ne puis parvenir à mettre le pied dans l'étrier. J'ai beau par des : Holà! par des saccades de bride, vouloir faire comprendre à l'animal qu'il est indocile, il n'en tient aucun compte, et plusieurs fois il a failli me casser la jambe en détachant malicieusement quelques ruades.

LE DIEU, *s'adressant au cheval.*

Qu'avez-vous à répondre à cette interpellation?

LE CHEVAL.

Une des qualités les plus précieuses que j'aie reçues en naissant de votre toute-puissance est l'action. J'ai pensé que c'était pour en faire usage. Ce seigneur cavalier, dont les goûts diffèrent entièrement de ceux de mon ancien maître, n'a pas su jusqu'à présent m'en faire comprendre la défense. Lui, leste et adroit, était glorieux de déployer son agilité en m'enfourchant, et m'excitait à caracoler, puis me donnait un coup de bride pour me lancer au galop. Bien que ce dernier moyen fût inopportun, et qu'il m'eût été facile de m'y refuser, je m'y soumettais complaisamment. Maintenant, je ne puis comprendre que les mêmes moyens doivent avoir des effets opposés. Il est vrai que la douleur que fait naître la brusque pression du mors m'est bien pénible; mais comme ce beau cavalier a toujours les rênes trop longues, je ne l'éprouve qu'une minute après m'être déplacé; souvent même je me débarrasse des rênes par la prestesse de mes mouvements, et me livre, croyant bien faire, à mes inspirations fougueuses. J'entends bien des : Holà! mais comme mon impatient cavalier ne s'est pas donné la peine de me bien faire comprendre la valeur de ce mot, je ne puis lui en tenir compte.

LE DIEU.

Que devait-il donc faire?

LE CHEVAL.

Me mettre un caveçon sur le nez, se placer devant moi et en tenir la longe en me regardant avec bonté, et me faisant connaître par des caresses sa bonne volonté; pendant ce temps, faire mettre le pied à l'étrier à un palefrenier, puis me rassurer avec des intonations de voix douces et des syllabes sonores. Si l'impatience mettait mon attention en défaut, alors un petit coup de caveçon sur le nez m'y rappellerait. Cet expédient n'aurait pas été renouvelé deux ou trois fois que je serais devenu d'une sagesse exemplaire; mais pour cela il faut trouver le moyen de rendre intelligible ce qu'on veut nous apprendre, et, comme le voit votre toute-puissance, ces messieurs ne s'en donnent guère la peine. Quant aux coups de pied, il me semble toujours voir des palefreniers brutaux qui me fouettent les jambes, et la peur rend sujet aux méprises : *Chat échaudé craint l'eau froide.*

LE DIEU.

Eh bien! messire cavalier, que pensez-vous de pareils arguments? Il me semble qu'ils rendent la réplique difficile.

LE CAVALIER.

Je ne savais pas qu'il fallût de semblables procédés avec

un animal dont la condition est l'esclavage, que son manque d'intelligence doit soumettre à tous nos caprices.

LE DIEU.

Êtes-vous donc bien sûr de ce que vous avancez là? Mais, en admettant que le cheval soit moins intelligent que vous, n'est-ce pas une raison pour employer cette même intelligence, dont vous vous accordez la possession exclusive, à lui faire connaître ce que vous désirez? Mais, avant d'aller plus loin, tenez-vous pour bien dit et n'oubliez jamais que le cheval est doué de facultés intellectuelles que votre vanité seule vous empêche de reconnaître, et qu'enfin, parce qu'un *drap* est moins fin qu'un autre, *ce n'en est pas moins du drap.*

LE CAVALIER.

Je consens à passer condamnation sur ce point; cependant je ferai observer à votre toute-puissance que nos docteurs ès sciences et arts ont jugé cette question tout autrement. Je reviens à ma querelle. Quand, tant bien que mal, je suis parvenu à me placer en selle, nouvelles méchancetés de la part du cheval; il fait ce qu'on appelle le dos de carpe, et de là une succession de sauts qui me désarçonnent. En quoi suis-je donc fautif? Mes actions ont été jusqu'ici on ne peut plus inoffensives, vous le voyez : il n'entend rien aux bons procédés.

LE CHEVAL.

Le tact si fin dont nous a doué votre divinité nous fait sentir promptement la maladresse et le peu de connaissance de notre cavalier. D'abord, sa position incertaine et vacillante dérange et brouille nos allures les plus naturelles; qu'est-ce donc s'il veut nous assujettir à ses mouvements maladroits et brusques? Ai-je tort de lui faire connaître que je n'aime point à être maltraité, et qu'il doit apprendre les règles d'un art avant de le mettre en pratique?

LE CAVALIER.

Eh! qu'ai-je besoin, moi, homme civilisé, d'apprendre ce que les peuplades sauvages exécutent si bien d'elles-mêmes et sans principes? Si je suis riche, ne puis-je donc pas, à force d'argent, trouver un cheval à ma convenance, et m'exempter par là de jouer le rôle d'artiste? Encore une fois, seigneur, le cheval secoue trop le joug auquel il doit être soumis par les lois de la nature.

LE DIEU.

C'est à moi de répondre à votre orgueilleuse sortie. D'abord, je vous apprendrai que, sous les rapports de la force physique, le sauvage est supérieur à l'homme civilisé. Comme l'argent n'est rien pour lui, il doit chercher les moyens de pourvoir à son existence, et, pour y parvenir, il passe des journées entières sur son cher compagnon; et c'est depuis son enfance qu'il se livre à ces courses périlleuses qui le rendent solide cavalier. Puis, les plaines de sable qu'il parcourt ne l'astreignent à aucune attention pour éviter les pierres et les ornières qui encombrent et coupent vos chemins si étroits et si remplis de voitures et d'obstacles de toutes espèces. Croyez-vous donc que l'or entassé dans vos palais somptueux vous empêche d'apprendre? Devenez artiste en dépit de vous-même, sinon vos plaisirs seront plus bornés que ceux de l'être dont vous dédaignez le savoir; ou si, en dépit du dieu des arts, vous n'écoutez que votre inepte gloriole, prenez garde de tomber d'une selle dans un cercueil. Je borne là cette juste réprimande, et je continue à vous écouter : peut-être trouverai-je enfin l'occasion de me rendre à vos avis.

LE CAVALIER.

Las de rester toujours en place, je veux faire marcher mon cheval et me diriger vers les promenades fréquentées pour faire admirer ma grâce et mon maintien. Eh bien ! après avoir longtemps bataillé en pure perte, je suis forcé de céder et de continuer, bien malgré moi, à pied, la promenade que je m'étais promis de faire à cheval. Qu'y a-t-il donc à faire contre un animal si fort et si brutal? Il me semble que, s'il avait la noblesse que vous lui supposez, il devrait être glorieux de déployer ses belles formes en présence d'un public, sinon connaisseur, du moins amateur.

LE CHEVAL.

Ma réponse est simple et facile. Comme vos moyens pour me transmettre votre volonté sont incertains, sans énergie, et qu'ils me contraignent douloureusement sans me faire rien comprendre, vous ne devez pas trouver mauvais qu'ayant la libre disposition de l'emploi de mes forces, j'évite ce qui m'est pénible.

LE CAVALIER.

Je vous demanderai maintenant pourquoi, mes moyens d'exécution étant toujours les mêmes, vous n'êtes récalcitrant que de temps à autre? N'est-ce pas là du caprice et de la mauvaise volonté?

LE CHEVAL.

Non, c'est une preuve de mon peu de rancune. J'oublie promptement ce que votre ignorance a produit et reviens souvent à mon bon naturel de cheval; mais bientôt vos mouvements m'extrapassent tellement qu'il me faut, malgré moi, renoncer à une sortie qui m'eût été agréable et utile. Je préfère rester garrotté dans votre écurie malsaine et souffrir les mauvais traitements de votre palefrenier;

car, en cela comme en beaucoup d'autres choses, tel maître, tel valet.

LE DIEU.

J'attends, messire cavalier, que vos plaintes reposent sur des bases plus solides pour vous donner gain de cause. Jusqu'à présent mon attente a été vaine : continuez donc.

LE CAVALIER.

Votre toute-puissance a donné trois allures au cheval ; eh bien ! quand je parviens à le faire bouger de place, je veux d'abord l'acheminer au pas et droit devant lui, puisqu'il marche sur une route droite. Alors, nouvelle marque de désobéissance de sa part : ou il trotte, ou il s'arrête ; il se jette à droite ou à gauche et m'expose à tomber dans quelque fossé : cependant mon intention était qu'il marchât bien droit. A quoi attribuer ces nouveaux caprices ?

LE CHEVAL.

A vous, toujours à vous, messire cavalier ; de deux choses l'une : ou je dois et peux disposer de mes forces, alors ma volonté devient libre, et je m'en sers comme le fait tout être pensant ; ou bien vous en paralysez l'action volontaire, et je dois me soumettre. Dans ce dernier cas, il faut que vous connaissiez quels sont les mouvements qui me sont naturels pour qu'ils soient les mêmes quand vous me dirigez. Ainsi, vous devez ne m'activer que légèrement pour me faire prendre l'allure du pas et entretenir ce même degré de force afin qu'elle ne change pas ; pour cela, il faut que la pression de vos jambes soit graduée sur ma sensibilité et sur mon action primitive. Vous faites tout l'opposé : vos jambes mal assurées et éloignées de mes flancs ne se font sentir que par à-coup et toujours brusquement, puis s'éloignent immédiatement ; il vous est impossible, avec cette grotesque position, de me faire comprendre que c'est l'allure du pas que vous exigez de moi. Puis, des mouvements contraires me sont indiqués par votre traîtresse de main, car tout être sensible cherche à fuir la douleur, et c'est ce que je fais en revenant sur moi-même pour éviter la pression insupportable du frein qui me punit d'une faute que je n'ai pas commise. Quant à l'habitude de *louvoyer* dont vous vous plaignez, je vais chercher à vous faire comprendre par une explication physique que l'inégalité de force entraîne naturellement l'inégalité de poids, et que celui de mon corps, tantôt porté à droite, tantôt porté à gauche, ne peut également être réparti sur mes quatre jambes, ni leur donner une mobilité toujours la même; or, ou votre main maladroite me donne ces diverses inclinaisons, ou n'étant conduit par rien, je prends indistinctement ces positions, et de là surviennent les mouvements inégaux qui vous déplaisent. Suis-je sorcier? Non. L'êtes-vous davantage? Rien ne le prouve jusqu'ici.

LE CAVALIER.

Aurez-vous les mêmes arguments à m'opposer pour le trot, qui vous est assez familier, il est vrai, mais que je ne puis modérer ni accélérer comme je le voudrais? D'où viennent donc ces deux extrêmes? N'oubliez pas de relater dans votre réponse la cause pour laquelle, malgré le prix exorbitant que vous m'avez coûté, vous êtes sujet aux génuflexions. Dites aussi pourquoi vos fers se rencontrent (ce qu'on appelle forger), ce qui est on ne peut plus choquant pour l'oreille d'un gentleman qui n'apprécie le cavalier que par les qualités de son cheval. Est-ce par malice ou mauvaise volonté que vous me faites regarder d'un air de pitié par tous les amateurs qui vous prennent pour une haquenée? Répondez.

LE CHEVAL.

Je vais répondre à toutes vos questions, quelque compliquées qu'elles soient; mais pour cela je dois procéder par ordre. La cause qui me fait accélérer le trot est la même que pour le pas; il en sera ainsi pour toutes les allures tant qu'il n'y aura pas rapport exact entre vos poignets et vos jambes. Non-seulement une juste opposition entre ces deux puissances est utile pour entretenir le degré de force convenable à la continuité de telle ou telle allure, mais elle nous donne encore cet équilibre qui nous fait sentir et apprécier les moindres sujétions du frein et des jambes, et nous engage à y répondre. Vous devez donc de toute rigueur nous donner cette position et cet équilibre. Admettez (et vous y êtes tout disposé) que nous soyons sans intelligence aucune, et expliquez-moi comment vous, beaucoup plus faible que nous, vous parviendrez à enlever notre masse pour lui faire prendre telle ou telle direction, si vous négligez les lois de l'équilibre. Mon corps étant porté sur quatre colonnes, ne faut-il pas les surcharger ou les alléger alternativement pour les fixer ou les enlever; n'est-ce pas par de certaines positions de corps que vous y parviendrez? Ceci admis, étant doué d'intelligence et de volonté, ai-je tort de me refuser aux mouvements qui n'ont pas été précédés d'une position convenable? Votre reproche sur le prix que je coûte à votre seigneurie n'est pas de mon ressort. Il s'agit de supercherie, et nous sommes étrangers à ces sortes de gentillesses que possède exclusivement l'espèce civilisée. Apprenez donc à distinguer les proportions qui font le bon cheval, et à reconnaître si aucune trace accusatrice de la barbarie des maîtres auxquels il a appartenu n'est pas la cause de ses résistances et du mauvais service qu'il rend. Les génuflexions et le contact des fers peuvent être l'effet, soit des vices que je viens de signaler, soit de votre mauvaise manière de nous diriger ; les fausses positions que vous nous laissez prendre entraînent naturellement une irrégularité de mouvement qui nous exposent, ainsi que vous, à toutes sortes de positions disgracieuses et même dangereuses. Votre amour-propre est froissé, dites-vous ; mais si nous en avons aussi nous-mêmes, combien plus ne l'est-il pas par votre maladresse qui nous empêche de déployer toute la grâce et la souplesse de nos mouvements !

LE DIEU.

Que concluez-vous de cette dissertation, messire cavalier ? Rappelez-vous que c'est savoir quelque chose que d'avouer qu'on ne sait rien. Nous sommes ici pour nous donner réciproquement des conseils, et pour cela il faut rendre justice à qui de droit ; revenir sur une fausse impression et se rendre à l'évidence est le fait d'un galant homme. Que dois-je augurer de vous ?

LE CAVALIER.

Votre divinité trouverait fort mal, je pense, que, sans être convaincu, j'adhérasse aux raisonnements d'autrui. J'ai vu tant de savants appuyer des doctrines différentes les unes des autres, sur de si beaux raisonnements, et par une logique si subtile, qu'ils me paraissaient tous avoir raison. Le cas dont il s'agit n'est pas le même, il est vrai ; mais, je dois vous l'avouer, votre quadrupède a un terrible adversaire à combattre, l'amour-propre ! J'ai voulu jusqu'à présent mettre tous les torts du côté du cheval, maintenant je me contente de croire qu'il n'y avait pas de ma faute ; vous voyez que vous avez en partie gain de cause. Prenez patience, et laissez-moi continuer mes interpellations ; il me semble avoir de quoi me justifier et faire bientôt pencher la balance de mon côté.

LE DIEU.

Je le souhaite, puisque vous y tenez si essentiellement ; mais j'en doute, car le cheval me paraît bien *ferré*.

LE CAVALIER.

En admettant que je sois pour quelque chose dans votre vitesse plus ou moins irrégulière, en serait-il ainsi pour les résistances que vous manifestez opiniâtrément quand je veux vous faire tourner à droite ou à gauche? J'imite cependant plusieurs excellents cavaliers de mes amis. J'ai vu quels moyens ils employaient pour faire changer de direction à leurs chevaux, et j'ai vu ceux-ci y répondre très-vivement. Comment se fait-il qu'avec le même procédé je n'obtienne pas le même résultat?

LE CHEVAL.

Je vais à mon tour, messire cavalier, vous faire des concessions. Vous n'ignorez pas que le Tout-Puissant ici présent a mis dans nos formes autant de variété qu'il y a de sujets, c'est-à-dire qu'à l'exemple de l'espèce humaine, où on ne rencontre pas deux êtres doués du même physique et des mêmes proportions, de même il n'y a pas deux chevaux d'une construction pareille. De là viennent les difficultés que présentent certaines conformations. C'est par suite de ces belles proportions, jointes à de l'action primitive, que des cavaliers, même ignorants, obtiennent de l'obéissance ; dans ce cas l'honneur que s'attribue le cavalier est dû tout entier aux dispositions naturelles du cheval; les chevaux moins bien partagés de la nature ont attendu vainement jusqu'ici de bons cavaliers pour qu'il y eût compensation.

LE CAVALIER.

Comment, logicien quadrupède, vous n'admettez pas qu'il y ait des chevaux d'un caractère méchant, et vous mettez toutes leurs défenses sur le compte de leur conformation et de la manière dont ils sont conduits? Ceci demande une plus ample explication; rendez-moi raison aussi de la résistance de ces chevaux qui sont moins bien conformés, et indiquez-moi le moyen d'en tirer tout le parti possible. Vous voyez que ma grandeur n'est pas sans quelque bonté, puisqu'elle veut bien descendre jusqu'à vous demander un avis.

LE CHEVAL.

Je vous le répète, respectable maître, il n'est pas de chevaux bien conformés (à quelques exceptions près) qui se livrent à des actes de méchanceté. Les chevaux n'ont rien de ce qui engendre ce vice; ils ne connaissent ni la vanité, ni l'orgueil, ni la cupidité, ni l'hypocrisie, ni la bassesse, ni l'avarice, ni l'ambition, ni l'égoïsme, etc. Sur quoi baseraient-ils leur méchanceté, qui n'existerait même pas chez l'espèce humaine sans ces vices, produits par la civilisation? Pour quelle cause le cheval, étant le plus fort et ayant une construction supérieure à la vôtre pour la marche, ne vous porterait-il pas avec fierté, même avec gaîté, car votre propre poids, bien disposé sur son centre de gravité, ne lui coûterait pas plus à porter que vous à le suivre? Nous ne pouvons donc être méchants naturellement, puisque tout ce qui donne naissance à la méchanceté nous est inconnu; mais vos mauvais procédés, votre ignorance peuvent nous donner ce défaut. Je vous ai déjà dit qu'un cheval d'*action* et bien proportionné dans ses formes y était moins sujet; je vais vous en expliquer la raison. Vous concevez facilement qu'un cheval bien soudé dans ses articulations, exempt de tares et le corps tellement bien charpenté qu'il pourrait pour ainsi dire se passer de ses extrémités, ne laissera rien à désirer ni physiquement ni moralement, si avec cette bonne construction il possède ce qu'on appelle le feu sacré, ou cette action qui se renouvelle d'elle-même. Tels sont les bons chevaux de race anglaise. Car, bien qu'on m'ait vendu comme originaire de ce pays, je suis natif du Merlerault; et quoique la race de cette contrée donne quelques bons chevaux, nous sommes, à notre grand regret, forcés de reconnaître la supériorité de nos frères d'outre-mer. Si votre seigneurie veut bien questionner notre divin créateur, il lui dira, je n'en doute pas, la cause de cette différence entre les diverses races. Pour moi, je reviens au bon cheval, de quelque pays qu'il soit originaire. L'équilibre étant la base de tous nos mouvements, plus la régularité de nos proportions nous en rapproche, moins le cavalier sera obligé de s'occuper de nous. Cette position première étant indispensable pour obtenir facilement celle qui indique que nous devons changer de direction ou d'allure, vous concevez qu'alors nous sommes disposés naturellement à répondre avec promptitude et facilité, puisque aucun de ces mouvements ne cause ni effort ni confusion dans nos idées. Maintenant, il me sera d'autant plus facile d'expliquer pourquoi les chevaux tarés, faibles, disproportionnés dans leurs formes sont plus difficiles à conduire et deviennent rétifs, que j'ai eu en partage dès ma naissance une partie de ces imperfections, auxquelles bientôt les autres ont succédé. Je puis en parler, non par tradition, mais bien par expérience. J'ai d'abord été monté trop jeune, à quatre ans. La crue est prompte dans nos pays, aussi restons-nous longtemps faibles. A sept ans, nous avons beaucoup plus de vigueur qu'à six : ce devrait être une raison pour ne nous demander un travail de force et de longue haleine qu'à sept ans au moins. En outre, il ne faudrait pas jusqu'à l'âge de quatre ans nous abandonner dans un herbage, à la merci d'un gardien brutal qui nous effraie et nous fait prendre du dégoût et de l'antipathie pour tout ce qui est homme. Il en résulte que, vendus à cet âge, nous sommes sauvages et soupçonneux, n'ayant aucune idée de ce que nous devons faire; aussi, selle, bride, etc., tout est pour nous sujet de crainte et d'effroi, et nous cherchons naturellement à les éviter. Quand pour nous donner la connaissance de ces objets, on nous maltraite sans raison et sans pitié, croyez-vous que ce soit à tort que nous fassions usage de tous nos moyens de défense, tels que ruades, coups de dents, enfin tout ce qui peut éloigner l'ignorant qui nous rend victimes de ses brutalités? Pourquoi ne nous apprivoise-t-on pas dans une écurie dès l'âge de trois ans, en nous faisant soigner par des gens d'un caractère doux et patient? Pourquoi ne pas nous faire herser quelques heures dans la journée, travail que l'on augmenterait à mesure que nos forces croîtraient, et qui nous familiariserait aussi avec les habitudes et les manières de l'homme, qui bientôt deviendrait notre meilleur ami? Bien loin de là, on nous rend hargneux, puis on nous monte trop jeunes. Comme je l'ai déjà dit, une bonne construction peut racheter ces deux torts, si toutefois le cheval échoit en partage à un écuyer instruit et patient. Mais si, comme moi, il a les reins longs, la croupe étroite, les cuisses effilées, et si avec ces vices naturels il tombe dans les mains d'un homme inexpérimenté, ce qui m'est arrivé à plusieurs reprises, sera-t-il étonnant de le voir récalcitrant? La défectuosité de ma partie postérieure me rend naturellement lourd à la main, de là vient la difficulté de me diriger. Il y aurait bien un moyen, à l'aide de mes jarrets hauts et larges, de faire disparaître la contraction que donne la mauvaise construction de mon arrière-main, et de rendre ma tête légère; mais il faudrait, pour arriver à ce résultat, du discernement, du savoir, de l'acquis même, et les écuyers possédant ces qualités sont rares. Aussi notre mauvaise position, restant toujours la même, nous fait employer une force qui combat avec succès toutes celles que le cavalier peut nous opposer, tant qu'elles n'ont pas pour résultat de changer cette position. Cette translation de force et de poids ne pouvant s'obtenir, le mouvement exigé, qui n'en est que le résultat, est d'une impossibilité physique. C'est alors que les imprécations ne nous sont point épargnées, puis arrivent la cravache et les éperons, les saccades de la bride; et comme ce châtiment machinal ne peut amener la position propre aux mouvements qu'on nous demande, nous nous laissons quelquefois rouer de coups sans en apprendre ni comprendre davantage. Quelquefois aussi, poussés au désespoir, pour punir le cavalier de son inepte brutalité, nous faisons nos efforts pour nous débarrasser du joug inhumain qu'il nous impose; voilà ce que vous appelez des méchancetés. Réfléchissez donc, et vous changerez bientôt d'avis et de manière d'agir.

LE CAVALIER.

D'après ce que je viens d'entendre, je crois bien avoir parfois fait usage de moyens inopportuns; cependant je me réserve de vous faire encore plusieurs questions, et l'exactitude de vos réponses fera sans doute naître ma conviction. Préparez-vous donc à de nouvelles attaques, pendant que je vais prier le grand Hippo-Théo de me dire pour quelle raison les bons chevaux abondent chez telle nation, et sont beaucoup plus rares chez telle autre, et, sans aller plus loin, je citerai la France et l'Angleterre.

LE DIEU.

La demande que vous me faites, messire cavalier, ne parle pas en faveur de vos connaissances *hippiques*. Ignorez-vous donc que votre pays a été le mieux partagé en bonne race chevaline, et que c'est votre peu de goût pour ces animaux, votre peu d'esprit national, qui en a fait dégénérer les races? Au lieu d'avoir recours à des croisements bien assortis, qui les eussent perfectionnées, vous les avez laissées s'abâtardir. Aussi combien de fois ne me suis-je pas reproché de m'être trompé dans le choix des contrées que j'ai favorisées! cependant c'est peut-être un bien, car jamais vous ne vous seriez résignés aux sacrifices qu'eût exigés de vous le besoin de perfectionner les races. Quel souverain français eût osé employer, comme Henri VIII, les moyens les plus violents jusqu'à faire tuer toutes les juments qu'on ne jugeait pas propres à une reproduction convenable? Quand avez-vous consenti aux plus grands sacrifices, ainsi que l'ont fait les Anglais, pour acheter des étalons arabes et les faire transporter à grands frais dans votre pays? N'aimant pas les chevaux, vous ne vous donnez pas la peine de chercher ce qui leur convient, comme pansements, soins hygiéniques, promenades, etc. Il est vrai que les nobles lords mettent parfois leurs fiers coursiers à de rudes épreuves; mais aussi il n'est pas de petite maîtresse entourée de plus de soins qu'ils n'en ont quand ils rentrent dans leur belle et salubre écurie. Le palefrenier est tout entier à son cheval dont il est le domestique exclusif. Pour empêcher que la transpiration ne s'arrête trop promptement, il pompe la sueur en le bouchonnant à force, et ne cesse de le frictionner ainsi, qu'après l'avoir séché entièrement et lui avoir rendu le poil lisse et brillant comme la soie; puis les naseaux et la bouche sont lavés avec de l'eau et du vinaigre; les jambes sont enveloppées avec des bandes de flanelle, pour éviter que la fatigue ne tombe dans les extrémités et n'engorge les tissus cellulaires; la nourriture ne leur est donnée qu'avec beaucoup de ménagement; enfin on s'occupe de tout, même du degré de chaleur de l'écurie, qui se calcule à l'aide d'un thermomètre, pour qu'elle soit en rapport avec la température extérieure. Les Français, au contraire, sont forcés d'exiger peu de leurs chevaux, vu leur peu de vigueur ; et ce qui contribue à les rendre promptement incapables d'aucun bon service, c'est le peu d'intérêt qu'on leur porte. Le cheval rentre dans son écurie, suant, essoufflé ; son maître ne s'en occupe pas ; une couverture légère est mise sur son dos, et le palefrenier, espèce de maître Jacques, occupé à faire la cuisine ou tout autre détail intérieur, laisse ce malheureux quadrupède vis-à-vis de sa botte de foin ; heureux encore quand il ne lui lave pas le ventre pour enlever la boue dont il est couvert ! De là les transpirations arrêtées, les fluxions de poitrine qui réduisent le pauvre animal à la dernière extrémité. Et vous pensez, messire cavalier, que cette insouciance de votre part ne détruira pas les qualités du meilleur cheval ? Détrompez-vous, elle lui est plus perfide que la peste et la famine. Je crois vous avoir assez expliqué comment les races s'améliorent ou dégénèrent ; écoutez pourtant encore ce mot d'un connaisseur devenu aveugle. Il entendait dire à côté de lui qu'un cheval était superbe : « Il est donc bien gras, répondit-il, car les Français n'estiment le cheval qu'à l'égal du cochon, c'est le plus gros qui est le meilleur. » La critique est sanglante, mais elle est exacte, du moins pour la plupart des Français qui ont des chevaux.

LE CAVALIER.

Malgré tout le respect que j'ai pour votre toute-puissance, je ne puis m'empêcher de lui dire qu'elle nous traite un peu durement. Cependant je puis affirmer que, si ses conseils ne sont pas suivis à la lettre par la généralité, du moins seront-ils déjà pour moi la cause de progrès sensibles dans les soins qu'il est essentiel, je le vois, de porter à ce digne ami de l'homme. Nos haras commencent à laisser peu de chose à désirer pour l'amélioration des races, et tout porte à croire qu'avant peu nous rivaliserons de zèle avec nos voisins d'outre-mer. Nous arriverons ainsi, sinon à la même perfection, du moins à nous en rapprocher davantage. Pour cela il faut que votre divinité jette quelquefois un œil de commisération sur nos actions. L'Italien dit qu'avec de la patience tout est possible ; si vous daignez croire à cette maxime, nos progrès seront infaillibles.

LE DIEU.

Comptez sur moi, messire cavalier ; mon pénétrant regard ne laissera aucune de vos bonnes tentatives sans encouragement ni récompense.

LE CAVALIER.

Je reviens à vous, noble animal, et vous prie, pour dernière question, de m'expliquer la cause de vos refus quand je veux vous faire prendre le galop sur tel ou tel pied ou vous faire fuir les hanches, et de me dire par quel procédé j'obtiendrai de vous ces différents mouvements, sans contrainte ni de votre part ni de la mienne. Vous voyez que mon désir est d'arriver à vous conduire d'après les règles puisées dans la nature. N'en refusez donc pas la connaissance à celui qui bientôt n'aura pas de meilleur ami que vous.

LE CHEVAL.

Quiconque se donne la peine de me chercher me trouve toujours. Vous sentez bien, seigneur cavalier, que je suis trop intéressé à la réussite de votre entreprise pour négliger de vous dire tout ce que vous devez savoir avec ma franchise de cheval et sans fleurs de rhétorique. La vérité est une : c'est toujours simplement qu'elle doit être dite. Je suivrai cette marche, malgré la sécheresse qu'elle pourra donner à mes paroles. Quand vous parvenez à me faire prendre le galop, ou c'est le hasard qui vous sert, ou c'est en détruisant l'équilibre d'une allure que vous en obtenez une autre. Ainsi, le trot poussé à l'excès amène le galop, et c'est en forçant et corrompant toutes les positions de cette première allure que vous obtenez la seconde. Quand il en est ainsi, il n'y a pas longtemps de bon cheval. Vous me demandez comment faire prendre l'allure du galop, à quelque cheval que ce soit, sans le contraindre douloureusement et sans s'exposer à courir des dangers... Excusez ma franchise, sire cavalier, mais je crois que vous ne pourriez pas me comprendre. En l'admettant même, il vous serait impossible d'exécuter ce que vous auriez saisi. Pour cela, il vous manque deux choses : d'abord une position bien ferme, qui vous identifie pour ainsi dire avec toute la circonférence de notre corps; ensuite assez de sûreté dans l'action des poignets et des jambes pour que votre volonté seule produise le mouvement. Une fois ces deux conditions remplies, rien n'est plus facile que de nous transmettre à l'instant la connaissance de ce que vous exigez de nous, et de nous forcer à l'obéissance. Comment y parviendrez-vous? En nous assouplissant d'abord et nous plaçant ensuite; et comme au galop nos jambes de devant quittent d'abord le sol, il faut les alléger préalablement. De cette manière, cette allure sera gracieuse et s'obtiendra sans effort. Ce que je vous dis pour le galop est également applicable à tous nos mouvements, ou simples ou composés. Rendez-vous toujours compte de l'état de mobilité ou de fixité dans lequel doivent être nos extrémités pour tout ce que vous avez à nous demander; puis disposez notre corps de manière à obtenir ce résultat, et vous posséderez tous les secrets de l'équitation. Le travail sur les hanches, étant moins dans la nature, est encore plus compliqué et plus difficile à bien exécuter. Il ne m'est pas possible de vous expliquer quelles sont les forces plus ou moins grandes que vous devez employer, puisqu'elles dépendent de celles que vous oppose le cheval. Aussi faut-il, pour obtenir ces mouvements précis, du tact et surtout le sentiment équestre. Consentez donc à apprendre les principes de cet art, et bientôt votre intelligence vous en fera posséder toute la science. Alors toutes les difficultés que présentent certaines conformations du cheval seront surmontées par vous; bientôt vous obtiendrez des succès réels, et les jouissances qu'ils vous procureront seront incalculables. Vous conviendrez alors que le cavalier a toujours tort lorsque le cheval exécute mal un mouvement quelconque; car ou il est suffisamment assoupli pour être bien placé : alors donnez-lui une position convenable, et l'exécution sera prompte et précise; ou bien, le cheval n'ayant pas le degré convenable de souplesse, la position ne peut s'obtenir : alors soyez assez prudent pour ne rien lui demander, car ce serait sans aucune chance de succès. Gravez bien dans votre mémoire ces deux mots, qui renferment tous les principes de l'équitation : *assouplissez, placez*, et votre volonté deviendra la nôtre. Ceci vous explique clairement que, ces conditions étant remplies, nous sommes doux et cessons d'être récalcitrants.

LE CAVALIER.

Je me rends enfin, et soutiendrai contre tout venant, non pas, comme l'a dit Boileau, que le plus sot animal est l'homme, mais que son inexpérience peut l'amener à faire bien des bévues et à se trouver souvent inférieur à l'animal qu'il conduit. Oui, grand Hippo-Théo, je vais de ce pas me faire enseigner les principes de l'équitation, et je réclamerai alors une seconde séance de votre divinité, afin qu'elle daigne m'initier à tous ces mystères et me confirmer dans cette noble science, et je ne monterai mon obligeant coursier qu'après m'être rendu digne de lui. Merci mille fois de la leçon, j'en garderai un éternel souvenir.

LE DIEU.

Adieu, messire cavalier; je reviendrai, n'en doutez pas; mais, en attendant ce second voyage, mettez de la persévérance, du zèle; écoutez patiemment les conseils de votre professeur et soyez discret dans vos interpellations, sans toutefois les lui épargner si elles vous paraissent utiles pour éclaircir vos doutes. Lorsque vous aurez reconnu en lui les qualités nécessaires pour vous inculquer ses principes, soumettez-vous sans réserve à ses décisions; car si ses préceptes sont puisés dans la nature, s'il s'est éclairé de tout ce que la physique a de positif et d'incontestable, il ne peut jamais errer dans la marche progressive qu'il vous fera suivre. Cependant, pour vous mettre en garde contre quelques vieilles routines qui retarderaient votre instruction, voici quelle doit en être la gradation. Quinze jours suffisent pour assouplir vos cuisses et vos reins, et leur faire prendre cette bonne position qui donnera une juste direction aux forces; la mobilité purement mécanique des bras et des jambes succédera à ce premier travail. Les moyens de conduire viendront ensuite; ils serviront de même à assouplir, à placer, enfin à coordonner les forces et les mouvements du cheval. Ainsi, quinze jours pour assouplir les parties qui constituent l'assiette (tenant le cheval en bridon, les rênes séparées), huit jours (avec les rênes de la bride) pour l'exercice des bras et des jambes, puis les éperons.

Quelques jours après viendra le galop. Ainsi, au bout d'un mois, vous pourrez vous faire comprendre de votre cheval, puisque déjà, par cet exercice préalable, vous pourrez vous servir de vos forces ensemble ou séparément.

Vous serez loin cependant d'être un écuyer, mais aucun des principes que vous aurez reçus n'aura rien de hasardé et tous reposeront sur une base raisonnée. Vous n'obtiendrez, il est vrai, que des choses simples de votre cheval, mais vous les lui demanderez avec connaissance de cause, puisqu'il y aura un commencement d'accord entre vos poignets et vos jambes. L'exercice raisonné de vos forces vous fera enfin acquérir le tact qui constitue le véritable écuyer. Une fois arrivé à ces brillants résultats, loin de vous contenter du plaisir que vous procureront les mouvements plus ou moins accélérés de ce bel animal, vous vous efforcerez de trouver les moyens de causer avec lui et de vous en faire *écouter*. Vous comprendrez que le cheval a d'autant plus de promptitude dans l'intelligence qu'il sera monté par un cavalier qui, outre les connaissances dans l'art de l'équitation, aura encore en partage le don de la douceur et de la patience, parce qu'il lui sera plus facile de transmettre promptement et avec à propos tout ce qu'il possède de science et d'expérience. Si au contraire vous avez de la brusquerie dans le caractère, si vous êtes impatient, vos mouvements, quelque exercés qu'ils soient, s'en ressentiront, et le cheval, prompt à vous imiter, deviendra violent et brusque. Si vous êtes méchant, le cheval ripostera à vos injustes corrections par des ruades ou tout autre déplacement violent, et c'est ainsi que la plupart des chevaux se défendent. Soyez calme, au contraire, et le cheval même le plus actif de sa nature deviendra docile. Si vous avez du tact, de la finesse dans le jugement, le cheval se ressentira de ces heureuses dispositions et s'imprégnera bientôt de vos qualités comme il l'eût fait de vos défauts. Il est donc évident que quiconque veut s'occuper avec soin de l'éducation du cheval doit faire de cette étude un véritable cours de morale, d'autant plus efficace qu'il lui faudra forcément subjuguer ses mauvais penchants et mettre en pratique le précepte d'un ancien philosophe : *Connais-toi toi-même!* Ainsi le cheval peut offrir à l'homme l'occasion d'acquérir les connaissances les plus utiles et les plus difficiles pour lui, car, comme l'a dit un profond moraliste : *Combien de défauts n'attribuons-nous pas aux autres et qui nous appartiennent en propre!* Que de vices! dois-je dire à mon tour, n'attribuez-vous pas à ces intéressants animaux, tandis qu'ils ne proviennent que de l'ineptie ou de la brusquerie du cavalier !

Courage, seigneur cavalier, et pour récompenser vos louables efforts, je prierai mon frère, le Dieu des hommes, qu'il vous ait en sa sainte et digne garde.

DICTIONNAIRE

RAISONNÉ

D'ÉQUITATION

INTRODUCTION.

Malgré la prévention, souvent injuste, qui s'attache aux préfaces, sous quelque nom qu'elles se déguisent, je n'ai pu en épargner l'ennui au lecteur. J'ai senti le besoin de lui expliquer comment, sans avoir l'habitude d'écrire, j'ai été amené à faire imprimer le résultat de mes observations, et à augmenter la collection, déjà si nombreuse, des ouvrages d'équitation. J'ai senti aussi le besoin d'analyser les innovations qui se trouvent éparses dans mon Dictionnaire, et d'exposer les raisons qui m'ont fait choisir cette manière de détailler mes principes (1).

Une vocation prononcée m'ayant, dès mon enfance, porté d'abord à étudier et ensuite à professer l'équitation, j'ai dû méditer, avec le plus grand soin, tout ce qui avait été écrit sur cet art. J'ai cru, par la lecture de tous ces ouvrages, me faire une instruction solide et me mettre à même de pratiquer ensuite avec sûreté et connaissance de cause; eh bien! je dois le dire, après avoir commenté les traités, j'étais moins apte qu'auparavant à raisonner, à

---

(1) Le Dictionnaire a paru huit ans avant la Méthode.

exécuter même; en effet, généralement les auteurs avancent des principes sans les définir; c'est un héritage qu'ils ont reçu et qu'ils transmettent comme le nom qu'ils tiennent de leur père; ils les ont, il est vrai, enjolivés de phrases plus ou moins sonores, mais, pour la plupart, confuses, et ne changeant rien au fond. Pourtant c'était le fond qu'il fallait étudier et traiter; car, à quoi bon élaguer les branches qui tiennent à un mauvais tronc?

Comme tout ce qui n'a pas une base mathématique, l'équitation a été assujétie à toutes les variations de l'esprit humain; chacun s'est fait une méthode suivant laquelle il a obtenu des résultats plus ou moins prompts, et s'est empressé de mettre au jour les moyens qu'il a employés. Mais aucun, ce me semble, n'a pensé qu'il existât une règle fondamentale, constante, qui dût servir de repère à tous les écuyers. Cette instabilité m'a frappé. En voyant cette succession de faux principes adoptés ainsi de confiance, j'ai éprouvé le besoin d'en signaler les abus; j'avais entrepris et presque exécuté cette tâche; mais, depuis, j'ai réfléchi qu'il valait mieux livrer mes propres idées au public, que de m'occuper à réfuter celles d'autrui.

Dégoûté de tous ces ouvrages amphibologiques qui ne m'apprenaient rien, puisque les uns défendaient ce que les autres avaient prescrit, je résolus de chercher, dans la pratique seule, les moyens de reconstituer une théorie. Dès lors, je me suis livré aux observations les plus minutieuses et aux essais les plus assidus. C'est en réfléchissant sur les effets, que j'ai trouvé les causes qui les produisent.

J'ai poursuivi, d'une étude constante, une nouvelle manière de dresser les chevaux; mes recherches ont été lentes, longtemps j'ai douté du succès, parce que j'avais peine à comprendre que tous les écuyers se fussent trompés jusqu'à ce jour. D'une autre part, je ne me croyais pas appelé à faire des découvertes; mais enfin la continuité de bons résultats m'a enhardi ; j'ai obtenu, en quatre mois, ce qui, naguère, me coûtait six mois de soins et de travail; plus tard, ce temps s'est réduit à deux mois, puis à un ; enfin, quinze jours ne s'écoulent plus à présent, sans que je sois parvenu aux mêmes avantages.

Je me suis donc occupé de publier mes observations, parce que j'ai senti la nécessité de faire connaître ce que je regarde et comme une innovation, et comme un progrès réel en équitation.

En expliquant les résultats, j'ai dû dire comment je les ai obtenus, et, parfois aussi, comment mes devanciers se sont trompés. J'ai commencé par reconnaître la fausseté de deux assertions importantes qui, malheureusement pour l'art, ont été trop accréditées jusqu'à présent, et d'où découlent naturellement une foule d'impossibilités ; je me suis convaincu que les chevaux n'ont jamais la bouche dure, puisqu'en changeant la position de la tête et de l'encolure, je pouvais faire cesser la résistance attribuée à cette prétendue dureté de bouche. Je pense avoir suffisamment démontré cette vérité dans le cours de mon ouvrage.

On croyait encore que l'on ne pouvait ramener ou mettre dans la main les chevaux qui avaient la tête mal attachée, ou ceux dont l'angle de la ganache était trop serré ; mes observations ont détruit, à mes yeux, cette erreur, et m'ont donné la conviction qu'en faisant céder plus ou moins l'encolure, on donnait à l'animal une position qui le rendait léger à la main. C'est ce que j'ai expliqué à l'article : *Tous les chevaux peuvent se ramener.*

Il me restait encore à découvrir le meilleur moyen pour arriver promptement et sans danger à ce but. J'ai pensé à l'éducation première d'un enfant, et je me suis dit : D'abord on lui fait connaître les lettres, puis il les assemble, enfin il lit couramment. Le cheval doit suivre une gradation analogue dans son instruction, et, s'il m'était permis de pousser cette comparaison jusqu'au bout, je dirais : La connaissance des lettres, c'est l'assouplissement; épeler, c'est placer convenablement toutes les parties de son corps; lire enfin, c'est prendre facilement toutes les directions, une fois qu'il est en action : voilà l'instruction par gradation ; mais, loin de la mettre en pratique, on la néglige. Ce n'est pas par degrés et insensiblement qu'on veut dresser un cheval : au contraire, on brusque son instruction, et une étude simple ne précède pas toujours une plus compliquée. Aussi, bien des chevaux qui auraient été appelés à rendre de bons services, ont été viciés et même ruinés, grâce à ce mauvais enseignement.

Mes recherches ont donc eu pour but d'amener le cheval à acquérir promptement, et sans obstacle, cette souplesse et cette position dont je viens de parler. Le trot, tant recommandé pour les jeunes chevaux, ne pouvait remplir mes intentions, parce qu'à cette allure j'avais à travailler à la fois l'action et la position. Le pas présentait moins de difficultés; mais encore me fallait-il conduire le cheval, et mes mouvements pour le diriger se confondaient avec ceux que je faisais pour combattre ses forces. C'est donc par un travail en place, les quatre jambes fixées sur le sol, que j'ai définitivement pensé qu'il fallait commencer l'éducation.

Le cheval n'étant occupé que d'une seule chose, il est beaucoup plus facile de faire prendre toutes les positions possibles à sa tête et à son encolure, positions qui sont indispensables, puisque le cheval ne peut résister que par le plus ou le moins de facilité qu'il a à disposer de ses forces, et que la souplesse des parties soumises au cavalier, en neutralisant leurs contractions, le contraint à répondre à tous les mouvements de celui-ci.

J'ai tout ramené à ce principe, et le lecteur remarquera que tous les moyens pour dresser un cheval, le corriger de ses mauvaises habitudes, et l'amener à effectuer un mouvement auquel il se refusait, consistent dans le même mode d'agir; ce mode, c'est le travail en place ou l'inaction, qui sont synonymes.

Si, dans quelques articles de ce Dictionnaire, j'ai cité et réfuté des passages d'auteurs vivants, ce n'est pas que j'aie cherché à me faire des prosélytes en dénigrant ceux qui ont écrit avant moi; telle n'a jamais été mon intention; mais j'ai voulu signaler aux jeunes cavaliers les erreurs dans lesquelles on est tombé. Une conviction ferme et entière, fruit d'études constantes, m'a seule déterminé, je le répète, à publier le résultat d'observations que je crois justes et utiles à l'art de l'équitation.

Au surplus, n'aurais-je fait que prouver cette vérité, *que presque toutes les défenses ou mauvaises dispositions des chevaux tiennent à une seule cause, le manque d'équilibre, suite de l'absence de souplesse;* n'aurais-je fait que donner les moyens de corriger ces défauts, je croirais avoir rendu un grand service à l'art, et la critique devrait au moins m'en tenir compte.

On trouvera, sans doute, que je n'ai pas assez indiqué les mouvements qu'on doit faire dans maintes occasions. Je répondrai que ma méthode a pour base l'instruction *et le bien mener* du cheval; que, dès lors, je ne puis raisonner qu'avec des hommes déjà imbus de certains principes; c'est à l'intelligence de ceux-ci que je m'adresse. Expliquer avec la plume l'effet plus ou moins fort de tel ou tel contact n'est pas chose facile; aussi ne serai-je compris qu'imparfaitement par les gens qui n'auront pas déjà les connaissances préliminaires.

J'ai cru qu'il était nécessaire de donner la signification de plusieurs mots techniques assez mal compris, en général, des personnes qui s'occupent de cet art, leur faisant toutefois observer qu'il est préférable de parler un langage entendu de tout le monde. Ces considérations m'ont amené à penser que la forme de Dictionnaire se prêtait suffisamment aux explications que je voulais donner, et qu'elle rendait les recherches plus faciles.

Je n'ai recueilli que ce qui avait un rapport immédiat à l'équitation proprement dite; bien d'autres auteurs ont suffisamment, trop longuement peut-être, parlé de tout ce qui compose les selles, brides, etc., etc.

Quant aux vingt espèces de mors les plus connues, je me suis bien gardé d'en faire connaître même les noms; l'usage de la plupart de ces mors est par trop pernicieux. Le mors le plus doux et le plus simple est celui dont je me sers avec tous les chevaux. (*Voyez* MORS ET SES EFFETS.)

Je n'ai pas voulu non plus parler des soins à donner aux chevaux; nous avons sur l'hygiène et l'hippiatrique d'excellents ouvrages modernes, qui ne laissent rien à désirer à cet égard.

Dix-sept années se sont écoulées depuis l'époque à laquelle j'écrivais cette introduction; mes recherches et mes travaux constants m'ont amené à reconnaître que cette édition de mon Dictionnaire, entièrement épuisée du reste, laissait encore beaucoup à désirer. Je me suis donc déterminé à le faire réimprimer en y ajoutant, d'une part, les articles qui m'étaient échappés, et en modifiant ceux auxquels la pratique m'a fait apporter quelques changements.

Depuis cette première publication, j'ai fait paraître une méthode d'équitation qui a éveillé l'attention de quelques officiers supérieurs de cavalerie. C'est alors que le ministre de la guerre m'appela à initier l'armée à mes nouveaux principes. Après deux années d'essais, les colonels et capitaines instructeurs donnèrent leur approbation; et cependant la méthode fut rejetée. Je crois donc devoir donner ici la copie d'un certain nombre de rapports inédits, pour que le lecteur puisse apprécier les faits au moyen des pièces authentiques.

1er régiment de Hussards. — Rapport de M. de Kersolain, capitaine instructeur.
Inspection 1843.

Des cent trente-six chevaux qui ont passé rigoureusement par toutes les prescriptions de la méthode provisoire, aucun n'a présenté de sérieuses difficultés. Celles qui ont pu s'élever momentanément, provenaient uniquement du cavalier, et il a suffi de faire monter le cheval par un homme plus adroit pour en acquérir la certitude. Bien mieux, cette patience, cette douceur, si nécessaires dans les flexions, la mise en main, etc., ont toujours vaincu dès les premières leçons les susceptibilités, les méchancetés même de quelques-uns, soit pour s'assujettir à la croupière, soit pour se laisser monter. Tant il est vrai, que ces principes qui reposent autant sur l'intelligence du cheval que sur celle du cavalier, établissent de prompts rapports entre eux.

Cette méthode est plus *prompte*, puisqu'en retranchant les dimanches ou jours de fêtes, ou ceux pendant lesquels le travail se trouve forcément interrompu, l'instruction du cheval est toujours terminée en *trente-cinq* ou *quarante leçons* d'une heure, et que rigoureusement, si les circonstances le demandaient, le cheval serait déjà, dès la *troisième* leçon, assez soumis, assez souple pour entrer dans les rangs.

Cette méthode est plus *facile*, parce qu'au moment où le cavalier commence à monter sur le cheval, il a déjà sur lui un moyen de puissance, soit dans la connaissance qu'il lui a donnée du mors, soit dans l'assouplissement qu'il a obtenu de l'encolure, qui est le véritable point d'appui de toutes les résistances. Et puis, cette sage progression qui ne passe que successivement d'une partie du cheval à l'autre, avant-main d'abord, arrière-main ensuite, en bornant les exigences toujours trop grandes des cavaliers avec les jeunes chevaux, facilite le travail de l'un et de l'autre, et évite tous ces désordres, ces accidents qui se renouvelaient si souvent par l'ancienne méthode. Il ne pourrait être cité aujourd'hui un seul exemple de défenses qui aient désarçonné un cavalier.

Cette méthode est plus *complète*, car admis à l'escadron, beaucoup de chevaux conservaient autrefois leur mauvaise position de tête, qui détruit toujours la mise en main. Mais assouplis par le travail préparatoire et individuel, ils cédaient plus habituellement par irritation que par conviction, et dès que les mouvements devenaient individuels, on rencontrait souvent des résistances qui compromettaient le cavalier, s'il ne savait pas les vaincre, ou fatiguaient le cheval par des luttes incessantes, s'il le réduisait.

Enfin, cette méthode est essentiellement *conservatrice* du cheval; elle ne suscite de sa part aucune de ces défenses qui rendent l'application difficile et dangereuse, et la progression en est aussi rationnelle pour ses moyens, que modérée pour ses forces, si on la restreint à la méthode du 17 décembre 1842, qui ne donne lieu à aucune observation critique.

Les autres principes développés par M. Baucher, tout raisonnés qu'ils sont, restent dans le domaine de la haute équitation, et par conséquent des cavaliers privilégiés; leur application rencontrerait impuissance pour beaucoup et inconvénients pour les autres.

Le capitaine instructeur,
Signé DE KERSOLAIN.

5e régiment de Cuirassiers. — Rapport sur l'Essai de la Méthode Baucher, pour le dressage des jeunes chevaux, par M. Guays, capitaine instructeur.

Cette méthode a donc été essayée sur six chevaux n'ayant jamais travaillé, deux chevaux ayant déjà reçu huit leçons, et deux chevaux présentant des difficultés.

M. Baucher, qui jouit d'une immense réputation comme écuyer, a pu se convaincre par lui-même que la roideur de l'encolure et de la croupe occasionne seule les résistances que nous attribuons à tort à une mauvaise bouche ou aux mauvais penchants du cheval; il a donc cherché à assouplir ces parties avant de mettre le cheval en mouvement.

Au moyen de ces assouplissements et de la mise en main, le cheval ne présente plus de résistances sérieuses et est continuellement à la disposition du cavalier; cette mise en main donne aussi au cavalier la possibilité de maintenir toujours le cheval en équilibre en ramenant le centre de gravité à sa véritable place; par la mobilisation de la croupe, le cheval apprend à connaître les jambes en une ou deux leçons.

Cette méthode paraissait d'abord difficile à appliquer, parce qu'il était à craindre qu'elle ne fût au-dessus de l'intelligence de beaucoup de sous-officiers et brigadiers, et surtout des cuirassiers qui exécutent; au bout de trois leçons, non-seulement les instructeurs donnaient la leçon, mais encore les cuirassiers exécutaient sans le secours de personne.

Les chevaux soumis au travail sont, au bout de douze leçons, assouplis de l'avant et de l'arrière-main, répondent sans hésiter à ce que leur demande la main du cavalier, cèdent à l'instant à la pression des jambes, reculent sans s'acculer et sont légers à toutes les allures, autant que leur conformation le leur permet.

Des deux chevaux qui présentaient des difficultés, l'un est devenu parfaitement tranquille et obéissant, l'autre n'a pas rué depuis quatre jours.

Ces résultats obtenus en si peu de temps ne laissent plus de doutes sur l'excellence de la méthode de M. Baucher pour le dressage des jeunes chevaux, et font désirer qu'elle soit adoptée pour l'armée ; en l'employant, on obtiendra en douze ou quinze leçons ce qu'on n'obtenait pas avant en deux mois, et on arrivera à assouplir le cheval dans toutes ses parties et à annuler ses résistances.

Le capitaine instructeur,
GUAYS.

3e régiment de Lanciers. — Rapport de M. de Mezange, capitaine instructeur, sur les résultats obtenus par la mise en essai dans son régiment, de la nouvelle Méthode de M. Baucher, pour dresser les jeunes chevaux.

Dix chevaux de troupe et deux d'officiers ont été mis à la disposition de M. Baucher, pour être soumis au mode de dressage proposé par cet écuyer.

Il eût été à désirer que les chevaux désignés pour cet essai eussent été complétement neufs, et sans nulle ébauche d'éducation ; mais le régiment n'en avait plus dans cette catégorie, et il a fallu choisir parmi ceux dont l'instruction se trouvait la moins avancée, c'est-à-dire parmi des chevaux qui, quoique depuis un an environ au corps, n'avaient vraiment, à cause de leur jeune âge, commencé leur instruction que depuis une quinzaine de jours, et encore parmi ceux-là a-t-on choisi de préférence ceux qui présentaient quelques difficultés, soit par défaut de construction, soit par irritabilité, méchanceté ou toute autre cause.

M. Baucher a obtenu en douze leçons ce que nous n'osions demander aux chevaux qu'après deux mois au moins de travail, et il l'a obtenu avec des cavaliers inhabiles et non formés à sa méthode, sur des chevaux choisis parmi les plus difficiles et les plus mal conformés. Les chevaux, s'ils n'ont pas encore tout le fini de l'éducation, obéissent au moins avec cette souplesse et cette légèreté qui sont tout ce que l'on peut demander au cheval de guerre. C'est là sans doute un résultat immense et qu'on doit d'autant plus apprécier qu'il a été obtenu par des procédés aussi simples que naturels, et par une méthode graduée, raisonnée, à la portée du cavalier médiocre, sans aucun danger et sans fatigue pour le cheval.

Il y a en effet deux parties bien distinctes dans le système de M. Baucher. La première consiste dans l'annulation complète de toutes les résistances du cheval par l'assouplissement successif et méthodique de la mâchoire, de l'encolure, des hanches et des reins. A l'aide de ces assouplissements arrive bientôt la mise en main, sans laquelle il n'y a point de bonne position et de légèreté. Le cheval est alors disposé à supporter des effets d'ensemble ; de légères oppositions de main et de jambes mettent facilement en rapport les forces des deux extrémités ; le cheval obéit à toutes les impulsions qu'on veut lui donner, toujours léger, souple et liant. C'est là, en quelque sorte, la partie élémentaire de l'art ; c'est la limite où doit s'arrêter l'équitation militaire commune et l'instruction du cheval de troupe. Cette partie, aussi facile dans l'exécution que prompte et féconde dans ses effets, a suffi pour obtenir les résultats dont nous avons parlé plus haut. Que l'on se hâte donc de propager cette méthode, ce sera rendre un service éminent à la cavalerie ; par elle en effet les instructeurs trouveront économie de temps dans le dressage des jeunes chevaux, amélioration et conservation de ces animaux. Par elle encore l'intelligence des cavaliers se développera ; ils acquerront la connaissance et l'usage des aides, ainsi qu'un tact plus sûr et plus délicat dans la main ; il y aura parmi eux émulation ; l'amour du cheval et le goût de l'équitation se réveilleront, car l'on se passionne vite, lorsque chaque pas amène un progrès. Faire vite et bien faire, voilà enfin où conduira une méthode si simple, qu'elle peut être apprise et pratiquée en une seule séance, mais si bien raisonnée, si bien graduée, que l'on ne s'étonne bientôt plus que les résultats soient aussi décisifs.

La seconde partie de l'art, qui du reste se lie intimement à la première, consiste dans la concentration de toutes les forces du cheval vers le centre de gravité, concentration qui tend à les annuler, à les livrer à la disposition du cavalier, de telle sorte qu'il puisse les répartir à son gré, suppléer aux vices physiques de l'animal, et produire toutes ces savantes combinaisons de la haute équitation, avec lesquelles M. Baucher a su rendre familiers tous ceux qui s'occupent d'équitation.

C'est là la partie savante de l'art, la partie qui doit rester l'apanage de l'écuyer, mais que cependant l'on ne saurait trop s'efforcer de propager partout où il y a goût et intelligence de l'équitation.

Ce n'est point à moi qu'il appartient de suivre la méthode de M. Baucher dans tous ses développements et dans son application à la haute école ; mais je ne saurais terminer sans témoigner ici toute mon admiration pour une science qui peut se raisonner avec autant de précision et de logique qu'un problème mathématique, et dont les effets dans l'application sont aussi certains et aussi positifs que ceux que le mécanicien imprime à la machine qu'il a savamment organisée.

Paris, 4 avril 1842.

Le capitaine instructeur,
DE MEZANGE.

9º régiment de Cuirassiers. — Rapport de M. le lieutenant-colonel de Mermet, sur la Méthode Baucher. Inspection générale de 1844.

Mon colonel,

Conformément à votre lettre du 18 juin, j'ai l'honneur de vous adresser un rapport sur le dressage des chevaux de remonte par la méthode Baucher.

M. Baucher a trouvé des adversaires, cela ne pouvait pas être autrement : quel novateur n'a pas trouvé d'oppositions? Ses adversaires naturels étaient d'abord les professeurs d'équitation, dont l'amour-propre n'a pu se résigner à adopter une doctrine dont quelques points essentiels sont en opposition directe avec ce qu'ils ont pratiqué toute leur vie. Une autre classe d'adversaires (et celle-ci est la plus nombreuse et la plus dangereuse) se compose de gens qui n'ont ni assez de patience, ni assez de temps pour étudier à fond, non-seulement dans les livres, mais en pratiquant la nouvelle méthode d'équitation, et qui trouvent beaucoup plus commode de dire : *Ceci ne vaut rien*, que de chercher à combattre par des raisonnements, fruits d'une étude approfondie, une chose qu'ils ne comprennent pas. J'ai suivi avec soin et avec assiduité le développement et la mise en pratique de la nouvelle méthode d'équitation, depuis l'époque où elle a fait du bruit dans le monde équestre, et je puis affirmer un fait qui est le fruit de mes observations depuis trois années, c'est que je n'ai pas vu un seul des adversaires de M. Baucher, quelque prévenu qu'il fût, persister dans ses préventions après une étude sérieuse de sa méthode. Sur trente-deux capitaines instructeurs ou lieutenants d'instruction réunis à Lunéville sous mes ordres, pour y être initiés au nouveau mode d'équitation, pas un n'est retourné à son régiment sans emporter la conviction la plus complète ; et pourtant, parmi ces officiers, qui depuis longtemps professent eux-mêmes l'équitation, la méthode de M. Baucher devait naturellement trouver une grande opposition.

La méthode de M. Baucher est positive et rationnelle ; elle est facile à comprendre, attrayante pour le cavalier, donne le goût du cheval et de l'équitation, si généralement perdu dans la cavalerie française ; elle tend à développer les qualités du cheval, surtout celle de légèreté qu'on aime tant à rencontrer dans le cheval de selle. Mise en pratique dans les régiments de cavalerie, elle doit donner les meilleurs résultats et faire faire à cette arme un immense progrès ; appliquée au dressage du jeune cheval, elle développe son intelligence et adoucit son caractère en lui faisant trouver aisance et agrément dans la domination du cavalier ; elle le préserve de la ruine primitive qu'entraîne souvent un dressage mal entendu. Appliquée à l'instruction des officiers, des sous-officiers et du peloton modèle, elle donne le goût de l'équitation, qui, on ne cesse de le répéter, se perd de jour en jour. Mon opinion personnelle est donc entièrement favorable à la nouvelle méthode d'équitation de M. Baucher. Je pense qu'elle est appelée à produire de grands et heureux résultats, et que ces résultats seront encore bien positifs, si, comme cela me paraît indispensable, on met promptement en rapport avec les principes de la nouvelle méthode, les trois premières leçons de l'école du cavalier à cheval. Je puis citer à l'appui de mon opinion les résultats que j'ai obtenus au 2e de cuirassiers, où, détaché avec deux escadrons, j'ai dressé, d'après la nouvelle méthode, et mis dans les rangs en six semaines cent soixante jeunes chevaux, tandis que les chevaux de la même remonte des autres escadrons, dont l'instruction avait été développée d'après l'ordonnance, étaient encore aux jeunes chevaux trois mois après. Je citerai également les travaux exécutés à Lunéville, où j'ai dirigé, sous les ordres de M. le lieutenant général Oudinot, les essais de la nouvelle méthode d'équitation. Ces résultats ont été tels, que j'ai exécuté devant M. le duc de Nemours, avec cent jeunes chevaux provenant des remontes d'Allemagne, d'Angleterre et de Normandie, le carrousel militaire de l'école de Saumur, en trente-quatre journées de travail. Mais ces différents essais ayant été l'objet de rapports particuliers adressés au ministre de la guerre, je me borne à les indiquer ici comme servant de base à mon opinion personnelle.

Depuis que la nouvelle méthode provisoire a été mise en usage au 9e régiment de cuirassiers, elle a été suivie par messieurs les officiers et sous-officiers qui ont fait un cours de manége, et appliquée au dressage des jeunes chevaux.

Messieurs les officiers ont obtenu des résultats très-satisfaisants sur leurs propres chevaux : plusieurs d'entre eux ont dressé des chevaux dont ils n'auraient jamais pu se servir sans l'application de la nouvelle méthode.

Les résultats obtenus par les sous-officiers ont été également remarquables, et l'on s'aperçoit facilement à la manœuvre que les guides et les sous-officiers des ailes des escadrons, sont devenus de plus en plus maîtres de leurs chevaux à toutes les allures.

Quant aux jeunes chevaux, qui tous depuis deux ans et demi ont été dressés par la nouvelle méthode, pas un n'a été rendu au capitaine instructeur par les escadrons comme n'étant pas suffisamment instruit, ce qui arrivait journellement autrefois.

Mon opinion sur la méthode provisoire de M. Baucher lui est entièrement favorable; je pense qu'il est utile d'en continuer l'application au dressage des jeunes chevaux, et de la mettre en rapport le plus promptement possible avec notre ordonnance sur les exercices et les évolutions.

J'ai l'honneur d'être, etc.

Le lieutenant-colonel,
DE MERMET.

6ᵉ régiments de Lanciers. — Rapports de M. Peireimond, capitaine instructeur.

Pour résumer notre opinion, nous dirons : Le système émis par M. Baucher est de tous les systèmes d'équitation publiés le plus complet, le plus logique, le seul dans lequel, de déduction en déduction, le principe donne les résultats obligés; qu'il doit donc être la base de toute éducation du cheval; mais à l'intelligence de celui qui l'applique à le faire, suivant les besoins, les services auxquels le cheval est destiné.

La méthode provisoire du mois de décembre, raccordée avec les principes du système général en tout ce qui s'en écarte, consacrant, comme exception pour les natures difficiles, l'attaque, cette conséquence essentielle d'un principe vrai, satisfait à tous les besoins de l'instruction militaire.

Enfin, la vérité de la méthode nouvelle admise, modifier l'ordonnance, et par suite l'instruction générale des corps dans le sens de cette théorie acceptée, car il ne peut y avoir dans l'armée deux principes différents d'instruction, deux éducations dissemblables, celle de l'homme et celle du cheval.

L'historique des essais faits au corps est tout entier dans la division et la progression prescrites par la méthode provisoire du 12 décembre.

Comme premier essai, cinquante chevaux furent soumis à cette méthode nouvelle; ils exécutèrent tout ce qu'elle prescrivait : quarante-deux furent admis à l'école d'escadron après soixante-dix leçons.

Depuis, quatre-vingt-cinq autres jeunes chevaux ont été instruits d'après les mêmes principes, et ils sont prêts à entrer dans les escadrons après le même nombre de leçons environ. La progression parfaite de cette méthode, qui procède toujours de la partie au tout, du simple au composé, fait que l'on rencontre rarement de sérieuses résistances dans l'éducation du jeune cheval. Tous les chevaux se sont montrés dociles, et leurs progrès ont été en raison de leur race, de leur conformation, de leur énergie, des cavaliers enfin qui les dressaient. Nous ferons observer seulement qu'une partie des chevaux de cette dernière catégorie, montés par les cavaliers qui avaient dressé les premiers soumis aux essais, ont été plus prompts, plus faciles dans leur instruction : cela devait être, les hommes avaient compris.

Pour tous, les résultats de cette instruction nouvelle sont remarquables et réels, les chevaux ont été jugés faciles, obéissants, légers, mieux dans leur aplomb, et ce à toutes les allures.

Que si ces résultats n'ont point été encore tout ce qu'ils devraient, tout ce qu'ils pourraient être, la faute n'en est point à la méthode elle-même, mais bien à des causes indépendantes de ses principes.

Ainsi, nos selles, si mal entendues pour toute véritable équitation, tendant constamment à se porter en avant, privent le cavalier, en grande partie, de l'action des jambes en même temps que le pommeau gêne celle de la main.

Les libérations anticipées, si rapprochées les unes des autres, ne nous laissent que des recrues et point de cavaliers faits, capables ; puis, pour faire des cavaliers, nous n'avons que des cadres qui, chaque année, se renouvelant presque complétement, permettent à peine à ceux qui les composent d'apprendre ce qu'ils doivent enseigner.

Là est l'empêchement le plus réel à toute instruction vraie, bonne, complète.

Voilà les obstacles à vaincre pour doter l'armée d'une cavalerie instruite, intelligente, pour obtenir d'une méthode tous les résultats qu'elle peut donner.

Le capitaine instructeur,
PEIREIMOND.

2ᵉ régiment de Hussards. — Rapport annuel sur la Méthode Baucher, par M. Delard, capitaine instructeur.

Dans la méthode Baucher, il faut distinguer : premièrement le but, secondement les moyens.

La méthode Baucher a sur toutes celles qui l'ont précédée au moins cet avantage, que son *but* est clairement et nettement défini ; elle se propose de rectifier l'*équilibre naturel* du cheval quand cet équilibre est défectueux. L'*équilibre naturel du cheval* est défectueux lorsque par une conséquence inévitable de toute conformation vicieuse le poids général est réparti de telle sorte, que le centre de gravité se trouve plus ou moins éloigné de sa place normale. Alors il y a surcharge sur l'un des deux points extrêmes de la base de sustentation, et il est facile de comprendre que cette surcharge doit nécessairement fausser les allures et rendre l'exécution des mouvements propres à la partie surchargée, sinon impossible, au moins d'une extrême difficulté. De là les défenses et surtout l'usure prématurée de ces chevaux de troupe, dont la conformation est généralement imparfaite. Le *but* que se propose la méthode Baucher, en rectifiant l'*équilibre naturel* du cheval, est donc rigoureusement conforme à la raison et d'une utilité incontestable.

Les *moyens* mis en usage par la méthode Baucher pour arriver au but que nous venons d'indiquer, sont d'une grande simplicité ; ils n'exigent l'emploi d'aucun mode particulier de harnachement. La méthode repousse également comme inutiles ces divers instruments qui figurent dans les manéges de l'ancienne école, et sont pour le cheval autant de tortures. La main et les jambes du cavalier lui suffisent avec la bride d'ordonnance pour accomplir toutes les actions prescrites. La méthode se contente de soumettre isolément et successivement dans un certain ordre, les principales parties du système locomoteur à un exercice approprié, qui procure à chacune d'elles la plus grande souplesse et la plus grande liberté de mouvement. Cet assouplissement gradué et successif conduit ainsi à un résultat général ou d'ensemble, lequel donne au cavalier la faculté de faire refluer le centre de gravité dans telle direction qu'il lui plaît de choisir. Or, le cavalier disposant à son gré du centre de gravité de la machine équestre, il est clair que rien ne peut l'empêcher de ramener et de maintenir le centre de gravité à sa place normale, d'où il résulte que le but de la méthode est atteint.

Il convient maintenant de poser les trois questions suivantes : 1° la méthode Baucher est-elle dangereuse ? 2° est-elle efficace ? 3° est-elle applicable à l'armée ?

1° Les procédés qu'emploie la méthode sont d'une intelligence si facile et d'une exécution si simple, qu'il suffit de les avoir pratiqués une seule fois pour être convaincu de leur parfaite innocence ; par ces procédés on sollicite constamment le cheval, non à faire *effort*, mais, au contraire, à *céder* : dès lors il ne peut évidemment en résulter aucun dommage pour son organisme.

2° Quant à l'efficacité de la méthode, il est clair qu'elle tient essentiellement à l'emploi judicieux des procédés indiqués. Il en est de la méthode comme d'un médicament dont l'effet salutaire dépend de l'*opportunité* de l'application et de la *dose*. Cependant il ne faut pas trop s'exagérer la difficulté *d'appréciation et de mesure* que présente l'emploi de la méthode; en cela comme en toute chose, il faut du travail et du temps; mais pour peu que le cavalier soit attentif, il est rare qu'il n'acquière pas en quelques leçons un *tact* suffisant.

3° La partie élémentaire de la méthode renfermée dans l'instruction provisoire, est assurément à la portée de toutes les intelligences, et nous ne voyons rien, sous ce rapport, qui puisse l'empêcher d'être applicable à l'armée.

En résumé, le *but* de la méthode est rationnel; les *moyens* qu'elle emploie ne présentent aucun *danger;* son efficacité peut être garantie toutes les fois qu'elle est pratiquée par un cavalier suffisamment instruit, et son appplication à l'armée ne peut soulever aucune difficulté sérieuse.

Béziers, 7 mars 1845.

DELARD.

Résumé des rapports de MM. les officiers composant l'état-major de l'École de cavalerie de Saumur.

M. CONRARD, capitaine. Il se résume ainsi :

Les résultats que j'ai obtenus en trente-six leçons dans le dressage de *Joccé*, ont été immenses et m'ont convaincu de toute la vérité du système de M. Baucher. En effet, Joccé, d'une conformation commune et à encolure courte, est arrivée à une légèreté telle qu'elle figurerait avec succès dans une reprise de chevaux de manége. La méthode Baucher demande une grande réserve dans l'emploi de ses principes, exige du tact et de l'intelligence, et surtout le sentiment du cheval; mais elle est exacte, les calculs en sont bien raisonnés. J'ai lieu d'espérer qu'avec le temps et l'expérience, justice lui sera rendue; il n'appartient qu'au temps de faire germer les principes de cette méthode et de lui assurer une supériorité bien méritée sur l'ancienne équitation.

M. RAME, capitaine. Après avoir rendu compte du travail journalier, il dit :

A cette dernière séance, la jument était aussi dressée qu'il le faut pour l'admettre à l'escadron, et montée le lendemain par un homme qui ne connaît pas le système Baucher, et au sabre elle a répondu correctement à tout ce qu'on lui a demandé.

M. DE JOURDAN, capitaine. Avant que cette jument ne fût soumise à cette instruction, elle avait été plusieurs mois à l'infirmerie pour boiterie de l'épaule. Je ne pense pas qu'elle soit complétement guérie, il lui reste du moins une grande faiblesse; ce qui le prouverait, c'est l'amoindrissement de cette partie comparativement à l'autre épaule; toute la conformation est faible et réclame un travail modéré et très-progressif. Celui qui a été suivi et dont la précipitation ne peut avoir pour excuse que le peu de temps qu'on avait à y employer, n'a été d'aucun fruit pour son instruction, qui néanmoins est assez complète au pas et au trot. Il n'est pas douteux qu'avec un plus grand nombre de leçons, je serais parvenu à lui conserver sa légèreté et la bonne position dans tous les mouvements et à toutes les allures. Quoique cette instruction ne fût pas en rapport avec le degré de force de mon cheval, je n'en ai pas moins été à même d'observer la justesse des principes qui m'ont été donnés, et reste convaincu qu'avec un nombre de leçons proportionné à ses moyens, je serais arrivé à une instruction complète et à un degré de légèreté que je n'aurais pas obtenu sans la méthode de M. Baucher.

Les résultats obtenus en général, quoique très-incomplets, suffisent pour prouver toute l'importance que l'on doit attacher à l'expérimenter à l'école de cavalerie surtout, et dans les régiments.

Si on s'en occupe sérieusement, on aura peut-être bientôt reconnu ce qui est applicable par la cavalerie et tous les avantages qu'elle peut en retirer.

M. ROLLAND, capitaine. A cette dernière leçon la jument était aussi légère qu'on pouvait le désirer, elle exécutait avec précision et facilité les changements de pied en l'air et toutes les figures de manége. En résumé, je crois que cette méthode, bien comprise et bien appliquée, doit amener de bons résultats pour les chevaux de troupe, et de grands avantages pour les chevaux de manége.

M. OUDET, capitaine écuyer. La progression m'a paru très-bien entendue jusqu'au départ au galop. Jusque-là, aussi, les résultats ont été très-satisfaisants. A partir de ce moment, soit que les chevaux ne fussent pas assez avancés, soit que la progression au galop ne fût pas assez graduée, les progrès ont été moins grands. Cependant, au bout de huit à dix jours, l'ensemble des chevaux allait bien et changeait même de pied passablement. Il est bon d'observer que M. Baucher, n'ayant qu'un temps limité, a dû hâter son travail, et, comme il l'a dit lui-même, s'attacher à bien faire comprendre les principes plutôt que la perfection de l'exécution. Je pense qu'il a bien rempli sa mission. Et en résumé, je considère que la méthode de M. Baucher est une source de grandes jouissances pour l'homme de cheval et de progrès pour la cavalerie, étant essentiellement dominatrice.

M. BRIFAUT, écuyer. Ma maladie m'a empêché de profiter des premières leçons, qui sont les plus importantes. *Esméralda*, quoique avec peu de moyens, n'a pas opposé de fortes résistances; les mises en main étaient bonnes et les attaques bien supportées. M. Baucher, forcé de se presser vers la fin des dernières séances, a expliqué et fait exécuter des mouvements dont l'application n'eût été bonne que quinze jours plus tard; or, cette jument pressée dans son travail du commencement comme à la fin, je n'ai pu obtenir les résultats sur lesquels il m'était permis de compter avec plus de temps à moi, et surtout si les cavaliers de ma reprise eussent été de moitié moins nombreux.

M. JOCARD, lieutenant sous-écuyer. Les résultats que j'ai pu obtenir m'ont paru satisfaisants, et je crois qu'ils auraient été encore meilleurs, si l'application des moyens avait eu lieu isolément. Cette jument, d'un caractère doux, n'a pas offert de difficulté; elle a acquis une légèreté que je ne croyais pas possible en considérant son extérieur assez lourd.

Rapports des Capitaines détachés à Saumur.

M. DEMOLON, 4e d'artillerie. Dans les dernières séances, le cheval devenant de moins en moins sensible aux mouvements des autres chevaux, exécute bien la plupart des mouvements qu'on lui demande, et fait les changements de pied du tact au tact avec beaucoup de facilité. Le reculer est très-bon, mais bien plus régulier avec des actions de jambes presque insensibles. Le cheval reste dans la main dans toutes les positions, et ne cherche jamais à en sortir que lorsqu'il sent l'éperon, mais y revient néanmoins un instant après. Il supporte très-bien les plus fortes actions de jambe sans éperon, et se rassemble à un très-grand degré.

M. BESANÇON, 13e d'artillerie. Je m'aperçois que ma jument a acquis de la légèreté et qu'elle répond bien quand je lui demande juste.

Les effets d'ensemble sont compris, et ce travail est fort attrayant; elle conserve la vitesse de son trot, tout étant placée.

Je pense que cette méthode a l'avantage d'être très-progressive et surtout fort puissante sur le physique et le moral du cheval. Ses résultats, sur les jeunes chevaux, me paraissent infaillibles, quand elle sera pratiquée par des cavaliers qui y auront été préalablement initiés d'une manière convenable.

M. Petit, 4ᵉ cuirassiers. En résumé, le cheval avant d'être soumis à la nouvelle méthode, était roide, peu maniable et cherchait à fuir, surtout dans les mouvements au galop : aujourd'hui il est léger, souple et calme à toutes les allures.

M. Hoffmann, 6ᵉ cuirassiers. Je puis affirmer que sans le secours du système Baucher, je n'aurais jamais obtenu les résultats que j'ai eus sur mon cheval, qui a cinq pieds un pouce et d'une conformation toute de trait ; je trouve en lui maintenant légèreté, souplesse et justesse dans le travail que je lui demande ; cependant nous n'avons reçu que trente-quatre leçons. Je ne mets pas en doute que s'il eût été possible à M. Baucher de nous donner seulement les cinquante-cinq prescrites par la méthode provisoire, à l'usage du dressage des jeunes chevaux, je fusse parvenu à exécuter la haute école avec un cheval qui ne remplit en rien les conditions voulues pour le manège.

M. Bournigal, 1ᵉʳ dragons. Mon cheval sort quelquefois de la main aux allures allongées, mais il est parfaitement ramené aux allures ordinaires ; il se renferme bien dans les attaques, comprend les effets de rassembler et a acquis beaucoup de souplesse et de légèreté. Lors de son instruction première, ce cheval avait été très-difficile et avait eu particulièrement le défaut de se cabrer souvent. Dans l'instruction qu'il vient de recevoir, il a montré peu de difficulté, et le cavalier a maintenant sur lui des moyens de domination qu'il ne possédait pas.

M. de Brémond, 7ᵉ dragons. Le temps que ce cheval a été indisponible, m'a fait faire l'observation qu'un cheval soumis à la méthode Baucher ne perd pas pour quelques jours d'interruption, car il s'est retrouvé très-bien dans la main et répondant bien aux attaques.

En résumé, je suis surpris des résultats obtenus sur ce cheval après si peu de temps, et j'acquiers une preuve de plus de la perfection de la méthode et de sa sage progression.

M. Delespaul, 12ᵉ dragons. Le cheval n'avait jamais été monté en bride avant de commencer le travail de la nouvelle méthode, qui lui a été très-profitable, puisque après trente-cinq leçons d'une heure et demie chacune, il a été léger et facile à diriger dans tous les sens et à toutes les allures.

M. de Balzac, 2ᵉ chasseurs. Ce cheval, qui a suivi l'instruction pratique de M. Baucher, eût fait sans aucun doute des progrès plus sensibles si le temps consacré à son instruction (et d'après ce nouveau système) eût été celui prescrit par la progression de ce travail, et si, enfin, je n'avais pas eu moi-même à apprendre avant de lui demander. Je suis donc bien convaincu que ce système d'instruction, aussi simple que rationnel, doit apporter dans la manière d'être du cheval, souplesse, légèreté, ainsi qu'un grand ménagement dans l'emploi de ses forces, qui restent toujours au pouvoir du cavalier.

M. LEGUALÈS, 7e chasseurs. Il est à regretter que nous n'ayons pas travaillé un mois de plus avec M. Baucher; car à en juger d'après les succès obtenus en trente-cinq leçons, les résultats eussent été étonnants.

La progression admirable de la méthode, la sagesse et la patience recommandées dans chaque exécution, sont les sûrs garants de prompts succès.

M. GUELLE, 8e chasseurs. Le cheval a gagné beaucoup en force et en souplesse; il n'avait été monté que quelques fois et présentait des difficultés; maintenant on peut le dire dressé; il n'a plus besoin que de quelques leçons pour être confirmé.

M. LASCOURS, 9e chasseurs. Les résultats obtenus par la méthode ont été aussi satisfaisants que possible. Le cheval roide en commençant est devenu léger; mais, n'étant point encore confirmé, cette légèreté n'est, surtout aux allures vives, que momentanée.

M. RAIMOND, 5e hussards. La jument basse du devant, ensellée et très-élevée de croupe, a du moral, beaucoup de fond et un très-bon caractère; elle a constamment eu une mise en main parfaite, a perdu peu à peu l'habitude qu'elle avait de prendre l'appui sur le mors, obéissant bien aux aides et les comprenant. Elle a acquis beaucoup de souplesse et de légèreté; cependant, fortement constituée et dominée par le système musculaire, surtout dans l'arrière-main, et ayant les jarrets droits, elle n'a pas cette extrême légèreté du cheval de manége, mais elle en a toute la souplesse.

M. ARQUEMBOURG, 6e hussards. J'ai obtenu de grands progrès dans tous les mouvements exécutés jusqu'à ce jour; mon cheval fait aujourd'hui avec aisance et légèreté ce que, dans le commencement, il exécutait avec difficulté.

M. XARDEL, lieutenant, 1er dragons. Mon cheval est parfaitement obéissant dans l'arrêt, marchant au galop allongé; il travaille parfaitement à toutes les allures; depuis quelques jours il a beaucoup gagné; il ne sort plus de la main et est plus léger. Mon cheval étant taré par le feu a éprouvé quelque gêne dans tous les mouvements à gauche; ceux à droite ont été parfaitement exécutés. Ce que j'ai obtenu de mon cheval en obéissance, souplesse et légèreté, a surpassé mon attente.

DICTIONNAIRE

RAISONNÉ

D'ÉQUITATION.

A

ABANDONNER UN CHEVAL, c'est lui lâcher complétement les rênes. Le but que l'on se propose généralement par cet abandon est de le faire courir de toute sa vitesse ; mais le moyen est mauvais. D'abord il y a danger, si le cheval est ardent, à se livrer ainsi de confiance à sa fougue ou à ses caprices ; et, s'il est froid, il faut nécessairement entretenir ses forces, ce qu'on ne peut faire qu'en le soutenant de la main et des jambes.

Au reste, il n'est pas étonnant que plus d'un cavalier soit tombé dans cette erreur, puisque des hommes d'une expérience faite l'ont autorisée dans leurs ouvrages.

On lit, par exemple, dans un traité d'équitation, qui ne manque pas d'une certaine vogue, celui publié sous ce titre : *Traité d'équitation à l'usage des gens du monde* :

« On porte le cheval en avant, en baissant les poignets
» et fermant progressivement les jambes. Les jambes et
» les poignets reviennent doucement à leur place. »

Il est clair cependant qu'au lieu de laisser tomber ainsi les poignets pour porter un cheval en avant, il faut, au contraire, les soutenir, d'abord pour empêcher le cheval de prendre des positions vicieuses qui lui permettraient de se soustraire à la volonté du cavalier, ensuite et surtout pour empêcher que les forces qui le portent en avant ne surchargent les épaules. Si l'on néglige de l'aider ainsi, comment s'enlèvera-t-il? Son instinct lui servira, sans doute; mais alors où est l'écuyer?

Ce qu'il faut, c'est, par l'accord des mains et des jambes, enlever pour ainsi dire le cheval, et, l'impulsion une fois communiquée, diminuer imperceptiblement la tension des rênes, mais sans baisser les poignets.

L'écuyer doit savoir disposer des forces de son cheval, comme ce dernier s'en sert lui-même dans l'état de nature. Étudiez donc sa marche naturelle, et vous aurez des principes certains.

ACADÉMIE. Ce mot signifie en équitation le lieu où l'on apprend à monter à cheval. Il est moins en usage maintenant qu'autrefois, à l'époque où les manéges bien tenus étaient subventionnés par le gouvernement. A présent que tout le monde peut professer sans être pour cela académicien ou expert dans son art, l'on se contente de dire : « *Je vais au manége,* » et non plus à l'*académie*. Bien que j'aie quelquefois blâmé d'anciens principes qui m'ont paru erronés, je regrette néanmoins le temps où l'équitation était à son apogée, où cette science était le plaisir de tous les gens bien élevés; alors on voulait arriver à la connaissance de cet art, et on l'encourageait. Ceux-là mêmes qui en faisaient un passe-temps en étaient bien récompensés, tant par les jouissances sans nombre qu'il leur procurait, que par les félicitations qu'ils recevaient de leurs dames; car, du temps de la chevalerie, c'était un moyen de succès en amour comme en guerre.

Académie était donc bien le nom que l'on devait donner à ces beaux manéges, puisqu'on y allait pour y puiser de la science et faire prévaloir la supériorité de l'homme sur ce noble animal.

ACCORD. Ce mot a pour signification la parfaite harmonie qui doit exister entre la main et les jambes du cavalier.

Je suppose, par exemple, que le cavalier, pour porter son cheval en avant au pas, et le maintenir léger à cette allure, doive dépenser une force égale à vingt kilogrammes, dont quinze pour l'impulsion et cinq pour le ramener; si les jambes dépassent leur effet sans que la main augmente le sien dans les mêmes proportions, il est évident que le surcroît de force communiqué pourra se reporter sur l'encolure, la contracter, et dès lors plus de légèreté. Si, au contraire, c'est la main qui agit avec trop de violence, ce ne pourra être qu'aux dépens de la force d'impulsion nécessaire à la marche; celle-ci, par cela même, se trouvera contrariée, ralentie, en même temps que la position du cheval perdra de son gracieux et de son énergie.

ACCULER (s'). C'est le mouvement d'un cheval qui, après avoir reculé contre un mur, y reste opiniâtrément attaché. C'est aussi l'action de celui qui rétrécit le cercle sur lequel il doit marcher, malgré les efforts du cavalier. Un cheval est également acculé toutes les fois que ses forces et son poids se trouvent refoulés sur la partie postérieure; l'équilibre est dès lors compromis, et l'on rend impossible la grâce, la cadence et la justesse.

L'acculement est le principe des défenses, puisqu'il tend à prendre constamment sur l'action propre au mouvement, à reporter le centre de gravité en arrière et au delà du milieu du corps du cheval, à rejeter ainsi le poids du corps sur l'arrière-main; le cheval n'est plus soumis momentanément à l'action des jambes, les forces se trouvent en arrière des jambes du cavalier, les pieds se fixent au sol; dans ce cas, le cheval est tout disposé pour se livrer aux cabrades ou à toutes autres défenses. Il faut, pour éviter l'acculement, que dans tous les mouvements, les jambes du cavalier précèdent la main, et que ce soutien des jambes se continue jusqu'à ce qu'il ait obtenu la légèreté; c'est lorsqu'elle sera parfaite que l'on reconnaîtra que le cheval n'est ni acculé, ni sur les épaules, c'est alors qu'il sera entre la main et les jambes soumis à la volonté du cavalier. Amené à cet état d'équilibre, même au pas, le cheval est aux trois quarts dressé.

ACHEMINER UN CHEVAL, vieux mot qui signifie *accoutumer* un jeune cheval à marcher droit devant lui. Ordinairement on abandonne ce travail à ce qu'on appelle des *casse-cou*. Selon moi, c'est un tort, et cette première éducation devrait être, au contraire, réservée à des hommes d'un certain savoir. Pour acheminer convenablement un cheval, il ne suffit pas d'être solide en selle; il faut discerner et réprimer tout de suite ses mauvais penchants, sinon on prépare à l'écuyer un surcroît de travail que l'on pouvait lui éviter.

Il en est du jeune cheval comme de l'enfant, toujours habile à profiter d'abord, à abuser ensuite de la négligence qu'on a mise dans ses premières leçons; c'est alors qu'il contracte le plus souvent des défauts et un esprit de révolte dont une main savante eût corrigé même le germe.

ACHEVER UN CHEVAL, c'est terminer la série des exercices par lesquels il doit passer pour que son éducation soit complète.

ACTION, effet de la force qui met le cheval en mouvement. Cette force vient ou du cheval, ou du cavalier ; on dit : *Un cheval a de l'action, donner de l'action à un cheval.*

Les chevaux qui ont naturellement de l'action primitive sont plus faciles à dresser, et moins sujets à se défendre que d'autres ; leur tendance à se porter en avant leur permet de mieux apprécier les divers contacts du mors, de prendre plus vite une bonne position de tête, d'encolure, et de mieux rester dans la main.

ADELA est une exclamation dont on se sert pour décider le cheval à droite ou à gauche.

C'est surtout le cheval que l'on exerce dans les piliers, qu'il faut habituer à l'emploi de ce mot, pour avoir plus de facilité à le placer droit dans les longes.

Il est essentiel aussi de ne jamais approcher un cheval dans l'écurie, sans lui parler au préalable, sinon quelques ruades dangereuses peuvent être les suites de la surprise que lui fait éprouver le contact ou la vue.

Il faut donc le prévenir de notre approche par un *adelà* ou tout autre mot terminé en *a*.

AIDES (les) sont l'*assiette bien entendue*, les *poignets* et les *jambes*.

Il n'y a pas d'exécution précise possible, sans le parfait ensemble de ces forces ; c'est assez dire au cavalier qu'il doit en posséder justement le mécanisme, avant de chercher à en rendre le mouvement expressif pour le cheval, sous peine de lui parler faux et de ne pas être compris.

AIRS BAS, AIRS RELEVÉS. On entend par *airs bas* ce qui constitue la haute école, c'est-à-dire toutes les figures que l'on fait exécuter au cheval, sur deux pistes, au pas, au passage ou au galop ; plus, le piaffer.

Les *airs relevés* sont tous les *sauts* dans lesquels le cheval enlève à la fois les deux jambes de devant ou celles de derrière, ou même les quatre ensemble.

Les PESADE, COURBETTE, CROUPADE, BALLOTTADE, CAPRIOLE, etc., sont des *airs relevés*.

Le cheval, s'il est bien conduit, ne peut que gagner aux premiers airs de manége; ils sont un moyen sûr de perfectionner son équilibre. Quant aux derniers, leur emploi est souvent dangereux, et l'on ne doit les demander au cheval qu'avec une grande circonspection, lorsque ses forces sont entièrement à la disposition du cavalier.

Ici vient naturellement se placer la nomenclature de trente et un nouveaux airs de manége dont j'ai enrichi l'équitation :

1° Flexion instantanée et maintien en l'air de l'une ou l'autre extrémité antérieure, tandis que les trois autres restent fixées sur le sol.

2° Mobilité des hanches, le cheval s'appuyant sur les jambes de devant, pendant que celles de derrière se balancent alternativement l'une sur l'autre, la jambe postérieure qui est en l'air exécute son mouvement de gauche à droite sans toucher la terre pour devenir pivot à son tour, sans que l'autre se soulève, puis elle exécute ensuite le même mouvement.

3° Passage instantané du piaffer lent au piaffer précipité, et *vice versâ*.

4° Reculer avec une élévation égale des jambes transversales qui s'éloignent et se posent en même temps sur le sol, le cheval exécutant le mouvement avec autant de franchise et de facilité que s'il avançait et sans le secours apparent du cavalier.

5° Mobilité simultanée et en place des deux jambes par la diagonale; le cheval, après avoir levé les deux jambes opposées, les porte en arrière pour les ramener ensuite à la place qu'elles occupaient, et recommence le même mouvement avec l'autre diagonale.

6° Trot à extension soutenue; le cheval, après avoir levé les jambes, les porte en avant en les soutenant un instant en l'air, avant de les poser sur le sol.

7° Trot serpentin; le cheval tournant à droite et à gauche pour revenir à peu près à son point de départ, après avoir fait cinq ou six pas dans chaque direction.

8° Arrêt sur place, à l'aide des éperons, le cheval étant au galop.

9° Mobilité continue en place de l'une des extrémités antérieures, le cheval exécutant, par la volonté du cavalier, le mouvement par lequel il manifeste souvent de lui-même son impatience.

10° Reculer au trot, le cheval conservant la même cadence et les mêmes battues que dans le trot en avant.

11° Reculer au galop, le temps étant le même que pour le galop ordinaire, mais les jambes antérieures, une fois élevées, au lieu de gagner du terrain, se portent en arrière, pour que l'arrière-main exécute le même mouvement rétrograde aussitôt que les extrémités antérieures se posent sur le sol.

12° Changements de pied au temps, chaque temps de galop s'opérant sur une nouvelle jambe.

13° Pirouettes ordinaires sur trois jambes, celle de devant du côté vers lequel on tourne, restant en l'air pendant toute la durée du mouvement.

14° Reculer avec temps d'arrêt à chaque foulée, la jambe droite du cheval restant en avant, immobile et tendue de toute la distance qu'a parcourue la jambe gauche, et *vice versâ*.

15° Piaffer régulier avec un temps d'arrêt immédiat sur trois jambes, la quatrième restant en l'air.

16° Changements de pied au temps, à des intervalles égaux, le cheval restant en place.

17° Piaffer en avant et en arrière sans rênes.

18° Galop en arrière sans rênes.

19° Mouvement d'avant en arrière et d'arrière en avant des jambes transversales.

20° Galop sur trois jambes.

21° Piaffer *dépité*.

22° Ronds de jambes.

23° Jambes de devant croisées en dedans.

24° Élévation avec temps d'arrêt de chaque jambe de derrière.

25° Balancer du derrière et piaffer du devant, au reculer.

26° Tension des jambes de devant et flexion des jambes de derrière.

27° Piaffer balancé du derrière et *dépité* du devant,

28° Tension en dehors des jambes de devant alternées, en reculant.

29° Éloignement des jambes de devant des jambes de derrière, et rapprochement des jambes de derrière de celles de devant.

30° Balancer de droite à gauche au piaffer alterné avec un mouvement de va-et-vient d'arrière en avant et d'avant en arrière.

31° Travail au galop sur les hanches avec changements de pied au temps.

En présentant la nomenclature de toutes ces difficultés, qui grandissent l'équitation et que j'ai exécutées en public, les amateurs me feront le reproche de ne pas faire connaître les moyens par lesquels on obtient tous ces mouvements ; mais ce n'est pas possible, puisqu'ils constituent la poésie de l'équitation, et que pour devenir poëte équestre, il faut de l'imagination, du sentiment et du tact ; c'est assez dire que leur exécution forme une équitation qui devient personnelle, qui ne peut être la partage que de l'homme studieux auquel il suffit de savoir qu'une chose est faisable pour qu'il l'entreprenne et la conduise sûrement à bonne fin ; il cherchera et deviendra innovateur à son insu, toute définition l'embrouillerait plutôt qu'elle ne lui servirait. Je ne donnerai donc qu'un seul principe général, c'est qu'il ne faut aborder ces difficultés qu'après avoir complétement terminé l'éducation du cheval.

AJUSTER UN CHEVAL, c'est lui donner le fini qui constitue le cheval bien dressé, c'est-à-dire lui faire exécuter tout ce que ses moyens et sa constitution comportent, avec grâce, avec précision, et sans que les mouvements du cavalier soient apparents.

Un écuyer de talent peut aisément, en moins de trois mois, obtenir ce résultat, avec des chevaux d'une bonne construction ; mais le vrai mérite consiste à vaincre ces difficultés sur des constructions médiocres et défectueuses.

AJUSTER LES RÊNES, c'est les saisir avec le pouce et l'index de la main droite, près de la gauche, et les élever perpendiculairement jusqu'au bouton fixe qui se trouve à leur extrémité.

Dans cette opération, il ne faut pas déplacer le coude droit, hormis le cas où les rênes seraient plus longues que l'avant-bras ; il suffit que la main de la bride s'entr'ouvre faiblement pour les égaliser, les allonger ou les raccourcir, mais sans que pour cela le cheval en sente jamais le moindre déplacement.

ALLÉGER, c'est rendre le cheval léger dans toutes ses parties ; avec le cheval préalablement assoupli, cet effet s'obtient par l'opposition exacte de la main et des jambes.

Du reste, tous les chevaux peuvent être allégés, si le cavalier sait combiner ses effets de force, et les baser sur les résistances que le cheval lui fait éprouver. (*Voyez* RAMENER.)

AMAZONE, c'est le nom qu'on donne aux dames qui montent à cheval, et surtout au vêtement qu'elles portent pour cet exercice. Cette dénomination est un souvenir des fières Amazones qui jadis renversèrent des empires ; mais elle est loin d'obliger le sexe charmant qui s'en pare, à autant de courage et d'imprudence qu'en déployèrent, dit-on, ces héroïnes.

Le cheval est, pour les dames, un exercice salutaire qui rentre merveilleusement dans leur apanage ; et l'équitation, loin de les exposer à quelque danger, les met, au contraire, en garde contre les accidents sans nombre qu'enfante le non-savoir.

Au reste, une dame peut devenir très-bonne cavalière, c'est-à-dire mettre facilement son cheval à toutes les allures, le conserver en équilibre, et le conduire avec précision ; mais elle doit prendre le soin de ne monter qu'un cheval sage et bien dressé ; d'abord, parce qu'il n'est pas dans le caractère de ce sexe timide autant que gracieux de s'exposer à batailler avec son cheval ; ensuite, parce que celui-ci ne tarderait pas à s'apercevoir de la faible puissance qu'on lui oppose, pour prendre une initiative qui souvent aurait ses dangers.

Aussi la dame bonne cavalière n'est pas celle qui galope sur le premier cheval venu, en le livrant à lui-même ; cette bravade n'est qu'une imprudence, et se changera en une peur invincible, à la première chute un peu grave.

La dame qui monte bien à cheval est celle qui, sans peur puérile, mais avec prudence, choisit sa monture, et la dirige avec habileté.

Encore n'est-ce pas assez de ce choix : jamais une dame ne doit sortir seule; il faut qu'elle soit toujours accompagnée d'un cavalier qui se place à sa gauche, 1° afin que la main droite de celui-ci soit disposée à saisir les rênes, pour calmer le cheval qui s'animerait trop; 2° pour arrêter au besoin les chutes qui n'ont guère lieu que de ce côté.

Une dame ne peut se passer d'un cavalier, non-seulement pour sortir à cheval, mais même pour y monter; car, pour monter, voici comme l'amazone doit s'y prendre : Après avoir entouré la fourche gauche de la selle, avec les rênes demi-tendues de manière à sentir légèrement la bouche du cheval, elle la saisit avec la main droite qui tient aussi la cravache; puis, la main gauche appuyée sur l'épaule du cavalier, et le pied gauche dans la main de ce dernier, elle s'enlève au moyen de la jambe droite, en tendant la gauche, elle soutient bien le corps, et s'assied légèrement en selle.

Là sa position est simple et facile; le corps est droit, sans force et sans affectation; la jambe droite tombe mollement sur le devant de la selle, et la gauche ne fait que poser sur l'étrier, dont la longueur doit être fixée de façon à ce que la cuisse gauche vienne se placer sous la troisième fourche; les bras tombent sans raideur près des côtés; le poignet gauche, qui tient les rênes, demeure élevé d'un pouce ou deux au-dessus du genou; le droit reste à côté.

Il faut que le quartier de la selle sur lequel tombe la jambe gauche soit très-court, pour que le cheval sente, sinon les pressions de la jambe, au moins celles du talon et de l'éperon au besoin (1). Ces pressions aideront le

---

(1) L'éperon dont les dames ne s'étaient jamais servies avant que j'en aie conseillé l'emploi, est un des moyens qui ont concouru à donner de la célébrité aux amazones qui se sont tant fait applaudir au cirque des Champs-Élysées, telles que

cheval dans les mouvements à gauche, et la cravache, remplissant les fonctions de la jambe droite, servira pour les changements de direction opposée. Mais il faut avoir soin de la faire sentir, soit par pressions lentes, soit par petits mouvements réitérés derrière les sangles.

Comme les dames ne peuvent apprendre à monter sans le secours d'un écuyer, je m'abstiendrai de plus amples explications; mais j'ajouterai, comme conseil à leurs professeurs, qu'il faut éviter de rendre leurs leçons trop monotones, et les varier par tous les exercices qui peuvent leur convenir. Or, une dame peut arriver à travailler un cheval bien dressé à tous les airs de manége, comme le plus adroit écuyer. Toutes mes élèves s'exercent à la haute école, et plusieurs d'entre elles sont devenues d'une habileté surprenante. Mais, pour que le travail du pas de côté soit plus gracieux, notre amazone doit adapter un petit éperon à son talon gauche; avec cet aide elle peut exécuter toutes les figures les plus gracieuses, les manœuvres simples, les jeux de bagues, et même des contre-danses; ces gracieuses figures augmentent le plaisir de la leçon et finissent par donner autant d'adresse que de sécurité.

AMBLE (l') est une allure dans laquelle le cheval n'a qu'un mouvement alternatif de tout un côté sur l'autre, c'est-à-dire que les deux jambes gauches se lèvent en même temps, puis les deux droites, et ainsi de suite.

Si l'*amble* est héréditaire, l'équitation ne peut la corriger; si, au contraire, elle n'est que le résultat d'une mauvaise habitude, l'assouplissement dans l'inaction, les allures lentes et progressives, aidées d'une bonne position de tête et d'encolure, peuvent y remédier, et ramener le cheval à des allures régulières.

mesdemoiselles Caroline Loyo, Pauline Cuzent, Mathilde, Maria d'Embrun, etc, etc., toutes mes élèves.

ANIMER UN CHEVAL, c'est entretenir ou augmenter son action par les jambes, et, au besoin, par les éperons.

Il semble d'abord que la main doive demeurer étrangère à cette translation de forces : c'est une erreur, elle y est indispensable ; car sans elle l'impulsion donnée à l'avant-main pourrait contracter l'encolure et détruire l'action relative des parties antérieures et postérieures.

Il faut donc que la main et les jambes, par un mutuel secours, communiquent au cheval comme un flux et reflux de forces qui maintiennent tout à la fois la continuité de l'action, tout en conservant l'équilibre nécessaire à la position.

APPUI. Bon ou mauvais *appui*, c'est-à-dire se porter plus ou moins sur la main.

Comme il n'y a pas de chevaux qui, bien montés, ne puissent acquérir de la légèreté, quand ils en manquent, c'est au cavalier, et non à la structure de la bouche, qu'il faut s'en prendre.

Le travail en place et l'allure du pas sont des moyens certains pour donner un bon *appui* à tous les chevaux, ou, ce qui est la même chose, pour les amener à répondre aux moindres indications du mors.

APPUYER DES DEUX. (*Voyez* ATTAQUER.)

ARDEUR. L'*ardeur* n'est pas un défaut, mais une qualité du cheval, à moins qu'elle ne soit extrême.

Le cheval ardent est plus facile à dresser et moins sujet à se défendre. Si, cependant, cette fougue devient excessive, il faut s'en garantir : or, pour empêcher le cheval d'en abuser, les moyens les plus simples et les meilleurs sont de l'assouplir et de le faire beaucoup reculer, une fois la légèreté acquise, afin que les mouvements à l'aide desquels on le modère lui deviennent familiers et faciles. Le travail dans l'inaction habituera, en outre, à demeurer en place, ce qui contribue de soi-même à le calmer.

ARMER, c'est l'action d'un cheval qui se défend contre l'effet du mors, soit qu'il tende son encolure et porte le nez au vent, soit qu'il l'abaisse et *s'encapuchonne*. Ces deux positions lui servent également à rendre le mors impuissant. J'indique, à l'article *Ramener*, le moyen de les combattre; ici je me contenterai de dire que les chevaux ne s'armeraient jamais si leur instruction était mieux graduée et mieux raisonnée. Qu'on n'exige donc point un déplacement, quel qu'il soit, avant d'être certain d'obtenir facilement les translations de poids qui y sont propres; grâce à cette précaution, on se préservera du désagrément et du danger des résistances.

ARRÊT (l'), c'est le passage de l'action à l'inaction.

Pour arrêter sans brusquerie, il faut d'abord opposer les jambes à la main, pour faire céder l'encolure avant le corps, ramener les jambes postérieures près du centre, et obtenir ainsi la flexion des hanches, qui prévient la tension forcée des jarrets et ménage l'organisation.

ARRÊT (le demi-) devrait s'entendre de la moitié du temps d'arrêt; mais, dans l'usage, ce mot veut dire *prévenir* le cheval avant de lui faire prendre des changements de direction, le *préparer*, tant par une légère pression des jambes que par une opposition graduée de la main, afin que son action reste la même.

On se sert encore du *demi-arrêt* pour passer d'une allure décidée à une moins vive, ou pour entretenir le brillant de la position.

ARRONDIR UN CHEVAL, c'est le contourner comme le cercle qu'il parcourt.

Le cheval doit être assoupli avant de marcher sur des lignes courbes. Quelques personnes se sont figuré qu'il suffisait de lui faire suivre des lignes circulaires pour lui donner les diverses flexions qu'elles nécessitent; c'est une grave erreur qui a fait estropier plus d'un jeune cheval. On eût évité ces accidents si l'on eût pris le soin indispensable de disposer celui-ci avant de lui demander des résultats qu'une préparation peut seule amener.

Toutes ces inclinaisons exigent une combinaison de forces doubles qui coûtent beaucoup au cheval et le poussent à se défendre, si d'abord, dans le travail en place et à l'allure du pas sur des lignes droites, on ne s'est assuré qu'il répond à des forces égales et aux diverses flexions d'encolure qui serviront plus tard pour les inclinaisons que comporte le changement de direction.

Il faut graduer le travail si l'on veut en diminuer la difficulté, et soumettre le cheval à une obéissance passive et à une prompte et bonne éducation.

ASSEMBLER UN CHEVAL, c'est le mettre en équilibre sur ses quatre colonnes. Ce mot est un diminutif de *rassembler*. (*Voyez* RASSEMBLER.)

ASSEOIR UN CHEVAL. Il faut que le cheval soit parfaitement léger pour ramener les jambes de derrière près du centre de gravité et reporter, une fois cette position prise, le poids du devant sur le derrière, afin d'obtenir les mouvements élevés de l'avant-main. Le talent de l'écuyer consiste à conserver dans ses aides assez d'accord pour maintenir ainsi le cheval, sans le comprimer au détriment de son organisation.

ASSOUPLISSEMENT. En équitation, on entend par ce mot rendre souples et moelleuses toutes les articulations du cheval, de manière à rendre ses mouvements coordonnés et précis. Avant de chercher à donner ce liant à toutes les parties du corps et aux extrémités du cheval, il faut d'abord commencer par l'encolure, et ne passer outre qu'après qu'elle aura acquis toute la souplesse désirable. Le moyen d'y parvenir se trouve expliqué aux articles : *Tous les chevaux peuvent se ramener*, *Éducation raisonnée*, etc., etc. Je me contenterai de dire ici que sans l'exercice préalable des quatre flexions de l'encolure, l'éducation du cheval sera toujours imparfaite. En effet, ses mouvements naturels le portent à aller en avant, en arrière, à droite et à gauche; il faut que ce qui est la suite de son instinct, lorsqu'il est livré à lui-même, soit assujetti à votre volonté quand vous cherchez à vous en faire obéir. Pour cela, il est indispensable de détruire l'espèce de *bouclier* qu'il vous oppose, et laisser sans défense l'adversaire contre lequel vous avez à lutter. Nous n'agissons sur le cheval que par la position : il faut donc lui en donner une analogue à la route qu'il devra parcourir. Comme c'est par les diverses flexions de l'encolure que nous disposons convenablement le corps et les extrémités, et que c'est par sa contraction et son immobilité que le cheval montre l'intention de nous désobéir, il est évident que toutes les défenses se manifestent par la contraction de l'encolure, et que son assouplissement et sa bonne position doivent d'abord nous occuper.

Je renvoie le lecteur à l'article *Tous les chevaux peuvent se ramener*, en l'engageant à user d'un peu de patience pour pratiquer les moyens qui y sont indiqués, bien persuadé qu'en dix minutes de temps il obtiendra ces premières flexions. Il suffira de renouveler ces mêmes mouvements pour arriver à ce que l'encolure, la tête et la mâchoire du cheval cèdent aux pressions les plus délicates du mors.

ASSURÉ, se dit d'un cheval qui ne bronche pas. C'est dans une bonne conformation qu'il faut d'abord chercher cet avantage ; mais l'art peut rectifier et secourir ce que la nature a d'imparfait.

Le triomphe de l'équitation est d'obtenir, malgré les vices d'une mauvaise construction, les résultats heureux qui sont le partage des natures d'élite.

ATTACHER (s'), se dit d'un cheval qui se jette sur l'éperon, quand il en a été piqué. Dans ce cas, il faut savoir maîtriser les hanches, au moyen des épaules, et c'est par l'assouplissement préalable de l'encolure et plus tard des hanches, qu'on accoutume le cheval à cette réaction, et qu'on le force à répondre à l'attaque.

ATTAQUE. (*Voyez* ATTAQUER.)

ATTAQUER. On entend par attaquer, l'action d'appliquer deux coups d'éperon, ce qui ne doit se pratiquer qu'après avoir employé inutilement toute la force des jambes.

Avant d'avoir recours à ce moyen que l'on appelle un châtiment, il faut bien consolider l'assiette, afin de suivre l'élan du cheval, élan qui sera d'autant moindre, que la main sera plus sûrement et plus vigoureusement soutenue.

Il est des écuyers qui ne se contentent pas de ce prétendu châtiment, et qui compliquent ou rendent nulle l'attaque par de singuliers principes.

Par exemple, je lis dans un ouvrage moderne : « Lorsque
» l'on donne deux coups de talon au cheval, on peut encore ajouter à la punition qu'on lui inflige, en saccadant

» les rênes. Mais lorsqu'on enfonce progressivement les
» éperons derrière les sangles, on doit toujours rendre la
» main. »

L'auteur suit ici la route commune, en donnant pour des principes généraux ce qui ne doit se pratiquer qu'accidentellement. En effet, dans quel cas devrait-on saccader? Selon nous, jamais. La saccade est en dehors de tout principe raisonné. Selon lui, ce serait quand le cheval se porterait avec trop de violence sur la main; mais alors ce qu'il y a de mieux, c'est d'être bien près du cheval, de soutenir la main avec vigueur, et de n'opposer de force qu'en raison de celle qu'il emploierait; encore faudrait-il s'y prendre sans *à-coup*, sous peine de ne point rencontrer juste.

Pour combattre une force continue, il faut opposer une force graduée; comment veut-on graduer un mouvement brusque, et obtenir la puissance qui doit priver le cheval de l'usage de ses forces? Comment le mors peut-il parler à l'intelligence du cheval, et ajouter à la punition des éperons, si ce n'est en interceptant les forces dont il apprend trop vite à se servir contre nous?

L'auteur ajoute encore qu'avec la progression des éperons, il faut rendre la main. Est-ce avec tous les chevaux qu'on doit abandonner le poignet? Si, à la suite de l'attaque, le cheval ne se porte pas en avant, alors la tension des rênes est inutile; si, au contraire, il répond à l'attaque, et se jette sur la main, il faut savoir diriger cette impulsion, de façon à ce qu'il ne tombe pas sur les épaules, et ne tende pas l'encolure, mais qu'il conserve un équilibre qui garantisse de toute défense.

Ce n'est pas, je le répète, avec des mouvements brusques, des saccades et de l'abandon, qu'on soumet promptement le cheval : c'est avec des temps bien saisis. Au reste, ce qu'il y a de plus défectueux, à mon avis, dans ce principe, comme dans tout ce qui a été écrit sur l'équitation, c'est de vouloir faire une règle absolue de ce qui ne doit être que le résultat de la nécessité du moment.

Les attaques doivent se pratiquer, non pas par à-coups, ni avec de grands mouvements de jambes, mais avec délicatesse et ménagement. Le cavalier devra rapprocher les jambes de manière à ce que l'éperon, avant de se mettre en contact avec les flancs du cheval, n'en soit éloigné que d'une ligne s'il est possible. Si par un temps mal saisi la main n'interceptait pas bien l'impulsion donnée et la commotion générale qui en résulte, on devrait, avant de recommencer, rétablir l'ensemble dans les forces du cheval, et le calme dans ses mouvements. On augmentera progressivement la force des attaques jusqu'à ce que le cheval les supporte aussi vigoureuses que possible, sans présenter la moindre résistance à la main, sans augmenter la vitesse de l'allure, ou sans se déplacer si l'on travaille de pied ferme.

On demandera sans doute quelle importance il peut y avoir à amener le cheval à supporter ainsi, sans faire de mouvement, l'action des éperons, et s'il n'est pas à craindre qu'ils ne perdent leur effet, qui consiste à donner l'impulsion propre au mouvement; non, car dans le premier cas la main oppose une force égale à l'action du cheval, de manière à ce que les forces de l'avant-main soient égales aux forces de l'arrière-main, afin qu'il n'y ait aucun déplacement du centre de gravité; et, dans le second cas, la main se soutenant moins, le centre de gravité se portera d'arrière en avant, et par suite tout le cheval.

Règle générale, le cheval qui ne sera pas complétement soumis aux attaques, ne sera qu'imparfaitement dressé; non-seulement il échappera toujours au cavalier, soit par l'avant-main, soit par l'arrière-main, et ne pourra prendre à volonté les diverses positions de rassembler que comportent les difficultés de l'équitation.

ATTENDRE UN CHEVAL, se dit de celui qui manque de force, et dont on retarde l'éducation.

On a souvent le tort, en montant les chevaux de trois ou quatre ans, d'exiger d'eux un travail qui n'est pas en rapport avec leurs forces. On peut dès cet âge les assouplir par les flexions à pied, et même les faire monter par des poids légers, en graduant le travail de façon à en faire un exercice gymnastique qui hâtera leur développement physique.

AUBIN (l'). On appelle *aubin* l'allure dans laquelle le cheval, galopant avec les jambes de devant, trotte ou va l'amble avec le train de derrière.

La plupart des chevaux de poste *aubinent*, au lieu de galoper franchement. Les poulains qui n'ont point assez de force dans les hanches pour chasser et accompagner l'avant-main, prennent aussi cette allure; dans le premier cas, il s'agit d'un cheval ruiné, l'art est sans effet; dans le second, il n'y a que faiblesse, le temps est le seul remède, et l'on peut s'en remettre à lui comme au plus habile professeur.

AVANTAGE (être monté à son), c'est avoir un cheval proportionné à sa taille, et que l'on peut aisément embrasser.

Un bon écuyer doit rechercher tous les points de contact avec le cheval, et, à qualités égales, donner la préférence à celui dont la conformation se trouve le mieux en rapport avec la sienne. Les disproportions de taille entre le cheval et le cavalier nuisent toujours à la grâce, à la solidité, au sentiment de l'assiette et à l'ensemble des mouvements ; c'est, du reste, un soin à prendre dès les premières leçons, que de proportionner, autant que possible, la taille du cheval à celle de l'élève, pour que celui-ci se trouve plus à l'aise, joigne mieux la monture, et acquière plus vite de la confiance.

AVERTI. *Pas averti*, ou *pas écouté*, signifie *pas réglé* dans lequel le cheval semble compter lui-même le posé de chaque jambe. Ces gracieux mouvements lui donnent de la fierté ; et comme on ne les obtient qu'à l'aide d'une belle position, l'animal qui les exécute est aussi toujours mieux disposé pour changer d'allure ou de direction.

Dans le manége, où toute évolution doit être précise, le *pas averti* est de rigueur, car sans lui il n'y a ni brillant, ni régularité dans les exercices.

AVERTIR UN CHEVAL, c'est éveiller son attention pour le prévenir qu'on va lui demander un acte d'obéissance.

Si l'on agit sur lui sans avertissement préalable, souvent la surprise peut le faire répondre avec brusquerie.

Pour éviter qu'il en soit ainsi, il faut faire usage de *demi-arrêts*, espèce de *garde à vous!* qui annoncent le commandement.

Si le cheval n'a pas beaucoup d'action primitive, il faut, de plus, que les jambes précèdent ces faibles pressions du mors ; sans ce soin, elles pourraient le ralentir, et nuiraient, au lieu de servir à l'obéissance.

B

BALANCER, se dit du cheval dont l'allure n'est pas ferme et dont la croupe vacille.

Ce défaut tient à une faiblesse de reins qui n'offre que peu de ressource chez les chevaux qui ont atteint leur sixième année ; mais, bien que supportant difficilement les longues courses, ils pourront encore être agréables et rendre de bons services, s'ils sont habilement montés. (*Voyez* BERCER.)

BALLOTTADE (la), c'est un saut dans lequel le cheval fait un temps enlevé, et plie les genoux et les jarrets, en montrant ses fers, sans cependant détacher la ruade.

Il faut, pour exécuter ces violents mouvements, des chevaux construits en force ; avec des organisations faibles, on estropierait l'animal avant d'atteindre au but.

BARRES. Les *barres* sont la continuation de deux os de la mâchoire inférieure, entre les dents mâchelières et les incisives ; cet espace est recouvert d'une chair plus ou moins épaisse, sur laquelle le mors de la bride est posé.

Les *barres* ont été l'objet de graves erreurs. On s'est figuré jusqu'ici que, de l'épaisseur des gencives ou de la saillie des os, dépendait la sensibilité du cheval ; de là toutes ces fausses dénominations de *bouches dures, bouches tendres, bouches faibles, fortes, égarées, pesantes,* etc.; de là aussi ces différentes espèces de mors, dont on fatigue si mal à propos les chevaux.

Et non-seulement ces erreurs existent dans les ouvrages anciens, mais elles se reproduisent dans les traités plus modernes. Dans le Traité de M. W....., par exemple, qui a paru en 1823, nous lisons :

« On entend par bouches fortes celles qui tirent à la
» main et qui résistent à l'action du mors. Cela provient
» ordinairement de ce que les barres sont trop rondes,
» charnues et trop basses, en sorte que la langue forme le
» premier point d'appui du mors ; il résulte aussi quelque-

» fois de ce que l'épaisseur des lèvres et des gencives cou-
» vre les barres, seul endroit où se doit faire l'appui du
» mors. Lorsqu'un cheval tire à la main par trop de fou-
» gue, il sera facile de l'apaiser avec de bonnes leçons;
» mais s'il tire à la main pour avoir les lèvres et la langue
» trop épaisses, ou les barres trop rondes, il faut l'embou-
» cher avec un mors à gorge de pigeon, etc. »

Combien de chevaux n'a-t-on pas maltraités et estropiés, avec ce faux système de n'admettre dans leur mécanisme qu'une seule partie responsable de l'impression de nos forces, tandis que toutes sont solidaires!

Comment les personnes qui s'occupent d'équitation n'ont-elles pas observé de plus près l'intimité qui règne entre toutes ces parties? comment, lorsqu'on voit qu'elles se lient entre elles de manière à se secourir mutuellement, n'a-t-on pas cherché à s'assurer si un vice quelconque dans l'une d'elles ne privait pas les autres du jeu qu'elles sont destinées à fournir, si le mauvais emploi de force ne serait point un obstacle pour bien placer une partie qui doit servir de base à telle autre inapte à agir sans son concours? Pourquoi ne parle-t-on jamais de la contraction de l'encolure, d'où découlent toutes les résistances?

Pour moi, j'ai cru que ces études étaient les premières qui devaient occuper un écuyer consciencieux, et les recherches que j'ai faites dans cette conviction m'ont donné la certitude que les barres ne sont pour rien dans la sensibilité du cheval; que ce qu'on attribue à la bouche tient à la conformation des reins, des hanches, des jarrets, de la tête et de l'encolure, de tout le cheval en un mot.

Passant de l'observation à la pratique, j'ai cherché, pour agir sur les forces du cheval, les moyens les plus propres à combattre la résistance; et, grâce à ces essais, maintenant il m'est facile, à moi comme à tous ceux qui, après avoir étudié mes principes, voudront les mettre en pratique, de donner un commencement de légèreté à n'importe quel cheval, avec le mors le plus simple et le plus doux, en moins d'un quart d'heure.

Mais ce n'est pas là le seul avantage que j'ai tiré de mes recherches; tous les écuyers en renom qui ont dirigé les principaux manéges de France, n'y ont admis que rarement les chevaux mal conformés; quand cela leur est arrivé, c'est toujours sous la prévention qu'ils avaient tel ou tel défaut, et jamais on ne s'est imaginé de chercher les moyens de les en corriger. On se contente de dire bien sérieusement : « Tel cheval a la bouche dure, tel autre le nez au vent; celui-là tourne plus facilement à une main qu'à l'autre; » et l'on ne s'inquiète pas des correctifs propres à vaincre ces défauts; cette indifférence tient à ce que les chefs d'établissement trouvent ces chevaux indignes d'eux, et les abandonnent en partage à des élèves écuyers auxquels il manque la science nécessaire pour sortir de la route commune.

Je suis une méthode tout opposée : loin d'acheter des chevaux de choix, je les prends, au contraire, avec une conformation fort ordinaire; et, bien que j'en monte quelquefois de très-beaux, je ne les aime, ni comme étude, ni comme spéculation, parce que le beau cheval, que chacun estime de suite à sa valeur, se vend souvent plus cher brut qu'après son éducation. Mais les chevaux négligés dans leur construction, qui n'acquièrent de grâces qu'après *le dresser*, sont achetés en raison de leurs défauts naturels, et vendus en conséquence des belles qualités qu'on leur donne. Il y a de plus avec ces chevaux l'avantage de faire des études plus sérieuses qu'avec ceux appelés *chevaux à moyens*.

Je pose donc en principe qu'il n'y a pas de bouche dure; que c'est en agissant sur l'ensemble du cheval qu'on le rend léger à la main, et que le talent de l'écuyer consiste bien plus à changer les positions qui résultent d'une conformation défectueuse, qu'à profiter des bonnes dispositions naturelles.

On trouvera peut-être singulier que j'oppose ainsi ma méthode et mes façons de faire à celles de tant d'écuyers; mais si j'ai obtenu des résultats certains, c'est par de longues veilles, par des travaux réfléchis : toutes les heures de ma journée, passées en observations dans mon manége, donnant leçon à soixante ou quatre-vingts élèves, montant huit ou dix chevaux par jour, sans aucun auxiliaire, en faut-il davantage pour faire comprendre aux lecteurs que, si j'ai fait faire quelques pas à l'art, j'ai fait ce qu'il fallait pour cela? D'ailleurs, si je n'avais rien à dire de nouveau, je ne prendrais pas la peine d'écrire.

BATTRE A LA MAIN, BÉGAYER, ENCENSER, sont des termes presque synonymes pour indiquer le mouvement de bas en haut que le cheval fait avec sa tête.

Ces secousses désagréables ne dénotent rien autre chose que l'ignorance du cavalier, et, quelle qu'en soit la source (mauvaise habitude, faiblesse ou moyen de défense), une main bien assurée, habile à proportionner les pressions du mors aux effets de force qui amènent ces déplacements, les fera cesser et disparaître en peu de jours. (*Voyez* Écuyer.)

BÉGAYER. (*Voyez ci-dessus* Battre a la main.)

BERCER (se), se dit d'un cheval qui se dandine aux allures du pas et du trot, comme un enfant qu'on endort.

Ce défaut indique ou la mollesse, ou la faiblesse du cheval; dans le premier cas, voici le correctif : il faut le placer bien droit d'épaules, de corps et de hanches, réveiller souvent son apathie par les jambes vigoureusement soutenues près des flancs, et au besoin l'éperon, afin de donner par des effets d'ensemble, l'énergie qui lui manquerait.

Dans le second cas, c'est du temps seul qu'il faut attendre le remède.

BOND (le), c'est le saut d'un cheval qui s'enlève subitement et retombe à la même place.

Si le cavalier saisit assez promptement l'instant où le cheval se dispose à bondir et le porte vigoureusement en avant, pour *disperser* ses forces, en faisant céder l'encolure de droite et de gauche, de façon à ce qu'il ne puisse rencontrer un point d'appui fixe sur le sol, le cavalier paralysera l'effet du bond, ou, du moins, en neutralisera une partie, et rendra le mouvement moins violent.

BOUCHE ÉGARÉE. Il n'y a pas plus de bouches égarées qu'il n'y a de bouches dures et de bouches loyales : tous ces mots sont vides de sens.

Pour vous en convaincre, essayez du travail en place; tâchez de vaincre, par les moyens que j'indique, les résistances que présentent certains chevaux, et quand vous aurez réussi, vous en tirerez naturellement la conclusion que vous n'avez pu changer la conformation des barres; que cependant vous avez obtenu de la légèreté, rien qu'en modifiant la position de la tête et par suite celle du corps; qu'il faut donc bien que la bouche ne soit pour rien dans les résistances, et que la légèreté dépend de l'ensemble de la position : alors vous abandonnerez indubitablement les moyens de rigueur que vous aviez employés jusqu'ici, certainement sans résultats.

BOUTS EN DEDANS (les deux). On entend par les *deux bouts en dedans*, mettre en regard la tête et la croupe du cheval, en le faisant travailler sur les hanches, et marcher du côté où les flancs décrivent une ligne concave.

Il faut au cheval un grand degré de souplesse pour qu'il parvienne à prendre cette position courbe, et un grand accord au cavalier pour la lui donner; car, tandis qu'une de ses jambes donne le pli à l'animal, l'autre doit pousser la masse, sans nuire à la position; et certes, il n'est pas sans difficulté d'activer sans changer la courbe, ni de courber sans arrêter le mouvement.

Du reste, ce travail n'a rien de gracieux pour le spectateur; mais il est, pour le cheval, une excellente étude; il faut donc en user, mais modérément, et ne l'aborder qu'avec lenteur.

BRANLE DE GALOP, c'est le mouvement que fait le cheval pour prendre le galop; c'est aussi un terme synonyme de l'action qu'il conserve à cette allure; on dit : *un beau branle de galop*, pour désigner la cadence, la régularité et le brillant du galop. Du reste, c'est un mérite qu'il dépend souvent du cavalier de donner au cheval, en secourant et entretenant convenablement ses forces.

BRAVE. Un cheval brave est celui qui a du courage et de la vigueur, qui met à profit tout ce qu'on lui enseigne, et qui est toujours disposé à tout exécuter franchement.

BRIDER (se bien), se dit d'un cheval dont la tête est bien placée, c'est-à-dire bien perpendiculaire au sol.

De la bonne position de la tête dépend la bonne position des autres parties du corps, puisque la translation du poids devient alors facile et régulière. Tous les chevaux peuvent prendre cette attitude, quoi qu'on en ait dit jusqu'à ce jour, et maladroit est l'écuyer qui ne sait pas vaincre les difficultés de certaines conformations qui y feraient obstacle.

BRIDON. On entend par *bridon* un petit mors brisé au milieu, et dépourvu de branches; les deux anneaux qui se trouvent en dehors des lèvres tiennent aux montants et servent à attacher les rênes.

Quelques personnes se servent encore de ce frein inutile pour monter les jeunes chevaux, sans se douter qu'il contribue pour beaucoup à leur faire prendre de mauvaises positions de tête. Mais ainsi le veut la force de l'habitude. Jusqu'à quand s'astreindra-t-on aussi servilement à des pratiques nuisibles ? Pourquoi l'équitation ne pourrait-elle faire des progrès, à l'exemple des autres arts et sciences ? Si, comme l'industrie, elle ne marche pas à pas de géant, que du moins elle ne reste pas stationnaire. Dégagez-vous de ce vain amour-propre qui ne vous tient plus que par le bout de l'oreille, marchez avec moi dans la voie du progrès ; le pays vous en remerciera et la postérité vous en tiendra compte.

Je ne saurais trop engager le lecteur à se répéter, aussi souvent que je l'ai fait dans cet ouvrage, qu'avec un mors doux, accompagné de son filet, il n'est pas de cheval qu'on ne puisse dresser, quelles que soient, d'ailleurs, son ignorance, son *insensibilité* et sa résistance. (*Voyez* Mors et ses effets.)

BRILLANT. Un cheval *brillant* est celui qui exécute ses airs de manége avec feu et vivacité, et dont les mouvements nobles et hardis éblouissent, pour ainsi dire, les spectateurs.

Il y a un *brillant* naturel, grâce auquel le cheval fait ressortir et pare l'écuyer. Il en est un factice, au contraire, au moyen duquel c'est l'écuyer qui donne du relief au cheval. Dans l'un et l'autre cas, le cheval et l'écuyer se font mutuellement valoir ; mais le vrai connaisseur préfère le *brillant* qui vient du cavalier.

BRINGUE (une), petit cheval désagréable à l'œil et incapable de service.

BROUILLER (se), c'est l'action d'un cheval trop ardent, qui confond ses mouvements; l'impéritie du cavalier entre toujours pour beaucoup dans la confusion des idées et du travail du cheval.

Du reste, le moyen de corriger ces sortes de chevaux est de leur demander peu à la fois, et de les habituer graduellement à vaincre les difficultés.

BUADE, mors à longues branches droites. Bien des écuyers attribuent aux différentes longueurs de branches des effets merveilleux qu'elles n'ont pas.

Si j'en crois mon expérience, il n'y a pas de chevaux qui nécessitent des branches ayant plus de seize centimètres de longueur, à partir de l'œil du mors jusqu'à l'extrémité des branches. Une bonne assiette, un accord judicieux de la main et des jambes, remplacent avec toutes sortes d'avantages les différentes formes de freins violents; plus leur puissance est grande, plus elle contraint péniblement le cheval. Il trouve dans cette ignorante sujétion plus de facilité pour s'emporter, s'acculer ou se défendre. Règle générale, le mors doux suffira pour amener tous les chevaux à un état parfait d'éducation, quels que soient d'ailleur leur organisation physique.

C

CABRER (se), se dit d'un cheval qui, au lieu d'avancer, se lève sur ses pieds de derrière.

Posons en principe que toutes les défenses du cheval dénotent une mauvaise conformation; elles sont toujours occasionnées par la faiblesse des reins, par des hanches courtes ou étroites ou des jarrets droits. Si, à ces défauts physiques, vient se joindre le manque d'action, le cheval se cabrera infailliblement. La difficulté qu'il éprouve à se porter en avant fixe les jambes de derrière au sol; il n'a ni la force ni l'énergie nécessaires pour projeter sa masse en avant. Ce cheval, auquel il sera très-difficile de donner une belle éducation, n'est cependant pas sans ressources si l'on y met le temps et surtout si l'on suit exactement la gradation des principes que j'ai formulés. Lorsqu'un cheval se cabre, il faut le porter en avant par tous les moyens possibles, afin d'éviter par-dessus tout les temps d'arrêt et la fixité des jambes de derrière.

CABRIOLE ou CAPRIOLE (la), se dit du mouvement que fait le cheval lorsqu'il est en l'air, également élevé du devant et du derrière, et qu'il détache la ruade.

La capriole n'est d'aucune utilité en équitation. On a l'habitude, dans beaucoup d'écoles, de s'en servir entre les piliers, pour consolider la tenue des élèves.

CADENCE (la) est la précision des mouvements d'un cheval lorsqu'il marche, trotte ou galope.

Le cheval est cadencé quand ses temps sont justes, assez égaux pour laisser distinguer aisément la motion de chaque jambe et quand celles-ci restent un moment comme suspendues en l'air.

Pour obtenir et conserver cette brillante régularité, il faut que le cavalier, à l'aide de l'assiette, sente bien le mouvement des jambes et la disposition du corps de son cheval; il faut de plus que ses jambes et sa main soient prêtes à rétablir cette harmonie, si quelque incertitude du cheval venait à la déranger.

CARACOLER, c'est travailler le cheval dans un manége, sans assujettissement de terrain. Il faut, pour faire caracoler un cheval avec précision et sans l'énerver, le tenir bien rassemblé et ne pas abuser de ses moyens en prolongeant trop ce genre d'exercice.

On ne tarderait pas à fatiguer et même ruiner un cheval en cherchant à le faire caracoler, si l'on n'avait égard aux positions qui amènent ce mouvement; aussi ne faut-il arriver là que lentement et par degrés.

CARRIÈRE (la) est un carré long, bordé de tertres de gazon, dans lequel on exerce les chevaux. Il n'existe plus de ces sortes de manéges découverts que dans les haras et dans les écoles de cavalerie; il serait cependant utile et agréable que toutes les écoles en possédassent pour la belle saison; outre qu'ils sont plus vastes, le cheval en plein air conserve plus de vigueur, travaille avec plus de plaisir, et se porte beaucoup mieux.

CARROUSEL (le) est une image de combats représentée par un certain nombre de cavaliers divisés en plusieurs quadrilles.

Sans doute cet exercice est utile aux militaires, parce qu'ils apprennent à manier le sabre et à conduire leurs chevaux avec plus de dextérité; mais il l'est peut-être plus encore pour les cavaliers civils, dont il faut stimuler l'ardeur. Or, rien ne donne d'émulation comme les évolutions faites au son des instruments, et si l'on ajoute le jeu de bagues, qui prête de l'aisance et de la grâce, les manœuvres de cavalerie, les contredanses, etc., etc., on fait des études équestres un véritable divertissement. Aussi j'engage beaucoup les professeurs à adopter ces petites fêtes, elles inspirent un degré d'amour-propre utile aux progrès de l'art.

CASSE-COU. On appelle ainsi dans les manéges et chez les maquignons les gens employés à monter les chevaux vicieux et à débourrer les jeunes.

Si l'on entend par un casse-cou un homme doué de vigueur physique et morale, un homme intelligent et doux qui, sans être versé dans les secrets de l'équitation, en sache assez pour réprimer sans brutalité les caprices ou les fougues des jeunes chevaux, je suis dès lors tout disposé à l'admettre et à les lui faire monter, mais en ma présence, toutefois, car je tiens à ce que les premières leçons données au cheval le soient d'une manière assez intelligente pour qu'elles lui profitent par la suite. On conçoit qu'avec cette manière de procéder dans le choix de l'homme et avec les soins que je mettrais à donner une direction juste à ses mouvements instinctifs, je ne pourrais que bien m'en trouver. Mais où espérer le rencontrer? Voilà la difficulté; aussi, suis-je peu partisan des hommes appelés casse-cou. Combien la plupart de ceux qui exercent cette profession ne sont-ils pas à craindre! Brusques et emportés pour l'ordinaire, ils frappent sans ménagements l'animal ignorant ou faible qui, faute de comprendre, refuse de répondre à leurs stupides et machinales interpellations. Aussi que de tares et de défenses sont les suites de leurs mauvais traitements, et combien de bons chevaux ont été mis hors de service! En faut-il davantage pour réveiller l'attention de quiconque les aime, et l'engager à être scrupuleux dans le choix du casse-cou auquel il fera monter ses chevaux? Oui, certes, il vaudrait mieux les laisser dans leur ignorance que de les instruire en prenant sur leurs qualités, ou bien augmenter leurs défenses par des mauvais traitements continuels. Voilà, cependant, où peut conduire le peu de discernement que l'on apporte dans le choix des casse-cou. Je sais bien qu'ils sont indispensables chez les marchands de chevaux; mais là ils sont peu à craindre, d'abord parce que les chevaux restent peu de temps chez le même propriétaire, ensuite parce qu'il n'entre pas dans son esprit de les faire dresser, mais seulement de les faire monter, pour qu'ils marchent droit devant eux. Le casse-cou peut donc être de quelque utilité, et c'est au marchand à choisir un homme qui ne paralyse pas les moyens du cheval. Je me résume, et dis que le casse-cou demande à être bien choisi pour être vraiment utile, et que dans le cas contraire, on doit s'attendre à des inconvénients de toutes sortes.

CAVEÇON, bande de fer, tournée en arc, ayant un anneau au milieu, montée de têtière et de sous-gorge.

On se figurait jadis dresser merveilleusement un cheval, développer ses épaules et abréger son instruction, en le faisant trotter à toute extension, à l'aide d'une longe attachée à l'anneau du caveçon.

M. de la Guérinière, par exemple, nous apprend à quel degré de faveur était encore de son temps le caveçon. A la page 68, édition in-folio, l'auteur nous indique les instruments avec lesquels il dresse les chevaux. Il rapporte la haute opinion de deux grands écuyers, MM. Delabroue et Newcastle, sur les ressources que le cavalier peut tirer d'un caveçon à deux longes attachées à la selle, et dont il saura se servir alternativement avec la bride. Il est possible qu'à cette époque, ces moyens, faute de mieux, fussent de quelque secours; les planches qui se trouvent dans l'in-folio de M. de la Guérinière, en montrant quelle était la dimension des branches du mors, font concevoir qu'avec de tels leviers il fallait d'autres moyens proportionnés pour en arriver à ses fins.

Parmi les écuyers plus modernes, l'avantage est controversé; il règne, par exemple, du désaccord entre M. C..... et M. R......, qui est, je crois, son élève, sur l'usage de la plate-longe. Le premier explique les inconvénients qu'il y a à se servir d'un auxiliaire (caveçon) pour y exercer le cheval; et le second prétend qu'il en faut indispensablement un. Je ne relate ce fait, au reste de peu d'importance et d'utilité, que pour montrer combien les sentiments sont divisés sur les choses les plus simples; tel ouvrage défend ce qu'un autre prescrit. Les hommes et les chevaux sont-ils d'une nature différente? Non, mais c'est qu'on veut réduire en principe des choses tout à fait insignifiantes.

Du reste, il faut espérer que l'expérience fera abandonner peu à peu les vieilles pratiques; le caveçon tombera en défaveur; on comprendra que la position que les chevaux prennent pendant ce genre d'exercice n'est pas du tout celle qu'il faut leur donner pour les diriger, et que leur instruction s'en trouve naturellement retardée; on découvrira de plus une foule d'inconvénients qui peuvent en résulter, par les efforts violents que font certains chevaux; et on arrivera à conclure que le moyen n'est vraiment utile que pour assujettir un cheval trop fougueux et le rendre sage au montoir; encore ne faut-il s'en servir qu'avec une grande modération.

CENTRE DE GRAVITÉ. Le centre de gravité est le point où viennent se réunir les forces du cheval et qui leur sert en même temps de foyer; sa véritable place est au milieu du corps.

Cette disposition se rencontre rarement chez les chevaux avant leur éducation; les belles constructions ont seules cet avantage.

Il est facile de comprendre maintenant le point de départ des défenses : soit que le cheval rue, se cabre ou s'emporte, la mauvaise place occupée par le centre de gravité en est toujours la cause. Cette cause tient elle-même à une construction défectueuse qu'on ne peut changer, il est vrai, mais dont on peut toujours modifier les effets. Si le cheval rue, le centre de gravité est sur les épaules; il est sur la croupe lorsque l'animal se cabre ; et trop en avant du milieu du corps, lorsqu'il s'emporte. L'unique préoccupation du cavalier doit donc être de conserver toujours au milieu du corps du cheval le centre de gravité, puisqu'il évitera par là les défenses, et qu'il ramènera les forces du cheval mal conformé à la véritable place qu'elles occupent dans les belles organisations. C'est ce qui me fait dire qu'un cheval bien construit ne peut se livrer à des défenses, ni à des mouvements désordonnés, car il faudrait des efforts surnaturels pour détruire l'harmonie de ses ressorts et donner un aussi grand déplacement au centre de gravité. Ainsi, quand je parle de la nécessité de donner au cheval un nouvel équilibre pour prévenir ses défenses et remédier au disgracieux de ses formes, j'entends désigner la combinaison de forces dont je viens de m'occuper, ou pour mieux dire, la transposition du centre de gravité d'une place à une autre. Toute l'éducation du cheval est dans ce résultat.

CHAMBRIÈRE, c'est une bande de cuir, de deux mètres de long, attachée au bout d'une canne en jonc, longue d'environ un mètre trente centimètres.

Il n'y a que vingt ans encore, c'eût été, pour un écuyer, un crime de *lèse-équitation* de paraître dans un manége sans avoir une chambrière à la main. Le professeur s'en servait pour corriger le cheval que le cavalier ne maîtrisait pas assez, et quelquefois même pour corriger l'élève.

On conçoit qu'il n'y avait rien dans ce procédé brutal qui pût accélérer les progrès de l'art. Maintenant beaucoup d'écuyers parlent, raisonnent, définissent chaque principe, et répondent aux questions par des dissertations instructives. Car aujourd'hui les professeurs sont devenus plus que des hommes de cheval, et savent ainsi parler le langage des gens bien nés.

CHANGEMENT DE DIRECTION. L'action de changer de direction ou de tourner est synonyme. Comme nous parlons toujours d'une éducation à faire, nous dirons qu'on ne doit changer de direction qu'après avoir rendu le cheval léger en ligne droite ; puisque la difficulté qu'il présenterait pour se porter à droite ou à gauche aurait pour point de départ la résistance première qu'il opposerait. La bride n'ayant pas d'abord d'effet déterminant, réel dans l'un ou l'autre de ces deux sens, et que ce n'est que par l'éducation que le cheval y répond, il faut donc se servir de la rêne du filet du côté où l'on veut le diriger, et peu à peu continuer le mouvement avec la bride. A part cette petite définition, le moyen est le même que celui dont on se servait précédemment ; il n'en est pas ainsi pour les jambes, leur effet est diamétralement opposé à celui qu'on leur attribuait dans l'ancienne équitation ; c'est encore une innovation si naturelle, que j'ai peine à concevoir qu'on n'ait pas appliqué ce moyen avant moi. C'est le seul rationnel, puisque dans la conversion à droite, par exemple, c'est la jambe droite de derrière qui servira de pivot et supportera tout le poids de la masse, pendant que la jambe gauche de derrière et les jambes de devant décriront un cercle plus ou moins étendu ; c'est donc la jambe gauche du cavalier qui contiendra la croupe, pour que le poids de l'avant-main ait la facilité de se reporter sur le derrière, puisqu'elles ont un plus grand cercle à parcourir, la jambe droite se soutiendra néanmoins près des flancs du cheval, mais moins en arrière que la gauche.

CHANGEMENT DE MAIN. On appelle *changement de main* le passage du cheval par une ligne diagonale, prenant à la sortie du coin qui mène au grand côté du manége et finissant à l'autre extrémité, à pareille distance du coin opposé.

CHANGEMENT DE MAIN RENVERSÉ. Prendre un changement de main renversé, c'est parcourir deux lignes diagonales parallèles, distantes de deux pieds environ, de telle façon que le cheval revienne au point de départ à la main opposée à celle où il se trouvait d'abord.

Cet air de manége ne présente de difficultés que pour le cavalier incertain dans ses mouvements; pour le véritable écuyer ce n'est qu'un jeu, comme la plupart des figures qui ne demandent qu'une action simple.

CHANGEMENT DE PIED (à chaque foulée ou au temps). Si les la Guérinière, Monfaucon, d'Absac, Coupet et autres anciens écuyers, théoriciens ou praticiens, avaient vu exécuter des changements de pied au temps, ils auraient crié au miracle; on en contestait la possibilité il y a quelques années. M. Seydler, écuyer prussien, entre autres, disait dans l'un de ses écrits contre ma méthode, que les changements de pied à chaque foulée n'existaient que dans mon imagination, mais qu'ils étaient impraticables. Il a dû se convaincre depuis de la faiblesse de ses connaissances en équitation. Mademoiselle Pauline Cuzent, mon élève, a monté à Berlin plusieurs de mes chevaux dont le travail comportait un grand nombre de changements de pied au temps, et elle les exécutait avec beaucoup de précision.

Pour que les changements de pied au temps soient justes et précis, il faut que pendant ce travail le cheval reste droit, de telle sorte qu'on ne s'aperçoive pas, par son corps, du jeu alterné de ses jambes.

Les changements de pied au temps ne doivent se pratiquer qu'après avoir obtenu les changements de pied tous les deux temps, exécutés avec une régularité parfaite; on en fera d'abord un, puis deux, et ainsi de suite.

Quant aux moyens à employer, un folliculaire pourrait

remplir inutilemeut plusieurs pages sans rien dire ; mais moi, j'ai trop peu l'habitude d'écrire, pour vouloir expliquer ce qui est inexplicable ; je dois m'en rapporter au sentiment et au tact du cavalier.

CHASSER SON CHEVAL EN AVANT, c'est doubler son action avec les jambes, pour lui donner un degré de vitesse plus considérable ou vaincre la résistance qu'il oppose. Il est nécessaire de renouveler souvent cette action, pour empêcher le cheval de passer derrière les jambes, fréquent principe de défense.

CHATIER. Le premier principe qui doit diriger le cavalier dans l'emploi des châtiments, c'est d'abord de n'en user qu'à propos, ensuite de n'en user qu'avec mesure, enfin de ne s'en servir qu'après avoir épuisé les moyens indicateurs.

Les chevaux qui ont le plus besoin de cette correction sont les apathiques, ceux chez qui les aides inférieurs du cavalier ne suffisent pas pour activer l'arrière-main ; ceux qui, avec des moyens d'aides gradués, refusent de se porter sur un objet quelconque ; tous les chevaux enfin qui ne répondent pas franchement aux jambes.

Mais si ce moyen coercitif n'a pas pour auxiliaire une main bien entendue, on en manque entièrement l'effet ; car le point principal est de profiter des mouvements du cheval pour dominer son avant-main, et se rendre, par suite, maître de la masse ; là est le châtiment.

CHATOUILLER, c'est picoter avec l'éperon. Sans doute les attaques ne doivent pas, comme le prétendent quelques professeurs, être toujours vigoureuses ; il faut proportionner l'emploi de ce moyen à l'irritabilité du cheval. Telle attaque faible agira plus vivement sur un cheval irascible, qu'une très-violente sur un cheval froid ou apathique; mais ce qu'il faut éviter, c'est que les éperons, sans but ni effet réel, se fassent sentir en même temps que les jambes. C'est cette incertitude qui, parfois, rend le cheval chatouilleux ou augmente ce défaut, s'il y est disposé naturellement.

CHATOUILLEUX A L'ÉPERON, se dit d'un cheval qui, au lieu d'obéir à l'éperon, crie et rue à son approche.

Il y a des chevaux dont le système nerveux est tellement irritable, que le contact du doigt sur une partie quelconque du corps les fait crier comme un chien sur la patte duquel on aurait marché. Cette espèce de maladie nerveuse présente de grandes difficultés, que l'on surmontera cependant à l'aide de beaucoup de gradation dans le travail; mais si cela vient seulement de ce qu'ils ont été continuellement *picotés* par l'éperon d'un cavalier inhabile, on peut leur faire perdre cette mauvaise habitude en se servant longtemps des jambes et de la cravache, surtout en usant de cette dernière avec à-propos et intelligence.

CHERCHER SA CINQUIÈME JAMBE, se dit du cheval qui se porte sur la main et y prend un point d'appui. C'est en se servant énergiquement des jambes, et par suite des éperons, qu'on ramènera les jambes de derrière près du centre (rassembler), qu'on pourra reporter le poids du devant sur le derrière et rendre le cheval léger à la main.

CHEVAL. Le cheval est le quadrupède qui réunit le plus grand nombre de qualités physiques et morales; aucun autre ne peut lui être comparé pour la beauté et la régularité des formes; son intelligence et son utilité pour l'espèce humaine le rendent incomparable; il partage avec l'homme les dangers et la gloire de ses actions les plus belles ; il favorise ses desseins et assure la réussite de ses entreprises. Faut-il défendre ses foyers, subvenir à la nourriture de quelques milliers d'individus, contribuer à faire prospérer toute espèce d'industrie, entretenir les goûts de mollesse et le luxe de l'orgueilleux citadin, c'est toujours au cheval qu'il faut recourir. Aussi ne suis-je pas surpris que les anciens, admirateurs du beau, en aient fait une divinité. Selon Hérodote, les Scythes les offraient en holocauste aux dieux. M. Bochard fait observer qu'on en consacrait au soleil chez les Rhodiens, les Spartiates, les Massagètes, les Éthiopiens, les Arméniens, les Perses et autres nations ; le cheval était le symbole adopté par les peuples de Carthage, de la Macédoine et de la Thessalie. En effet, quoi de plus beau, de plus noble que le cheval ardent, impétueux, pendant que son cavalier le dompte et le conduit ? Que de mouvements irréguliers par suite de l'ardeur et de la force qu'il puise dans sa brillante constitution ! Bientôt il devient plus obéissant à la main et à la jambe qui le déterminent à droite ou à gauche, le précipitent ou le retiennent ; enfin il est dressé et n'exécute que ce qu'on lui commande. Son ardeur s'est soumise à l'obéissance, ses forces sont coordonnées, réglées même ; l'éperon devient inutile, il ne faut presque plus de bride, car la bride l'avertit plutôt qu'elle ne le force, et, devenu paisible, il ne fait plus pour ainsi dire qu'écouter ; son action est tellement unie à celle du cavalier auquel il est assujetti, qu'on peut dire qu'elles n'en font plus qu'une seule et même. Ai-je donc tort de répéter que, de tous les animaux, le cheval est le plus admirable ? Beauté, courage, bonté, énergie, il réunit tout ; aussi, je proclame sans intelligence et même étranger à tout bon sentiment celui qui ne porte pas d'amitié à ce noble animal et n'est pas pénétré d'admiration pour lui.

CHEVAL DANS LA MAIN. Le cheval dans la main est celui dont l'encolure, la tête et le corps sont dans un tel état d'équilibre, que l'on ne sent nullement le poids que présente cette forte masse. Cette légèreté met le cheval en position d'obéir aux plus imperceptibles mouvements du cavalier ; aussi le premier soin de celui-ci doit-il être d'obtenir cette attitude, sans laquelle le cheval ne peut exécuter avec justesse et précision tout ce que comportent ses moyens.

(Pour arriver à ce résultat, *voyez* ÉDUCATION RAISONNÉE.)

CHEVAL ENTIER A UNE MAIN (le) est celui qui refuse de tourner d'un côté.

Le manque de souplesse est toujours la principale cause de cette résistance ; pour la vaincre, il suffit d'exercer les chevaux dans l'inaction, de faire plier l'encolure des deux côtés, de continuer les flexions en ligne droite à l'allure du pas, et de ne commencer à les tourner du côté difficile que lorsqu'ils sont devenus légers à la main.

Il en est de cette défense comme de presque toutes celles dont l'inexpérience du cavalier est le principe ; aussi le non-savoir fait attribuer à un vice d'organisation morale du cheval la cause de son refus, quand il n'a pour origine que ses mauvaises dispositions et par conséquent son ignorance. Il a beau craindre le châtiment, ce qu'il fait pour le fuir l'éloigne toujours davantage du but qu'on a négligé de lui montrer ; cependant c'était le premier soin à prendre.

Placez d'abord, déterminez ensuite, et vous éviterez les défenses.

CHEVAL PORTANT BAS. *Porter bas* se dit d'un cheval dont l'encolure et la tête s'affaissent. Des vices de conformation, tels qu'une encolure faible, une tête forte, des reins mous, la croupe trop haute par rapport au garrot, sont souvent la cause de ce défaut; le manque d'action peut aussi y contribuer. Quand ce défaut est porté à l'exès, il faut renoncer à le corriger; mais c'est le cas le plus rare. Il y a peu de chevaux d'une nature assez imparfaite pour qu'une partie ne vienne pas au secours de l'autre. C'est alors que l'art doit montrer sa puissance, en établissant la répartition des forces avec assez d'équilibre pour rendre propre au service un cheval qui, sans lui, fût resté désagréable et souvent dangereux.

Avec ces sortes de chevaux on doit recourir au travail dans *l'inaction* et graduer lentement les études préparatoires. L'art n'est point ingrat pour quiconque en conçoit la marche et en suit les règles avec discernement.

CHEVAL PORTANT AU VENT, c'est celui qui porte la tête dans une position plus ou moins horizontale. Cela tient à la longueur et à la faiblesse des reins, aux hanches courtes, étroites, aux jarrets droits ou acculés; ce sont ces vices de construction qui donnent une tension excessive aux muscles supérieurs et latéraux de l'encolure.

Quoi qu'on ait dit sur l'impossibilité de corriger ce défaut, l'expérience m'a prouvé que c'était encore un préjugé sur lequel il fallait revenir.

Je renvoie le lecteur à l'article : *Tous les chevaux peuvent se ramener*. Les moyens de changer en moins de dix minutes cette mauvaise position y sont décrits. (*Voyez* RAMENER.)

CHEVALER, c'est lorsque le cheval croise les jambes de devant et de derrière l'une sur l'autre. (*Voyez* FUIR LES HANCHES.)

CHEVALINE. Vieil adjectif féminin dont on se servait jadis pour indiquer que ce dont il était question avait rapport au cheval. Ainsi on disait : *une bête chevaline*. Ce mot est heureusement remis en usage par toutes les personnes qui s'occupent de chevaux ; et il en devait être ainsi, puisque aucun autre ne peut le remplacer. Il sert à éviter les redites qui sont si fréquentes et rendent fastidieuse la lecture des ouvrages qui ont rapport à une spécialité.

CHEVAUCHER, vieux mot qui exprime l'action d'aller à cheval, et que les auteurs modernes ont mis à la mode ; il signifie encore porter les étriers plus ou moins longs. On entend aussi par *chevaucher* l'action du cheval faible et incertain dans ses allures, qui se taille les boulets en marchant.

Les mauvaises positions du cheval rendent souvent ses allures irrégulières, et le font ainsi s'entre-tailler ; pour remédier à cet inconvénient, il faut exercer le cheval qui chevauche aux allures lentes, et s'attacher à le mettre en équilibre.

S'il y a un vice réel de construction, il n'y a pas de remède.

CHOPER (*broncher* vaut mieux), se dit d'un cheval qui cède d'une jambe de l'avant-main, soit qu'il faiblisse de cette partie, soit qu'il rencontre une aspérité.

Quand bien même cette faute aurait pour cause la faiblesse, le cheval tombera rarement, s'il est monté par un cavalier habile, qui sache coordonner les forces entre elles, de manière à ce qu'elles se prêtent mutuellement secours, afin que le poids se porte régulièrement d'avant en arrière et d'arrière en avant.

COL ou ENCOLURE. L'encolure est la partie la plus essentielle à exercer ; son liant aide à l'assouplissement des autres parties du corps.

Quand il y a faiblesse de l'arrière-main, c'est encore de

ce levier que le cheval se sert pour braver les efforts de la main ; c'est donc par l'encolure qu'il faut commencer l'instruction du cheval, en la faisant céder en tous sens, jusqu'à ce qu'elle réponde aux moindres pressions du mors. Grâce à ce travail préparatoire, on pourra tirer parti de tous les chevaux quels qu'ils soient.

CONDUIRE SON CHEVAL ÉTROIT OU LARGE, c'est-à-dire lui faire parcourir dans le manége un cercle plus ou moins grand.

Quand un cheval sait prendre avec précision la position nécessaire pour exécuter un *doublé* (traverser le manége dans sa largeur ou sa longueur), il lui est aisé de parcourir toutes les lignes. Il ne reste plus au cavalier qu'à savoir conserver l'accord de ses aides et l'équilibre du cheval.

CONFIRMER UN CHEVAL, c'est l'amener au *nec plus ultra* du dressage.

Pour qu'un cheval atteigne ce degré de perfection, il faut que sa position soit gracieuse, son équilibre exactement observé, quelque attitude qu'on lui fasse prendre, et ses mouvements toujours si bien réglés, que l'ordre n'en puisse être troublé par la moindre opposition de sa part. Il est inutile de dire quel tact il faut à l'écuyer pour amener ses chevaux à ce point de perfection.

On en voit dans quelques manéges qui laissent, il est vrai, peu de choses à désirer pour être *confirmés;* mais ce qui désenchante, c'est d'apprendre que, depuis deux ou trois ans, on leur prodigue des soins assidus. Cela me rappelle ce que disait M. Coupet (écuyer de Versailles), chaque fois qu'il montait son cheval *l'Aimable*, âgé alors de dix-huit ans; bien qu'il le montât depuis treize ou quatorze ans, il se plaignait encore souvent de sa désobéissance, et ajoutait : *Il faut de la patience, c'est un enfant!*

Je n'entends point ici attaquer la mémoire de ce digne écuyer ; mais je crois qu'avec des moyens raisonnés et définis, on peut arriver aussi sûrement et beaucoup plus vite à ce but.

CONTRACTION. On appelle contractions ou résistances, les forces qu'oppose le cheval et les difficultés que l'on éprouve à lui faire prendre telle ou telle position : elles rendent les mouvements réguliers toujours impossibles.

Pas de faux mouvements, pas de résistance qui ne soient précédés de la contraction de l'encolure, et comme la mâchoire est intimement liée à l'encolure, la roideur de l'une se communique instantanément à l'autre. Ces deux points sont l'arc-boutant sur lequel s'appuie le cheval pour annuler tous les efforts du cavalier. On conçoit facilement l'obstacle immense qu'ils doivent présenter aux impulsions de ce dernier, puisque l'encolure et la tête étant les deux leviers principaux par lesquels on détermine et dirige l'animal, il est impossible de rien obtenir de lui tant qu'on ne sera pas entièrement maître de ces premiers et indispensables moyens d'action.

Les contractions opposées de l'avant et de l'arrière-main sont mutuellement, les unes par les autres, causes et effets, c'est-à-dire que la roideur de l'encolure amène celle des hanches et réciproquement. On peut donc les combattre l'une par l'autre ; et dès qu'on aura réussi à les annuler, dès qu'on aura rétabli l'équilibre et l'harmonie qu'elles empêchaient entre l'avant-main et l'arrière-main, l'éducation du cheval sera sur la vraie route.

CONTREDANSE. L'équitation, poussée jusqu'à un certain point, permet de faire exécuter au cheval tous les mouvements imaginables, de former des quadrilles, et de retracer réellement les figures de la contredanse ; grâce à cet exercice, qui est tout à la fois une étude utile et un plaisir charmant, nos amazones peuvent répéter le matin dans le manége ce qu'elles dansent le soir dans les salons ; dans l'un, non moins que dans l'autre, elles pourront acquérir de l'aisance et de l'agilité, et déployer la grâce et le tact qu'elles apportent souvent à tout ce qu'elles font ; rien n'empêchera dorénavant nos jeunes dandys de parler équitation aux dames. Nos écuyères sauront aussi bien qu'eux en raisonner, et, après quelques contredanses équestres, tirer parti d'un cheval avec toute sorte d'adresse et d'élégance.

Dans mon manége, pour faire exécuter ces figures aux dames, je leur fais prendre un petit éperon : cet éperon et la cravache employée à propos suffisent pour déterminer le cheval à exécuter les mouvements les plus précis ; grâce à ces deux aides artificiels, elles peuvent mettre en pratique, sans de sérieuses difficultés, une grande partie des airs de manége qu'on avait crus jusqu'ici réservés en propre aux écuyers les plus habiles.

Dès que les élèves se servent avec ensemble de leurs aides, on peut remplacer la haute école par des contredanses, qui les contraignent à plus d'assiduité, par la crainte de laisser les quadrilles incomplets ; au bout d'un certain temps, ils ont tout le savoir désirable pour prendre leur part à de brillantes fêtes d'apparat, qui répandent et fortifient le goût de l'équitation.

Je n'entrerai pas dans de plus grands détails sur cet article, et je me contenterai de donner le nom des figures et l'ordre dans lequel on les exécute.

D'abord la Promenade autour du manége, deux à deux, jusqu'à vos places.

Le Pantalon, qui comprend la chaîne anglaise, la chaîne des dames, la demi-queue du chat (ces trois figures se font d'une piste, au pas, au trot ou au galop, selon la force des élèves), balancez, et tour de mains (de deux pistes).

L'Été. En avant deux (d'une piste), chassez, déchassez, traversez, déchassez, chassez, à vos places, balancez, tour de mains (tout de deux pistes).

L'Anglaise. En avant quatre (de deux pistes), changez de dame (d'une piste), en avant quatre (de deux pistes), même répétition pour reprendre vos places; rond, moulinet, tiroir double sur les côtés (les ronds se pratiquent en plaçant les chevaux à la croupe l'un de l'autre; pour les moulinets, les quatre têtes des chevaux sont en regard et forment la croix; les ronds et les moulinets se font un tour à droite et à gauche).

Le Carré de Mahoni double. (Ceux qui chassent en dehors vont de deux pistes, et ceux qui vont en avant, d'une piste.)

Le Moulinet à huit au milieu du manége. (A droite et à gauche, reculer en coupant le manége par huitième.)

La grande Chaîne au galop.

L'Anglaise à colonnes, pour figure finale. (Descendre l'anglaise par deux au galop, et remonter de deux pistes au pas.)

CONTRE-CHANGEMENT DE MAIN (le) est une véritable équerre, à l'angle de laquelle le cheval change de côté.

Qu'on se suppose à main droite, à deux pas du coin d'un des grands côtés : on part de deux pistes comme pour le changement de main; mais, au milieu de la ligne, on reporte le cheval à l'autre main, pour reprendre le mur, à peu près à deux pas de l'angle opposé du même côté.

On ne doit pratiquer les contre-changements de main que quand le cheval ne marque plus d'hésitation; autrement on lui donnerait une incertitude qui lui ferait souvent prévenir le cavalier; une fois, au contraire, qu'il répond bien franchement aux jambes, cet air de manége ne peut qu'ajouter encore à la finesse de son tact.

CONTRE-TEMPS est le passage subit et inattendu de l'action à l'inaction; c'est un défaut des chevaux ombrageux; avec eux il faut que le cavalier soit sur ses gardes, qu'il ait un ferme soutien de reins et de jambes, pour que ces brusques mouvements ne déplacent pas son assiette, et qu'il soit en mesure avec ses aides inférieures de rendre moins violents et de corriger même les déplacements rétrogrades.

Des attaques seront aussi d'un utile secours si elles sont appliquées à propos.

On appelle aussi contre-temps les mouvements brusques que fait le cheval au galop, lorsqu'il change souvent de pied, coup sur coup, sans la volonté de son cavalier.

COUCHER (se), se dit du cheval qui force ses inclinaisons dans les changements de direction, ou toute autre ligne circulaire, malgré son cavalier. Ce défaut dénote un cheval non assoupli et mal habitué aux impressions du mors et des jambes. Le travail en place et celui au pas sur des lignes droites peuvent seuls y remédier; ce serait en vain qu'on exigerait que le cheval trottât et galopât régulièrement avec cette tendance à forcer les moyens d'aides du cavalier. Il faudrait combattre longtemps avant d'obtenir une amélioration sensible; toutes les lignes qu'il parcourrait seraient outre-passées par lui, et la lutte que ces mauvaises positions provoqueraient sur des lignes courbes nécessiterait des effets de force qui seraient toujours au désavantage du cheval et du cavalier: au désavantage du cheval, parce que ses mouvements, lorsqu'il se défend, nuisent toujours à son organisation; à celui du cavalier, parce que l'animal acquerrait moralement la certitude qu'il peut disposer d'une force supérieure, et malheur à celui qui laisse cette conviction pénétrer dans l'esprit de son cheval !

COUP DE HACHE, c'est un creux à la jonction du cou et du garrot. On prétend que cette conformation empêche le cheval de se ramener.

L'expérience m'a démontré le contraire, et j'ai recherché comme étude les constructions les plus bizarres de l'encolure; aucune n'a justifié les exceptions que la paresse ou l'impéritie des écuyers accepte avec tant de confiance.

COUPER (se), c'est lorsque le cheval en marchant se blesse les boulets avec les côtés de ses fers.

Trois causes contribuent à donner ce défaut. La première est la faiblesse des jeunes chevaux exercés sans ménagement; la seconde tient à la mauvaise conformation des hanches, des jarrets et souvent des pieds; dans ce cas, la ferrure dite à la turque peut y apporter quelque remède, mais ceci est étranger à l'équitation; la troisième naît de la mauvaise position qu'on laisse prendre aux chevaux en les menant à des allures forcées, tel que le trot poussé à l'excès. Quelques cavaliers prétendent avoir de beaux trotteurs parce qu'ils vont très-vite à cette allure, sans s'occuper s'ils vont bien. Toute allure obtenue au détriment de l'équilibre du cheval n'est ni bonne ni belle; elle est pernicieuse, car souvent elle estropie les chevaux, et leur met les boulets en sang.

On conçoit que des mouvements moins accélérés donneraient plus d'ensemble et de force au cheval; force que perdent les jambes de derrière quand, après s'être éloignées du centre, il leur faut faire un très-grand effort pour s'en rapprocher.

COURBETTE (la) est un saut dans lequel le cheval, après s'être enlevé des deux jambes de devant, chasse la masse avec les jambes de derrière, de manière à gagner du terrain à chaque bond; les jambes de devant doivent quitter et reprendre le sol ensemble; la hauteur de leur enlevé est à peu près la moitié de celle du cheval qui se cabre tout droit.

Pour se livrer à ces mouvements, il faut que l'éducation du cheval ne laisse plus rien à désirer et que son arrière-main soit bien constituée, c'est-à-dire des hanches longues, des jarrets bien soudés; autrefois, grâce à la bonne conformation des chevaux, on obtenait ces mouvements sans trop faire péricliter leur organisme. Cela dénote-t-il une détérioration dans l'espèce? Voilà ce qu'on n'oserait décider; en tout cas, la possibilité en étant établie, la prudence ferait toujours une loi de les pratiquer avec ménagement.

COURSE, c'est faire courir des chevaux de toute leur vitesse pour atteindre un but proposé.

Je pense qu'on s'abuse sur l'utilité de cette manière d'éprouver la vigueur des chevaux. Jusqu'ici on n'a vu dans les courses publiques qu'un spectacle, au lieu de chercher à en tirer un avantage réel.

Quel service enfin attendre de ces coureurs, pour l'ordinaire efflanqués, qui n'ont d'autre qualité que celle de parcourir une lieue en quatre ou six minutes? A quoi sont-ils bons, si ce n'est à satisfaire la curiosité publique?

Il y aurait avantage, ce me semble, à remplacer ces coureurs incapables d'aucun bon service par des chevaux de selle ou de voiture légers et bien proportionnés dans leurs formes; les uns attelés à un char, et les autres montés développeraient toute l'extension dont ils sont susceptibles à l'allure du trot.

On n'admettrait pour le galop que ceux à qui leur construction permettrait, quelques jours après la course, de rendre un bon service de ville; certes cette faculté compenserait largement les quelques minutes de plus qu'ils mettraient à parcourir la distance donnée.

Grâce à cette amélioration, les éleveurs de nos diverses contrées trouveraient un double intérêt à soigner le perfectionnement des races.

Je livre cette pensée, pour être approfondie et développée, aux hommes capables, que l'influence de leur position peut mettre à même de triompher des obstacles. Mon seul but est de les convaincre que ce nouveau système serait un progrès, un moyen sûr de régénérer nos diverses races abâtardies.

Mais, en attendant que l'autorité s'occupe de cette mesure, pourquoi n'établirait-on pas, dans les principales villes de province, des courses à peu près à l'imitation de celles de la capitale, mais avec les améliorations que je propose?

Voici comment je conçois qu'on pourrait les établir :

Il serait facile de trouver, dans nos départements, trois cents amateurs de chevaux qui formeraient une souscription d'un franc par mois (douze francs par an), pour subvenir aux dépenses. Ce serait, non-seulement pour eux un plaisir vif et brillant, mais encore pour le pays un avantage dont ils retireraient de la gloire.

Car ces courses organisées et publiées à l'avance ne manqueraient pas d'attirer un grand nombre d'étrangers.

Trois cents souscripteurs, à douze francs par an, donneraient trois mille six cents francs. Voici pour leur emploi un essai de règlement que je propose :

Article 1ᵉʳ. Nul ne pourra être souscripteur s'il n'est domicilié dans le département.

Art. 2. Nul ne pourra courir ou faire courir ses chevaux s'il n'est souscripteur.

Art. 3. Pour subvenir au petit nombre de chevaux d'origine française qui, d'abord, se trouveraient dans les départements avec les dispositions requises pour faire de belles courses, les chevaux des pays étrangers y seraient admis. Cependant, si le cheval qui remporte le prix est étranger, il gagnera trois cents francs de moins que les prix marqués.

Art. 4. Les courses seront divisées en trois reprises :

La première sera fournie par les trotteurs; le premier arrivé gagnera le prix.

La seconde se fera au galop raccourci. Le prix sera décerné au dernier arrivé. Cette course sera toute au bénéfice de l'art; car, dans ce cas, les moyens du cheval ne sont rien sans le savoir du cavalier.

La troisième et dernière sera réservée aux coureurs à toute vitesse.

Art. 5. Les prix seraient : Pour la première, la course des trotteurs, de onze cents francs pour un cheval français, et de huit cents pour un étranger;

Pour la seconde, de six cents francs, quel que soit le pays du cheval;

Pour la troisième, de quinze cents francs pour un cheval français, et de douze cents pour un étranger.

Dans le cas où les prix et les frais n'enlèveraient pas la totalité de la souscription, le surplus pourrait être distribué aux pauvres de la ville où les courses auraient lieu.

Art. 6. Les souscripteurs nommeraient une commission de huit personnes pour juger, dans une course préparatoire, de ceux qui seraient dignes du grand concours; ils nommeraient aussi les juges qui décerneraient les prix, et résoudraient toutes les questions accessoires.

Certes, l'organisation de ces courses n'offrirait aucune difficulté sérieuse.

Il est temps que la province jouisse de ces fêtes lucratives dont jusqu'ici la capitale a gardé le monopole. Je ne doute pas que les citoyens n'y apportent leur concours, et les autorités leur appui (1).

COURSES DE BAGUE. Il est sans doute inutile de dire ce qu'on entend par ces mots : le jeu de bague est trop connu pour avoir besoin d'explications; malheureusement l'usage n'en est pas aussi répandu qu'il devrait l'être, et les élèves y perdent un puissant stimulant et un utile délassement. Je crois donc à propos de donner ici quelques conseils sur cet exercice.

Pour bien prendre une bague avec la lance de quatre pieds de long, tenue par la poignée, il faut : 1° garder une position de corps invariable; 2° de la main gauche contenir et diriger toujours le cheval; 3° commencer à élever la main droite à la hauteur de la bague, cinq ou six pas avant d'y arriver, et ajuster en faisant le moins de mouvements possible. On voit déjà l'avantage qu'on peut tirer de ce divertissement pour donner de l'aisance et de la facilité. Mais, pour que les élèves puissent s'y livrer, il faut qu'ils aient déjà de l'assiette, et que le mouvement du galop ne les fasse pas chanceler; voilà pour les élèves. Maintenant voici pour les professeurs les règles de ce jeu qui pourront leur être utiles :

(1) Depuis la première publication de ce Dictionnaire (1833) des courses qui ont quelque analogie avec le programme contenu dans cet article ont été instituées dans plusieurs de nos départements; je m'estimerais très-heureux si mes observations avaient contribué à leur institution.

RÈGLES DU JEU DE BAGUE.

La partie de bague se joue à cinq, et se compose de quatre courses.

La première est fournie par les cinq joueurs, et se termine lorsque l'un d'eux a enlevé trois bagues avec sa lance; alors ce joueur se retire, et les quatre autres commencent la seconde course, qui est également terminée lorsque l'un de ces joueurs a obtenu le même avantage que le premier; ainsi de suite, jusqu'à ce que le nombre des joueurs soit réduit à deux. Ces deux derniers fournissent la quatrième course, et celui qui ne parvient point à enlever les trois bagues perd la partie, et paye les chevaux à raison de 25 centimes par cheval.

Il est très-essentiel pour les joueurs de bien observer leur distance; car si l'un d'eux, l'ayant bien conservée, arrive au but et n'y trouve pas de bague, il peut réclamer, et son tour lui sera rendu; mais si, au contraire, il se trouve trop près de celui qui le précède, il perd ses avantages; ainsi, lorsque la course est fournie par cinq joueurs, la ligne circulaire (ou carré long) doit être divisée par cinquièmes; par quarts, lorsqu'elle est fournie par quatre, et ainsi de suite.

COUSU, terme de manége pour signifier un homme qui est solide à cheval.

Il y a deux sortes de solidité bien distinctes : celle du casse-cou et celle du véritable écuyer. La première n'a lieu qu'au détriment du jeu des parties mobiles, et si elles servent à le rendre solide, elles l'empêcheront toujours de tirer parti de son cheval, même en supposant qu'il connaisse le mécanisme et la science de l'équitation. Car ce n'est pas assez de suivre les brusques mouvements du cheval, il faut les arrêter, et même les prévenir, et c'est ce qu'on ne peut faire si l'on emploie les aides comme moyen de solidité.

L'autre solidité, celle du véritable écuyer, consiste, au contraire, à suivre les mouvements de son cheval, sans confondre la force qui maintient avec celle qui dirige; à demeurer assez maître de ses mouvements, pour que l'action des aides serve toujours à exprimer sa volonté, et ne soit pas un effort qui ait pour but de le maintenir en selle, si ce n'est momentanément.

CRAVACHE; elle remplace la gaule dont on se servait anciennement.

Son utilité n'est qu'accidentelle. Le cas où il est le plus urgent de s'en servir, c'est quand le cheval reste sur l'éperon ou n'y répond qu'en ruant à la botte; alors son application vigoureuse peut être d'un grand secours. Mais, tant que les jambes et les éperons seront bien sentis, ils doivent avoir la préférence, puisqu'ils ont l'avantage d'agir sur toute la masse, et que la cravache n'a souvent qu'un effet local. Elle convient aux dames pour mettre leurs chevaux au galop, leur faire fuir les hanches, et, en général, remplacer la jambe qui se trouve sur la fourche de la selle.

CROUPADE (la) est un saut dans lequel le cheval retrousse les jambes de derrière sous le ventre, en ployant autant les genoux que les jarrets, comme il le fait à la ballottade.

La différence qui distingue ces deux genres de sauts est plutôt l'effet des dispositions naturelles du cheval que celui de l'art.

Au reste, on n'exige plus ces violents mouvements que des chevaux qu'on met dans les piliers.

Il est bien possible que ce genre d'exercice puisse être de quelque utilité pour les élèves; mais certainement son abus serait loin d'être avantageux, il les rendrait raides et maladroits. J'ai vu bien des cavaliers, fermes dans les piliers, et qui, sur un cheval en liberté, étaient loin de conserver le même sang-froid et la même solidité. C'est au professeur observateur à juger de l'effet de ses moyens sur les élèves, et à apprécier la mesure qu'il doit apporter dans chacun de leurs exercices.

CROUPE AU MUR. Il importe de bien observer la différence qui existe entre ce travail et celui de l'épaule en dedans. Quoique les moyens d'exécution soient à peu près les mêmes, il faut cependant observer que, dans celui-ci, les hanches doivent marcher sur la même ligne que les épaules; or, c'est ce qu'on n'obtiendra que mollement si la jambe déterminante n'a pour auxiliaire l'autre jambe; celle-ci, surtout pour le passage des coins, est d'un secours indispensable. (*Voyez* ÉPAULE EN DEDANS.)

CROUPIONNER se dit du cheval chez lequel une trop grande irritabilité nerveuse provoque des ruades au contact des jambes et même de la selle. Ici, comme toujours, afin de donner aux mouvements leur régularité, il faut suivre bien exactement mes principes, pour amener ces sortes de chevaux au meilleur état d'équilibre possible; on pourra alors arrêter ces brusques translations de poids, sans lesquelles le cheval ne pourrait élever sa croupe.

CRU (monter à), monter à poil, c'est monter un cheval sans selle ni couverture.

Quelques instructeurs de cavalerie s'imaginent donner plus de solidité à leurs soldats en les faisant ainsi monter à cru; ils sont dans l'erreur : les conformations bizarres de certains chevaux, qui ont l'échine saillante ou qui sont bas du devant, rendent la position du cavalier difficile et défectueuse. A défaut de selle, il vaut mieux encore prendre une couverture pliée en quatre, qui force l'élève à ne pas employer comme unique moyen les jambes pour rester uni au cheval.

D

DÉBOURRER UN CHEVAL, c'est commencer à rendre ses mouvements souples et liants.

Beaucoup d'auteurs voient dans le trot le meilleur moyen de débourrer un cheval; le travail en place et l'allure du pas amèneront constamment une réussite plus prompte.

En effet, ce n'est pas d'abord une action rapide qu'il faut exiger du cheval; ce sont des positions conformes et propres aux différentes allures; et quand, par des flexions en place, on a préparé son encolure à prendre ces positions, il est facile de donner un jeu régulier et soutenu aux articulations.

Mais si je trouve mauvaise la manière dont on débourre les chevaux, je trouve bien plus pernicieuse encore l'habitude d'en abandonner le soin à des casse-cou qui n'entendent rien à l'équitation, et laissent au cheval un emploi de force aussi nuisible à son éducation morale qu'à son organisation physique.

DÉCOUSU, se dit d'un cheval dont les allures sont irrégulières. Deux causes produisent ce résultat : une construction vicieuse ou l'usure, souvent hâtée par de mauvaises positions que l'art n'a pas réformées. Dans le premier cas, l'assouplissement et une application judicieuse de mes principes ramèneront l'équilibre et par conséquent l'harmonie; dans le second cas, ces moyens n'auront qu'un résultat proportionné à la vitalité de l'animal.

DÉFENDRE (se), se dit d'un cheval qui résiste à ce qu'on veut qu'il fasse, soit en sautant, soit en reculant.

Il est rare que les défenses aient d'autre cause que la faiblesse du cheval ou l'ignorance du cavalier. Pour les éviter, le premier principe est de ne rien exiger au-dessus des forces du cheval, de ne jamais lui rien demander de compliqué, et de lui indiquer avec lenteur et progression ce qu'il doit faire; sans ces précautions, en admettant même qu'il ne se défendît pas, vous ruineriez promptement son *excitabilité*.

Quand on voit des chevaux bien conformés, mais mal placés, résister aux efforts du cavalier, on s'en prend à leur mauvais caractère, tandis que ce n'est que l'effet d'un manque d'équilibre. J'ai cent fois acquis la preuve que des chevaux réputés méchants étaient bientôt, avec l'éducation, on ne peut plus pacifiques. A qui donc imputer la faute de leur prétendu entêtement? Au cavalier, toujours au cavalier. Que celui-ci se persuade bien que c'est d'abord de l'équilibre du cheval, par conséquent de sa légèreté, qu'il faut s'occuper. Le cavalier peut être bien convaincu qu'aussitôt cette position donnée, il ne rencontrera plus d'obstacle; l'intelligence du cheval le mettra promptement à même de saisir et d'exécuter tout ce qui ne sera pas contre nature.

DÉFENDRE. Les chevaux ne peuvent se défendre sans un temps d'arrêt préalable.

Ce principe, justifié par la pratique et la théorie, est de

la plus grande importance pour le cavalier. On conçoit qu'ici, par ce mot, j'entends désigner une personne douée d'un certain aplomb et assez instruite en équitation pour distinguer promptement les mouvements justes ou faux du cheval qu'elle veut diriger. Sans ce tact, cette sorte de *toucher équestre*, il n'y a pas d'habileté, point de sûreté possibles pour le cavalier, puisque, ne pouvant sentir les déplacements du cheval, il ne saurait les prévenir ; mais s'il possède ce sentiment, et s'il ne laisse échapper aucune des contractions de l'animal, il peut, avec de l'adresse, non-seulement suivre, mais encore empêcher la plupart des défenses.

En effet, quand le cheval est bien placé, soit au pas, soit au trot, soit au galop, il règne dans tous les mouvements de ses articulations une action égale qui meut le centre de gravité d'une manière régulière. Tant que cette égalité se conserve, le cavalier est lui-même en bonne position. Le premier talent de l'écuyer, c'est de maintenir cet équilibre, et d'arrêter tout mouvement par lequel le cheval tenterait de disposer de ses forces.

Le PAS, le TROT, le GALOP, consistent nécessairement en un certain nombre de mouvements opérés avec une action donnée ; il est facile à l'écuyer d'en apprécier le jeu, et par conséquent de sentir le surcroît d'effort qui dérangerait la régularité des allures. Ainsi, pour se cabrer, ruer, faire des écarts à droite et à gauche, mouvements dans lesquels l'avant-main ou l'arrière-main gagnent indistinctement l'une sur l'autre, il faut nécessairement que le cheval commence par prendre les *positions mères* de ces mouvements rebelles. Si l'écuyer les saisit et les détruit, la défense est impossible. C'est un mal qu'il faut couper dans sa racine pour éviter d'avoir à le combattre.

Citons des exemples : Le cheval tend-il à se cabrer ? l'avant-main ne peut s'enlever sans avoir fait refluer son poids sur les jambes de derrière qui prennent aussitôt un point d'appui sur le sol, pour alléger d'autant les jambes de devant. L'animal ne peut donc surcharger celles de derrière que par un mouvement rétrograde sur lui-même. Si le cavalier s'en aperçoit à temps, si par l'approche et le soutien ferme des jambes, il porte en avant les forces et le poids qui tendaient à immobiliser l'arrière-main, il retire à la défense le point d'appui sans lequel elle échoue.

Le principe est le même pour prévenir les ruades et les écarts, mais avec des moyens d'exécution différents, c'est-à-dire que le secret est toujours d'empêcher, autant que possible, le cheval de s'emparer du point d'appui sur lequel il veut baser sa défense. Ainsi, pour la ruade, c'est l'avant-main qui se surcharge, la tête et l'encolure se baissent vers le sol ; il faut donc sentir aussitôt ce déplacement pour obliger les forces et le poids à refluer vers l'arrière-main, en élevant et soutenant vivement les poignets pour redresser l'encolure.

Dans les écarts, le temps d'arrêt offre quelque chose d'analogue ; mais il faut distinguer si le cheval se dérobe d'abord du devant ou du derrière ; si c'est la partie antérieure qui opère le premier déplacement, l'appui se prend sur les jambes de derrière avec une inclinaison plus considérable du côté où l'écart doit avoir lieu ; le cavalier, qui saisit ce changement de position, renouvelle l'action de la partie qui faiblit, et, profitant de cet élan, redresse l'encolure et rend aux extrémités l'équilibre de forces et de poids.

Est-ce au contraire par un mouvement de croupe que le cheval se dérobe à l'action des aides en se portant à droite ? son poids reflue sur les jambes de devant, et l'inclinaison se fait à droite ; l'écart va suivre aussitôt le déplacement de ce côté, si le cavalier, par un surcroît d'action, déterminé par les jambes, ne s'empresse de dégager le poids de cette partie antérieure, et ne ramène au plus vite l'animal dans sa position première. Si la pression de la jambe droite ne fait point rentrer assez promptement la croupe, en agissant sur les épaules et en les reportant de ce côté, on la forcera bientôt à revenir dans sa direction première ; c'en est assez pour équilibrer de nouveau toutes les forces entre elles.

Je n'entrerai point dans plus de détails ; ceci suffit pour établir que toujours une défense, quelle qu'elle soit, est précédée d'un temps d'arrêt que le cavalier doit prévenir pour en déjouer le résultat.

Mais on ne saurait trop le répéter : pour éviter les luttes qui sont souvent au désavantage du cavalier, le moyen est de suivre exactement la série des principes que j'ai indiqués. L'écuyer captive promptement l'attention de son cheval, change l'emploi de ses forces, et lui fait perdre aussitôt les positions propres aux défenses.

DÉLIBÉRER UN CHEVAL, c'est le déterminer aux allures qu'il a de la peine à prendre. Si le corps du cheval repose bien également sur ses quatre colonnes, il n'éprouvera évidemment pas de difficulté à prendre plutôt une allure qu'une autre.

Le pas est le résultat immédiat d'un peu d'action ; le trot lui succède avec un surcroît de force ; le galop s'obtient avec un rassembler plus complet et un degré d'action plus considérable.

La bonne position et le juste degré d'action sont donc les mobiles également indispensables et efficaces pour toutes les allures du cheval. Le talent du cavalier est de bien déterminer l'une et l'autre ; sans cela il s'expose à n'être écuyer que par hasard, et à se tromper beaucoup plus souvent qu'il ne rencontrera juste.

DEMANDER, c'est parler à l'intelligence du cheval.

Comme le cheval doit obéir et exécuter immédiatement quand on lui commande, il ne faut lui *demander* que les choses qu'il peut exécuter, afin de ne jamais le mettre en droit de se révolter contre d'absurdes exigences.

DÉSARÇONNER, se dit de l'action par laquelle le cheval met le cavalier hors de selle, par des sauts ou des mouvements violents.

Certes, celui qui prétend n'être jamais tombé n'a pas monté de chevaux difficiles ; mais ce ne serait pas être écuyer que de se laisser désarçonner par des ruades, des écarts ou autres sauts qui sont des plus faciles à suivre, à moins qu'on ne soit pris à l'improviste.

Avec une bonne flexion de reins, et une forte pression des genoux, il est peu de défenses qu'on ne puisse supporter. Mais la pratique seule peut amener à bien saisir ces à-propos, et les livres ne peuvent rien apprendre à cet égard.

DESCENTE DE MAIN (la) a pour but de confirmer le cheval dans toute sa légèreté, c'est-à-dire de lui faire conserver son équilibre sans le secours des rênes. La souplesse donnée à toutes les parties du cheval, les justes oppositions de main et de jambes, l'amèneront à se maintenir dans la meilleure position possible. Pour connaître au juste si l'on obtient ce résultat, il faut avoir recours à de fréquentes descentes de main. Voici comment elles se pratiquent : après s'être assuré de la parfaite légèreté du cheval, on glisse la main droite jusqu'au bouton pour être certain de l'égalité des rênes, on les lâchera de la main gauche, et la droite se baissera lentement jusque sur le pommeau de la selle.

La répétition fréquente de ces descentes de main, à la suite d'un ramener complet, donnera au cheval un tact plus exquis et au cavalier une grande délicatesse de sentiment. Elles doivent se pratiquer d'abord au pas, au trot, puis au galop.

DÉSESPÉRADE, vieux mot qui se dit d'un cheval qui va en *désespéré*.

Pour corriger ces défauts, évitons bien d'employer les moyens que mettaient en usage MM. de la Broue et Pluvinel. (*Voyez* DRESSER.)

DÉSUNI. Le cheval est désuni du devant lorsqu'en galopant à main droite, c'est la jambe gauche antérieure qui commence le galop, et il l'est du derrière quand la jambe postérieure droite reste plus en arrière que la gauche. Dans le premier cas, les jambes de derrière ont un jeu régulier; dans le second, ce sont celles de devant. (*Voyez* GALOP, pour les moyens à employer.)

DÉTACHER LA RUADE, c'est ruer vigoureusement.

Le moyen de corriger le cheval de ce défaut est d'éviter que les jambes de devant se fixent sur le sol; car il faut, pour que le derrière s'enlève, que le poids qui lui est assigné, pour le jeu régulier des quatre jambes, soit reporté sur la partie antérieure.

Le cheval a deux manières de placer son encolure pour donner aux jambes de devant ce point d'appui: l'une a lieu par son affaissement, et l'autre par sa contraction. Dans le premier cas, il faut scier vigoureusement du bridon, jusqu'à ce qu'on ait élevé cette partie; dans le second, se servir du mors de la bride avec une force continue, jusqu'à ce que l'encolure ait cédé.

On conçoit combien il serait difficile de combattre ce dernier effet de force, si d'avance le cheval n'était pas habitué à répondre à la plus petite sujétion de ce frein; c'est donc du travail préparatoire à pied, à cheval en place et au pas, que dépend la réussite.

DÉTERMINER UN CHEVAL, c'est le porter en avant, quand il résiste ou se retient.

Il faut se rendre bien raison de ce qui fait naître le refus du cheval, avant d'employer le châtiment.

Il y a, presque toujours, une cause physique dans ces sortes de résistances, et le cheval ne combine et ne dirige ses forces contre le cavalier, que pour se débarrasser d'un joug auquel il serait douloureusement ou maladroitement assujetti. Dans tous les cas, le moyen à employer consiste à le porter énergiquement sur la main avec les jambes ou les éperons.

DÉTRAQUER. Un cheval est détraqué lorsque le cavalier, par maladresse, a corrompu ou falsifié ses allures.

Celui qui détériore ainsi les mouvements du cheval n'est pas capable d'y remédier à l'aide des principes tracés seulement sur le papier; il doit se mettre dans les mains d'un bon écuyer pour apprendre à se bien placer à cheval, et ensuite il s'occupera de la bonne position de l'animal; s'il n'acquiert pas le tact nécessaire pour corriger les mauvaises allures, il en saura du moins assez pour conserver celles qui sont correctes, et c'est déjà quelque chose. A moins que le moral du cavalier ne soit lui-même détraqué.

DÉVIDER. On dit qu'un cheval dévide, lorsqu'en marchant de deux pistes, les épaules vont trop vite et que la croupe ne suit pas.

Comme ceci tient à l'ensemble des mouvements du cavalier, ce n'est que par des explications verbales et faites sur-le-champ même, qu'on peut rectifier ce manque d'harmonie; il en est ainsi de tout ce qui tient au mécanisme de l'équitation.

DOMPTER UN CHEVAL, c'est vaincre ou subjuguer ses penchants.

C'est rarement par la force qu'on parvient à dompter un cheval; le châtiment est quelquefois utile, mais en temps opportun seulement.

Si, par des moyens judicieusement appliqués, on arrive à maîtriser ses forces, on en modère plus facilement la fougue; car le cheval n'est violent qu'autant qu'il sent la force dont il peut disposer, et c'est souvent une manière de lui faire connaître sa supériorité, que de lutter maladroitement avec lui.

Les assouplissements, le travail en place et les allures lentes, valent mieux que tous les actes de rigueur pour calmer son action et diminuer les mouvements impétueux qui en résultent.

DONNER LA MAIN ou ABANDONNER LA MAIN, signifient lâcher la bride au cheval.

Quand on veut diminuer les effets du mors, il faut bien éviter d'abandonner la main, ou de la porter trop en avant. Le mors n'a plus d'action aussitôt qu'il est éloigné seulement d'une ligne des barres; cette minime distance suffit donc pour récompenser ou faciliter un mouvement en avant. En outre, cette manière délicate de diminuer les impressions du mors, permet de saisir les à-propos pour corriger un déplacement de tête, de maintenir le cheval longtemps dans la même position, et de rendre invisibles les transmissions de forces du cavalier.

On conçoit bien qu'en disant de ne rendre qu'une ligne, j'entends par là diminuer imperceptiblement la tension des rênes.

DOS DE CARPE. (*Voyez* DOUBLER LES REINS.)

DOUBLER, terme de manége, c'est traverser le manége

dans sa largeur, par une ligne droite, sans changer de main.

On s'en sert ordinairement pour apprendre au cavalier à tourner son cheval.

Le *doubler* n'est pas une chose difficile pour le cavalier; cependant il exige une certaine attention, pour éviter les oscillations de l'assiette, oscillations qui suivraient nécessairement tout mouvement de corps qui précéderait ceux du cheval. Pour obvier à cet inconvénient, il faut, préalablement aux changements de direction, diminuer au moyen d'un plus fort soutien des reins, la mobilité du corps donnée par l'élan du cheval, et avancer imperceptiblement l'épaule de dehors.

Grâce à ces attitudes, tout à fait en rapport avec la position du cheval, l'équilibre n'est pas dérangé, et les fesses deviennent le pivot sous lequel le cheval tourne aisément, puisque jamais ses mouvements ne sont combattus par des impulsions contradictoires.

Plusieurs auteurs, qui ont parlé du *doubler* dans leurs ouvrages, tout en indiquant convenablement les moyens à prendre pour l'exécuter, ont cependant assez mal décrit ceux à employer pour vaincre les résistances du cheval qui refuserait de tourner. L'un d'eux, entre autres, un des plus modernes, s'explique de la manière suivante : « Si, » en employant les moyens d'aides ordinaires, le cheval » refusait d'obéir, il faudrait alors se servir de la jambe du » dehors pour le détacher du mur. » Il ajoute que, « pour » le cheval qui tient au mur, on peut se servir de la jambe » gauche pour l'en détacher. »

Il me semble que le défaut de ce passage est de ne pas définir quel effet produit la jambe gauche, de ne pas dire si elle doit toujours être mise en usage avec tous les chevaux qui refusent de se porter à droite. Il fallait, ce me semble, indiquer quelles peuvent être les causes de ce refus, et pourquoi le cheval n'obéit pas aux moyens ordinaires. Or, selon moi, deux causes seulement peuvent empêcher le cheval de répondre à l'effet de nos mouvements : la première est le manque de souplesse de l'encolure et des reins ; la roideur de ces parties lui ôte la faculté de prendre une inclinaison proportionnée à la courbe qu'il parcourt. La seconde est la mauvaise répartition de l'action, le manque d'ensemble dans l'emploi des forces. En effet, si la force qui fait fléchir l'encolure et les reins à droite, prend sur celle qui doit entretenir le mouvement, le changement de direction est difficile et même impossible.

Il en est de même si l'action est trop considérable ; elle dérange la position.

En principe, les moyens à employer pour arrêter les résistances du cheval sont toujours en raison des diverses positions qu'il prend. Avant de chercher à tourner un cheval, il faut s'occuper de lui faire acquérir une légèreté parfaite, et alors toutes les résistances disparaîtront.

DOUBLER LES REINS, c'est lorsque le cheval voûte le dos ; cette position rend le ramener impossible. Or, toute attitude qui amène un pareil résultat est mauvaise et met le cavalier en danger.

Il faut chercher avant tout à porter le cheval en avant par des pressions de jambes énergiques, et même par les éperons, afin d'éviter l'acculement, cause principale de cette prédisposition à la défense.

DRESSER. On entend par *cheval dressé* celui dont l'éducation est complète.

Le *dresser* des chevaux a de tout temps été une source féconde d'erreurs.

Les uns, peu soucieux des avantages du *dresser* accompli, ne suivent aucune règle pour juger de l'instruction du cheval, et regardent comme achevés des chevaux qui savent à peine prendre les allures naturelles.

Pour donner un point de repère, une pierre de touche aux amateurs, il est bon de leur dire que le cheval dressé est celui qui prend immédiatement toutes sortes d'allures et de directions avec une prestesse telle, qu'il faut connaître l'influence du cavalier sur un cheval bien équilibré, pour savoir d'où lui viennent ses impulsions. Même sous un cavalier inexpérimenté, si le cheval n'a pas cette grande régularité, du moins supportera-t-il avec soumission l'incertitude de ses mouvements.

Mais, si l'on s'est souvent abusé sur le degré d'instruction nécessaire aux chevaux, on s'est trompé bien plus souvent encore sur les moyens propres à les instruire. Soit que la force de l'habitude ait empêché les écuyers de réfléchir sur les pratiques qu'ils employaient, soit que la plupart des hommes qui se sont occupés d'équitation n'aient pas su mettre dans leurs études cet esprit philosophique qui a fait progresser les arts et les sciences, il est certain que le *dresser* des chevaux est demeuré soumis à vingt méthodes défectueuses.

A cet égard, ce serait chose curieuse que d'examiner la plupart des traités qui ont donné des principes d'éducation, et de voir combien longtemps on s'est éloigné des idées les plus naturelles.

Sans remonter plus loin, se figurerait-on que des hommes de réputation, tels que MM. de la Broue et de Pluvinel, aient recommandé, comme des moyens assurés, de faire creuser des fossés profonds de deux pieds dans les manéges, pour faire exécuter des voltes avec précision, et se servir d'une montagne pour apprendre à un cheval à reculer; de le piquer avec une molette au bout d'une longue perche, pour lui apprendre à sauter; « de corriger et

» menacer à voix furieuse (ce sont leurs expressions) ceux
» qui de leur naturel étaient *fingards;* de prendre patience
» deux ou trois leçons pour un cheval que l'on désire *af-*
» *finer, lequel serait ennuyé, rebuté de l'école, débauché et hors*
» *de justesse pour voir s'il voudrait se soumettre avant d'être*
» *rudement battu;* de jeter son manteau sur les yeux à un
» cheval qui forcerait la main et courrait à la *désespérade;*
» de lui donner parfois des *escavessades* et des *esbrillades;*
» de lui attacher les génitoires avec un cordon ; de le pous-
» ser avec les deux éperons contre un mur, contre une
» porte, contre une corde tendue dans une allée d'arbres
» à la hauteur du poitrail, ou pousser le cheval à la têtière
» duquel on aurait attaché deux cordes, une de chaque
» côté, dont les extrémités seraient attachées à deux ar-
» bres, etc.? »

Encore ces moyens si violents ne sont-ils rien auprès de ceux dont usaient leurs prédécesseurs. Ces moyens consistaient, par exemple, pour un cheval qui portait à la *désespérade*, à le frapper à grands coups de nerfs sur la tête pour l'étourdir, à lui mettre les deux molettes dans les flancs, jusqu'à ce que l'animal, hors d'haleine, tombât de fatigue et d'épuisement ; à le pousser dans un précipice pour lui apprendre à s'arrêter, par l'effroi du danger ; et mille autres pratiques plus absurdes les unes que les autres.

M. de la Guérinière, dont l'ouvrage est loin de remplir les conditions nécessaires pour un bon traité d'équitation, a du moins eu ce mérite, que ses principes sont plus dans la nature. Sans doute il n'a pas fait faire de grands progrès à l'art, mais, au moins, il ne l'a retardé par aucune de ces erreurs comme on en trouve encore dans nos livres modernes, erreurs qui font schisme, et arrêtent la marche de l'équitation.

Ainsi, j'ouvre un traité moderne, et je suis frappé du

peu d'ordre et de suite que l'auteur emploie pour dresser un cheval ; je vois qu'il se sert d'une longe, puis d'une plate-longe, toujours tenues par un second cavalier ; je ne sais pendant combien de temps il en use ; mais, d'après la marche qu'il adopte, je doute que le cheval soit débourré avant huit mois ou un an. Comment irait-il plus vite, puisqu'il s'attache à demander beaucoup au cheval, sans s'occuper en rien de lui donner la souplesse sans laquelle il ne peut parler à son intelligence? Son cheval est au galop et fuit les hanches avant que son instructeur se soit assuré s'il est léger à la main ; le voilà parvenu aux grandes difficultés, et toutes ont été surmontées avec le seul secours du gros bridon. A la vérité, l'auteur recommande fréquemment de rassembler le cheval, rassembler qu'il ne comprend pas ; mais comment veut-il qu'on y réussisse, puisque le frein qu'il prescrit pendant les deux tiers de l'instruction, tend à éloigner le nez du cheval, et à augmenter la contraction de son encolure, à moins que sa position naturelle ne soit des plus parfaites?

Dans un article du même ouvrage, intitulé : *Sur l'utilité de conserver ou de faire prendre au cheval des allures naturelles, et de corriger ceux qui en ont de défectueuses,* on lit :

« Si le cavalier s'aperçoit que le cheval ait propension
» à prendre des allures défectueuses, ou qu'il en ait déjà
» contracté l'habitude étant poulain, il faut, pour l'en corriger, lorsqu'on le dresse, le faire trotter très-allongé,
» marquer les temps de trot avec le tact de l'assiette ; puis
» il faut ne tendre les rênes que très-moelleusement, mener le cheval dans un terrain raboteux ou très-mouvant,
» les rênes presque flottantes, en ayant soin d'être en mesure de soutenir le cheval, s'il venait à broncher, ou à
» ne pas se laisser prendre les jambes dessous lui, s'il venait à tomber. Je recommande d'allonger les allures et
» de mener le cheval dans un chemin raboteux et mou-

» vant, afin qu'il soit forcé, pour ne pas tomber, de ré-
» tablir son équilibre en prenant ses allures naturelles ;
» étant presque abandonné à lui-même, la nature lui in-
» dique et le force de songer à sa sûreté. »

Il me semble que s'en référer à de pareils moyens pour le *dresser* des chevaux, c'est méconnaître entièrement les ressources de l'équitation. Évidemment ce qui donne des allures défectueuses, irrégulières, c'est le mauvais emploi de force dont le cheval fait usage (quand il n'est pas taré), et la disposition du sol où on l'exerce ne peut rien faire à cela. En supposant même qu'un terrain mou et raboteux change les mauvaises allures du cheval, ce que je ne crois nullement, l'*attitude* qu'il y aura prise lui restera-t-elle toujours ? Et dans le cas où elle lui resterait, sera-ce bien celle avec laquelle le cavalier pourra lui faire apprécier ses moyens de direction ?

D'ailleurs, cette attitude venue sans le secours du cavalier pourra bien s'en aller, en dépit de ses efforts ; et voilà l'écuyer dans la nécessité de ne jamais user de ce cheval ainsi dressé que dans des terrains mous et raboteux.

Malheureusement ces erreurs tiennent à ce qu'on ne s'est pas encore pénétré de cette vérité, qu'il n'y a pas d'allures défectueuses avec de bonnes positions. Le cheval né trotteur, qui prendrait l'amble ou toute autre allure vicieuse, n'y parviendra qu'en raison du mauvais emploi de ses forces. Ce n'est pas avec les rênes flottantes et le tact de l'assiette qu'on parviendra à les rectifier, car le tact de l'assiette n'est même pas apprécié par le cheval dans l'état d'équilibre le plus parfait.

De cette première erreur en découlent mille autres. Il n'y a plus de règles fixes pour l'instruction du cheval ; on agit sur lui en aveugle, et les résultats qu'on obtient sont aussi incertains que les méthodes.

Nous avons blâmé tout à l'heure les barbares moyens

d'éducation qu'employaient nos ancêtres; nous avons ri de leur ignorance, sans songer que nos livres modernes n'offrent, pour la plupart, rien de plus rationnel.

Dans un traité fort récent, intitulé : *Promenades à cheval*, je vois, par exemple, entre autres choses : « Il y a peu de » chevaux qu'un bon cavalier ne parvienne à réduire; les » caresses, le sucre, le temps et la constance, produiront » généralement des effets bien préférables à ceux déter- » minés par les saccades, la cravache et les coups d'é- » peron. »

L'auteur n'a oublié que l'aide de Dieu. Mais les caresses, le sucre, la constance et même le temps ne serviront pas plus que les rigueurs à dresser les chevaux, si le cavalier ne sait pas faire comprendre au cheval d'abord qu'il doit lui être assujetti, et ensuite ce qu'il lui demande. Car dans quel moment doit-on le caresser? pourquoi du sucre, et comment lui en faire manger étant à cheval? quelle idée le cheval en concevra-t-il? L'auteur oublie évidemment que c'est sur l'intelligence du cheval qu'il faut agir, et que ce n'est que par les positions convenables aux mouvements que l'on y parviendra.

Du reste, l'auteur passe promptement d'une extrême douceur à l'excès opposé, car il ajoute en note que « les » hommes qui, par métier, domptent les chevaux, consi- » dèrent la privation du sommeil comme un moyen ef- » ficace. »

Quelle erreur! quelle folie!

Quand donc les écuyers se persuaderont-ils bien qu'il n'y a rien à tirer de ce charlatanisme; que l'art de dresser les chevaux consiste dans le soin soutenu de récompenser à propos et immédiatement chaque acte d'obéissance qui ramène le cheval à une bonne position, et de punir chaque déplacement comme une désobéissance; mais qu'il n'est pas dans la privation du sommeil, cruauté qui ne saurait faire comprendre au cheval qu'elle lui est infligée pour une faute passée ou future? Laissez dormir ces pauvres bêtes tranquillement, et tâchez de sortir l'équitation de ce sommeil léthargique où l'ont laissée jusqu'à présent l'irréflexion et la routine. Méfiez-vous des gens à secret et des moyens hors nature. Servez-vous de vos poignets et de vos jambes avec discernement; ayez pour but unique l'*équilibre* du cheval; faites en sorte qu'il ne puisse jamais sortir de cette belle position qui est la base et le complément de son éducation, et trois mois ne se seront point écoulés sans que l'animal le plus ignorant travaille avec une précision remarquable.

DRESSER (se). Le cheval qui se dresse est celui qui se lève tout droit sur ses pieds de derrière. (*Voyez* CABRER.)

DUR A CUIRE, expression triviale qui se dit du cheval peu impressionnable au fouet ou à l'éperon.

L'écuyer doit bien se garder de considérer comme sans ressources ces sortes de chevaux froids; une demi-éducation bien entendue reportera le centre de gravité plus en avant et rendra le mouvement d'arrière en avant plus prompt et plus facile.

E

ÉBRANLER SON CHEVAL AU GALOP, c'est lui donner la force et la position avec lesquelles il passe du pas à cette allure; quand c'est de l'inaction et sans transition qu'on l'ébranle au galop, cela s'appelle partir de pied ferme.

Mais, pour ce dernier cas, il faut être bien sûr de son

cheval, afin de ne pas donner lieu à des sauts de défense. (*Voyez* GALOP.)

ÉCART, saut de côté, plus ou moins violent, par lequel le cheval s'éloigne d'un objet qui lui fait peur.

Le cavalier doit être sur ses gardes avec les chevaux qui font des écarts, afin de ne pas être surpris désagréablement; car il a besoin de son assiette pour soutenir énergiquement l'animal des mains et des jambes, et le porter immédiatement sur ce qui frappe désagréablement sa vue.

Du reste, il ne faut se servir du châtiment qu'après avoir employé les moyens de douceur. Mais si le cheval s'obstine à ne pas vouloir s'approcher de l'objet qui l'effraye, il faut que le châtiment soit d'autant plus fort que l'effroi causé aura été plus considérable.

Hippocrate dit qu'il faut, par une douleur plus vive, détourner l'attention du malade de celle qu'il éprouvait précédemment et que l'on veut guérir. C'est ici le cas d'appliquer ce sage précepte. L'objet effrayant est la douleur dont l'attention du cheval doit être détournée.

Tant que l'animal paraîtra inquiet et disposé à fuir, on devra le maintenir, et lui faire braver l'objet de sa frayeur et de son aversion. Au reste, il ne faut pas abuser de la punition, mais se hâter, au contraire, de revenir à des moyens doux, aussitôt que la soumission a fait place à la peur.

Ces sortes de chevaux demandent à être montés pour eux-mêmes, c'est-à-dire sans but fixe dans les promenades qu'on leur fait faire.

ÉCHAPPER. Laisser échapper son cheval de la main, c'est tout lui rendre, afin qu'il prenne un galop accéléré.

Je n'ai jamais été partisan de laisser ainsi le cheval livré à lui-même, d'abord parce qu'on perd les moyens de le diriger et de le secourir, en modérant ses forces ; ensuite parce qu'on se met à la merci de ses caprices ou de sa faiblesse.

Il est vrai que certains chevaux seraient plus adroits, avec la liberté de leurs mouvements, que sous le joug de moyens contre nature ; mais alors le cavalier, qui se met ainsi à la discrétion de son cheval, fait un éclatant aveu de son ignorance, et doit en supporter toutes les conséquences.

ÉCOUTER SON CHEVAL, c'est être attentif à ne point le déranger quand il se manie bien.

C'est une attention qu'on doit avoir avec tous les chevaux et dans toutes les occasions. L'écuyer même le plus habile n'a pas trop de l'intelligence qu'il possède, pour s'emparer de celle de son cheval et lui transmettre sa volonté ; aussi, en général, le cheval dressé a d'autant plus de tact, de finesse et de régularité dans les mouvements, que son cavalier a les facultés intellectuelles plus développées et plus saines.

ÉCOUTEUX, c'est un cheval qui hésite, qui ne sait pas aborder franchement l'allure qu'on lui demande, et saute au lieu d'avancer.

De la mauvaise disposition des forces naît souvent entre elles une lutte qui paralyse toute espèce de mouvement, et rend le cheval *écouteux* ; mais ce n'est pas là de la mauvaise volonté, et ce défaut disparaît sous une main habile. Car, n'en doutons pas, la plupart du temps, le cheval *moral* n'est pas le principe des résistances du cheval *matériel*, et si ce dernier l'emporte sur le cavalier, c'est que celui-ci n'a pas assez de volonté et de jugement pour discerner la justesse de force à lui opposer.

ÉCUYER. On appelle *écuyer* l'homme qui sait dresser un cheval, le conduire avec précision, et se rendre compte des moyens qui lui ont procuré ces résultats.

La France a possédé et possède encore des écuyers dont le savoir ne peut être contesté, puisque, de tout temps, il y a eu et il y a encore des chevaux dont le travail ne laisse rien à désirer; or, l'éducation du cheval est la pierre de touche de l'écuyer; cependant je crois que l'art de l'équitation est loin d'avoir fait tout le progrès dont il est susceptible.

Jusqu'ici, par exemple, on n'a presque dressé que des chevaux dont la nature avait fait à moitié l'éducation. C'est fort bien sans doute. Mais, sans porter atteinte à la réputation d'ecuyers justement estimés, je voudrais que leur savoir s'exerçât aussi sur des chevaux défectueux; là, du moins, le talent aurait une lice plus large et plus difficile, un but plus méritoire.

J'ai vu, dans les gravures anciennes, les chevaux montés par les rois et les princes; j'ai examiné ceux des manéges royaux, et j'avoue que j'ai peine à me rendre raison du long espace de temps que l'on met à dresser de tels chevaux, quand il serait si facile à un écuyer instruit d'en tirer au bout de deux ou trois mois un très-grand parti.

Ces chevaux sont tous de premier choix, sans vices de position, presque sans défauts. Quels obstacles offrent-ils donc à vaincre? Leur heureuse conformation leur donne ce parfait équilibre dont l'absence, chez d'autres, fait toute la difficulté de l'éducation; il ne reste qu'à parfaire leur souplesse pour faciliter les changements de position, et voilà le *dresser* terminé.

La preuve de cette assertion, c'est que que ces chevaux sont tout aussi gracieux avant qu'après leur éducation.

Je le répète donc, pour tirer avantage de leurs connaissances, il aurait fallu que ces écuyers en eussent fait l'essai sur des chevaux d'une constitution vicieuse, afin de réparer par l'art ce que la nature avait négligé. C'est alors qu'ils auraient fait connaître les ressources que l'on peut tirer de l'équitation, en donnant à un cheval d'une nature inférieure la grâce d'un cheval de choix, et en le faisant travailler avec la même précision.

Il faut au cheval une position première avec laquelle il prend facilement toutes les autres; cette position est celle où les forces, ayant une harmonie parfaite entre elles, le maintiennent dans un juste équilibre. A l'obtenir consistent toutes les difficultés de l'équitation, et plus le cheval est mal conformé, plus les obstacles sont grands. C'est alors qu'il faut du tact et de la promptitude dans les mouvements, pour combattre les forces résultant de cette mauvaise constitution, et faire sentir instantanément celles qui doivent indiquer la position à prendre et à conserver.

Les chevaux placés naturellement répondront d'abord aux premiers mouvements des mains et des jambes du cavalier, et lui obéiront. Ceux qui le sont mal n'y répondront pas sans un travail préalable, parce qu'il y a chez eux une force d'opposition à combattre, et une autre force à communiquer pour les mettre en équilibre.

Tous les chevaux, sauf les chevaux tarés, peuvent, d'après ma méthode, être dressés en moins de trois mois. Ceux qui, avec une bonne constitution, seront favorisés d'un peu d'action primitive, exécuteront les grandes difficultés de l'art dans le même laps de temps, car il n'en coûte pas plus au cheval qui a des moyens de travailler sur les hanches au galop, qu'à celui qui n'en a point, d'exécuter au pas les mêmes airs de manége. Le piaffer est aussi facile pour l'un que le pas d'école pour l'autre, mais, en définitive, l'un et l'autre arrivent presque au même but avec le temps. Évitons donc à l'avenir de mettre à la réforme les chevaux qui présentent des défectuosités de conformation; non-seulement nous y trouverons d'utiles études, mais encore nous rendrons à l'équitation des chevaux qui, sans cela, eussent été regardés comme impropres à tout beau service.

Quelques-uns de mes confrères ont l'habitude de faire débourrer leurs chevaux par des casse-cou, c'est un tort. C'en est un autre chez la plupart des écuyers, de s'imaginer qu'après avoir acquis la pratique de l'équitation, ils ont atteint le terme de leurs études; grande erreur! Ils possèdent à peu près l'art de l'équitation, ils n'en conçoivent pas la science. Qu'en résulte-t-il ? Faute de réflexions théoriques, ils ne peuvent définir le plus simple mouvement, se rendre compte du moyen le plus usuel. Croirait-on que je n'ai pas rencontré un écuyer qui pût expliquer le moyen à l'aide duquel on corrige les mouvements de tête d'un cheval, ce qu'on appelle battre à la main? Quand on les interroge à ce sujet, voici à peu près ce qu'ils répondent (j'entends les plus capables) : « Il faut soutenir la main pour que le cheval, ressentant une douleur à chaque mouvement qu'il fait, finisse par tenir sa tête en repos. » C'est donc la main qui doit agir d'abord? fort bien. Mais pourquoi la main doit-elle précéder les jambes? Pas de réponse. Et si on leur dit qu'avec certains chevaux ce sont les jambes qui doivent agir d'abord, la plupart sont déroutés, faute de comprendre que la cause qui produit ce déplacement n'est pas la même chez tous les chevaux. Rien n'est cependant plus facile à démontrer.

J'ai dit plusieurs fois dans cet ouvrage que l'allure du pas était préférable à toutes les autres pour corriger le cheval de ses mouvements instinctifs. Je suppose donc qu'il fasse usage de la quantité de forces nécessaires au maintien de cette allure; il faut être bien attentif à *l'écouter* pour tenir toujours prêtes les forces à lui opposer, et n'agir que sur le point de départ du mouvement fautif; mais il faut prendre garde de se tromper sur le fait de ce point de départ. Ainsi, pour battre à la main, une fois en action, le cheval n'agit pas seulement de l'encolure, mais encore il faut qu'il use de l'ensemble de ses forces.

Si le déplacement est le résultat d'une augmentation de forces, la main doit précéder les jambes; si, au contraire, ce mouvement le fait revenir sur lui-même, c'est aux jambes qu'il faut d'abord avoir recours, puisque la main ne lui dirait rien autre chose, sinon qu'il doit se ralentir.

L'inconvénient opposé aurait lieu si, dans le premier cas, les jambes venaient à doubler l'action déjà trop considérable; car, non-seulement on ne corrigerait pas le mouvement de la tête, mais on faciliterait encore le changement d'allure. On le voit, avec peu de chose, il est facile de bien se faire comprendre du cheval; mais sans érudition équestre le cheval monté n'est plus qu'une machine. On verra à l'article *Homme de cheval* quelle distinction j'établis entre l'écuyer et celui-ci. L'un n'est que le bon cavalier; l'autre est le professeur capable de former de vrais hommes de cheval. Mais pour atteindre ce but, ce ne sera pas assez pour l'écuyer de connaître à fond l'équitation : il lui faudra de plus étudier ses élèves, et créer pour chacun une manière spéciale d'enseigner. Si, grâce à ce soin, il parvient à n'en décourager aucun, à faire de leurs qualités et même de leurs défauts des moyens de progrès, il aura mérité le titre d'écuyer.

Ce n'est pas, selon moi, un des moindres talents à exiger des personnes auxquelles on confie la direction des manéges, que cette habitude d'observation morale, sans laquelle on rebute beaucoup d'élèves, et ce serait un grand tort que d'accorder ces places à des hommes qui n'auraient pas l'ensemble des connaissances que je viens de détailler.

ÉDUCATION RAISONNÉE DU CHEVAL. L'éducation du cheval se compose nécessairement de différentes parties, et j'aurais pu renvoyer à leurs lettres respectives; mais il m'a semblé que les diviser dans ce Dictionnaire eût été en perdre l'effet : leur liaison seule peut faire comprendre la série de moyens et de principes qui complètent l'ensemble de cette éducation.

L'éducation a pour but d'amener le cheval, par une suite d'exercices, à répondre à l'impulsion de nos forces et à se soumettre à notre volonté.

Les moyens que l'éducation emploie sont l'action et la position.

L'action est l'effet de la force qui met le cheval en mouvement.

La position est une disposition des propres forces du cheval, telle qu'aucune de ces forces ne puisse échapper à l'exigence des nôtres.

Que la force soit bien celle qui donne la position, et elle s'obtiendra aussitôt; que la position soit en raison de l'allure, ou du changement de direction qu'on veut faire exécuter à l'animal, et il ne pourra s'y refuser.

Cette vérité, dont on a méconnu les conséquences, peut seule nous mettre à même de parler promptement à l'intelligence du cheval. Je dis parler promptement à son intelligence, parce qu'en effet nos mouvements sont des phrases qui lui indiquent ce que nous exigeons de lui, et le résultat en est plus ou moins prompt, en raison de leur clarté.

Mais, pour que le dialogue soit serré et que l'homme ne

cède aucun avantage au cheval, il faut que celui-ci soit dans une position telle, qu'il ne puisse faire aucun mouvement sans la participation de son cavalier; or, pour arriver à ce but, le principe de toute éducation doit être la position.

Les chevaux, en général, ne sont maladroits et disposés à se défendre que parce qu'ils ne sont pas suffisamment bien placés. Il faut donc, avant de rien exiger d'eux, employer tous les moyens pour obvier à ce défaut essentiel. Ces moyens consistent d'abord à combattre, par des forces opposées, les parties qui offrent de la résistance; ensuite à assouplir par un travail spécial l'encolure, la croupe et les reins, ce qui conduira infailliblement à cette position indispensable sans laquelle il n'est pas de travail régulier, ni de prompte éducation.

Pour éviter des détails qui, d'ailleurs, sont répandus dans beaucoup d'ouvrages sur l'équitation, supposons que le cheval à dresser ait été sellé, et qu'il supporte déjà l'homme; comment résistera-t-il à l'action de nos forces? Par l'encolure et la mâchoire, cela est incontestable. Nous agirons donc sur ces parties, puisque leur contraction instinctive rendrait la soumission du cheval difficile, et pourrait engendrer des défenses; commençons donc son éducation par l'assouplissement de l'encolure, et bientôt nous nous rendrons successivement maîtres des autres parties du corps.

Je dois prévenir ici d'avance que je me sers d'un mors extrêmement doux avec tous les chevaux, et que j'en fais usage même avec ceux que je monte pour la première fois. Je regarde le gros bridon comme nuisible aux progrès de l'éducation, en admettant même le cas où les chevaux auraient une grande susceptibilité.

Le mors est accompagné d'un filet qui remplacera le bridon; sa propriété spéciale est d'agir sur l'encolure, pour l'élever et la faire fléchir à droite ou à gauche. Le gros bridon produit bien le même effet ; mais, n'étant point accompagné du mors, il reste dépourvu de levier, et ne peut arrêter l'éloignement du nez qu'entraîne son action.

C'est donc avec le mors et le filet, que nous commencerons le travail en place. (*Voyez* FLEXIONS.)

A la suite de ce premier travail, qui doit se continuer jusqu'à ce que l'encolure et la croupe du cheval soient parfaitement assouplies, on le mettra en action pour lui faire prendre l'allure du pas.

Le pas doit suivre le travail en place, parce qu'à cette allure il a encore trois points d'appui, et son action étant moins considérable que pour le trot, il est plus facile de le régler et de le régulariser, ce qui le conduira à prendre beaucoup plus vite la position du ramener à laquelle on veut le soumettre.

Les volontés du cheval ne seront soumises à celles du cavalier que quand l'assouplissement l'aura conduit à prendre une bonne position ; alors le développement de l'intelligence du cheval deviendra facile ; pouvant exécuter tout ce qu'on lui commandera, quelques répétitions d'un même travail lui feront comprendre et exécuter sans peine le but de nos exigences.

Mais pour arriver à ce résultat on doit d'abord chercher les moyens de s'emparer entièrement de ses forces, de façon que notre volonté devienne la sienne ; il faut ensuite mettre assez de progression dans ce que nous lui demandons pour que son intelligence nous suive, et comprenne qu'il n'y a dans nos actes ni méchanceté ni maladresse.

Sous ce rapport, le talent de l'écuyer consiste à trouver les moyens d'agir si directement, si localement sur son cheval, que celui-ci ne puisse pas se refuser aux mouvements qu'on lui demande.

Or, cette habileté de l'écuyer ne peut lui venir qu'à la suite d'une étude indispensable, celle des moyens par lesquels le cheval opère tel ou tel mouvement, ou par lesquels il résiste.

Une fois cette connaissance acquise, en disposant tous les muscles de son cheval d'une façon telle qu'il n'ait plus besoin que d'action pour exécuter, on sera sûrement obéi.

Mais ce qui est une partie essentielle de l'éducation, c'est la rectification des mauvaises positions, au moyen desquelles les chevaux résistent.

La tête doit être perpendiculaire au sol, ne présentant aucune résistance à la main. Pour qu'un cheval reste ainsi placé, il faut, ou qu'il ait une belle conformation, ou qu'il soit savamment monté. Malheureusement les chevaux bien conformés sont rares chez nous, et les cavaliers assez instruits pour suppléer par l'art aux imperfections de la nature, le sont peut-être encore davantage.

Cependant la bonne position de la tête et de l'encolure est de première nécessité pour celle des autres parties du corps.

En effet, si l'encolure est basse ou tendue, il n'y a plus d'action possible du cavalier sur le cheval, parce que toute celle qu'il exerce n'est ressentie que par l'encolure seule, et n'agit que faiblement sur le reste du corps.

La main ne parvient à diriger le cheval que parce que l'impulsion qu'elle donne à la tête réagit sur le reste du corps du cheval, et détermine son mouvement; mais, si cette partie, par une contraction quelconque, absorbe tout l'effort du cavalier, il est clair que toute direction devient impossible.

Si le cheval met plus de force dans l'un des deux côtés de l'encolure, celle-ci ne sera plus droite, et l'inégalité des forces fera perdre aux rênes et au mors de la bride leur effet déterminant.

Il est rare de rencontrer des chevaux qui soient également maniables des deux côtés ; mais on remédiera promptement à cet inconvénient, si l'on y apporte quelques soins dès les premières fois que l'on s'occupe de l'instruction du cheval ; il suffira de renouveler, dans le travail en place et au pas, les flexions du côté où l'encolure présente plus de résistance, et bientôt après elle cèdera également des deux côtés, la sûreté et la promptitude des changements de direction en seront la conséquence.

La tête suit toujours les mauvaises attitudes de l'encolure, ce qui fait naître des positions souvent dangereuses et toujours disgracieuses ; j'en signalerai deux qui rendent les effets du mors impuissants pour ralentir, arrêter ou enlever, et qui ôtent aux rênes le pouvoir déterminant à droite ou à gauche : l'une est quand le cheval éloigne son nez (ou porte au vent), l'autre quand il s'encapuchonne. Le cheval prend la première position en contractant les muscles supérieurs de son encolure, et comme c'est par la flexion de ces muscles qu'on fait refluer la force et le poids de la partie antérieure sur l'arrière-main, cette translation devient impossible ; aussi ces chevaux sont-ils fort désagréables à monter, la grande quantité de force dont cette position leur permet de disposer se trouvant toujours en opposition avec les moyens de résistance du cavalier. Ce défaut ne tardera pas à en amener encore un autre : il rendra le cheval ombrageux ; car son rayon visuel, parcourant un trop grand espace, lui fait apercevoir des objets qu'il ne peut ni distinguer ni apprécier ; aussi cherche-t-il tout d'abord à les fuir, et il le peut d'autant plus aisément que son cavalier a perdu les moyens de le maîtriser.

Quand la tête, au contraire, outre-passe la ligne perpendiculaire vers le poitrail, le cheval s'encapuchonne, et l'équilibre est détruit. Le cheval est porté sur ses épaules, son menton touche au gosier, et dans ce cas le mors perd toute sa puissance.

Je le répète, c'est à corriger ces vices de position que l'écuyer doit mettre tous ses soins, et les assouplissements partiels, la légèreté parfaite l'y conduiront promptement; les difficultés seront vaincues dès que le cheval sera disposé de manière à céder aux mouvements les plus imperceptibles, aux forces les plus minimes; et c'est ce que l'équilibre amènera infailliblement.

Combien ne voyons-nous pas d'écuyers subir tous les caprices de leurs chevaux, faute de ce travail préalable! Combien assurent que leurs chevaux sont des mieux dressés, et cependant avouent qu'ils sont fantasques, et que leurs dispositions varient au jour le jour! Si, au lieu de s'en fier aux bons moments de son cheval, on s'occupait de le bien placer, il est indubitable que les positions de la veille, qui ont donné de bons résultats, les amèneraient encore le lendemain; mais on néglige ce point principal, et de là l'incertitude. Comment, en effet, le cheval se portera-t-il sur une ligne droite, s'il n'est pas droit lui-même? comment se maintiendra-t-il sur une ligne courbe, s'il n'est pas incliné comme elle? comment la partie antérieure s'enlèvera-t-elle, si elle n'est pas plus allégée que la partie postérieure?

Je n'en finirais pas si je voulais énumérer les difficultés sans nombre que présente le cheval auquel on n'a donné préalablement ni équilibre ni aplomb. Aussi n'est-il pas étonnant que le peu d'érudition du cavalier le mette souvent dans l'impossibilité de bien diriger son cheval, et qu'il reste même soumis à ses fantaisies et à ses boutades.

Résumons cet article. Que le cheval soit jeune ou vieux, qu'il ait été monté par un cavalier ne connaissant pas mes principes, il faudra commencer son éducation de la même manière, c'est-à-dire par **le travail de la cravache d'abord,** les flexions à pied ensuite, puis continuer ce travail à pied jusqu'à ce qu'il ne laisse rien à désirer ; c'est-à-dire que, répondant à l'action de nos mouvements, il exécute facilement toutes les flexions de l'encolure et de la mâchoire ; alors seulement on l'enfourchera pour obtenir en place la même mobilité d'encolure et de mâchoire. Ces flexions, qui au début présentent quelques difficultés, deviennent faciles quand le travail à pied a été bien complet. Lorsque les flexions latérales d'encolure et la mise en main avec mobilité de mâchoire seront complètes, on commencera les flexions de croupe, pour arriver aux pirouettes renversées, puis on passera aux pirouettes ordinaires ; on se contentera dans le principe d'un pas ou deux qui seront suivis d'un effet d'ensemble pour arrêter le cheval ; on ne recommencera qu'après avoir obtenu une immobilité complète. C'est alors qu'on mettra le cheval au pas, tout en faisant des flexions d'encolure à droite et à gauche, le cheval restant droit de corps ; on exécutera également des effets de mise en main avec mobilité de mâchoire, sans laquelle la légèreté serait imparfaite ; on n'obtiendra un ramener exact que par des effets d'ensemble qui ne seront justes que lorsque le cheval n'offrira plus de résistance et conservera la même allure ; c'est ce qu'on appelle position et mouvement. Les changements de direction seront faciles lorsque le cheval répondra aux effets d'ensemble. On voit combien ces moyens sont différents de ceux qui se pratiquaient autrefois ; par leur application, on prolongeait volontairement l'éducation du cheval ; le mouvement que l'on exigeait de lui était d'autant plus pénible qu'il n'y avait pas été disposé à l'avance, dans ce cas son intelligence ne pouvait être imprégnée d'une chose physiquement impossible. Le même travail s'exécutera au petit trot, flexions d'encolure à droite et à gauche, effets d'ensemble multipliés pour amener la légèreté. La légèreté, toujours la légèreté, c'est la pierre de touche, la pierre philosophale, c'est toute l'équitation ; en un mot, c'est l'équilibre ; c'est une poutre que des ouvriers sont arrivés à placer de manière à ce que, se soutenant d'elle-même, un enfant puisse la changer de position.

Les effets d'ensemble que l'on a obtenus au moyen des jambes fortement soutenues, ont dû amener le cheval à supporter le toucher de l'éperon ; si la main peut intercepter ce surcroît de forces au profit de l'équilibre, le résultat sera immense. Il faut bien éviter une trop grande précipitation dans ces délicats touchers de l'éperon ; on ne devra s'en servir qu'après avoir amené le cheval à supporter la plus grande pression des jambes sans forcer la main. On essayera ensuite quelques pas de côté sur les hanches, on en augmentera le nombre progressivement. Les pirouettes renversées et ordinaires ont déjà rendu le cheval impressionnable à l'effet des jambes pour l'obliger à se porter de l'une sur l'autre, comme ils ont servi pour les changements de direction. Arrivé à ce point, on commencera les premiers temps de reculer, un pas d'abord, suivi d'un effet d'ensemble, puis deux pas, et ainsi de suite. On fera d'abord précéder les jambes, comme dans tous les mouvements, y compris les temps d'arrêt. Le reculer sera régulier si le cheval reste léger pendant ce mouvement rétrograde. Une fois arrivé à ce point de l'éducation, on commencera quelques effets de rassembler, en mobilisant le cheval sans trop avancer ; les jambes de derrière se rapprochant aisément du centre, il sera facile de disposer le cheval pour le mouvement ascensionnel qui doit suivre. Quant à l'allure du galop, les grandes difficultés consistant dans les départs et dans les temps d'arrêt, on les renouvellera fréquemment, et, pour y parvenir sans fatiguer le cheval, on ne lui en fera faire que dix ou douze pas chaque fois. Quand il s'enlèvera et se maintiendra facilement au galop à une main, on lui fera exécuter le même travail à l'autre main. Les départs sur les deux pieds devenus également faciles, on obtiendra le galop sur le pied droit et sur le pied gauche à la même main, toujours avec des temps d'arrêt.

C'est à l'aide de cette gradation qu'on arrivera à changer de pied du tact au tact, sans efforts de la part du cavalier ni du cheval. Le piaffer, enfin, sera le complément de l'éducation. Le cheval répondant facilement aux effets d'ensemble, à la gradation des attaques qui sert à le renfermer et l'oblige à rester entre la main et les jambes, le rassembler complet et le piaffer, n'offriront plus de grandes difficultés. Les allures, le trot surtout, acquerront plus de vitesse et de célérité, lorsque le cheval sera équilibré de cette manière; elles auront plus de régularité, ce qui sera suffisamment indiqué par une continuelle légèreté. Il existe une vingtaine d'autres difficultés de mouvements plus ou moins compliqués, qu'on peut obtenir ensuite. Je renverrai le lecteur aux articles qui y ont rapport. Avec du tact et de la persévérance, un cavalier peut exécuter tous les mouvements dont j'ai donné la nomenclature dans le cours de cet ouvrage, si toutefois son organisation a quelque chose d'équestre.

A voir les résultats de cette façon de dresser les chevaux, on croirait que pour y atteindre il faut une patience exemplaire; c'est une erreur : chaque minute amène une amélioration, chaque effet un progrès; le cheval bien ménagé obéit comme s'il savait déjà, et le cavalier trouve trop de plaisir dans le succès de son travail pour se rappeler qu'il faut de la patience.

EFFETS D'ENSEMBLE. Les effets d'ensemble s'entendent de la force continue et justement opposée entre la main et les jambes. Ils doivent avoir pour but de ramener dans la position d'équilibre toutes les parties du cheval qui s'en écartent.

Ce n'est plus par des holà! ou toute autre interjection, que l'on immobilisera le cheval irritable qui est toujours en action malgré le cavalier; mais bien par un effet d'ensemble. Si le cheval a été bien exercé aux effets d'ensemble, il s'arrêtera ou marchera régulièrement et à volonté. Peut-il en être autrement? puisque les forces de l'avant et de l'arrière-main sont dans une juste opposition, le centre de gravité se trouve naturellement fixé au milieu du corps du cheval ou n'en sortira que pour exécuter le mouvement, mais sans trop s'en éloigner, afin que sa force d'impulsion ne détruise pas la force d'équilibre; la mise en pratique des effets d'ensemble est aussi un sûr moyen de donner promptement un accord parfait aux aides du cavalier.

ÉGARER LA BOUCHE D'UN CHEVAL. Des écuyers croient encore que les faux mouvements du cavalier ne produisent un mauvais effet que sur les barres, tandis que celles-ci sont les dernières à en souffrir.

C'est en agissant à faux sur l'encolure et le reste du corps qu'un cavalier ignorant fait prendre à son cheval de mauvaises positions, qui détruisent promptement la souplesse de toutes les parties du corps, et l'empêchent de comprendre les effets du mors et d'y répondre.

ÉLARGIR SON CHEVAL, c'est, au manége, lui faire serrer le mur, ou lui faire embrasser un plus grand espace de terrain.

Il n'est pas plus difficile d'*élargir* que de *rétrécir* un cheval; toutes les directions sont aisées quand une fois on l'a bien assoupli, et les chevaux n'ont de mauvaises habitudes ou n'éprouvent de difficultés que faute d'une bonne éducation première.

On dit à l'élève qui laisse rentrer son cheval dans le manége : *Élargissez votre cheval.*

EMBOUCHER UN CHEVAL (bien), c'est choisir un mors dont l'ouverture soit en rapport avec la largeur de sa bouche, et le bien ajuster sur les barres.

Les canons du mors doivent être à 27 millimètres des crochets d'un cheval, et pour les juments qui n'ont pas de crochets, ils doivent être distants de 30 millimètres des coins. (*Voyez* Mors.)

EMBRASSER SON CHEVAL, c'est l'envelopper avec les cuisses et les jambes par autant de points de contact que possible.

La belle position, la solidité, la force et la finesse à communiquer au cheval, rendent indispensable cette manière de se lier avec l'animal, et de faire, pour ainsi dire, corps avec lui.

EMPORTER (s'), se dit du cheval qui, s'étant rendu maître de son cavalier, l'emporte selon son caprice et malgré les efforts de celui-ci.

Des forces mal coordonnées, une mauvaise position de tête et d'encolure, qui en sont la conséquence, produisent ce défaut ; jamais on ne verra un cheval s'emporter quand il sera léger à la main ; c'est en baissant l'encolure, *en s'encapuchonnant*, en éloignant son nez, ou en portant sa tête plus d'un côté que d'un autre, qu'il paralyse les effets du mors. Un travail préparatoire obviera à cet inconvénient.

Si, par des causes étrangères, on ne pouvait graduer l'éducation du cheval, et qu'il s'emportât, il faudrait examiner quelle est sa position, afin de combattre par des forces contraires celles qu'il emploierait pour nous braver.

ENCAPUCHONNER (s'), c'est quand la tête du cheval outre-passe la ligne perpendiculaire et s'approche trop du poitrail. Cette position lui permet de prendre avec le menton un point d'appui sur le gosier, ce qui paralyse les effets du mors, puisque la tête, devenue immobile, ne peut communiquer aucune action au reste du corps.

L'action de scier du bridon est un des moyens qui servent à modifier cette position défectueuse, si l'on est pris au dépourvu ; le correctif est dans l'application graduée de mes principes.

ENFONCER LES ÉPERONS DANS LE VENTRE DU CHEVAL, c'est les lui faire sentir avec violence. (*Voyez* ATTAQUER.)

ENSEMBLE. On dit qu'un cheval a de l'ensemble quand il a de justes proportions, et lorsque la position de son corps et de ses extrémités le rend capable d'arriver à une belle exécution dans le travail.

On dit aussi du cavalier qu'il a de l'ensemble quand il sait coordonner le jeu de ses poignets et de ses jambes. *Conduire un cheval avec ensemble* a la même signification.

ENTABLER (s'). Un cheval s'entable lorsqu'en marchant de deux pistes, sa croupe précède ses épaules. Il faut éviter ce mouvement défectueux, car non-seulement il n'est pas possible de donner de direction certaine au cheval qui s'entable, mais il court risque de s'estropier, et comme il est gêné dans sa marche, il est porté à se défendre.

Le cavalier qui n'est pas prévenu par son assiette de ces sortes d'irrégularités, ne doit pas s'exposer à travailler seul : il lui faut la présence d'un écuyer pour l'avertir des mauvaises positions que prend son cheval, jusqu'à ce qu'il parvienne à s'en rendre raison lui-même. Comme il lui est impossible d'inculquer un sentiment qu'il ne possède pas, son premier soin doit être de l'acquérir.

ENTAMER LE CHEMIN A MAIN DROITE, c'est quand le cheval partant au galop, ses pieds droits, antérieur et postérieur, arrivent sur le sol avant les gauches. S'il est à l'autre main, ce sera la partie gauche du cheval qui entamera le chemin. (*Voyez* GALOP, pour les moyens à employer.)

ENTIER. Cheval entier à une main. (*Voyez* CHEVAL.)

ENTRER DANS LES COINS, c'est pénétrer autant que possible dans les angles du manége; il faut au cheval beaucoup de souplesse pour qu'il puisse se contourner ainsi, et que les jambes de derrière suivent exactement la même ligne que celles de devant.

Du reste, le cavalier qui saura bien équilibrer son cheval, arrivera facilement à le faire entrer dans les coins, car il aura dès lors vaincu une bien plus grande difficulté.

ENTRETENIR, c'est renouveler l'action du cheval, pour lui conserver une égale vitesse dans les allures.

Soit qu'il faille se servir du mors pour le calmer, ou des jambes pour l'activer, les aides agissantes doivent toujours être modérées par les aides opposées, afin que l'impulsion qu'elles donnent ne change pas l'action nécessaire à l'allure et à une bonne position.

Ainsi les changements de direction ne sont qu'imparfaitement exécutés quand le cheval ne conserve pas exactement en tournant la même vitesse qu'il avait en ligne droite.

ÉPAULE EN DEDANS (l') s'exécute lorsqu'on amène les épaules du cheval dans le manége, en conservant toujours les jambes de derrière sur la piste.

Si l'on est à main droite, le cheval marchera à gauche, et conservera sa position oblique pour que les jambes de derrière cheminent un peu plus que d'une piste et pas précisément de deux. A l'approche des angles, on diminuera lentement la marche des épaules, et on augmentera celle des hanches, afin de conserver au cheval le même degré de vitesse, et le retrouver dans la même position après avoir passé les coins.

Tous les écuyers regardent cet air de manége comme l'un des plus aisés, surtout pour les jeunes chevaux ; je ne partage pas leur opinion : bien que les deux lignes que parcourent les jambes postérieures et antérieures ne soient pas parallèles, le cheval n'en aura pas moins une grande propension à résister, parce que, n'étant plus droit, il aura plus de facilités d'échapper au ramener, sans lequel la direction précise est impossible.

Je ne suis pas non plus de l'avis des écuyers qui regardent l'épaule en dedans comme l'air de manége par lequel il faille commencer les chevaux au travail de deux pistes.

Je lis dans un ouvrage en vogue, sur *l'Épaule en dedans* :

« S'il arrive qu'un cheval se retienne, ou se défende par
» malice, ne voulant point se rendre à la sujétion de cette
» leçon, il faudra la quitter pour quelque temps, et re-
» venir au principe du trot étendu. »

Je ne conçois pas qu'on passe ainsi sans intermédiaire du trot à l'épaule en dedans, et de l'épaule en dedans à cette allure. Quant à moi, je le répète, je ne conseillerais pas de commencer le travail sur les hanches par l'épaule en dedans : le cheval n'ayant rien qui l'arrête et limite son travail, il ne l'exécute qu'avec peine et incertitude; il y a plus : le point d'appui que ses jambes postérieures rencontrent au mur lui donne le moyen de résister, et souvent il s'en empare. L'expérience m'a démontré que les lignes diagonales des changements de main faisaient comprendre plus vite nos intentions au cheval. Voici comment je procède : Je fais marcher le cheval d'une piste sur une ligne, jusqu'à ce qu'il soit à trois ou quatre pas du mur opposé ; puis je lui fais parcourir ce court espace de deux pistes. Je l'arrête, le caresse ; ensuite, je recommence en diminuant graduellement le terrain sur lequel il marche d'une piste ; si l'on suit bien cette gradation, le cheval se soumettra à ce nouveau travail sans difficulté aucune.

ÉPERON. Les éperonniers ont fabriqué plusieurs sortes d'éperons. Le nombre en eût été plus restreint si l'on eût moins sacrifié à la mode ; mais une foule de personnes qui ne montent pas à cheval, ont trouvé gracieux d'avoir à leurs bottes de longues branches droites ou courbes, armées d'une infinité de petites pointes ; on peut se contenter de rire d'une habitude qui, en définitive, ne fait de mal à personne. J'en dirai autant de ceux qui s'en servent, à la vérité, pour monter dans les promenades, mais qui, grâce à la position de leurs jambes, les rendent tout à fait inoffensifs pour le cheval.

Le collet des éperons d'un homme de cheval doit avoir de vingt-sept à quarante millimètres de long. Les molettes doivent être rondes, avec de petites entailles très-peu saillantes, leur action bien entendue produira tout l'effet qu'on doit en attendre sur les chevaux froids, comme sur les chevaux d'une nature irritable. (*Voyez* ATTAQUES.)

ÉQUITATION (l') est l'art de bien monter à cheval.
Traiter un pareil article comme il mériterait de l'être, ce serait faire un livre tout entier. Je me contenterai de citer les passages suivants sur l'origine de l'équitation et

ses avantages hygiéniques, passages extraits de l'ouvrage intitulé : *Gymnastique médicale*, par M. Charles Londe, D. M., dont je m'honore d'être l'ami.

Cet ouvrage, *ex professo*, renferme les notions les plus exactes sur la matière, et jouit d'une estime justement acquise.

DE L'ÉQUITATION.

« Si, moins amateurs du vrai que du merveilleux, nous remontions, avec les mythologues, à l'origine de l'équitation, nous pourrions, après Virgile et ce grand poëte grec qui lui servit de modèle, rendre grâce à Neptune de nous avoir donné le cheval, et appris l'art d'en faire usage :

>..... Tuque, o qui prima frementem
>Fudit equum magno tellus percussa tridente.
>(Virg., *Georg.*, lib. IV, 12 et 13.)

» Mais si, prenant pour guides des historiens d'une véracité moins équivoque, nous venons à consulter Pline, nous conclurons, avec Mercuriali, que Belléophon, fils de Glaucus, est, dans la Grèce, le premier qui trouva le secret de dompter un cheval et de s'en servir : *Equitationis primum inventorem Bellerophontem exstitisse auctor est Plinius.* (Merc. *De arte gymnast.* lib. III.)

» Bien certainement, avant Bellérophon, on avait déjà dressé des chevaux en Égypte, puisque l'Écriture nous apprend que le roi Pharaon, qui fut englouti dans la mer Rouge, avait sous ses ordres une cavalerie fort nombreuse. Dans d'autres pays, au contraire, on n'a connu les chevaux que fort tard, et l'Amérique, avant la découverte de Christophe Colomb, n'avait encore aucune idée de ce quadrupède précieux, aujourd'hui si nécessaire à ses habitants. Les Thessaliens, peuple voisin de la Grèce, profitèrent bientôt de la découverte de Bellérophon, et devinrent de si bons cavaliers, qu'on les surnomma *centaures*. Enfin, du temps d'Hippocrate, presque tous les Scythes faisaient un grand usage du cheval, ce qui, sans doute, fournit au père de la médecine l'occasion de reconnaître plusieurs effets de l'équitation. Cet exercice, après le siècle d'Hippocrate, continua à se répandre de tous côtés, fit partie des jeux, et fixa, sous le point de vue prophylactique et thérapeutique, l'attention d'une infinité de médecins, parmi lesquels nous retrouvons encore Antyllus, Aëtius, Avicenna, Suétonius, et enfin Sydenham qui s'est montré panégyriste si enthousiaste de l'équitation, qu'après en avoir vanté l'usage jusque dans les dernières périodes de la désorganisation pulmonaire, il n'a pas craint d'avancer encore que, si quelqu'un possédait un remède aussi efficace que l'est cet exercice, lorsqu'on le répète souvent, et qu'il voulût en faire un secret, il pourrait aisément amasser de grandes richesses, etc. *Sane diu multumque mecum reputavi, quod si cui innotesceret medicamentum, quod et celare vellet, æque efficax in prodagra ut in chronicis plerisque, ac est equitatio constans et assidua, opes ille exinde amplissimas facile accumulare posset.* (Sydenham. *Tract. de podag.*, p. 591.)

» Des exercices que nous avons décrits, l'équitation est un de ceux qui fut un peu négligé dans les gymnases, peut-être à cause des grandes dépenses qu'il occasionne, peut-être aussi parce que cette espèce d'exercice ne remplissait pas entièrement l'objet des anciens, qui n'avaient pas seulement pour but d'acquérir une santé stable et vigoureuse, mais qui voulaient, en outre, donner à leur corps toute la force qu'il était susceptible d'acquérir, et d'où résultait cette constitution prodigieuse qu'on nommait athlétique, ou une agilité dont on pourrait à peine se faire une idée de nos jours. Quoi qu'il en soit cependant, il existait chez les Grecs trois espèces de courses de chevaux. Ces courses différaient des nôtres, 1° parce qu'on les faisait toutes sans étriers, cette partie du harnais étant encore inconnue à cette époque; 2° parce qu'on devait, comme dans l'exercice des chars, doubler la borne avant de paraître devant les juges. Ces courses différaient ensuite entre elles, en ce que, dans la première, on courait avec des chevaux de selle; dans la seconde, *avec des poulains montés comme des chevaux de selle;* et dans la troisième, avec deux juments, dont l'une était montée, et l'autre menée en laisse. A la fin de cette dernière course, le cavalier se jetait à terre en prenant les juments par la bride, et achevait ainsi de fournir sa carrière. Les courses de chevaux sont peut-être, de tous les exercices que nous avons conservés des anciens, le seul qui, de nos jours, se fasse publiquement, et soit présidé par des magistrats; encore faut-il avouer que ces courses modernes paraissent particulièrement instituées pour conserver en France des races de coursiers légers, et que les prix qui se distribuent annuellement, au Champ de Mars, sont plutôt une récompense des soins qu'a pris le propriétaire de faire de bons élèves, qu'une palme décernée à l'adresse des écuyers. Venons maintenant à notre objet principal.

» L'équitation communique aux organes la force dont ils ont besoin pour s'acquitter convenablement des fonctions qui leur sont confiées, régularise, si je puis m'exprimer ainsi, tous les actes de la vie, sans les accélérer beaucoup : *Equitatio pulsum parum auget,* a dit Haller dans ses *Éléments de Physiologie.* L'équitation exerce la plus grande influence sur la nutrition et l'assimilation, et c'est en assurant une ample et juste répartition des principes nourriciers (que les exercices actifs ont l'inconvénient de trop dissiper), et en développant ces constitutions pléthoriques et replètes, signes certains d'une santé robuste et d'organes bien nourris, qu'elle parvient à réprimer, je dirai presque à étouffer, cette prédominance de la sensibilité, qui cause des désordres si grands et si faussement attribués à la faiblesse des nerfs.

» Le mouvement général qu'imprime l'exercice modéré du cheval est un des moyens les plus propres à fortifier la presque universalité des organes du corps humain, et c'est cette propriété, tonique par excellence, qui le rend si avantageux aux personnes faibles, aux convalescents, surtout à ceux chez qui de longues maladies auraient occasionné une diminution générale des forces ; ce sont surtout les gens de lettres qui doivent pratiquer cet exercice : ils y trouveront un moyen propre à opposer aux dangers de leur genre de vie ; car la position qu'exige l'équitation et les mouvements qu'elle détermine étant très-favorables à la libre expansion des poumons, détruisent avec efficacité l'effet nuisible de la position nécessitée par les travaux de cabinet. Cet exercice est d'ailleurs un des plus propres à reposer le cerveau, puisque, sans fatiguer les membres, sans consumer d'influx nerveux, il apporte dans les mouvements vitaux qui se dirigent vers l'encéphale, une diversion salutaire, mais trop peu considérable pour empêcher cet organe de reprendre bientôt avec la même énergie son action accoutumée. »

ESBRILLADE, secousse que les écuyers du temps de Louis XII donnaient avec une seule rêne à un cheval désobéissant, pour l'obliger à tourner.

Ce mauvais procédé ne se pratique plus par les gens qui raisonnent leur art. On a reconnu que ces espèces de saccades ne peuvent rien apprendre au cheval, et que c'est par une série de pressions progressives basées sur ses résistances qu'on lui indique, en le plaçant, ce qu'il doit faire.

ESCAPADE, action subite d'un cheval qui se livre à un instant de fougue.

Un cheval vif, qui ne travaille pas assez, est sujet à ces sortes de gaietés, qu'il est, au reste, facile de réprimer, s'il sait répondre aux effets du mors et des jambes.

Il est essentiel, pour la santé et la subordination du cheval, de le promener chaque jour, ou au moins tous les deux jours. Le cheval trouve à ces promenades un exercice salutaire, et le cavalier un moyen d'étude qu'il doit saisir avec empressement.

ESCAVESSADE, mot inusité, qui signifie donner au cheval des secousses violentes avec le cavesson ou les rênes de la bride. (*Voyez* DRESSER.)

ESTRAPADE, saut de mouton très-vif que fait le cheval. Les jeunes chevaux y sont les plus sujets. L'estrapade est une défense peu dangereuse; cependant, il n'en est pas qu'un bon cavalier doive négliger; d'abord parce qu'il peut être surpris désagréablement, ensuite parce qu'il ne fait pas preuve de science en se contentant seulement de suivre le cheval.

ESTRAPASSER, c'est faire travailler le cheval au delà de ses forces, et lui demander des choses qu'il ne peut exécuter. C'est un défaut ordinaire aux gens qui mettent plus d'ambition que de raison dans leurs exercices. Ils contractent le cheval, pour obtenir de lui, par la violence, ce que le temps et le savoir seuls peuvent amener; qu'en résulte-t-il? Ils exténuent ces pauvres animaux, dont, avec un peu plus d'expérience, ils auraient tiré de bons services sans fatiguer leur organisation.

A ce défaut il n'est qu'un remède : apprendre.

ÉTRIERS. Les étriers servent à reposer les jambes, et non à donner un point d'appui pour soutenir le corps.

Les personnes qui basent leur solidité sur la bonté des étrivières sont toujours incertaines et dangereusement placées.

Mais le cavalier solide par principes ne laissera que cinquante-cinq millimètres de longueur de moins aux étriers qu'aux jambes, l'extension de ces dernières lui servant à mieux embrasser son cheval.

Les réactions du cheval seront moins sensibles quand, par un juste emploi de force, on aura plus de poids sur la selle. Alors les fesses y seront plus adhérentes, les genoux se porteront moins en avant, et leur immobilité empêchera le pied de quitter l'étrier, qui ne doit être chaussé que jusqu'à la naissance des doigts. Le talon sera un peu plus bas, ce qui s'obtiendra aisément si la jambe tombe sans force.

La plupart des élèves se figurent que les étriers attirent les jambes en avant ; c'est une erreur : les jambes descendent comme les étriers, perpendiculairement; mais ce qui les porte en avant, c'est la forte tension que l'on donne aux muscles pour peser sur l'étrier.

F

FAÇONNER UN CHEVAL, c'est le rendre régulier et gracieux dans ses exercices.

FAIRE LA RÉVÉRENCE, se dit d'un cheval qui fait un faux pas.

Quand un cheval est sujet à ces génuflexions, c'est au cavalier à le placer et à le soutenir dans la main et les jambes, pour que les flux et reflux de poids soient faciles et réguliers.

FAIT (le cheval) est celui dont l'éducation est terminée.

Les chevaux faits conviennent plus particulièrement aux dames ; il faut que ceux qui leur sont destinés soient familiarisés avec tous les objets qu'ils peuvent rencontrer. Il est surtout nécessaire qu'ils soient d'une bonne construction, c'est-à-dire qu'ils aient d'excellents reins, des hanches larges et longues, de bons jarrets; si leur éducation est faite avec suite et gradation, il sera facile en peu de temps de les confier à une dame.

FALCADE (la) était un résumé, en quelques petits sauts ou courbettes, des exercices d'un cheval ; c'en était comme la cadence parfaite. Alors que l'équitation était cultivée avec zèle et ardeur, le travail des chevaux avait une sorte de méthode rigoureuse, une suite, comme un discours oratoire ; un pas rassemblé servait d'*exorde* ; puis on entrait en matière par un trot cadencé, c'était la *narration* ; quelques temps de galop faisaient les *preuves* du cheval ; ensuite des airs bas et relevés présentaient la *confirmation* ; le tout se terminait par une falcade, *péroraison* digne de ces brillants exercices.

FANTAISIE. Le cheval qui a des fantaisies est celui qui, de temps à autre, veut sauter, tourner ou reculer, contre la volonté du cavalier.

Pour que le cheval arrive à ce point de mépriser les aides et le châtiment de celui qui le monte, il faut qu'il ait été bien mal mené, ou conduit par des cavaliers poltrons et pusillanimes.

Avec du soin, on peut rendre ces chevaux-là soumis ; seulement il faudra un temps plus long pour les ramener dans un juste équilibre, moyen d'une efficacité certaine contre les fantaisies du cheval.

FANTASQUE. (*Voyez* Fantaisie.)

FAROUCHE. Un cheval est farouche quand il craint la présence de l'homme; les poulains qu'on abandonne dans les herbages sans les approcher, ou qu'on n'approche qu'avec brutalité, deviennent farouches.

J'ajouterai, à propos de cette observation, que la majeure partie des défauts d'un cheval sont une preuve même de sa mémoire et de son intelligence dont on s'inquiète généralement trop peu; on oublie que l'acte de la veille produit son résultat le lendemain; qu'il faut ménager pour le jeune cheval, les circonstances d'éducation, comme pour un enfant, et de même qu'on ne doit entourer celui-ci que de gens capables de lui donner de bonnes habitudes, de même aussi, il est à souhaiter que les éleveurs aient des hommes d'un naturel doux et patient pour approcher les poulains, et leur inspirer la confiance que les mauvais traitements leur ôtent.

FAUX, c'est quand le cheval galope à main droite dans un manége, et que ses jambes gauches arrivent sur le sol en avant des droites, et *vice versâ* pour l'autre main.

Il n'y a pas de galop faux en ligne droite; mais, dans un manége, l'équilibre exige que les jambes les plus rapprochées du centre arrivent en avant des autres; quand il en est autrement, le cheval perd son aplomb et court risque de tomber. (*Voyez* Galop.)

Il est bon, pour changer le travail du cheval et éviter la routine, de le faire galoper sur l'un et sur l'autre pied à la même main; cela devra se pratiquer surtout pour le cheval que l'on voudra amener à changer de pied du tact au tact. C'est par la multiplicité des changements de pied avec temps d'arrêt qu'on arrivera, sans efforts, à obtenir les changements de pied en l'air.

FERME. On appelle *travailler ferme à ferme*, manier le cheval sans bouger de place, comme au piaffer.

Partir au galop de pied ferme, c'est, de l'état de repos, enlever le cheval au galop. Les jarrets ont besoin d'un effort considérable pour donner cet élan spontané ; aussi le cavalier doit-il s'assurer de la bonté de leur construction, avant de les comprimer aussi fortement, et n'essayer ce travail qu'après avoir obtenu sans peine le passage du pas au galop.

FERMER, c'est terminer entièrement une figure. Cela se dit surtout du travail de deux pistes. Si la croupe n'arrive pas en même temps que les épaules sur la piste, le cheval a mal *fermé* son air de manége.

Tous les chevaux, mais surtout ceux abandonnés aux élèves, gagnent volontiers à la main, à la fin d'une figure de deux pistes. La propension qu'ils ont à revenir aux allures naturelles, exige de l'accord pour les empêcher de les reprendre avant d'avoir atteint le point voulu ; aussi, dans ce genre de travail, les derniers pas sont souvent les plus difficiles, et c'est à les bien exécuter que l'élève doit s'exercer.

FIER, se dit d'un cheval ardent et gracieux dans sa démarche. Les chevaux fiers sont agréables à monter et faciles à dresser ; malheureusement pour l'espèce et pour beaucoup de négligents écuyers, ils sont rares.

Cette cause devrait bien engager ces derniers à redoubler d'efforts et d'études, afin qu'au moins l'art pût établir une compensation.

FILET (le) est, comme le bridon, une sorte de mors brisé et dépourvu de branches. Il est ordinairement de deux pièces, quelquefois de trois ; mais la troisième est sans utilité spéciale.

Je n'entends point parler ici du bridon dont on se sert pour débourrer les chevaux tout à fait ignorants, et que je regarde comme complétement inutile. Je ne traiterai, dans ce chapitre, que du filet qui doit accompagner le mors dans la bouche du cheval.

A voir le silence des auteurs, dont aucun ne s'est occupé particulièrement du filet, on devinerait difficilement le parti qu'on en peut tirer; il présente cependant des avantages sans nombre.

En effet, malgré toute la puissance que l'on prête au mors pour imprimer au cheval une direction de droite à gauche ou de gauche à droite, il est aisé de prouver qu'il n'a pas de sensation locale ; car les chevaux embouchés pour la première fois ne comprennent rien aux pressions des rênes, et au lieu de se porter à droite, à la suite du contact de la rêne gauche, ils tournent à gauche ou restent en place, ce qui prouve évidemment qu'ils ne ressentent pas l'effet direct qui les *invite* à se porter de ce côté.

Je me suis assuré de ce fait sur un cheval dressé, en attachant les rênes de la bride aux deux côtés de la muserolle ; par une simple pression de la rêne droite, par exemple, sur l'encolure, j'ai déterminé le cheval à gauche, et *vice versâ*.

Si le cheval ignorant ne répond pas au contact du mors, et qu'une fois dressé il obéisse à la simple pression des rênes, on doit en conclure que le mors n'a pas d'effet déterminant pour porter à droite ou à gauche, mais que cet effet est tout dans le savoir du cheval.

Durant l'éducation, c'est donc au filet qu'il faut recourir, puisque, par sa construction brisée et son action locale, il apprendra au cheval à répondre à des pressions qu'on pourra exercer d'un côté sans que l'autre soit averti, pressions qui disposeront sa tête et son encolure du côté déterminant.

Du reste, ce n'est pas seulement pour disposer la tête et l'encolure qu'il faut user de ces pressions préparatoires : le filet doit encore précéder les rênes de la bride dans tous les changements de direction, pendant les commencements du *dresser*, c'est-à-dire jusqu'à ce que le cheval réponde, sans la moindre opposition, à l'action de ces dernières. Avec cette précaution, on évite les résistances et on amène insensiblement le cheval à se soumettre au contact des rênes. Un autre effet non moins avantageux du filet est de fixer la tête dans sa juste position ; sans le filet, la tendance du cheval à fuir l'action du mors, en prenant diverses poses d'encolure, le soustrait sans cesse au pouvoir du cavalier.

Mais, grâce aux effets bien déterminés du filet, on peut aussitôt obvier au mauvais emploi de forces du cheval, et terminer plus vite son éducation. Je recommande particulièrement un filet muni de deux petites branches auxquelles les montants du bridon viennent se fixer. Ces branches empêchent le filet d'entrer dans la bouche du cheval, dans l'emploi latéral que l'on en fait.

FIN. Un cheval est fin quand il a la tête sèche, la taille dégagée et les jambes en rapport avec le corps. On appelle encore fin celui qui répond vivement aux aides du cavalier.

Tout cheval dont la position sera bien en équilibre, aura cette dernière qualité. C'est donc à lui donner cet aplomb que le cavalier doit principalement s'attacher.

FINGART, vieux mot qui signifie un cheval ramingue. (*Voyez* Ramingue.)

FINIR UN CHEVAL, c'est terminer son éducation. (*Voyez* Dresser.)

FLEXIONS. Les flexions ont pour but d'assouplir toutes les parties du cheval et de le rendre, par des translations de poids faciles à opérer, entièrement à la disposition du cavalier.

Elles se divisent en flexions à pied et en flexions à cheval.

Les premières se subdivisent elles-mêmes en :

1° Flexions de l'encolure et de la mâchoire, au moyen des rênes de la bride ;

2° Affaissement de l'encolure ;

3° Flexions directes de la tête et de l'encolure ;

4° Flexions latérales de l'encolure avec les rênes du bridon.

Les flexions à cheval sont au nombre de trois :

1° Flexions latérales de l'encolure ;

2° Flexions directes de la tête et de l'encolure ou ramener ;

3° Flexions et mobilisation de l'arrière-main.

N° 1. Pour exécuter la flexion de l'encolure à droite, le cavalier étant à pied saisira la rêne droite de la bride avec la main droite, à seize centimètres de la branche du mors, et la rêne gauche avec la main gauche, à dix centimètres seulement de la branche gauche. Il approchera ensuite la main droite de son corps, en éloignant la gauche, de manière à contourner le mors dans la bouche du cheval. La flexion à gauche s'exécutera par les mêmes principes et par les moyens inverses.

N° 2. Pour l'affaissement de l'encolure par la flexion de

la mâchoire, le cavalier se placera comme pour les flexions latérales, il croisera les rênes du bridon sous la ganache, en tenant la rêne gauche avec la main droite et la rêne droite avec la main gauche, toutes les deux à environ seize centimètres du mors ; il étreindra la mâchoire inférieure entre les rênes ainsi croisées, avec une force dont la puissance s'accroîtra en raison de la résistance que présentera le cheval ; mais cette force devra cesser entièrement aussitôt que le cheval abaissera son encolure en ouvrant la bouche.

N° 3. Les flexions directes de la tête et de l'encolure s'obtiendront en prenant, je suppose, la rêne gauche de la bride avec la main droite, à seize centimètres de la bouche du cheval ; on la tirera directement vers l'épaule gauche, en donnant en même temps avec la main gauche une tension à la rêne gauche du bridon en avant, de manière à ce que les poignets du cavalier tenant les deux rênes soient en regard sur la même ligne. Cette flexion se pratiquera aux deux mains.

N° 4. Pour les flexions latérales de l'encolure, le cavalier, toujours placé près de l'épaule du cheval, saisira la rêne droite du bridon, qu'il tendra en l'appuyant sur l'encolure, pour établir un point intermédiaire entre l'impulsion qui viendra de lui et la résistance que présentera le cheval ; il soutiendra la rêne gauche avec la main gauche, à trente-trois centimètres du mors. Dès que le cheval cherchera à éviter la tension constante de la rêne droite, en inclinant la tête à droite, le cavalier laissera glisser la rêne gauche, afin de ne présenter aucune opposition à la flexion de l'encolure. Cette rêne gauche devra se soutenir par une succession de petites tensions spontanées, chaque fois que le cheval cherchera à se soustraire par la croupe, à l'assujettissement de la rêne droite.

Lorsque l'encolure et la mâchoire auront complètement

cédé à droite, le cavalier donnera une égale tension aux deux rênes, pour placer la tête perpendiculairement.

La flexion de l'encolure à gauche s'exécutera d'après les mêmes principes, mais par les moyens inverses. Le cavalier pourra renouveler avec les rênes de la bride, ce qu'il aura fait d'abord avec celles du bridon, dont l'effet est moins puissant, mais plus direct.

Les flexions à cheval se pratiquent dans l'ordre suivant :

N° 1. Pour exécuter la flexion à droite, le cavalier prendra une rêne de bridon dans chaque main, la gauche sentant à peine l'appui du mors; la droite, au contraire, donnant une impression modérée d'abord, mais qui augmentera en proportion de la résistance du cheval, et de manière à le dominer toujours, jusqu'à ce qu'il incline la tête du côté où se fait sentir la pression; dès que la tête du cheval aura été ramenée à droite, la rêne gauche formera opposition, pour empêcher le nez de dépasser la perpendiculaire. Le mouvement régulièrement accompli, on fera reprendre au cheval sa position naturelle par une légère tension de la rêne gauche.

La flexion à gauche s'exécutera de même, le cavalier employant alternativement les rênes de bridon et celles de la bride.

N° 2. Pour obtenir les flexions directes de la tête et de l'encolure ou ramener, le cavalier se servira d'abord des rênes du bridon, qu'il réunira dans la main gauche en les tenant comme celles de la bride. Il appuiera la main droite de champ sur les rênes en avant de la main gauche, afin de donner à la première une plus grande puissance; après quoi il fera sentir progressivement l'appui du mors de bridon. Dès que le cheval cèdera, il suffira de soulever la main droite pour diminuer la tension des rênes et récompenser l'animal. La main ne devant jamais présenter qu'une force proportionnée à la résistance seule de l'encolure, on n'aura qu'à tenir les jambes légèrement près pour fixer l'arrière-main. Lorsque le cheval obéira à l'action du bridon, il cédera bien plus promptement à celle de la bride, dont l'effet est plus puissant; elle devra par conséquent être employée avec plus de ménagement. Le cheval aura complétement cédé à l'action de la main, lorsque sa tête se trouvera ramenée dans une position tout à fait perpendiculaire à la terre; la contraction cessera dès lors, ce que l'animal constatera comme toujours en mâchant son mors. Le cavalier aura soin de compléter exactement la flexion sans se laisser tromper par les feintes du cheval, feintes qui consistent dans un quart ou un tiers de cession suivis de bégayement.

Cette flexion est une des plus importantes; il faut que les jambes du cavalier soutiennent l'arrière-main du cheval et que la main par son soutien obtienne ensuite la position du ramener, de façon à ce qu'il ne puisse éviter l'effet de la main par un mouvement rétrograde du corps.

N° 3. Pour les flexions et mobilisations de l'arrière-main, le cavalier tiendra les rênes de la bride dans la main gauche, et celles du bridon croisées l'une sur l'autre dans la main droite, les ongles en dessous; il ramènera d'abord la tête du cheval dans sa position perpendiculaire par un léger appui du mors; après cela, s'il veut exécuter le mouvement à droite, il portera la jambe gauche en arrière des sangles et la fixera près des flancs du cheval jusqu'à ce que la croupe cède à cette pression. Le cavalier fera sentir en même temps la rêne de bridon du même côté que la jambe, en proportionnant son effet à la résistance qui lui sera opposée. De ces deux forces imprimées ainsi par la rêne gauche et la jambe du même côté, la première est destinée à déplacer la croupe, et la seconde à combattre les résistances. On se contentera dans le principe de faire exécuter à la croupe un ou deux pas de côté seulement. Lorsque la croupe aura acquis plus de facilité de mobilisation, on pourra continuer le mouvement de manière à compléter à droite et à gauche des pirouettes renversées. Aussitôt que les hanches céderont à la pression de la jambe, le cavalier, pour arriver à l'équilibre parfait du cheval, fera sentir immédiatement la rêne opposée à cette jambe; son effet, léger d'abord, augmentera progressivement, jusqu'à ce que la tête soit inclinée du côté vers lequel marche la croupe, et comme pour la voir venir.

La jambe du cavalier, opposée à celle qui détermine la rotation de la croupe, ne doit pas demeurer éloignée durant le mouvement, mais rester près du cheval et le contenir en place, en donnant d'arrière en avant une impulsion que l'autre jambe communique de droite à gauche ou de gauche à droite.

FOND. Un cheval qui a du fond est celui qui supporte un long exercice sans se fatiguer.

Heureux sont les amateurs qui ont en partage des chevaux nés avec ces bonnes dispositions! Mais un travail gradué sur les moyens du cheval, peut fortifier l'animal que la nature a moins bien traité, et le rendre aussi, capable de résister à de longues courses.

FORCER LA MAIN, c'est la même chose que s'emporter. (*Voyez* EMPORTER.)

FORCES (faire les). Un cheval qui ouvre beaucoup la bouche en la contractant ou qui porte la mâchoire inférieure de droite à gauche ou de gauche à droite, au lieu de se ramener, lorsqu'on exerce une pression plus forte du mors, fait des forces.

Les cavaliers qui cherchent d'abord à ramener leurs

chevaux quand ils sont en action, rencontrent parfois cette résistance; la contraction de la mâchoire, jointe à celle de l'encolure, présente dans ce cas une telle opposition, que beaucoup d'écuyers ont été obligés d'y renoncer.

Le travail en place, en ne s'occupant que des assouplissements et de la mise en main, est l'unique moyen de combattre ces résistances. Je puis répondre qu'en moins de quatre leçons, d'une demi-heure chacune, le cheval aura acquis déjà une très-grande légèreté.

FORCES DU CHEVAL (les) se divisent en forces *instinctives* et en forces *transmises*. Elles sont instinctives lorsque le cheval en règle lui-même l'emploi; elles sont transmises lorsqu'elles émanent du cavalier. Dans le premier cas, l'homme dominé par son cheval devient le jouet de ses caprices; dans le second, au contraire, il en fait un instrument docile, soumis à toutes les impulsions de sa volonté.

L'éducation du cheval consiste dans la domination complète de ses forces; on ne peut en disposer qu'en annulant toutes les résistances.

Le cheval, dès qu'il est monté, ne doit plus agir que par des forces transmises.

FORGER. Ce mot veut dire que le cheval, en marchant ou trottant, s'attrape les fers des pieds de devant avec ceux de derrière.

De mauvaises constructions, telles que des reins faibles, des épaules courtes, une encolure massive et affaissée, rendent infaillible la rencontre des fers. Les chevaux mal montés, auxquels on laisse prendre des positions qui nuisent au jeu régulier des quatre jambes, forgent aussi, bien que leur conformation ne les y contraigne pas.

En disposant le cheval de façon à ce que le mouvement de ses jambes ne détruise pas son équilibre, on le corrige de ce défaut; mais, pour y parvenir, il faut l'exercer avec beaucoup d'attention, et ne lui faire d'abord prendre que des allures lentes, pour que ses forces demeurent bien réparties, et que chaque jambe, se mouvant avec l'énergie convenable, n'aille pas frapper le pied postérieur contre celui antérieur.

FOUGUEUX, cheval colère et fantasque. Les mauvais traitements sont, pour l'ordinaire, le principe de ses emportements désordonnés.

La douceur, la patience, peu d'exigence et une sage progression dans les exercices, sont de grands moyens de corriger ce défaut.

Avec des leçons courtes et fréquentes, on habituera le cheval à la société de l'homme et à la soumission, sans lui donner une impatience qui augmente sa fougue et le fait parfois se défendre.

A cet égard, et comme moyen très-efficace pour détruire cette défense, je recommande par-dessus tout le travail en place et celui qui se pratique à l'aide de la cravache.

FOULE, c'est lorsque plusieurs cavaliers manient à la fois leurs chevaux dans un manége, et leur font exécuter chacun un travail différent.

Il serait bien de faire revivre cette belle manière de faire de l'équitation; il est vraiment gracieux de voir une douzaine de cavaliers exécuter différents airs de manége: les uns décriraient des figures de deux pistes, pendant que les autres seraient au passage, au piaffer et au galop sur de petits cercles, en changeant souvent de main. Cette manière de travailler son cheval séparément fait apprécier le mérite de chaque cavalier, et lui donne, ainsi qu'au cheval, l'habitude d'agir indépendamment de ses voisins.

FOURCHE (la troisième), appliquée aux selles de femmes, est encore de mon invention; elle donne à l'amazone une solidité à l'épreuve de tout mouvement brusque ou violent. Elle remplace les genoux du cavalier et donne à la femme une sûreté morale qu'elle n'aurait jamais pu avoir sans le secours de cette troisième fourche qui est aujourd'hui sanctionnée unanimement.

FOURNIR SA CARRIÈRE, se dit d'un cheval qui va d'une égale vitesse jusqu'au bout d'un terrain limité.

C'est au cavalier à ménager les forces du cheval, à entretenir et à renouveler son action, de façon qu'elle ne s'altère pas et que sa vitesse reste la même.

FREIN. (*Voyez* MORS.)

FREIN (mâcher son). Le cheval mâche son frein quand, par un mouvement de mâchoires, il l'agite de temps en temps.

Les chevaux bien placés, soit naturellement, soit par l'art, détachent facilement la mâchoire; le cheval qui mâchera naturellement son frein sera toujours léger à la main et constamment bien intentionné; jamais un cheval ne se défendra ayant la mâchoire mobile.

Cependant, il ne suffira pas que le cheval *mâche son frein*, il faudra qu'il *lâche son frein*, c'est-à-dire qu'il **ouvre la bouche de manière à bien détacher les mâchoires.**

FUIR LES HANCHES, FUIR LES TALONS, PAS DE CÔTÉ, MARCHER DE DEUX PISTES, ont la même signification.

Peu de personnes conçoivent les difficultés que présente ce travail; elles l'estiment d'autant moins qu'elles ne connaissent ni les services ni les résultats qu'on en peut obtenir. Comme on se figure que ce n'est qu'une parade de manége, chacun l'essaye à sa manière, sans chercher à l'utiliser, soit pour l'éducation du cheval, soit pour l'agrément du cavalier; c'est cependant là le but qu'il faudrait se proposer.

Tout cheval marche, trotte et galope naturellement : l'art perfectionne les allures et leur donne le liant et la légèreté qu'elles sont susceptibles d'acquérir.

Le travail de deux pistes, étant moins dans la nature, présente, par cela seul, des difficultés beaucoup plus grandes ; il serait même impossible de l'obtenir régulièrement sans le secours de l'éducation première, qui tend à placer le cheval et à le mettre dans le cas de supporter des commencements de rassembler.

Mais aussi, quand on l'exécute, il a pour résultat, non-seulement de plier le cheval dans tous les sens, mais encore de faire ressortir ses formes, et de lui donner cette légèreté, cette finesse de tact, qui le font répondre aux imperceptibles mouvements du cavalier.

Je pourrais, à la rigueur, me dispenser de rendre raison de ce qu'on appelle *airs de manége*, si les auteurs qui ont écrit à ce sujet avaient fait connaître autre chose que la nomenclature des figures ; mais, comme ils n'ont indiqué ni comment le cheval doit être placé, ni comment il faut s'y prendre pour que l'exécution en soit précise, je m'efforcerai de réparer leur oubli : je dirai donc que l'écuyer qui fera exécuter avec précision des lignes droites de deux pistes, obtiendra, sans de grands efforts, des lignes courbes ou toutes autres, si toutefois il a exercé préalablement son cheval aux pirouettes ordinaires et renversées.

Aussitôt que par la souplesse de l'encolure et des reins, la légèreté sera acquise et que le cheval prendra facilement toute espèce de changement de direction, on pourra commencer le travail sur les hanches.

C'est à l'extrémité des changements de main qu'il faut faire exécuter au cheval les premiers pas de deux pistes, qui ne seront augmentés que progressivement. Le cheval étant arrivé au point de répondre immédiatement et sans aucune résistance au mouvement des aides du cavalier, rien ne s'opposera à ce qu'il parcoure toute la distance de la diagonale.

Le cheval doit travailler avec la même régularité aux deux mains; l'écuyer sentira le côté qui résiste davantage, et il saura promptement vaincre cette résistance en l'exerçant plus fréquemment.

On conçoit que si le cheval se porte d'une jambe sur l'autre, avec une vitesse égale à l'impression du contact qu'il reçoit, il pourra exécuter tous les airs de manége.

Pour que les pas de côté soient réguliers, il faut : 1° que le cheval soit toujours dans la main; 2° que ses épaules et sa croupe soient sur une même ligne; 3° que le passage des jambes se fasse de telle sorte, que celles qui marchent les dernières passent par-dessus celles qui entament le mouvement, c'est-à-dire que la jambe de devant, du côté où on détermine, quitte le sol la première et soit suivie par la jambe opposée de derrière; il faut aussi que la tête soit légèrement portée du côté où l'on fait marcher le cheval, afin qu'il puisse voir le terrain sur lequel il chemine.

Cette dernière position, qui le rend plus gracieux, servira avantageusement au cavalier pour modérer la marche des épaules de l'animal, ou leur donner plus d'activité. C'est aussi avec cette attitude qu'il pourra régler et surtout cadencer ses mouvements.

Pour que le cheval conserve le juste équilibre qu'exige cet exercice, le cavalier doit se servir de ses deux jambes pour entretenir continuellement l'harmonie et la régularité d'action dans l'avant et l'arrière-main; si c'est la jambe gauche qui pousse la masse à droite, c'est la jambe droite qui aide à enlever cette même masse et la détermine, elle modère l'action de la jambe gauche, maintient le cheval dans la main, l'empêche de reculer, le porte en avant, diminue ou augmente le passage d'une jambe sur l'autre, et lui conserve toujours cette belle position qui donne à ses mouvements une cadence gracieuse et régulière.

G

GALOP (le) est une répétition de sauts, dans lesquels la partie antérieure du cheval se lève la première et à une plus grande hauteur que la partie postérieure.

Pour mettre quelque ordre dans cet article, d'une certaine étendue, je commencerai par indiquer la manière de placer le cheval pour qu'il se mette au galop; ensuite, j'examinerai les moyens expliqués dans différents traités; et, enfin, je ferai connaître ceux que l'expérience m'a fait juger être les meilleurs.

Le premier soin à prendre pour donner au cheval la position qui le conduit à se mettre au galop, c'est de le rassembler; pour cet effet, toutes ses parties doivent être tellement liantes, que cette position, base fondamentale de toute allure élevée, s'obtienne sans que sa volonté puisse jamais s'y opposer. Pour enlever la partie antérieure, il faut préalablement l'alléger, et on n'y parviendra qu'en faisant agir les jambes et la main avec assez d'ensemble pour que le cheval comprenne distinctement cette intention. En effet, si les jambes et la main exercent sur le cheval une juste opposition qui force ses jambes de derrière à se rapprocher du centre, il sera facile de faire refluer le poids du devant sur le derrière, en ayant soin que ce changement de position ne prenne pas sur l'action, qui dans ce moment doit au contraire être augmentée, le cheval alors s'enlèvera de lui-même ; telle est la première impulsion du galop.

Ce serait chose impossible que de vouloir définir les effets de force que le cavalier doit employer pour se faire comprendre de son cheval ; je le suppose assez sûr de son assiette et de ses parties mobiles pour être maître d'opérer, dans les moments opportuns, la transmission de contact la plus convenable. On doit supposer du savoir à quiconque veut en transmettre.

Les ouvrages qui ont traité jusqu'ici de l'allure du galop ont, à mon avis, laissé bien des doutes sur les points les plus essentiels. Mon premier soin sera donc de montrer les erreurs pratiques auxquelles pourraient conduire ces fausses théories.

Les auteurs qui ont écrit sur l'équitation sont loin d'être d'accord sur les moyens à employer pour *faire partir* le cheval au galop sur tel ou tel pied.

Je m'occuperai d'examiner leurs méthodes pour *ébranler* le cheval au galop.

Sur ce point seul, que de contradictions dont la plupart ne viennent que de la faute où tombent les auteurs de vouloir faire des règles exclusives, de moyens propres seulement à certaines positions !

Pour être plus facilement compris, je ne parlerai que des moyens qui forcent le cheval à s'enlever au galop sur le pied droit ; il est clair que, pour le pied gauche, il suffira d'employer les moyens inverses.

Les uns se servent de la jambe gauche et de la main portée de ce côté.

D'autres mettent en usage les deux jambes, et toujours la main portée à gauche. Il en est encore qui attendent, disent-ils, le posé de la jambe gauche de derrière pour la fixer sur le sol, et *faire partir* le cheval sur le pied droit.

Avant d'examiner ces divers principes, répétons qu'il en est un fondamental, qui consiste à maintenir le cheval dans une légèreté parfaite, pour le disposer à prendre la position nécessaire à l'allure du galop : c'est la condition *sine qua non*. Cette position obtenue, si l'on fait usage de la jambe gauche, qui agira du même côté que la main, quel sera l'effet ? Évidemment de porter la croupe à droite, ce qui surchargera indistinctement une des deux jambes de derrière, et le cheval partira désuni.

Je veux bien que le hasard fasse plusieurs fois rencontrer juste; mais on aura toujours pour inconvénient de mettre le cheval de travers, et de prendre sur la force qui doit le porter en avant. Ce n'est pas tout : n'étant plus droit, par rapport à la ligne qu'il a à parcourir, il faudra de nouvelles forces et de nouveaux mouvements pour l'y maintenir, et le talent de l'écuyer consiste à en réduire l'emploi autant que faire se peut.

Il n'est qu'un cas où la première méthode qui nous occupe puisse être d'un secours véritable pour obtenir le galop sur la jambe droite, et ce cas, le voici : si, faute d'exercice préalable, l'encolure reste contractée, et les reins tendus, nécessairement le cheval répondra mal au moyen qu'il faudrait employer s'il était bien placé; alors, un soutien ferme de la jambe gauche du cavalier, et la main portée de ce même côté, détruiront cette résistance, et le cheval prendra le galop sur le pied droit.

On voit donc que ce moyen, utile lorsqu'il s'agit de neutraliser la force qui s'oppose à la position nécessaire au mouvement, devient nuisible, au contraire, quand le cheval est bien placé préalablement; puisqu'alors les forces, luttant également, nécessitent des forces parfaitement en harmonie avec les siennes, et l'on ne pourrait arriver à ce résultat, si la main et la jambe agissaient du même côté.

Viennent ensuite ceux qui se servent de la main à gauche et des deux jambes également rapprochées pour *faire prendre* le galop sur le pied droit · je préfère la pratique de ces derniers sur un cheval qui ne présente aucune résistance, parce qu'ils le déplacent moins; une fois la partie gauche surchargée, l'action donnée également fera précéder la partie la plus allégée. Mais le cheval qui n'a pas acquis la souplesse à l'aide de laquelle il peut changer la position de ses jambes de devant, sans que l'arrière-main se dérobe à cette translation de poids, cherchera souvent à fuir cet effet d'assujettissement, et il y parviendra, si les deux jambes sont également soutenues. En effet, la force de l'une combattant celle de l'autre, le résultat sera d'activer également le cheval, mais non de faire opposition à la main; dans ce cas, l'effet local de celle-ci serait manqué; car rien n'empêchera le cheval d'échapper de la croupe, si le cavalier ne s'empresse de faire sentir plus vivement la jambe droite. Dès lors, que devient la méthode des deux jambes également soutenues, et pourquoi des principes exclusifs? Par cette raison que loin de se rendre compte de ses propres impressions, on pose comme principe ce que l'on ne pratique pas soi-même.

Combattons maintenant l'opinion de ceux qui prétendent sentir le mouvement des extrémités postérieures à l'allure du pas, et qui savent en profiter pour *faire partir* le cheval sur le pied droit ou sur le pied gauche, à leur volonté. Ce charlatanisme peut être mis en parallèle avec la botte secrète de quelques maîtres d'armes.

Les difficultés de l'équitation sont déjà en assez grand nombre, même avec la connaissance exacte des moyens les plus naturels, sans qu'on les augmente encore par des données impraticables, qui déroutent entièrement l'élève, et lui font prendre en dégoût l'exercice auquel il se livre.

Dans tous les cas, en supposant même un cavalier assez impressionnable pour sentir l'instant du posé de la jambe gauche de derrière, peut-on croire qu'il sera assez prompt dans ses mouvements pour fixer tout le poids de la masse sur cette partie, et *enlever le cheval* au galop sur le pied droit? Tandis que l'animal conserve son action pour se continuer à l'allure du pas, pense-t-on qu'il soit possible de donner la position exigée, pour passer à l'allure du galop dans un aussi court espace de temps? Si cet intervalle imperceptible n'est pas saisi assez rapidement pour produire son miraculeux effet, le cheval partira faux ou désuni, puisque la jambe droite reprendra aussitôt son appui et le poids qui lui est assigné, afin d'entretenir la mobilité des autres jambes. Laissons de côté ces jongleries; c'est au cavalier lui-même à provoquer ce point d'appui, par l'inclinaison lente et progressive qu'il donnera à cette masse avant de l'ébranler; cette translation de poids fixera la partie qui sert de base, et, une fois déterminée, elle laissera facilement aux autres jambes la légèreté et l'activité nécessaires. C'est le corps qui fixe et arrête les jambes, et non les jambes qui donnent l'immobilité au corps; il faut donc commencer par disposer ce dernier, pour que les extrémités ne puissent plus se mouvoir à notre insu. Ceci revient à dire qu'il n'y a pas de mouvements de jambes sans un mouvement préalable du corps, et qu'en conséquence, il ne faut pas attendre le cheval, mais bien le prévenir.

Abordons maintenant le système des meilleurs auteurs, qui ont dit : « Pour mettre votre cheval au galop sur le
» pied droit, rassemblez-le, portez la main à gauche, et
» faites plus sentir la jambe droite. »

Oui, voilà effectivement la meilleure méthode pour disposer son cheval à prendre le galop sur le pied droit; cependant encore est-il qu'elle contient deux graves erreurs.

D'abord, elle est trop exclusive ; il est des cas où le moyen qu'elle indique serait insuffisant et manquerait le résultat.

Quand le rassembler, qu'on n'a jamais compris (1), n'est pas complet, par exemple, et que le cheval emploie des forces contradictoires, évidemment il en faut d'opposées pour les combattre : c'est donc à l'écuyer à juger promptement et à propos des changements et modifications que les circonstances exigent.

Le principe qui devra dominer cette méthode sera donc, je le répète encore, la nécessité d'un ramener parfait et d'un rassembler en rapport avec la position que doit prendre le cheval, et le premier tort des auteurs est de n'avoir pas assez parlé de cette nécessité.

Ensuite, un autre défaut non moins grave de cette méthode, ainsi exprimée, est de tromper l'élève par la valeur même de ses termes.

En effet, on lui dit : « Faites telle chose, et vous enlèverez le cheval au galop sur tel pied. »

C'est une erreur, il faut dire : « Faites telle chose, et vous disposerez le cheval pour qu'il s'enlève sur tel pied. »

Ceci n'est pas un jeu de mots ; je vais le prouver.

Pour que le cheval parte sur le pied droit, comme pour tout autre mouvement, il lui faut deux choses :

La position et l'action.

Supposons que l'élève, se fiant à votre façon de poser le

---

(1) Interrogez tous les auteurs qui ont écrit sur l'équitation, aucun ne vous dira quand et comment s'obtient le rassembler, ce qui le constitue et son importance pour certains mouvements. Il en sera de ce principe comme de toutes les choses de quelque valeur équestre, vous attendrez vainement la réponse.

principe, regarde les moyens que vous lui indiquez comme ceux qui doivent nécessairement et immédiatement produire le résultat.

Si le cheval se refuse à l'exécution, soit par mauvaise disposition, manque ou exès d'action de sa part, soit faute d'ensemble dans les aides du cavalier, que va-t-il arriver?

L'élève, convaincu que le moyen indiqué est d'un effet infaillible, se figurera seulement qu'il ne l'a pas rendu assez sensible; il forcera chacun de ses mouvements, dérangera de plus en plus la position du cheval, et, loin d'atteindre le but, il s'en écartera tout à fait.

Si, au contraire, vous faites bien concevoir à l'élève que le soutien de la main et de la jambe droite ne sont que des moyens préparatoires, destinés à placer son cheval, sans s'effrayer d'un instant de résistance, il comprendra qu'il faut ou augmenter ou diminuer l'action, et attendre l'effet de son impulsion, ou enfin corriger l'effet trop considérable d'une de ses aides, pour que la position et l'action du cheval, se trouvant dans les rapports voulus, le résultat suive nécessairement.

De là deux avantages :

1° On force l'élève à convenir que tout le tort vient de lui; et au lieu de s'en prendre avec colère au cheval qui résiste, il ménage et coordonne ses mouvements pour se faire mieux comprendre.

2° Reconnaissant qu'il ne fait que disposer le cheval, il exécute avec plus de calme, et laisse volontiers à son intelligence le temps de saisir les effets de force, tandis qu'en cherchant à l'enlever, on surprend cette intelligence et on embrouille ses idées.

En résumé, il faut bien se pénétrer que c'est le cavalier qui donne la position, et le cheval qui prend l'allure. (Il faut en dire autant des changements de direction.)

On conçoit que, par suite de ce raisonnement très-simple,

le cavalier doit toujours s'imputer la faute d'une mauvaise exécution. Si le cheval n'obéit pas, c'est qu'il n'est pas placé convenablement, ou qu'il manque de la force impulsive qui doit le porter en avant; il est donc évident que le cheval n'exécute correctement que quand le cavalier lui a transmis la force nécessaire et réparti le poids d'une manière convenable.

L'équilibre qui doit toujours servir de base au cheval exige qu'il galope sur le pied situé en dedans du manége, ou, autrement dit, sur la jambe droite quand il est à main droite, ou sur la jambe gauche quand il est à main gauche. Si l'ordre du jeu des extrémités était renversé, il y aurait irrégularité et danger, surtout dans les changements de direction; car si, malheureusement, le cheval se trouvait comprimé du côté déterminant, il en résulterait que les jambes (antérieure et postérieure) du même côté outre-passeraient la ligne d'aplomb et amèneraient la chute de l'animal. Si cet inconvénient, qui présente des dangers, est moins fréquent qu'il ne pourrait l'être, c'est que le cheval mal tenu cherche naturellement à reprendre l'équilibre que son maladroit cavalier a détruit, et qu'il l'obtient en donnant plus d'extension au cercle sur lequel il marche, ce qui amène le posé de l'autre jambe antérieure sur le sol. On conçoit bien que ces mouvements faux en principe ne sont blâmables que sous le cavalier qui ne sent pas son cheval; autrement ce sont des difficultés très acceptables exécutées par un écuyer qui sait si bien disposer les forces de son cheval qu'il peut, sur un mouvement faux, conserver un équilibre parfaitement juste.

Passons maintenant aux galops irréguliers; il en est de plusieurs espèces que nous allons définir; après quoi, nous donnerons les moyens de les rectifier.

Il n'y a qu'un galop faux; il y a deux galops désunis : désuni du devant, désuni du derrière.

Si le cheval, étant à main droite, se trouve galoper sur le pied gauche, le galop est faux.

Comme il ne peut arriver là qu'après un mouvement de corps qui a surchargé la partie d'abord allégée, il faut par une force opposée, c'est-à-dire par le soutien ferme de la jambe gauche et de la main portée aussi à gauche, lui faire reprendre la position première. Une fois la position rendue, l'accord de ses mouvements se rétablira de lui-même.

Si les erreurs du cheval viennent de ce qu'il n'est pas encore assez familiarisé avec l'allure du galop, il faut l'arrêter et lui faire prendre un galop régulier, par les moyens précédemment indiqués. Ce temps d'arrêt devra être rigoureusement observé toutes les fois qu'il changera de pied, ou se désunira. On évite ainsi les mouvements brusques, qui sont toujours au détriment de l'organisation.

Examinons maintenant le cas où le cheval se désunit du devant ou du derrière. Il est désuni du devant, lorsqu'en galopant à main droite, c'est l'extrémité antérieure gauche qui commence le galop, et il l'est du derrière quand l'extrémité postérieure droite reste plus en arrière que la gauche; dans le premier cas, c'est la motion des jambes de derrière qui est régulière, et, dans le second, c'est celle des jambes de devant.

Un cheval se désunit-il du devant? Un surcroît d'action donné avec les deux jambes facilitera l'enlevé de la partie antérieure avec la main, et, en la reportant aussitôt à gauche, on surchargera cette partie et on décidera la droite en avant; ici, il n'y a pas d'interruption dans le galop.

Si, au contraire, il se désunit du derrière, le contact plus énergique de la jambe gauche, avec un soutien ferme et égal de la main, donnera une inflexion aux côtes de cette partie, et fixera cette jambe postérieure sur le sol; en outre la jambe droite du cavalier, modérant l'action de la gauche, contiendra le cheval droit, rétablira son équilibre, et le galop sur le pied droit suivra naturellement.

Je le répète, il est essentiel de soutenir vigoureusement le bras et la main; sans cette immobilité momentanée, la jambe ne ferait que donner une impulsion en avant, et manquerait l'effet qu'elle doit avoir sur l'arrière-main du cheval.

L'intelligence du cavalier suppléera à tous les détails que ne peut contenir une définition écrite; il sentira le degré de force dont se sert le cheval pour changer de position, et ne lui en imprimera que la quantité suffisante pour le ramener à des mouvements réguliers, sans rien changer à son allure.

Quand une fois on aura disposé le cheval pour qu'il ait la possibilité de *s'embarquer* au galop sur le pied droit ou sur le gauche, quand on l'aura corrigé des irrégularités qui rendaient cette allure défectueuse, et accoutumé à se maintenir uniment aux deux mains, il sera temps de lui faire exécuter des changements de pieds, d'abord avec un temps d'arrêt, ensuite du *tact au tact*. Après avoir galopé le cheval à main droite et à main gauche, par conséquent sur le pied droit et sur le pied gauche, on obtiendra ces mêmes départs du pied droit et du pied gauche à la même main ; ces départs deviendront faciles, et alors les changements de pied du tact au tact s'obtiendront naturellement et sans difficulté.

Une autre condition, non moins essentielle, est d'entretenir le même degré d'action, malgré les changements de position. J'explique ceci par un exemple : Si, pour obtenir le déplacement nécessaire au changement de pied, on diminuait l'action qu'il avait précédemment et qui n'était que convenable pour la conservation de l'allure, il ne pourrait se maintenir dans cette position énergique qui lui fait sentir, apprécier et exécuter avec promptitude nos volontés ; c'est alors que disparaîtrait tout le gracieux et même la possibilité de ce travail ; au contraire, si, malgré nous, il augmentait son action pour prendre un galop plus décidé, il nous serait tout aussi difficile d'en tirer un bon parti ; car, s'il dispose volontairement de ses forces, ou que nous manquions d'accord pour les lui conserver au même degré, il faudra entrer en lutte avec lui dans le moment même où il est le plus nécessaire qu'il soit subordonné.

J'ai toujours recommandé d'être peu exigeant dans les commencements d'un travail quelconque, et j'insiste sur la nécessité de cette prudence, qui accélérera les progrès du cheval.

Le cheval une fois au galop, il est facile de le conserver à cette allure, en le soutenant énergiquement, pour secourir et enlever les jambes de devant chaque fois qu'elles retombent. Si le cavalier conserve un accord assez parfait à ses aides, pour ne pas changer l'action du cheval, il donne une cadence gracieuse et continue à ses mouvements.

Avant de terminer, je dois encore mettre le lecteur en garde contre une de ces pratiques malheureuses qu'il faut proscrire, c'est celle de *renverser* le cheval pour obtenir un changement de pieds.

Voici ce qu'on appelle *renverser* un cheval : Supposons-le au galop sur le pied droit ; le cavalier force sans ménagements l'inclinaison à droite, au point de le coucher de ce côté, pour ainsi dire, et aussitôt il *renverse* à gauche. Il y a bien là une chance pour que le cheval change de pieds, mais il y en a mille pour qu'il tombe auparavant ; car il lui faut une force très-grande pour supporter ces deux mouvements brusques et contraires, qui ne peuvent jamais se faire qu'au détriment des jarrets.

Pour nous, tenons-nous à ce principe immuable, avec

lequel on doit s'identifier : c'est qu'il faut placer avant de déterminer, sinon attendre tout du hasard.

Pour obtenir les changements de pied du tact au tact, il faut se servir de la main et de la jambe opposées au côté où le cheval doit soulever sa jambe ; cela se conçoit puisqu'il y a une force à combattre et une à transmettre.

Le cavalier doit comprendre que malgré toutes ces définitions, je compte sur son tact, car on ne peut ni écrire ni expliquer tout ce qui tient au sentiment.

GALOP GAILLARD. (*Voyez* Pas.)

GALOPADE (la) est un galop plus raccourci et plus enlevé du devant que le galop ordinaire.

Il faut, pour cette allure, une opposition des aides plus continue de la part du cavalier, sans cependant communiquer trop de force. C'est la bonne position donnée au cheval qui amènera ces mouvements cadencés.

GALOPER PRÈS DU TAPIS, ou raser le tapis, se dit du cheval qui lève très-peu les jambes de devant au galop. Si cela tient à un vice de conformation, c'est-à-dire roideur des jambes de devant ou des épaules, etc., etc., il n'y a pas de remède. Si au contraire cela vient de manque de souplesse, ou de mauvaise attitude, il suffit, pour corriger le cheval, de l'assouplir et de lui donner une bonne position et un meilleur équilibre.

GANACHE (l'angle de la). On appelle ainsi l'angle formé par les deux os de la mâchoire inférieure du cheval.

Tous les auteurs ont avancé que, quand cet angle était resserré, il ne pouvait plus *chausser* le gosier ; ce qui, d'après eux, intercepte la respiration du cheval, et s'oppose à sa bonne position.

Tous les chevaux peuvent se ramener ; ceux qui présentent le plus de difficulté, sont les chevaux d'un tempérament lymphatique, ou dont l'arrière-main est d'une mauvaise construction.

GAULE, c'est une baguette de bouleau, effeuillée, longue de quatre à cinq pieds, dont l'usage s'est conservé dans les manéges de cavalerie, à cause de la dépense qu'occasionnerait celui de la cravache; mais on ne se sert plus que de celle-ci dans les manéges civils. (*Voyez* CRAVACHE.)

GOURMANDER UN CHEVAL, c'est le tourmenter inutilement. Gourmander la bouche d'un cheval, c'est la saccader avec le mors de la bride.

Ces moyens sont indignes d'un écuyer; aussi ne sont-ils pratiqués que par des cavaliers non expérimentés.

J'explique, à l'article *Saccade*, ce qu'elles ont de nuisible, et par quels procédés on doit faire apprécier au cheval les effets du mors. Je renvoie le lecteur à cet article.

GOURMETTE, espèce de chaîne qui s'attache à l'œil ou au banquet des deux côtés du mors. Elle doit passer au-dessus du menton du cheval, et n'être ni trop lâche ni trop serrée. Dans le premier cas, les branches du mors basculeraient et rendraient son action nulle ; dans le second, la gourmette, exerçant une pression continue, empêcherait le cheval de sentir les bienfaits de la main, et dès lors il n'y aurait plus de récompense ni d'éducation possible. La véritable place de la gourmette est à quinze millimètres de distance de l'endroit où elle doit porter lorsque le mors agit. On s'assurera qu'elle est bien placée lorsqu'elle ne laissera entre le menton que la place nécessaire pour passer facilement le doigt. Son action dépend de celle des branches du mors; et il faut poser en principe, pour l'un comme pour l'autre, que la résistance seule du cheval doit servir de dynamomètre pour calculer la force à lui opposer.

GOURMETTE (fausse). On appelle ainsi de petites chaînettes en fer ou de minces lanières en cuir qu'on adapte à l'extrémité des branches du mors pour correspondre au milieu de la gourmette. L'utilité de la fausse gourmette est d'éviter que le cheval ne prenne les branches du mors avec les incisives, ce qui paralyse son action.

Comme il est essentiel de prévenir toutes les mauvaises habitudes, surtout celles qui ont un côté dangereux, nous recommanderons l'usage de la fausse gourmette pour tous les chevaux.

GOUTER LA BRIDE. Le cheval qui commence à s'accoutumer aux effets du mors est dit *goûter la bride*. Tous les chevaux s'y habituent promptement si on la leur fait sentir avec ménagement.

Comme je prescris, dans mon article *Mors*, d'user toujours du même mors de bride, même avec les chevaux montés pour la première fois, les partisans de ma méthode sentiront la nécessité de s'en servir avec discrétion, et d'éviter, point important, toutes saccades et mouvements brusques.

GOUVERNER SON CHEVAL, c'est le conduire soi-même, et ne pas le laisser aller à sa fantaisie. Ce point est nécessairement le premier auquel le cavalier doive s'attacher, et c'est à quoi il parviendra promptement s'il sait se rendre assez maître de la position du cheval, pour qu'aucun des mouvements de celui-ci ne puisse avoir lieu sans sa volonté expresse.

GRAS DE JAMBE. On entend par *gras de jambe* le mollet. S'en servir avec gradation est un des moyens efficaces pour rendre le cheval justement impressionnable et le conduire avec précision.

GUEULARD. On entend par *gueulard* un cheval qui, comme on le dit communément, a *la bouche forte*, qui n'obéit à la bride que difficilement et en ouvrant la bouche par une contraction continue ; cela tient à une autre cause que celle de la conformation des barres. (*Voyez* FAIRE DES FORCES.)

GUINDÉ. Être guindé à cheval, c'est s'y tenir avec trop de force et d'affectation.

Les élèves qui ne font qu'ébaucher leur éducation ont souvent ce défaut; ils ont acquis une position qu'ils ne se sont pas donné le temps de consolider par un emploi de force raisonné ; aussi sont-ils roides et maladroits. L'excessive force dont ils usent se communique à toutes les parties du corps, sans que ce soit dans une proportion convenable. Tant que dure cet état de contraction, il n'est pas possible de se lier gracieusement et solidement au cheval, et surtout de le bien conduire.

H

HAQUENÉE, vieux mot pour désigner un cheval qui va l'amble.

A cause de la douceur de leur allure, ces chevaux étaient jadis réservés aux princesses et aux grandes dames de la cour.

Agnès Sorel avait une haquenée d'une éclatante blancheur et célèbre par la beauté de ses formes, dit un de nos vieux fabliaux.

Maintenant, ce sont nos bonnes fermières qui se servent de ces chevaux pour porter le beurre et les œufs au marché. Le temps, qui change les mœurs, ne change guère moins le sens des mots : à présent, en entend par *haquenée* un cheval maigre, laid et incapable d'un bon service.

HAGARD, s'entend du cheval farouche qui, dit-on, a dans la vue quelque chose d'incertain et de trouble. On dit alors qu'il a les yeux hagards.

J'avoue que j'ai cherché longtemps à découvrir si la vue, proprement dite, pouvait amener le cheval à être farouche, et que je suis encore à me rendre compte comment cela pourrait avoir lieu; car, enfin, est-ce que le cheval y voit moins? Dans ce cas, il doit être moins ombrageux, puisque les choses sont moins visibles pour lui. Est-ce parce qu'une conformation de l'œil, que je ne puis définir, lui fait envisager les objets autrement qu'ils ne sont? mais alors pourquoi ne s'y familiariserait-il pas comme il le ferait s'il avait une bonne vue, en les lui faisant voir souvent et longtemps? Mais n'est-ce pas le cerveau qui perçoit, apprécie? C'est donc au moral du cheval qu'il faut s'en prendre et non à la qualité de sa vue, qui, si elle est mauvaise, peut le rendre incertain dans ses mouvements, mais ne lui donnera pas un caractère farouche. Il est bien vrai que les chevaux sont plus ou moins soupçonneux, *ou sur l'œil*, mais je crois que c'est un héritage que leur ont transmis père et mère. Ce qu'on n'a pas voulu reconnaître, car l'on n'y a fait aucune attention, c'est que les vices de caractère sont héréditaires, comme les qualités physiques. En faut-il davantage pour qu'à la deuxième ou troisième génération ce défaut soit enraciné de manière à ce qu'il y ait peu de chances de succès pour y remédier? En outre, la façon grossière d'élever les chevaux contribue encore à leur donner ce vice. Voit-on dans l'espèce humaine, dont la forme de l'œil est pareille à celle des chevaux, des personnes être hagardes? Non, l'œil est le miroir qui reflète les objets et les transmet au cerveau qui, en raison de son activité, en éprouve des sensations plus ou moins vives, et qui ne sont que le résultat de son organisation et du travail auquel il s'est livré, mais non celui de l'œil propre. Le seul moyen, selon moi, d'éviter qu'il n'y ait des chevaux hagards, c'est, comme je viens de le dire, d'étudier davantage le caractère des étalons et des juments poulinières, et d'élever les poulains avec plus de ménagements. Quant à ceux qui ont ce défaut, ce n'est qu'avec de la douceur de la part de ceux qui les soignent et qui les montent, et avec l'attention soutenue de les familiariser avec les objets qui leur causent de l'effroi, que l'on pourra les corriger; mais on n'y parviendra jamais si l'on n'a pas d'abord le secret de s'en faire aimer.

Ici ma tâche se termine, ne pouvant enseigner le degré de perspicacité et de perfection qu'il faut pour y parvenir.

HANCHES (être sur les), se dit du cheval qui baisse sa croupe pour la disposer à supporter le poids dont on dégage les jambes de devant. Pour mettre un cheval sur les hanches sans que ce mouvement lui soit pénible, il faut le rassembler en rapprochant ses jambes de derrière du centre, pour que le reflux de poids s'opère sans efforts de la part du cheval.

On doit bien éviter d'abuser de cette position, car, en comprimant ces parties trop fortement, on en détruirait le ressort. Il faut s'en servir modérément, afin de conserver l'organisation du cheval dans toute sa pureté, et pour qu'il soit facile de le rendre gracieux dans ses allures; il ne faut pas qu'une position en détruise une autre, ce qui arriverait, si on le mettait trop fréquemment sur les hanches.

HARAS, lieu destiné à loger des étalons et des juments, pour la propagation de l'espèce, et à élever les poulains qui en proviennent.

Honneur au gouvernement qui mettrait tout en œuvre pour que notre belle France, déjà riche de tant de produits, pût se distinguer encore par ses races de chevaux, et disputer aux étrangers la supériorité qu'ils ont acquise !

Il n'est pas de pays qui présente un sol mieux disposé, plus fertile que le nôtre. *Le Limousin, l'Auvergne, la Normandie, la Bretagne, le Poitou, la Saintonge, la Lorraine*, fourniront, quand on le voudra, la quantité de chevaux dont on peut avoir besoin pour la guerre, la chasse, le manége, la promenade, les voitures, etc., etc.

Il est encore temps de régénérer toutes ces espèces ; mais il faudrait s'en occuper activement et sans lésinerie. Jamais gouvernement ne placerait plus utilement l'argent du pays, puisque, outre les avantages qu'il en tirerait pour sa gloire et sa sûreté, il ferait chaque année une épargne considérable sur les fonds qui sortent de France pour l'achat des chevaux étrangers.

HARASSER UN CHEVAL, c'est l'exténuer de fatigue.

Les courses forcées sans ménagement harassent promptement un cheval : c'est en commençant par un travail modéré qu'on arrive peu à peu à lui donner l'haleine et la force convenables.

HARDIES (branches), sont des branches de mors, dont le levier forme une longue saillie. Elles aident, disent les auteurs, à ramener le cheval et à le mettre dans la main. Si c'est par la force que donne la construction des branches qu'on obtient ce résultat, celui qui les confectionne me paraît avoir plus de talent que l'écuyer. (*Voyez* MORS et ses effets.)

HARIDELLE. C'est ainsi que l'on appelle ces chevaux maigres et efflanqués, attelés au modeste char de la petite propriété. Ces chevaux sont parfois des restes de brillants coursiers qui faisaient l'admiration des connaisseurs; maintenant ce n'est qu'à force de coups qu'ils rendent encore quelques services. Aussi, quelle existence mènent-ils? Et n'est-ce pas le comble de l'égoïsme et de l'ingratitude de la part de l'homme, que d'abandonner ainsi dans sa vieillesse l'animal que l'on a le plus aimé, et de le livrer à la condition la plus misérable, dès qu'il commence à perdre de sa valeur !

HARPER, c'est lever les jambes de derrière par un mouvement convulsif plus grand que celui qui est naturel au cheval. Cette flexion spontanée est le défaut des chevaux qui ont des éparvins secs. On doit bien éviter de confondre ce que l'on appelle *harper* avec le tride d'un cheval bien constitué, qui se cadence également et régulièrement.

HAUTE-ÉCOLE. On entend par la haute-école tout travail de deux pistes au pas, au trot et au galop (*voyez* FUIR LES HANCHES), ainsi que les changements de pieds du tact au tact sur les lignes rétrécies ou en formant des huit-de-chiffres, le piaffer, etc., etc. (*Voyez* ces différents mots.)

Les chevaux qui exécutent toutes ces figures avec précision s'appellent chevaux de tête, d'étude ou de haute-école.

Dans la haute-école, le cavalier agit de toute sa puissance sur le physique et le moral du cheval; par les exercices difficiles auxquels il le soumet, il perfectionne sa souplesse et son équilibre; par la continuité de ses actes, il lui fait connaître quelle est son influence sur lui, et à quel point il le domine; domination qui n'a rien de révoltant pour le cheval, puisque, loin de le dégrader, elle augmente sa fierté naturelle par les poses les plus nobles et les plus gracieuses.

HOLA. On se sert de ce mot sonore et assez vivement compris des chevaux pour les arrêter sans le secours de la bride.

Le cheval que l'on met dans les piliers doit cesser toute espèce de sauts ou de mouvements, quand, par des répétitions fréquentes, on lui aura fait comprendre la valeur de ce mot *holà*.

Les personnes délicates qui n'auraient pas la force de calmer leurs chevaux pourraient s'en faire dresser qui s'arrêteraient à la parole. Rien n'est plus facile que d'amener le cheval à ce point de compréhension et d'obéissance; il suffit pour cela, chaque fois qu'on veut l'arrêter, d'accompagner ce mot des effets de la main ; puis on les diminue au fur et à mesure que les résistances deviennent moindres, et bientôt cette exclamation se grave tellement dans son intelligence, que *holà* suffit pour l'arrêter court.

Les dames perdront sans doute toute crainte quand elles sauront qu'avec un seul mot elles peuvent soumettre à la docilité le cheval qui vainement tenterait de les intimider.

HOMME DE CHEVAL. On entend par *homme de cheval* celui qui joint à une solidité à toute épreuve l'usage libre de tous ses membres, ne les meut que par sa volonté, et sait en apprécier les effets.

On confond souvent, à tort, l'homme de cheval et l'écuyer. Le premier, comme je viens de le dire, est un cavalier solide et habile; mais le second doit joindre à ces qualités toutes les connaissances requises pour démontrer les principes dont se compose son art et pour la direction d'un manége. C'est à l'écuyer à former les hommes de cheval. (*Voyez* ÉCUYER.)

HORS-DU-MONTOIR, c'est le côté droit du cheval. (*Voyez* MONTOIR.)

HUIT-DE-CHIFFRES, c'est un air de manége auquel on a donné ce nom, parce qu'il en représente la figure.

En effet, il se compose de deux changements de main successifs, dont on rejoint les points de départ en traversant les petits côtés du manége.

On fait des *huit-de-chiffres* de différentes grandeurs. Les premiers que l'on demande au cheval doivent couper le manége par deux changements de main de toute la grandeur de ses diagonales. A mesure que le cheval acquiert de la précision, on en diminue la circonférence, jusqu'à ce qu'enfin on l'exécute dans un cercle aussi petit que possible.

Comme toutes ces difficultés ne doivent occasionner d'efforts ni au cavalier ni au cheval, je n'ai pas besoin de dire quel doit être l'ensemble des mouvements du premier pour que l'exécution ne laisse rien à désirer.

Tout cheval assoupli et bien équilibré peut faire aisément des *huit-de-chiffres*.

I

IMPULSION. L'impulsion est l'effet de l'action qui doit être produite par le cavalier, et, autant que possible, se continuer par le cheval. C'est à l'aide de cette force d'impulsion bien graduée qu'on arrivera à faire prendre toutes les positions possibles, et c'est avec ces positions que le cheval prendra les directions; l'impulsion, donnée justement, servira à éviter toute espèce d'acculement et de défenses de la part du cheval, elle le rendra précis et régulier dans ses mouvements.

INACTION. Ce mot, qui se rencontre dans un grand nombre d'articles de ce Dictionnaire, pourrait prêter à l'ambiguïté; j'en dois l'explication.

J'entends par inaction, *laisser le cheval les quatre jambes immobiles sur le sol*, dans le but de faire fléchir l'encolure en tous sens et de lui donner tout le liant qu'elle peut acquérir.

Cet exercice local est à l'éducation du cheval (qu'on me passe cette comparaison) ce qu'une bonne fondation est à un édifice.

M. de la Guérinière et tous les auteurs qui lui ont succédé jusqu'à ce jour, prétendent que le trot est l'allure la plus favorable pour donner une grande souplesse au cheval. J'ai prouvé le contraire : comme le cavalier doit être maître de tous ses mouvements, ce n'est pas avec une allure aussi décidée, allure où le cheval fait un grand emploi de force et perd, par conséquent, de son équilibre, qu'on parviendra à être maître unique de ses mouvements : c'est dans l'inaction, c'est au pas qu'on le disposera, par un prompt assouplissement, à une belle exécution. En effet, au repos il a quatre points d'appui, au pas il en a trois, l'équilibre s'obtiendra plus facilement; son action étant nulle ou minime, il appréciera promptement l'effet de vos forces; n'ayant pas de directions à donner, vous ne permettrez aucun mouvement au détriment de sa première position, et ne combattrez que ceux qui feront résistance; bientôt ils vous seront tous subordonnés, et vous arriverez graduellement à donner à ses allures le gracieux, la cadence ou la vitesse; mais pour cela, il ne faut pas enjamber par-dessus le travail en place et l'allure du pas.

INDOMPTABLE. Il y a peu de chevaux qu'on ne puisse dompter quant au caractère. Les seuls qui offrent des difficultés réellement insurmontables sont les chevaux chatouilleux et les juments qu'on appelle *pisseuses*. Celles-ci ont un vice d'organisation sanguine ou musculaire qu'on ne peut que modifier, et qui les soustrait pendant un plus long temps à l'action du cavalier.

Quant à ceux chez lesquels les actes de rébellion viennent du moral, l'érudition équestre parviendra certainement à les soumettre : il suffit de savoir employer tour à tour, et à propos, le châtiment et la récompense. Comment et dans quel moment ? Voilà ce qu'on ne peut expliquer dans un livre. Ici la théorie ne peut pas suppléer à la pratique. Disons-le cependant, il ne faut employer les moyens de rigueur qu'après avoir acquis l'intime conviction que l'opiniâtreté du cheval n'est pas le résultat d'une faiblesse physique, d'une mauvaise répartition de forces, ou d'un travail prématuré.

INSTINCT. N'accorder que de l'instinct au cheval, c'est de notre part une vanité que je ne relèverais pas, si elle ne devait pas nuire à son éducation. (*Voyez* INTELLIGENCE.)

INTELLIGENCE (de l') du cheval.

J'ai toujours cru à l'intelligence du cheval, et c'est sur cette opinion que j'ai basé ma méthode et tous les principes énoncés dans cet ouvrage. Grâce à elle, en maîtrisant la volonté du cheval, je suis parvenu à n'exiger de lui que ce qui, préalablement, avait été saisi par son intelligence.

Je ne m'occuperais pas du développement de cette thèse, si elle n'était que curieuse ; mais cette intelligence du cheval est, selon moi, si utile et si précieuse, que j'ai cru indispensable de mettre au jour le fruit de mes études

L'écuyer qui traite l'animal comme une machine soumise seulement à l'impression du moment, sans souvenir et sans conception, ne sera jamais qu'un mauvais écuyer. Comment, en effet, n'accorder que de l'instinct à l'être qui discerne le bien d'avec le mal, apprécie les circonstances, et juge même de la capacité du cavalier! Sans doute il ne sait rien à l'avance; les enfants dont on commence l'éducation en savent-ils davantage? Disons-le donc, les idées innées sont le propre de l'*instinct;* mais l'*intelligence* ne se perfectionne qu'à force de conviction et d'habitude.

Le cheval a la perception comme il a la sensation, la comparaison et le souvenir; il a donc le jugement et la mémoire; il a donc l'*intelligence*. Voilà pourquoi l'écuyer doit ne point agir en aveugle sur son cheval, et ne pas oublier que chacun de ses actes agit aussitôt, non-seulement sur le sens physique, mais aussi sur la mémoire de l'animal. Il faut tenir compte de cette organisation essentielle du cheval, ne jamais passer que du connu à l'inconnu, ne point le soumettre machinalement à de mauvais traitements, et ne point abandonner à des mains inhabiles les commencements de son éducation; les mauvaises habitudes exerceraient nécessairement une fâcheuse influence sur les suites de cette éducation.

On prétend que le châtiment et la récompense suffisent pour dresser un cheval; c'est vrai si ces deux moyens sont employés *à propos;* par l'éperon et le fouet, le sucre et les caresses, on n'obtiendra rien, si les uns et les autres ne sont administrés avec discernement. Il en est de même pour les écoliers : le *pain sec* et le *cachot* ne leur apprennent ni le grec ni le latin; il faut d'abord parler à leur intelligence.

Comment, sans l'usage de la parole, s'adresser à cette faculté du cheval? Rien de plus facile, si l'on examine avec quelque attention la manière dont les idées pénètrent dans une intelligence quelconque. Pour faire concevoir une pensée à quelqu'un, on commence par lui présenter toutes les idées qui peuvent l'y conduire ; on s'empare des forces de son esprit ; on les dispose, on les dirige de telle sorte qu'il ne puisse échapper à l'impression qu'on sollicite. Avec le cheval, il faut un travail tout à fait semblable. Que lui demande-t-on ? des mouvements. La manière de l'y amener consiste à disposer ses forces de façon à ce qu'il ne puisse faire que le mouvement qu'on exige. La position est le langage qui parle au cheval, le seul qui soit intelligible pour lui ; elle explique et fait naître le mouvement, comme le raisonnement explique et fait naître la pensée.

Ici se trouve la source d'une erreur qu'il est temps de relever. Tandis que certains écuyers ne font du cheval qu'une machine, d'autres, au contraire, basent sur son intelligence toute la facilité de son éducation ; ainsi les chevaux andalous passent pour les génies de l'espèce, parce qu'on les dresse plus promptement et avec plus de facilité que les autres chevaux. Cette conséquence est fausse : cette promptitude d'éducation tient moins à l'intelligence des chevaux andalous qu'à leur conformation physique.

La chose indispensable dans l'éducation du cheval est l'équilibre, qu'on n'obtient que par une bonne position. Ceux-là donc qui tiennent déjà de la nature cette bonne position, refusée à d'autres, sont nécessairement plus disposés à recevoir une instruction prompte et facile.

Il faut distinguer ce qui tient à l'organisation physique de ce qui dépend de l'organisation intellectuelle ; j'ai étudié attentivement l'une et l'autre, et j'ai conclu de mes observations que, si le physique du cheval influe sur la longueur de son éducation, son moral seul doit en déterminer le mode.

D'une part, j'ai remarqué que si les chevaux naturellement bien faits obéissent plus aisément, ceux d'une conformation inférieure, qui ne sont pas tarés, peuvent aussi être ramenés à un degré d'équilibre suffisant pour qu'une main habile puisse en tirer bon parti ; j'ai donc reconnu cette vérité que tous les chevaux, une fois bien placés, obéissent sans difficulté, s'ils sont bien conduits, et qu'on parlait à leur intelligence en s'occupant du point d'équilibre qui rend la translation de poids plus prompte et plus facile.

D'autre part, j'ai vu que le cheval apprécie les bons et les mauvais traitements ; qu'il reconnaît l'habileté ou l'incapacité de son cavalier ; qu'il discerne ses fautes propres de celles qu'on lui fait faire. J'ai vu que ses bonnes ou mauvaises qualités dépendent autant des circonstances de son éducation que de son naturel, et j'en ai conclu qu'il faut le dominer, mais seulement par une supériorité d'intelligence, et en lui faisant sentir par un fini de mécanisme que ce qu'on exige de lui est le moyen le plus propre et le plus facile pour arriver à tel ou tel résultat.

J

JOCKEY ANGLAIS ou **HOMME DE BOIS**. L'on nomme ainsi un échafaudage fourchu qui se fixe au moyen d'une sangle sur le dos du cheval ; aux extrémités supérieures des deux fourches sont fixées les rênes du bridon ; un mécanisme, dont le système varie, laisse à ces rênes un certain jeu, au bout duquel le cheval trouve une résistance fixe.

De graves auteurs ont attribué à cet instrument des propriétés que la saine équitation réprouve. En effet, la force permanente du bridon dans la bouche du cheval est une gêne et non pas un avis ; elle lui apprend à revenir sur lui-même en s'acculant pour éviter la sujétion. A l'aide de cette force brutale et inintelligente, il connaîtra de bonne heure comment il peut éviter les effets de la main du cavalier.

L

LACHER LA MAIN A SON CHEVAL, c'est l'abandonner à lui-même. Plus d'un amateur se figure faire acte de courage et de haute équitation en laissant flotter les rênes et en se confiant ainsi à son cheval.

C'est un tort grave et qui prouve autant d'ignorance que d'imprévoyance dans le cavalier; car, non-seulement le cheval perd dans cet abandon sa sûreté, mais il peut encore compromettre les jours de celui qui le monte.

LEÇON (1). Donner une leçon, c'est expliquer à ses élèves les principes à l'aide desquels on arrive à suivre d'abord et à diriger ensuite les mouvements du cheval.

Il y a plusieurs manières de démontrer l'équitation, dit-on sans cesse; quelle est la meilleure? Voilà ce qu'il est difficile de résoudre, du moins pour les élèves, parce qu'ils attachent naturellement un peu de gloriole à rehausser le talent de leur professeur; aussi conviennent-ils avec peine de son incapacité, en admettant même qu'ils aient les connaissances requises pour en juger; car il faut posséder à fond une science pour apprécier le savoir des hommes qui la cultivent.

Quant à moi, je crois que le premier mérite de l'écuyer

---

(1) J'ai donnné au commencement de la Méthode les moyens d'obtenir une prompte et bonne position à cheval; ces principes conviennent surtout aux militaires, mais ils sont trop sérieusement instructifs pour l'élève civil qui a payé sa leçon et veut avoir un plaisir immédiat.

qui enseigne, est d'observer dans sa leçon une marche non-seulement progressive, mais surtout rationnelle. Il en est (qu'on nous passe cette comparaison) des mouvements de l'élève, par rapport à son aplomb, comme de ceux du cheval relativement à sa position : l'assiette de l'un, comme l'équilibre de l'autre, doit précéder tout mouvement des extrémités; sans ce soin, les progrès sont d'une désespérante lenteur.

Mes collègues ne m'en voudront sûrement pas, si, tout en laissant chacun agir à sa manière, je cherche à faire connaître la pratique qui m'a paru la plus goûtée des élèves; celle qui, tout en réalisant pour eux de promptes et durables jouissances, leur fait éprouver le besoin de se perfectionner en prolongeant d'eux-mêmes le temps de leurs études.

Voici donc comment je divise mes leçons : Trois semaines ou un mois en bridon, pour commencer à rompre le cavalier et donner à chaque partie l'attitude qu'elle doit conserver. Vingt jours en bride, pour placer l'élève carrément, sans le secours des deux rênes, et pour consolider sa position. Les éperons ne s'adaptent aux talons qu'au bout de ce temps. Ainsi, c'est au bout de deux mois que mes élèves commencent à tirer avantage de leur solidité, pour régler le mouvement de leurs aides, et disposer le cheval pour le galop.

Il est bien entendu que ces divisions de temps n'ont rien de sacramentel, et que l'écuyer peut et doit même les modifier, selon la capacité des commençants.

Il est bon que j'explique encore comment je gradue le choix des trotteurs qui servent aux premières études, avant de permettre l'emploi de tous les instruments propres à faire connaître au cheval la volonté du cavalier. Pendant le premier mois, ils ne montent que des chevaux doux d'allure et de caractère; ensuite ils montent indistinctement des chevaux doux ou durs, mais n'offrant pas d'autres difficultés que celles qui résultent de leur allure. Cependant, comme ils en changent à chaque reprise, j'ai soin que le premier soit toujours celui qui a les réactions les plus fortes.

De cette méthode l'élève tire deux avantages : d'abord les déplacements continuels qu'il éprouve lui apprennent à se servir de ses forces, de manière à reprendre son équilibre le plus promptement possible, et, pour cela, j'ai grand soin que ses épaules et ses jambes ne lui prêtent aucun secours.

Ensuite, lorsqu'à la seconde reprise il passe sur un cheval plus doux, il ressent une telle aisance, qu'il emploie de lui-même, à se bien placer, les efforts qui ne lui servaient d'abord qu'à se tenir; le bien-être qu'il éprouve lui fait sentir le désir et le besoin des progrès.

Un soin que j'ai encore, c'est, par des conseils assidus, de m'emparer de l'attention de l'élève; de le forcer incessamment à veiller sur lui-même, à rectifier sa position, et à profiter ainsi de chacun des moments de sa leçon; d'approprier mes expressions, et jusqu'aux intonations de ma voix, au caractère de l'élève et aux dispositions morales que je lui ai reconnues. A celui qui met tout à profit, je parle avec douceur, et j'explique plus à fond; au raisonneur, je réponds brièvement, sans laisser toutefois aucune de ses demandes sans réponse; je contrains l'esprit paresseux à me donner *le pourquoi du pourquoi*, tantôt en l'obligeant à penser, tantôt en l'aidant à propos. Pour l'élève apathique ou indolent, j'use de mots sonores et expressifs (toujours honnêtes, bien entendu). Il est des élèves dont la prompte compréhension devance les progrès physiques; tous mes soins, avec eux, se portent vers leur mécanisme; je m'attache à ne présenter de nouveaux aliments à leur intelligence qu'au fur et à mesure que l'habitude d'exécution répond à leur conception. Bref, mon premier soin est de chercher à connaître le genre et le degré de capacité de chaque élève, et j'affirme que cette connaissance a toujours été plus utile à leurs progrès que celle du physique; car il n'est pas de conformation avec laquelle on ne puisse monter à cheval; mais il est des organisations intellectuelles avec lesquelles tout progrès serait lent ou nul, si l'écuyer ne savait en tenir compte.

Cela dit, je reviens à la position de l'élève.

Mon attention première consiste dans le soin de rectifier les parties qui composent et constituent son assiette, chaque fois qu'elles sortent de la bonne position que je lui fais prendre en le mettant à cheval.

Je supprime pour mon élève tout changement de direction, ne tenant même pas à ce qu'il conduise régulièrement son cheval en ligne droite; je veux qu'il ne soit occupé que d'un seul point, celui de se tenir de son mieux.

Quand il est placé convenablement, c'est-à-dire les reins bien disposés et les cuisses adhérentes à la selle, alors, mais seulement alors, je lui fais connaître les fonctions des poignets et des jambes et leur influence sur le cheval, en lui expliquant clairement leurs effets, séparés ou combinés. C'est en exerçant constamment l'élasticité de chaque extrémité que l'élève parvient promptement à s'en servir d'une manière locale et avec un ensemble raisonné, et qu'il en communique les impulsions au cheval, non pour lui donner des directions, mais bien pour le placer; je lui apprends ainsi qu'à son exemple le cheval doit être assujetti à un aplomb véritable, sans lequel il n'y a pas de travail possible. Enfin, ce n'est que quand l'élève obtient une amélioration sensible dans l'équilibre de l'animal qu'il doit essayer à le diriger; mais, dès lors, il le fait avec précision et sûreté, je dirai plus, avec conviction.

N'est-il pas mieux de suivre cette marche toute logique et naturelle, que de franchir sans discernement les échelons qui servent de base fondamentale à la science? Je le répète, la première chose que l'élève doit acquérir est une bonne position, car la position est à l'emploi des forces motrices ce que le point d'appui est au levier.

Les écuyers se plaignent assez souvent du peu de persévérance des élèves et du dégoût qu'ils apportent aux leçons. Le moyen d'obvier à cet inconvénient est d'abord de faire disparaître la monotonie et la longueur des leçons classiques, de rajeunir les errements de nos vieux professeurs, qui pensaient que sans bottes à l'écuyère et chapeau à trois cornes on ne pouvait bien monter à cheval, et laissaient le commençant beaucoup trop de temps aux premiers principes. Évitons ces ennuis à nos élèves, mais sans pourtant tomber dans l'excès contraire, en les faisant monter, au bout de quinze jours de leçons, avec des éperons et des étriers, sans leur avoir reconnu des dispositions extraordinaires; car, dans un cas comme dans l'autre, ils se dégoûteraient promptement; dans le premier, parce qu'ils croiraient l'équitation d'une insupportable difficulté; dans le second, au contraire, parce qu'ils penseraient de suite tout savoir; comme on ne leur aurait fait connaître aucune des difficultés de l'art, loin de chercher à surmonter celles qui s'y rencontrent, ils ne les devineraient même pas.

Nos chevaux, bons et paisibles, suppléent souvent à l'incapacité de ces derniers cavaliers et flattent leur ignorance; car le cheval qui a de bons yeux va naturellement droit devant lui, évitant soigneusement ce qui se trouve sur son passage; mais, s'ils viennent à en monter de quelque peu difficiles, que deviennent nos cavaliers improvisés? Ils sont le jouet du cheval et la risée des assistants, et bientôt se dégoûtent d'un art qui aurait fait leurs délices, s'il leur avait été démontré avec plus de méthode.

Je le répète, en apportant cette suite et cette progression dans l'ordre des leçons et des exercices, les professeurs gagneront sous le rapport pécuniaire ; et, sous celui de l'opinion publique, ils rajeuniront l'équitation qui tombe en désuétude ; ils donneront le goût des chevaux et feront une science d'un art auquel l'indifférence publique ferait bientôt même refuser ce nom.

LÉGER A LA MAIN ou LÉGER DU DEVANT. Les écuyers établissent à tort une différence entre ces deux légèretés.

Le cheval léger de l'avant-main, le sera toujours à la main, et *vice versâ*, quelle que soit la construction de sa bouche.

J'ai déjà dit trop de fois, dans le courant de ce volume, à quoi j'attribue les résistances d'un cheval, et quels sont les moyens de les vaincre, pour y revenir encore.

LIANT (le cheval) est celui dont on est parvenu, par une sage progression dans le travail, à annihiler les forces instinctives et chez lequel l'assouplissement, l'assujettissement partiel de toutes les parties rebelles, nous ont bientôt soumis l'ensemble de son mécanisme, à ce point que l'on puisse le dominer complétement et ramener l'aisance et l'harmonie entre des ressorts que leur mauvaise disposition paraissait devoir opposer les uns aux autres.

Liant se dit également quand la force, arrivée à un tel degré de souplesse, permet au cavalier de faire prendre toutes les positions possibles au cheval.

LOYAL est le cheval qui emploie ses forces sans marquer de résistances, dans quelque exercice que ce soit.

Il est des chevaux qui doivent naturellement cet avantage à leur bonne conformation, mais il peut être aussi le résultat d'une bonne éducation, et l'habileté du cavalier donnera toujours, plus ou moins, cette précieuse qualité au cheval.

C'est à tort qu'on dit *bouche loyale;* la bouche n'a ni les qualités, ni les défauts qu'on lui prête; elle fait partie du tout dont se compose le cheval, elle en supporte solidairement les bonnes ou les mauvaises conséquences, mais elle est loin d'en être seule responsable.

M

MACHER SON MORS. (*Voyez* Frein.)

MACHOIRE. Les mâchoires constituent la bouche du cheval; elles se divisent en mâchoire supérieure et en mâchoire inférieure. Le cavalier studieux qui cherche à donner à son cheval la plus grande légèreté possible, doit s'attacher principalement à obtenir une facile mobilité de la mâchoire. Tous les chevaux qui répondront à l'action du mors en ouvrant la bouche et en cédant de la mâchoire, seront légers à la main et répondront facilement à toutes les indications du cavalier : ainsi, règle générale, tous les chevaux qui résistent ou se défendent ont une contraction continue de la mâchoire ; ce doit être une raison bien puissante pour mettre toute l'attention possible à entretenir la mobilité de cette partie.

MAIN LÉGÈRE. On désigne ainsi la main du cavalier qui n'oppose à son cheval que peu de forces, et lui laisse même les rênes presque flottantes; cette manière peut être bonne avec un cheval bien dressé et dans la main; mais, pris comme éloge général, c'est un non-sens. Pour indiquer un cavalier qui conduit bien, et par des mouvements peu apparents, il faut dire qu'*il a la main savante*, et non pas qu'*il a la main légère*. En effet, si la légèreté est utile dans les moments où le cheval est bien ramené, la résistance, à son tour, est également indispensable quand il cherche à se déplacer, et c'est par un juste emploi de force qu'on donne au cheval la finesse qui constitue le *dresser*; cette condition remplie, on aura alors, non ce qu'on appelle, si improprement, *une main légère,* mais *une main savante.*

MAIN IGNORANTE est celle qui ne saura pas saisir les temps et changer à propos le mauvais emploi de ses forces. La main qui abandonnerait le cheval, sans avoir égard à sa position d'équilibre, serait comprise dans cette dénomination.

MAITRE A DANSER (avoir les pieds en), signifie les avoir en dehors.

Cette mauvaise position, disgracieuse et contraire au bon usage des jambes, tient le plus souvent à ce que les cuisses du cavalier ne sont pas tournées sur leur plat. C'est un défaut à rectifier en exerçant ces parties par de fréquents mouvements de rotation de dehors en dedans.

Une fois les cuisses bien placées, les jambes et les pieds le seront aussi, s'ils tombent naturellement, et ainsi toute la force de ces derniers sera réservée pour l'usage des éperons.

Afin de se donner un air plus cavalier, il est des jeunes gens qui forcent en dedans la position des pieds; c'est une mode non-seulement ridicule, mais nuisible, puisqu'elle contracte la jambe, empêche sa liaison intime avec le cheval, et rend sa mobilité difficile.

MANÉGE. On entend par ce mot le lieu où l'on dresse

lés chevaux et où l'on donne des leçons d'équitation. Il y en a de diverses grandeurs; les beaux manéges civils ont ordinairement quarante mètres de long sur dix mètres de large. Ceux de cavalerie sont beaucoup plus grands, mais toujours dans les mêmes proportions. Bien qu'il soit facile de dresser les chevaux et d'apprendre à les monter en plein air et sur des routes non circonscrites, je crois que rien n'est comparable à un manége couvert. Là, l'élève n'est distrait par rien, et toujours en vue du professeur à qui il est facile de suivre ses mouvements, et de profiter de toutes les circonstances qui peuvent accélérer ses progrès. Aussitôt que le cheval est apte à comprendre, et l'élève arrivé à user par lui-même de ses moyens de répression, il est utile qu'ils sortent pour qu'ils acquièrent toute la hardiesse qui leur est nécessaire; mais il faut que le cheval conserve la bonne position qui lui a été donnée au manége, et que le cavalier (quoique je lui prescrive moi-même de trotter à l'anglaise) s'attache à ne déroger en rien aux principes qu'il a reçus. En effet, de ces principes dépendent sa grâce, sa solidité et les moyens de bien diriger son cheval. Pourquoi la mode actuelle, qui est le fruit de l'ignorance, prévaudrait-elle sur le savoir? C'est cependant ce qui arrive. L'élève qui se faisait remarquer au manége par sa position et la précision de ses mouvements, n'est plus reconnaissable quelque temps après; son corps est ployé en deux, ses cuisses sont en avant des quartiers de la selle, et les jambes à soixante centimètres des flancs du cheval; ses rênes flottent, et le cheval abandonné n'a bientôt plus aucun rapport avec le cavalier, dont la science et la sûreté sont tout à sa disposition. Quelle peut être la cause de ce funeste changement? La crainte, sans doute, d'être ridicule en restant bel homme de cheval. Ne comprendra-t-on jamais que la position grotesque de nos fashionables tient à leur amour-propre?

Ils veulent savoir sans apprendre, l'argent devant leur tenir lieu de tout, et pour cela il a fallu créer une mode nouvelle de monter à cheval qui fût tout à leur avantage; aussi, bientôt, le plus ridiculement placé dut-il avoir la palme. C'est ainsi que les arts dégénèrent et que l'on retombe dans l'ignorance et dans l'absurde.

Les professeurs doivent donc redoubler de zèle pour soutenir et rehausser cet art si sublime; art qu'on ne peut acquérir que dans un manége et en présence d'un maître expérimenté; c'est avec des principes puisés dans la nature et démontrés avec clarté qu'on peut espérer voir augmenter le nombre des hommes de cheval, et remettre à la mode le beau et le vrai, dont on ne devrait jamais s'éloigner.

MAQUIGNON. Jadis on nommait indistinctement maquignons tous les marchands de chevaux; aujourd'hui ce mot ne s'applique guère qu'en mauvaise part. Les Dictionnaires nouveaux disent que l'on appelle ainsi, les marchands de chevaux qui font métier de tromper les acheteurs. C'est un tort, sans doute, d'abuser ainsi de la confiance de quiconque paye largement les qualités qu'il croit rencontrer dans un cheval; mais pourquoi les marchands de chevaux n'auraient-ils pas le même privilége que les autres marchands ou négociants même, dont les réputations sont les mieux établies? En est-il un qui ne cherche à persuader à son acheteur que telle partie de marchandise ne soit d'une qualité supérieure à ce qu'elle est réellement? Ne s'efforce-t-il pas de vendre le plus cher possible? Peut-il en être autrement, et la qualité ne doit-elle pas être en rapport avec les chances plus ou moins nombreuses de perte? Est-il un genre de commerce où elles soient plus fréquentes, et où les frais d'entretien soient plus coûteux? Cela doit me faire insister avec plus de force sur l'injustice de la qualification de voleur appliquée à quiconque fait le métier de vendre des chevaux. Je dirai même que le marchand de chevaux se trouve souvent forcé d'avoir recours à des subterfuges, sous peine d'être bientôt ruiné. En effet, quarante chevaux de foire arrivent dans ses écuries; toute sa fortune, peut-être, a été employée à ces achats. Mais, n'a-t-il pas lui-même été trompé? Sont-ce tous de bons chevaux avec lesquels il pourra augmenter son capital? Ou bien, a-t-il été assez malheureux pour qu'un quart se trouve incapable d'aucun bon service? Cela peut arriver au plus habile, car le cheval le plus correct dans ses formes, n'est pas toujours celui qui déploie le plus d'agilité dans ses mouvements; en outre, le meilleur peut devenir une rosse quand il a subi la castration, ou quand il change de pays et de nourriture. Dans ce cas, est-ce au marchand de chevaux à être passible de ce dont ses connaissances bien positives n'ont pu le préserver? Non, certainement, et il doit tâcher de réparer autant que possible par la vente ce qu'il n'a pu prévenir avant l'achat. D'ailleurs, l'animal n'est-il pas présenté nu à l'acquéreur? N'est-il pas libre de consulter tel connaisseur ou tel artiste vétérinaire qui lui convient? L'acheteur doit donc s'en prendre à lui seul de son mauvais choix, puisqu'il peut, par l'inspection la plus minutieuse, savoir à quoi s'en tenir sur les défauts ou les qualités du cheval qui lui est présenté. On m'objectera, sans doute, que l'amateur, quelque habitué qu'il soit à juger les proportions ou les tares des chevaux, n'a que des connaissances très-secondaires, comparativement à celles du marchand de chevaux. Quoique cette règle ne soit pas sans exception, je répondrai que celui qui ne s'y connaît pas, doit prendre conseil de quelqu'un qui s'y connaisse. Ai-je besoin, en outre, de relater tous les défauts qui surviennent aux chevaux par suite du peu de gradation que l'on met dans leur travail, ou du manque de soins hygiéniques? Combien de fois un marchand, après avoir cru vendre un bon cheval à l'un et un médiocre à l'autre, n'a-t-il pas reçu des reproches du premier et des compliments du second? D'où cela peut-il venir? Quelquefois d'une erreur de sa part, mais le plus souvent des traitements irréfléchis qu'on fait endurer aux chevaux, et qui changent leurs qualités en défauts. Il existe bien aux yeux des amateurs une différence entre le gros marchand de chevaux, dont la réputation rend pour ainsi dire l'écurie enchantée, transformant tous les chevaux, de quelques pays qu'ils viennent, en chevaux anglais, et ce pauvre diable qui, sans moyens pécuniaires, doit se borner à faire des acquisitions de peu de valeur : pour moi, je n'en reconnais aucune : le premier profitera de la vogue dont il jouit pour vendre deux tiers au-dessus de sa valeur un cheval qui sera loin d'être exempt de défauts ; et le second, pour gagner quelques louis, mettra en œuvre toutes les petites supercheries dont il pourra s'aviser, et qu'il serait trop long d'énumérer dans un simple article de Dictionnaire. D'ailleurs, la différence, si elle existait, serait en faveur de celui qu'on appelle *maquignon*, en ce que s'il vous trompe, ce n'est que pour une somme moins considérable.

Je le répète donc, celui qui, sans s'y connaître, veut acheter un cheval, doit s'attendre à être trompé en cela, comme en toute autre chose. Si le marchand ne l'a pas été, il serait une dupe s'il ne cherchait pas à tirer parti de sa marchandise en la vendant le plus cher possible. S'il l'a été, il doit chercher à faire supporter à l'acquéreur qui se présente tout ou partie de la perte qu'il a lui-même éprouvée. Il agit dans ce sens, comme quiconque veut se débarrasser d'un cheval qui fait mal son service. Que l'on dise donc avec moi qu'il y a des maquignons dans tous les états, et que, s'ils sont plus nombreux dans le commerce de chevaux, c'est que de toutes les marchandises, celle-ci est la plus difficile à connaître, et celle qui présente le plus de chances de pertes.

MARCHER DE DEUX PISTES. (*Voyez* Fuir les hanches.)

MARTINGALE. On entend par martingale une large courroie qui s'adapte à la muserole ou au mors de la bride et correspond aux sangles.

Des écuyers ont encore recours à la martingale pour assurer la tête du cheval qui bat à la main, ou bien encore pour ramener le nez de celui qui l'éloigne trop, qui porte au vent, selon l'expression consacrée. Quel effet peut produire la martingale dont les points extrêmes d'attache sont fixes? Elle agit nécessairement sur toutes les vertèbres du cou ; si elle ramène la tête, elle baisse l'encolure ; cet inconvénient seul suffirait pour la faire proscrire, mais elle a le désavantage de provoquer le cheval à s'acculer, à se renverser même. Le mors par les rênes peut n'agir que sur les premières vertèbres cervicales et ramener par conséquent la tête dans sa juste position, sans nuire au soutien de l'encolure.

MÉCANISME. Le mot mécanisme s'applique aux moyens physiques que le cavalier emploie pour obtenir du cheval les mouvements qu'il exige.

Le cavalier qui a exercé toutes les parties du corps du cheval, de manière à rendre ses articulations *souples* et à modifier à volonté toutes les contractions musculaires que nécessite un mouvement, aura fait beaucoup. C'est alors que le passage de l'intelligence au mécanisme sera facile, et que la pensée se produira avec avantage jusqu'au bout des mains et des pieds. Cette transmission du moral au physique n'est justement possible que par une sage mise en pratique de tout ce qui constitue le mécanisme.

MÊLER UN CHEVAL, c'est embrouiller son travail de manière à ce qu'il ne sache ce qu'on lui demande. C'est le défaut de ceux qui ne savent qu'à moitié; il serait difficile, en effet, que le cavalier qui n'a pas su se pénétrer de la suite nécessaire aux exercices de l'équitation, pût la rendre compréhensible aux chevaux qu'il monte.

Ici, c'est donc encore sur lui-même que le cavalier doit agir en premier lieu.

MENER SON CHEVAL SAGEMENT, c'est le conduire selon les règles de l'art, c'est-à-dire, ne lui demander que ce qu'il peut faire, et le lui demander avec ménagement. Malheureusement, la manière de conduire un cheval tient le plus souvent au caractère du cavalier, et les principes sont inefficaces ; la réflexion seule opère à cet égard.

METTRE DANS LA MAIN. Le cheval dans la main est celui qui, soumis à la moindre opposition de main et de jambes, soutient son encolure, place sa tête, et dispose son corps de manière à être dans un équilibre parfait. La liaison intime entre la force de chaque partie, peut seule donner à leur action prestesse et régularité.

Mettre dans la main est donc donner à son cheval cette position indispensable pour tous les exercices. (*Voyez* RAMENER.)

MÉZAIR (le) est une suite de sauts en avant, où les jambes de devant sont moins détachées du sol que dans la courbette; aussi le cheval les fait-il se succéder plus vivement.

C'est à l'aide des piliers qu'on obtient tous ces mouvements élevés du devant. Comme je n'admets de véritable instruction pour le cheval que celle qui lui est donnée sans moyens étrangers, j'ajouterai qu'il faut les pratiquer à cheval, mais attendre que son éducation soit entièrement terminée si l'on ne veut s'exposer à ce que ce mouvement qui ressemble à une défense n'en devienne une réelle par la suite.

MIS. Un cheval bien ou mal mis est un cheval bien ou mal dressé. (*Voyez* DRESSER.)

MOLETTE. C'est l'extrémité mobile de l'éperon qui se trouve en contact avec les flancs du cheval.

J'ai déjà dit que la molette devait être ronde, garnie de légères entailles tout autour, de façon à ce qu'elles soient aussi inoffensives que possible, l'aiguillon nul. Ce qui en impose au cheval, c'est la position renfermée que lui fait prendre un véritable cavalier au moyen de l'ensemble de ses mouvements, ce sont les à-propos qui font tout; et c'est l'intelligence du cavalier qui doit y présider. Les moyens simples sont préférés par l'homme expérimenté; l'incapacité, au contraire, emploie toujours des procédés rigoureux pour arriver à ses fins; mais elle manque son but, car la nature n'est pas ingrate.

MONTER ENTRE LES PILIERS, se dit de l'action de l'élève qui monte le sauteur.

Les leçons données dans les piliers peuvent être de quelque utilité, mais il faut mettre une excessive gradation dans le choix des sauteurs pour qu'ils soient en rapport avec la force de l'élève, afin que celui-ci ne prenne pas l'habitude de se raccrocher et de se maintenir en selle par tous les moyens possibles; il faudrait, pour éviter cet inconvénient, bannir les selles à piquer, ne faire usage que de selles rases et avoir un sauteur tellement bien dressé qu'il graduât ses mouvements de façon à ce que l'élève pût les suivre avec de bonnes positions.

MONTOIR désigne le côté gauche du cheval, et *hors du montoir* est le côté droit. *Rendre facile au montoir*, c'est accoutumer un cheval à être tranquille quand on le monte.

J'ai entendu des gens qui s'occupaient de dresser des chevaux dire sérieusement qu'un cheval dont ils vantaient les qualités n'avait qu'un seul défaut, celui d'être difficile au montoir. Il semblait, à les entendre, que ce fût un vice incorrigible. J'ai fait venir un cheval de ce genre, qui cherchait à ruer à l'approche de l'homme; je lui ai fait mettre un caveçon dont je tenais moi-même la longe, et en moins d'une demi-heure, avec une douzaine d'applications judicieuses de cette espèce de collier de force, entremêlé de caresses quand il ruait moins, je l'ai rendu promptement sage et l'ai corrigé pour toujours de cette mauvaise habitude.

Le moyen sera le même pour les chevaux trop ardents, pour ceux qui se cabrent, etc.

MORS (du) ET DE SES EFFETS. Le mors se compose de trois pièces qui, par leur combinaison, n'en font qu'une. Il est formé de deux branches et de l'embouchure qui se subdivise en deux canons et un cintre au milieu, appelé *liberté de la langue*. Les anneaux et autres ouvertures qui se trouvent dans le haut et le bas des branches sont destinés, dans la partie supérieure, à recevoir les montants, et dans la partie inférieure les rênes de la bride.

Tant d'autres ont déjà défini le mors et décrit toutes ses parties, que je n'entrerai pas dans des détails qui ne seraient que des répétitions; je me contenterai de faire connaître ses diverses proportions.

Les éperonniers et selliers ont profité de l'ignorance ou de la frivolité de la plupart des cavaliers pour changer la forme des mors et leur donner des dimensions qui, presque toujours, sont devenues nuisibles aux chevaux, et contraires au parti qu'on en voulait tirer. Mais on se gardait bien de convenir de ces inconvénients, que combattait d'ailleurs l'attrait puissant de la nouveauté, ou que n'entrevoyait pas l'inexpérience des acheteurs. On a donc suivi les différentes modes que l'avidité des spéculateurs accréditait, et bientôt des mors simples, mais utiles, ont été remplacés par des mors composés, brillants, mais dangereux.

Le principe que je vais émettre ne laissera pas de surprendre sans doute ; car il ne s'agit de rien moins que d'adopter un seul mors pour tous les chevaux, quels que soient d'ailleurs leur conformation et leur état de sensibilité.

Voici la forme et les proportions du mors auquel je donne la préférence :

Branches droites, de la longueur de dix-sept centimètres, à partir de l'œil du mors jusqu'à l'extrémité des branches ; circonférence du canon, six centimètres ; liberté de la langue, de la largeur de cinq centimètres à peu près dans sa partie inférieure, et de vingt-sept millimètres dans la partie supérieure.

On comprendra sans peine qu'en disant que la même forme convient à tous les chevaux, je n'entends point parler de la largeur ; sous ce rapport, il faut admettre différentes dimensions, selon la bouche des chevaux, afin qu'ils n'y vacillent point, et que les parties qui doivent avoir un point d'appui fixe le conservent toujours exactement.

Quoique le mors ci-dessus détaillé soit très-doux, je puis affirmer qu'il peut suffire à rendre légers et à soumettre à la plus passive obéissance les chevaux les plus froids, les plus sujets à s'emporter, et ceux mêmes qui offrent le plus de résistance.

Les barres sur lesquelles le mors agit sont deux os recouverts d'un périoste et d'une gencive. Ces parties sont plus ou moins saillantes, plus ou moins rondes ; mais ni cette rondeur ni cette saillie ne sont des raisons pour faire subir des variations de forme au mors, et surtout pour en admettre un plus dur pour les barres charnues. Quelle que soit leur conformation, le mors dont je prescris l'usage produira tout l'effet désirable; car il est erroné de croire que la résistance que les chevaux nous opposent ait sa cause dans la conformation de leur bouche. La sensibilité de cette partie est invariable. Admettons, pour un instant, que les barres du cheval soient bien conformées, c'est-à-dire ni trop ni trop peu charnues. A mon sens, des pressions légères éveilleront bientôt l'irritabilité de ces parties. Supposons que, pour obtenir ces résultats, il nous faille employer cinquante grammes de force ; supposons encore maintenant que ces mêmes barres soient chargées d'un centimètre de chair en plus (ce qui ne varie jamais davantage), et que chaque centimètre augmente l'insensibilité de vingt-cinq grammes, ce que je suppose encore, sans l'admettre ; eh bien ! ce maximum réduira le tout à cinquante grammes. Quel sera l'homme, même le moins solidement placé à cheval, qui ne pourra disposer d'une aussi petite force? Il faut donc imputer cette résistance à une cause tout autre, puisque parfois les chevaux opposent des résistances telles, que toutes les forces d'un cavalier bien constitué et solidement placé à cheval ne sont pas suffisantes pour les arrêter.

C'est donc ailleurs qu'il faut chercher les moyens d'opposition du cheval ; il faut jeter les yeux sur les autres parties de son corps, et observer attentivement si des tares, un vice de conformation ou la mauvaise attitude qui en résulte, ne contribuent pas plus que tout le reste à amener cette résistance. En effet, la force que l'animal oppose est toujours le résultat d'un manque d'équilibre ; c'est pour moi une vérité incontestable, sanctionnée par l'expérience. Que de personnes ont été emportées par leurs chevaux, et se plaignaient de la dureté de leur bouche (expression banale et fausse)! J'ai monté ces mêmes chevaux, et, en peu de temps, au grand étonnement de leurs maîtres, ils ont cédé à toutes mes exigences sans la moindre opposition, et pour cela, je n'ai mis en usage que des forces proportionnées et employées à propos.

Je le demande, est-ce la bouche qui, dans ce court espace, a retrouvé sa sensibilité? Cela est impossible; on ne peut, instantanément, obtenir des résultats avec une force de cinquante grammes quand une puissance de deux cents ne produisait aucun effet; le cheval ne pourrait passer immédiatement d'une insensibilité aussi grande à autant d'irritabilité, surtout s'il avait un vice de conformation qu'il n'est pas donné à l'homme de pouvoir détruire; c'est donc la position qui, étant rectifiée, l'a mis dans l'impossibilité d'opposer la résistance attribuée à tort à l'insensibilité de sa bouche.

Détruisons cette erreur trop accréditée, et remplaçons *bouche dure* par celle de *dur à la main*. Une expression a souvent dans les arts plus d'influence qu'on ne pense sur le mode d'agir de ceux qui les professent; celle-ci, par exemple, a laissé l'équitation de deux siècles en arrière; l'expression que j'y substitue aura le double avantage de rectifier une idée fausse, et d'indiquer le moyen d'arriver plus tôt au but.

On comprendra alors que ce n'est plus la forme du mors qu'il faut changer, et qu'il ne s'agit ni d'allonger les branches, ni de diminuer l'épaisseur des canons, puisqu'on a dû reconnaître que la bouche n'est pour rien dans la résistance du cheval et qu'un mors doux produit autant d'effet qu'un mors dur. Ce dernier d'ailleurs ne peut occasionner que des résultats fâcheux, tels que d'acculer, de comprimer plus maladroitement le cheval et de l'amener à des défenses plus dangereuses.

Cette vérité une fois admise, on s'occupera spécialement de ramener le cheval à la bonne position, en le travaillant en place et au pas. J'ai acquis, même avec les chevaux les plus difficiles, la certitude que c'était moins la force que le bon usage de la main et des jambes qui, en déterminant la juste position du cheval, le soumettait à notre volonté et lui donnait ce qu'on appelle si improprement *une bouche sensible*.

Pour mon propre compte, j'atteste que j'ai rencontré des chevaux qui, malgré la rondeur des barres et l'épaisseur de la gencive, ont toujours eu ces parties d'une extrême sensibilité; et comme chacun peut se convaincre de cette vérité, je persiste à dire que la dureté que l'on croit rencontrer dans la bouche ne dépend pas de la disposition des barres et des gencives, mais bien de la conformation générale du cheval.

Aussi la science de l'équitation réside-t-elle dans l'adresse à saisir les moments favorables d'agir, de punir, de récompenser et d'indiquer; et pour cela il faut un mors doux qui puisse se prêter à tous les mouvements d'une main habile, et communiquer au cheval l'action du cavalier avec la douceur, la légèreté et la promptitude que celui-ci y met.

Les cas dans lesquels on fait usage ordinairement de plusieurs espèces de mors, sont : celui où le cheval éloigne son nez (ou porte au vent), celui où il est lourd à la main, et enfin celui où il s'emporte. Je parlerai seulement du mors dont on se sert pour la première de ces positions, puisque les inconvénients sont les mêmes pour les autres. Dans ce premier cas, on fait usage d'un mors à branches longues pour ramener le nez du cheval qui l'éloigne trop.

Or, si c'est par un vice de conformation ou de position que le cheval présente de la résistance, les moyens doux pourront seuls assouplir et ramener l'animal dans un plus juste équilibre. Le mors, avec des branches plus longues, aurait une force et une rapidité d'action si grandes, que la contrainte excessive qui en résulterait, mettrait le cheval dans la nécessité de se défendre. De plus, comment conserver la finesse nécessaire au contact des jambes, si l'action du mors est trop considérable, les aides devant être en rapport entre elles? Les jambes ne sauraient donc, sans contraindre péniblement le cheval, augmenter leur force dans la même proportion que le mors, et la récompense serait toujours trop tardive, à cause de la longueur des leviers.

En effet, les branches longues donnent une force très-grande au mors. Comme leur extrémité inférieure est plus éloignée des canons, on est exposé à agir trop ou trop peu; et cette violence ou cette faiblesse d'action s'opposent à ce qu'on puisse maintenir le cheval dans une bonne position. Il forcera les jambes ou la main, sans pouvoir jamais rester entre les deux puissances; dans ce cas pas d'équilibre ni d'éducation possible. Il en sera de même si les canons sont minces : le mors sera toujours d'une dureté pernicieuse.

Qu'on se rappelle donc bien que les forces qui doivent arrêter, secourir, enlever et déterminer, reposent dans l'assiette, le judicieux mécanisme du cavalier, et dans une pratique basée sur le raisonnement, bien plus que dans la dureté des instruments qu'on emploie. Si le cavalier saisit bien l'action du mors, s'il sait en graduer les effets, s'il sait se servir des jambes et des éperons avec la gradation que je recommande, le cheval pourra changer l'emploi de ses forces, changer ses positions et devenir d'une soumission prompte et durable.

MORS AUX DENTS. On devrait entendre par *mors aux dents* l'action du cheval qui prend les branches de ce frein avec les incisives, et qui, dès lors, lutte avec avantage contre son cavalier; mais en disant qu'un cheval prend le mors aux dents, on entend généralement parler de celui qui s'emporte, bien que le frein ait conservé sa position normale.

On peut parer au premier inconvénient par l'usage de la fausse gourmette, et éviter le second en assouplissant le cheval et en l'amenant à un état d'équilibre parfait, pour qu'il soit facile ensuite de vaincre, au moment où elles naissent, toutes les forces dont il se sert pour mal faire. (*Voyez* EMPORTER.)

N

NATURE (mauvaise). Le cheval de mauvaise nature est celui qui résiste à la volonté du cavalier.

Un cheval rétif ou ramingue est de mauvaise nature.

J'ai déjà dit que les vices attribués aux mauvaises dispositions intellectuelles du cheval ne sont, le plus souvent, que le résultat d'une mauvaise construction; un bon cavalier saura rectifier cette mauvaise nature et rendre ce cheval d'un emploi facile; voilà l'équitation; voilà l'écuyer.

Bonne nature a le sens contraire; cette expression s'emploie aussi pour désigner le cheval d'un bon tempérament, qui se maintient en parfait état avec peu de nourriture. Ces chevaux sont excellents pour faire la guerre et pour résister à la fatigue.

NEUF. *Cheval neuf* s'entend de celui qui n'a pas encore été monté.

Ne livrez jamais votre cheval, pour le panser ou le monter, aux gens dont vous ne connaissez pas le caractère. La manière dont il sera traité dans les commencements influera beaucoup sur sa compréhension et sur ses bonnes ou mauvaises dispositions. Combien n'a-t-on pas vu de bons chevaux que les mauvais traitements ont rendus incapables de tout service!

Si vous n'avez pas le savoir requis pour familiariser et dresser vos chevaux, ne les confiez du moins qu'à quelqu'un de sûr, ou soyez présent aux leçons qu'on leur donnera. Grâce à ce soin, vous ménagerez vos intérêts, et vous garantirez votre cheval des défauts qu'il eût pu contracter en de mauvaises mains.

O

OBTENIR D'UN CHEVAL, c'est venir à bout de lui faire exécuter ce à quoi il se refuse.

Le cavalier qui ne l'emporte pas dans le combat qu'il a à soutenir avec certains chevaux, s'expose à être pour toujours à la merci de leurs volontés.

Ce fait incontestable est une puissante raison pour limiter nos exigences. Après nous être assurés que l'assouplissement du cheval ne laisse rien à désirer, il faut tenir sévèrement à ce qu'il exécute ce qu'on lui demande. Une petite faute tolérée en amènerait bientôt de plus graves et retarderait son éducation.

OMBRAGEUX. Le cheval ombrageux est celui qui a peur de tous les objets qu'il rencontre, et quelquefois même de son ombre. Il faut monter ces chevaux avec une attention particulière, et s'occuper avec soin de les porter sur tout ce qu'ils cherchent à éviter.

Ces frayeurs étant presque toujours le résultat de mauvaises leçons, de mauvaises habitudes, ou d'événements désagréables survenus lorsqu'ils étaient poulains, il faut, pour corriger les chevaux ombrageux, mettre beaucoup de ménagement et de patience. Les poignets et les jambes seront soutenus avec vigueur, quand le cheval cherchera à se soustraire à l'action des aides, afin que la crainte du châtiment neutralise chez l'animal celle causée par l'objet qui l'effraye.

Les rênes du bridon seront tenues, une dans chaque main, pour détruire vivement les résistances de l'encolure et les écarts qui en résultent. On ne conduira le cheval ombrageux que progressivement sur ce qu'il appréhende, et une fois en contact, pour ainsi dire, avec la cause de sa frayeur, on le flattera de la main et de la voix, en l'y maintenant tout le temps qu'il marquera de l'inquiétude.

Les artistes vétérinaires prétendent que certaines conformations de l'œil contribuent beaucoup à donner ce défaut. En admettant ce vice d'organisation, les moyens seront toujours les mêmes. Je ferai observer encore qu'il ne faut employer le châtiment qu'à la dernière extrémité.

J'ai connu des chevaux très-ombrageux, dont les hésitations et les craintes chimériques ont été dissipées en moins de huit jours, *sans avoir eu recours à l'oculiste*. Il faut, pour parvenir à ce résultat, ne chercher à triompher du sens de la vue qu'après s'être rendu maître de celui du toucher. Le cheval, se renfermant par l'action de la main et des jambes, finira bientôt par se soumettre entièrement ; ce dernier point étant le plus important, il doit fixer particulièrement l'attention du cavalier.

OPPOSITIONS. Former des oppositions, se dit de l'emploi bien entendu et simultané de la main et des jambes. La pression des jambes, les attaques même que l'on emploiera, devront toujours avoir la main pour écho. La main devra donc être soutenue, de manière à présenter une opposition égale à la force communiquée par les jambes ou l'éperon; c'est alors que l'on obtiendra la légèreté ou l'équilibre propre au mouvement.

OSCILLATIONS, mouvement qui fait aller le cavalier de côté et d'autre sur la selle. C'est avec le secours des hanches et des genoux qu'il doit reprendre son équilibre.

Comme ces parties constituent ce qu'on appelle l'assiette et que c'est l'assiette qui se déplace, c'est avec leurs forces seules qu'il faut retrouver un juste point d'appui.

Par ce moyen, les bras, les poignets et les jambes n'agiront pas indiscrètement sur le cheval, et seront toujours disposés pour le contenir et le diriger (1).

OUTRER UN CHEVAL, c'est le faire aller au delà de ses forces.

Un bon cavalier n'outre jamais les forces de son cheval; il se garde bien d'abuser de ses services, et leur assure ainsi une plus longue durée.

P

PALEFROI. On appelait ainsi, anciennement, les chevaux qui ne servaient qu'aux promenades, aux fêtes, et surtout aux dames, avant l'invention des carrosses.

Nos chevaux actuels sont moins privilégiés; ils font toute espèce d'exercices, heureux encore quand ils ne cumulent pas la voiture, la promenade, les courses forcées, etc., etc.!

PARTAGER LES RÊNES, c'est les séparer une dans chaque main; cela ne se pratique, ordinairement, qu'avec le filet et sur des chevaux qui ne connaissent pas les effets du mors.

Il est souvent utile d'en user ainsi pour agir d'une ma-

---

(1) Voir la MÉTHODE, nouveau moyen d'obtenir une bonne position du cavalier.

nière plus locale, donner des directions, détruire les résistances latérales de l'encolure qui viennent du cheval et prévenir des défenses. Aussi, est-il bon de s'habituer à partager les rênes du filet, car cet exercice exige encore une certaine dextérité pour éviter de faire sentir à la fois et ces rênes et celles de la bride, qui, néanmoins, ne doivent pas quitter la main gauche.

PAS (le) est le mouvement le plus lent, le moins élevé et le plus doux de toutes les allures.

Après le travail en place, l'allure du pas est la plus favorable pour disposer le cheval à exécuter les principales difficultés de l'équitation. Les trois points d'appui qu'il prend continuellement sur le sol lui font plus naturellement conserver son équilibre, et son action étant moindre se prête à ce qu'il sente plus facilement les diverses impressions qu'on lui communique pour le bien placer; et de cette bonne position (celle où il est léger) dépendent le gracieux et le précis de tous ses mouvements.

PAS DE COTÉ. (*Voyez* FUIR LES HANCHES.)

PAS (le), le SAUT et le GALOP GAILLARD sont trois temps, dont le premier se compose de deux pas, le second, d'un temps de galop raccourci, et le troisième, d'une courbette ou d'une cabriole.

Tous les mouvements sont praticables; mais il faut un bon écuyer, une bonne éducation et un bon cheval.

Le saut de gaieté que font certains chevaux, au galop, s'appelle aussi galop gaillard; galop capricieux conviendrait mieux, puisqu'il n'est que le résultat d'une fantaisie du cheval.

PAS ESPAGNOL. On entend par pas espagnol, l'action

du cheval qui en marchant donne toute l'extension possible à chacune des jambes de devant alternativement. C'est à tort que l'on a attribué ce mouvement aux chevaux espagnols, dont la marche est tout à fait différente ; ils élèvent, il est vrai, très-haut les jambes de devant, mais sans la tension soutenue que nous exigeons pour en faire un de nos airs de manége. Pour obtenir ce mouvement, il faut d'abord forcer le cheval à tenir une de ses jambes en l'air ; on y parviendra promptement en ramenant la tête du cheval, par exemple à droite, à l'aide de la rêne du bridon ou de la bride ; cette position prise, on portera la main de la bride à gauche en soutenant fortement les deux jambes ; toutefois, la gauche sera fixée au flanc avec plus d'énergie, afin de former opposition à la main ; peu à peu le poids de la jambe droite du cheval se reportera sur la gauche, et la première quittera le sol. Ce que l'on aura fait à droite se pratiquera également à gauche. Une fois que cette flexion sera devenue facile, on soutiendra les deux jambes comme si l'on voulait porter le cheval en avant, et la tension s'exécutera.

Une fois que le cheval marquera les temps d'une manière distincte à l'allure du pas, on forcera l'action pour arriver à l'obtenir au trot. Ce travail ne doit s'exécuter qu'après avoir amené le cheval à un état d'équilibre parfait. Il faut que la position à l'aide de laquelle on obtient le pas espagnol, soit bien juste et que le cavalier en soit toujours le promoteur, afin que le cheval ne prenne jamais l'initiative, puisque c'est un air de manége qui ne doit s'exécuter qu'à un moment donné.

PASSADE (la) se dit des divers mouvements, des tours, détours et retours, que le cheval exécute au galop, en passant avec rapidité d'un point sur l'autre.

Cela peut avoir aussi un but d'utilité pour les officiers

de cavalerie, qui veulent apprendre à manier leurs chevaux avec promptitude ; mais, pour cela, il faut avoir un cheval bien subordonné aux effets du mors et des jambes, et dont on puisse changer les positions du tact au tact. Ce point est le plus important, pour qu'un défaut d'équilibre ne fasse pas manquer une évolution et n'amène pas la chute de l'animal.

PASSAGE est un diminutif de piaffer ; dans cet air, le cheval lève les jambes, comme pour le trot, mais il n'avance qu'imperceptiblement à chaque temps.

Pour ce travail, le talent du cavalier consiste, non pas à faire une opposition continue avec la bride, chaque fois que les jambes agissent, mais bien à réunir tellement toutes les forces au centre, comme pour le piaffer, que, même avec les rênes flottantes, le cheval n'avance qu'insensiblement à chaque surcroît d'action.

On conçoit qu'il faut un rassembler bien complet pour que le cheval puisse exécuter avec régularité ce brillant et savant air de manége.

PESADE (la) se dit du cheval qui lève très-haut son avant-main en ne quittant pas le sol de ses pieds de derrière.

Ce mouvement est une imitation du *cabrer*, mais c'est le cavalier qui le provoque. Il faut que le cheval soit bien dressé pour qu'il ne s'y livre pas malicieusement, ce qui dégénérerait en défense ; le cheval arrivé à un certain degré d'instruction peut faire tous ces mouvements sans contrainte pénible, si le prudent et savant cavalier s'est attaché à perfectionner et à rectifier les positions du cheval, et s'il veille à la sûreté de ses points d'appui.

PIAFFER se dit du cheval qui lève ses jambes par la

diagonale, comme au trot, mais sans avancer ni reculer.

Si ce mouvement, qui rend le cheval fier et belliqueux, ne coûte au cavalier que d'imperceptibles oppositions de main et de jambe, il prouve son savoir; car, pour lui donner cette cadence précieuse, que d'obstacles à surmonter par des exercices habilement gradués !

Il faut faire une exception pour les chevaux appelés *piaffeurs*, qui se prêtent si aisément à ce mouvement, que la difficulté, avec eux, est de les en corriger et de leur donner d'autres allures.

Néanmoins, la plus grande partie des chevaux est susceptible d'acquérir un piaffer plus ou moins gracieux.

Pour en arriver là, non-seulement il est essentiel de mettre son cheval dans un parfait équilibre et de lui donner le rassembler le plus complet, mais comme il est difficile de lui faire concevoir qu'il doit agir sous l'impulsion égale de deux aides contraires, il faut exiger peu à la fois, le caresser aussitôt qu'on obtient un mouvement; puis, petit à petit, régulariser, rhythmer, si je puis me servir de cette expression, l'action des extrémités, et quinze jours ne s'écouleront pas sans qu'on obtienne un beau commencement de ce *nec plus ultra* de l'équitation.

PICOTER un cheval, c'est lui faire sentir les éperons sans cause et avec incertitude.

C'est le défaut des gens chancelants à cheval, qui se servent des jambes comme moyen de solidité.

Les chevaux mal montés ainsi, contractent l'habitude de ruer à la botte; heureux encore s'ils bornent là toute défense ! Le remède est d'acquérir de l'assiette avant de chercher à faire usage des aides, y compris l'éperon.

PILIERS (les) sont deux poteaux placés aux trois quarts de l'un des bouts du manége, et entre lesquels on met un cheval pour lui apprendre à exécuter tous les airs relevés.

Beaucoup d'écuyers ont encore recours à cet expédient pour asseoir un cheval sur les hanches ou le former au piaffer. C'est un tort, selon moi, car les longes qui l'assujettissent, la chambrière qui l'excite, ne peuvent jamais remplacer l'accord des mains et des jambes. Ce n'est qu'avec l'assiette qu'on peut saisir ces milliers de petits déplacements dont la répression accélère l'éducation du cheval. Le cavalier seul peut intercepter et retirer à temps la force et le poids qui nuisent, ou donner immédiatement celle nécessaire à une prompte exécution. Ce sont là des effets de tact que les piliers ne peuvent remplacer. En effet, dans les piliers, c'est par les yeux seuls qu'on distingue quand le cheval fait mal ou bien ; les yeux ne peuvent apercevoir qu'un déplacement opéré, et c'est le déplacement naissant qu'il fallait prévenir. Il est donc impossible, avec ce genre d'exercice, de saisir justement les temps et de les réprimer d'une manière convenable.

Les piliers sont sans doute indispensables pour les airs relevés (que doit posséder ce que l'on appelle un sauteur) ; comme ces mouvements sont tous forcés, il n'est pas étonnant qu'on emploie, pour l'y façonner, le secours des piliers ; d'ailleurs, le cheval devant toujours les exécuter entre ces deux poteaux, il est indispensable que ce soit là qu'il les apprenne. Mais, pour tout ce qui tient à donner ou à parfaire l'équilibre d'un cheval, c'est à cheval que le cavalier doit l'obtenir ; il y arrivera plus vite, et tout en ménageant l'organisation de son cheval, il acquerra du sentiment et du savoir.

PINCER DES DEUX. (*Voyez* ATTAQUER.)

PIROUETTE (la) s'exécute sur les jambes de devant ou

sur celles de derrière. La première s'appelle pirouette renversée; c'est la jambe de devant du côté opposé où se porte la croupe, qui doit être le pivot autour duquel tournent les trois autres jambes; c'est l'opposé dans la pirouette ordinaire, c'est la jambe de derrière du côté où l'on porte les épaules qui doit servir de pivot; cela se conçoit aisément, puisque dans ces deux cas, ce sont les deux jambes qui ont le moins grand cercle à parcourir.

Il faut commencer par les pirouettes renversées; elles sont plus faciles, puisque la jambe qui donne l'action à l'arrière-main sert en même temps à la déplacer; c'est l'opposé dans la pirouette ordinaire : l'action doit se répartir pour donner aux épaules la plus grande mobilité possible, et le poids doit rester en arrière lors du début des pirouettes renversées qui ne doivent se pratiquer qu'après l'entier assouplissement de l'encolure et un commencement de mise en main. On se contentera dans le principe d'un pas ou deux. Si la croupe se porte à droite, la jambe gauche et une tension de la rêne gauche du bridon arrêteront ce premier déplacement et seront suivis d'un effet d'ensemble. On augmentera au fur et à mesure le nombre des pas jusqu'à ce que l'on soit parvenu à exécuter la pirouette entière. La rêne du bridon ayant pour propriété de combattre la résistance que présenterait la croupe, on cessera son effet aussitôt que le cheval répondra à l'action de la jambe; puis on arrivera peu à peu à placer la tête dans le sens du mouvement, c'est-à-dire du côté où marchera la croupe. On obtiendra les pirouettes ordinaires avec la même progression.

PISTE (la) est une ligne supposée sur laquelle on fait marcher le cheval.

Quand les jambes de derrière suivent la même ligne que celles de devant, le cheval est dit marcher d'une piste.

Il va de deux pistes quand ses pieds de derrière parcourent une ligne parallèle à celle tracée par les pieds de devant. Dans un cas comme dans l'autre, il est toujours essentiel de se créer imaginairement des lignes, afin de les faire suivre exactement au cheval et de se rendre raison par là de tout ce qu'il fait. Cela mène à le conduire d'une manière plus précise.

PLACER UN CHEVAL, c'est, après l'avoir assoupli, coordonner ses forces pour le mettre en équilibre.

Pour éviter des répétitions, je me contenterai d'ajouter ici que le premier conseil à donner aux jeunes cavaliers, c'est d'acquérir eux-mêmes assez de tact équestre pour sentir immédiatement toutes les positions défectueuses du cheval et les rectifier aussitôt.

Ils ne sauraient donner à cette étude trop de temps, et surtout de raisonnement, car c'est en cela que consistent tous les secrets de l'équitation.

PLATE-LONGE. On entend par *plate-longe* une longue corde bouclée à l'anneau du caveçon. On s'en sert à tort pour débourrer les jeunes chevaux.

Travail de plate-longe se dit de l'exercice auquel on assujettit généralement les élèves aux premières leçons.

PLIER LE COU D'UN CHEVAL, c'est le premier point d'instruction par lequel le cavalier doit commencer l'éducation.

J'ai dit ailleurs quels étaient les moyens les plus propres à effectuer cet exercice ; j'y renvoie donc le lecteur. (*Voyez* FLEXIONS et RAMENER.)

POINTE. On entend par pointe une espèce de *cabrade* dans laquelle le cheval, après s'être enlevé du devant, au lieu de retomber à la même place, se porte en avant; cette défense est moins dangereuse que l'autre. (*Voyez* CABRER, pour les moyens à employer.)

POSITION DE L'HOMME A CHEVAL. Comme bien d'autres points de l'équitation, la position de l'homme à cheval a été l'objet de grandes erreurs de la part des auteurs, même les plus modernes, qui ont écrit sur ce sujet.

L'un des plus en vogue, par exemple, dont le traité a paru en 1826, pour indiquer la position convenable au cavalier, s'exprime comme il suit :

« L'homme qui sait se tenir sans contrarier les diffé-
» rents mouvements qu'il voudra faire exécuter à son che-
» val, qui saura se placer de telle façon, que le cheval,
» libre dans ses exercices, obéisse avec facilité, cet homme
» pourra se dire excellent cavalier, quels que soient d'ail-
» leurs son attitude et les moyens qu'il emploiera pour
» faire concevoir au cheval sa volonté. »

Ou l'auteur s'explique mal, ou il se trompe. S'il veut dire simplement à l'élève que le talent d'un cavalier est de se mettre en *position* de bien conduire son cheval, quelle que soit du reste cette position, c'est ce que chacun devine tout d'abord, et ce n'était pas la peine de l'écrire. S'il veut dire qu'on peut atteindre ce but avec toutes les positions possibles, je le crois dans l'erreur.

Certes, je suis loin de prétendre qu'une position strictement académique soit indispensable pour tirer parti d'un cheval; mais encore faut-il être placé de manière à suivre facilement le cheval pour se servir habilement des aides.

En autorisant une pareille licence, ne craint-on pas de voir l'élève en abuser ? Pense-t-on d'ailleurs qu'il y ait plusieurs positions propres à donner ce tact exquis dans toutes les parties qui constituent l'assiette?

Il est démontré qu'une bonne disposition de fesses et de cuisses est indispensable pour toucher la selle par autant de points que possible; et, pour atteindre le résultat qu'indique l'auteur des principes cités ci-dessus, l'élève sera obligé de passer par une multitude de fausses positions qu'il eût été plus simple de lui éviter en lui indiquant tout de suite la bonne.

Cependant, il est encore moins dangereux pour l'art de se tenir dans cette réserve si prudente, et de se contenter d'indiquer le but à l'élève en le laissant libre d'essayer cent moyens pour y arriver, que de le conduire par de fausses routes, comme le fait l'auteur d'un autre traité.

Je lis dans celui-ci (ouvrage publié en 1822) :

« Pour qu'un cavalier soit bien placé en selle, il faut
» trois points d'appui ; les deux premiers points du haut
» des cuisses, et le troisième du croupion ; les trois points
» doivent former un triangle ; mais pour que le triangle
» soit bien régulier et avantageux, il faut avancer la cein-
» ture et les hanches, étendre les cuisses, et les tourner
» en dedans ; retirer les genoux et les fermer, creuser le
» bas des reins, et placer les fesses de manière que le crou-
» pion soit forcé de porter sur la selle. »

Il est physiquement impossible de faire appui sur le coccyx, ainsi que le veut l'auteur de cette méthode ; outre qu'il est recourbé et par conséquent trop court pour devenir un troisième point d'appui, ce cartilage est incapable de supporter la moindre pression, à plus forte raison de servir de base à la masse du corps. De plus, on conçoit qu'en supposant même cette position soutenable, le buste du cavalier serait disgracieusement placé, et le haut du corps trop porté en arrière pour qu'on pût user facilement de ses aides.

Mieux valait cent fois répéter les principes contenus dans l'ordonnance de cavalerie touchant la position de l'homme à cheval ; la définition en est simple : aussi je me contenterai de la transcrire, me réservant toutefois de faire quelques observations sur les moyens les plus efficaces pour acquérir promptement cette bonne position, et la conserver toujours la même, malgré le jeu des parties mobiles :

« La tête haute, aisée, d'aplomb, dégagée des épaules ;
» les épaules tombantes et bien effacées, la poitrine sail-
» lante, les bras libres, les coudes tombant naturellement,
» les deux fesses portant également sur le siége de la selle,
» la ceinture en avant, les reins droits, fermes et bien sou-
» tenus, le haut du corps aisé, libre et droit, de manière
» que l'homme soit maintenu dans son assiette par son
» propre poids et par son équilibre; les cuisses, embras-
» sant également le corps du cheval, doivent être tournées
» sur leur plat depuis les hanches jusqu'aux genoux, et ne
» s'allonger que par leur propre poids et celui des jambes ;
» le pli des genoux liant, les jambes et la pointe des pieds
» tombant naturellement. »

Les reins fermes et les épaules tombantes, voilà de grandes difficultés pour un élève; avec l'abandon des épaules, il mollira les reins, ou, avec la vigueur nécessaire à leur soutien, il roidira les épaules.

Comment surmontera-t-on ces obstacles? En lui résumant tous ces détails en ce peu de mots : *Fléchir le bas des reins*. C'est seulement en renouvelant la flexion de cette partie qu'on donnera au buste la position la plus convenable.

On conçoit quelle sera l'influence de cette mobilité : les reins servant de base aux épaules, celles-ci n'acquerront le degré d'abandon nécessaire qu'autant qu'elles pourront, pour ainsi dire, s'en fier au juste soutien des reins.

En effet, si les reins sont dans un état permanent de roideur, tous les chocs se répercuteront chez le cavalier, dérangeront son équilibre, et le forceront, pour le rétablir, de faire usage de toutes les parties de son corps ; si, au contraire, par des flexions faites à propos, et souvent répétées, on s'habitue à suivre tous les mouvements du cheval, on conservera aux autres muscles tout le liant et la liberté désirables. Or, pour en arriver là, il faut que la flexibilité des reins ait détruit la roideur qui rend tous les chocs sensibles, et par suite l'assiette incertaine. Sans doute ces temps seront loin d'être bien saisis la première fois, ils amèneront beaucoup d'oscillations dans l'assiette ; mais il n'y a rien là de décourageant ni de dangereux.

Il faut que l'élève chancelle, sans quoi il n'apprendra pas à se tenir solidement. C'est par les déplacements continuels, même des parties qui, plus tard, seront immobiles, qu'on leur donnera le juste emploi de force d'où naîtra la liaison intime des deux corps ; cela permettra au cavalier de distinguer rapidement, entre ces diverses puissances, celles qui le mettent en garde contre les mouvements brusques du cheval, et celles qui doivent le diriger. Ainsi, *fléchir les reins* (c'est-à-dire les vertèbres lombaires) est la seule expression qui, sans embrouiller l'élève, le mettra promptement à même de prendre et conserver la position voulue, et de s'y trouver à l'aise.

Si les bras tombent sans force, les épaules seront effacées, et la poitrine saillante, par la raison bien simple qu'on ne peut pas faire céder le bas des reins sans porter la ceinture en avant, sans se grandir du haut du corps, et sans que la poitrine soit ouverte.

Une fois que, par la multiplicité des mouvements des lombes, le corps aura acquis la souplesse convenable, il faudra habituer les bras à tous les mouvements possibles, en ayant bien soin que le corps n'en éprouve aucun déplacement.

Les rênes du bridon seront séparées, une dans chaque

main, en leur laissant assez de longueur pour que le jeu des bras ne fasse éprouver aucune sensation au cheval. On pourra même les croiser dans une seule main, afin que le bras libre puisse s'éloigner et se rapprocher du corps sans déplacer les épaules, et s'habituer par ce moyen à rendre local l'emploi des forces. Ainsi on arrivera promptement au seul mouvement utile pour bien diriger le cheval.

Le poignet a trois mouvements sur l'avant-bras, connus en anatomie sous les noms de *rotation*, *supination* et *pronation*. La première de ces positions sert à donner une égale tension aux rênes (il s'agit ici de la main de la bride); la seconde augmente la pression de la rêne gauche sur ce côté de l'encolure, pour porter à droite; et la troisième, la pression de la rêne droite pour déterminer à gauche.

L'avant-bras prêtera son secours au poignet quand la force propre de celui-ci sera insuffisante, mais sans pour cela faire éprouver la moindre oscillation au bras.

C'est avec ces explications qu'on fera connaître au cavalier les divers leviers que donne chaque articulation, et dont le jeu combiné produit la force, la grâce et la précision.

Je l'ai déjà dit, le cheval ne peut prendre une allure quelconque ni se livrer à aucune défense sans revenir sur lui-même; comme il faut l'attendre pour le suivre, l'appui des fesses, produit par la flexion des lombes, donnera cette facilité. Il en sera de même pour le conduire; comme on ne lui résiste qu'en vertu d'un levier, et qu'il n'en existe pas sans point d'appui, c'est aux fesses à le prendre sur la selle afin que les bras et les jambes, considérés comme puissances, puissent communiquer le mouvement. Si l'ordre des leviers secondaires, du poignet à l'avant-bras, de celui-ci au bras, de ce dernier à l'épaule, est bien observé, et que le point d'appui de chacun d'eux ne se mobilise qu'autant que la circonstance l'exige, on pourra lutter avec avantage contre les résistances du cheval, et le diriger avec précision.

« Les cuisses, embrassant le corps du cheval, doivent
» être tournées sur leur plat, depuis les hanches jusqu'aux
» genoux, et ne s'allonger que par leur propre poids et
» celui des jambes. »

Comment donnera-t-on cette position aux cuisses? L'abandon qu'on prescrit n'est pas suffisant pour les bien placer; les réactions des flancs du cheval et l'effort qu'il fait pour se porter en avant les éloigneront toujours de la perpendiculaire qu'on leur assigne.

Ce n'est pas non plus par la force continue qu'elles acquièrent cette adhérence à la selle, mais bien par de petits mouvements de rotation multipliés; la même force qui amène cette rotation des cuisses sert aussi pour les porter en arrière, afin qu'elles acquièrent toute la longueur dont elles sont susceptibles.

L'élève prendra, en outre, la bonne habitude de cambrer les reins chaque fois qu'il portera les cuisses en arrière; il évitera par là l'effet de bascule qui accompagne pour l'ordinaire le déplacement des parties inférieures, et donnera en même temps une base plus étendue à son assiette. De cette juste flexion des reins dépend la bonne position des cuisses qui fixe les fesses sur la selle, et fait de cette partie le principal levier autour duquel viennent se grouper tous les autres.

Les jambes sont emboîtées avec les cuisses de telle manière, qu'en suivant l'impulsion de celles-ci, elles se trouveront naturellement bien placées; elles devront être rapprochées autant que possible du corps du cheval; on leur donnera cette liaison intime en renouvelant les flexions en arrière, et bientôt elles acquerront le moelleux nécessaire pour que la force communicative ne détruise pas celle qui les maintient en place.

C'est en rendant les mouvements indépendants les uns des autres qu'on aura la facilité de bien coordonner le jeu des poignets et des jambes; celles-ci ne doivent jamais user que d'un seul mouvement, celui qui les porte en arrière; en voici les deux raisons : la première, c'est que tout autre mouvement détruirait l'immobilité des cuisses, indispensable pour maîtriser la force transmise; la seconde, c'est qu'en portant les jambes au delà des sangles, on augmente les points de contact, et on leur imprime plus de vigueur et de précision. Aussi, ce mouvement en arrière doit-il toujours précéder la pression des jambes sur les flancs du cheval.

Les pieds sont aux jambes ce que les jambes sont aux cuisses, soumis aux mouvements de la partie qui leur est supérieure; de là l'utilité d'assurer les jambes, pour que les pieds ne soient mus que par la force qui leur est propre, et qu'ils agissent localement pour l'attaque, sans que les jambes en éprouvent aucune réaction.

Ce déplacement est d'autant plus à craindre, qu'il retire la solidité et rend incapable de profiter des bons effets de ce moyen puissant.

Il faut répéter souvent le mouvement qui porte les talons en arrière. Ces essais doivent se faire avant que les éperons soient adaptés aux talons, ou avec eux sur un cheval très-froid.

Plus que jamais, avec le toucher des éperons, la flexion des reins doit être mise en pratique, 1° pour que l'on soit en garde contre les déplacements quelquefois violents qui résultent de ce contact; 2° pour que le bras et la main, constamment soutenus, puissent, par un temps prompt et bien saisi, intercepter la force et paralyser les mouvements brusques du cheval, dont les suites sont souvent fâcheuses, attendu qu'elles apportent toujours un retard dans son éducation.

En résumé, c'est avec la flexion renouvelée du bas des reins et la continuelle rotation des cuisses, que le cavalier acquerra promptement la grâce, la solidité et une bonne position, principe simple, qui ne charge pas la tête de l'élève, et ne lui laisse pas mettre de confusion dans l'emploi de ses forces.

POSITION DU CHEVAL. Donner la position à un cheval, c'est disposer à l'avance la tête, l'encolure et le corps, dans le sens du mouvement que l'on doit exécuter. C'est ainsi que l'on parle distinctement au cheval et que le cavalier lui fait comprendre ses intentions.

PORTANT BAS. (*Voyez* Cheval.)

PORTANT AU VENT. (*Voyez* Cheval.)

R

RACE. Le cheval de race est celui qui appartient à une espèce connue et signalée plus spécialement; c'est le cheval arabe de première origine.

A l'exception des chevaux appelés chevaux de pur sang, qui conservent en partie les qualités de leurs père et mère, j'ai peu de confiance dans les chevaux dont on ne vante que les titres de noblesse héréditaire, bien qu'ils aient la queue en balai et peu de poil aux jambes; selon moi, ce ne sont pas là des signes caractéristiques de bonté; il faut avec le sang une bonne construction. On m'appellera vandale, mais je n'apprécie qu'une chose chez le cheval, ses moyens d'action et de mouvement; dès lors, je m'inquiète peu de son pays et de son origine. Combien y a-t-il à Paris de ces chevaux d'espèce, qui n'ont que les qualités qu'on leur prête! C'est assez dire qu'ils en ont peu de réelles.

Quoique mon amour-propre national s'en irrite, je donne la préférence aux chevaux de choix de race anglaise; ils sont brillants, propres au manége et aptes à tout genre d'exercice. Nos chevaux, et même ceux des autres pays, ne peuvent qu'imparfaitement les remplacer; mais je n'en reste pas moins convaincu qu'avec de l'art et de l'aptitude, il n'est pas de chevaux, non tarés, dont on ne puisse tirer bon parti.

RACCOURCIR UN CHEVAL, c'est ralentir son allure sans diminuer son action; une juste opposition de forces dans les jambes et dans la main lui fera gagner en hauteur ce qui lui servait à prendre du terrain. Cela s'obtient aux allures du pas, du trot et surtout du galop. L'on donne au cheval une noblesse à laquelle le cavalier lui-même participe, s'il a su mettre un juste accord entre ses forces et celles du cheval.

RALENTIR UN CHEVAL, c'est modérer son mouvement. Ce qui paraîtra phénoménal, c'est que pour ralentir l'allure d'un cheval, comme dans tous les mouvements rétrogrades, les jambes du cavalier doivent toujours précéder la main. Comment, dira-t-on, vous employez pour ralentir, les moyens qui servent à activer? Bien certainement, parce que c'est à l'aide du même principe que les jambes de derrière du cheval se rapprocheront du centre et qu'on diminuera d'autant la détente des jarrets; alors le rejet du poids de devant sur le derrière s'opérera sans efforts pénibles, et le cheval conservera toujours un équilibre parfait.

RALENTIR (se), se dit du cheval qui diminue son allure à l'insu de son cavalier. A moins que le cheval n'ait une action première qu'il entretienne lui-même, il faut lui en communiquer une factice qui sera renouvelée par les jambes et la main du cavalier, faute de quoi le cheval perdra de son ardeur et de sa promptitude à obéir. L'allure du galop est surtout celle qui nécessite cette attention, son mouvement étant plus contraint.

RAMENER (tous les chevaux peuvent se). On entend par *ramener* placer la tête du cheval dans une position perpendiculaire.

L'idée première de ce principe me vint en examinant la position naturelle que prennent les chevaux dans l'écurie.

L'état de repos du cheval, quelle que soit d'ailleurs sa conformation, n'est pas d'avoir le nez au vent, puisque cette position ne peut exister sans la contraction des muscles supérieurs de l'encolure; aussi, selon qu'il est plus ou moins bien conformé, le voit-on au repos ou ramené, ou la tête basse.

Le cheval naturellement ramené doit à son organisation une bonne position. Ce n'est pas de lui qu'il faut s'occuper ici, puisque la nature a rendu l'art moins utile à son égard; mais il s'en faut bien que tous aient cette heureuse conformation; il en est un grand nombre auxquels le secours du cavalier est indispensable pour qu'ils arrivent à une belle attitude.

Plus la construction du cheval s'éloignera de la perfection, plus on trouvera de résistances dans l'encolure et dans la mâchoire; il faudra donc plus de temps pour lui faire acquérir la souplesse et toute la noblesse désirable, mais le succès n'en est pas moins certain.

Quand on aura retiré aux muscles leur roideur, il faudra agir sur eux de façon à les harmoniser, pour ainsi dire, comme les cordes d'un instrument, de façon qu'ils se prêtent un mutuel secours. Il faut donc d'abord employer le travail à pied et à cheval, en place et au pas, afin d'arriver peu à peu à donner tout le liant possible à l'encolure et à la mâchoire.

Plusieurs auteurs ont écrit qu'il faut exclure le cheval qui porte le nez en l'air. Comment! parce que tel cheval est plus ou moins mal conformé qu'un autre, vous ne le jugez plus digne d'entrer dans vos manéges, ni capable de rendre un bel et bon service! que deviendrait l'espèce humaine elle-même, au moral, avec un semblable procédé?

Je le répète, tous les chevaux peuvent se ramener, et, dès lors, tous sont susceptibles d'éducation; seulement, pour leur donner la position normale, base de toute éducation, il faut de l'aptitude et du raisonnement. Mais, sans ces deux qualités essentielles, y a-t-il rien de possible en équitation?

Une fois pour toutes, que le cavalier comprenne donc bien que le cheval ramené est le cheval léger à la main ou en équilibre; de cette position dépendent la grâce et la facilité des mouvements. C'est alors que le cheval devient intelligent, puisque le cavalier peut lui transmettre avec avantage et sûrement l'effet de toutes ses impressions et de sa propre intelligence. Le cheval, c'est l'homme au physique comme au moral, puisque ses mouvements et sa promptitude de conception dépendent entièrement du cavalier; mais, pour que ce principe soit une vérité, il faut que le cheval soit dans un état de ramener parfait; une fois cette difficulté vaincue, le cavalier surmontera toutes les autres comme par enchantement. N'est-ce pas avec des translations de poids dans un sens quelconque que l'on obtient sûrement le mouvement exigé? Si le cheval est ramené, par conséquent dans la main, il répondra immédiatement à l'effet des jambes et des rênes; si, au contraire, il contracte l'encolure et la mâchoire, nos forces sont annulées par ces résistances, et les mouvements deviennent incertains, difficiles, souvent même impossibles. Si le cheval est faible ou mal construit, le ramener dispose les parties dans un meilleur ordre et donne au cheval une célérité et une énergie qu'il ne pouvait avoir sans cela. Si le cavalier emploie avec intelligence les moyens nécessaires pour faire prendre au cheval la position du ramener, il connaît tous les secrets de l'équitation; car le tact dont il aura fait usage pour l'amener à cet état d'équilibre, lui servira dans mille occasions pour le diriger. Toutes les difficultés se réduisent donc à une seule chose, au ramener, qui donne promptement au cavalier le sentiment des effets d'accord, et au cheval l'ensemble nécessaire pour bien exécuter.

RAMINGUE. Un cheval ramingue est celui qui se défend seulement à l'éperon et ne refuse d'avancer qu'aussitôt qu'il sent son approche.

Les chevaux attaqués à tort ou sans discernement contractent souvent cette habitude. L'emploi judicieux de l'éperon ou de la cravache le forcera alors à se porter en avant; la récompense doit suivre immédiatement ce premier acte de soumission.

Il faut recommencer ensuite la même leçon, qui sera toujours précédée d'une forte pression de jambes.

Avec ces sortes de chevaux, le principal est de ne rien faire mollement; les moyens d'impulsion doivent être toujours fermes et décidés; mais il faudra revenir aux moyens de douceur aussitôt que le cheval aura fait acte de soumission.

RARE. *Cheval rare* signifie un cheval qui a des qualités supérieures.

Ce mot est un peu prodigué; il est peu de personnes qui n'aient, à ce qu'elles disent, un cheval rare, bien qu'il ne soit que très-ordinaire. L'amour de la propriété est une excuse.

RASER LE TAPIS. (*Voyez* GALOPER PRÈS DU TAPIS.)

RASSEMBLER. On entend par *rassembler*, en équitation, l'art de disposer le centre de gravité au milieu du corps du cheval, de manière à ne lui laisser qu'une vibration légère d'avant en arrière et d'arrière en avant, afin que les jambes de derrière restent rapprochées du centre.

L'habileté du cavalier consiste à entretenir cette harmonie d'action, par l'opposition ménagée et graduée des jambes et de la main.

On conçoit, d'après ce que nous venons de dire, que le rassembler exige de la part du cavalier une finesse de tact qu'il ne peut acquérir que par une longue pratique, secondée d'une bonne théorie, et nécessite, de la part du cheval, une souplesse générale, qui sera le résultat d'un travail préliminaire, ayant pour but de l'amener à un état de ramener parfait.

Comme le résultat que doit se proposer un écuyer est de faire exécuter à son cheval toutes les belles difficultés de la haute équitation, c'est à le rassembler qu'il doit d'abord s'attacher; c'est alors que la flexion des hanches et des jarrets a lieu plutôt de bas en haut que d'arrière en avant.

C'est donc par le *rassembler* qu'on mettra le cheval dans un situation propre à faire ressortir les belles formes dont la nature l'aura doué, qu'on suppléera aux qualités qu'elle lui aura refusées, et que l'écuyer, maître de lui, en obtiendra le travail le plus difficile.

Le cheval a-t-il l'encolure basse ou la tête mal attachée? le rassembler corrige ces parties défectueuses en changeant leur attitude. Les jambes de devant sont-elles faibles? le rassembler vient à leur aide, et leur donne un poids moins lourd à supporter en surchargeant davantage l'arrière-main.

C'est ainsi qu'on peut expliquer facilement la raison pour laquelle un cheval, dont la partie antérieure est bien placée, soit naturellement, soit par l'art, n'est jamais lourd à la main, quelle que soit la conformation de sa bouche.

On m'objectera, peut-être, qu'en raison de la défectuosité des extrémités postérieures, il est parfois presque impossible d'alléger la partie antérieure, puisque, pour secourir une partie mal conformée, il faut se servir d'une autre aussi défectueuse. Cette objection n'est qu'exceptionnelle. Tous les chevaux ne sont pas également susceptibles d'être bien rassemblés; pour remplir cette condition, il leur faut des reins solides et de bons jarrets, sans quoi la partie postérieure ne peut prendre le poids qui incommode la partie antérieure. Mais cela ne s'opposera point à un rassembler imparfait qui, pour ne pas atteindre au plus haut degré, n'en rendra pas moins le cheval beaucoup plus léger, le disposera à se laisser conduire avec moins de force, et lui donnera une partie de cette finesse sans laquelle il n'y a ni grâce ni sûreté dans le travail.

Avant de terminer, je répéterai encore qu'on ne doit commencer les effets de rassembler qu'après avoir obtenu un ramener complet, autrement il serait à craindre que les jambes de derrière en se rapprochant trop vite du centre, ne diminuent le soutien dont elles ont besoin pour faire opposition à la main et pour obtenir le ramener, qui, bien entendu, est le préliminaire obligé du rassembler. Il faut une étude bien approfondie de cette dernière position pour s'en servir à propos.

Pour obtenir les premiers effets de rassembler, on cherchera, par l'opposition des jambes et de la main, à obtenir une légère mobilité, sans avancer ni reculer; c'est à l'aide de ces soupçons de mobilité, obtenus avec prudence, que l'on ramènera les jambes de derrière sous le centre; mais pour cela, il faut contenir l'avant-main, car si elle gagnait en avant autant que le derrière s'avance, le rassembler serait impossible. Le rassembler judicieusement mis en pratique conduira tout naturellement au piaffer; c'est donc par un rassembler parfait que l'on pourra obtenir tous les mouvements. Garde à vous, cavaliers; la mer est belle et transparente, mais entourée d'écueils.

REBOURS. On entend par *rebours* un cheval qui s'arrête, recule, se cabre ou rue, en dépit des corrections de son cavalier. Ce défaut est un de ceux qu'on corrige le plus difficilement.

Le cheval qui se défend aussi opiniâtrément, connaît et brave tous les moyens de rigueur que le cavalier peut employer contre lui, et sait tout ce qu'il doit faire pour fatiguer sa patience, l'effrayer ou s'en débarrasser.

On conçoit que le cheval, organisé pour braver un joug quel qu'il soit, s'il a été monté par un cavalier inexpérimenté, ou qu'il ait été exercé avant l'âge convenable, a dû promptement arriver à la dernière période de ce défaut; car la faiblesse du cheval est pour moitié dans ses défenses, et l'impéritie du cavalier pour le reste.

Il n'y a pas d'autres moyens pour corriger le cheval rebours, s'il est passablement constitué, que de le maintenir trois semaines ou un mois au travail en place et au pas. Le secours d'un manége est indispensable pour ces sortes de chevaux, afin qu'aucune distraction ne vienne les préoccuper, et que le lieu même contribue encore à leur assujettissement.

REBUTER UN CHEVAL, c'est exiger de lui plus qu'il ne peut faire, et finir par le rendre insensible aux aides et au châtiment.

Il y a des chevaux qui, à force de complication dans le travail et dans la correction, restent immobiles et comme hébétés. Cela devrait servir de leçon à ceux qui usent aussi immodérément de leurs forces.

RÉCHAUFFER UN CHEVAL, c'est se servir des aides pour rendre plus actif un cheval paresseux.

Quand un cheval est froid et incertain, il est bon de lui donner une impulsion plus grande par quelques attaques vigoureuses; ce moyen, qui réveille son apathie, stimule sa paresse, reporte en même temps le centre de gravité plus en avant, ce qui le rend bientôt impressionnable aux moindres mouvements du cavalier.

RECHERCHER UN CHEVAL, c'est lui donner toute la souplesse et le gracieux dont il est susceptible.

L'écuyer qui proportionne ses exigences aux moyens du cheval, peut seul le faire ressortir avec avantage, et lui faire exécuter des mouvements prompts et précis.

RECOMMENCER UN CHEVAL. Celui qui, faute de méthode, a précipité l'instruction du cheval, puis revient sur ses pas et observe une gradation, sans laquelle les idées du cheval sont toujours confuses, et l'éducation factice et imparfaite; celui-là, dis-je, *recommence* un cheval.

On est souvent obligé de recommencer un cheval qui a été mal mené, après avoir été dressé. Dans ce cas, l'écuyer peut facilement, en reprenant son éducation aux deux tiers ou aux trois quarts, le remettre promptement au point d'où il était parti; car il n'est pas possible qu'un cheval dressé avec gradation perde souvenance de tout ce qu'il a appris : il faudrait, pour cela, qu'il oubliât tout, par une gradation opposée à celle qui a fait son éducation, et cela est de toute impossibilité.

Les chevaux ont une mémoire trop heureuse pour perdre entièrement le savoir qu'on leur a inculqué; mais la position qui donne l'équilibre peut se détériorer, et il n'en faut pas davantage pour rendre les mouvements lents et l'exécution difficile.

Aussi, pour leur rendre le savoir, suffit-il de leur rendre la position qu'ils avaient précédemment, en admettant toutefois que leur éducation ait été commencée sur des données exactes; dans le cas contraire, il faudrait le recommencer entièrement, comme s'il n'avait jamais été monté.

RECULER (du). Les auteurs sont peu d'accord sur le temps qu'il faut choisir, dans le cours de l'éducation du cheval, pour le faire reculer; les uns terminent son éducation par ce travail, et les autres croient qu'il suffit qu'elle soit à peine commencée pour exiger ce mouvement.

Ils ne sont pas plus d'accord sur les moyens propres à l'obtenir.

L'un de nos confrères les plus distingués s'explique de la manière suivante :

« Si le cheval refusait de reculer, dit-il, le cavalier qui

» est à pied aiderait celui qui est à cheval, en touchant de
» petits coups de gaule sur le poitrail et les genoux ; dans
» le même moment, on doit faire agir les rênes. On peut
» aussi, pour faciliter le mouvement, faire sentir succes-
» sivement l'effet de chaque rêne, jusqu'à ce que le cheval
» recule ; le mouvement des rênes s'exécute légèrement,
» pour ne pas abîmer les barres. »

Quelle confusion ! sont-ce là des principes ? Comment peut-on écrire sur un art avec aussi peu de connaissances ? Si j'osais, je dirais que tous les auteurs qui ont écrit sur la question, ont traité ce mouvement à peu près de la même manière.

Une fois le cheval assoupli et la mise en main complète, on pourra commencer les premiers temps de reculer, non comme l'indique l'auteur que je viens de citer, en se contentant de tirer sur les rênes de la bride, et en se servant d'un aiguillon pour lui frapper sur le poitrail, tout en tapant sur les genoux avec une gaule, mais bien en faisant précéder les jambes, et en ne soutenant la main qu'après une légère mobilité de la croupe.

Comme cette translation d'avant en arrière est moins naturelle que celle d'arrière en avant, il faudra un emploi de forces considérable, et souvent insuffisant, de la part du cavalier, si la main précède les jambes ; car le cheval inhabitué au mouvement qu'on exige de lui, quand il ne résistera pas de l'encolure, reviendra sur lui-même avant d'enlever une de ses jambes de derrière ; alors celles-ci, se trouvant surchargées également, perdront la mobilité convenable pour le mouvement rétrograde. Il faut donc que les jambes du cavalier précèdent, pour que l'action qu'elles communiquent à l'arrière-main fasse quitter le sol à l'une des deux jambes postérieures ; c'est alors que la pression immédiate du mors, forçant le cheval à reprendre son équilibre en arrière, amènera le résultat cherché. On se contentera d'abord d'un seul pas, puis de deux, en ayant soin de relâcher la main à chaque pas : **1°** pour que le poids, qui s'est porté en arrière, puisse revenir en avant et qu'un nouveau pas s'effectue; **2°** pour que la douleur, qu'entraîne la pression du mors, cesse avec l'obéissance.

On reconnaîtra que le reculer est exact et sans acculement, quand le cheval restera léger à la main; là est le dynamomètre et la pierre de touche du cavalier.

RÉDUIRE UN CHEVAL, c'est le dompter. Ceux qui n'ont confiance que dans leur savoir, tiennent à dresser eux-mêmes leurs chevaux, et leur grand moyen de succès est un terrain de labour d'une grande dimension. C'est là qu'ils font galoper le cheval jusqu'à ce qu'il soit épuisé; ils reviennent ensuite glorieux de leur prétendue science.

J'ai vu des chevaux que cet exercice forcé avait rendu fourbus. A quoi mène un pareil travail? A tuer le cheval s'il est faible; à le harasser s'il est fort; mais cela change-t-il la mauvaise direction de ses forces? cela le soumet-il à aucune de nos premières exigences? Non; et la fatigue passée, l'éducation est au même point : c'est besogne à recommencer.

RÊNES, espèces de longes en cuir, plates et attachées à l'extrémité du mors.

L'art de se servir des rênes est celui de placer le cheval pour qu'il prenne facilement toutes les directions possibles.

RÊNES (prendre la cinquième). On appelle *prendre la cinquième rêne*, s'attacher aux crins ou à la selle pour supporter et suivre les mouvements brusques du cheval, et pour retrouver son équilibre. Ce moyen est perfide et a été la cause de nombreux accidents que la pusillanimité du cavalier a seule occasionnés. En effet, pendant qu'il prend ainsi la selle ou les crins, il abandonne son cheval et s'expose à toute sorte de dangers; en outre, s'il se fait une habitude d'user de ses poignets comme moyen de solidité, il néglige de bien fixer les parties qui constituent l'assiette, et rend sa position plus incertaine encore.

J'ai cherché à prévenir mes élèves contre ce défaut qui peut avoir de graves conséquences, et j'y suis parvenu à l'aide d'un travail de plate-longe qui m'est particulier; à cet effet, j'ai choisi un cheval dont les réactions ne sont ni trop fortes ni trop douces; sans avoir une belle conformation, il se soutient dans une assez bonne position pour ne pas faire de faux pas, bien que le cavalier ne se serve pas des rênes.

J'ai dressé ce cheval à diminuer ou à augmenter avec une grande prestesse le cercle sur lequel il marche, à changer de main sur place, à faire des ruades et des sauts de mouton avec plus ou moins de déplacements, le tout en raison des mouvements de la main qui tient la chambrière, et que je gradue sur la force de l'élève. C'est sur ce cheval que je fais monter celui-ci sans le secours des rênes, pour qu'il s'habitue à toutes les oscillations et réactions possibles, et qu'il se ramène en selle seulement par la pression des genoux et la mobilité des hanches.

Ce travail, qui diffère essentiellement du travail dans les piliers, puisqu'il se fait sur de grands cercles, donne rapidement aux commençants de la confiance et de la solidité; il leur apprend à connaître les moyens de se remettre en selle, en leur réservant le libre usage de leurs poignets et de leurs jambes, à l'aide desquels plus tard ils tiendront le cheval en respect.

RENVERSER. Le cheval se renverse lorsque, étant levé tout droit, il perd son équilibre et tombe en arrière.

Quand on s'est laissé surprendre par le cheval, et qu'il est parvenu à se cabrer, il faut, lors de son mouvement ascensionnel, éviter toute correction violente, et prendre une position qui permette de le suivre ; pour cela, on portera le corps et les bras en avant, afin que les rênes ne présentent aucune résistance. Dans le cas où la position du corps serait insuffisante pour se maintenir en selle, on saisira le cou avec les bras ; il est rare que le cheval se renverse si l'on suit ainsi régulièrement ses mouvements.

On se gardera bien d'employer les grands moyens des gens à mauvaise pratique, tels que de casser une bouteille pleine d'eau sur sa tête ; c'est alors qu'étourdi par ce coup, le cheval se renverserait et exposerait les jours du cavalier. Qu'on évite encore de l'attaquer dans la position perpendiculaire ; on ébranlerait le seul point d'appui qui lui reste, et le danger serait imminent, sans que le moyen soit efficace.

Ces chevaux demandent à être contenus par les jambes ou les éperons avec une grande énergie, pour éviter tous les mouvements retrogrades et d'acculement qui donnent naissance à cette dangereuse cabrade.

RENVERSER, se dit aussi du cheval qu'on incline fortement pour lui faire changer de pieds. C'est là que gît le talent des glorieuses incapacités.

REPLIER, se dit d'un cheval qui se retourne de la tête à la queue.

Le cheval auquel on connaît ce défaut doit être porté vigoureusement en avant, puis contenu avec les deux rênes du filet, afin qu'on puisse lui opposer à temps une force égale à celle qu'il emploie pour se livrer à cette défense ; il faut donc d'abord porter le cheval sur la main avec toute l'énergie dont on pourra disposer.

REPRISE. La *reprise* est un terme de manége qui exprime l'intervalle du repos entre chaque genre d'exercice.

Ordinairement, les leçons sont composées de deux reprises pour les commençants, et de trois pour les élèves plus avancés; dans les deux premières, ils changent de chevaux; la troisième est destinée au galop; les deux premières sont ordinairement de vingt minutes chacune, avec lesquelles dix minutes de pas et dix de galop composent l'heure de la leçon.

Avez-vous fait votre reprise? êtes-vous de la reprise de galop? questions des élèves entre eux, pour s'interroger sur leurs forces ou leurs travaux respectifs.

RÉTIF. Le cheval rétif est celui qui refuse d'obéir, en se livrant à toute sorte de défenses. Le moyen d'y remédier consiste à mettre en pratique mes principes dans toute leur étendue.

ROULER A CHEVAL, c'est éprouver du déplacement sur le cheval, bien que celui-ci ne fasse que des mouvements très-ordinaires.

L'homme qui vacille ainsi n'est capable de rien exécuter; un pauvre animal sera bien à plaindre si, malgré ce manque de solidité, le prétendu cavalier ne s'apprécie pas à sa juste valeur. Il punira le cheval de fautes dues à sa propre maladresse. Heureusement les chevaux sont de mauvais courtisans, et ils ne souffrent pas longtemps ces mauvais traitements sans fouler aux pieds leur agresseur.

RUADE, action du cheval lorsqu'il lève le derrière à une distance plus ou moins grande du sol.

Cette défense est une des moins dangereuses et des plus faciles à corriger. Ou le cheval la lance dans une allure modérée et avec une telle rapidité qu'il s'enlève à peine, ou il la prémédite, pour ainsi dire, et alors elle est toujours précédée d'une telle translation de forces et de poids sur les jambes de devant, qu'il faudrait être bien faible cavalier pour ne pas la sentir.

Comme les jambes de devant se surchargent et se fixent un moment sur le sol, il sera bien facile, en sciant du filet, d'élever l'encolure qui tend à s'affaisser, mais encore faudra-t-il pousser énergiquement en avant, pour éviter le temps d'arrêt.

Les juments chatouilleuses et *pisseuses* qui se livrent à la ruade, par un vice d'organisation, sont difficiles à corriger ; cependant le moyen que je viens d'indiquer modérera toujours la violence de leur mouvement.

Dans tous les cas, on conçoit que les défenses ne peuvent être arrêtées que par des temps saisis et marqués à propos ; tous ces moyens, du reste, ne peuvent arrêter que l'effet ; l'éducation graduée comme je l'indique peut seule détruire le principe de cette défense sans qu'il en reste de trace.

RUDOYER SON CHEVAL. Quand on confie indiscrètement des chevaux à des palefreniers brusques, qui les malmènent, il se développe souvent chez eux, en peu de temps, un caractère d'irritabilité et de méchanceté qu'ils n'auraient jamais eu sans les mauvais traitements qu'ils ont essuyés. Heureux encore lorsque les allures ne perdent pas leur régularité.

On ne peut trop blâmer le maître qui pousse aussi loin l'indifférence. Qu'il sache donc que, pour obtenir d'un cheval tout le plaisir qu'il en attend, il faut s'en occuper avec zèle et assiduité. Richesse oblige.

S

SACCADE, c'est le passage subit et sans gradation de l'abandon à une force instantanée et excessive du mors.

Non-seulement on n'apprend rien au cheval avec les mouvements brusques qui n'ont pas été précédés d'une sujétion moindre, mais on blase promptement son irritabilité et sa compréhension, ce qui le rend peu capable d'un service agréable, Pour obvier à cet inconvénient, mettez toujours le mors en contact avec les barres avant d'exercer une pression; que cette pression elle-même soit toujours graduée, ou bien, s'il y a spontanéité dans la force, ce qui est parfois utile pour détruire un déplacement brusque du cheval, que ce soit pour revenir immédiatement aux mouvements progressifs; avec ceux-là seuls le cheval peut apprendre, parce qu'avec ceux-là seuls il peut comprendre.

SAGE (le cheval) est celui qui, avec un degré d'action juste et convenable pour toutes les allures, n'oppose, par sa bonne conformation, aucune résistance aux volontés du cavalier.

Les chevaux de dame exigent plus particulièrement ces qualités, qui sont malheureusement assez rares, mais sans lesquelles cependant une dame ne serait pas à l'abri de tout danger. Au surplus une bonne éducation supplée à tout.

On dit *monter son cheval sagement*. Cela s'entend du cavalier qui le conduit avec art, sans colère et avec ménagement, et s'il a ces trois qualités, il exécutera toujours sans difficulté ce qu'il aura bien conçu et résolu.

SAUT. (LE PAS, LE SAUT ET LE GALOP GAILLARD, *voyez* PAS.)

SAUT DE MOUTON est un saut par lequel le cheval s'enlève du devant et immédiatement du derrière. L'ensemble bien saisi entre la force des reins et des genoux permettra de suivre aisément le cheval dans cet acte violent, qui n'est souvent amené que par une excessive gaieté.

Quelques minutes de plate-longe modéreront cette fougue; le travail en place et l'allure du pas, ayant toujours pour but l'assouplissement et la mise en main, intercepteront les forces instinctives de l'animal et les soumettront bientôt à l'effet des nôtres.

SAUT DE PIE, c'est un petit mouvement du cheval qui imite le saut d'une pie.

Rien ne dénote le cheval mal monté, comme de le voir, tous les cinq ou six temps de pas, se contracter, tendre ses jambes de devant, et faire ce petit saut.

Ce défaut, car c'en est un, est pour l'ordinaire un signe de faiblesse chez le cheval, et d'une irrécusable maladresse chez le cavalier, qui le recherche mal à propos, sans consulter ses moyens.

L'ensemble de mon ouvrage n'a pas d'autre but que de faire comprendre comment on évite de détruire ainsi l'harmonie des forces d'un cheval; une fois ce défaut contracté, le remède est le même que pour tous ceux qui tiennent à des vices d'éducation. C'est encore et toujours par l'assouplissement en place et les allures lentes qu'on rend aux chevaux ainsi viciés l'équilibre, la régularité des allures et l'obéissance.

SAUT DU FOSSÉ ET DE LA BARRIÈRE. Bien que les combinaisons seules de la science équestre ne puissent donner à tous les chevaux l'énergie et la vigueur nécessaires pour franchir un fossé ou une barrière, il est cependant des principes à l'aide desquels on arrivera à suppléer en partie au peu de dispositions naturelles de l'animal. On facilitera l'élévation et la franchise de l'élan en imprimant aux forces une bonne direction.

Le point capital est d'amener le cheval à essayer de bonne volonté cet exercice. Si l'on suit ponctuellement tous les procédés que j'ai prescrits pour maîtriser les forces instinctives du cheval et le mettre sous l'influence des nôtres, on reconnaîtra l'utilité de cette progression par la facilité que l'on aura à faire franchir au cheval tous les obstacles qui se rencontreront sur sa route.

Pour apprendre à sauter au cheval, la barrière devra rester à terre jusqu'à ce qu'il la passe sans hésitation; on l'élèvera ensuite de quelques centimètres, en augmentant progressivement la hauteur jusqu'au point que l'animal pourra franchir sans trop de violents efforts.

Avant de se préparer à sauter, le cavalier se soutiendra avec assez d'énergie pour que son corps ne précède pas le mouvement du cheval; ses reins seront souples, ses fesses bien fixées sur la selle, afin qu'il n'éprouve ni choc ni réaction violente. Ses cuisses et ses jambes, enveloppant exactement le corps et les flancs du cheval, lui donneront une puissance toujours opportune et infaillible. La main dans sa position naturelle tendra les rênes de manière à sentir la bouche du cheval pour juger les effets d'impulsion. Si le cheval arrive sur l'obstacle avec une grande franchise d'allure, une légère opposition des jambes et de la main facilitera l'élévation de l'avant-main et l'élan de l'extrémité postérieure; dès que le cheval sera enlevé, la main cessera son effet pour se soutenir de nouveau lorsque les jambes de devant arriveront sur le sol, et les empêcher de fléchir sous le poids du corps.

La barrière devra être maintenue fortement pour que le cheval ne se fasse pas un jeu de cette résistance, et qu'elle lui frappe assez fortement les jambes pour qu'il sente, par ce contact, qu'il doit les élever davantage ; mais, dans ce cas, il faut avoir bien soin de combiner la hauteur sur l'élan et l'élévation qu'il peut fournir.

SCIER DU BRIDON ou **DU FILET**, c'est faire aller et venir l'embouchure de ce frein, en tirant alternativement sur l'une et l'autre rêne.

A l'aide de ce mouvement, on élève la tête du cheval qui s'encapuchonne ou de celui dont l'encolure s'affaisse, et on l'arrête, lorsqu'il s'emporte, en prenant l'une de ces deux positions.

L'action de scier du filet doit être vive, augmentée graduellement, et diminuée de même quand le cheval vient à céder.

SELLE. Cette partie du harnachement du cheval est trop généralement connue pour qu'il soit besoin de la définir. J'expliquerai seulement les avantages des différentes selles.

D'abord nous mettrons de côté la selle à piquer, dans laquelle le cavalier se trouve pour ainsi dire emboîté, ce qui est loin de parler en faveur de son assiette. On ne s'en sert plus maintenant que pour les sauteurs dans les piliers. Tout en admettant l'utilité de ce travail, ce n'est pas avec la selle à piquer qu'on peut obtenir de prompts résultats : il vaut mieux que le sauteur soit moins violent dans ses mouvements, et que le cavalier s'habitue à les supporter avec une selle ordinaire.

La selle rase, dite à la française, est préférable, parce qu'elle offre des difficultés qu'il faut apprendre à combattre.

En effet, on ne parvient à se bien tenir dessus qu'après de fructueuses épreuves.

Cependant, en maintes occasions, il faut se conformer à la mode et adopter la selle anglaise, qui a ses avantages; elle est plus légère et ne comporte pas une tenue de rigueur comme l'autre, qui nécessite pour ainsi dire les bottes à l'écuyère ; aussi, pour la promenade, la selle à l'anglaise est-elle plus commode et plus usitée (1).

Le mouvement à l'aide duquel on évite les réactions du cheval à l'allure du trot, ce qu'on appelle *trotter à l'anglaise*, se fait plus facilement sur cette dernière selle, et serait déplacé sur l'autre.

Au surplus, quelle que soit la selle que l'on adopte, il faut, pour ne pas blesser le cheval, qu'elle touche également toutes les parties de son corps, à l'exception du garrot, de l'épine dorsale et du rognon, dont elle devra être éloignée de vingt-sept à quarante millimètres. Les sangles doivent avoir un juste degré de tension qui empêche le vacillement de la selle, sans pour cela gêner en rien l'animal.

Bien des défenses, dont on ne se rend pas compte, tiennent à ce que la selle ou les sangles ne sont pas disposés convenablement.

SENTIR SON CHEVAL, c'est se rendre raison, avec l'*assiette* et les aides, de tous ses mouvements, et savoir en profiter pour obtenir ce qu'on exige de lui. Ce sentiment constitue le véritable homme de cheval.

---

(1) C'est à Theurkauff, sellier, boulevard des Capucines, 29, que l'on doit le perfectionnement des selles anglaises; elles prennent tellement bien le corps du cheval, que le cavalier peut le serrer dans ses deux genoux, comme s'il était à poil. Tous les amateurs qui garnissent sa bourse lui doivent encore des remerciments.

SOLLICITER, se dit d'un cheval paresseux qui a besoin d'être constamment animé pour marcher. Il est rare que les éperons, judicieusement employés, ne stimulent pas assez un cheval pour le faire changer de position à l'approche des jambes.

C'est en se servant de ces chevaux, peu agréables du reste, que le cavalier acquiert une plus haute importance équestre, car il donne par là une preuve incontestable de la supériorité de l'homme sur les autres animaux.

SOUBRESAUT, saut imprévu et à contre-temps que fait le cheval pour se soustraire à la volonté du cavalier.

Le cheval qui est monté avec distraction, semble épier la négligence de son oublieux cavalier; aussi le rappelle-t-il souvent *à l'ordre* par quelques *soubresauts* qui peuvent avoir des suites fâcheuses. Il est donc important d'être toujours attentif et en garde contre les gaietés d'un cheval, qui dégénéreraient promptement en défenses morales et seraient d'autant plus difficiles à corriger.

SOUPLE, cheval qui a les mouvements liants.

J'ai indiqué, presque à chaque page de ce Dictionnaire, l'utilité de la souplesse et les moyens de l'obtenir.

Résumons encore ce principe des principes : *Il faut assouplir un cheval pour le placer, et il faut le placer pour qu'il exécute facilement.*

Les règles pour dresser un cheval sont dans ces deux lignes; c'est au cavalier à les commenter, pour en tirer toutes les conséquences qui en découlent.

SOUTENIR UN CHEVAL, c'est l'empêcher de s'en aller sur les épaules, en portant le poids de son corps sur les jambes de devant; le cavalier qui connaît ce qui constitue l'équilibre du cheval s'attachera toujours à ramener le centre de gravité au milieu du corps.

SURMENER UN CHEVAL, c'est la même chose que l'outrer. (*Voyez* OUTRER.)

SURPRENDRE UN CHEVAL, c'est se servir des aides par à-coup.

Le cheval est ce qu'on le fait, quand il est soumis à la volonté de l'homme; son maître lui imprime ses défauts, comme ses qualités; et, s'il est mené brusquement, ses mouvements ne tarderont pas à acquérir toute l'irrégularité de ceux du cavalier; tel homme, tel cheval.

T

TATER SON CHEVAL, c'est essayer sa finesse et ses moyens. Un bon cavalier doit connaître, en peu de temps, les dispositions physiques, et, par contre-coup, les dispositions morales de son cheval.

Par un emploi gradué des aides, on jugera tout de suite le degré d'irritabilité du cheval, et comment il supporte les oppositions de jambes et de main. S'il s'y refuse, on sentira pourquoi il ne veut pas s'y soumettre et quelles sont les forces qui s'y opposent; c'est avec ce tact équestre qu'on tâtera son cheval avec fruit; cette espèce d'interrogatoire, qui fait connaître les parties fortes ou faibles du cheval, donnera promptement les moyens de le bien diriger.

TERRE-A-TERRE. Dans ce galop en deux temps, beaucoup plus cadencé que le galop ordinaire, le cheval lève et pose en même temps les deux jambes de devant sur le sol, et celles de derrière, également enlevées, suivent immédiatement celles de devant.

Le terre-à-terre ne se pratique ordinairement qu'au travail de deux pistes. Du reste, pour lui faire exécuter cette répétition de petits sauts, les hanches et les jarrets du cheval ne doivent rien laisser à désirer comme construction ; car cet exercice est basé sur l'excellence de leurs ressorts.

Cette difficulté ne peut être surmontée qu'à l'aide d'un mécanisme savamment exercé par le cavalier, qui, à n'en pas douter, ne le commencera qu'au moment de terminer l'éducation du cheval.

TÊTE AU MUR, c'est quand le cheval marche de deux pistes et que sa tête fait face à la muraille. Dans ce travail, les jambes de devant restent sur la piste, et celles de derrière rentrent dans le manège, en décrivant avec les premières une ligne parallèle.

Il ne faut pas attendre trop tard, à l'approche des coins, pour augmenter le croisé des jambes de devant. En supposant que celles-ci aient un mètre de plus à parcourir que les jambes de derrière, et qu'il y ait six pas de côté à faire pour passer un angle, il faudra augmenter chacun de ces pas de seize centimètres environ, ce que le cheval fera très-bien sans perdre la cadence de ses mouvements. Si l'on attendait trop tard pour augmenter la marche des jambes de devant, il serait impossible de conserver l'équilibre du cheval, en raison des pas trop grands qu'il serait obligé de faire pour se maintenir droit. Si, au contraire, le derrière précédait le devant, il détruirait l'harmonie et la régularité du mouvement.

Le travail serait faux : comme cet exercice est la poésie

de l'équitation, on ne doit pas plus pardonner à un auteur de faire de mauvais vers, qu'à un cavalier de faire de mauvais pas de côté. Il faut bien exécuter les pas de côté, pour ne pas être sous le coup d'une juste critique.

TRAVAIL DES CHEVAUX EN LIBERTÉ. La première fois qu'on a vu les chevaux s'agenouiller, se coucher, se mettre à table, etc., etc., on a dû nécessairement être émerveillé ; maintenant encore, on éprouve un moment de surprise (1); et cependant il y a peu de personnes qui ne puissent parvenir à faire opérer ces mouvements en suivant les règles et les moyens que je vais détailler. Comme bien on pense, je négligerai complétement ces singeries qui n'exigent aucun savoir chez l'instructeur, aucune étude pour l'animal, et qui n'éblouissent le vulgaire que parce qu'il en ignore les causes. Mon but n'est pas de traiter ces actes de pur charlatanisme (2), mais seulement

---

(1) L'étonnement est allé souvent jusqu'à la crainte du sortilége.

Nous avons sous les yeux un vieil ouvrage sur *l'Équitation*, de M. Delcampe, écuyer de la grande écurie du roi, imprimé en 1664, qui nous en donne un triste exemple :

« Un Napolitain, nommé Piétro, avait un petit cheval dont il sut mettre à profit les dispositions naturelles ; il le nommait *Mauraco*. Il le dressa, et lui apprit à se manier sans selle ni bride, et sans que personne fût dessus.

» Ce petit animal se couchait, se mettait à genoux et marquait autant de courbettes que son maître lui disait. Il portait un gant, ou tel autre gage qu'il plaisait à son maître de lui donner, et à la personne qu'il lui désignait. Il sautait le bâton et passait à travers deux ou trois cercles les uns devant les autres, et faisait mille autres singeries.

» Après avoir parcouru une grande partie de l'Europe, son maître voulut se retirer ; mais en passant par Arles, il s'y arrêta. Ces merveilles frappèrent tellement le peuple, et l'étonnement fut porté à un tel point, qu'on le prit pour un sorcier. Piétro et Mauraco furent brûlés comme tels sur la place publique. » *Ainsi le cheval a répondu à l'intelligence de son maître, l'entendement humain était donc inférieur à celui de Mauraco ? Cet exemple n'est pas le premier, sera-t-il le dernier ?*

(2) Par exemple, dans un mimodrame intitulé, je crois, *Gérard de Nevers*, un cavalier amoureux, plongé dans le chagrin, fait débrider son cheval pour lui donner de l'avoine ; l'animal (telle est l'intention de l'auteur) doit partager la douleur

d'indiquer les exercices qui demandent à l'homme du tact et de la patience, et dénotent chez le cheval une intelligence irrécusable.

Le point essentiel pour instruire un cheval, consiste à bien discerner si, lorsqu'il refuse d'obéir, il agit par caprice, opiniâtreté, méchanceté, ou bien par ignorance. L'art de l'instructeur n'offre pas d'autres difficultés.

En effet, si le cheval n'a pas bien compris ce qu'on lui demande, et qu'on le frappe pour le punir de ne pouvoir exécuter ce qu'il n'a pas compris, comprendra-t-il davantage ? La première chose à faire, c'est d'apprendre au cheval ce qu'on lui demande ; pour y arriver, il faut déterminer, par une série bien exacte d'actes intellectuels, ce qu'on veut fixer dans sa mémoire. Est-ce avec des coups qu'on lui donnera cette compréhension ? Non, sans doute ; c'est d'abord en lui indiquant bien clairement le but désiré ; ensuite par des châtiments ou des récompenses appliqués à propos, en lui inculquant dans la mémoire les mouvements qu'il doit exécuter.

Le plus beau travail pour le cheval est celui où il est presque livré à lui-même ; aussi nous en occuperons-nous d'abord. Pour ce genre d'éducation, le manége circulaire est le plus propice ; l'instructeur se trouve plus près du cheval, et toujours également à portée de réprimer ses fautes.

Nous apprendrons d'abord au cheval à rester sur la piste près des planches, au pas, au trot, au galop, puis à les quitter pour tourner à droite ou à gauche.

---

de son maître ; il ne veut pas manger le grain qu'on lui a jeté ; aussi, après avoir mis le nez dedans, lève-t-il la tête avec un signe négatif, et cela au grand étonnement et aux applaudissements des spectateurs..... Il faut dire que l'auge est à claire-voie et hérissée de clous d'épingle.

Dans une autre pièce, un maître assure que son cheval répond à ses questions : pour le prouver, il lui adresse la parole, et le pince immédiatement à l'épaule ; alors le cheval pousse un petit cri, et tout le monde de se pâmer d'admiration. On obtiendra sans peine un pareil résultat avec tous les chevaux chatouilleux.

Il faut mettre le cheval nu, avec un surfait et un anneau rond fixé sur le coussinet, pour y passer les rênes d'un bridon ou d'un bride; en les y fixant on proportionnera convenablement leur tension sur son action et sur la position naturelle de son encolure, puis on lui adaptera un caveçon auquel sera bouclée une grande longe de dix mètres.

Une fois le cheval entré dans le manége, on s'approchera de lui avec douceur, on lui donnera du sucre, ce à quoi on l'aura habitué à l'avance; la longe sera tenue de la main gauche et la chambrière de la droite; on ne lui laissera d'abord que seize centimètres de longe, on l'habituera au claquement du fouet, et s'il ne cherche pas à s'en éloigner, on lui prodiguera des caresses. On se placera vis-à-vis de lui à trois pas environ, en le regardant avec bienveillance; les chevaux savent parfaitement distinguer si l'on est plus ou moins favorablement disposé à leur égard; ils se rapprochent plutôt de celui dont le regard est doux. On doit prendre le même soin de sa voix, et lui donner les inflexions qu'exigent les circonstances.

Ce ne sont pas là des règles de peu d'importance; plus l'homme veut avoir d'empire sur l'animal, plus il doit s'attacher à lui faire comprendre et juger ses propres impressions.

On le fait venir à soi des trois pas de distance dont il est éloigné, en lui disant à haute voix : *A moi !* Il ne comprendra rien les premières fois; mais, qu'on se serve de la chambrière, en lui singlant de petits coups sur la partie inférieure du ventre jusqu'à ce qu'il s'approche, puis on calmera l'irritation qui a dû suivre le châtiment, par la voix, les caresses et le sucre; on recommencera ce même travail, en lui donnant un peu plus de longe quand on sera assuré qu'il ne cherche plus à fuir, et bientôt il obéira à la voix; enfin, on le fera tenir éloigné autant que la longe le permettra. Au mot : *A moi !* le palefrenier le laissera aller ; s'il vient directement, on le récompensera du geste et de la voix, et on lui donnera du sucre, autrement, on tiendra ferme la longe, en restant toujours à la même place, et on se servira de la chambrière pour l'en toucher vigoureusement, jusqu'à ce qu'il obéisse. Il vaut mieux habituer le cheval à obéir par la crainte du châtiment que par l'attrait des récompenses. Il n'oubliera jamais les causes qui font naître le châtiment, et comme on lui aura appris à l'éviter en s'approchant, il obéira franchement et avec promptitude ; si, au contraire, on ne mettait en usage que des moyens de douceur, il pourrait les oublier, pour se livrer à un caprice quelconque ; comment le punir alors de cet écart ? Ce serait chose difficile, puisque son idée de révolte lui aurait fait perdre de vue la récompense habituelle ; il faudrait donc attendre qu'il lui plût de revenir vers vous. On serait alors à sa discrétion, et il n'obéirait qu'autant que le souvenir de la récompense lui reviendrait en tête. On doit, tout à la fois, se faire craindre et se faire aimer.

Il faut que le cheval s'approche à la voix, et que le mouvement en arrière de votre corps lui fasse prendre facilement toute espèce de changement de direction. Conduisez-le sur la piste à main droite, placez-vous près de son épaule, en le tenant avec la longe du caveçon, ne vous éloignez de lui que progressivement et quand il ne cherchera plus à revenir sur vous. Montrez-lui le bout de votre chambrière chaque fois qu'il quittera la piste ; s'il prend le trot avant votre commandement, dites-lui : *Au pas!* en prolongeant la première syllabe.

Si le cheval est instruit par un homme patient, ayant le tact observateur, son intelligence ne restera pas en défaut, et en peu de jours avec cette gradation dans le travail, il marchera au pas avec régularité, bien que vous soyez à huit mètres de lui.

Pour le faire partir au trot, élevez la main, en avançant votre chambrière pour la lui faire voir ; commandez : *Au trot !* en élevant la voix et en allongeant la dernière syllabe. Prévenez le retour au pas en entretenant son action par la chambrière, ou faites onduler horizontalement la plate-longe s'il précipite son allure ; faites-le passer souvent du trot au pas, en vous servant du mot : *Au pas !* et en faisant un usage modéré du caveçon.

Le galop s'obtiendra par les mêmes procédés quant à la chambrière ; mais lorsque vous prononcerez : *Au galop !* la voix prendra un ton plus élevé que pour le trot. Ce n'est pas le mot qui le force à obéir, mais la différence qui existe dans les intonations.

Le passage du galop au trot s'exécute comme celui du trot au pas, en baissant la voix et prolongeant le mot : *Au trot !*

Outre l'intonation, il faut aider au sens des paroles par des mouvements de corps plus ou moins vifs, en raison des allures que vous lui commandez : ainsi, marchez plus vite quand il est au galop, plus doucement quand il va le trot, et ralentissez encore pour l'allure du pas. Bien que vous soyez à une grande distance du cheval, il n'en aura pas moins les yeux sur vous, et suivra plus facilement la mobilité de votre corps, qu'il n'obéira à des paroles qu'il ne comprendra que par les indications accessoires.

Le cheval ayant été habitué d'avance à s'approcher au mot : *A moi !* accompagné d'une retraite de corps, prendra aisément des changements de direction par le moyen suivant : dites-lui : *Doublez !* s'il hésite, la chambrière et le caveçon feront leurs fonctions pour l'amener jusqu'à vous ; puis vous le conduirez jusqu'à l'extrémité de la ligne du doublé, en restant à son épaule ; si, après avoir répété ce mouvement autant de fois qu'il marquera de l'hésitation, il vient franchement à vous, marchez pour entretenir son action, et pour le conduire sur la piste opposée.

Les changements de main s'obtiendront plus facilement encore, puisque le cheval cherche toujours à s'éloigner de son instructeur. Pour obtenir ce changement, vous vous porterez un peu en avant, du côté vers lequel il marche, en lui montrant la chambrière. Le reste de défiance qu'il éprouve le poussera naturellement à couper le manége par la moitié, et à reprendre la piste dans l'autre sens ; cependant, soutenez-le avec le caveçon, ayez même recours au fouet pour le faire venir jusqu'à vous, car il finirait par tourner sur lui-même. Caressez-le et faites-lui connaître la route qu'il doit suivre. Les mêmes mouvements, fréquemment répétés, finiront par pénétrer dans son intelligence ; alors il vous secondera et vous préviendra, pour ainsi dire. Ceci est tellement vrai, qu'il ne m'était pas possible de me moucher en exerçant un de mes chevaux, sans que le mouvement de mon bras pour cette action le fît immédiatement rentrer dans le manége. Il faut dire que je m'étais emparé de ses facultés intellectuelles à un tel point, que toute son attention était portée sur moi ; aussi lui faisais-je exécuter toute espèce d'évolutions, sans ouvrir la bouche et avec des mouvements de tête et d'épaules imperceptibles aux spectateurs.

Quand le cheval répondra à tout, sans la moindre hésitation, débarrassez-le du caveçon, et exigez qu'il fasse en liberté le travail qu'il exécutait précédemment avec ce lien ; vous reviendrez à ce premier expédient quand il n'y mettra plus la même régularité. Il serait bon, pour prévenir toute insubordination, de partager le temps de la leçon en deux reprises, la première avec le caveçon, et la seconde sans son secours.

Il faut une grande patience pour apprendre au cheval à rapporter. Cependant, si les progrès sont, pour ainsi dire, nuls les premiers jours, ne vous découragez pas ; c'est dans ce moment-là que le cheval classe dans sa mémoire les faits qui doivent, plus tard, se développer dans son intelligence, et qu'il arrive ainsi à comprendre parfaitement. Ne compliquez pas ce que vous lui demandez par trop de promptitude, et il saura bientôt mettre à profit vos bonnes leçons. Du reste, voici à peu près la marche à suivre :

Pour qu'il ne se tourmente pas et s'occupe uniquement de vous, laissez-le dans l'écurie, et à sa place habituelle. Ayez, dans un mouchoir blanc de lessive, une bonne pincée d'avoine et quelques petits morceaux de sucre; mettez-vous du côté du montoir, passez votre bras droit sous sa tête, faites qu'il ouvre la bouche, en appuyant l'index sur la barre inférieure, et introduisez (avec la main gauche), entre les incisives, le petit tampon préparé; appuyez le pouce et le troisième doigt sur les lèvres supérieure et inférieure, et chaque fois que le cheval fera un mouvement pour se débarrasser de ce qu'il tient entre les dents, marquez une pression forte et rapide; recommencez cent fois de suite, s'il le faut, et replacez le mouchoir dans sa bouche chaque fois qu'il s'en échappera, surtout saisissez bien l'instant de la petite correction que je viens d'indiquer.

Quelque temps après cet ennuyeux commencement, les dents seront plus de temps sans se desserrer; commencez alors à le caresser de la voix et de la main.

L'avoine et le sucre imprégnés de salive ne tarderont pas à éveiller la friandise du cheval à tel point, que bientôt il se jettera sur le mouchoir, si on le place près de ses lèvres. Éloignez-le petit à petit, ou baissez-le, mais toujours progressivement, et, en peu de temps, il ira le chercher partout où on l'aura placé de façon, toutefois, à ce qu'il puisse le voir.

Pour le lui faire prendre sur le sol, vous vous servirez du mot : *A terre!* S'il résiste, on lui fera connaître ce qu'on lui demande, en lui indiquant, de la main, ce qu'il doit faire, et l'endroit où se trouve l'objet qu'il doit saisir. En cas de refus, le caveçon pourrait encore être mis en œuvre avec avantage. Tout ceci doit se faire avec beaucoup de ménagement, jusqu'à ce qu'on se soit aperçu qu'il n'y a plus d'ignorance; il y aurait caprice si, ayant bien exécuté, il venait à s'y refuser; alors parlez-lui avec sévérité, et servez-vous du fouet vigoureusement, sans toutefois y mettre de colère. Il est si vrai qu'on ne saurait se passer du châtiment pour forcer le cheval, même instruit, à une passive obéissance, que souvent il m'est arrivé, avec une jument fort intelligente, de lui jeter le mouchoir à une certaine distance, et de ne pouvoir obtenir qu'elle le saisît, sans la menacer de la chambrière; mais alors elle se lançait dessus avec une action considérable, et me le rapportait immédiatement.

C'est avec regret que je fais connaître les moyens à employer pour faire mettre le cheval à genoux, le faire boiter, le forcer à se coucher, et à rester assis sur ses fesses, dans la position dite du *cheval gastronome*. Ce genre d'exercice, qui dégrade le cheval, est pénible pour l'écuyer, qui ne retrouve plus dans cette bête tremblante et humiliée, le coursier plein de fougue et d'ardeur qu'il a eu tant de joie à dompter. Mais je me suis avancé, et, bien qu'il m'en coûte, je dois remplir la tâche que je me suis imposée.

Pour obtenir du cheval qu'il se mette à genoux, nouez, à l'aide d'une corde, le paturon pour fixer la partie inférieure de la jambe en l'air; servez-vous d'une seconde longe, que vous adapterez de même au paturon de l'autre jambe. Faites-la tenir bien tendue, et frappez cette jambe de plusieurs petits coups de cravache, profitez de l'instant où le cheval s'enlève pour tirer sur cette seconde corde, de manière à faire plier la jambe. Il ne peut alors faire autrement que de tomber sur les genoux. Ayez soin de garnir de sciure de bois, ou de tout autre substance molle, le terrain sur lequel il se trouve, pour qu'il n'éprouve pas de douleur par cette espèce de chute, et qu'il ne se blesse pas; on doit aussi, pour plus de sûreté, lui garnir les genoux de morceaux de toile. Flattez-le beaucoup dans cette position, et laissez-le se relever sur le pied, dégagé de tout lien. Quand il n'offrira plus de difficultés, vous ne ferez plus usage de la longe qui lui fait plier la jambe; bientôt après vous lui laisserez les deux jambes libres, et il saura qu'il doit se mettre à genoux à la suite de petits coups de cravache frappés sur cette partie.

Cette position une fois obtenue, soutenez-lui fortement la tête à gauche, en vous plaçant de ce côté, et appuyez la rêne droite du bridon sur son encolure, pour le faire tomber sur le côté du montoir; ne discontinuez pas cet emploi de force, qu'il n'ait cédé; une fois couché tout de son long, flattez toutes les parties de son corps; pendant ce temps, faites-lui tenir la tête pour qu'il ne se relève ni malgré vous, ni trop brusquement; profitez de cette position pour l'asseoir sur ses fesses et sur ses jarrets. Pour y parvenir, élevez-lui doucement la tête et l'encolure, avancez-lui les jambes de devant, soutenez-le fortement avec le bridon tenu par les deux mains, et placez-vous près de sa croupe. En l'élevant ainsi graduellement, vous parviendrez, en quelques leçons, à le placer en *gastronome*.

Une fois le cheval posé sur les genoux et habitué à y rester, il sera facile, à l'aide de la cravache, de le faire ainsi marcher; pour cela, on allégera, je suppose, d'abord la partie droite, en portant l'encolure plus à gauche, et de légers coups de cravache activeront le côté allégé; quand le cheval aura fait un mouvement progressif de côté, on opérera sur l'autre de la même manière; et ainsi de suite pour l'une et l'autre jambe, jusqu'à ce que cette marche lui soit devenue familière.

L'imitation du cheval boiteux se fera encore avec le secours d'une longe qui soutiendra la jambe chaque fois que la cravache touchera dessus. Comme vous l'aurez mis en action et que vous le forcerez à avancer, il faudra bien qu'il retombe sur la jambe libre. Après quelques répétitions de cet exercice, il le fera avec un léger mouvement de la cravache.

C'est au moyen d'un autre mouvement qu'on obtiendra ce qu'on appelle le *pas de basque;* pour y réussir promptement, il faut mettre le cheval dans les piliers, l'habituer aux *demi-pesades*, et, chaque fois qu'il retombe, le frapper de la cravache sur une jambe, puis sur l'autre, alternativement, pour qu'il ne prenne jamais son point d'appui que sur une jambe. Le caveçon, pour faciliter ce mouvement, sera soutenu avec force du côté où le point d'appui doit avoir lieu, ce qui bientôt donnera le balancé qui caractérise cette espèce de danse.

Le cheval tirera un coup de pistolet quand il saura rapporter, et lorsqu'on l'aura habitué à supporter la détonation sans ciller.

On disposera le pistolet de manière à ce qu'un bouton, long de vingt-sept millimètres, rembourré légèrement, fasse partir la détente quand le cheval le prendra avec les dents; le pistolet sera solidement attaché sur une table par des vis placées en dessous.

On trouvera d'abord très-difficile d'amener le cheval à donner de lui-même la secousse qui fait partir le pistolet; c'est en peu de temps cependant qu'il s'y soumettra, quand on l'aura bien familiarisé avec cette arme. Voici la gradation à observer :

Placez le cheval dans un endroit isolé, pour qu'il n'ait aucun sujet de distraction, montrez-lui le pistolet non chargé, éloignez-le et rapprochez-le de ses yeux à plusieurs reprises. Quand il ne cherchera plus à l'éviter, mettez en jeu la batterie ou le chien, puis après, lâchez la détente, pour faire sortir des étincelles de la pierre. Éloignez le pistolet de ses yeux, et ne le rapprochez qu'au fur et à mesure qu'il s'y habituera. Commencez à brûler de légères amorces, placez-vous à cinq ou six pas de sa tête, et continuez jusqu'à ce qu'étant bien près de lui, sa tête reste dans une immobilité parfaite. Il existe des chevaux dont l'ouïe se familiarise aux détonations plus vite que la vue ne s'accoutume au feu qui jaillit par le contact de la pierre et du couvre-feu (1); pour ces derniers, il faut, pendant quelques jours, battre le briquet près de leurs yeux. Quand ces deux organes seront bien accoutumés à ces diverses opérations, mettez la dixième partie d'une charge sans bourre dans le canon du pistolet. Restez à une distance pareille à celle que vous conserviez pour l'habituer aux amorces; après le coup parti, venez le flatter, en tenant toujours le pistolet à bras tendu vis-à-vis de sa tête; augmentez la charge et rapprochez-vous insensiblement de lui. Si le cheval cherche à se dérober à ce bruit, ne le frappez pas, car les coups n'amèneraient pas la série d'idées qui lui font apprécier et discerner l'effet de la sensation qu'il éprouve; mais ramenez-le avec beaucoup de ménagements à son point de départ, et revenez à des détonations plus faibles. Il faut avoir soin de charger le pistolet devant le cheval, et de manière à ce qu'il puisse suivre tous vos mouvements. Voilà, selon moi, les moyens les plus efficaces pour familiariser les chevaux avec le pistolet, les mouvements de la charge, et la détonation qui en résulte; une fois cet avantage obtenu, il n'y a plus qu'à leur faire serrer les dents sur le ressort, et nous avons indiqué plus haut les moyens propres à les façonner à ce travail; il faut qu'un

---

(1) Les armes à feu étant actuellement à piston, le cheval n'aura plus qu'à se familiariser avec la détonation, ce qui abrégera son éducation.

cheval soit bien farouche pour ne pas être entièrement familiarisé avec cette arme, si on l'exerce ainsi une demi-heure chaque jour pendant un mois.

Je ne m'étendrai pas davantage sur les exemples de ce genre; on trouvera suffisamment de quoi exercer sa patience dans ce que je viens d'expliquer. Je me serais même abstenu de ces démonstrations, si plusieurs personnes de m'avaient manifesté le désir de connaître la théorie la plus prompte pour développer l'intelligence du cheval, théorie qui ne se trouve en effet dans aucun ouvrage.

Peu de gens se livrent à ce genre de travail, qui cependant n'est pas sans quelque mérite, quand on le possède assez pour lire dans la pensée de l'animal et pour le soumettre au moindre geste.

J'engagerai l'homme de cheval observateur à se livrer quelquefois à cette étude ; elle n'est pas inutile pour l'art qu'il cultive, et c'est une distraction instructive et amusante, quand on n'en abuse pas.

Cet article aura de plus l'avantage de faire perdre au charlatanisme cette espèce de suprématie qu'il avait usurpée sur la véritable équitation, en donnant pour merveilleux et presque surnaturels les moyens employés pour arriver à ces singeries, dont la plupart exigent moins de science et d'habitude qu'il n'en faut pour le simple *dressage* d'un cheval monté.

Les écuyers-voltigeurs qui, par état, sont obligés de satisfaire la curiosité publique, trouveront, je crois, dans cette esquisse, les moyens d'arriver à des résultats pareils à ceux qu'ils obtiennent, mais beaucoup plus vite, et sans avoir recours aussi souvent au châtiment machinal.

On conçoit que je n'ai pu tenir compte ni de l'aptitude plus ou moins vive des chevaux que l'on dresse, ni de celle plus ou moins prompte de l'écuyer, à saisir les nuances et les à-propos. C'est à chacun à réfléchir, à étudier et à sè créer ce tact indispensable qui renferme en lui seul les deux tiers des principes.

TRAVAIL EN PLACE. Le travail en place est, d'après mes principes, le moyen dont on doit se servir pour commencer l'éducation du cheval. (*Voyez* FLEXIONS.)

TRAVAIL PRÉPARATOIRE. Avant de commencer les flexions, il est essentiel de donner au cheval une première leçon d'assujétissement et de lui faire connaître toute la puissance de l'homme.

Voici comment on s'y prendra : Le cavalier s'approchera du cheval, sa cravache sous le bras, sans brusquerie ni timidité, puis avec la main gauche il saisira les rênes de la bride à seize centimètres des branches du mors, en soutenant le poignet avec assez d'énergie pour présenter autant de force que possible dans les instants de résistance du cheval. La cravache sera tenue à pleine main de la main droite, la pointe vers la terre, puis elle s'élèvera lentement jusqu'à la hauteur du poitrail pour en frapper délicatement cette partie à des intervalles d'une seconde. Le premier mouvement naturel du cheval sera de fuir en s'éloignant du côté opposé à celui où il sentira la douleur. C'est par le reculer qu'il cherchera à éviter les atteintes. Le cavalier suivra ce mouvement rétrograde sans discontinuer toutefois la tension énergique des rênes de la bride, ni les petits coups de cravache sur le poitrail. Fatigué de ces effets de contrainte, le cheval cherchera bientôt par un autre mouvement à éviter la sujétion, et c'est en se portant en avant qu'il y parviendra; le cavalier saisira ce second mouvement instinctif, pour arrêter et flatter l'animal du geste et de la voix. Le cheval ayant bien compris le moyen à l'aide duquel il peut éviter la douleur, n'attendra pas le contact de la cravache, il le préviendra en s'avançant forcément au moindre geste. Le cavalier en profitera pour opérer avec la main de la bride, par une force de haut en bas, l'affaissement de l'encolure et des effets de mise en main; il disposera ainsi de bonne heure le cheval pour les exercices qui doivent suivre.

TRAVERSER (se). Le cheval se traverse quand il se jette de la croupe sur l'une des jambes du cavalier et la force.

Pour arrêter ce mouvement, il faut soutenir vigoureusement la jambe, et si ce moyen est insuffisant, user du filet pour opposer les épaules à la croupe.

Le cavalier doit être averti par son assiette de ces sortes de déplacements, et se mettre de suite en mesure de les prévenir; car, pour qu'une correction opère, il faut qu'elle suive même l'intention de la faute.

Il y a plus : le cheval ne comprendrait la volonté de l'écuyer qu'à la longue, si le mouvement de celui-ci succédait au sien, au lieu de le prévenir; il saurait bien qu'il doit revenir dans sa première position, quand on l'y forcerait; mais, comme on ne lui avait pas dit qu'il devait s'y maintenir, il ne croirait pas faire acte de désobéissance en se déplaçant de temps à autre; or, voilà ce que l'on doit lui expliquer clairement.

TRÉPIGNER, c'est l'action d'un cheval colère qui précipite le mouvement de ses jambes en battant la terre à la même place.

Cette impatience naît quelquefois de l'irritabilité du caractère d'un cheval, souvent aussi de la contrainte maladroite dans laquelle le mettent les exigences outrées du cavalier.

Dans le premier cas, la douceur, les bons traitements, des leçons simples et courtes sont les calmants à employer; dans le second, il faut que le cheval change de cavalier, ou ce défaut ne fera que s'accroître dans des mains inhabiles.

Il y a des cavaliers qui croient faire piaffer leurs chevaux en les faisant trépigner. Il est cependant aisé de reconnaître ce dernier mouvement, à la mauvaise humeur que le cheval y déploie, et qu'il n'a pas dans le vrai piaffer. Le manque d'ensemble dans la motion des jambes est un signe caractéristique qui aide à distinguer l'un de l'autre; dans le trépigner les jambes de devant sont seules mobiles, et l'arrière-main n'a qu'une action irrégulière, tandis que chacune d'elles doit fonctionner comme dans un trot régulier. Le piaffer précipité peut encore être un effet de l'art, c'est-à-dire que l'on peut l'obtenir sans que le cheval perde son calme moral, et il ne se contractera que dans un moment donné.

TRIDE est une qualité du cheval qui lève les jambes avec vitesse et leur donne une cadence régulière.

Cela se dit surtout des jambes de derrière, quand, malgré le poids plus considérable dont elles sont surchargées, elles quittent le sol par un mouvement prompt; on dit alors : *Ce cheval a du tride.* C'est une beauté pour les chevaux de manége; ils se cadencent plus agréablement, et comme ce mouvement leur est naturel, ils le prennent et le conservent tout le temps qu'on les recherche. Ces chevaux ont pour l'ordinaire de bonnes hanches et d'excellents jarrets.

Si le cavalier parvient à donner du tride à un cheval dont la construction s'oppose à ce mouvement, il pourra s'arroger le titre de savant cavalier.

Il faut bien se garder de confondre le mouvement moelleux du tride avec la contraction convulsive de l'éparvin sec.

TROT (le) est une allure naturelle que le cheval prend

en levant en même temps deux jambes transversalement, c'est-à-dire l'une des deux jambes de devant indistinctement et l'opposée de derrière. Si la motion en est bien exacte, on dit que *le cheval trotte régulièrement*.

Comme je l'ai déjà avancé dans plusieurs articles, je conteste fortement l'utilité du grand trot pour donner du liant aux jeunes chevaux; il est, au contraire, indispensable de leur donner une souplesse préalable, pour qu'ils puissent se maintenir gracieusement à cette belle allure. Les mouvements avec lesquels l'équilibre s'obtient le plus aisément, doivent précéder ceux qui présentent plus de difficultés; c'est le travail en place et l'allure du pas qui préparent le cheval au trot, et le mettent à même de conserver aux allures allongées l'aplomb qu'il a acquis aux exercices précédents.

Ce n'est pas assez que le cheval trotte vite; il faut encore que l'effort qu'il fait à cette allure ne prenne pas sur son équilibre, et qu'il réponde aussi vivement et avec autant de précision qu'au pas, à tout ce que le cavalier lui demande; alors seulement on pourra se glorifier de la vélocité du trot de son cheval, puisqu'on ne lui en transmettra pas moins les forces qui le rendent gracieux et lui font prendre toutes les directions.

TROT (battue de). On entend par battue de trot l'action produite par les jambes antérieures et postérieures transversales du cheval, en se levant et en posant en même temps sur le sol. Plus le corps du cheval est bien placé, soit naturellement, soit par l'art, plus la battue du trot est régulière. Il est essentiel que cette battue se fasse distinctement à l'instant où les deux pieds posent à terre; sans cela les mouvements manquent d'harmonie; la confusion qui en résulte rend le cheval plus difficile à conduire et met son équilibre en défaut. Le cavalier doit donc s'attacher à donner une battue de trot régulière à son cheval, sous peine de le rendre promptement incapable d'aucun beau service.

TROT ESPAGNOL. (*Voyez* PAS ESPAGNOL.)

U

UNIR UN CHEVAL, c'est le remettre sur le bon pied quand il est désuni, c'est-à-dire sur le pied droit quand il est à main droite, *et vice versâ*.

En ligne droite, il n'y a pas de bon ou de mauvais pied, et, pourvu que le cheval galope uniment, on ne doit rien lui demander de plus; mais, du moins, est-il essentiel de le maintenir uni. (*Voyez* GALOP, pour les moyens à employer.)

V

VAILLANT (un cheval) est celui qui joint le courage à la vigueur.

Ces deux qualités, bien difficiles à rencontrer, laissent peu de chose à faire à l'écuyer; aussi n'est-ce pas là qu'il peut développer tout son savoir.

VENTRE A TERRE. On désigne par ce mot le cheval qui galope de toute sa vitesse, et de manière à ce que l'extension de ses extrémités et leur éloignement du centre rapprochent autant que possible son ventre de la terre.

Les chevaux destinés aux courses sont ceux auxquels cette position est la plus habituelle.

Si l'on me demande à quoi peut servir cette accélération

outrée dans les mouvements des chevaux : à rien, répondrai-je, soit comme utilité, soit pour l'amélioration de la race chevaline. Mais l'intérêt particulier l'emporte toujours sur l'intérêt général ; on a voulu surprendre, éblouir, émouvoir même, et cette excessive rapidité est très-propre à produire ce résultat.

Voyez le mot COURSES, pour les moyens qu'il faudrait employer, afin de les rendre fructueuses, sans rien diminuer de l'admiration publique.

VOLONTAIRE, se dit d'un cheval qui se livre continuellement à des actes de fantaisie et de désobéissance.

Le cheval bien assoupli, dont on épie et dirige tous les mouvements, ne peut être volontaire ; car, sentant le pouvoir du cavalier, il se soumet à son influence ; mais il faut faire en sorte que le raisonnement serve de base à tous les moyens que l'on mettra en pratique. Je l'ai déjà dit, ce n'est qu'à force de raison qu'on dominera le physique du cheval, et bientôt son intelligence.

VOLTE (demi-). On appelle demi-volte une figure dans laquelle le cheval décrit la moitié d'un cercle. Dans la demi-volte ordinaire, les jambes de devant ont le plus grand cercle à parcourir ; c'est l'opposé dans la demi-volte renversée. L'une et l'autre se prennent indistinctement dans toutes les parties du manége ; ordinairement, on les commence après le passage d'un des petits côtés.

La demi-volte renversée est plus facile à exécuter que la demi-volte ordinaire, en ce que le contact des jambes du cavalier qui active d'abord l'arrière-main, aide en même temps à sa mobilité.

Pour la demi-volte ordinaire, il faut, au contraire, reporter toute l'action sur la partie antérieure, pour que celle-ci ait un mouvement de rotation sur les hanches. La difficulté consiste donc à contenir la croupe de manière à ce qu'elle attende les épaules.

VOLTIGER, c'est l'action de sauter sur le cheval, soit qu'il reste en place, soit qu'il galope.

On confond souvent sous le même titre les écuyers et les voltigeurs, quoiqu'il n'y ait entre eux aucun rapport, les études de l'équitation et de la voltige étant entièrement différentes. Il est vrai que le voltigeur est toujours à cheval, ce qui, jusqu'à un certain point et aux yeux du vulgaire, l'assimile à l'écuyer; mais le plus souvent il néglige et ignore les principes de l'équitation. Sauf quelques exceptions rares, les voltigeurs sont loin d'être de bons écuyers. *M. Laurent Franconi*, dont je me plais à reconnaître la capacité, était nécessairement dans l'exception. Il pouvait à bon droit revendiquer le titre d'écuyer.

On devrait donc, pour distinguer les voltigeurs, des danseurs de corde et des écuyers, ajouter un trait d'union entre ces deux titres, et dire *écuyers-voltigeurs*.

RÉPONSE

AUX

OBSERVATIONS DE M. D'AURE

SUR LA

NOUVELLE MÉTHODE D'ÉQUITATION.

J'aurais pu me dispenser de joindre cette brochure aux écrits renfermés dans ce volume; je ne me suis décidé à mettre cet opuscule au grand jour que parce qu'il contient quelques principes d'une haute portée professés par mon savant antagoniste. Cette courtoisie envers M. d'Aure a pour but d'apprendre aux générations à venir qu'il a fait un traité sur l'équitation : s'il ne m'en sait pas gré, je pense que la postérité m'en tiendra compte.

RÉPONSE

AUX

OBSERVATIONS DE M. D'AURE

SUR LA

NOUVELLE MÉTHODE D'ÉQUITATION.

Il est une triste vérité que j'ai déjà eu occasion de signaler, c'est qu'un homme qui a dépensé la moitié de sa vie en travaux consciencieux, surmonté des difficultés sans nombre et découvert, à force de persévérance, un principe qui ouvre à l'art et à la science une route nouvelle, est loin encore d'avoir vaincu tous les obstacles. C'est alors, en effet, que s'éveillent et s'agitent les amours-propres froissés, les basses jalousies, je dirai même la mauvaise foi. La première lutte n'a rien que de stimulant pour l'artiste, le poëte ou le savant; ils trouvent dans le travail même, dans les résultats obtenus, une ample compensation; mais la seconde est bien propre à les décourager et à les dégoûter : c'est ce qui fait, sans doute, qu'il y a si peu d'hommes créateurs d'une doctrine ou d'un système à qui il ait été donné de les voir grandir de leur vivant. Il suffit d'attirer un instant l'attention publique pour qu'aussitôt la malignité humaine se déchaîne contre vous.

Tel est le sort auquel m'a exposé la découverte de ma nouvelle méthode d'équitation. Je m'y attendais, et, dans cette disposition, j'aurais, sans m'émouvoir, entendu toutes les clameurs. Mais voilà qu'au milieu de ces libelles, lancés sous prétexte de brochures, surgissent tout à coup quelques pages écrites par M. d'Aure, célébrité équestre assez haut placée pour que je crusse qu'il ne pouvait descendre à une semblable lutte, et se mêler à de pareils champions.

Cependant M. d'Aure, un petit mouvement de mauvaise humeur aidant, s'est laissé entraîner. On a souvent remarqué que c'est dans le *post-scriptum* d'une lettre qu'il faut aller chercher tout le fond de la pensée de son auteur. C'est bien là, en effet, c'est bien à la fin de la brochure de M. d'Aure que l'on découvre ce qui lui a fait prendre la plume. Il me reproche d'avoir dit que *des chevaux que j'ai dressés auraient été précédemment manqués par lui*. Sans ce faux bavardage qu'on lui a fait, il ne m'aurait pas attaqué, c'est du moins ce qu'il fait entendre ; donc, si sa brochure devait me causer un grand tort, mon *existence équestre* aurait été en *équilibre* sur une simple supposition. Toutefois j'ai lieu de croire que ce n'est pas là le seul motif qui a mis la plume à la main de M. d'Aure. Ne serait-ce point plutôt mes découvertes qui, je l'espère, serviront à la science, qui ont piqué l'écuyer, et lui ont suggéré la pensée d'étouffer ou du moins d'obscurcir une lumière importune ? Quoi qu'il en soit, M. d'Aure croit devoir proclamer, d'une part, que ma méthode a été pratiquée de tout temps, et qu'alors elle était bonne ; de l'autre, qu'elle n'est mauvaise que parce que je prétends en être l'auteur et en faire usage.

Puis on entremêle la discussion de petites méchancetés et de petits mensonges sur moi et sur mes chevaux. M. d'Aure avance que *Partisan* était un cheval fort doux, dont les femmes et les enfants se sont amusés pendant deux ans. *Partisan*, célèbre dans le monde équestre par ses défenses, et qu'à raison de ces mêmes défenses j'ai payé seulement 500 francs à un des premiers amateurs de chevaux de Paris ! *Partisan*, dont l'ancien propriétaire est venu, après que je l'eus dressé, m'offrir près de 5,000 fr., *Partisan* servait de jouet à des femmes et à des enfants ! Si je relève la fausseté de ce fait, c'est pour faire observer que M. d'Aure n'a pas bien choisi ses preuves, et que c'est mal défendre sa cause. La seule chose digne du nom et de la réputation de cet écuyer était d'attaquer mes principes dans toute leur étendue, en s'appuyant sur des raisonnements. A-t-il agi ainsi? C'est ce que nous allons examiner.

« Ce n'est pas, comme on veut le faire croire, de 1840
» que date l'emploi du cheval. »

Certes, il y a plus de deux ans que l'emploi du cheval est connu, ainsi que le nord et l'aimant l'étaient avant la boussole. Autant vaudrait dire à l'auteur que son livre n'est pas nouveau, parce que les lettres de l'alphabet avec lesquelles il a fait cet ouvrage étaient connues avant lui. C'est le *bon emploi* qui était inconnu ; c'est qu'on avait passé par beaucoup de moyens sans s'arrêter à aucun, ni définir ceux dont on se servait. Dans tous les ouvrages sur l'équitation, on trouve la preuve de ce que j'avance. En est-il un qu'on puisse mettre sérieusement en pratique, y compris un in-4° de M. d'Aure, publié en 1834, et sur le compte duquel je reviendrai à la fin de cette réponse? Ces auteurs ont tous bien certainement donné des principes autres que ceux qu'ils appliquaient pour le dressage de leurs chevaux ; ils faisaient donc instinctivement de l'équitation pour eux, mais ils n'établissaient pas de principes pour les autres ; ils ne se rendaient compte de rien, à moins que, ainsi que le dit modestement M. d'Aure pour lui-même, ils ne fussent pas *des dresseurs de chevaux*.

« Le talent d'un écuyer ne consiste pas à faire *parader*

» un cheval, mais bien à savoir utiliser ses moyens, et à
» l'employer au service auquel il est propre. »

Mais qu'entend donc M. d'Aure par *parader*? Est-ce un cheval contraint et décousu dans ses allures, ou bien est-ce un cheval majestueux dans ses poses, élégant et gracieux dans ses mouvements, un cheval dont les forces harmonisées entre elles fonctionnent avec tant de justesse, qu'il se joue des difficultés, et les surmonte sans efforts? Si c'est dans cette dernière hypothèse que M. d'Aure range la *parade*, je lui demanderai la permission d'être d'un avis diamétralement opposé au sien. J'ajouterai que l'art de disposer ainsi des forces et des ressorts du cheval est non-seulement l'essence de la science, le beau idéal de l'équitation, mais encore le seul moyen de donner tout l'éclat et le brillant possible aux allures simples. Mais pour cela il faut que le cheval ait été assoupli partiellement et généralement; qu'il soit renfermé de manière à ce qu'on puisse donner à volonté telle ou telle direction aux forces, opérer telle ou telle translation de poids. Les difficultés ne sont point du goût personnel de M. d'Aure; cela se conçoit de sa part, puisqu'il monte rarement à cheval, et n'aime pas à y monter (1). Mais qu'il n'apprécie pas le résultat, l'avantage des difficultés surmontées, cela me surprend. M. d'Aure doit savoir que l'art de l'équitation, comme tous les arts, comme toutes les sciences, a ses difficultés. Or, tout artiste vraiment consciencieux doit ambitionner de les surmonter. Qui peut le plus peut le moins.

« La sensibilité étant le résultat de l'organisation, il
» ne dépend pas du cavalier de l'augmenter ou de la di-
» minuer; il peut tout au plus la modifier. »

Voilà un système qui est parfaitement celui de l'ancienne

---

(1) C'est du moins ce que je lui ai entendu dire toutes les fois que nous nous sommes rencontrés.

école, dont M. d'Aure est aujourd'hui le digne représentant.

Pour bien nous faire comprendre, nous allons examiner ce principe dans tout ce qu'il a de plus simple. Nous demanderons donc à M. d'Aure s'il ne lui est jamais arrivé de rencontrer des chevaux qui se retenaient dans les jambes, et qui, par suite de cette sorte d'acculement, y restaient malgré leur soutien énergique et le contact vigoureux des éperons. Le cheval qui agit ainsi est donc dépourvu de sensibilité ; c'est un *carcan* (selon l'expression favorite de l'auteur), un carcan qu'il faut réformer, puisqu'on ne peut lui donner la qualité qui lui manque. Cependant, dans l'intérêt de la bourse et de la réputation de M. d'Aure, j'ose croire que lui-même en agira autrement, qu'il obtiendra, sans s'en rendre compte peut-être, de ce cheval en apparence si peu impressionnable, des mouvements plus faciles et une *sensibilité* plus grande, une fois les forces et les poids mieux répartis. C'est donc l'écuyer qui, par son tact, par l'ensemble de ses mouvements, parvient à changer la mauvaise direction des forces du cheval; car c'est l'équilibre qui rend toutes les translations de poids promptes, faciles et régulières. Une fois cet équilibre obtenu, l'écuyer a donc donné au cheval une impressionnabilité que celui-ci ne devait acquérir qu'après que cette difficulté aurait été surmontée. Voilà l'équitation, voilà le pouvoir de l'écuyer sur le cheval; si vous le lui retranchez, retranchez en même temps l'art; fermez les portes des manéges, et dites que l'équitation est une absurdité. Je pense que M. d'Aure trouvera cet exemple à la portée de tout le monde, et qu'il n'est même pas nécessaire d'être écuyer pour le comprendre.

Maintenant si le cheval a une *irritabilité* que beaucoup de personnes, et M. d'Aure lui-même, confondent avec une *sensibilité positive*, cette irritabilité est causée par une action plus considérable, mais plus souvent encore par des reins longs ou faibles, par une croupe étroite, des jarrets acculés ou droits. Dans ce cas, chez ce cheval, le mouvement rétrograde est aussi difficile que le mouvement en avant chez le premier. En effet, l'arrière-main est toujours trop éloignée du centre pour que la translation du poids se fasse régulièrement; les jambes de devant, qui dans l'ordre naturel ne devraient, je suppose, supporter que vingt-cinq kilogrammes, sont constamment surchargées d'un poids double ou triple. Il faut encore ajouter à ce poids toutes les forces qui se dirigent en avant et donnent une tension effrayante à l'encolure. On conçoit que le cheval, ne pouvant que faiblement et péniblement revenir sur lui-même, se jettera violemment en avant à la moindre pression des jambes. Voilà de la sensibilité selon M. d'Aure, voilà un cheval dont on ne pourra faire l'éducation, puisqu'il prétend qu'on ne peut *diminuer la sensibilité du cheval*. Selon moi, au contraire, c'est de l'irritabilité à laquelle succédera la sensibilité lorsqu'on aura employé les moyens que j'ai indiqués. Ces moyens, M. d'Aure n'a pas cru devoir se donner la peine de les lire ou de les approfondir, puisqu'ils sont écrits tout au long dans mon dernier ouvrage.

Pour arriver à détruire cette irritabilité et à donner aux chevaux une vraie sensibilité, je commence par l'encolure comme étant le point principal où se manifeste la résistance : j'exerce cette partie isolément par les moyens que j'ai indiqués; il en résulte que pouvant faire mouvoir à ma volonté le bras de levier qu'elle représente, je m'en sers pour faire refluer au centre les forces qui se précipitaient avec trop de violence en avant. Ces forces, alors contenues dans de justes limites, me permettent de ramener l'arrière-main près du centre, de manière à ce que les forces se prêtent un mutuel secours, et que le poids de la masse ait son flux et son reflux, facile et régulier. Bientôt le centre de gravité qui, trop porté en avant, opérerait un effet de bascule au désavantage de l'équilibre, reprend sa place au milieu du corps, rend le mouvement des extrémités souple, régulier, cadencé ou étendu. C'est alors que le cheval ainsi disposé acquiert cette finesse de tact, cette sensibilité qui constituent la belle, la véritable équitation. C'est avec ce moyen trop simplement expliqué, peut-être, que l'on parvient à changer *la sensibilité du cheval*, ou plutôt que l'on rectifie la mauvaise direction de ses forces, la position vicieuse qu'elles entraînent et les mouvements irréguliers, confus, qui en sont la suite. C'est par ce moyen, le seul rationnel, que l'on parle intelligiblement au cheval, parce qu'alors il apprécie les effets de force du cavalier et se trouve tout disposé pour y répondre.

Suivons M. d'Aure dans ses scientifiques observations.

« J'en appelle à tout homme ayant usé du cheval activement, depuis le commis voyageur jusqu'au chasseur et à l'homme de guerre. Combien de fois n'ont-ils pas eu recours au courage et à l'intelligence de cet animal ! Si dans certaines circonstances il a besoin de l'aide et du secours du cavalier, combien aussi, dans d'autres, ce dernier a-t-il eu à se louer de lui avoir laissé cette sorte d'indépendance, cette confiance qui n'a pas éteint en lui l'instinct, l'énergie et la liberté des allures ! »

Deux volontés sont en présence, celle du cavalier et celle du cheval ; il faut que l'un des deux fasse la volonté de l'autre, qu'il lui soit soumis en tout et partout.

Quant à moi, je pense que le cheval est toujours fait pour être dominé par l'homme, que le cavalier doit constamment maîtriser les forces de sa monture afin de l'avoir sous sa dépendance. Il me semble que cette opinion est plus conforme aux lois du bon sens ainsi qu'à celles de la nature.

« La base du nouveau système consiste dans les flexions
» de l'encolure et dans ce qu'on appelle les flexions de
» mâchoire. »

La base de mon système, M. d'Aure, consiste dans l'équilibre du cheval, non pas dans l'équilibre qui le préserve d'une chute, mais bien dans celui où les forces se contre-balancent, où toutes les formes ressortent avantageusement, où tous les mouvements sont souples, gracieux et réguliers. Mon système consiste à faire prendre la position qui amène ce précieux résultat chez les chevaux qui, par leur conformation, en paraissent le plus éloignés, afin qu'il y ait parité dans le travail et analogie dans les mouvements de deux chevaux différemment conformés. Les flexions de mâchoire, d'encolure, de hanches, de reins, sont des moyens qui, pris isolément, donnent promptement (une fois la souplesse de ces parties acquise) la facilité de déplacer le centre de gravité. Alors on pourra passer successivement, sans grands efforts de la part soit du cavalier, soit du cheval, d'un mouvement accéléré à un mouvement lent, au temps d'arrêt, au reculer, au ramener, enfin au rassembler et à toutes les difficultés de l'équitation. Voilà quel est le but de ma méthode; toutes les flexions, je le répète, ne sont que des effets isolés, des moyens préparatoires, pour conduire sûrement à un résultat prompt et infaillible. Il aurait été plus juste de suivre mes raisonnements, et comme mes principes s'enchaînent depuis le commencement jusqu'à la fin, il aurait été plus généreux et plus convenable aussi de ne pas en faire des lambeaux pour la critique.

Suivons les observations du sévère théoricien.

« Continuant à exploiter *l'ignorance de notre époque*, on

» veut faire accepter aussi comme chose nouvelle le rame-
» ner de la tête du cheval.

» Il faut savoir d'abord ce qu'on entend par placer la
» tête d'un cheval. Cela ne consiste pas tant, comme on
» se plaît à le dire, à la tenir perpendiculairement au sol,
» qu'à la placer de manière à ce que le mors trouve sur
» les barres un appui qui donne les moyens d'arrêter le
» cheval, de le maintenir, de le soutenir et de le di-
» riger. »

Avant de répondre à ceci, je dirai à M. d'Aure, qui croit
ses arrêts sans appel, que bientôt je veux qu'il juge lui-
même, d'après la manière dont mes principes ont été
partout discutés et examinés, si j'ai exploité l'ignorance
du siècle ! Il verra si, dans aucun temps, on s'est aussi généralement occupé de l'équitation.

D'où vient cet élan pour la mise en pratique d'une méthode nouvelle? C'est que les faits mille fois répétés
attestent sa supériorité sur toutes les vieilleries pratiquées
jusqu'à ce jour.

Poursuivons; M. d'Aure dit : « Continuant à exploiter
» l'ignorance de notre époque, on veut faire accepter aussi
» comme chose nouvelle le ramener etc., etc. » Puis il
ajoute : « Placer la tête du cheval ne consiste pas, comme
» on se plaît à le dire, à la tenir perpendiculaire-
» ment. » Puis encore : « Si M. Baucher a eu la bonne foi
» de penser qu'autrefois les chevaux se plaçaient tout
» seuls, etc., etc. »

Evidemment ici M. d'Aure n'est pas conséquent avec
lui-même : d'une part il établit que placer la tête d'un cheval est chose usitée depuis longtemps, et de l'autre il critique la position perpendiculaire de la tête, *parce que* c'est
cette position que je recommande. Il me semble qu'on
pourrait apporter plus de loyauté et de franchise dans la
discussion. M. d'Aure dit : « Il suffit de placer la tête de

» manière à ce que le mors trouve sur les barres un appui
» qui donne les moyens d'arrêter, etc., etc.» Qu'est-ce
que cela veut dire? Une seule position chez le cheval
donne la légèreté, c'est l'équilibre; l'équilibre bien entendu
résume toute l'équitation. J'entends par équilibre cette
position où, sans le secours des rênes, pour ainsi dire, le
cheval conserve la tête dans la perpendiculaire : en dehors
de cette position, il y a résistance, il n'y a point de gracieux, point de régularité dans les mouvements. Les défenses sont toujours précédées d'un déplacement de la
tête, dépassant la perpendiculaire en haut comme en bas,
puis d'une translation de poids d'une partie sur l'autre. Il
faut, pour qu'un cheval se défende, qu'il sorte de la perpendiculaire; on peut donc prévenir ce déplacement en
entretenant l'équilibre, et dès lors paralyser la défense.
Dans cette position d'équilibre, vous n'avez plus de forces
contre vous, en dehors de celles qui sont utiles à la
progression du mouvement; le cheval apprécie plus vite
ce qu'on lui demande et répond instantanément aux
moindres indications du cavalier. Ceci est de l'équitation;
ceci constitue l'écuyer.

Je pense qu'un pareil principe vaut bien ce *logogriphe*:
« Placer la tête de manière à ce que le mors trouve
» sur les barres un appui qui donne les moyens d'arrê-
» ter, etc., etc. » Quelle est cette position? Car, je l'ai
déjà dit, en dehors de la perpendiculaire, le cheval présentera toujours des résistances, sera roide, et par conséquent disgracieux. Voilà bien les phrases insignifiantes ou
équivoques qui ont été écrites depuis cent cinquante ans.
Grâce à elles, c'est à peine si chaque demi-siècle a vu
sortir des décombres équestres une ou deux sommités
respectables; c'est à cause d'elles que l'art est devenu le
partage de savants écuyers qui expliquent tout, excepté
l'équitation.

« C'est pour cela, sans doute, qu'avec ce système on
» prétend que tous les chevaux piaffent. Cela est naturel :
» un cheval retenu par-devant et excité par-derrière est
» bien obligé de piaffer. »

M. d'Aure me permettra de croire que M. d'Abzac et autres grands maîtres, sur l'autorité desquels il s'appuie avec raison, se faisaient une autre idée du piaffer et des moyens de l'obtenir. On pourrait dire avec autant de justesse, que pour faire de la poésie il suffit de ne pas écrire en prose, mais en lignes composées d'un certain nombre de syllabes avec rime et césure. Tout le monde n'est pas de l'avis de M. d'Aure, et *l'ignorance du siècle* persiste à apprécier le piaffer, à admirer ce mouvement régulièrement donné, où toutes les formes sont dans une harmonie parfaite et paraissent se combiner chez le cheval pour tenir cette masse un moment suspendue ; — les jambes se mouvant par la diagonale, se lèvent à une même hauteur, se baissent en même temps ; — les rênes sont demi-flottantes, et les jambes du cavalier n'agissent que pour régler et rhythmer la cadence. Mais pour arriver à ce *nec plus ultrà* dans l'art, dans la science de l'équitation, pour faire ressortir ainsi tout ce qu'il y a de beau, de brillant, de poétique dans la nature du cheval, il faut, hélas! suivre la méthode qui maintenant trouble la tranquillité de messieurs les grands maîtres ; il faut des flexions partielles et générales ; il faut un ramener parfait, un rassembler complet ; il faut comprendre ce rassembler, et ne pas le placer, ainsi que le font des notabilités équestres, indistinctement avant ou après le ramener. Mais j'oubliais que ces notabilités ne comprennent pas ou ne *veulent pas* comprendre le ramener, et qu'elles ont voué au mépris toutes les *niaiseries* de l'art.

« Quoi que l'on puisse dire, poursuit l'auteur, la meil-
» leure préparation pour dresser un jeune cheval, c'est de

» l'habituer à se porter en avant en tirant sur les bri-
» dons, etc., etc. »

Si l'on mettait ce principe en pratique sur tous les chevaux, quelle que fût d'ailleurs leur action, leur position de
corps et d'encolure, je doute fort qu'on obtînt rien de
très-satisfaisant. C'est bien là encore le style énigmatique,
amphibologique de l'ancienne école : donner constamment,
comme règle générale, des principes qui ne sont praticables que dans des circonstances particulières. Suffit-il
toujours d'augmenter l'impulsion du cheval ? Et, pour
l'intelligence du lecteur qui voudrait exécuter d'après cette
manière de poser le principe, l'auteur n'a-t-il rien à ajouter? J'en demande bien pardon à M. d'Aure, mais le *para-
deur du Cirque* va suppléer au mutisme dans lequel *le grand
écuyer* se renferme avec tant d'obstination pour servir sa
cause.

Les moyens de diriger le cheval, de rendre ses mouvements faciles, réguliers et gracieux, se résument dans ces
deux mots, *action, position*. L'action sert à donner l'impulsion. La main doit s'emparer de cette impulsion au profit
de la position, qui elle-même détermine et règle le mouvement. Si l'action est trop considérable, l'impulsion trop
forte, le cheval prendra à l'insu du cavalier une position
avec laquelle il fera sa volonté ou luttera souvent avec
avantage. Si au contraire il manque d'action, l'impulsion
sera lente et pénible, et comme il n'y a pas de position
sans force, la position ne pourra pas avoir lieu. Il est bien
essentiel d'éviter ces deux extrémités, soit qu'elles proviennent du cavalier, soit qu'elles émanent du cheval.
Alors, dans l'un et l'autre cas, que deviendra la règle absolue
donnée par M. d'Aure? Serait-ce toujours de la pression
des jambes seulement qu'il faudrait faire usage avec le cheval d'action, disposé qu'il est par la nature à se jeter sur
la main avec une grande tension d'encolure? A la bonne

heure, s'il s'agit d'aller un train de course ; mais non si l'on veut le rendre calme et régulier dans ses mouvements. Maintenant, si au contraire le cheval est froid, il faut le porter sur la main sans réserve. Mais dans quelle intention? Pour lui donner une position qui serve à le dominer complétement.

Comment user et profiter de ces constructions diverses, de ces actions différentes, si ce n'est au moyen des procédés qui ont pour base générale l'équilibre? Par l'équilibre, une action trop considérable, et par conséquent nuisible, devient une qualité que j'utilise.

Qu'un écuyer de bonne foi mette de côté le préjugé, qu'il oublie pendant quelque temps les préceptes enracinés par la routine, qu'il lise attentivement et sans prévention mon ouvrage dans son entier, il comprendra alors à quoi servent mes assouplissements, mes attaques, etc., etc. Il jugera d'abord si jamais ces moyens ont été usités avant moi ; puis, s'il les met en pratique avec suite et gradation, il trouvera la *clef* de tout ce qu'on peut faire des chevaux d'une construction inférieure, et cela dans un espace de 14 mètres. C'est alors que, grandissant les moyens du cheval, cet écuyer sera tout disposé à faire autre chose que de *l'équitation large*, ainsi qu'on est convenu de l'appeler (1).

La brochure de M. d'Aure dit encore, page 17

« J'aurai à parler maintenant du système des attaques
» d'éperons, moyen parfaitement connu en équitation, et
» que l'on veut aussi faire adopter comme chose nouvelle.
» Les éperons ne sont que le complément de l'action des
» jambes; on les emploie pour en augmenter l'effet.
» Comme je l'ai écrit dans mon traité publié en 1834, afin

---

(1) M. d'Aure, d'après tout ce que j'ai lu de ses écrits, entend par *équitation large* laisser le cheval livré à lui-même, sans s'inquiéter qu'il marche régulièrement, pourvu qu'il marche vite.

» de maintenir le cheval dans son équilibre toutes les fois
» qu'une action a lieu, elle doit avoir son soutien. Un
» cheval n'est réellement dressé que lorsqu'il se porte
» franchement en avant à l'attaque de l'éperon. C'est une
» aide dont il faut être sobre, afin de lui conserver toute
» sa puissance; trop de chevaux sont enclins à *rester* à
» l'éperon et à se pousser dessus. C'est donc un tort de les
» habituer à le sentir perpétuellement, surtout par de pe-
» tits à coups, comme le conseille la nouvelle méthode. »

Certes, de temps immémorial on s'est servi des éperons, mais d'une manière entièrement opposée à celle que j'indique; ce moyen n'est donc pas *parfaitement connu*, ainsi que le prétend M. d'Aure. Ceci admis, j'inviterai M. d'Aure, pour éviter des redites, à vouloir bien consulter mon dernier ouvrage; il verra que j'ai défini les effets de ces petites attaques progressives et de leurs merveilleux résultats pour développer les moyens du cheval et le renfermer dans l'obéissance; il verra qu'elles n'ont pour but que de déplacer la quantité de forces dont la main s'empare au profit de l'équilibre, et non pas de jeter la masse brusquement en avant, effet que doivent produire les violentes attaques de M. d'Aure *sur un cheval hors la main et à l'encolure tendue*. Voilà en quoi consiste la différence entre les principes de M. d'Aure et les miens. Il use des attaques pour augmenter la vitesse des allures, et moi j'en fais usage pour changer les positions qui servent à régler les allures et à augmenter la vitesse. Il faut passer par le premier étage avant d'arriver au second. Que M. d'Aure remonte aux causes, qu'il en définisse les effets, et tout me porte à croire qu'après cela nous nous comprendrons parfaitement.

M. d'Aure n'aime pas les chevaux qui piaffent : il ne faut pas disputer des goûts; laissons-le parler :

« Or, l'équitation ne consiste pas à savoir faire piaffer

» tous les chevaux. Il en est beaucoup qui piaffent sans
» avoir besoin de la nouvelle méthode; les uns, parce
» qu'ils ont une surabondance d'action; les autres, parce
» que quelques souffrances excitent leur sensibilité; mais
» à quoi sert de faire piaffer ceux qui veulent rester tran-
» quilles? Quelle peut être l'utilité d'une semblable al-
» lure? »

M. d'Aure n'est souvent pas compréhensible; il se fait
le champion des anciens auteurs, et d'un trait de plume il
condamne ce qu'ils ont approuvé. Le doyen des classiques,
M. de la Guérinière, aimait beaucoup à mettre ses chevaux
au piaffer, etc.

N'est-il pas évident que l'homme qui a écrit une pareille
définition ne comprend pas ce qui constitue le vrai piaffer?
En conséquence, on ne saurait s'étonner qu'il ne comprenne pas davantage son utilité. Je ne crois pas devoir ici
m'étendre davantage sur ce sujet; je renvoie aux ouvrages
dans lesquels je l'ai traité. Je ferai seulement observer à
M. d'Aure que tout ce qui concourt à donner de la puissance, de la grâce et de l'élégance aux mouvements du
cheval, est du domaine de l'écuyer savant et consciencieux.
J'ajouterai qu'il ne faut pas surtout confondre ce mouvement régulier, brillant et majestueux, avec les trépignements convulsifs par lesquels un cheval marque son impatience; trépignements qui doivent être le résultat du
principe de M. d'Aure, et, pour employer ses propres expressions, de la position d'un cheval *retenu par devant et
sollicité par derrière*. Enfin, M. d'Aure recommande de
laisser tranquilles les chevaux qui ne veulent pas piaffer.
Si cette recommandation n'est pas fort instructive, elle est
au moins bien attendrissante.

« Était-il nécessaire, ajoute M. d'Aure, aux élèves des
» d'Abzac, des Coupé, des Jardin, de prendre un engage-
» ment au Cirque pour se faire connaître? »

Je laisse au public le soin d'apprécier ce qu'il y a de noble, de délicat et surtout de concluant dans une pareille personnalité.

Passons à une profession de foi modeste et désintéressée du même auteur :

« Loin de ma pensée d'attacher à mes paroles rien qui
» me soit personnel; j'ai, toute ma vie, envisagé le cheval
» et son éducation d'un point de vue trop élevé pour
» mettre quelque importance à de pareilles misères : aussi,
» aurais-je été tout disposé à accepter comme une heu-
» reuse innovation l'application de ces nouveaux moyens,
» s'ils m'avaient paru bons, etc. »

Je suis *loin* de croire que les résultats, les succès obtenus par mon système aient pu causer un moment d'envie ou de jalousie à M. d'Aure. J'admets, ainsi qu'il le dit, que s'ils s'est décidé à attaquer ma méthode, c'est uniquement parce qu'il la trouvait mauvaise et dangereuse. Mais il me semble que la raison et la conscience exigent que l'on commence par étudier et par connaître parfaitement une chose avant de l'attaquer. D'après cela, il me sera permis de m'étonner que M. d'Aure n'ait pas cru devoir assister à un seul des essais nombreux et solennels qui ont été faits à Paris même. Maintenant que l'élan est donné, la brochure arrive trop tard ! Déjà, dans l'armée, plus de douze cents chevaux entièrement neufs ont été dressés par leurs cavaliers; en moins de six semaines, ils ont été mis en état de passer à l'école d'escadron. *Cinquante* rapports consciencieux et favorables, rédigés par des généraux, colonels, chefs d'escadrons, capitaines instructeurs et lieutenants, ont été adressés à M. le ministre de la guerre; son excellence elle-même a été témoin des expériences faites sur cinquante chevaux de la garnison de Paris qui n'avaient pas encore été montés, et qui ont été dressés en dix-huit jours. Ainsi, sans le secours de M. d'Aure et malgré sa critique, le Gouvernement améliore l'art hippique et régénère l'armée sous le point de vue équestre. Partout bientôt ma méthode sera en vigueur. Qu'alléguer en présence de pareils faits?

Je ne puis donc attribuer la brochure de M. d'Aure qu'à une manie de polémique qui depuis quelque temps semble s'être emparée de lui. Cette polémique n'a pas toujours été à son avantage; les professeurs des haras, auxquels l'auteur s'est adressé d'une manière peu bienveillante, ont riposté sévèrement, et M. d'Aure est loin d'être sorti vainqueur de la lutte. Quant à la brochure qui me concerne, je regrette que l'auteur se soit laissé entraîner à un pareil genre d'attaques, qu'il ait cru devoir remplacer trop souvent le raisonnement et la discussion par des divagations et des personnalités. Les dernières pages surtout sont d'un style vraiment inouï; on dirait que la brochure a été écrite par deux plumes différentes. En ce cas, je serais tenté de croire que la fin est émanée du cerveau suffisamment connu d'un M. Aubert.

Je crois devoir, pour compléter cette réponse, y joindre quelques observations sur les principes de M. d'Aure publiés en 1834 (1 vol. grand in-4°). J'engage le lecteur à suivre attentivement les passages guillemetés, ils sont extraits textuellement de l'ouvrage; beaucoup se réfutent d'eux-mêmes; d'autres... Mais laissons le lecteur juger lui-même sur pièces.

PAGE 13. — LE CHEVAL EN BRIDON.

L'auteur juge à propos d'indiquer la manière de tenir les rênes et de placer les poignets. Depuis cent ans ces principes ont été donnés et redonnés, écrits, copiés et recopiés par quarante vénérables auteurs; on doit se contenter maintenant de les expliquer oralement aux élèves qui prennent leurs premières leçons, et ne pas les écrire.

PAGE 15. — LE CHEVAL EN BRIDE.

Même érudition; l'auteur fait connaître que les rênes sont séparées par le petit doigt et sortent entre l'index et le pouce; il ajoute :

« Lorsqu'on désirera changer la direction, la main
» se portera dans la nouvelle direction qu'on voudra
» suivre. »

Voilà qui est instructif! Passons à la fin du chapitre :
« Si l'on veut arrêter on l'enlèvera (la main) devant soi,
» jusqu'à ce que le cheval reste en place, en ayant soin de
» ne plus faire agir les jambes ; pour reculer, on enlèvera
» la main jusqu'à ce qu'il rétrograde ; aussitôt qu'il se por-
» tera en arrière, pour qu'il ne recule pas avec trop de
» précipitation, on diminuera l'effet du mors en baissant
» la main. »

C'est sans doute au *point de vue trop élevé* d'où M. d'Aure considère l'équitation, c'est à son mépris pour les *misères de l'art*, que nous devons un pareil principe. Il est, au contraire, de règle générale qu'on ne doit pas arrêter ni reculer un cheval sans le secours des jambes. Tous les auteurs raisonnables ont au moins ajouté (sans autre explication, il est vrai) que les jambes devaient accompagner la main, ce qui ne suffit pas. Il faut, et je l'ai prouvé, que dans tous les effets retrogrades les jambes précèdent la main.

PAGE 17. — HAUTE ÉCOLE.

Sans doute, d'après l'auteur, le cavalier qui sait comment doivent être placés les poignets peut aborder les grandes difficultés de l'équitation; mais M. d'Aure ne parle pas plus de ces difficultés que de la manière de les surmonter. Il se contente de dire avec une grande simplicité :

« Le travail de la haute école fait connaître d'une ma-
» nière précise et détaillée les moyens à employer pour
» savoir, exiger avec discernement et obtenir d'un cheval
» dressé ce qui peut tendre à sa conservation en même
» temps qu'à la sûreté du cavalier. »

C'est ce qu'il y a de plus saillant dans les pages 17 et 18. M. d'Aure dit que c'est *la haute école qui indique les moyens;* il aurait été peut-être plus instructif pour l'élève d'*indiquer les moyens* de faire la haute école. M. d'Aure n'a pas jugé à propos de prendre cette peine, sans doute parce qu'il a pensé que les principes *généraux* ci dessous lèveraient tous les doutes, si par hasard il y en avait.

PRINCIPES GÉNÉRAUX.

« Les jambes, par leur position, agissent sur les parties
» postérieures du cheval, et tendent à le porter en avant.
» La main, au contraire, qui tient la bride, agit sur les par-
» ties antérieures et sert à l'arrêter et à le diriger. »

De ces principes on conclura nécessairement que c'est avec la main que l'on tient la bride. M. d'Aure enfin définit quelque chose.

PAGE 20. — ACTION DU MORS, EFFET DES RÊNES.

« Le mors sert à arrêter, à faire reculer et à porter le
» cheval à droite et à gauche; en basculant il marque sur
» les barres une pression à laquelle le cheval cède (quand

» il ne résiste pas), et c'est ce qui le fait reculer. Il est donc
» essentiel, lorsque vous voulez, sans reculer, tourner
» dans une direction quelconque, de faire agir les rênes
» de manière à ce que le mors ne bascule pas. »

Ce qui veut dire : Lorsque vous voulez tourner, il ne faut pas employer les moyens dont on use pour reculer ; mais n'aurait-il pas été plus simple de dire tout *bonnement* ce qu'il faut faire, et non ce qu'il ne faut pas faire ?

L'auteur termine cet article en disant que : « Si l'on
» marque un point d'appui plus fort sur une barre que sur
» l'autre, fuyant plutôt la pression la plus forte, il y cédera
» en reculant de travers. »

Ceci me semble une découverte admirable ; est-elle le résultat du hasard ou du raisonnement ?

PAGE 22. — EFFET DES JAMBES.

« Les jambes servent à mettre le cheval en mouvement.
» Elles contiennent l'arrière-main ou lui donnent une di-
» rection quelconque ; elles agissent sur cette partie comme
» les rênes sur la bouche et l'encolure, c'est-à-dire que,
» lorsqu'elles tomberont également près des aides, elles
» maintiendront droite l'arrière-main ; mais si, au con-
» traire, une jambe offre plus de résistance que l'autre,
» l'arrière-main, cédant à cette pression, fuira du côté
» opposé. »

Ceci semble le complément de la précédente découverte ; le principe qui en découle est également expliqué avec une grande candeur.

La mère en permettra la lecture à sa fille.

RÉSUMÉ, PAGE 23.

Pour qu'il n'y ait pas de confusion dans les moyens

d'action, l'auteur prend la peine de les résumer de nouveau :

« L'action de la main est totalement opposée à celle des
» jambes, puisque la main sert à arrêter ou reculer,
» comme les jambes portent en avant, tandis que la pres-
» sion séparée des jambes exerce sur les aides une sensa-
» tion semblable à l'appui de la rêne sur l'encolure et la
» branche du mors. »

J'aurais dû peut-être ne pas reproduire cette partie du texte, mais il est bien que le lecteur sache tout ce que peut produire un grand nom.

PAGE 25.

Ici M. d'Aure divise ses préceptes en trois leçons : 1° des effets du mors et de la bride; 2° de l'effet des jambes; 3° de l'accord de ces divers effets.

PREMIÈRE LEÇON.

L'auteur dit que le cheval tourne à droite par la pression de la rêne droite avec la main à droite, puis il ajoute, comme explication à l'appui, que « *l'ouverture* de la rêne
» fera sentir une opposition sur la barre droite, et ainsi de
» suite. »

Je ne puis aller plus loin, fatigué que je suis d'avoir entendu de jeunes écuyers commenter ces séduisants principes à des élèves qui cherchaient vainement à les comprendre.

La deuxième leçon remplit les pages 27 et 28; il s'agit toujours d'*ouverture* de rêne, puis des deux rênes qui, opérant ensemble, « provoquent dans la bouche du cheval
» un travail qui lui fait goûter le mors et lui en rend la
» sensation moins désagréable. »

J'avoue que je ne puis discuter un pareil galimatias.

PAGE 29.

Le résumé est une répétition exacte de ce qui vient d'être dit : c'est de *tirer le mors à soi, de sentir la rêne, de maintenir la rêne et d'ouvrir la rêne;* il faut que M. d'Aure ait une bien mince idée de l'intelligence humaine pour la traiter ainsi sans cérémonie.

PAGE 30. — TROISIÈME LEÇON.

Changement de direction par les jambes.

Je laisse de côté la partie mécanique, et j'arrive à la conséquence de ses effets. Le docteur en équitation dit :

« Il faudra étudier la différence de ces deux actions (la
» main et les jambes), afin d'en coordonner plus tard les
» effets et de concevoir, dans les divers mouvements qu'on
» pourra exécuter, que si le cheval recule plus qu'il ne
» doit, c'est que la main agit trop et que les jambes ne
» maintiennent pas assez ; comme aussi, s'il avance trop,
» c'est que les jambes exercent trop de pression et que la
» main n'est plus assez assurée. »

Donc, si la bille qui doit arriver sur un point donné reste en deçà, c'est qu'on ne l'a pas poussée avec assez de force ; si, au contraire, elle va au delà, c'est que la force a été trop grande. Cette petite comparaison, venant en aide à la perspicacité du lecteur, lui fera peut-être retirer tout le fruit d'un axiome aussi nouveau.

PAGE 34. — APLOMB DU CHEVAL, ACCORD DES MAINS ET DES JAMBES.

« Si vous voulez aller en avant, les jambes portant l'ar-
» rière-main sur les épaules ; cette dernière partie, étant
» plus surchargée, cherchera un appui sur le mors. C'est

» ce soutien fixe, mais léger, qu'on laisse prendre sur le
» mors qui s'appelle mettre un cheval dans la main ; plus
» la tête se place perpendiculairement, mieux il est dans la
» main. »

M. d'Aure peut *commettre* de pareils aphorismes, sa réputation est là pour leur donner un démenti.

Recette pour mettre un cheval dans la main : « Vous
» portez l'arrière-main sur les épaules, le cheval cherche
» un appui sur le mors, et la mise en main suit immédia-
» tement. »

Je dois faire remarquer ici les propres paroles de M. d'Aure : « *Plus la tête* SE PLACE PERPENDICULAIREMENT,
» *mieux il est dans la main.* » Or, on se rappellera que dans sa brochure dirigée contre ma méthode, et dont je me suis occupé en commençant, il attaque cette position, *parce que je l'indique.* Ne lui suffit-il donc pas de discuter avec les autres, sans être encore en contradiction avec lui-même ?

PAGES 35 ET 36.

« Ainsi, plus un cheval sera assis, plus il aura la bouche
» belle, et plus les jambes devront agir ; plus il sera sur
» les épaules, plus le point d'appui sur la main sera
» grand. Cette explication (ajoute l'auteur) pourra paraître
» étrange, parce qu'elle n'a jamais été démontrée. »

Je ferai observer à M. d'Aure que *mon Dictionnaire raisonné d'équitation* a paru un an avant son in-4°. C'est assez lui dire que ce qu'il prétend être de lui m'appartient. Le lecteur trouvera dans mon dictionnaire des dissertations à l'appui de ce principe.

PAGE 38. — RÉSUMÉ.

« Lorsqu'un cheval porte trop sur les parties antérieures,

» on dit qu'il est sur les épaules ; quand au contraire il
» porte davantage sur l'arrière-main, il est trop assis :
» l'inégalité de forces ou de souplesse entre ces parties
» produit l'un et l'autre effet. »

On pourrait croire que je ne prends que des fragments insignifiants, qu'il est impossible que l'auteur ne donne pas quelques préceptes, qu'il ne peut pas se borner ainsi à dire que c'est la main qui porte l'avant-main sur les hanches et les jambes qui portent le cheval sur les épaules. Rien n'est plus vrai cependant, et quiconque voudra prendre la peine de lire le *Traité d'équitation* de M. d'Aure n'y trouvera nulle part l'indication d'une cause, la démonstration et l'explication d'un effet.

PAGE 40. — DES CAUSES QUI PORTENT LE CHEVAL SUR L'AVANT-MAIN.

« La première est causée par la pesanteur de la tête, la
» deuxième lorsque la liberté et la force de l'arrière-main
» sont inférieures à celles de l'avant-main, et la troisième
» est causée par une grande roideur dans les hanches et
» dans les jarrets. » L'auteur ajoute : « Il faudra chercher
» alors les moyens les plus propres à le mettre dans un
» équilibre naturel. »

Le lecteur s'imagine sans doute que M. d'Aure va enfin lui indiquer ces moyens : erreur : l'illustre écuyer a une équitation *trop large* pour descendre à de pareilles minuties.

PAGE 42. — POSITION DE LA TÊTE DU CHEVAL PORTANT SUR L'AVANT-MAIN.

Ici, même science, même vague, même façon de donner des éclaircissements ; l'auteur indique comment est placée la tête lorsque le cheval résiste plus ou moins ; mais quant aux moyens de rectifier ces mauvaises positions, moyens sans lesquels l'éducation est impossible, M. d'Aure n'en dit pas un mot.

PAGE 49. — RÉSUMÉ GÉNÉRAL.

« Nous venons de voir les diverses manières dont un
» cheval sort de son aplomb; nous savons que c'est par
» le secours des mains et des jambes que nous pouvons le
» rectifier. »

Ah! oui, nous savons cela ! *Et la manière de s'en servir*, M. d'Aure nous la dira-t-il enfin ?

« Comme aussi nous pouvons porter un cheval ou sur
» les épaules, ou sur les hanches, en nous servant, pour
» maintenir son équilibre, de la puissance de nos aides. »

Toujours des vérités aussi neuves qu'instructives !

PAGE 52. — DE L'EMBOUCHURE.

« Lorsqu'un cheval porte sur le devant, soit par la du-
» reté de la bouche, soit par la pesanteur des épaules ou
» de l'encolure, il faut alors user d'embouchures assez
» dures pour exciter la sensibilité, faire craindre la sujé-
» tion du mors, et avoir par là le moyen de reporter
» sur l'arrière-main l'excédant du poids qui charge le
» devant. »

Ici encore l'auteur est en opposition formelle avec lui-même. (Voir ce qu'il a dit précédemment, page 37.) Il me serait facile de réfuter les erreurs contenues dans les lignes ci-dessus, mais ne voulant pas ici m'étendre sur un sujet que j'ai approfondi ailleurs, je suis obligé de renvoyer aux ouvrages que M. d'Aure dénigre.

PAGE 54. — DES ALLURES.

« Les allures sont susceptibles d'augmentation ou de
» diminution (M. d'Aure nous fait passer de surprises en
» surprises). Ainsi on peut marcher le pas, le trot ou le
» galop, d'aplomb ou assis, ou trop sur les épaules. »

Voilà tout ce que le cheval peut faire; lecteurs, usez-en sans crainte, profitez de la manière *large* avec laquelle l'auteur voit les choses, et n'en demandez pas davantage.

PAGE 57. — DU PAS.

« Le pas est la plus lente des allures. »

O M. de la Palisse! votre ombre a dû tressaillir d'aise en entendant proclamer cette étonnante vérité.

PAGE 58. — DU TROT.

« Dans le trot, les jambes suivent la même marche
» qu'au pas, avec cette différence que l'allure étant plus
» allongée et plus vive, les membres prennent alors plus
» de développement, et les pieds se remplacent avec plus
» de promptitude. »

Ainsi, nous devons nécessairement rester convaincus maintenant que le cheval va plus vite au trot qu'au pas!!!

PAGE 59. — DU GALOP.

« Dans le galop, les jambes marquent toujours leur appui
» diagonalement, mais elles agissent d'une manière diffé-
» rente : au lieu de venir alternativement en avant, comme
» dans le pas et le trot, un seul côté agit toujours le pre-

» mier; le cheval marche par des sauts répétés, qui font
» qu'à chaque temps il quitte la terre.»

Qu'est-ce que tout cela nous apprend? Depuis cent cinquante ans on nous a rebattus de ces vieilles données insignifiantes; ce qu'il nous faut maintenant, ce sont des principes raisonnés, qui expliquent les conditions à remplir pour que le cheval, quel qu'il soit, exécute franchement et à volonté les trois allures. Espérons qu'après avoir relu ses chers auteurs, M. d'Aure les retraduira d'une manière plus avantageuse pour lui, et surtout pour ceux qui tiennent à se former une conviction avec *ses* principes.

PAGE 64. — DES MOYENS D'EXIGER DES ALLURES.

Explication préliminaire.

« Ainsi, lorsque la bride porte le poids des épaules sur
» l'arrière-main, c'est la main qui agit et les jambes qui
» soutiennent; lorsqu'au contraire les jambes chassent la
» masse en avant, ce sont elles qui agissent et la main qui
» soutient.»

On remarquera que si M. d'Aure ne juge pas convenable d'entrer dans des explications, il laisse de temps en temps couler négligemment de sa plume des axiomes qui ont bien leur prix.

PAGE 65.

« Nous savons que plus les allures sont allongées, plus
» le cheval pèse sur le devant, et plus elles sont raccour-
» cies, plus il est sur le derrière. »

Si M. d'Aure voulait se rendre compte exactement de ce qui constitue un cheval en équilibre, il comprendrait que ce cheval peut prendre le trot accéléré sans peser sur le devant, et que l'on peut par cette raison diminuer la vitesse de l'allure sans qu'il soit pour cela sur le derrière.

Ainsi je lui ferai voir des chevaux reculant au pas et même au trot, avec une élévation des jambes de derrière égale à celle des jambes de devant; ce qui prouve jusqu'à l'évidence l'équilibre du cheval, mais l'équilibre comme je l'entends.

PAGE 66. — MOYENS DE METTRE LE CHEVAL AU PAS.

« Pour obtenir l'allure du pas, il faut faire agir les
» jambes, légèrement et par degré, afin que trop de force
» ne lui fasse pas éprouver une sensation qui pourrait l'en-
» gager à passer à une allure plus allongée ; à mesure que
» les jambes agiront pour porter le cheval en avant, la
» main doit se fixer légèrement pour maintenir le devant
» et régler les mouvements et la marche du pas. »

Toutes les allures, comme tous les changements de direction, doivent être le résultat d'une position donnée par le cavalier, etc. Là est l'équitation ; mais M. d'Aure est déterminé à n'en pas dire un seul mot dans son traité.

PAGE 69. — MOYENS DE METTRE LE CHEVAL AU TROT.

« Dans le trot, qui n'est qu'un pas plus allongé et plus
» prompt (avec cette différence qu'au pas le cheval a toujours trois jambes sur le sol, tandis qu'au trot il reste un moment suspendu et retombe sur un bipède diagonal),
» l'arrière-main prendra plus d'extension et chassera la
» masse sur les épaules, qui à leur tour se développeront
» pour gagner du terrain en se maintenant nécessairement
» plus sur l'avant-main. Étant dans cette allure plus sur les
» épaules qu'au pas, il faut pour le mettre au trot user d'un
» moyen qui le porte plus en avant. »

Le lecteur attend toujours le moyen de *mettre un cheval au trot*.

Le voici textuellement :

« C'est par les pressions plus ou moins sensibles des
» jambes, comme par les appuis plus ou moins forts qu'on
» présente à l'avant-main, qu'on augmente ou qu'on dimi-
» nue le trot. »

Jugez maintenant; c'est le même d'Aure, auteur de ce traité d'équitation, qui vient de lancer une brochure où il prétend discuter la science raisonnée de l'équitation; il faudrait donc qu'il eût fait de grands progrès depuis cette première publication? Malheureusement ce n'est pas sa brochure qui pourrait en fournir la preuve.

PAGE 71. — DES MOYENS DE METTRE LE CHEVAL AU GALOP.

« Pour mettre le cheval au galop, on emploie des
» moyens qui diffèrent de ceux employés pour les deux
» autres allures. Le cheval étant obligé de s'asseoir, ses
» jambes n'ayant pas une marche égale, puisque le terrain
» est toujours entamé par le même côté, les mains et les
» jambes du cavalier doivent agir en raison du côté où l'on
» veut marcher. »

Ceci n'est-il pas bien clairement expliqué?

« Par exemple, pour marcher à droite, sachant qu'à
» cette main l'épaule droite est plus élevée et plus avan-
» cée que la gauche, il faut faire agir la bride de façon à
» obtenir ce résultat; on élèvera la main afin de porter le
» poids des épaules sur l'arrière-main et asseoir le cheval,
» ce qui le disposera à prendre le galop. »

Voilà bien le moyen d'acculer le cheval, de lui faire tendre l'encolure et de le disposer à se défendre. Le galop nécessite un emploi de forces plus considérable; le mouvement n'est que le résultat de cette force, il faut donc que les jambes précèdent la main, pour augmenter l'impulsion et donner la position *qui conduit le cheval à prendre le galop.*

Il reste bien des choses à dire encore sur la position première que l'on doit faire prendre au cheval; mais, encore une fois, l'équitation *large* de M. d'Aure ne descend pas à d'aussi minces détails.

PAGE 77. — PRINCIPES GÉNÉRAUX.

Ici M. d'Aure fait connaître que « lorsqu'on tourne à
» droite, le cheval marche à droite. »

« Le côté de dedans est celui sur lequel on tourne, celui
» du dehors le côté opposé. En marchant à main droite,
» la bride doit être dans la main gauche. »

« On change de main dès qu'on place le cheval à gauche
» et qu'on tourne de ce côté ; on tient alors la bride dans
» la main droite. »

« Le passage d'une allure à une autre (moins accélérée)
» doit être de même précédé d'un temps d'arrêt (l'auteur
» voulait sans doute dire : d'un demi-temps d'arrêt), cal-
» culé en raison de l'allure qu'on veut prendre. »

Ces principes généraux ne s'adressent probablement qu'aux professeurs; mais comme ceux-ci ont été bercés avec ces règles toutes de convention, à quoi bon les avoir écrites? Qu'est-ce que cela apprend d'ailleurs au lecteur?

PAGE 80. — DES REPRISES SIMPLES.

Explication préliminaire.

« Afin d'assouplir les chevaux, de les rendre plus ma-
» niables, la règle du manége veut qu'on les place à la
» main à laquelle ils marchent. »

Avec cette savante règle de manége et deux années de travail, pour peu que le cheval ait une excellente conformation et de la bonne volonté, il sera assoupli.

« C'est avec le secours des aides que le cavalier, tout

» en plaçant son cheval d'après la règle prescrite au ma-
» nége, établit des contre-poids qui maintiennent le cheval
» dans un équilibre appartenant à telle ou telle allure. »

Élèves de M. d'Aure, suivez et pratiquez ces doctes leçons! établissez le contre-poids; ne vous indique-t-il pas le moyen de le faire d'une manière infaillible?

Les pages 81, 82, 83 sont écrites avec la même clarté et doivent conduire aux mêmes résultats.

PAGE 84. — DES REPRISES SUR LE LARGE AU PAS ET AU TROT.

« Afin de saisir ce travail, qui est extrêmement simple,
» on le commencera au pas; une fois le cheval mis en
» mouvement, la main se placera au-dessus de l'encolure
» (merci du conseil), afin de régler le pas. Cette allure dé-
» terminée, la main se portera un peu à droite, pour que
» la pression de la rêne gauche sur la bouche et l'encolure
» pousse la tête un peu en dedans et plie l'encolure à
» droite. Cette résistance de la main doit être assez mar-
» quée pour porter la tête à droite, mais pas assez forte
» cependant pour faire tourner le cheval. La jambe droite
» se fermera pour maintenir la hanche droite et jeter la
» gauche en dehors. »

J'ai reproduit textuellement ce passage; il est trop curieux pour ne pas être transcrit en entier. Je ne le critiquerai pas, ce serait faire injure au lecteur, que je suppose nécessairement homme de cheval.

PAGE 85. — PASSAGE DES COINS.

Le passages des coins est une de ces vieilleries parfaitement insignifiantes. L'auteur dit :

« Une fois arrivé à quelques pas du coin, la main se
» placera dans la direction de l'angle du mur vers lequel

» on marche ; ce mouvement, qui fera porter l'avant-main
» du cheval à gauche, obligera l'élève, arrivé dans le
» coin, à marquer un temps d'arrêt pour rassembler son
» cheval et le disposer à en sortir. »

Je doute qu'avec de telles explications l'élève puisse comprendre et le cheval exécuter ; il en serait autrement si l'auteur voulait remplacer le temps d'arrêt par un demi-temps d'arrêt, s'il consentait à ne plus écrire le mot *rassembler*, dont il fait un non-sens, et s'il voulait bien condescendre à donner quelques définitions à l'appui de ses principes.

PAGE 87. — DU CHANGEMENT DE MAIN.

Il est évident qu'après la première leçon, l'élève sait parfaitement de *quoi se compose* un changement de main. A quoi bon dès lors en tracer la ligne avec des lettres indiquant le point de départ et celui de l'arrivée. A quoi bon joindre une page de texte avec figures pour expliquer qu'on doit quitter le mur à la lettre A, pour le reprendre à la lettre B? Je le répète, l'élève sait parfaitement de quoi se compose le changement de main. Ce n'est donc pas cela qu'il a besoin d'apprendre, mais bien la manière d'exécuter cette figure.

PAGE 88. — DU TRAVAIL SUR LES CERCLES AU PAS ET AU GALOP.

« Lorsque l'on marche sur une ligne circulaire, le che-
» val est dans une position pareille à celle où il se trouve
» lorsque, allant sur le large, il sort d'un coin ; c'est-à-
» dire que suivant un cercle à main droite, en tournant,
» l'épaule droite doit marcher la première. »

Ainsi, voilà le moyen, il est bien simple : *L'épaule droite doit marcher la première.*

« Dans ce cas, si la main qui dirige le cheval dans le
» cercle place l'avant-main de manière à faire aller l'épaule
» droite avant la gauche, la jambe gauche du cavalier doit
» aussi marquer une résistance qui soutienne l'arrière-
» main en maintenant la hanche droite la première. »

Voilà comment on travaillera un cheval sur les cercles. Si vous demandez à l'auteur dans quel moment de l'éducation d'un cheval il faut le mettre sur ces inutiles cercles, il vous répondra que cela ne vous regarde pas, qu'il suffit de placer (par le moyen connu) l'épaule droite en avant, et de marquer (toujours par le moyen connu) une résistance avec la jambe qui soutient l'arrière-main.

PAGE 90. — DES CHANGEMENTS DE MAIN EN CERCLE AU PAS ET AU GALOP.

« Les changements de main s'exécuteront en coupant la
» circonférence en deux. »

Ici le moyen est confondu avec l'explication ; c'est égal, l'élève trouvera parfaitement son point de départ.

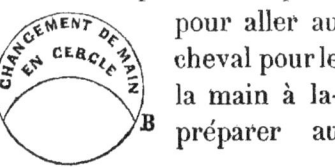

« L'on partira du point A pour aller au
» point B ; on ralentira le cheval pour le
» disposer à le placer à la main à la-
» quelle il va entrer, et le préparer au
» tournant. »

J'ai transcrit en ces quelques lignes tout ce qu'il y a de plus instructif dans l'article.

PAGE 91. — DU TROT SUR LES CERCLES.

« Lorsqu'on veut faire marcher au trot sur des lignes cir-
» culaires, le cheval doit être nécessairement placé d'une

» manière différente de celle où il est en marchant au
» galop. (Je m'en serais douté.) Dans ce cas, marchant à
» droite, la jambe droite du cavalier doit avoir une action
» plus forte que la gauche, afin de placer les deux hanches
» sur la même ligne. »

Je ne comprends pas le moyen de mettre les deux hanches sur la même ligne en se servant de deux forces d'un même côté, la main à droite et la jambe droite. Jusqu'à ce que M. d'Aure nous ait donné la solution de ce problème, je me servirai (quand par hasard je mettrai mon cheval sur les cercles) du moyen contraire, afin de combattre l'effet de la main, d'entretenir l'action, qui, dans ce cas seulement, se portera d'arrière en avant, et de maintenir la croupe sur la ligne des épaules. C'est sur cette opposition que la main incline et surcharge davantage le côté de dedans; et comme il a le plus petit cercle à parcourir, le mouvement en est une suite naturelle. Voilà l'abrégé du moyen raisonné.

PAGE 93. — DU GALOP ORDINAIRE SUR LE LARGE.

« Pour obtenir ce galop on usera des mêmes moyens
» appliqués pour le travail des cercles. » (Si M. d'Aure ne joue pas sur les mots, il doit nous définir ce qu'il entend par moyens. Je ne sais si d'autres seront plus heureux que moi, mais j'avoue que dans le traité que j'ai sous les yeux je n'en ai pas encore trouvé un seul.) « La main, tout
» étant placée dans la direction qu'on voudra suivre, mar-
» quera au moment du départ une résistance et une oppo-
» sition qui avanceront le côté qui devra marcher le pre-
» mier; les jambes agiront dans le même sens. »

Quelle dérision! M. de la Guérinière a été plus adroit, il n'en a pas parlé.

PAGE 94. — DÉPART AU GALOP, LE CHEVAL DROIT.

« Pour que le cheval marche à droite, il est absolument
» nécessaire que l'épaule et la hanche droite se maintien-
» nent les premières. Il faut l'atténuer sans cesser de con-
» trarier cette disposition. »

Voilà donc le principe, voilà donc le moyen scientifique !
Quand on lit un ouvrage qui a pour titre *Traité d'équitation*,
serait-ce donc une grande exigence de demander à y trouver quelque chose qui ressemble à des principes équestres?

PAGE 101. — MOYENS DE FERMER OU D'ALLER SUR LES PAS DE CÔTÉ.

L'expression de *fermer*, comme synonyme de faire fuir
les hanches ou de pas de côtés ou de marcher de deux
pistes, est un non-sens. On ouvre et on ferme un changement de main; ainsi l'on dit : Il a bien fermé son changement de main, ou : Il est arrivé bien droit d'épaules et de
hanches sur la piste.

PAGE 102.

Encore une citation curieuse :
« Ce sera au cavalier à balancer l'action de ses aides ; si
» le cheval pousse trop précipitamment ses hanches à
» droite, on atténuera ce mouvement par l'action de la
» jambe droite, en diminuant celle de la gauche; si l'é-
» paule ne se porte pas assez à droite, ou l'on écartera la
» rêne droite, ou l'on portera la main gauche dans cette
» direction. »

Décidément M. d'Aure a fait un traité bien amusant.

« Il est bon, pour apprendre à un cheval à marcher
» ainsi, de le mettre vis-à-vis d'un mur ; la tête étant main-

» tenue, la main n'aura pas besoin d'une action aussi grande
» (M. d'Aure pourvoit à tout), et il recevra plus froidement
» cette leçon; on peut même commencer ce travail sans
» monter le cheval, etc. »

Est-ce pour qu'il apprenne à bien croiser les jambes ou à connaître l'impuissance, la faiblesse du cavalier?

Les pas de côté ne doivent se commencer qu'après avoir fixé le cheval dans la main, position indispensable pour lui rendre sensibles tous les effets de force du cavalier. Je ne suis pas d'avis, comme l'indique l'auteur, de commencer ce travail par la tête au mur ; j'en ai expliqué les raisons dans mes écrits. Je m'oppose surtout à ce que le cavalier donne ces premières leçons à pied avec l'aide d'une gaule ; car, en admettant que le moyen de l'auteur fût plus compréhensible pour le cheval, ce que je conteste, il faudrait encore le rejeter, puisqu'il priverait le cavalier de faire usage de l'ensemble de ses mouvements, ensemble auquel on ne saurait jamais assez avoir recours. En second lieu, les positions du cheval ne sont pas du tout les mêmes, lorsqu'il est tenu par la main, à pied, que lorsqu'il est monté. En suivant les doctrines de M. d'Aure, on ne saurait donc obtenir qu'un travail embrouillé pour le cheval et anti-équestre pour le cavalier.

PAGE 108. — CHANGEMENT DE PIED EN L'AIR.

Passons aux moyens :

« Le cheval étant à droite, je veux passer à gauche :
» j'use du moyen indiqué, seulement je fais agir simulta-
» nément mes mains et mes jambes; ainsi, galopant à droite
» au moment où je veux passer à gauche, je marque un ar-
» rêt de la bride, assez fort pour arrêter le développement
» de l'épaule droite, qui marche la première; et en même
» temps je fais agir mes jambes avec plus d'action, en exi-

» geant plus de la droite que de la gauche, afin de pousser
» la hanche gauche à gauche. »

L'auteur se représente, à ce qu'il paraît, le cheval comme une pâte molle, qui, dès les premiers mouvements, ne présentera aucune résistance, aucune opposition, pour se soustraire à l'obéissance, et neutraliser l'action du cavalier.

Est-ce, par hasard, au moyen des principes indiqués précédemment par l'auteur, que ce même cavalier serait parvenu à faire acquérir au cheval le degré d'assouplissement nécessaire? Je ne le pense pas; alors, que deviendront les mouvements de main et de jambes si naïvement indiqués par l'auteur? Il faudrait écrire un ouvrage en quatre volumes pour donner quelque apparence d'utilité au *Traité d'équitation* de M. d'Aure, et j'avoue que je ne me sens pas ce courage; les conseils de l'auteur seraient sans fruit s'ils étaient donnés oralement, et à plus forte raison doivent-ils être incompréhensibles et stériles sur le papier.

PAGE 117. — MOYENS D'EMPÊCHER LE CHEVAL DE RUER.

« Pour empêcher un cheval de ruer, il faut lever la main
» et fermer les jambes, afin de l'asseoir et de le mettre en
» équilibre. »

Ce moyen peut atténuer momentanément la ruade; mais il faut avant tout une transposition générale des forces, et cette nouvelle direction à leur donner ne s'obtiendra sûrement et promptement que par ma méthode. C'est alors qu'on trouvera le moyen de corriger le cheval de ce défaut. Je l'ai déjà fait remarquer, M. d'Aure ne veut jamais remonter aux causes.

PAGE 118. — MOYEN D'EMPÊCHER UN CHEVAL DE POINTER.

« Pour empêcher un cheval de pointer, il faut tâcher

» d'établir l'équilibre en chargeant le devant ; ainsi, pour
» atteindre ce but, il faut présenter au cheval un point
» d'appui sur le mors, assez léger pour qu'il ne le redoute
» pas, et faire agir simultauément les mains et les jambes
» avec assez d'action et de force pour jeter l'arrière-
» main sur les épaules. »

M. d'Aure ayant trouvé le moyen d'empêcher le cheval de ruer, il était tout naturel qu'il indiquât le moyen contraire pour le cheval qui pointe. Avant d'enseigner, M. d'Aure est-il bien certain qu'il n'a plus rien à apprendre?

PAGE 119. — DES CAUSES QUI PRODUISENT LES DÉFENSES.

« Plusieurs causes peuvent éloigner un cheval de l'obéis-
» sance : 1° l'ignorance ; 2° la faiblesse ou le manque d'ha-
» leine ; 3° la mauvaise vue ; 4° les souffrances ; 5° la folie
» ou l'immobilité. » (On prétend que l'avant-dernière de ces maladies est contagieuse, et qu'on a vu des cavaliers en être atteints. (Voir plus loin la note, page 621.)

Toutes les défenses, quelle qu'en soit la cause, se manifestent par une roideur générale ou partielle qui paralyse ou isole toutes les parties du cheval, ou seulement quelques-unes ; il faut donc commencer par assouplir chacune de ces parties pour les faire concourir à l'harmonie du mouvement ; alors, mais alors seulement, toutes les défenses disparaîtront.

PAGE 123. — SUITE.

Ici l'auteur suppose « qu'un cheval devant tourner à
» droite, et s'y refusant par une raison quelconque de
» souffrance ou de volonté, se dérobe à gauche ; générale-
» ment l'homme qui le montera, pour le faire tourner à
» droite, ouvrira la rêne droite et résistera sur cette rêne

» tant que le cheval n'aura pas cédé. Il arrive alors que par
» cette action trop répétée de la rêne droite, le cavalier
» offense la barre droite de manière à la rompre (les cava-
» liers de M. d'Aure sont terriblement énergiques !), ou à
» lui donner une sensibilité telle qu'il ne répondra plus à
» ce mouvement d'attraction (il est ingénieux le mouve-
» ment d'attraction !), qui, tendant à porter sa tête à droite,
» entraînerait la masse de ce côté, tandis qu'au contraire,
» cédant à la sensibilité qui lui vient de droite, il se portera
» à gauche et s'y jettera d'autant plus qu'on agira davantage
» sur la rêne droite, qui souvent, dans ce cas, pliera bien
» l'encolure à droite, mais fera reculer la tête de façon à
» ce que le mouvement de l'épaule droite étant arrêté, il
» faudra absolument que le cheval s'échappe à gauche si
» l'on continue à le tenir en mouvement. Le seul moyen de
» porter remède à ce mal c'est de rétablir l'équilibre de la
» sensibilité dans la bouche du cheval, d'offenser, s'il est
» nécessaire, la barre gauche, afin de faire tourner le che-
» val à droite par la résistance de la rêne gauche ainsi que
» par l'action des jambes, qui maintiendront ses hanches
» vis-à-vis des épaules. »

Je suis tenté de demander pardon au lecteur d'avoir copié en entier cette monstrueuse fin de chapitre ; mais comme elle a vu le jour en 1834, elle est assez curieuse, assez divertissante pour être reproduite.

M. d'Aure ne semble-t-il pas vouloir faire marcher l'art à la manière des écrevisses ? Comment ! si un côté de la bouche du cheval a été brutalement maltraité par suite de l'impéritie du cavalier, il faut offenser l'autre côté afin que les deux barres soient en harmonie (1) ! La critique est

(1) M. le baron de Curnieu alla trouver un jour l'auteur d'un pamphlet, ami et collaborateur de M. d'Aure, et lui demanda ce qu'il penserait d'un écuyer qui donnerait ce principe : « Fracasser la barre d'un cheval afin de l'harmoniser avec l'autre barre qui aurait été offensée par le cavalier ? » Le pamphlétaire s'indigna,

aisée, et l'art comme l'entend M. d'Aure n'est pas difficile.

PAGE 127. — DU JEUNE CHEVAL. ÉDUCATION.

L'éducation du jeune cheval est contenue dans trois pages de texte.

Après s'être servi de l'homme de bois, du caveçon et de la longe, l'auteur ajoute :

« Lorsque le cheval aura acquis de la force, ainsi que
» la connaissance des aides et des objets, alors on peut le
» monter seul et le soumettre à un travail régulier. On
» commencera à l'astreindre en bridon au travail d'une
» reprise simple sur les cercles et sur le large. *En le des-*
» *cendant* on lui apprendra à marcher la tête au mur, comme
» il est dit page 79 ; au bout de quelque temps on le pas-
» sera à la longe, afin de lui donner connaissance des
» éperons et de le rendre franc à leurs attaques. »

A moins qu'un cheval ne soit mou et froid, les attaques qui n'ont pas pour but de le renfermer sont dangereuses, puisqu'elles augmentent son irritabilité ; il apprend à les éviter en se jetant sur la main et en contractant l'encolure de toute sa force musculaire ; c'est alors que, se jouant de la faiblesse du cavalier, il force les poignets. Car si le cheval doit se porter en avant, il faut aussi qu'il revienne sur lui-même pour changer d'allure, de direction, s'arrêter ou reculer, et cette tension énorme de l'encolure (que l'auteur aime à voir *au naturel*) y portera toujours obstacle.

---

anathématisa l'écuyer ignorant et barbare qui professerait de telles maximes. Cet emportement aurait peut-être provoqué un accès de folie, si M. de Curnieu ne se fût empressé de lui dire : « Calmez-vous ; cet individu que vous venez d'injurier sans ménagement, c'est d'Aure. — Ce n'est pas possible. — Lisez. » Le pamphlétaire tomba en syncope, et M. de Curnieu vint ensuite me raconter cette piquante anecdote, qui m'a semblé digne de la publicité.

Au reste, M. d'Aure, en cette circonstance, est conséquent avec lui-même : il a dit qu'il n'était pas *dresseur de chevaux ;* certes, les personnes qui mettent en pratique ses principes pourraient en dire autant que lui.

DERNIER CONSEIL SPÉCIEUX DE L'AUTEUR.

« Il arrive souvent que beaucoup de chevaux se dé-
» fendent par faiblesse, et *le plus sûr moyen de les dresser*
» est une bonne nourriture et le repos. »

Certes c'est là encore un profond et ingénieux précepte d'*équitation*. M. d'Aure n'aurait-il pas pu élaguer de son traité ce qu'on a lu jusqu'à présent, et le résumer dans l'admirable concision de ces quelques mots ?

Mais voilà bien assez de citations, ce me semble ; j'ai hâte d'ailleurs de terminer une semblable polémique. La brochure n'est pas, suivant moi, le terrain convenable pour vider un débat entre des écuyers qui se déclarent en opposition. C'est dans l'exercice de leur art, c'est à cheval qu'ils doivent tâcher de prouver lequel est le mieux faisant. Ainsi donc, bien déterminé désormais à ne plus me mêler à ces oiseux et stériles combats de plume, à laisser mes adversaires *quand même* essayer de m'accabler sous le poids des pamphlets, des méchants propos, etc., etc., je continuerai avec zèle et persévérance à appliquer ma méthode et à obtenir chaque jour des résultats réels et positifs : c'est, à mon avis, la meilleure et la plus concluante des réponses.

APPENDICE.

Depuis l'apparition de la brochure qui précède, M. d'Aure s'est empressé de publier une nouvelle édition de son Traité d'Équitation afin de pallier les hérésies que contenait la première. C'est très-bien, sans doute, de faire tout ce que l'on peut pour faire moins mal; mais pourquoi m'injurier, me traiter de calomniateur? C'est à ne pas croire. Comment, je transcris lettres par lettres un passage *des principes* qui se trouvent dans le Traité d'équitation de M. d'Aure, et pour ce fait je suis traité de malhonnête homme. Ah! monsieur le comte, si vous abusez souvent de vos avantages de naissance, bornez-vous à cela; aller plus loin serait une inconséquence qui pourrait avoir des suites plus désagréables pour d'autres que pour moi...

Maintenant le lecteur pourra juger par le tableau suivant de l'exactitude des faits; les deux textes sont mis en regard.

Édition de 1834, *page* 123.	*Édition de* 1843, *page* 111.
Le seul moyen de porter remede à ce mal, c'est de rétablir l'équilibre	Il devient donc nécessaire, pour rectifier cette mauvaise position, de

de la sensibilité dans la bouche du cheval, D'OFFENSER, s'il est nécessaire, la barre gauche et faire tourner le cheval à droite par la résistance de la rêne gauche, ainsi que par l'action des jambes, qui maintiendront les hanches vis-à-vis des épaules.

cesser une semblable action sur la rêne droite et d'agir fortement sur la gauche, afin d'*irriter*, s'il y a urgence, la sensibilité de la barre gauche, en offrant en même temps de ce même côté une résistance assez forte pour *engager* le cheval à la fuir et à se porter à droite.

Comme on le voit, il y a modification complète ; il n'est plus question « D'OFFENSER *la barre gauche*, pour *faire* tourner le cheval à droite, » mais seulement « *d'irriter*, *s'il y a urgence*, *la sensibilité de la barre gauche*, afin d'*engager* le cheval à se porter à droite. » On pourrait bien demander encore par quel moyen il est *possible d'irriter la sensibilité d'une barre quelconque*, et si, dans ce cas, M. d'Aure n'a pas pris l'effet pour la cause.

Quoi qu'il en soit, la seconde version est incontestablement moins monstrueuse que la première ; il y a, sans contredit, un commencement d'amendement. Il est bien sans doute de reconnaître ses erreurs et d'essayer de les réparer. Si M. d'Aure s'était borné à en agir ainsi, je n'aurais rien eu à dire, j'aurais seulement prié pour que la conversion du pécheur fût plus entière. Mais non : tout en amendant la fin du paragraphe cidessus (évidemment d'après la critique que j'en avais faite), M. d'Aure, dans un note annexée aux nouvelles corrections dans l'édition de 1843 (page 111), s'emporte violemment contre moi, sans me nommer toutefois. Je suis rangé dans la catégorie des esprits *jaloux* et *malencontreux* chez lesquels la *calomnie* est une habitude, *prêtant* à M. d'Aure *des principes absurdes* qui, répétés, *comme émanant de lui*, peuvent lui faire perdre la sorte d'influence due à son ancienne position, etc., etc.

Analysons ces injures anonymes : je suis un esprit *malencontreux*, parce que j'ai relevé quelques-unes des énormes aberrations dont fourmillent les ouvrages de M. d'Aure ; — je lui *prête des principes absurdes*, parce je le cite textuellement ; — enfin je suis un *calomniateur*, parce que je n'ai pas le don de prophétie, en d'autres termes, parce que je n'ai pas prévu, deux ans à l'avance, que, nouveau saint Pierre équestre, il se renierait lui-même, et que, dans une nouvelle édition, il essayerait de modifier et de pallier les erreurs signalées par moi.

« Ainsi, poursuit M. d'Aure (même note, page 111), à propos des » moyens que j'ai indiqués pour empêcher un cheval de se dérober,

» il a été *colporté*, dans tout Paris et dans toute l'armée, que j'établissais
» en principe que, lorsqu'un cheval avait une barre sensible ou cassée, il
» fallait lui briser l'autre. »

Puis M. d'Aure ajoute d'un ton candide :

« *Je n'ai pourtant rien dit que ce que je viens de citer.* » Mais il se garde bien d'expliquer que *ce qu'il vient de citer* est le paragraphe *revu* et *corrigé* de la nouvelle édition, paragraphe que j'avais cité, moi, TEXTUELLEMENT, d'après l'édition de 1834.

Je me suis étendu sur cet incident de polémique, afin de fournir une nouvelle preuve de la bonne foi de mes adversaires.

Je défie que l'on puisse jamais justifier à mon égard l'accusation de PRÊTER *des principes absurdes* à ceux qui m'attaquent, car je me suis toujours astreint à reproduire les extraits de leurs ouvrages, sans y changer une virgule. Et pourtant si je m'étais permis ces sortes de prêts, je n'aurais fait assurément qu'user du droit du talion, car on ne s'est pas fait faute d'employer contre moi de pareils moyens.

Je remarque, du reste, avec plaisir, que M. d'Aure ne s'est pas amendé seulement en ce qui concerne la nécessité *d'offenser les barres*. Sur beaucoup d'autres points, l'illustre écuyer a fini par se mettre lui-même à la remorque de ce qu'il appelle les *mauvais principes* (c'est-à-dire les miens), par se rallier à plusieurs principes d'une méthode dont il a cherché à paralyser le succès et l'application par *tous* les moyens en son pouvoir.

Ainsi, dans la première édition du *Traité d'Équitation* de M. d'Aure, il n'était nulle part question de flexions ni de ramener. Dans la nouvelle, M. d'Aure commence à *badiner* avec les rênes, afin d'amener la tête du cheval à droite et à gauche. Il recommande, à plusieurs reprises, *la mise en main*, mais il n'a garde d'avouer qu'en cela il se convertit à mes préceptes. Il déclare, dans une note, que ce n'est pas moi qui ai inventé le système des flexions et des assouplissements, c'est convenu. Seulement, au lieu de l'avoir emprunté, comme M. d'Aure l'avait prétendu précédemment, aux modernes écuyers allemands, il se trouve à présent que je n'ai fait, sur ce point, que plagier l'un de nos plus anciens auteurs équestres. J'aurai bientôt sans doute pris les flexions et les assouplissements à un écuyer contemporain de Noé, qui sera censé les avoir exportés de l'arche, immédiatement après le déluge.

M. d'Aure persiste cependant à penser que l'encolure *très-assouplie* NUIT à la vitesse des allures, que le cheval devient alors *flagellant* dans ses mouvements, qu'il perd son brillant, son énergie, etc., etc. Si un assouplissement judicieux produit de semblables résultats chez le cheval, il faudra donc en conclure, par une rigoureuse analogie, que le danseur a moins de forces, de grâce et d'agilité dans les jambes, parce qu'il a fallu beaucoup exercer ces parties-là ; il en sera de même du bras dont se sert le maître d'armes, des doigts du pianiste, etc., etc. Ainsi encore, on deviendra incapable, idiot, par suite de l'exercice judicieux de son intelligence. Voilà cependant où conduit la logique de M. d'Aure.

La vérité est que, si quelques parties d'un cheval sont exercées isolément, ce sera souvent au détriment des autres; or, comme nous avons besoin de tout *l'ensemble du cheval*, il faut donc exercer toutes les parties une par une, afin qu'elles se soutiennent toutes avec la même facilité : l'encolure la première, ensuite la croupe, puis les reins. C'est ainsi que l'on parviendra à obtenir l'ensemble qui commence par le ramener et se termine au rassembler.

Voilà ce que j'ai toujours enseigné, bien que M. d'Aure tronque et dénature mes principes sous ce rapport, de même que sous beaucoup d'autres. Heureusement, ces travestissements intéressés ne sauraient avoir les résultats que s'en promettent leurs auteurs. Grâce aux nombreuses éditions et aux traductions en langues étrangères qu'a obtenues ma *Nouvelle Méthode*, mon système peut aujourd'hui être jugé *sur pièces*, et il est facile ainsi de distinguer le savoir de l'ignorance.

Puisque je suis sur ce chapitre, je crois devoir ajouter quelques remarques, relativement à la nouvelle édition de l'ouvrage de M. d'Aure. Cet écuyer s'est enseveli dans la poussière des bibliothèques, il a compulsé avec une patience de *Bénédictin* tous les plus vieux auteurs équestres, et pourquoi, pour tâcher de découvrir la preuve que les principes qui constituent la base de ma *Nouvelle Méthode* ont été connus et pratiqués avant moi. On verra, par les quelques citations suivantes, que tant de laborieux efforts et de pénibles recherches n'ont abouti qu'à des résultats on ne peut plus nuls.

M. d'Aure dit (introduction, page XIV) :

« Je citerai tout à l'heure le texte de Grison, pour expliquer l'action des
» jambes du cavalier, lorsqu'il faisait exécuter les tournants et les voltes;
» on verra que le principe de se servir de la jambe gauche pour faciliter le
» tournant à droite, et *vice versa*, n'est pas du tout nouveau, comme le
» disent les innovateurs, qui ne comprennent pas, prétendent-ils, comment
» on est resté jusqu'à ce jour sans faire connaître cette action. Tout homme
» sachant monter à cheval sait qu'il y a deux manières d'exécuter un tour-
» nant : la première, en faisant marcher l'arrière-main ; la seconde, en
» faisant marcher les épaules. Quand le cheval est en place ou très-maintenu
» dans la main, si on veut le tourner à droite sans que les épaules se dé-
» placent, la jambe droite du cavalier agit pour redresser les hanches du

» cheval à gauche, ce qui exécute le tournant à droite; quand au contraire
» le cheval marche, et que l'on tourne à droite, la jambe gauche du cava-
» lier doit agir pour soutenir la hanche gauche, afin de maintenir l'action
» transversale des jambes du cheval ; car en agissant autrement, il se désu-
» nirait. Si l'on pouvait ne pas savoir cela avant Grison, depuis nous ne
» devons pas l'ignorer. »

A en juger par les réflexions de M. d'Aure, il est facile de voir que cet écuyer ne comprend pas le mécanisme qui oblige à se servir d'abord de la jambe droite pour tourner à gauche, et *vice versa*. Grison a pu dire qu'il fallait employer la jambe droite afin d'obtenir une volte à gauche ; mais il n'a pas défini son effet pour tourner. J'ajouterai que cette définition ne se trouve dans aucun ouvrage, et la preuve, c'est que M. d'Aure lui-même recommande le moyen opposé.

Passons à la page XXII.

« Le résumé de l'emploi du pilier, d'après Pluvinel, est de plier, d'as-
» souplir l'encolure du cheval et d'assouplir les hanches. »

Ici M. d'Aure veut prouver que Pluvinel avait pratiqué mon travail à pied; et, pour cela, il rapporte le discours que cet écuyer adresse au roi Louis XIII, dans lequel se trouve un passage où Pluvinel dit : « Sachant
» donc que le plus difficile est de tourner (le cheval), je le mets autour d'un
» pilier, afin que, le faisant cheminer quelques jours, il nous montre sa
» gentillesse, et tout ce qui peut être en lui, afin de juger à quoi il sera
» propre, en laquelle sorte il faut le conduire. »

De bonne foi, quelle analogie existe-t-il entre ce travail, d'abord d'un pilier, puis de deux, pour commencer l'éducation du cheval, et mes flexions avec la manière de les pratiquer surtout ? Il y a longtemps que j'ai protesté contre l'usage des piliers, je ne reviendrai pas sur ce sujet ; seulement j'engage M. d'Aure à voir pratiquer ma méthode, qu'il juge sans en avoir, à ce qu'il paraît, la première notion.

Page XXV. M. d'Aure continue ses citations. Pluvinel explique à son royal élève ce que l'on entend par *pincer de l'éperon*.

« Sire, pincer son cheval, lorsqu'il manie, est presser tout doucement
» les deux éperons, ou l'un d'iceux, contre son ventre, non de coup, mais
» serrant délicatement, ou plus fort, selon le besoin, à tous les temps, ou
» lorsque la nécessité le requiert, etc., etc. »

Pour éviter des discussions en pure perte, je renvoie le lecteur à l'article *Attaques;* il jugera par lui-même ce que j'entends par le toucher de l'éperon, dans quel moment il faut s'en servir, quelle est son utilité par rapport à l'équilibre du cheval, etc., etc. Puis, je lui demanderai où est la ressemblance entre les deux théories, car il ne suffit pas de dire le mot, il faut définir tout ce qu'il comporte; voilà ce que n'a pas fait Pluvinel, et, sur ce point, M. d'Aure est encore moins explicite. M. d'Aure pousse même la discrétion jusqu'à cacher complétement son opinion relativement à ce fameux *pincer* de l'éperon; est-il pour? est-il contre? impossible de le savoir. Si le moyen de Pluvinel est bon, pourquoi ne le pratique-t-il pas et ne l'adopte-t-il pas dans ses propres écrits? S'il est mauvais, pourquoi n'en fait-il pas connaître les abus? L'auteur qui n'a pas d'opinion peut-il discuter la divergence ou les rapports qui existent entre tel ou tel principe? Qu'en pense le lecteur?

Plus loin, M. d'Aure ajoute : Il en est de même de ce qu'on appelle au-
» jourd'hui le *rassembler*. Qu'est-ce que *rassembler un cheval*, si ce n'est
» le posséder dans la main et dans les jambes? »

Ainsi, tout cavalier qui tiendra son cheval dans la main et dans les jambes, le tiendra au *rassembler*, bien que l'animal soit hors la main, qu'il ait, par conséquent, l'encolure contractée! J'ai défini le *rassembler* tout autrement que ne le fait Pluvinel, M. d'Aure est forcé d'en convenir; reste à savoir maintenant lequel, de M. d'Aure ou de moi, ne comprend pas le *rassembler* dans toute son acception.

Page xxxv. M. d'Aure, passant tous les auteurs en revue, arrive à Newcastle, et aux moyens qu'emploie cet écuyer pour pratiquer les flexions, *qui ressemblent bien*, ajoute-t-il, *à ce qu'on* APPELLE AUJOURD'HUI LES FLEXIONS DE MACHOIRE. Or, écoutons la citation de Newcastle :

« Après cet assouplissement sur le caveçon, je voudrais que vous pris-
» siez de fausses rênes et que vous les attachassiez, à ma mode, au banquet
» de la bride; mais donnez la liberté à la gourmette, en sorte qu'il a moins
» d'appréhension de la bride; et son appui se fortifie tellement, que,
» quand on travaille de la bride, et par conséquent de la gourmette, la
» bride le rend léger. Ceci est bon autant pour tous ceux qui ont trop
» d'appui, que pour ceux qui en ont trop peu, et lui donne le pli de la
» même sorte que le caveçon, sinon que le caveçon le travaille sur le nez,
» et les fausses rênes sur les barres; ce qui le rend très-sensible, comme
» il doit être, et du même côté des barres, comme la bride doit faire; ce
» qui l'accoutume tellement, que, quand on le met avec la bride seulement
» et qu'il a l'aide de la gourmette, il va à merveille. »

Eh bien! ma méthode ne prescrit-elle pas un moyen diamétralement opposé? En vérité, il est impossible d'avoir un adversaire plus commode que d'Aure, puisqu'il pousse l'obligeance jusqu'à se faire battre avec ses propres armes.

Page xl. Voici quelque chose de plus curieux encore; tout en essayant de me confondre, M. d'Aure se confond lui-même. En effet, après avoir semblé approuver les flexions hypothétiques de Pluvinel, les flexions forcées de Newcastle, toutes les flexions à pied, excepté les miennes, il paraît maintenant se ranger à l'opinion de Gaspard Saulnier, qui ne veut pas de flexions du tout. Ainsi, il cite le passage suivant emprunté à cet auteur :

« J'ai vu des écuyers qui poussaient l'extravagance jusqu'à plier le cou
» des chevaux, de manière que leur tête venait jusqu'à la botte du cava-
» lier ; ils croyaient alors faire des merveilles et être fort habiles, et réel-
» lement ils passaient pour tels dans le public. »

Voilà bien les écrits et les doctrines de l'ancienne école, l'un défend ce que l'autre prescrit ; voilà où conduisent les principes sans enchaînement, les principes qui n'ont ni commencement ni fin, qui ne se définissent pas ; voilà le labyrinthe inextricable dans lequel la divergence des opinions a conduit l'art de l'équitation. En attendant que M. d'Aure veuille bien nous dire qui a tort ou raison, de Newcastle ou de Gaspard Saulnier, l'un recommandant une seule espèce de flexions, l'autre n'en voulant d'aucun genre, je prendrai l'initiative, et je déclarerai qu'ils avaient tort tous les deux. En premier lieu, les flexions à l'aide du caveçon attaché à la selle ne sont propres qu'à acculer le cheval, ou à le contraindre péniblement ; il est impossible, avec ce moyen, de suivre les résistances dans toutes leurs manifestations. J'ajouterai qu'en procédant ainsi on ne pourrait jamais obtenir que des flexions latérales et non l'affaissement de l'encolure, non plus que la flexion de la mâchoire, qui sont de première nécessité pour commencer l'éducation du cheval. En second lieu, je dis que Gaspard Saulnier professait aussi une équitation hypothétique, puisqu'il ne comprenait pas et niait l'utilité ainsi que la véritable portée des flexions pour la prompte et belle éducation de toute espèce de chevaux. Il est vrai que les flexions indiquées par ses devanciers ou ses contemporains étaient peu propres à le convaincre. Je ne fais aucun doute que si Gaspard Saulnier existait de nos jours, il n'adoptât un système de flexions plus étudié et plus en rapport avec la nature du cheval. Aimant son art, il se rendrait à l'évidence des faits, car il y a encore un très-grand mérite à juger sainement et sans prévention ce que l'on n'a pu trouver soi-même.

Page XLIII. Enfin, nous arrivons à la Guérinière ; il est fâcheux que certains grands critiques n'aient pas au moins hérité des moyens de douceur que recommande instamment ce pacifique auteur. Laissons parler M. d'Aure :

« Son travail favori, après avoir arrondi le jeune cheval à la longe, après
» l'avoir mis assez en confiance et après avoir assez avancé son éducation
» pour lui mettre le mors, est de faire exécuter le travail de l'épaule en
» dedans. »

Ces principes ont encore l'approbation de M. d'Aure, bien qu'ils soient opposés à ceux qu'il avait également approuvés précédemment. Jamais on ne vit un écuyer plus éclectique; — reste à savoir si l'éclectisme, dont l'utilité est contestée en philosophie, convient mieux en équitation. Ce système me paraît seulement avoir l'avantage d'offrir un prétexte commode à l'effet de se dispenser d'exposer un corps de doctrine en propre et des opinions personnelles, surtout quand on a d'ailleurs d'excellentes raisons pour s'en abstenir.

M. d'Aure vient encore de publier un nouveau livre qui a pour titre : *Cours d'Équitation* (propre à la cavalerie). Malgré plusieurs petits larcins qu'il a faits à la nouvelle Méthode d'Équitation (mais qu'est-ce qu'un grain de blé dans un champ d'ivraie!), les principes qu'il contient sont de la même farine que ceux que je viens de faire connaître au lecteur; je n'en dirai pas davantage par respect pour le comité de cavalerie qui a sanctionné ce précieux Cours d'Équitation.

FIN.

TABLE DES MATIÈRES.

	Pages
MÉTHODE D'ÉQUITATION	1
INTRODUCTION	1
APPENDICE	13
Documents officiels en faveur de la Méthode	15
Lettre de M. Champmontant, lieutenant-colonel d'État-major, secrétaire du comité de cavalerie, à M. Baucher	15
Lettre de M. le lieutenant général marquis Oudinot, à M. Baucher	16
Rapport sur les expériences de la Méthode de M. Baucher, et résumé des opérations journalières, par le chef d'escadrons de Rovital, commandant à l'école de Saumur	17
Rapport au lieutenant général Oudinot, par M. Carrelet, colonel de la garde municipale de Paris	22
Rapport de M. lieutenant général marquis Oudinot, à S. Exc. le ministre de la guerre	24
Lettre de S. Exc. le maréchal Soult, ministre de la guerre, à M. le lieutenant général marquis Oudinot	27
Lettre de M. le lieutenant général marquis Oudinot, à M. Baucher	28
Rapport du chef d'escadrons Grenier, chargé du commandement des officiers détachés à Paris, par décision ministérielle du 20 mai 1842, pour étudier la Méthode d'équitation de M. Baucher	31
Rapport demandé par le colonel, président de la commission pour étudier le dressage des jeunes chevaux d'après la Méthode de M. Baucher, et rédigé par M. Desondes, lieutenant au 9e de cuirassiers	34
Sixième et dernier rapport sur les expériences de la nouvelle Méthode d'équitation de M. Baucher	41
Essai fait au camp de Lunéville de la nouvelle Méthode d'équitation sous la direction de M. Baucher fils	43

	Pages
Rapport de la commission chargée de constater les résultats obtenus par l'application de la nouvelle Méthode d'équitation de M. Baucher, et de réviser l'INSTRUCTION PROVISOIRE pour dresser les jeunes chevaux (*camp de Lunéville*)..	44
Lettre de M. Gouy, colonel du 1er de hussards, à M. Baucher............	53
Lettre du capitaine Bruyneel (Belge).....................................	55
La vérité sur ma mission à Saumur.......................................	58
Documents officiels au sujet de ma mission à Saumur. — Opinion du maréchal commandant l'école royale de cavalerie, sur le dressage des jeunes chevaux, d'après le système de M. Baucher...............................	70
Rapport sur les nouveaux essais de la Méthode Baucher, transmis par M. le maréchal de camp commandant l'école de cavalerie, à S. Exc. le maréchal ministre de la guerre..	71
Rapport sur les divers essais de la Méthode Baucher, transmis par le maréchal de camp commandant l'école de cavalerie, à S. Exc. le maréchal ministre de la guerre..	74
La Méthode à l'étranger...	79
Lettre de M. le major Willisen, commandant des gendarmes d'élite, aide de camp de S. M. le roi de Prusse, à M. Baucher.........................	81
Avant-propos de la traduction en allemand de la Méthode de M. Baucher, par M. de Willisen, lieutenant-colonel du 7e cuirassiers. (Prusse).......	82
Décision ministérielle...	86
I. Nouveaux moyens d'obtenir une bonne position du cavalier........	93
Position du cavalier..	95
Leçon préparatoire..	95
Travail en selle..	96
Flexion des jambes..	98
Des genoux..	98
Éducation du cheval...	100
Résumé et progression...	101
II. Des forces du cheval, de leurs causes et de leurs effets.............	102
III. Des assouplissements..	110
Moyen de faire venir le cheval à l'homme, de le rendre sage au montoir, etc..	114
Flexions de la mâchoire...	116
Affaissement de l'encolure et flexion directe de la mâchoire....	119
Flexions latérales de l'encolure................................	121
Flexions latérales de l'encolure, le cavalier étant à cheval....	123
Flexions directes de la tête et de l'encolure, ou ramener........	124
Effets d'ensemble...	126
Encapuchonnement..	128
De la bouche du cheval et du mors...............................	131
IV. Suite des assouplissements. Arrière-main...........................	134
Flexions et mobilisation de la croupe...........................	135
Du reculer..	139

	Pages
Travail en place, le cavalier à pied. Avant-main	143
Travail en place, le cavalier à cheval	143
Arrière-main	143
V. De l'emploi des forces du cheval par le cavalier	145
Du pas	146
Des changements de direction	149
Du trot	151
VI. De la concentration des forces du cheval par le cavalier	155
Des attaques	155
Descente de main	165
Du rassembler	166
VII. De l'emploi des forces du cheval par le cavalier. (Suite)	173
Du saut de fossé et de barrière	178
Du piaffer	180
VIII. Division du travail	184
Première leçon. Huit jours de travail	185
Deuxième leçon. Dix jours de travail	185
Troisième leçon. Douze jours de travail	186
Quatrième leçon. Quinze jours de travail	186
Cinquième leçon. Quinze jours de travail	187
IX. Application des principes précédents au travail des chevaux *Partisan, Capitaine, Neptune* et *Buridan*	189
X. Exposition succincte de la Méthode, par demandes et réponses	198
Conclusion	209
PASSE-TEMPS ÉQUESTRES	215
Notice sur M. Baucher pour servir de préface aux Passe-Temps équestres, par Maxime Gaussen	217
Passe-Temps équestres	230
DIALOGUE SUR L'ÉQUITATION entre le grand Hippo-Théo, dieu des quadrupèdes, un cavalier et un cheval	309
DICTIONNAIRE RAISONNÉ D'ÉQUITATION	335
Introduction	337
1er régiment de hussards. — Rapport de M. de Kersolain, capitaine instructeur. Inspection 1843	343
6e régiment de cuirassiers. — Rapport sur l'essai de la Méthode Baucher pour le dressage des jeunes chevaux, par M. Guays, capitaine instructeur.	344
3e régiment de lanciers. — Rapport de M. de Mezange, capitaine instructeur, sur les résultats obtenus par la mise en essai dans son régiment de la nouvelle Méthode de M. Baucher, pour dresser les jeunes chevaux	345
9e régiment de cuirassiers. — Rapport de M. le lieutenant-colonel de Mermet sur la Méthode Baucher. Inspection générale de 1844	347

	Pages
6e régiment de lanciers. — Rapport de M. Peireimond, capitaine instructeur..	349
2e régiment de hussards. — Rapport annuel sur la Méthode Baucher, par M. Delard, capitaine instructeur.................................	350
Résumé des rapports de MM. les officiers composant l'état-major de l'école de cavalerie de Saumur.................................	352
Rapports des capitaines détachés à Saumur........................	354
Dictionnaire d'équitation.....................................	357

RÉPONSES AUX OBSERVATIONS DE M. D'AURE sur la nouvelle Méthode d'équitation.................................. 581

Appendice.................................. 624

FIN DE LA TABLE.

LISTE

DES MOTS COMPRIS DANS LE DICTIONNAIRE D'ÉQUITATION.

A

Abandonner un cheval, 357.
Académie, 358.
Accord, 359.
Acculer (s'), 359.
Acheminer un cheval, 360.
Achever un cheval, 360.
Action, 360.
Adela, 361.
Aides (les), 361.
Airs bas, airs relevés, 361.
Ajuster un cheval, 365.
Ajuster les rênes, 365.
Alléger, 365.
Amazone, 366.
Amble (l'), 368.
Animer un cheval, 369.
Appui, 369.
Appuyer des deux, 369.
Ardeur, 369.
Armer, 370.
Arrêt (l'), 370.
Arrêt (le demi-), 370.
Arrondir un cheval, 371.
Assembler un cheval, 371.
Asseoir un cheval, 371.
Assouplissement, 372.
Assuré, 373.
Attacher (s'), 373.
Attaque, 373.
Attaquer, 373.
Attendre un cheval, 376.
Aubin (l'), 376.
Avantage (être monté à son), 376.
Averti (pas), 377.
Avertir un cheval, 377.

B

Balancer, 377.
Ballottade (la), 378.
Barres, 378.
Battre à la main, 381.
Bégayer, 381.
Bercer, 381.
Bond (le), 382.
Bouche égarée, 382.
Bouts en dedans (les deux), 382.
Branle de galop, 383.
Brave, 383.
Brider (se bien), 383.
Bridon, 383.
Brillant, 384.
Bringue, 384.
Brouiller (se), 385.
Buade, 385.

C

Cabrer (se), 385.
Cabriole ou Capriole, 386.
Cadence (la), 386.
Caracoler, 386.
Carrière (la), 387.
Carrousel (le), 387.
Casse-cou, 387.
Caveçon, 389.
Centre de gravité, 390.
Chambrière, 391.
Changement de direction, 392.
Changement de main, 392.
Changement de main renversé, 393.
Changement de pied (à chaque foulée), 393.
Chasser son cheval en avant, 394.
Châtier, 394.
Chatouiller, 394.
Chatouilleux à l'éperon, 395.
Chercher sa cinquième jambe, 395.
Cheval, 395.
Cheval dans la main, 397.
Cheval entier à une main, 397.
Cheval portant bas, 397.

Cheval portant au vent, 398.
Chevaler, 398.
Chevaline, 398.
Chevaucher, 399.
Choper, 399.
Col ou encolure, 399.
Conduire son cheval étroit ou large, 400.
Confirmer un cheval, 400.
Contraction, 401.
Contredanse, 401.
Contre-changement de main, 403.
Contre-temps, 404.
Coucher (se), 404.
Coup de hache, 405.
Couper (se), 405.
Courbette (la), 406.
Course, 406.
Courses de bagues, 407.
Cousu, 410.
Cravache, 411.
Croupade (la), 411.
Croupe au mur, 412.
Croupionner, 412.
Cru (monter à), 412.

D

Débourrer un cheval, 413.
Décousu, 413.
Défendre (se), 414.
Défendre, 414.
Délibérer un cheval, 417.
Demander, 418.
Désarçonner, 418.
Descente de main, 418.
Désespérade, 419.
Désuni, 419.
Détacher la ruade, 419.
Déterminer un cheval, 420.
Détraquer, 420.
Dévider, 420.
Dompter un cheval, 421.
Donner la main, 421.
Dos de carpe, 421.
Doubler, 421.
Doubler les reins, 423.
Dresser, 423.
Dresser (se), 429.
Dur à cuire, 429.

E

Ebranler son cheval au galop, 429.
Ecart, 430.
Echapper, 430.
Ecouter son cheval, 431.
Ecouteux, 431.
Ecuyer, 432.
Education raisonnée du cheval, 436.
Effets d'ensemble, 444.
Egarer la bouche d'un cheval, 445.

Elargir son cheval, 445.
Emboucher un cheval, 446.
Embrasser son cheval, 446.
Emporter (s'), 446.
Encapuchonner (s'), 447.
Enfoncer les éperons dans le ventre, 447.
Ensemble, 447.
Entabler (s'), 447.
Entamer le chemin à main droite, 447.
Entier, 448.
Entrer dans les coins, 448.
Entretenir, 448.
Epaule en dedans (l'), 449.
Eperon, 450.
Equitation (l'), 450.
Esbrillade, 454.
Escapade, 455.
Escavessade, 455.
Estrapade, 455.
Estrapasser, 455.
Etriers, 456.

F

Façonner un cheval, 456.
Faire la révérence, 456.
Fait (cheval), 457.
Falcade (la), 457.
Fantaisie, 457.
Fantasque, 458.
Farouche, 458.
Faux, 458.
Ferme, 459.
Fermer, 459.
Fier, 459.
Filet, 460.
Fin, 461.
Fingart, 462.
Finir un cheval, 462.
Flexions, 462.
Fond, 466.
Forcer la main, 466.
Forces (faire les), 466.
Forces du cheval, 467.
Forger, 467.
Fougueux, 468.
Foule, 468.
Fourche (la troisième), 469.
Fournir sa carrière, 469.
Frein, 469.
Frein (mâcher son), 469.
Fuir des hanches, 469.

G

Galop, 472.
Galop gaillard, 483.
Galopade (la), 483.
Galoper près du tapis, 483.
Ganache, 483.
Gaule, 484.

Gourmander un cheval, 484.
Gourmette, 484.
Gourmette (fausse), 485.
Goûter la bride, 485.
Gouverner son cheval, 485.
Gras de jambe, 486.
Gueulard, 486.
Guindé, 486.

H

Haquenée, 486.
Hagard, 487.
Hanches, 488.
Haras, 489.
Harasser un cheval, 489.
Hardies (branches), 489.
Haridelle, 490.
Harper, 490.
Haute école, 490.
Holà, 491.
Homme de cheval, 491.
Hors du montoir, 492.
Huit-de-chiffres, 492.

I

Impulsion, 492.
Inaction, 493.
Indomptable, 494.
Instinct, 494.
Intelligence, 494.

J

Jockey anglais ou homme de bois, 497.

L

Lâcher la main à son cheval, 498.
Leçon, 498.
Léger à la main, 503.
Liant (cheval), 503.
Loyal, 503.

M

Mâcher son mors, 504.
Mâchoire, 504.
Main légère, 504.
Maître à danser, 505.
Manége, 505.
Maquignon, 507.
Marcher de deux pistes, 510.
Martingale, 510.
Mécanisme, 510.
Mêler un cheval, 511.
Mener son cheval sagement, 511.
Mettre dans la main, 511.
Mezair (le), 511.

Mis, 512.
Molette, 512.
Monter entre les piliers, 512.
Montoir, 513.
Mors (du) et de ses effets, 513.
Mors aux dents, 518.

N

Nature (mauvaise), 519.
Neuf (cheval), 519.

O

Obtenir d'un cheval, 520.
Ombrageux, 520.
Oppositions, 521.
Oscillations, 522.
Outrer un cheval, 522.

P

Palefroi, 522.
Partager les rênes, 522.
Pas (le), 523.
Pas de côté, 523.
Pas (le), le saut et le galop gaillard, 523.
Pas espagnol, 523.
Passade (la), 524.
Passage, 525.
Pesade (la), 525.
Piaffer, 525.
Picoter, 526.
Piliers (les), 526.
Pincer des deux, 527.
Pirouette (la), 527.
Piste (la), 528.
Placer un cheval, 529.
Plate-longe, 529.
Plier le cou d'un cheval, 529.
Pointe, 529.
Position de l'homme à cheval, 530.
Position du cheval, 537.
Portant bas (cheval), 537.
Portant au vent (cheval), 537.

R

Race, 537.
Raccourcir un cheval, 538.
Ralentir un cheval, 538.
Ralentir (se), 539.
Ramener (tous les chevaux peuvent se), 539.
Ramingue, 541.
Rare, 542.
Raser le tapis, 542.
Rassembler, 542.
Rebours, 544.
Rebuter un cheval, 545.

Réchauffer un cheval, 545.
Rechercher un cheval, 545.
Recommencer un cheval, 545.
Reculer (du), 546.
Réduire un cheval, 548.
Rênes, 548.
Rêne (prendre la cinquième), 548.
Renverser, 549.
Renverser un cheval, 550.
Replier, 550.
Reprise, 551.
Rétif, 551.
Rouler à cheval, 551.
Ruade, 551.
Rudoyer son cheval, 552.

S

Saccade, 553.
Sage (le cheval), 553.
Saut (le), le pas et le galop gaillard, 554.
Saut de mouton, 554.
Saut de pie, 554.
Saut du fossé et de la barrière, 554.
Scier du bridon ou du filet, 556.
Selle, 556.
Sentir son cheval, 557.
Solliciter, 558.
Soubresaut, 558.
Souple, 558.

Soutenir un cheval, 558.
Surmener un cheval, 559.
Surprendre un cheval, 559.

T

Tâter son cheval, 559.
Terre-à-terre, 559.
Tête au mur, 560.
Travail des chevaux en liberté, 561.
Travail en place, 573.
Travail préparatoire, 573.
Traverser (se), 574.
Trépigner, 574.
Tride, 574.
Trot (le), 574.
Trot (battue de), 574.
Trot espagnol, 577.

U

Unir un cheval, 577.

V

Vaillant (un cheval), 577.
Ventre à terre, 577.
Volontaire, 578.
Volte (demi-), 578.
Voltiger, 579.

Paris. — Imprimerie de Mme Ve Dondey-Dupré, rue Saint-Louis, 46.

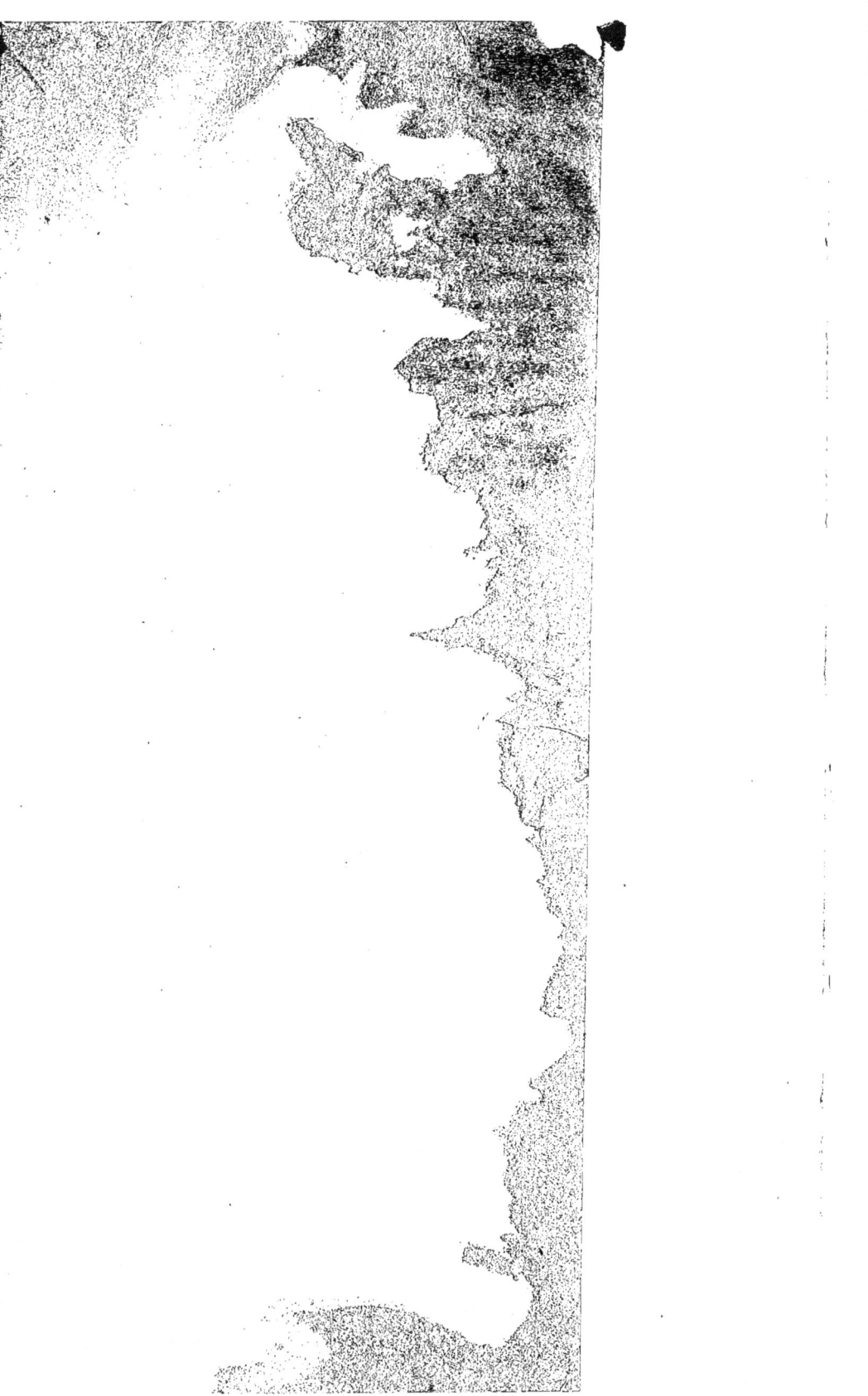

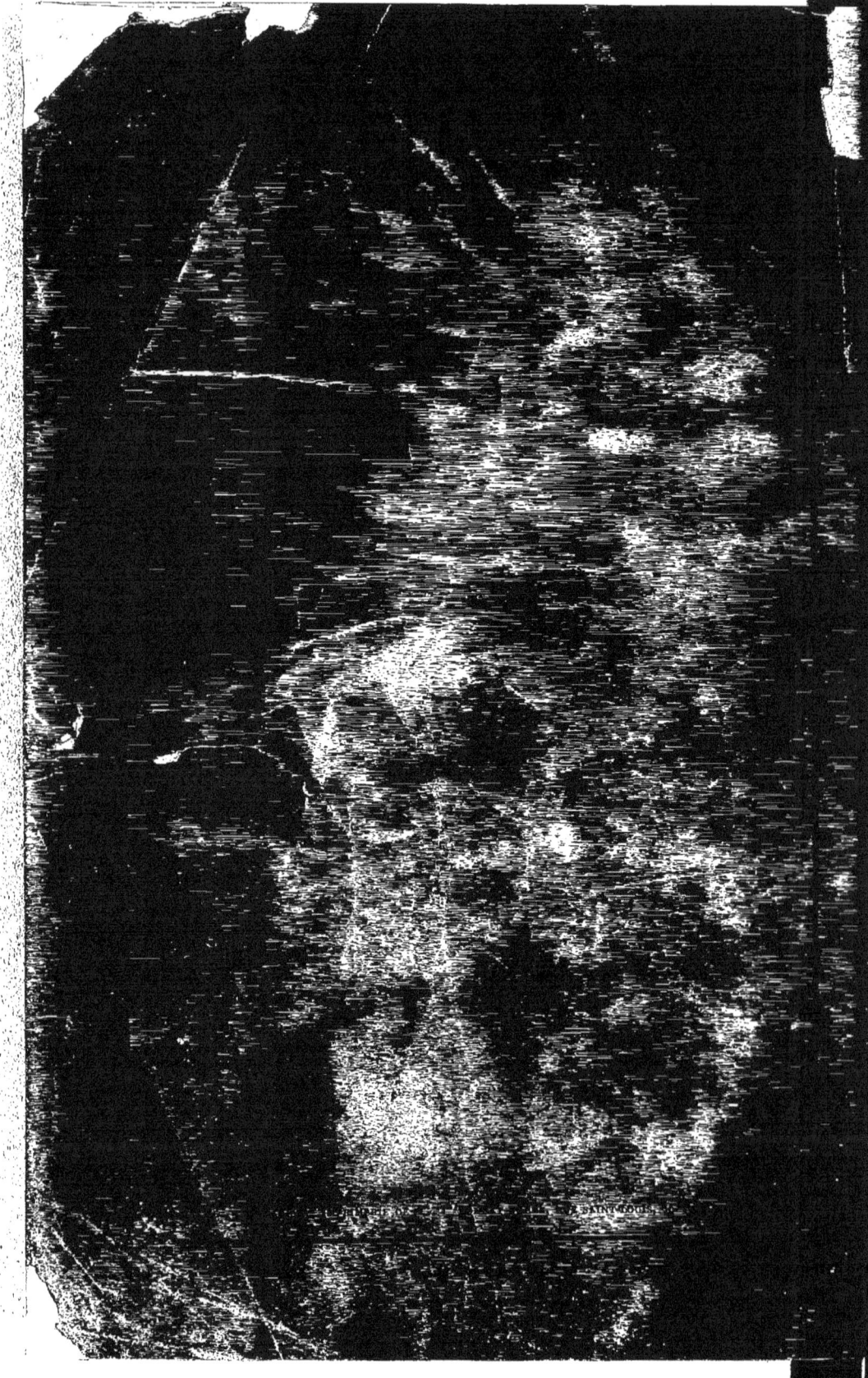

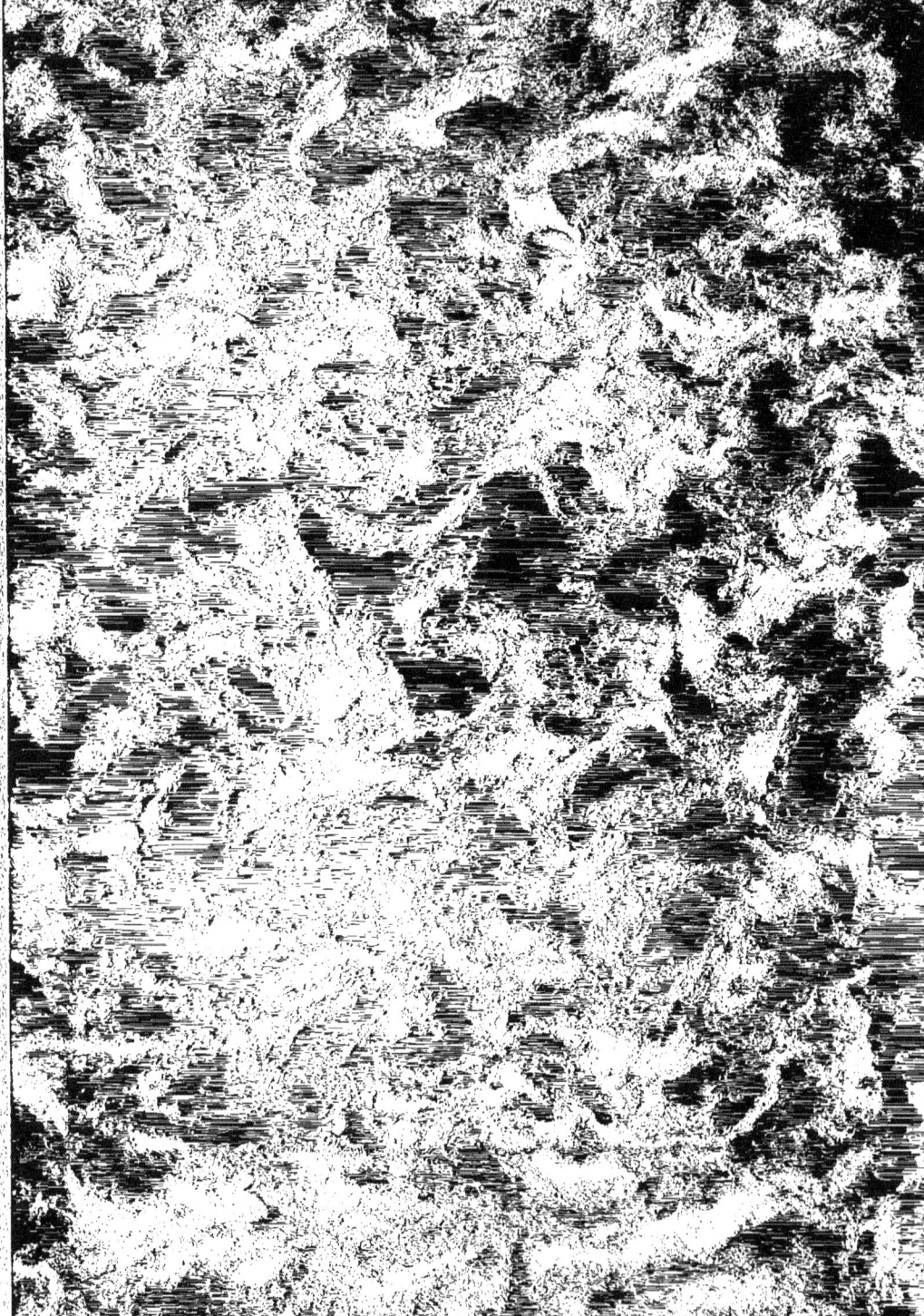

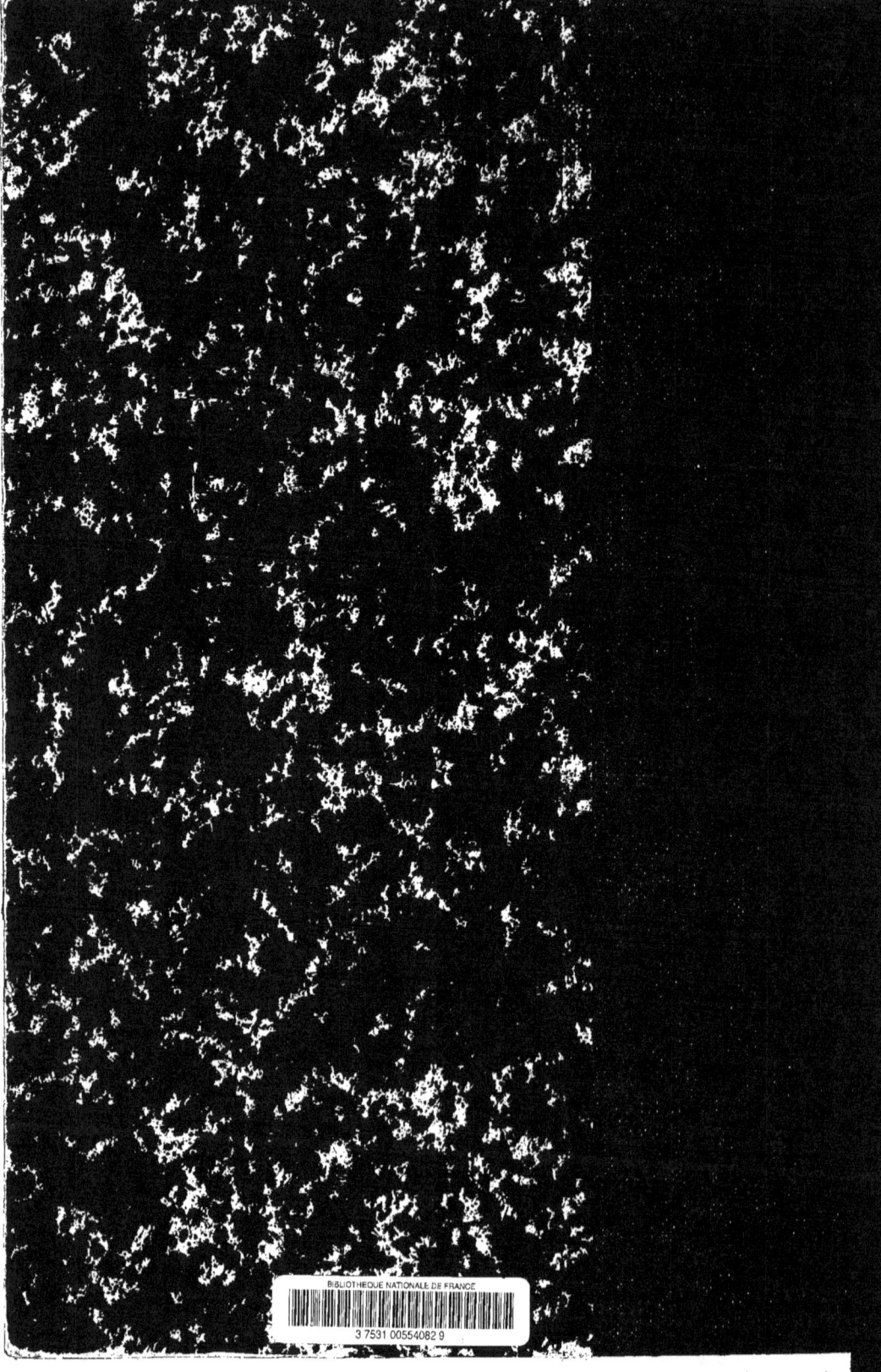